明代史研究会創立三十五年記念論集

汲古書院

明代史研究会創立三十五年記念論集　目　次

明代史研究会小史
――序文に代えて――

山根幸夫

明代史研究会が発足したのは、一九六七年秋のことであった。この年四月、私の編集した『皇明制書』下冊が株式会社大安から刊行されたので、早稲田大学で教えた佐藤文俊（当時、東京教育大院生）をはじめ、小川尚（早大院生）、細野浩二（早大院生）、上野達郎（教育大院生）諸君の提案で、『皇明制書』の読書会を始めることになった。隔週土曜の夕方、東洋文庫へ集まって、『皇明制書』の「御製大誥」から読みはじめた。誠にささやかな読書会にすぎなかった。そのうち、大島立子さん（当時、教育大院生）も加わった。

ロンドン大学の出身で、当時米国のプリンストン大学大学院に留学していたエンディミオン・ウイルキンソン氏も参加してきた。後に彼は英国に帰って、ロンドン大学助教授になっていたが、ＥＵの外交官に転じ、最後は北京駐在のＥＵ大使をつとめていた。日本語も中国語も頗る堪能で、非常に優秀な学徒であった。数年前、突然東京へ訪ねてきて、六五歳になったら、ＥＵを退職するから、再び中国研究に戻りたいと語っていた。ここ一、二年、北京から音信がないから、英国へ戻って中国研究を再開しているのであろう。ウイルキンソン氏に始まって、明代史研究会には多数の外国人研究者も迎え入れた。

なお、明代史研究会ではメンバーズ・シップを確立していなかった。それ故、参会する人たちが会員であり、都合が悪くなれば、いつ止めてもかまわないわけであった。勿論、一、二回出席して、消えてしまう人もいた。それでも、明代史研究会を通過した人は、二〇〇名を越したのではないかと思われる。最も古い人は、創立当初から参加している佐藤文俊氏である。東京近辺の多くの大学の院生たちが参加した。然し、東大の東洋史の院生（日本人）は一人も参加したことがなかった。最初、外部では駒込シューレと呼ばれていたそうである。初期の研究会で中核をなしていたのは、東京教育大の院生たちであった。

さて、読書会をつづけるうちに、只読むだけではつまらないから、ささやかなものでも研究成果を発表する機関誌がほしいとの声があがった。当時、『中国水利史研究』や『中国農民戦争史研究』がガリ版刷りで刊行されていた。私もこれに倣って、一九七四年三月、『明代史研究』を創刊することにした。創刊号は僅か五〇頁の小冊子であったが、私のポケット・マネーで出版するには、これが精一杯であった。現在も年一回の刊行で、百頁余の小冊子にすぎない。但し、国内でも海外（殊に中国、韓国）でも、その存在意義は認められているようである。『中国水利史研究』も『明代史研究』も、二〇〇二年で三〇号を数えるに至った。『明代史研究』は依然として手書きをつづけている。

講読テキストは『皇明制書』を打ち切った後、神戸大学助手から東海大学講師に就任された谷口規矩雄氏や佐藤文俊氏の要望を容れて、呉偉業の『綏寇紀略』を読むことにした。明末農民反乱について詳細に語っているので、まことに興味ぶかい資料であった。読了するまでに延々四年間かかった。一九七六年秋からは『海瑞集』の「政書」の部分を読んだ。七九年春からは、葉春及の『恵安政書』に取りくんだ。翌八〇年二月、厦門大学の傅衣凌教授が来日され、明代史研究会にも出席されて、私たちの読んでいた『恵安政書』に強い興味を示された。私が同書のコピーを差しあげた処、福建人民出版社より活字本として刊行された。

一九八二年五月からは、李茂遠『令梅治状』を読んだ。本書は東北大学図書館の狩野文庫に収蔵されている稀覯本で、一種の政書であるが、『恵安政書』ほどの面白味はなかった。このあと『明史資料叢刊』第一輯、第二輯に収められている『后鑒録』、『稗説』、『賢博編』などを読んだ。内容的には頗る面白いものであったが、どうも誤植が多く、句読点の誤りも見られたので、史料として利用する場合には、充分注意しなければならぬ、と云うことになった。

その次に、取りあげたのが、何良俊の『四友斎叢説』であった。このような随筆は、経・史・子・釈道・文など諸般の文章が収められており、なかなか面白い内容であるが、時には著者の誤解もあり、史実に反する記事もあるので、途中で打ち切った。研究会のテキストとしては、必ずしもふさわしいものではなかった。この後に読んだのが、沈徳符の『万暦野獲編』であった。前書に比べると、歴史的内容が多かったが、やはり随筆としての性格は同一で、読書会のテキストとしては、必ずしも好ましいものでなかったと思う。一九九〇年から読みはじめたものの、九四年まで続けて打ち切った。

そこで、九四年から『明史』選挙志を読むことにした。選挙志には随筆を読むような面白さはなかったが、歴史的事実をしっかり把握していく上には適切なテキストではなかったかと思う。而も『明史』を読む場合には、『明実録』と照合することができるので、非常に有益であった。明代史研究会は発足以来、ずっと東洋文庫を利用してきた。処が、東洋文庫は国立国会図書館の方針に従って、土曜日を閉館することになった。やむなく、会員の奥崎裕司氏の御協力によって、一九九五年より、青山学院大学の会議室を借用させて頂くことになった。これは本当に有難いことであった。尚、これを契機として青山学院の院生たちが、研究会に多数参加するようになった。

『明史』選挙志を読み終えたあと、次は何を読むか色々考えた末、本会が一番最初にテキストとして取りあげた『御製大誥』をもう一度読むことにした。三〇年前に『大誥』を読んだ時には、非常に大雑把な読み方で、わからない部分はそのまま読み過した。改めて読むなら、徹底的に読みこんで、訳註本を作ろうという意気込みであった。三〇年前には四、五人のメンバーであったが、今回は十数名も集まっていたので、色々好い意見が出てきたことは嬉しかった。然し、最初に考えた訳註本の作成はできなかった。京大人文科学研究所で梅原郁氏が次々に訳註本を作られたことは、全く敬服の他ない。又、桜美林大学の野口鐵郎氏も訳註本の作成や索引の編集に頑張っておられる。私たちとしても、これに見習わなければならないと考えている。

『御製大誥』を読了した後、次に何を読むかについて色々協議した。その結果、『実政録』を読んでみてはどうだろうか、と云うことになった。著者呂坤は河南の出身で、華北各地の地方官をつとめた後、北京へ戻って京官となったが、彼の地方官としての体験は頗る豊富なものがあった。彼の陝西、山西などの地方官としての実績を確かめるため、『実政録』を読んでみようと云うことになった。尚、『実政録』には『居官必要』と題する異本のあることを紹介したのが、本論文集に寄せた拙稿である。『実政録』については、是非訳註本を作りたいと考えている。『実政録』を読みあげるためには、これから数年かかることであろう。

最初に、本研究会に参加した外国人研究者として、エンディミオン・ウイルキンソン氏のことを紹介したが、以下に一定期間、研究会に出席した人たちについて述べておきたい。ほぼ年代順に述べることにする。ウイルキンソン氏よりもやや早く、研究会に参加したのは、台湾師範大学出身の王賢徳氏であった。王氏は東京教育大学大学院に入り、「明末の郷村防衛について」と題する研究をした。帰国後、高雄師範大学に奉職したが、後に再度来日して、筑波大学で野口鐵郎氏に師事し、博士号を取得した。

台湾から来日し、青山学院大学の大学院に入学した蔡和璧女士は、三上次男教授に就いて明代陶磁の研究に従事していたが、帰国後は故宮博物院に奉職している。

ソウル大学の呉金成氏は東大文学部大学院へ留学して来られたが、研究会にも非常に熱心に出席された。日本の若手研究者との交流にも熱心であった。学位論文は勿論ソウル大学へ提出されたが、その論文は渡昌弘氏によって邦訳された、『明代社会経済史研究――紳士層の形成とその社会経済的役割』と題して、汲古書院より刊行された。呉金成氏の研究は、他にも邦訳されたものが多数ある。

呉氏と同じ頃、釜山大学助教授であった朴元熇氏も時々研究会に出席されていたが、帰国後は母校の高麗大学校東洋史学科の教授となり活躍している。韓国で東洋史学科があるのは、ソウル大学校と高麗大学校の二校のみである。

それと同じ頃、やはり東大文学部大学院に留学していた米国のダンスタン・ヘレン女士、王国斌氏（ハーバード大院生）、パーデュー氏（ハーバード大院生）も、熱心に出席しておられたが、就職先を私が知っているのはマサチューセッツ工科大学のパーデュー氏のみである。

台湾大学出身の于士嘉女士は、東大大学院に留学し、非常に熱心に研究をつづけ、研究会にもよく出席された。帰国後は中央研究院に奉職し、現に歴史語言研究所研究員である。同じ頃、台湾師範大学卒業の顔杏真女士も、東大大学院に留学していたが、研究会にはよく出席された。

同じく台湾大学出身で、東大大学院に出席していた呉密察氏も研究会に出席していた。現在、台湾大学で台湾史の教授である。C・ダニエルス氏はオーストラリア出身で、東大大学院に入学していたが、時々研究会にも出席しておられた。ダニエルス氏は就実女子大学教授を経て、東京外国語大学アジア・アフリカ言語文化研究所教授である。

以上のような外国人留学生と接触することは、我々にとっても色々教えられ、考えさせられる事があって、頗る有効な交流であった。但し、これ以後は、外国留学生を研究会へ迎えることは殆どなくなった。但し、漢中師範大学を卒業、弘前大学大学院を経て、東大大学院へ入った熊遠報氏は熱心に研究会に出席、二年前に博士号を取得し、その論文は今春汲古書院より刊行された。

右に述べたのは、学生として来日された人たちであるが、研究者として来日され、明代史研究会を訪ねられた人たちにもふれておきたい。当時、台湾の国立中央図書館に勤務していた鄭樑生氏は東北大学を卒業、筑波大学で文学博士を取得された篤学の士で、明代の日中関係史に詳しく、倭寇研究の大家である。現在、淡江大学の教授である。

傅衣凌教授については若干上述したが、傅氏の明代社会経済史の研究は、私たち日本の研究者にとって非常に理解しやすいものであった。その傅氏が一九八〇年二月、アメリカで講学の帰途、東京へ立ちよられた。この時はあわただしいスケジュールであったが、一九八二年春、京大人文科学研究所の招聘で来日され、東京へも出てこられた際、先生に都合をつけて頂いて、我々の明代史研究会に出席していただき、貴重な交流の時間をもった。傅教授は一九八八年五月、長逝された。

韓国ソウル大学の閔斗基教授は、韓国における実質的な東洋史研究の基礎をつくった人であった。別に明代史を専門に研究されたわけではなく、主として清末・民国期の研究に専念されたが、グローバルな立場に基づいて中国史を研究された。東京へも何度か来られたが、その度に明代史研究会に出席して、私たちに屢々有効な助言をされた。ソウル大学の東洋史学科の基礎は閔氏によって確立したと言っても好い。『明代史研究』四・五号に、私の翻訳した閔氏の論文「清代の生監層の性格(1)(2)——特にその階層的個別性」を記憶しておられる方もあるであろう。私にとって、教えられる処多い論文であった。

唐文基氏は福建師範大学教授で、明代経済史を専攻していたが、日本学術振興会の招聘で、一〇ヵ月東洋文庫へ留学され、明代史研究室で過された。その間、明代史研究会には屢々出席され、日本語も頗る達者であった。

唐氏にやや遅れて、やはり東洋文庫へ留学したのが、中国社会科学院歴史研究所明史研究室の欒成顯氏であった。彼は明初の戸牒や賦役黄冊の研究に取りくんでいた。而も当時学界の注目を浴びていた徽州文書の重要性を認め、故周紹泉氏と共に歴史研究所の中に、徽学研究中心をつくり、徽州文書を活用して、戸牒や戸籍の研究を深めた。東洋文庫へは再度留学した。その間、明代史研究会にも出席され、私たちとの交流を深められた。現在、安徽大学教授に転じている。

南炳文氏は天津の南開大学教授で、歴史研究所長を兼ねている。日本学術振興会の招聘で東洋文庫明代史研究室へ留学され、東洋文庫の明史関係の文献を活用して多くの成果を挙げられた。南氏は殊に文献史料によく通じていた。東洋文庫に滞在中は、明代史研究会には必ず出席された。日本語も極めて巧みであった。東洋文庫で三ヵ月過した後、京都の立命館大学へ移り、やはり三ヵ月そこで研究を続けられた。明代史研究会のメンバーは、南開大学歴史研究所とは親密な関係にある。荷見守義氏（現弘前大学）は二年間、南開大学へ留学したことがある。筆者は南開大学客座教授を委嘱されている。

その後、南開大学の白新良教授が、国学院大学へ留学しておられたが、当時我々の研究会は青山学院へ場所を移していたので、白教授も屢々私たちの研究会へ出席された。

以上のように、私たちは度々の中国の研究者と交流する機会をもっていたのである。

研究会の参加者の中で最高齢の中山八郎教授は、大阪市立大学を定年退職、一九七二年、東京へ戻って来て、国士館大学へ奉職してからは、熱心に研究会に出席し、私たちを指導し、屢々適切な助言を与えられた。然し、一九九五年、米寿のお祝いをしてからは、研究会の出席も見合わされ、二〇〇〇年一月二七日長逝された。佐久間重男教授は一九七一年、北海道大学を辞して、青山学院大学に奉職されてからは、熱心に研究会に参加し、私たちをよく指導して下さっている。二〇〇二年一〇月には、佐久間教授の米寿をお祝いして、青山学院の関係者を中心に、米寿記念の『明代史論集』を出版した。佐久間教授は相変らずお元気なので、これからも私たちを指導して下さるであろう。

地方の国立大学の教官が、国内研修で上京された場合、屢々本研究会に参加して、私たちに刺激を与えられた。その最初のケースが、神戸大学の岩見宏氏であった。続いて、森正夫氏、濱島敦俊氏、川勝守氏らも、東京滞在中は熱心に研究会に出席して、積極的に発言して下さった。これらの人たちの参加によって、会員たちも大きな刺激をうけ、非常に勉強になった。これに関連して言えば、中国史専攻ではない、思想や文学の分野の人々、思想では溝口雄三、佐藤錬太郎、加治敏之等の諸氏、文学では大木康、田仲一成、山口建治等の諸氏の参加によって、私たち歴史専攻の者が気づかなかったり、或いは見落している点を色々教えて頂き、非常に好い勉強になった。然し、最近では歴史以外の人たちの参加がなくなったのは残念なことである。

当初、研究会の参加者は若い大学院生が多かったが、そのうち若手の研究者も加わり、川越泰博、浅井紀、奥山憲夫、或いは奥崎裕司の諸氏が積極的に院生たちをリードするようになった。又、途中から参加した和田博徳氏は、テキストを徹底的に調べることによって、毎回の担当者を厳しく追及し、討論を活発化するのに貢献された。その和田氏は、二〇〇二年正月に脳梗塞を再発して、療養生活を余儀なくされていることは、本当に残念なことである。

現在、研究会の開催場所が青山学院であることから、参加者には青山学院の院生が多く、又川越氏が中央大学で明清史を専攻する院生を熱心に指導されている処から、中央大学の院生が多いのが現状である。研究会としては、来る者は拒まずの方針を採っているので、私としては色々の大学の院生諸君がなるべく多く参加して下さることを切に希望してやまない。

最後に、この研究会の見学旅行について紹介したい。最初の見学旅行は、一九七四年三月、当時山形大学人文学部長であった星斌夫氏のお招きによって、山形を訪ね、山形大学の資料館などを見学した。又、山形大学や東北大の院生・学生とも交流した。その上、若い人たちは蔵王でスキーをも楽しんだ。第二回は、一九七六年三月、金沢旅行を試みた。当時、金沢大学教養部には谷口規矩雄氏が在職されたこともあり、金沢大学を訪問し、兼六園を見学した。

二晩目は山中温泉に泊って、歓談の時をすごした。前回の山形旅行も今回も、中山教授も佐久間教授も参加された。韓国から留学中の呉金成氏も参加されたが、これで日本の中を独りで旅行する自信がついた、と語られた。

三回目は一九七九年三月、名古屋の蓬左文庫を訪れた。蓬左文庫は、現在名古屋市立図書館の管轄下にあるが、旧尾張徳川家の蔵書である。長らく蓬左文庫を主管されていた織茂三郎氏も当日わざわざ出てきて、私たちの為に詳しく案内して下さった。翌日、午前は名古屋城を見学し、午後は森正夫氏に招かれて、名大東洋史研究室を訪問した。

四回目は一九八〇年三月、東北大学図書館狩野文庫を見学した。仙台駅頭には、星斌夫教授がわざわざ出迎えて下さった。狩野文庫の見学については、寺田隆信教授が紹介の労をとって下さった。狩野文庫は実に豊富な内容であった。見学終了後、文学部東洋史研究室を訪れて、寺田教授、安田二郎助教授、助手、院生の方々と交流のひと時をもった。

第五回目は、一九八三年四月、天理図書館および天理参考館を見学した。司書金子和正氏の案内で、『永楽大典』、『地図綜要』など、多数の貴重本を見せて頂いた。殊に滝沢馬琴の旧蔵に係る『平妖伝』は、後に富岡鉄斎の手に移り、田中文求堂を介して天理図書館に収められたものだそうである。この見学旅行には谷口規矩雄氏も参加された。

六回目は一九八四年四月、米沢および山形を訪れた。米沢では旧上杉文庫を継承している米沢市立図書館を見学した。同夜は上山の山城屋旅館に泊ったが、此処は斎藤茂吉の実家で、奥山憲夫氏の御親戚の由。翌日は蟹仙洞を見学したが、此処には明清期の漆工芸品が多数展示されていた。そのあと、山形に赴いて、奥山氏の案内で酒造会社および窯元を見学した。

七回目は一九八五年三月、三重県伊勢市の神宮文庫を見学した。今回の参加者は中山、佐久間両教授ら僅か五名で、これまでの旅行の中で参加者は最少数であった。豪雨に見舞われ、大変な旅行になってしまった。

八回目は、一九八六年三月、足利学校遺跡図書館を見学した。午前は足利学校の北側に隣接する古刹鑁阿（ばんな）寺を見学した。午後、遺跡図書館を訪れたが、生憎天気が不良であった為、貴重本を見学することはできなかった。なお、足利学校を復原する工事が進められていた。翌日は各自栗田美術館や、草雲美術館を見学した。

九回目は、一九八七年三月、水戸の彰考館文庫を訪れた。戦後復刻された『彰考館図書目録』を見ると、漢籍は『周易』（金沢文庫本）一点しか載っていない。彰考館を訪れて訊ねた処、太平洋戦争の末期、常磐神社に在った彰考館の蔵書を、戦災を避ける為にリヤカーで他へ移したのだそうである。まず国書を先に移したが、米艦の艦砲射撃で残っていた漢籍はすべて焼失したのだそうである。残念なことをしたものである。

一〇回目は、一九九三年三月三一日から、四月一日にかけて、山形県鶴岡、および酒田を見学した。酒田では旧鶴岡藩の蔵書を保管している鶴岡市立図書館を見学した。翌日は酒田の山居倉庫、および光丘文庫を見学した。今回は山形大学の新宮学氏や、酒田の中道邦彦氏が色々協力して下さった。

十一回目は一九九四年三月三一日から四月一日、松本の開智学校、および松本城を見学した。開智学校は明治期に建てられた洋風建築の小学校で、史蹟に指定されている。翌日は松本中央図書館を見学した。私も参加する予定であったが、風邪が悪化して、参加することができなかった。

十二回目は一九九七年三月、筑波山神社の明人夏芷の「清明上河図」を見学した。私は昭和三〇年代の初め、「食貨志研究会」の旅行で、やはり筑波山神社を訪れ、「清明上河図」を拝見したことがあった。今回は筑波大学に奉職している佐藤文俊氏がすべての手配をして下さった。私たちが筑波山神社を訪ねた際、応待して下さった青木宮司は、四〇年前に私が筑波山神社へ赴いた際、神主見習いをされていたそうである。筑波山神社で「清明上河図」を拝見した上、一同で筑波山に登った。そのあと、筑波大学を訪ねて、歴史・人類学教室の所蔵している珍しい文献などを見せてもらった。見学旅行はこれが最後になっている。

以前は、私が見学場所を設定し、見学の依頼状を出し、宿泊場所を選定、時には列車の指定切符まで予約するようなことまでしていた。然し、現在では年齢のせいもあって、私自身で見学旅行のスケジュールを立てることができなくなったので、見学旅行の実施がなかなかできなくなった次第である。今後は若い人たちが中心になって、見学旅行を計画して下されば、継続していくことも可能であろう。

以上、三十五年間にわたる明代史研究会の歩みを、幾つかの部分に分けて略述してみた。一番大きく変ったことは、研究会を支える年齢層が若くなったことである。三十五年もたてば当然のことかも知れないが。そして、このささやかな研究会が、外からの支援など何ひとつなく、三十五年間継続したことは、誇るに足ることかも知れない。今後も微力ではあっても、この明代史研究会を継続していきたいものである。そして、国内の明史研究者は勿論、海外の研究者との交流の場として育てていきたいと考えている。

研究会創立三十五周年を記念して、論文集を刊行してはどうかとの意見が、川越泰博氏から提起された。私もそれは非常に結構なことだと考えたので、研究会の際に皆さんに相談した処、積極的な賛成を得た。そこで、川越氏を中心に、中央大学の院生諸君が雑務を担当して下さって、記念論文集刊行事業を進めていくことになった。執筆については、現在研究会に参加しているメンバーだけでなく、以前に参加して、今は出席していない人たちにも呼びかけた処、二四名の応募者があった。各自の取りあげたテーマも、以前のように社会経済史を中心とするといった片よりは見られず、非常に多種多様のテーマが選ばれている。これは非常に好ましいことと言うべきであろう。地方在住の方も若干あったので、論文を集めるのには、若干手間どったが、内容的には各分野のテーマがそろっている。これは現在の明代史研究会の幅の広さを示すものと云うべきかも知れない。

此処に収められた論文は、現在日本における明代史の研究傾向を示すものと言えよう。この三十五周年記念論集を踏台として、更に明代史研究会が発展していくことを切望してやまない。諸氏の奮闘を祈る次第である。

（二〇〇二年一二月三〇日）

明代都察院体制の成立

小川　尚

はじめに

御史は先秦時代、天子の秘書官として設けられた[1]。秦漢時代に入って御史は監察に携わり、その長官として御史大夫が置かれ、彼等は「風憲官」と呼ばれた。監察御史という名称が生まれたのは隋代のことで、御史台が設置された。唐代になると、御史大夫、御史中丞の下に、台院、殿院、察院の三院が構成されて、御史台の組織も整備された。中宗以後になると、台院に侍御史六人、殿院に殿中侍御史九人が置かれ、察院には監察御史一五人が置かれた。その中の三人は吏、戸、礼、兵、刑、工部の監察を行い、残りの一二人は百官を考察し、州県を巡按した。宋代に入ると、御史台組織の権力は強大となり、諫官とともに「耳目の官」とも呼ばれ、風聞によって官吏を弾劾することができた[2]。

秦漢以来の監察制度に改革が行われたのは、金、元両代であった。一つは中央機関の面であり、金代に入ると御史台は独立した機関となったし、元代になると、唐代以来の御史台組織であった台院、殿院、察院の三院制度を改めて、台院、察院と殿中司を設置し、二院一司に変更したことがあげられる。もう一つは地方監察の面である。金代になって地方に提刑司（後の按察司）を置いて、これを外台と称したし、元代に入ると金制を継承し、按察司（後の廉訪司）

を置いただけに止まらず、新たに行御史台を設置して、地方監察を重視した。元代の地方監察担当者には二者があり、監察御史と按察司官であった。前者は御史台、行御史台下の直隷府州県を分巡し、後者は行省下の府州県を分巡して監察に当った(3)。

金代以降になって地方監察が重視されるようになると、地方監察官が府州県を分巡按治する際の法規の必要性が生じた。金代に「台官法規」、元代には世祖の至元五年（一二六八）、御史台設置とともに「憲台格例」が頒布された。これらの法規は漢代の「刺史六条」、唐代の「察吏六条」等を参考にして成文化したと推測される。その後も元代では法規が作成され、これらは一括して「台綱」と呼ばれた。官庁文書の点検を指す「照刷」や、地方監察官が府州県を分巡して刑名等を処理する「按治」という語句は元代になって普及し、明代に入ってもその用語は踏襲された(4)。

元の監察制度を踏襲した明の太祖は、中央に御史台を設置し、元制同様に台院、殿中司、察院による二院一司で組織された(5)。地方にも元制と同じく提刑按察司を設置した。太祖は建国以前から地方監察を重視し、至正二六年（一三六六）には按察僉事周湞等に按治の際の法規の条文を定議させ、地方監察官に頒布した。この法規は「按察事宜」と呼ばれた。洪武一五年一一月には新たに「巡按事宜」を按察司官に頒布したし、既に洪武四年正月に『憲綱四十条』を作成して地方監察官に頒布しているように、太祖は監察法規の作成には熱心であった。これらの法規は金、元代の「台官法規」、「台綱」の条文を参考にして成文化したと推察される。

このように明代の監察制度は、直接には元制を踏襲して成立したが、更に地方監察制度をより一層発展させた点に特色をもつ。そこで改めて明初の監察機関である、御史台、察院、按察司、都察院の四者をとりあげて検討し、地方監察に重点を置いた都察院体制の成立過程について整理したい。

一　明初の監察機関

御史台は呉元年十月、各道按察司と並んで設置され、洪武一三年五月に廃止されるまで約一四年間置かれた。明実録呉元年十月壬子の条に、

御史台及び各道按察司を置く。

とあり、中央に御史台（内台）、地方に各道按察司（外台）を設置して、監察制度が発足した。この時点での按察司は地方の監察権を付与された独立の機関であって、御史台の従属下にはなかったと推測される。

御史台には、以下の官職が置かれた。

左右御史大夫（従一品）
御史中丞（正二品）
侍御史（従二品）
治書侍御史（正三品）
殿中侍御史（正五品）
経歴（従五品）
都事（正七品）
照磨・管勾（正八品）
察院監察御史（正七品）

これをみると、殿中侍御史が設けられていることから、御史台組織は台院、殿中司、察院による二院一司で構成されたと推測される。しかし、殿中侍御史は台院に組み込まれているから、御史台組織としては台院、察院の二院で構成されたとみなすべきであろう(6)。この時、左御史大夫に湯和、右御史大夫に鄧愈、御史中丞に劉基、章溢、治書侍御史に文原吉、范顕祖、殿中侍御史に安慶、経歴に銭用壬、察院監察御史には何士弘、呉去疾等が就任した。ところが御史台設置の翌日、左御史大夫の湯和は征南将軍に任じて副将軍呉禎と共に常州、長興、江陰の諸軍を率いて方国珍の征討に赴いた。一方、右御史大夫の鄧愈は翌洪武元年に征戎将軍に任じ、兗、漢の兵を率いて唐州を取って南陽に進攻した。御史中丞の劉基は就任の二日後、治書侍御史の文原吉、范顕祖、経歴の銭用壬、察院監察御史の盛原輔、呉去疾、趙麟、崔永泰、張純誠、謝如心等と共に、総裁官李善長の下で律令編纂に従事した(7)。この律令（大明令）は洪武元年正月に頒布されたから、劉基以下の監察官は約三ヵ月、議律官として活動した。洪武元年正月、東宮の官属を設けた時、鄧愈、湯和二人は諭徳を、劉基、章溢二人は賛善大夫、文原吉、范顕祖の二人も賓客を兼任した。湯和、鄧愈はその後も征討に赴き、台事は専ら御史中丞の劉基、章溢の二人が処理した。洪武元年一二月、楊憲は御史中丞に任じられたが、翌年二月には山西参政となり、その任期は僅か四ヵ月であった。侍御史王居仁も洪武二年三月に就任したが、同年九月には兵部尚書に転じ、その任期は六ヵ月間に過ぎず、当時、御史台官の異動は多かった(8)。

洪武三年六月に朝儀を定めた。国権に「殿廷の失儀は殿中侍御史が之を糾し、大朝会の失儀は監察御史が之を糾す」とあるように、殿廷侍御史は殿廷の、監察御史が大朝会の失儀に当ることになった(9)。しかし殿中侍御史は六年後の洪武九年になると侍御史、殿中侍御史と共に廃止され、殿廷の失儀も察院監察御史の職務となった。台臣の活動した例としては、侍御史商暠があげられる。洪武三年一二月、侍御史に就任した商暠は翌年の閏三月に山東、北平に赴き、故元の漢軍を収めて一四万百十戸を按籍し、三戸毎に一卒を出させ、北平諸衛に分隷させた。商暠のように御史台官が地方按治を行った例は稀である。(10) 御史台の仕事としてあげられるのは、洪武四年正月に頒布された『憲綱四十条』である。憲綱は御史台が進擬し、太祖親らも刪定を加えた監察法規であって、地方監察官の監察御史、按察司官に頒布された。その条文作成に際しては、元制の「台綱」の条文を参考にしたと推測される。(11) 洪武四年閏三月、兵部尚書劉貞を治書侍御史に任命した時に、「台憲の官、糾察を専らにせざれば、朝廷の政事に或は違闕あり」と指摘し、太祖は御史台官が監察職務を充分に果たすべきであると強調した。(12) けれども、御史台官は征討に赴いたり、その異動も多く、且つ人員も揃わない状態に置かれており、太祖の指摘は当を得ていなかったと見るべきであろう。

察院は御史台組織の一つとして呉元年十月に設置され、何士弘、呉去疾等の監察御史が置かれた。察院は洪武一五年の都察院設置まで継続して置かれ、とくに御史台廃止の洪武一三年五月からの二年間を察院時代とよぶことができる。(13) 御史台の条でみてきた如く、御史大夫等の台官は東宮の官属を兼任したり、征討に赴くことが多く、その人員も揃わなかった。また御史台の仕事として憲綱、大明令の編纂事業があげられるにすぎなかったのに対し、察院監察御史の活動は顕著であった。当初、察院には七人の監察御史が置かれて、前述の如く大明令の議律官として参加した。洪武元年に監察御史に任命されたのは高原侃一員のみであったが、同二年に睢稼、呂宗俊ら六名、三年に王鉉ら二〇員、四年に茹太素ら四員を任命して、人員の増加をみた。洪武九年になると、御史台では侍御史、殿中侍御史、治書侍御史が廃止されて縮少化が図られたのに対し、察院監察御史の数は四四員と増えて、増加の一途を辿った。(14) 増員の背景は監察御史による任務の増大である。明実録洪武元年一二月己亥の条に、

登聞鼓を午門外に置き、日々監察御史一人をして之を監せしむ。

とあり、府州県官、按察司官が審理しなかったり、冤罪の重い場合に限って、庶民が登聞鼓を打つことを許されたが、洪武元年に登聞鼓を管理するのは監察御史の職務となった。(15) 上述の如く、洪武三年に大朝会の失儀に監察御史が当る

ことになった。それだけでなく、監察御史増員の最も大きな理由は、地方按治の目的の為に監察御史を派遣したことであろう。地方按治の派遣にも二通りがあった。一つは直隷府州県の分巡である。洪武元年八月、応天府を含む地域を「直隷」区域とし、行省下の府州県と区別した。この直隷府州県の分巡に御史が従事することになり、彼等は直隷分巡（巡按）御史と呼ばれた。洪武二年七月、監察御史謝如心は松江府を分巡（巡按）し、官租を欺隠した事実を摘発し、一九四人を逮捕して勾留した。[16] 洪武六年一一月、分巡御史于永達は揚州府所属の通州の民が秋糧を淮安に輸送する事態を知り、通州には貧困の者が多いので、糧少なく力薄き者の秋糧は通州の地で儲留して官吏、師生の俸廩等に備えたいと上奏した。[17] 他の一つは行省府州県の分巡である。洪武四年正月、憲綱四十条が頒布されて、監察御史は行省府州県にも派遣されることとなった。その結果、直隷府州県を分巡した御史を直隷巡按御史と呼んだのに対し、彼等は在外巡按御史と呼ばれた。[18] 洪武四年九月、監察御史を山東、北平、河南等の府州県に分遣し、塩課並に倉庫逋負の数量を調査させた。[19] 洪武七年七月、監察御史が広西より還って、平蛮六策を上奏したところ、太祖はその中の「立威の策」を推奨した。[20] 同月、監察御史邢雄が山西を巡按して、大同の民が毎年辺土に糧草を輸送するのは労苦であると上奏すると、太祖は中書省臣に命じて歳納を停止した。[21] 洪武八年以降になると監察御史の派遣は多くなり、同十年二月、監察御史一三人を山東等処に分巡させ、[22] 同五月には監察御史六人を各布政使司に派遣して分巡させた。[23]

各道按察司も呉元年十月に設置され、按察使（正三品）、副使（正四品）、僉事（正五品）、経歴（正七品）、知事（正八品）、照磨（正九品）が置かれた。明実録呉元年十月甲寅の条によれば、総裁官李善長の下で議律官として、按察使の李詳、潘黼、滕毅、僉事の程孔昭、傅敏学、王藻逮、永貞、張引、呉彤が参加している。同条に、

是に至りて台諫已に立ち、各道按察司、郡県を巡歴するを以て成法を頒ち、内外をして遵守せしめんと欲す。

とあり、呉元年十月の大明令編纂の目的の一つに、各道按察司官による府州県の分巡按治の際の指針とする意図があっ

たことが分る。当然、洪武元年八月以後に直隷府州県の分巡を監察御史に行わせた時にも、大明令はその指針となったに相違ない。そうなると大明令は、洪武四年に頒布された地方監察官の法規である『憲綱四十条』の前身としての意義をもっていたとも考えられる。ところで按察司官の分巡は丙申（一三五六）から行われていたから、按察司は明代の官制の中で最も長期間置かれたものの一つであったといえよう。

　呉元年十月の各道按察司設置の条で問題となるのは、按察司の語句の冒頭に「各道」と冠している点である。各道の「道」はどこを指すのであろうか。太祖は癸卯（一三六三）に浙東提刑按察司を置き、翌年に湖広提刑按察司を設置した。[24] しかも浙東行省は一三六二年、湖広行省は一三六四年に設置したことを考慮すると、一三六三年以後、浙東行省を分巡した浙東提刑按察司を浙東道、湖広行省を分巡した湖広提刑按察司を湖広道と呼称したことは充分に推測される。即ち、浙東道は浙東行省、湖広道は湖広行省を指し、「各道」とは、この浙東道、湖広道を意味したのであり、当時から監察道と行政区画が同一であったことを裏付ける。唐代以来、監察道（区画）と行政区画は異なり、それ故に監察の独自性が維持されたと考えられるのに対し、明代に入って監察区画と行政区画が同一になったと指摘されたが、[25] 明代の場合、建国以前から両者が同一であったことが分る。そうなると、明代の監察制度は元制を踏襲して成立したが、監察区画と行政区画を異にする制や、行御史台の制を継承しなかったと考えるべきであろう。

　按察司官による地方按治の例として、洪武七年八月、北平按察副使劉崧の上奏があげられる。[26] 順天府の宛平駅は要道に位置するとの認識から設置されたにも拘らず、駅馬の数が他駅と同数である為に不便であると劉崧が指摘し、他駅の馬を宛平駅に移すことが許可された。翌八年五月、陝西按察僉事虞似文は、前年に漢中を巡按して、多くの民が深山に居住しており、平地に居住する民が少ないことに気付いた。その上、彼は漢中の地が沃壌の地であることを知っていたから、租賦を減じて徭役を軽減すれば、其の地は開墾され、民も恒産を得るであろうと上奏した。[27] 太祖は虞似文の言を納れ、陝西行省に命じて租賦を減じ、徭役を寛やかにさせた。

以上の様に、呉元年十月に御史台、察院、各道按察司が設置されたが、御史台よりも察院の活動が顕著であった。地方按治の面からみると、建国以前にも按察司官の分巡が行われていたが、洪武元年八月以後、監察御史も直隷府州県の分巡に従事することになった。しかも洪武四年以後になると、監察御史の分巡範囲が拡大し、按察司官の分巡範囲であった行省府州県へも派遣された。その結果、中央と地方との連絡官としての按察司官の存在は、監察御史に比べると次第に稀薄になったと推察される。

二　察院時代

呉元年十月、監察機関として中央に御史台と察院、地方に各道按察司が置かれた。御史台官は人員も揃わず、その活動も消極的であったのに対し、察院監察御史の人員は次第に増え、その活動は顕著になった。地方に置かれた各道按察司は各行省に設置され、府州県を分巡して監察に従事した。ところで、御史台、察院、各道按察司三者の監察機関は如何なる関係にあったのであろうか。明実録洪武七年八月辛丑の条に、この三者の巻宗の点検の仕方について、次の様に述べる。

刑部侍郎茹太素、三事を言う。一、巻宗の検挙。中書省より内外百司は悉く監察御史、按察司官の検挙を聴す。而して台家は互いに相検挙して、法は則ち未だ善を盡さず。在内監察御史の文巻は御史台が検挙す。在外按察分司の文巻は総司が検挙す。総司の文巻は守省御史が検挙す。独り御史台の行過文書は未だ定考あらず、宜しく守院監察御史をして、一体検挙せしめよ。

刑部侍郎の茹太素は、各衙門文書の点検は監察御史と按察司官により行われているが、台家の場合、相互に点検するだけで不充分であると指摘した。ここで言う台家とは監察機関と同じ意味であって、御史台、察院、各道提刑按察司の三者を指す。この三者による文巻の点検方法について、次の四点を指摘した。

①在内監察御史の文巻は、御史台が点検する。

②按察司官の文巻は、按察使が点検する。

③按察使の文巻は、守省御史が点検する。

④御史台官の行過文書は、守院御史が点検する。

①の在内監察御史とは、直隷府州県を分巡按治した直隷巡按御史を指す。②の按察司官とは、各行省内の府州県を分巡按治した副使、僉事を指す。③の守省御史とは、察院監察御史の中から選ばれて各行省を専門に担当した御史を指す。例えば浙江行省の文巻等を担当した御史、湖広行省の文巻等を担当した御史と、担当が分れていたことを示す。④の守院御史とは、察院監察御史の全員を監督した、言わば察院の総責任者を指したのであろう。この条から監察官の文巻の点検方法は、㈠御史台は直隷巡按御史の文巻を点検するだけであること、㈡御史台官の文巻の点検は、察院の守院御史が当ったこと、㈢副使、僉事の按察司官の文巻の点検は、按察使（総司）が当ったこと、㈣按察使の文巻の点検は、察院の守省御史が当ったことの四点が確認できる。しかも御史台官、按察使の文巻の点検は、察院監察御史が当ることになっていて、御史台は直隷巡按御史の文巻の点検を行うに過ぎず、巻宗の検挙の主導権が察院にあったことが判明する。更に注目すべきことは、洪武七年の時点で察院の組織化が行われていた点であろう。少なくとも、察院では総責任者としての守院御史、各行省の文巻等を点検する専門の守省御史、直隷府州県を分巡する御史、それに文頭にあった在京衙門の文巻を点検する御史と、四種の職務を担当する監察御史に分類することができる。文巻の

点検という刷巻業務の面を通してみた時、当時の察院では組織化が進展し、守院御史、守省御史の二者に分れていた。おそらく殆んどの監察御史は守省御史に属し、彼等の中から直隷巡按御史、中央官衙の文巻に当る刷巻御史、大朝会の失儀に当る失儀御史、登聞鼓を管理する御史が選ばれて、それぞれの職務を担当したのであろう。

この様に察院では人員が増加するに従い、その組織化も進行したと推測されるが、一方、御史台の人員は補充されないばかりか、洪武九年閏一二月になると侍御史、殿中侍御史、治書侍御史も廃止されて御史大夫、御史中丞のみとなった。[28] 御史台の衰退、察院の発展が明確になったが、洪武一三年正月二日、左丞相胡惟庸及び御史大夫陳寧等の謀反が発覚するという胡惟庸事件が生じた。太祖は七日に中書省を革去して六部を陞せ、大都督府を廃して五軍都督府に軍事を分領させた。同年五月になると御史台及び各道按察司も罷め、ここに呉元年十月に置かれた中書省、大都督府、御史台の三大府が廃止されることになった。ところが、中書省、大都督府の場合と異なり、御史台と各道按察司は廃止されたものの、呉元年十月に御史台組織として設置された察院は廃止されずに存続し、前二者の場合とは異なった。そこで存続して置かれた察院について検討したい。

洪武一三年五月の御史台廃止から、同一五年十月までの約二年五ヵ月間に及んだ察院時代の特色として第一にあげられるのは、地方監察制度の進展である。洪武一三年五月に御史台と共に廃止された各道按察司は翌一四年三月に復置されたが、この時に各道按察分司の設置をみた。これは全省を五三分司（区域）に細分化して各道按察司官にその分司内を分巡按治させる制度であった。[29] 即ち各省内を幾つかの区域（分司）に分け、副使、僉事を配して分巡按治を隈なく行うという方法であり、従来の按察司官による分巡按治の徹底化を意味した。洪武二五年になると分司名を「道」と改称したが、この時には直隷府州県も六道に分けられ、[30] 直隷巡按御史も府州県を隈なく分巡することになった。

地方監察制度の発展は察院でも見られ、監察御史の地方監察制度も一層整備された。明実録洪武二三年八月己巳の条に、洪武一五年九月の時点での察院の組織について、以下の様に述べる。

監察御史印を改鋳す。是より先、既に察院を分ちて河南等十二道となす。毎道鋳印二、其の文、皆な「縄愆糾謬」と曰う。守院御史、其の一つを掌どる。毎道御史或は五人、或は四、三人、久次なる者を推して之を長とす。分巡印一、内府に蔵す。有事ならば則ち受印して以て出、復命すれば則ち之を納む。

監察御史印を改鋳したのは洪武二三年八月の時であるが、この条の「是より先き」とは、初めて監察御史印を鋳造した洪武一五年九月以後の察院の状態を述べていることになる。[31] それによれば察院には河南等十二道御史が設置され、その印文は全て「縄愆糾謬」であった。御史印は各道に二個置かれ、その内の一つは守院御史が管理した。そして各道御史の人員は三～五人で、それらの中から経験のある者が選ばれて各道の責任者（長）となった。御史印の他に、「分巡印」も造られ、各道内で事有らば受印して出で、復命すれば戻したという。この内容を既に見てきた洪武七年当時の察院の組織と比較すると、守省御史が十二道御史の前身に当ると考えられる。また守院御史の責任も明確となり、十二道監察御史印の一つを管理して監察報告等の厳正さを維持したと考えられる。更に各道には分巡印も置かれることとなり、洪武七年当時の察院よりもその組織化が進展したと考えられよう。

　察院時代の特色の第二は、察院が六部、五軍都督府と並んで、中央の統治機関としての役割を果たすことになった点である。洪武七年の巻宗の検挙の条で考察したように、当時の察院は御史台官、按察使の文巻を点検し、官庁文書の監察の主導権を掌握していたが、以後になると更にその傾向は強化された。明実録洪武一五年閏二月甲申の条に、礼部に命じて諸司文移式を定めて、

六部が各布政使司を轄し、察院が各按察司を轄し、五軍都督府が各都司、衛所を分轄す。

とあるように、察院が各按察司の文移を統轄することが確認された。同年翌月、太祖が六部諸臣を諭した中で、

　朕が懇々と卿等と言う所以の者は、六部が朕の為に庶務を総理し、察院が朕の耳目為《た》るを以てなり。日々内外諸司と事体相い制し、當に心を盡して替輔し、共に理道を成し、以て生民を安んぜんと思う。

とあり、察院は六部と並んで統治運営の中心的役割を果たすことが求められていた(32)。

以上の様に、御史台が置かれていた洪武七年当時の察院の状態と、洪武一三年五月以後の察院時代に於ける状態とを検討してみた。その結果、洪武七年の時、既に察院を中心とする監察機構が成立していたことが判明した。その上、洪武七年当時の察院には守院御史と守省御史の二種の御史に分類されていて、その組織化も行われていた。御史台廃止後の洪武一五年九月になると、察院には監察御史印と分巡印の二種の印が鋳造されたし、守省御史も河南等十二道御史と改められて、地方監察に重点を置いた察院の組織化が更に整備された。しかも察院は六部と並んで統治機関の中心的役割を要請されており、呉元年十月の中書省、大都督府、御史台の三大府に替って、六部、五軍都督府、察院という新たな三大機関が成立したといえよう。

三　都察院体制の成立

洪武一五年九月に監察御史印が鋳造されたに止まらず、更に分巡印も置かれて、河南等十二道御史は各道の有事の場合には派遣されて事を処理するという、地方監察体制が成立し、翌月都察院が更置された。明実録洪武一五年十月丙子朔の条に、以下の様に述べる。

　都察院を更置す。監察都御史八人、正七品、秀才の李原明、詹徽等を以て之と為す。浙江、河南、山東、北平、

山西、陝西、湖広、福建、江西、広東、広西、四川十二道監察御史、正九品を設く。其の文移は則ち、都察院は牒を各道監察御史に故《おこな》い、監察御史は都察院に呈す。

この条文で問題となるのは、①都察院の設置とせず、都察院を「更置」したとしていること、②監察都御史を十二道御史の上に置いたこと、③科挙出身者を監察都御史に任命したこと、④都察院が文移の上で監察御史を管轄したこと、⑤監察都御史の品秩が正七品と低いこと、の五点である。

①の都察院を更置したという記述は、「更めて置いた」のであって、従来の察院組織を肯定または温存し、それを都察院として置いたとみなすべきであろう。前述の如く、察院の組織として総責任者の守院御史が置かれ、その下に河南等十二道御史が置かれていた。更に十二道御史の場合、経験のある御史一人選ばれて各道の長となって責任者となった。しかし品秩の上では上下の差はなかった。一方、更置された都察院の組織によると、監察御史を管理する御史として監察都御史を置き、品秩は正七品であって、監察御史の正九品よりも四段階上であった。このことは監察御史の中に上下関係を持ち込んだ点で、従来の察院とは異なった。新たに監察御史を管理する都御史を設置したこと、更に当時の直隷府州県では直隷巡按御史の分巡按治の為の執務庁兼宿泊所として、「察院」が置かれていたから重複を避けることもあり、従来の如く察院とするには不都合と考え、「都察院」としたと推察される。[33]また官衙名を察院から都察院と変更することによって、清新さを打ち出す意図もあったと推測される。若し各道按察司の場合のように、洪武一三年に罷め、翌一四年に従来の組織のまま復活させたならば、察院として「復置」したと記述したに相違ない。[34]この「更置」という表記は、都督府を罷めて五軍都督府を置いた時にも使用された。[35]五軍都督府の場合、それを管轄した都督府を廃止して置いた為に、復置でなく「更置」としたのであろう。②と④であるが、監察御史の上に監察都御史を置いたのは、察院の守院御史の職を継承し、監察御史を管理する必要があった為であり、その品秩を陞格して

監察御史よりも上位に置いたに過ぎないと推察される。そうなると、監察都御史を御史台の時の御史大夫に相当すると考えるのは不正確であろう。(36) 都御史はあくまでも御史の一人であった。品秩上、都御史が御史を管理したし、諸司文移上も都察院（都御史）が十二道御史を統轄した。けれども都察院、各道按察司の監察機関の場合、監察行為の上では上下関係は成立しなかった。十二道御史は監察都御史を糾察できたし、各道按察司でも同様であって、按察使の印と副使、僉事の使用する印の大きさは寸分も違わず、監察行為の上では同格であった。(37) この点で監察機関は六部等の行政機関とは異なった。③の監察都御史に秀才の李原明等が選任されたのは、ようやく科挙の制も軌道にのったこと、また過去の因襲にとらわれない人物を配することによって、新王朝建設の意図があったと指摘されている。(38) ⑤の監察都御史の品秩が正七品、監察御史の品秩が正九品と低かった理由として、御史台官が胡惟庸事件に関連していた為に、低く押さえられたのであろうと指摘された。(39) しかし察院時代から六部と並んで政治機関の中枢となっていたこともあり、翌一六年に都察院は正三品衙門、一七年には正二品衙門に陞格して、他の衙門との関係上、調整された。(40) その結果、監察都御史の品秩は正二品、副都御史は正三品、僉都御史は正四品と陞格したのに比べ、監察御史は正七品に陞格したに止まり、都御史が御史とは異なった別格の扱いを受けたのも事実であった。確かに宣徳年間以降に直隷や省の府州県に建てられた都御史の按察行署を「都察院」と称し、監察御史のそれを「察院」と称して明白に区別された。(41) 後になって監察都御史を嘗ての御史大夫の職に比定されたのも否定できないが、都御史も御史の一人であった点を認識すべきであろう。

都察院更置の八年後の洪武二三年八月、監察御史印を改鋳した。明実録洪武二三年八月己巳の条に、

是に至り、左副都御史袁泰言う、各道の印篆相類すと。乃ち命じて其の制を改め、守印十二、浙江道の如きは則ち浙江道監察御史印と曰い、余の道も並びに同じ。其れ巡按印は則ち巡按浙江道監察御史印、余も亦此くの如し。

惟だ浙江、江西、直隷十府州は事、繁劇なれば、毎道印十を置く、余道は皆五なり。

とあり、監察御史印の改鋳を載せる。これによれば、洪武一五年九月に鋳造された御史印は各道とも「縄愆糾謬」と印字されていた為に、書類整理の上でも混同して不便であった。そこで「各道監察御史印」と明確にした。「分巡印」も「巡按印」と改め、各道巡按監察御史印と明記したとある。都察院による地方監察の基盤となったのは、各道御史が管轄する按察司官の報告にあったから、各道名を明記することによって、地方状況を正確かつ迅速に把握できることになったと推察される。地方へ派遣されて按治に当った各道巡按監察御史の報告も、中央と地方との連絡事項や按治処理等を主とするもので、迅速に各道の状況を把握する上でも各道名の明記を必要としたに相違ない。

御史印改鋳後、更に二年たった洪武二五年になって各道按察分司の名称を「道」と改めたのは、洪武一五年の都察院を更置した時に各省を「十二道」と改称したことと関連しており、この段階になって名称上でも各道按察の分巡按治が都察院下の各道に組み込まれたとみなすべきであろう。(42) 当時の地方按治の在り方は、各道（省）の刑名等の書類を各道御史が管理し、各道内に事が生ずれば、該道の巡按御史が派遣されて問題を処理することにあった。処で中央機関の中にあって各省ごとに専任官を設けたのは、都察院の他には戸部と刑部があげられる。しかし、戸部、刑部の二部の中に十二部の設置をみたのは洪武二三年のことであって、(43) 都察院に十二道御史が設けられたのは洪武一五年のことであったから、八年も遅かった。この点からも都察院は当時の中央機関にあって、地方統治の状態に最も精通した機関であったといえよう。各道按察司を管轄し、地方按治を確立した都察院体制の中で、最も重要な役割を果たしたのが按察副使、僉事の分巡と巡按監察御史の分巡であった。中でも中央と地方との連絡官として大きな役割を果たしたのは、各道巡按監察御史であった。(44) そこで巡按監察御史について検討を加えたい。

洪武元年八月以後、直隷府州県を分巡（巡按）したのが巡按御史派遣の最初であった。既に呉元年十月以後、各省府州県を分巡したのが按察司官の副使、僉事であったが、直隷地域が設定されてから監察御史の派遣をみたのであり、この御史を直隷巡按御史と称した。その後、洪武四年正月に憲綱が頒布され、事有らば監察御史も直隷地域以外の各省にも派遣されるに及んで、監察御史による地方按治が全国化されることになった。この御史を在外巡按御史と呼ぶことができる。この事実を分巡の際の執務庁兼宿泊所である按察行署（察院）の設置状況に求めると、洪武年間に建てられた按察行署の察院は直隷府州県に限られているし、宣徳以降になって各省の府州県にも察院が設置された点からも裏付けられよう。[45] 巡按御史による地方按治の全国化を決定づけたのは洪武一五年以後、とりわけ洪武二三年のことであった。先にあげた明実録洪武二三年八月の条には、洪武一五年九月の時点の察院の状態と、洪武二三年八月の時点での都察院の状態の二者を記載していた。ここで両者を整理すると、洪武一五年九月の時点の察院は、

㈠ 河南等十二道御史印が鋳造された。

㈡ 有事ならば、十二道御史の内、該道の御史が分巡印を受領して赴いた。

洪武二三年八月の時点の都察院では

㈠ 浙江等監察御史印が鋳造されて、各道名が明記された。

㈡ 浙江等巡按御史印が鋳造されて、各道巡按御史名が明記された。

㈢ 各道の巡按印は五個置かれたが、浙江、江西、直隷十府州の三地域は事が繁劇という理由から十個置かれた、

と言う。両者を比較して先ず気付く点は、察院の場合、有事の時に十二道御史の派遣をみたのに、都察院の場合には、巡按印が各道に置かれたことと、有事の時という条項が欠除していることである。これは察院の際の分巡印が臨時的派遣の為の印であったのに対し、都察院の際の巡按印は、常時派遣の為の印であったことを示している。これを裏付けるのは、洪武二三年、当時の吏職の称わざるに懲りて太祖自らが作成して各司府州県に頒布し、刊行して各地方公

署に懸けさせたといわれる「責任条例」である[46]。その第六条に、

按察司は布政司府州県を治理す。務めて姦弊を画除し、一方を粛清するを要す。耳目の及ばざる所、精神の至らざる所あらば、巡按御史に（遣下せよ）。方めて乃ち清なり。儻し貪官汚吏と通同して民冤事枉を致す者あらば、一体究治せしむ。

とあり、巡按御史が各省の按察司を監督し、按察司の手に余る事が生じた場合には、事態を処理する意図の下に派遣されていたことが分る。そうなると、各省に巡按御史が毎年派遣されなくてはならないことになり、洪武二三年には巡按御史の常時派遣が行われたと推察される。更に、洪熙元年八月、「又、定むるに巡按（御史）は八月を以て出巡す」とあり、仁宗の洪熙元年八月になって、巡按御史の八月出巡が改めて決定された[47]。そうなると、洪熙元年以前に八月出巡の規定があったことになる。元代では按察司官の出巡は八月が原則であったが、その年代、地域により異なり、二月出巡も行われたが、出巡の月は決まっていた[48]。元制の分巡の制を継承した明初も出巡の月も踏襲したと考えられる。それ故、各省の按察司官や直隷の巡按御史には八月出巡の規定があったと推察される。しかし在外巡按御史の場合、洪武一五年九月の察院の条では「有事」ならば出巡したとあるから、この時点では出巡の月の規定はなかった筈である。ところが洪武二三年八月の都察院の条には、「有事」の条項がなく各道巡按御史印が置かれたこと、同年頒布の「責任条例」の第六条から、毎年巡按御史が各省に派遣されたと推察されること、更に仁宗の洪熙元年八月、「又、定むるに巡按は八月を以て出巡す」とあって、洪熙元年八月以前に出巡の月が決定していたと推察されることの三点から、洪武二三年には在外巡按御史の毎年の派遣が決定していたと考えられよう。

洪武一五年九月の察院と洪武二三年八月の都察院の条文を検討して次に気付く点は、後者の㈢に、巡按印が直隷十府州にも十個置かれたことである。前述の如く、洪武元年八月以後、直隷府州県では直隷巡按御史が分巡していたに

も拘らず、直隷府州県は事が繁劇であるという理由から、十個の巡按印が置かれて巡按御史が派遣されたことになる。そうなると、後者の巡按御史は直隷も在外の一つと考えて、「在外直隷巡按御史」として区別したと考えざるを得ない。二年後の洪武二五年に、按察分司とともに直隷巡按御史印も鋳造されて頒布されているから、直隷府州県では直隷巡按御史と在外直隷巡按御史の二種の派遣が行われたと推測されよう。直隷巡按御史は嘉靖年間にも南直隷府州県を分巡したし、洪熙元年四月以後、北直隷府州県を分巡したから明代を通じて存在したと考えられる。万暦年間になると、南直隷の応天、蘇松、淮揚巡按御史や北直隷の順天、真定巡按御史を在外巡按として分類している(49)。恐らく、在外直隷巡按御史は万暦年間に入ると、応天、蘇松、淮揚、順天、真定巡按御史として定着したと考えられよう。

おわりに

呉元年十月、太祖は元制の監察制度に倣って、御史台と各道按察司を設置した。しかし御史台の組織は元制のように、台院、殿中司、察院で構成される二院一司ではなく、殿中司は殿院に組み込まれていて、実際は台院と察院の二院で構成された。中国の監察制度は秦漢以来、大きく分けて二つの職務があった。一つは官吏考察に象徴されるように考察であり、他の一つは地方按治であった。金代になって地方に提刑司が設けられたし、元代に入ると地方に按察司（廉訪司）が設置されて按察僉事が府州県を分巡し、地方按治が重視されることになり、地方監察制度が発達したと考えられる。

明代の場合は呉元年十月に各道按察司が置かれ、按察司官の副使、僉事が各行省府州県を分巡し、洪武元年八月以後になると察院監察御史が直隷府州県を分巡して、ここに地方監察制度が発足した。洪武元年に大明令、洪武四年には憲綱も頒布されて、地方監察の際の指針（法規）も作成されることになった。この法規の条項には官吏考察、科差賦役、学校、詞訟等と多くの項目があったが、都察院は刑部、大理寺と並んで三法司の一つであったし、地方に置かれた按察司は冒頭に「提刑」を冠するように、訴訟の処理や罪囚の審録等が眼目であった。

中央の監察機関に御史台が設置されたものの、人員は揃わず、洪武九年には侍御史、治書侍御史、殿中侍御史が廃止されて、台院の縮少は顕著となった。一方、察院の発展は目覚ましく、最も多い時には四四員の監察御史が置かれた。洪武七年の文巻の検挙を検討すると、当時の察院では組織化が行われており、守院御史、守省御史の区別があり、守院御史が守省御史を総轄していた。監察御史を職務の面でみると、登聞鼓を管理する御史、大朝会の失儀に当る御史、直隷府州県を分巡する御史等に分けられ、更に洪武四年以後になると、直隷、各省に在外巡按御史も派遣されて地方按治に当った。

洪武一三年五月、御史台と各道按察司が廃止されたが、この時に廃止されずに存続したのが察院であった。以後、都察院更置までの約二年五ヵ月間を察院時代と呼ぶことができる。この時代に地方監察の面で整備が進み、守省御史は十二道御史と改称され、各道には三～五人の御史が配置されて各省（道）の監察業務に携わった。更に分巡印も鋳造され、事有らば該道の御史がその印を受領して、地方按治に当った。これらの御史を分巡或は巡按御史と称した。その上、この時代に察院は六部と並んで政治の中枢機関として活動した。洪武一五年十月に都察院の更置をみたが、全く新しい機関ではなく、従来の察院体制を温存し、新たに監察都御史を設けて監察御史を管理するという監察機関へと改組された。

明代の監察制度は地方監察を一層重視した点に特色があった。その為に中央の都察院に十二道御史が配置されて各道（省）の地方監察業務を整理することによって、中央機関の中で最も地方の状況に精通した機関となった。各道に事有らば、該道の御史が派遣されて直ちに地方按治に当った。各道には按察司官が配置され、各道内を更に幾つかの分道に分け、各道内を隈なく分巡按治することが義務づけられた。地方監察官の中で最も重要な役割を果たしたのが、「大事は奏裁し、小事は立断」した在外巡按御史であった。当初、在外巡按御史は臨時的派遣であったが、洪武二三年以後は定期的派遣となり、各道の按察司官の分巡按治の成果を吸収し、且つ地方支配を維持する都察院体制の要《かなめ》であったといえよう。

註

(1) 趙翼『陔餘叢攷』巻二六、御史の条。徐式圭『中国監察史略』(中華書局、一九三七)、彭勃・龔飛主編『中国監察制度史』(中国政法大学出版社、一九八九)。

(2) 王天有『明代国家機構研究』(北京大学出版社、一九九二)、張薇『明代的監控体制』(武漢大学出版社、一九九三)、張徳信『明朝典制』(吉林文史出版社、一九九六)、張治安『明代監察制度研究』(五南図書出版公司、二〇〇一)。

(3) 至正金陵志巻六、官守志に「江東建康道提刑按察司、按治江東諸路……二十九年、以避行台、移治寧国路。建康路径隷行台、歳委監察御史、巡按本属州県」とある。

(4) 元典章巻五、六、台綱の内台、行台、体察、按治の条を参照。

(5) 明実録呉元年十月壬子の条に、御史台の官属に殿中侍御史(正五品)が置かれたことから、殿中司の設置が推測される。

(6) 明実録呉元年十月壬子の条に「御史台糾察百司、朝廷紀綱盡繫於此、而台察之任、実為清要」とあり、台院と察院の二院をあげる。殿中司が置かれたとしても、台院の中に組み込まれたと考えられる。

(7) 明実録呉元年十月甲寅の条。

(8) 間野潜竜「明代都察院の成立について」(史林四三―二、一九六〇)の中で、御史台の人事について詳細に検討した。本稿はこの論考に負う所が多い。

（9）国榷洪武三年六月甲子の条に「定朝儀。其殿廷失儀、殿中侍御史糾之。大朝会失儀、監察御史糾之」とある。
（10）明実録洪武四年閏三月庚申の条。
（11）拙著『明代地方監察制度の研究』（汲古書院、一九九八年）二一八頁参照。
（12）明実録洪武四年閏三月庚辰の条。
（13）註（8）の論稿参照。
（14）註（8）の論稿参照。
（15）王圻続文献通考巻八九、御史台の条に「金御史台……登聞鼓院隷焉」とあり、金代に登聞鼓院が御史台に置かれた。明初では監察御史が登聞鼓を管理したが、宣徳二年以後、給事中が管理した。
（16）明実録洪武二年秋七月癸丑の条。尚、註（8）の間野論文では、監察御史謝如心を南京都察院志巻四に、謝恕、または謝如忠に作るとある、と指摘した。
（17）明実録洪武六年十一月戊戌朔の条。
（18）明史巻七三、職官志二。
（19）明実録洪武四年九月丙辰の条。
（20）明実録洪武七年七月の条。
（21）明実録洪武七年七月丁亥の条。
（22）明実録洪武十年二月己巳の条。
（23）明実録洪武十年五月壬辰の条。
（24）明実録洪武二年五月辛酉の条の御史中丞章溢伝に「癸卯、始置浙東提刑按察司……甲辰、置湖広提刑按察司」とある。
（25）小畑竜雄「分巡道の成立」（山口大学文学会誌三―一、一九五二）。
（26）明実録洪武七年八月辛丑の条。
（27）明実録洪武八年五月己巳の条。

（28）註（8）の論稿参照。
（29）註（25）の論稿参照。
（30）明実録洪武二五年九月乙酉の条に「直隷六道監察御史印、曰淮西道、曰淮東道、曰蘇松道、曰安池道、曰京口道、曰江東道」とあり、直隷六道の名称を記載する。
（31）明実録洪武一五年九月壬戌の条に「始鋳監察御史印、文曰縄愆糾謬」とある。
（32）明実録洪武一五年三月乙亥の条。
（33）洪武元年に蘇州府の呉県、呉江県、洪武二年に鳳陽府の潁州、揚州府の通州等にそれぞれ察院が建てられた。
（34）明実録洪武一四年三月丁亥の条に「復置各道提刑按察司并定各道按察分司」とある。
（35）明実録洪武一三年春正月己亥の条に「欲革去中書省、陞六部、倣古六卿之制、俾之各司所事。更置五軍都督府、以分隷軍衛」とある。
（36）大学衍義補巻八　重台諫之任の条に「臣按、御史大夫即今左右都御史之職。中丞即今左右副・僉都御史之職」とあり、御史大夫が明代の都御史、御史中丞が副・僉都御史に比定する。また註（1）の中で徐式圭は「左右都御史各一人、同於前代的大夫」とあり、都御史の職が元代の御史大夫と同じであるとする。確かに都御史は監察御史を監督、管理したとはいえ、監察御史の監察権を管理する訳ではなかった。明代の監察御史は都御史の閲覧を経ずに上奏できたから、都御史の職を御史大夫に比定するには無理がある。
（37）嘉靖浙江通志巻一三、建置志、提刑按察司の条に「夫按察外台、各挙其職、按察使不得統制。故布政司署使字、而按察司不署使字者、正猶部寺司官称銜、必署堂官銜門。而御史則直称某道、某道不以都察院冒于其上……故按察分巡之印、與堂印分寸相同」とあり、明代の監察機関である内台の都察院、外台の按察司の場合、御史、按察司官の監察内容を、上司である都御史、按察使は統制できなかった。それ故に按察司官（副使、僉事）の分巡印は、按察使の印と寸分違わなかったとある。
（38）註（8）の論稿参照。
（39）註（8）の論稿参照。

（40）間野潜竜「洪武朝の都察院について」（大谷大学研究年報一三、一九六一）の中で、洪武一七年正月に左右都御史が正二品、左右副都御史が正三品、左右僉都御史が正四品となり、十二道監察御史も正七品に進められて、御史台時代の品秩にかえり、ここに明一代の都察院の体制が成立した、と述べている。

（41）明初に於いて都御史が出巡した際、御史の按察行署である察院の建物を一時的に利用する場合もあったが、宣徳以後になると別個に建てられ、都御史の行署は「都察院」と呼ばれた。

（42）明実録洪武二五年九月乙酉の条に、「命鋳各按察分司印。先是、各按察分司所分巡按地方、多有未當。至是、命都察院・六部官会議、更定凡四十八道」とあり、按察分司印を鋳造させた。按察行署の名称は従来通り按察分司であるが、この時に区域名（分司）を「道」に改めた。尚、府州県によっては、その行署名を道とし、例えば「福寧道」とする場合もあった。

（43）明史巻七二、職官志一、戸部の条に、「(洪武) 二十三年、又分四部為河南、北平、山東、山西、陝西、浙江、江西、湖広、広東、広西、四川、福建十二部……二十九年、改十二部為十二清吏司」とある。また明史同条の刑部の場合も、洪武二三年に四部を改めて、河南等十二部とし、同二九年に十二清吏司と改称された。

（44）『宮崎市定全集』別巻、「中国政治論集」（岩波書店、一九九三）の中で、巡撫、巡按官の役割を、中央と地方との連絡官であったと指摘している。

（45）註（11）の一八七－一九一頁参照。

（46）万暦会典巻一二、吏部一一の条。

（47）拙稿「明代都察院の再編成について」（明代史研究二九、二〇〇一）参照。

（48）丹羽友三郎『元代監察制度の研究』（高文堂出版、一九九四）。

（49）明史巻七三、職官志二に、「在外巡按、北直隷二人、南直隷三人、宣大一人、遼東一人、甘粛一人、十三省各一人」とある。

明初の総兵官

松本隆晴

序

明代で行軍体制を組織して軍兵を総指揮した総兵官(1)は、その職務によって三つに類型化できる。一は軍事行動を主要目的とする〝征討総兵官〟、一は辺境などの軍事的緊張地帯で主に軍政を主要目的とする〝鎮守総兵官〟、さらに漕運を主要職務とする〝漕運総兵官〟である。これら総兵官はいずれも明初の洪武年間に出現している。本稿では漕運総兵官を除いて、明初の征討総兵官と鎮守総兵官について考察したい。

一、明初の征討総兵官

明初で出征討伐のため出動した軍隊を領導指揮する者に、将軍および総兵官の称号が与えられた武臣がおり、これらはいわば戦時のあるいは臨時の特命職の性格をもっていた。最初に将軍号について述べたい。将軍の名は周知のように古くからある称号で、明代におけるその出現期は建国前に遡る。『明実録』丙午年八月辛亥の条に、

命中書左相国徐達為大将軍、平章常遇春為副将軍、帥師二十万伐張士誠。

とある。丙午年は元の至正二十六年（一三六六）にあたり、張士誠攻略軍の総指揮者を任命するさい、太祖は徐達に「大将軍」、常遇春に「副将軍」の称号を与えている。また『明実録』呉元年十月癸丑の条に、

命御史大夫湯和為征南将軍、僉大都督府事呉禎為副将軍、帥常州・長興・宜興・江陰諸軍、討方国珎于慶元。

とある。翌呉元年（一三六七）の方国珎討伐に、湯和を「征南将軍」、呉禎を「副将軍」としている。さらに同年、『明実録』呉元年十月甲子の条に、

命中書省右丞相信国公徐達為征虜大将軍、中書平章軍国重事鄂国公常遇春為征虜副将軍、率甲士二十五万、由淮入河北取中原。又命中書平章胡廷瑞為征南将軍、江西行省左丞何文輝為副将軍、率安吉・寧国・南昌・袁・贛・滁・和・無為等衛軍、由江西取福建。

とあり、北伐軍の総指揮者の徐達に「征虜大将軍」、常遇春に「征虜副将軍」の称号を与え、また福建平定軍の胡廷瑞を「征南将軍」、何文輝を征南「副将軍」としている。

このように建国前に将軍号が出現した理由は、衛所制度の成立と深く関係があると考えられる。衛所制度は、一三六四年ころからそれまでの太祖に帰付した雑多な軍団を、徐々に改変整理し軍隊制度を一本化するために編成されたものである。(2) その衛指揮使は独自の判断で配下の軍士を出動させられないことを原則としていた。(3) この時期の征討ごとに任命する将軍号の出現は衛所制度成立期に対応して、行軍体制の指揮系統を整備した結果の反映と考えられる。

洪武元年（一三六八）の明建国後も太祖は治世中、毎年のように数多くの征討軍を編成出動させ、その指揮する者に将軍号を与えた。そのいくつかを『明実録』によって列挙すれば以下の通りになる。

洪武三年正月癸巳の条

命右丞相信国公徐達為征虜大将軍、浙江行省平章李文忠為左副将軍、都督馮勝為右副将軍、御史大夫鄧愈為左副副将軍、湯和為右副副将軍、往征砂漠。

洪武四年正月丁亥の条

命中山侯湯和為征西将軍、江夏侯周徳興為左副将軍、徳慶侯廖永忠為右副将軍、曁営陽侯楊璟、都督僉事葉昇、率京衛・荊・湘舟師、由瞿塘趨重慶。潁川侯傅友徳為征虜前将軍、済寧侯顧時為左副将軍、曁都督僉事何文輝等率河南・陝西歩騎、由秦隴趨成都。

洪武五年正月甲戌の条

遣征虜大将軍魏国公徐達為征虜大将軍、左副将軍曹国公李文忠・征西将軍宋国公馮勝等、率師征王保保。

洪武五年正月甲戌の条

命衛国公鄧愈為征南将軍、江夏公周徳興・江陰侯呉良為副将兵、討之。

洪武十年四月己酉の条

命衛国公鄧愈為征西将軍、大都督府同知沐英為副将軍、率師討吐番。

洪武十四年正月戊子の条

上命魏国公徐達為征虜大将軍、信国公湯和為左副将軍、潁川侯傅友徳為右副将軍、率諸将士往討之（乃児不花）。

洪武二十年正月癸丑の条

命宋国公馮勝為征虜大将軍、潁国公傅友徳為左副将軍、永昌侯藍玉為右副将軍、南雄侯趙庸・定遠侯王弼為左参将、東川侯胡海・武定侯郭英為右参将、前軍都督商嵩参賛軍事、率師二十万北伐。

洪武二十年九月丁未の条

命右副将永昌侯藍玉為征虜大将軍、延安侯唐勝宗為左副将軍、武定侯郭英為右副将軍、都督僉事耿忠為左参将、都督僉事孫恪為右参将。

以上の諸事例からわかるように、将軍には「征虜大将軍」・「征南将軍」・「征西将軍」・「征虜前将軍」等の称号があり、さらに将軍を補佐する「副将軍」・「副副将軍」等があった。その中でも大将軍は格別の地位とされたもので、大軍に編成された征討軍を総指揮した場合が多い。これら将軍号は、征討対象や征討地域あるいは征討の性格に応じて命名されたものであろう。また洪武三年十一月に功臣を封じた以降は、ほとんど公侯伯を将軍に任命していたといえる。ただ洪武末年、将軍に都督らがなる場合が多くなる。これは太祖の功臣粛清策で公侯伯がほとんどいなくなり、結果として都督等への身分の低下がみられたのである。さらに『明実録』洪武四年十月丙申の条に、

征西将軍中山侯湯和、左副将軍江夏侯周徳興、右副将軍徳慶侯廖永忠、征虜前将軍潁川侯傅友徳、左副将軍済寧侯顧時、右副将軍永嘉侯朱亮祖、還京師、上所佩将軍印綬。

とある。洪武四年正月四川の明昇征討に出動した湯和らが、征討終了後の同年十月に京師に帰還して、朝廷に「佩する所の将軍印綬」を返還していた。また『明史』巻一百二十五、徐達伝に、

毎歳春出、冬暮召還、以為常。還輒上将印、賜休沐、宴見歓飲、有布衣兄弟称、而達愈恭慎。

とあり、大将軍徐達は京師に帰還するごとに朝廷に「将印」を返還していたのである。これらのことから征討軍出動にさいし、歴代王朝と同様に各将軍は印綬を帯同し、任務が完了したあと返納したことがわかり、将軍が戦時の特命職であったことをあらわしている。

つぎに総兵官について述べたい。総兵官は明代以降のものとされているが、その名はすでに元朝時代にあり、『元史』巻四十六、順帝本紀に、

〔至正二十二年〕六月辛巳、……衆乃推察罕帖木児之子拡廓帖木児為総兵官、復囲益都。

とある。至正二十二年（一三六二）に拡廓帖木児が総兵官になったとする内容である。その他にも『元史』に総兵官の名称が散見できるところをみると、総兵官は元朝に起源があると思われる。当然それは建国前の太祖政権にも影響を与えたのであろう。『明実録』丁酉年三月乙亥の条に、

改長興州為長安州、立永興翼元帥府。以耿炳文為総兵都元帥、劉成為左副元帥、李景元為右副元帥守之。

とある。丁酉年は一三五七年のことで、耿炳文を「総兵都元帥」に命じたとしている。「都元帥」に「総兵」を加えた表現は、永興翼元帥府での総指揮の所在を明記してのことだと思われる。明建国後も事例は少ないが、やはり早い時期に将軍と並行して総兵官が出現している。以下は総兵官任命に関する『明実録』の事例である。

洪武二年十月癸未の条

命潭州衛指揮同知丘広為総兵官、宝慶衛指揮僉事胡海・広西衛指揮僉事左昌弼副之、率兵討左江上思州蛮賊。

洪武六年三月甲子の条

詔広洋衛指揮使於顕為総兵官、横海衛指揮使朱寿為副総兵、出海巡倭。

洪武七年正月甲戌の条

詔以靖海侯呉禎為総兵官、都督僉事於顕為副総兵官、領江陰・広洋・横海・水軍四衛舟師、出海巡捕海寇。所統在京各衛及太倉・杭州・温・台・明・福・漳・泉・潮州沿海諸衛官軍、悉聴節制。

洪武十一年六月己巳の条

上命辰州衛指揮楊仲名率師討之勅曰、……今命爾為総兵官率辰沅等処官軍及土著隘丁兵夫、以討之。

洪武二十五年二月癸酉の条

命都督宋晟為総兵、都督劉真副之、遣使制諭曰、其西涼・山丹諸衛軍馬、凡有征調悉聴節制。

洪武二十五年三月甲申の条

命北平都指揮使周興為総兵官、遠巡塞北捜捕残胡。

洪武二十五年四月戊寅の条

上命涼国公藍玉総兵討之。復以玉在甘粛道遠、於是命緯（都督聶緯）権為総兵、都督徐司馬為左副、四川都指揮使瞿能為右副、率所部及陝西歩騎征之。

洪武二十五年十二月戊戌の条

命宋国公馮勝為総兵官、潁国公傅友徳為之副、往山西・河南、訓練軍馬。

総兵官や副総兵に任命された者は呉禎のように公侯伯が任命された場合もあるが、潭州衛指揮同知の丘広、広洋衛指揮の於顕、辰州衛指揮の楊仲名、都督の宋晟、北平都指揮使の周興らが任命されていて、地位は公侯伯の将軍と比べると低い者が多い。それはとくに洪武年間前期に顕著である。また指揮した征討軍も小規模で、戦略範囲も地域的に限られていたと考えられる。

それでは総兵官は、洪武年間に並行して任命されていた将軍とどのような関係であったのであろうか。『明実録』洪武二十年八月癸酉の条に、

征虜大将軍宋国公馮勝、械鄭国公常茂至闕。茂勝之壻也。勝毎於衆中卑折之、茂不能堪、出不遜語、勝銜之。及降納哈出、而虜衆驚潰、勝欲自鮮、故帰咎於茂而奏之。茂既至陳所以降納哈出之故。上曰、如爾所言、勝亦不得無罪。命収其総兵官印召勝還、而令永昌侯藍玉行総兵官事。

とある。征虜大将軍宋国公馮勝と婿の鄭国公常茂の私怨から端を発し、投降した納哈出の虜衆を「驚潰」させた失態

をめぐって、馮勝は常茂の咎を上奏した。この時太祖は馮勝も「罪無し」とは言えないとして、馮勝から「総兵官印」を回収し召還させた、という内容である。大将軍馮勝は同時に総兵官であって、「総兵官印」を佩していたことがわかる。『明史』では「帝怒、収勝大将軍印」とあって[6]、この「総兵官印」は、「大将軍印」としている。『皇明制書』巻八、礼儀定式の出使礼儀に、

一、凡使者欽齎詔書至総兵官処、近営十里、先令人報知総兵官、……。

一、総兵将軍奉命征討。凡遇使者齎到制諭・勅符・手詔、依儀行礼。

とある。出儀定式は洪武二十年にだされたもので、ここに「総兵将軍」という表現がある。前述の「総兵都元帥」と同様に総指揮する総兵官の将軍という意味と解釈される。征討軍の最高位は〝○○大将軍〟、もしくは大将軍が任命されていない場合は〝○○将軍〟であったが、将軍は総兵官の意味も内包していたのである。

ところで、洪武二十四年ころから、『明実録』に将軍印を佩して総兵官となった事例が以下のように出現してくる。

洪武二十四年正月戊申の条

勅潁国公傅友徳佩征虜将軍印充総兵官、定遠侯王弼充左副将軍、武定侯郭英充右副将軍、於邳・徐・滕・兗・済南・平山・徳州・楽安及北平都司属衛遴選精鋭軍士訓練、以備辺。

洪武二十八年八月丁卯の条

命左軍都督府左都督楊文佩征南将軍印為総兵官。広西都指揮使韓観為左副将軍、右軍都督府都督僉事宋晟為右副将軍、劉真為参将。率京衛精壮馬歩官軍三万人、至広西会各処軍馬、討竜州土官趙宗寿及奉議・南丹・向武等州叛蛮。

洪武三十年正月丙辰の条

長興侯耿炳文佩征西将軍為総兵官、武定侯郭英為副、徃陝西及甘粛、選精鋭歩騎、巡西北辺、以備胡寇。

潁国公傅友徳の例は後述する鎮守総兵官の出現期のものとみられるが、〝〇〇将軍印を佩して総兵官と為す〟とする記述は、行軍体制下の副将軍も含む諸将軍のなかで総指揮の所在を明記するためであろう。(7) いやそれ以上に将軍号より総兵官に力点をおいて考える傾向がでてきたからだと思われる。つまり将軍号が総兵官の権威や身分あるいは征討軍の性格をあらわす形式的な称号に変化したか、または洪武末年に並行して単に征討軍総指揮者に「平羌将軍」などとする例がまだあること(8)を考慮すると、将軍号の形式化への一過渡期の反映だと考えられる。永楽元年（一四〇三）以降になると、単に〝〇〇将軍〟と記述する例はほとんどなくなる。『明実録』に、

永楽四年七月辛卯の条

命成国公朱能佩征夷将軍印統総兵官、……率師征討安南黎賊。

永楽七年七月癸酉の条

命淇国公丘福為征虜大将軍総兵官……率甲騎徃征北虜。

永楽八年二月戊戌の条

勅黔国公沐晟仍佩征夷将軍印充総兵官……率師征勦交趾余寇。

宣徳元年四月乙丑の条

命太子太保成山侯王通佩征夷将軍印充総兵官……徃交趾征勦叛寇。

などの諸事例があって、総兵官を明記するのが通常となったとわかる。つまり永楽年間から将軍号は形式化し、総兵官に任命されたものに征討軍の総指揮の実権が与えられたのである。

二、武臣の鎮守

鎮守は地方軍政を担った特命職で、武臣が任命された。もともと地方の軍政は『明史』職官志に「都司は、一方之軍政を掌る」とあるように、該当都司の都指揮使に、[9]衛では指揮使に課せられた任務である。しかし都司制度が発足した洪武八年以降も時々地方の軍政を清理する目的で、公侯伯や都督等の高位高官の武臣が特命を受けて派遣された。『明実録』洪武十二年二月戊戌の条に、

命曹国公李文忠往河州・岷州・臨洮・鞏昌・梅川等処、整治城池、督理軍務、辺境事宜悉従節制。

とあり、洪武十二年に曹国公李文忠が河州・岷州・臨洮・鞏昌・梅川等の甘粛地域の「整治城池、督理軍務」のために派遣されている。洪武十四年に吉安侯陸仲亨が「成都を鎮させ」るために派遣され、[10]洪武十七年正月に魏国公徐達が「北平に出鎮」している。[11]陸仲亨や徐達の職務ははっきりしないが、徐達は十ヶ月後に京師に帰った[12]ようにその任務期間は短い。また『明実録』洪武二十五年三月癸未の条に、

命宋国公馮勝等往陝西・山西・河南、簡閲士馬。時、上以陝西・山西・河南諸処城池久不修浚、士馬久不簡閲、屯田之兵亦多逋逃、恐武備漸致廃弛。迺命勝往理西安四衛及華山・平涼等八衛、潁国公傅友徳理山西都指揮使司属衛、曹国公李景隆理鞏昌・岷州・洮州・臨洮・河州五衛、涼国公藍玉往理蘭州・荘浪・西寧・西涼・甘粛等七衛、宣寧侯曹泰理漢中・秦州・金州三衛、長興侯耿炳文理慶陽・延安・綏徳・寧夏左右二屯凡五衛、東平韓勲理潞州・平陽二衛、安慶侯仇政理振武・朔州二衛、西涼侯濮玙理嵩嵐・蔚州二衛、定遠侯王弼理彰徳・懐慶・寧山三衛、江陰侯呉高理睢陽・帰徳・武平三衛、全寧侯孫恪理河南・安吉・寧国・宣武・弘農・潼関六衛、東莞伯何

栄理陳州・穎川二衛、徽先伯桑敬理南陽・信陽等三衛。仍戒以各慎乃事務安軍民。

とある。洪武二十五年ころ、陝西・山西・河南の諸処において、長い間城池の修濬や士馬の簡閲が行われず、また屯田兵の逋逃が多くなって、軍政の廃弛が心配されていた。そこで太祖は、宋国公馮勝・穎国公傅友徳・曹国公李景隆・涼国公藍玉・宣寧侯曹泰・長興侯耿炳文・東平侯韓勲・安慶侯仇政・定遠侯王弼・江陰侯呉高・全寧侯孫恪・東莞伯何栄・徽先伯桑敬等の公侯伯を派遣していたとわかる。この時、安慶侯仇政のように振武・朔州二衛のみを担当させた場合から、穎国公傅友徳のように「山西都指揮使司属衛」という都司単位の場合もあり、彼等の管轄範囲は多様であった。そして任務期間は明確でないが常駐性が認められるような長期ではなかったと考えられる。『明実録』永楽十六年五月丙辰の条に、

勅成山侯王通曰、修辺国之重務、其軍政不可不粛。昔、太祖皇帝数命公侯重臣清理、所以当時軍政修挙。

とある。永楽十六年、成山侯王通に陝西地方の閲視を命じたときの成祖の言で、太祖は洪武年間にしばしば「公侯の重臣」を派遣し軍政を清理させたと述べている。このような中央の高位武臣の一時的かつ特設的な軍政担当が、永楽年間の初めころから出現した常駐性のある鎮守の淵源だといえよう。

成祖は建文四年（一四〇二）七月に即位した直後から、武臣の鎮守を各地方に派遣している。次表は、建文四年七月から十二月までと永楽元年（一四〇三）に『明実録』に記録されている鎮守任命事例を月日順に列記した成祖即位直後鎮守任命表である。

月日（出典）	**武臣名**	**武臣官位**	**特命職**	**鎮守地**
建文四年				
①　七月乙酉	鄭祥	都督僉事	鎮守（統兵官）	雲南

②	癸卯	袁宇	左都督	鎮守	雲南
③	癸卯	呉高	江陰侯	鎮守	陝西
④	癸卯	李増枝	左都督	鎮守	荊州
⑤	丙午	張遂	都指揮僉事	鎮守	宿州
⑥	八月壬子	盛庸	歴城侯	鎮守	淮安
⑦	壬子	劉貞	左都督	鎮守	遼東
⑧	己未	何福	左都督	鎮守・総兵官	寧夏
⑨	己未	韓観	都督同知	鎮守	江西
⑩	甲子	沐晟	西平侯	鎮守	雲南
⑪	庚午	王英	都督	鎮守	陝西
⑫	十月丙寅	顧成	鎮遠侯	鎮守	貴州
⑬	十一月癸巳	韓観	都督	鎮守・総兵官	広西
⑭	十二月丁卯	郭亮	成安侯	鎮守	永平・山海
永楽元年					
⑮	一月丁酉	宋晟	左都督	鎮守・総兵官	甘粛
⑯	三月庚辰	呉高	江陰侯	鎮守	大同
⑰	四月甲戌	李濬	襄城伯	鎮守・総兵官	江西
⑱	六月戊辰	鄭亨	武安侯	備禦・総兵官	宣府

⑲十一月丁未　　程鵬　　都指揮僉事　　鎮守　　寧波
⑳十二月甲申　　孟然　　保定侯　　鎮守　　遼東

成祖は即位からわずか一年半の間に、多くの公侯伯や都督等を各地方の鎮守に派遣していたことがわかる。このころの鎮守とはどのような職務を負っていたのだろうか。⑤の「宿州を鎮守せしむ」、⑧の「陝西寧夏を鎮せしむ」、⑫の「貴州を鎮せしむ」、⑮の「甘粛を鎮せしむ」などと記述したり、①の「雲南都司事を掌らしむ」など都司単位の管轄範囲を述べたりして、具体的職務内容がわからない場合が多い。より具体性のある記述は、④の「城池を鎮守し、軍務を提督せしむ」、⑨の「軍馬を操練し、城池を整点せしむ」、⑭の「操練軍馬、撫安軍民」、⑯の「胡寇を防禦せしむ」などで、基本的にはやはり断片的な表現であるが、軍政を主な職務としている。また赴任地の都司や行都司などの衛所の節制が聴された場合も多く、⑦・⑨・⑩・⑯・⑰の事例がそれに該当する。

鎮守地は北辺地区と西南地区と内地の三地区に区分けできる。北辺地区は、東から遼東・宣府・大同・寧夏・陝西などである。西南地区は、江西・貴州・広西・雲南などで、内地は寧波・荊州・宿州・淮安などである。成祖の即位事情と即位直後の時期であったことを考慮するならば、これらの鎮守派遣が、成祖政権の軍事基盤確立に必要とみなされた地域への緊急な措置であったに違いない。正徳『大明会典』巻一百十、鎮戍に、

永楽初、始命内臣鎮守遼東・開原・及山西等処。自後各辺以次添設。相沿至今。

とある。永楽の初めに内臣鎮守の派遣を開始したとしている。これら内臣鎮守は前記の派遣された鎮守に同道して任地に赴いたと考えられるが、当然内臣の職務は在地も含む武臣たちの監視が主であった筈である。また『廿二史箚記』巻三十五、明代宦官に、

永楽中、遣鄭和下西洋、侯顕使西番、馬騏鎮交趾。且以西北諸将多洪武旧人、不能無疑慮、乃設鎮守之官、以中

人参之。京師内又設東廠偵事、宦官始進用。

とある。趙翼は「西北の諸将は洪武の旧人が多い」として、成祖は鎮守の官を設けそれに内臣を参じさせた。それは京師に東廠を設けて「偵事」しようとした意図と同じであると指摘している。

永楽元年から鎮守が各処に派遣されその後も継続された。次頁の成祖・仁宗治世年間鎮守表は成祖と仁宗の治政期における状況を、『明実録』で鎮守および鎮守総兵官の存在を確認したものを表化したものである。

この表をみると、北方の辺境地区では、鎮守や鎮守総兵官が遼東・大同・開平・寧夏・甘粛・などに出鎮して常駐性があり、宣府や興和では断続的ながら継続性も認められる。西南の辺境地区では、雲南・広西・貴州や交趾に鎮守や鎮守総兵官の常駐性ある出鎮が認められ、内地では鎮守の出鎮は散発的で常駐性に欠けていることがわかる。

三、鎮守総兵官

総兵官は本来の職務は、征討軍の総指揮であった。永楽年間に入ると、地方軍政担当の鎮守に総兵官に充されて派遣される武臣が、成祖・仁宗治世年間鎮守表のように出現して鎮守総兵官と称された。前掲史料の洪武二十四年の潁国公傅友徳が征虜将軍印を佩して総兵官となり、北平都司属衛等の「軍士訓練」や「辺備」した例などは、鎮守総兵官の性格をもつ淵源期のものであろう。

永楽期の鎮守総兵官の職務について、『明実録』永楽元年四月甲戌の条に、

命襄城伯李濬充総兵官、……往江西、操練軍民、鎮守城池、節制江西都司并護衛官軍。

とある。また『明実録』永楽十二年閏九月丁卯の条に、

成祖・仁宗治世年間鎮守表

	遼東	薊州	永山	宣府	大同	開平	興和	寧夏	河州	涼州	甘粛	陝西		四川	貴州	雲南	広西	江西	広東	交趾		真定	徳州	淮安	徐州	揚州	滁州	宿州	泗州	寧波	荊州	浙江
成祖治世期																																
建文4年	○		○					●				○			○	○	●	○						○		○		○			○	
永楽1年	○		○	●	○			●			●				○	○		●												○		
2				●				●			●							●	○					○						○		
3				●	○			●			●					○	●													○		
4				○				●			●					○	●															
5	○				○			●			●						●			●												○
6	○				○			○			●				○	○	●			●												
7	○							○			●				○					●												
8				○	○			○		●	●									●												
9	○				○			●	○		●				○					●												
10	○			●		○	○	●			●				○					●									○			
11	○			○	○	○					●				●																	
12	●	○			●			●			●				●					●												
13	●				●	○	○	●			●									●			○				○					
14								●			●	○			●					●												
15	●					○					●									●												
16	●				●	○		●			●	○			●					●					○							
17	●			○		○					●									●												
18	●	○	○		●		○				●									●		○				○		○				
19	●					○	○	○												●												
20	●	○				○																										
21	●	○			●																											
仁宗治世期																																
永楽22年	●		●	○	●	○		○			●			○		○	●			●												
洪熙1年	●		●	●	●	○			○		●				●	●	●			●												

＊○印は鎮守や備禦などの、●印は鎮守総兵官の存在をあらわす。表中の「永山」は永平と山海をさす。

命都督朱栄充総兵官鎮守大同、節制山西都司・行都司、備禦軍馬。

とある。この二例における李濬や朱栄の鎮守総兵官は、操練軍民、鎮守城池、備禦軍馬等の軍政を担当し、都司・行都司の官軍の節制が聴されていたとわかる。さらに宣徳年間に入っても、『明実録』宣徳元年十月辛酉の条に、

命遂安伯陳英充総兵官、仍往山海・永平、鎮守城池、操練軍馬、遇有声息、相機行事、所領官軍、悉聴節制。

とあり、また『明実録』宣徳三年閏四月壬午の条に、

陸都督同知陳懐為右軍都督府右都督、……今発去制諭一道、命爾懐仍充総兵官鎮守四川、訓練兵馬、遇寇生発、相機勦捕、其四川都司所属衛所官軍、悉聴節制。

とあり、さらに『明実録』宣徳七年三月庚午の条に、

命守西寧都督僉事史昭、佩征西将軍印充総兵官鎮寧夏。……命往鎮寧夏、整飭城池、操練軍馬。

とある。宣聴年間の鎮守総兵官は、操練軍馬、整飭城池の軍政と寇生発に対して勦捕が課せられ、都司等の官軍の節制が聴され、永楽年間の鎮守総兵官の職務とあまり変化がないことがわかる。

一方、その後の鎮守の永楽中・後期および宣徳年間の職務についてみていくと、『明実録』永楽六年七月甲子の条に、

命黔国公沐晟仍鎮守雲南、節制都司所属官軍。

とある。沐晟は雲南を鎮守するに、雲南都司の官軍の節制を聴されていたことがわかる。また『明実録』永楽八年二月癸亥の条に、

命鎮守大同江陰侯呉高、提督操練山西・大同・天城・陽和等処軍馬、整理城池、節制山西都司・行都司及太原三護衛官軍。

月甲子の条に、

とある。鎮守大同の呉高の任務は操練軍馬・整理城池であって、そのさい山西都司や行都司などの節制が聴されていた。これら沐晟や呉高はいずれも総兵官に充されてはいない鎮守である。宣徳年間の例でも、『明実録』宣徳元年十月甲子の条に、

命都督僉事李謹鎮守山西、撫恤軍民、操練軍馬、修理城池、若寇竊発、即調軍勦捕。

とある。やはり鎮守の都督僉事李謹[13]の職務は、撫恤軍民、操練軍馬、修理城池と入寇モンゴルの調軍勦捕である。鎮守は特命で、そのつど勅書によって職務内容が示されたから、個々に内容が異なる可能性がある。しかしその大枠は、操練軍馬、整理城池などで域内の軍政が主であり、都司や行都司の官軍の節制が聴される場合が多かったと考えられ、前述した永楽元年ころの鎮守の職務を継承していたことがわかる。

このようにみていくと鎮守と鎮守総兵官の職務はほとんど変わらないことがわかる。しかし史料には都督等の〝鎮守〟と、総兵官に充された〝鎮守総兵官〟とが区別されている。その両者の違いはいかなる点であろうか、さらに検討してみたい。鎮守や備禦など永楽年間に任ぜられた者のうち、公侯伯は、

江陰侯呉高の鎮守陝西、歴城侯盛庸の鎮守淮安、西平侯沐晟の鎮守雲南、鎮遠侯顧成の鎮守貴州、成安侯郭亮の鎮守永平山海、保定侯孟然の鎮守遼東、豊城侯李彬の鎮守広東、忻城伯趙彝の鎮守宣府、寧陽伯陳懋の鎮守寧夏、興安伯徐亨の備禦開平、忻城伯趙彝の鎮守徐州

などがいる。[14] 都督府職で鎮守に任ぜられた者は、

都督僉事鄭祥の鎮守雲南、都督袁宇の鎮守雲南、都督李増枝の鎮守荊州、都督劉貞の鎮守遼東、都督同知韓観の鎮守江西、都督王英の鎮守陝西、都督劉江の鎮守遼東、都督同知朱崇の鎮守浙江、都督僉事章安の備禦宣府、都督僉事主哈剌把都児の備禦開平・広寧

などがいる。[15] 都司職で鎮守に任ぜられた者は、

都指揮僉事張遂の鎮守宿州、都指揮僉事程鵬の鎮守寧波、都指揮施文の鎮守淮安、都指揮王俶の鎮守寧夏、都指揮劉昭の鎮守河州、都指揮同知蘄栄の泗州、都指揮王煥の鎮守興和、都指揮陳景先の鎮守薊州、都指揮同知劉鑑の鎮守滁州、都指揮王傑の鎮守揚州、都指揮徐甫の鎮守永平、都指揮呉顒の鎮守真定、都指揮胡貴の鎮守宿州、都指揮葉髙の鎮守薊州

などである。[16] これらの事例から判断すると、鎮守は公侯伯から都指揮使までの者が任用され、公侯伯および都督は、都司・行都司から衛までを鎮守しているのに対し、都指揮使は当然のことながら都司・行都司単位の鎮守は任命されていないことがわかる。

つぎに鎮守総兵官に永楽年間で任ぜられた例のうち、公侯伯は、

襄城伯李濬の江西、武安侯鄭亨の宣府（備禦総兵官）、西寧侯宋琥の甘粛、安遠伯柳升の寧夏、豊城侯李彬の甘粛とその後赴任した交趾、広寧伯劉栄の遼東

などがある。[17] 都督府職で鎮守総兵官に任ぜられた例は、

都督何福の寧夏、都督韓観の広西、都督宋晟の甘粛、都督朱栄の大同、都督費瓛の甘粛、都督梁福の湖広・貴州、都督僉事粛綬の貴州・湖広、都督劉鑑の大同

などがある。[18] そして都指揮使で鎮守総兵官に任ぜられた者は、

都指揮僉事史昭の涼州

がいる。[19] 鎮守総兵官は、公侯伯および都督府職の者が圧倒的に多く任命され、その鎮守地も両者の間で地域的に区別された様子が窺えない。都指揮使として鎮守総兵官に任ぜられた史昭はまれな例であろう。都指揮使は原則として鎮

守総兵官に任命されなかった[20]と思われ、この点が鎮守と異なると考えられる。

　このようにみていくと、鎮守と鎮守総兵官との間に、職務内容や就任者の官位や鎮守地についてきわだった大きな差違はみいだせない。鎮守総兵官の方が権威やより強い権限をもっていた可能性はあるが、両者の違いを明確にはできないのである。

　最後に掛印将軍の鎮守総兵官について述べたい。鄭暁の『今言』巻一に、

　若有征討之役、以公侯伯及三等真署都督充総兵官、名曰掛印将軍。其在外鎮守地方武臣、原無掛印、至洪熙元年二月、始領各鎮総兵参将佩印。

とある。征討総兵官に「掛印将軍」があるのに対し、地方の鎮守（鎮守総兵官）にはもともと掛印将軍がいなかった。それが始まったのは洪熙元年（一四二五）だと述べている。これに対応する『明実録』の記事は内容が混乱しているので、『国榷』洪熙元年二月辛丑の条をみると、

　頒制諭各辺将印。雲南総兵官太傅黔国公沐晟佩征南将軍印、大同総兵官武安侯鄭亨佩征西前将軍印、広西総兵官鎮遠侯顧興祖佩征蛮将軍印、遼東総兵官武進伯朱栄佩征虜前将軍印、宣府総兵官都督譚広佩鎮朔将軍印、甘粛総兵官都督費瓛佩平羌将軍印、交趾参将栄昌伯陳智・都督方政佩征夷副将軍印、寧夏参将保定伯梁銘・都督陳懐佩征西将軍印。

とある。雲南総兵官に征南将軍印を、大同総兵官に征西前将軍印を、広西総兵官に征蛮将軍印を、遼東総兵官に征虜前将軍印を、宣府総兵官に鎮朔将軍印を、甘粛総兵官に平羌将軍印を佩させたとする。『今言』で鄭暁は、洪熙元年から掛印将軍が始まったとしている。永楽年間では将軍印を佩さない鎮守総兵官も多いが、都督何福が征虜前将軍印を佩して寧夏を鎮守した例、安遠伯柳升が平羌将軍印を佩してやはり寧夏を鎮守した例、豊城侯李彬が征夷将軍印を

佩して交趾を鎮守した例、都督宋晟が平羌将軍印を佩して甘粛を鎮守した例など掛印将軍の鎮守総兵官の存在も確認できる。ただこれらの例でもわかるように、掛印将軍名と鎮守地が洪熙元年の令のように一定していないため、命名のありかたに不規則な感はいなめず、永楽年間ではまだ臨時の特命職的性格であったことがわかる。洪熙元年からの「印将」頒布は、将軍名と鎮守地を一定にし、規則性をもたせた措置である。それは鎮守総兵官の権威化を促すとともに、鎮守総兵官派遣の固定化、さらにその制度化を意図したとみなせる。鄭暁はこの点を述べたのであろう。事実つづく宣徳年間、遼東では朱栄から受け継いで都督巫凱が征虜前将軍を佩して鎮守総兵官となった。宣府では都督譚広が、大同では武安侯鄭亨が宣徳末年までそれぞれ鎮朔将軍印と征西前将軍印を佩して鎮守総兵官となった。甘粛では崇信伯費瓛が宣徳の半ばまで平羌将軍印を佩したあと都督僉事劉広が受け継ぎ、雲南では沐晟がそのまま征南将軍印を佩して鎮守総兵官をつとめた。広西では顧興祖のあと都督山雲が征蛮将軍印を佩して鎮守総兵官となった。寧夏と交趾は、洪熙元年の令では参将とされたが、寧夏では宣徳元年（一四二六）以降、寧陽侯陳懋から都督僉事史昭へと引き継いで征西将軍を佩して鎮守総兵官として出鎮した。交趾では、陳智と方政が参将として代鎮していたが、黎利の抵抗運動に対応できず、成山侯王通が征夷将軍を佩して交趾総兵官となった。しかし王通も黎利との戦いで敗北し、結局宣徳二年に明は交趾から撤退することになった。(21) その他宣徳年間では、新たに四川と永平・山海地区に将軍印を佩さない鎮守総兵官が派遣されている。掛印将軍でない主な理由に、四川や永平・山海が内地とみなされたからであろう。(22) 王圻『続文献通考』巻九十五、職官に、

掛印将軍称鎮守者、雲南曰征南将軍、両広曰征蛮将軍、湖広曰平蛮将軍、遼東曰征虜前将軍、宣府曰鎮朔将軍、大同曰征西前将軍、延綏曰鎮西将軍、寧夏曰征西将軍、甘粛曰平羌将軍。

とある。明代中・後期の状況を述べたものであろう、さらに湖広や延綏などに掛印将軍の総兵官が加えられている。

以上のように宣徳年間、鎮守総兵官の常駐地が増え、それは制度として発展し明中期以降の鎮戍形成につながっていったと考えられる。その契機に洪熙元年の令が重要な起点となったと言えるであろう。

結

明初の総兵官について検討してきたが、その制度的規則性は明確さに欠け曖昧である。これは総兵官そのものが臨時的な特命職の形で発展したからだと思われる。ただ本稿では、以下の点が指摘できると考える。

一、洪武年間、征討軍の総指揮職に将軍と総兵官があった。当初、大規模に編成した場合に将軍とされ、就任者は公侯伯が大部分を占めた。総兵官は比較的小規模の編成の場合、都督・都指揮使らが着任した。また将軍は征討軍の総指揮者という意味で、総兵官の意味も内包していた。それが洪武年間後半ころから、将軍と総兵官を分離して考える傾向が強くなり、徐々に将軍号が形式化した称号となっていき、「佩〇〇将軍印為総兵官」と表現されるように総兵官に力点が置かれ将軍にとってかわるようになった。

二、永楽年間に入ると、軍事的要衝地に特命職の鎮守が派遣され、該当地の軍政を担い、一部は常駐する鎮守も出現した。成祖の当初の鎮守派遣意図は、建文帝配下だった衛所軍を成祖政権に帰属意識をもった衛所軍への性格転換を図る一手段であったと思われる。また鎮守に総兵官に充して出鎮させる鎮守総兵官も多くなった。ただし、鎮守と鎮守総兵官とは、職務内容や職務権限および被任命者の地位についてきわだった差がみいだせず、両者の違いは必ずしも明確ではない。

三、洪熙元年に各辺の鎮守に、「将印」を頒布して掛印将軍の鎮守総兵官とした仁宗の意図は、永楽以来展開してきた鎮守および鎮守総兵官派遣を、恒久化し制度化しようとするもので、明中期以降の鎮戍形成の重要な契機となったと考えられる。

註

（1）総兵官について、山崎清一氏が「明代兵制の研究（二）」（『歴史学研究』九四号）で一部触れられている。

（2）青山治郎「朱呉国翼元帥府考」（『明代京営史研究』響文社・一九九六年）。

（3）『明史』巻九十、兵志。

（4）『明実録』洪武三年十一月丙申の条。

（5）『アジア歴史事典』（平凡社・一九六〇年）の「総兵」の項、『中国歴史大辞典・明史巻』（上海辞書出版社・一九九五年）の「総兵官」の項等参照。

（6）『明史』巻一百二十九、馮勝伝。

（7）馮勝の事件で、馮勝に代わって藍玉が「総兵官事」を行うよう命じられている。藍玉が征虜大将軍となったのは翌九月末であったから、「総兵官事」を副将軍の立場で行ったことになる。またこれより十八年前の『明実録』洪武二年八月甲戌の条に「如克慶陽、宜令右副将軍都督同知馮宗異掌総兵印、統軍駐慶陽節制」とある。太祖は右副将軍の都督同知馮宗異を、総兵官印を掌して慶陽に駐屯させようとした。永楽年間のことであるが、永楽七年に英国公張輔が「征虜副将軍印」を佩して総兵官になった事例もある。少ない例ながらも、副将軍が総兵官になった場合もあった。

（8）『明史』巻三、太祖本紀に、洪武二十七年八月の都督甯正の平羌将軍、三十年二月の都督僉事顧成の征南将軍、同年十月の西平侯沐春の征虜前将軍等の例がある。

（9）『明史』巻七十六、職官。『明実録』宣徳四年九月己酉の条に「巡按河南監察御史厳烜言、各都司堂上掌印官、鎮守城池及諸軍衛、責任不軽」とある。また宣徳四年十月庚子の条に「軍衛鎮守城池」とあり、都司や衛は当該地方の軍政を担っていたことがわかる。

(10)『明実録』洪武十四年十一月甲申の条。『明史』巻一百三十一、陸仲亨伝。
(11)『明実録』洪武十七年正月丁未の条。
(12)『明実録』洪武十七年閏十月癸亥の条。
(13)この『明実録』記事は「李謹」とするが、他の記事では「李謙」とある。
(14)呉高・盛庸・沐晟・顧成・郭亮・孟然については、成祖即位直後鎮守表。その他は『明実録』の永楽二年五月壬寅・八年三月壬申・六年三月癸丑・十六年十二月己卯・十六年七月辛亥の各条。
(15)鄭祥・袁宇・李増枝・劉貞・韓観・王英については、成祖即位直後鎮守表。その他は、『明実録』永楽九年三月戊子・五年六月庚寅・十七年十二月乙酉・十七年二月辛丑の各条。
(16)張遂・程鵬については、成祖即位直後鎮守表。その他は、『明実録』永楽二年十一月癸卯・八年七月壬申・九年十月辛卯・十年二月乙卯・十年五月乙丑・十二年八月乙卯・十三年五月己酉・十八年三月甲申の各条。
(17)李濬・鄭亨については、成祖即位直後鎮守表。その他は、『明実録』永楽八年七月丁卯・九年正月丁丑・十一年二月己卯・十五年二月丁卯・十七年十一月己卯の各条。
(18)何福・韓観・宋晟については、成祖即位直後鎮守表。その他は、『明実録』永楽十二年閏九月丁卯・十三年五月辛亥・十四年三月庚子・十六年十月癸卯・十六年三月甲寅の各条。
(19)『明実録』永楽八年四月壬戌の条。
(20)『明史』巻七十六、職官に「凡総兵・副総兵、率以公侯伯・都督充之」とあるので、総兵官は公侯伯と都督府職が主に任命されていたと思われる。
(21)『明史』巻一百五十四、王通伝。
(22)竜文彬は、『明会要』巻四十二、職官で王圻『続文献通考』巻九十五、職官の一文を引いて「明将鎮守各辺、挂印称将軍。其在薊州・淮安鎮守、漕運総兵、以畿内故、不得挂印称将軍」としている。

明初の第一甲進士とその進路

斎藤史範

はじめに

隋代で始まった科挙は、官吏登用法としては必ずしも中心をなさず、門閥貴族に対する恩廕（廕）による登用が多く、科挙の試験内容についても、当時の支配階層であった門閥貴族に有利なものであった。宋代になると広く科挙が施行され、科挙合格者が官界への多くを占めるようになった。殿試の設置による三段階選抜、進士科への一本化、封彌・謄録法の導入など、科挙制の整備も進み、公平化・公正化がはかられた。原則として三年に一回行われる科挙の合格者は、二〇〇人から五〇〇人であったといわれている。

一

洪武三年に科挙が発令され、翌洪武四年に初めて科挙が施行され、進士合格者が官界に入った。しかし、洪武帝は科挙合格者に必ずしも満足しなかった。科挙は洪武四年に実施されたものの、科挙によって採用した官僚が実際の実務を行ってみると、学業は優秀であっても実務処理能力などが充分でなかったため、独裁的体制の整備を急ぐ洪武帝にとって、科挙の欠点が感じられたため、停止された。そのため、薦挙制[1]・監生任用制[2]という、科挙以外の方法で人材を起用していた。ところが、明の制度も大きくなり、洪武帝の裁量による登用だけでは、対応できなくなり、また、科挙停止後、官吏登用は薦挙制・監生任用制の二本立てとなったが、必ずしもこの二つが皇帝の意を満足させる結果をあげることができず、科挙復活に期待を寄せるようになり、洪武一八年の復活となった。[3]約一〇年後の洪武一八年にいたって科挙が復活され、以後、「三年一挙」を原則に実施された。

洪武年間から永楽年間にかけての科挙は、洪武年間には七回、建文年間には一回、永楽年間には八回、あわせて合計一六回に及んだ。その科挙合格者数[4]は表1の如くである。洪武一八年の四七二名、永楽二年の四七〇名といった多数の合格者を出した年もあるが、洪武二四年の三一名、洪武三〇年春の五一といった年もあった。明初では科挙合格者は『明史』巻七〇、選挙志に「会試の額、国初は定まるなし、少なきは三十二人に至る、その多き者は、洪武乙丑、永楽丙戌の如きは、四七二人に至る」とあるように、会試の合格者数が決まっておらず、合格者が少ない三二人から、多くの合格者を出した洪武一八年や永楽二年があり、四七二人に至ったときもあった。実際、一六回のうち一〇回は合格者が二〇〇名に満たず、二〇〇名以上の合格者を出しているのは洪武・建文年間では、洪武一八年の四七二名だけであり、永楽年間でも永楽九年の八四名、永楽一〇年の一〇六名、永楽二二年の一五八名と二〇〇名を下回るときもあった。科挙が復活した洪武一八年には四七二人の合格者を出しているが、この合格者数が定着したわけではなかった。その後、洪武年間には科挙が五回実施されているが、洪武二一年は九五名、洪武二四年は三一名、洪武二七年は一〇〇名、洪武三〇年春は四九名、洪武三〇年夏は六一名であり、いずれも合格者が少数だった。合格者が引き続いて少数であったのは、洪武帝の少数精鋭主義によるものであったといわれるが、[5]科挙による官吏登用を重視したわけではなく、薦挙制・監生任用制によっても多くの人材を確保した。[6]

表1

科挙実施年	第一甲	第二甲	第三甲	総計
洪武四年	3	17	100	120
洪武一八年	3	107	362	472
洪武二一年	3	14	78	95
洪武二四年	3	12	16	31
洪武二七年	3	31	66	100
洪武三〇年春[7]	3	13	35	51
洪武三〇年夏	3	29	29	61
建文二年	3	37	70	110
永楽二年	3	93	374	470
永楽四年	3	65	151	219
永楽九年	3	32	49	84
永楽一〇年	3	39	64	106
永楽一三年	3	95	253	351
永楽一六年	3	75	172	250
永楽一九年	3	49	149	201
永楽二二年	3	47	98	148

明初、洪武年間から永楽年間にかけての科挙合格者をとりあげ、彼らがその後官界でどのようなポストに就任したかを考察し、科挙の合格がその後の地位にどのように影響したかを明らかにしていきたい。

洪武・永楽年間の第一甲合格者の四八名[8]は表2のごとくなる。『明史』巻七〇、選挙志によれば、「状元は修撰を授かり、榜眼・探花は編修を授かり、二三甲の庶吉士に考選される者は皆翰林官となる」とあり、状元は修撰を授かり、榜眼・探花は編修を授かり、第二甲、第三甲で庶吉士となった者は皆翰林院の官となっているという。また『明史』巻七〇、選挙志には「(洪武)一八年廷試、一甲進士の丁顕等を擢して翰林院修撰となし、二甲馬京等を編修となし、呉文を検討となす。進士の翰林に入るは、此れより始まるなり」とあるように、洪武一八年より進士合格者は翰林院に入っているという。第一甲合格が翰林院に入った事実をうかがうことができる。その後の進路について、より具体的に科挙の合格者をたどり彼らの進路について考察していきたい。なお、本稿では、第一甲合格者[9]にしぼり官界で彼らが就任したポストをたどり、第一甲合格者とその進路を便宜上、『明史』と『国朝献徴録』によって明らかにしていきたい。

表2

科挙実施年	第一甲合格者		
洪武四年	呉伯宗	郭翀	呉公達
洪武一八年	丁顕	練子寧	黄子澄
洪武二一年	任亨泰	唐震	盧原質
洪武二四年	許観	張顕宗	呉言信

洪武二七年	張　信	景　清	戴徳彝
洪武三〇年春	陳　䢿	尹昌隆	劉仕諤
洪武三〇年夏	韓克忠	王　恕	焦　勝
建文二年	胡　靖	王　艮	李　貫
永楽二年	曾　棨	周　述	周孟簡
永楽四年	林　環	陳　全	劉　素
永楽九年	蕭時中	苗　衷	黄　暘
永楽一〇年	馬　鐸	林　誌	王　鈺
永楽一三年	陳　循	李　貞	陳景著
永楽一六年	李　騏	劉　江	鄧　珍
永楽一九年	曾鶴齢	劉　矩	裴　綸
永楽二二年	邢　寛	梁　禋	孫曰恭

洪武四年の第一甲は呉伯宗[10]、郭翀、呉公達であった。呉伯宗は状元で合格すると、礼部員外郎に抜擢され、宋訥らとともに『大明日暦』の編修に参加した。胡惟庸の中傷にあって、鳳陽に謫せられたが、のち召還され、翰林検討となり、洪武一五年には武英殿大学士（正五品）に進んだ。しかし、翌年弟の不正行為により、翰林検討（従七品）に降格されて、洪武一七年に死去した。

洪武一八年の第一甲は丁顕、練子寧、黄子澄であった。丁顕[11]は翰林修撰（従六品）を授けられた。練子寧[12]は翰林修撰を経て、吏部左侍郎（正三品）となるが、靖難の役で建文帝が敗れると、磔刑に処せられた。黄子澄[13]は翰林編修から修撰をへて、伴読東宮、さらに太常寺少卿（正四品）になった。建文帝が即位すると、翰林学士を兼ねて、斉泰とともに諸王の削藩を進言した。靖難の役で永楽帝が勝利すると、捕らえられ磔死の刑に処せられた。

洪武二一年の第一甲は任亨泰、唐震、盧原質であった。任亨泰(14)は詹事府少詹事を経て礼部尚書（正二品）になるが、禁令を破って、少数民族の窮民を買って奴僕としたことで、罪に問われ、監察御史（正七品）におとされた。盧原質(15)は翰林編修から太常寺少卿にのぼり、建文帝の時にはしばしば建白を行った。靖難の役では燕王の軍に捕らえられたが、屈せず殺された。

洪武二四年の第一甲は許観（黄観）、張顕宗、呉言信であった。許観(16)は翰林修撰を経て、尚宝卿となり礼部右侍郎（正三品）に抜擢された。建文初年の官制の改変後、礼部右侍中（正五品）となった。

洪武二七年の第一甲は張信、景清、戴徳彝であった。張信(17)は翰林修撰を授けられ、侍読（正六品）になった。景清(18)は翰林修撰を経て監察御史となり、洪武三〇年には召見されて、署都察院左僉都御史を命じられた。建文帝が即位すると左都御史大夫に抜擢された。靖難の役の後、磔死の刑に処せられた。戴徳彝(19)は侍講にのぼった後、監察御史になった。建文帝の時代には左拾遺になった。靖難の役では屈せず死去した。

洪武三〇年の春榜の第一甲は陳䢿、尹昌隆、劉仕諤であった。陳䢿(20)は翰林修撰を授けられ、鴻臚寺司憲署丞（正九品）になった。尹昌隆(21)は翰林編修を経て監察御史（正七品）になった。建文帝即位後、福寧県に謫せられた。永楽二年には左春坊左中允に抜擢され、その後、礼部主事（正六品）になった。

洪武三〇年の夏榜の第一甲は韓克忠、王恕、焦勝であった。韓克忠(22)は行在翰林院修撰ののち、署国子監司業となり、河南按察僉事（正五品）にのぼった。しかし、永楽元年に涿鹿知県（正七品）におとされたのち、監察御史（正七品）に移った。

建文二年の第一甲は胡靖（胡広）、王艮、李貫であった。この三名の出身はともに江西吉水県で、修撰を授かった。

胡靖[23]は翰林修撰を経て、永楽帝即位以後、翰林侍講に抜擢され侍読に改められ、右春坊右庶子に進んだ。永楽五年には翰林学士に抜擢され、左春坊大学士も兼ねた。永楽帝の漠北親征に従い、永楽一四年には文淵閣大学士（正五品）に進んだ。永楽一六年に死去するが、礼部尚書を追贈された。王艮[24]は修撰となり、『太祖実録』・『類要』・『時政記』などの編纂に参加した。靖難の役で建文帝が敗れると、鴆を飲んで自殺した。

永楽二年の第一甲は曾棨、周述、周孟簡であった。曾棨[25]は翰林修撰となったのち、洪熙元年に左春坊大学士になり、翰林侍読学士を兼ね、さらに少詹事（正四品）に進んだ。宣徳七年に死去したが、礼部左侍郎を追贈された。周述[26]は翰林編修となったのち、宣徳帝の時代に左庶子（正五品）になった。周孟簡[27]は翰林編修となり、二〇年間の翰林院在職の後、詹事府丞（正六品）に移り、さらに襄王府長史（正五品）になった。

永楽四年の第一甲は林環、陳全、劉素であった。林環[28]は翰林修撰になり、その翌年には侍講となり、『永楽大典』の編纂に参加した。

永楽九年の第一甲は蕭時中、苗衷、黄暘である。蕭時中[29]は翰林修撰になった。苗衷[30]は翰林編修を経て、宣徳五年には実録の編纂に携わり、侍講にのぼった。正統元年に経筵講官に、ついで侍読学士になった。正統一〇年に兵部侍郎兼侍読学士として内閣に入り、一四年に兵部尚書（正二品）兼翰林学士にのぼった。

永楽一〇年の第一甲は馬鐸、林誌、王鈺であった。馬鐸[31]は翰林修撰を経て、永楽二一年に死去した。林誌[32]は翰林編修を経て、永楽一九年に翰林修撰に、さらに右春坊右諭徳（従五品）兼侍読になり、宣徳初年に死去した。王鈺は翰林編修の後、病により致仕したが、正統年間に按察僉事（正五品）、提督学政になった。

永楽一三年の第一甲は陳循、李貞、陳景著であった。陳循[33]は翰林修撰となり、洪熙元年に侍講に進み、宣徳年間には侍講学士に進んだ。正統元年には経筵講官を兼ね、さらに翰林院学士に進み、正統九年には文淵閣大学士となった。

さらに、戸部右侍郎を経て、土木の変の後は戸部尚書にのぼり、少保（従一品）兼太子太傅（従一品）になった。正統九年から内閣に入り、景泰元年には首輔大学士になった。

永楽一六年の第一甲は李騏、劉江、鄧珍であった。李騏[34]は翰林修撰を授かり、四八歳で死去した。

永楽一九年の第一甲は曾鶴齢、劉矩、裴綸であった。曾鶴齢[35]は翰林修撰、宣徳年間には会試の同考官をへて、『太宗実録』の編修に参加したのち、翰林侍読に進んだ。その後、『宣宗実録』の編修に参加し、正統年間に翰林侍読学士（従五品）になった。劉矩[36]は翰林編修から修撰に進んだ。

永楽二二年の第一甲は邢寛、梁禋、孫曰恭であった。邢寛[37]は翰林修撰となり『仁宗実録』の編修に参加して侍講となった。正統年間には『宣宗実録』の編修に参加し、景泰年間には南京翰林院侍講学士（従五品）になった。

二

洪武および建文年間の第一甲が官界においていかなる進路をたどったのかを考察していきたい。はじめに状元の場合を検討する。状元は呉伯宗（洪武四年）、丁顕（洪武一八年）、任亨泰（洪武二一年）、許観（洪武二四年）、張信（洪武二七年）、陳郤（洪武三〇年春）、韓克忠（洪武三〇年春）、胡靖（建文二年）の八名であった。呉伯宗は礼部員外郎に抜擢されたのち、胡惟庸によって鳳陽に謫せられた。のち召還されると、翰林検討となり、洪武一五年には武英殿大学士に進んだ。丁顕は翰林編修になったのち、馴象衛に謫せられた。任亨泰は翰林修撰から詹事府少詹事を経て、礼部尚書にのぼったが、監察御史に降格された。許観は翰林編修ののち、翰林侍読になった。張信は翰林編修ののち、翰林侍読になった。陳郤は翰林編修をへて鴻臚寺司憲署丞になった。韓克忠は行在翰林院修撰を経て、署国子監司業となり、河南按察僉事にのぼるが、涿鹿知県におとされたのち、監察御史に移った。胡靖は翰林修撰を経て、永楽五年には翰林学士に抜擢され、永楽一四年には文淵閣大学士に進み、永楽一六年に死去した。礼部尚書を追贈された。

次に榜眼の場合を検討する。榜眼は郭翀（洪武四年）、練子寧（洪武一八年）、唐震（洪武二一年）、張顕宗（洪武二四年）、景清（洪武二七年）、尹昌隆（洪武三〇年春）、王恕（洪武三〇年春）、王艮（建文二年）の八名であった。練子寧は翰林修撰を経て、吏部左侍郎となったが、靖難の役で建文帝が敗れると、磔刑に処せられた。張顕宗は翰林編修を経て、国子監祭酒となり、工部右侍郎に抜擢された。その後、免官されるが、交趾左布政使に任じられた。景清は翰林修撰を経て監察御史、都察院左僉都御史となり、建文帝が即位すると左都御史大夫に抜擢された。尹昌隆は翰林編修を経て監察御史になるが、のち地方に謫せられた。しかし、永楽二年には左春坊左中允に抜擢され、さらに礼部主事になった。王艮は翰林修撰となり、『太祖実録』・『類要』・『時政記』などの編纂に参加した。

次に探花の場合を検討する。探花は呉公達（洪武四年）、黄子澄（洪武一八年）、盧原質（洪武二一年）、呉言信（洪武二四年）、戴徳彝（洪武二七年）、劉仕諤（洪武三〇年春）、焦勝（洪武三〇年春）、李貫（建文二年）の八名であった。このうち、黄子澄は翰林編修から修撰をへて、伴読東宮、さらに太常寺卿にのぼり、盧原質は翰林編修から太常寺少卿にのぼり、戴徳彝は侍講にのぼった後、監察御史になった。

洪武・建文年間の第一甲合格者を検討してきた。第一甲のついたもっとも高い官職をみると、三品以上の高級官についた者では、二品官では状元の任亨泰が礼部尚書になった。三品官では、状元の許観が礼部右侍郎に、榜眼の練子寧が吏部左侍郎に、張顕宗が工部右侍郎になった。四品から七品までの中級官についた者では、五品官では状元の韓克忠が河南按察僉事に、同じく状元の胡靖が文淵閣大学士になり、胡靖は死後、礼部尚書を追贈された。下級官では状元の陳郊が鴻臚寺司憲署丞になった。

三

次に永楽年間の第一甲について考察していきたい。永楽年間の状元の場合を検討する。状元は曾棨（永楽二年）、林環（永楽四年）、蕭時中（永楽九年）、馬鐸（永楽一〇年）、陳循（永楽一三年）、李騏（永楽一六年）、曾鶴齢（永楽一九年）、邢寛（永楽二二年）の八名であった。曾棨は修撰となったのち、洪熙元年に左春坊大学士になり、翰林侍読学士を兼ね、さらに少詹事に進んだ。宣徳七年に死去した。礼部左侍郎を追贈された。林環は翰林修撰になり、その翌年には侍講となり、『永楽大典』の編纂に参加した。蕭時中は修撰になった。馬鐸は翰林修撰を経て永楽一一年に死去した。陳循は翰林修撰となり、洪熙元年に侍講に進み、宣徳年間には侍講学士に進んだ。正統元年には経筵講官を兼ね、さらに翰林院学士に進み、正統九年には文淵閣大学士となった。戸部右侍郎を経て、土木の変の後は戸部尚書にのぼった。さらに少保兼太子太傅になった。李騏は翰林修撰を授けられ、四八歳で死去した。曾鶴齢は翰林修撰を経て、『太宗実録』の編修官となり、翰林侍読に進んだ。その後、『宣宗実録』の編修官となり、正統年間に翰林侍読学士になった。邢寛は翰林修撰となり『仁宗実録』の編修官を経て、翰林侍講になり、正統年間には『宣宗実録』の編修官となり、景泰年間には南京翰林院侍講学士になった。

状元では、文淵閣大学士となり、戸部尚書までのぼった陳循や少詹事になった曾棨などがいた。

次に榜眼の場合を検討する。榜眼は周述（永楽二年）、陳全（永楽四年）、苗衷（永楽九年）、林誌（永楽一〇年）、李貞（永楽一三年）、劉江（永楽一六年）、劉矩（永楽一九年）、梁禋（永楽二二年）の八名であった。周述は翰林編修となったのち、宣徳帝の時代に左庶子になった。苗衷は翰林編修を経て、宣徳五年には実録の編纂に携わり、侍講にのぼった。

正統元年に経筵講官に、ついで侍読学士になった。正統一〇年に兵部侍郎兼侍読学士として内閣に入り、一四年に兵部尚書兼翰林学士にのぼった。林誌は翰林編修を経て、永楽一九年に翰林修撰になり、さらに右春坊右諭徳兼侍読になり、宣徳初年に死去した。

榜眼の八名のなかには、兵部侍郎にのぼった苗衷もいた。

最後に探花の場合を検討する。探花は周孟簡（永楽二年）、劉素（永楽四年）、黄暘（永楽九年）、王鈺（永楽一〇年）、陳景著（永楽一三年）、鄧珍（永楽一六年）、裴綸（永楽一九年）、孫曰恭（永楽二二年）の八名であった。周孟簡は翰林編修となり、二〇年の翰林院在職の後、詹事府丞に移り、さらに襄王府長史になった。王鈺は翰林編修の後、病により致仕したが、正統年間に按察僉事（正五品）、提督学政になった。

探花の八名のうち二名だけの経歴が判明するが、周孟簡は襄王府長史になった。王鈺は翰林編修の後、病により致仕したが、正統年間に按察僉事になった。

永楽年間の第一甲合格者を検討してきた。第一甲のついたもっとも高い官職をみると、三品以上の高級官についた者では、一品官では状元の陳循が戸部尚書にのぼり、少保兼太子太傅になった。二品官では榜眼の苗衷が兵部尚書になり翰林学士も兼ねた。四品から七品までの中級官についた者では、四品官では状元の曾棨が少詹事になった。五品官では状元のが河南按察僉事に、同じく状元の胡靖が文淵閣大学士になり、胡靖は死後、礼部尚書を追贈された。下級官では状元の曾鶴齢、邢寛がそれぞれ翰林学士、南京翰林院侍講学士になり、榜眼の周述が左庶子になった。また、探花の周孟簡、王鈺がそれぞれ襄王府長史、按察僉事になった。

終わりに

以上の如く、明初、洪武年間から永楽年間にかけて、第一甲合格者の官僚としての進路について考察してきた。洪武から永楽年間にかけては、戸部尚書になり、さらに少保兼太子までになった者が一名、兵部尚書、礼部尚書になった者がそれぞれ一名、礼部右侍郎、工部右侍郎になった者がそれぞれ一名、少詹事になった者が一名いた。国初では王朝の体制も固まっておらず、政治的変乱の多い時期であったため、第一甲合格者の進路の傾向については明確な方向を出すことはできなかった。

註

（1）薦挙制とは、全国各地から賢才を推薦させる制度をいう。
（2）監生任用制とは、国子監の学生を任用させる制度をいう。
（3）五十嵐正一「洪武年間科挙制の停止・再開と背景」『中国近世教育史の研究』（国書刊行会、一九七九）三一八頁〜三四〇頁。
（4）朱保烱・謝沛霖『明清進士題名碑録索引』下（中華書局、一九八〇）二四一五頁〜二四四一頁。
（5）五十嵐、前掲論文。
（6）五十嵐、前掲論文。
（7）洪武三〇年には春榜と夏榜の二回科挙が実施されている。周腊生『明代状元奇談・明代状元譜』（紫禁城出版、一九九三）によれば、洪武三〇年春に行われた科挙では、進士合格者はすべて南方の人で、北方の人は一人もいなかった。そのため大きな不満がおこると、洪武帝は不合格者の答案を、翰林院に再度検討させ、六月にはみずからも殿試を行い、韓克忠を状元に選んだ。

（8）朱保烱・謝沛霖、前掲書、二四一五頁〜二四四〇頁。
（9）状元については、周腊生、前掲書参照。
（10）『明史』巻一三七、『国朝献徴録』巻一二に伝がある。
（11）周腊生「明代歴科状元小伝」前掲書、一七二頁・一七三頁。
（12）『明史』巻一四一、『国朝献徴録』巻五四に伝がある。
（13）『明史』巻一四一、『国朝献徴録』巻七〇に伝がある。
（14）周腊生、前掲書、一七三頁。
（15）『明史』巻一四一 に伝がある。
（16）周腊生、前掲書、一七四頁。
（17）周腊生、前掲書、一七五頁・一七六頁。
（18）『明史』巻一四一、『国朝献徴録』巻五四 に伝がある。
（19）『明史』巻一四一に伝がある。
（20）周腊生、前掲書、一七五頁。
（21）『明史』巻一六二、『国朝献徴録』巻三五に伝がある。
（22）『国朝献徴録』巻二一に伝がある。
（23）『明史』巻一四七に伝がある。
（24）『明史』巻一四三、『国朝献徴録』巻二一に伝がある。
（25）周腊生、前掲書、一七七頁。
（26）『明史』巻一五二、『国朝献徴録』巻一九に伝がある。

(27)『明史』巻一五二、『国朝献徴録』巻一〇五に伝がある。
(28)『国朝献徴録』巻二〇に伝がある。
(29)周腊生、前掲書、一七二頁。
(30)『国朝献徴録』巻一三に伝がある。
(31)『国朝献徴録』巻二一に伝がある。
(32)『国朝献徴録』巻一九に伝がある。
(33)『明史』巻一六八、『国朝献徴録』巻一三に伝がある。
(34)『国朝献徴録』巻二一に伝がある。
(35)『国朝献徴録』巻二〇に伝がある。
(36)『国朝献徴録』巻二一に伝がある。
(37)『国朝献徴録』巻二三に伝がある。周腊生、前掲書、一八一頁・一八二頁。

永楽十三年乙未科について——行在北京で最初に行われた会試と殿試——

新宮　学

一

靖難の役に勝利して皇位を簒奪した永楽帝は、永楽十九年（一四二一）の南京から北京への遷都を断行するに先立ち、たびたび「巡狩」の名目で北京に巡幸している。第一次北京巡幸は、七年二月から八年十一月まで、第二次は、十一年二月から十四年十月まで、第三次は十五年三月から十八年十二月までで、合計すると九年近くに及んだ。(1) なかでも第二次巡幸期間中の十三年三月に実施された永楽乙未科は、明朝が北京で挙行した最初の会試と殿試となった。(2) 小論では、この乙未科を永楽帝が進めた北京遷都プロジェクトの一つと位置付け、若干の考察を加えることにしたい。

永楽帝の長期間にわたる北京巡幸は、王朝の知識人政策の柱ともいうべき科挙にも少なからぬ影響を及ぼしていた。明朝では、会試は洪武四年に始まったが、一時中断をへて再開された十八年以降は、辰・未・戌・丑の年、すなわちほぼ三年ごとに挙行されるようになった。(3) 第一次巡幸の年に行われた永楽七年二月の己丑科の会試は、礼部が従来どおり京師の南京で全国から郷試合格者を集めて実施した。しかし、この時永楽帝はすでに巡幸に出かけていたために、会試に合格した中式者の陳璲《すい》ら九五名のリストは、監国の地位にあった皇太子のもとに報告された。巡幸に先立って定められた「留守事宜」には、皇帝が直々に行うべき殿試を皇太子に代行させるというような規定までは含まれていなかった（『明太宗実録』巻八八、永楽七年二月丙子）。このため、皇太子はしばらく殿試を延期し、この九五名を国子監に進学させ、帝が巡幸から南京に戻るのを待って実施するように命じた。(4)

結局、殿試はその後二年ものあいだ延期され、九年三月にやっと実現した（辛卯科(5)）。その結果、江西吉安府廬陵県の蕭時中を筆頭にして八四名が進士及第および進士出身・同進士出身を賜った。(6)この時、二年前の会試合格者九五名のうち、八四名は殿試に臨むことができたが、一一名はさまざまな理由から受験できなかった。

浙江台州府臨海県の陳璲も、永楽九年に延期された殿試を受けた一人であった。郷試と会試のいずれも首席合格という抜群の成績を挙げていた彼は、この二年遅れの殿試で礼楽と刑政について問われると、大胆にもタブー視されていた靖難の役後の黄子澄や方孝孺らの誅殺について論及したという。(7)彼がかかる答案を提出したのは、或いは一方的な殿試延期をもたらした北京巡幸に示されるような永楽帝の独断専行型の政治への不満が背景にあったのかもしれない。

翌十年の壬辰科の殿試は、帝の巡幸期間とは重なっておらず予定どおり行われた。(8)ただ、この時には、会試中式挙人林誌ら一〇〇名のほかに、前述した辛卯科で殿試を何らかの事情で受けることのできなかった林文灃ら六名も殿試に臨んでいる。

二

さて、十三年三月巡幸先の行在北京で初めて行われた永楽乙未科の会試と殿試は、とりわけ周到な準備のもとに進められたことが、『太宗実録』の記載から窺える。

まず会試の実施に先立つ前年八月、北京行部で行われた郷試の考試官には、翰林院侍講曾棨《けい》と鄒緝が命じられた(9)。江西吉安府永豊県出身の曾棨は、永楽政権の成立後、最初に挙行された二年甲申科の礼部会試合格者四七〇名のうち第八名となり、これにつづく殿試では永楽帝により首席、すなわち「状元」に抜擢された人物であった(10)。その後、翰林学士解縉らに命じて進士合格者中の優秀者二八名を選び文淵閣で読書させた際にも、当然のことながら、筆頭に置かれていた(11)。曾棨が北京行部郷試の主考に選ばれた翌日に、南京では留守を預かる皇太子が司経局洗馬兼翰林院編修楊溥を応天府郷試の主考に、翰林院編修周述を副考に選んだ(12)。周述も、曾棨と同じ甲申科の進士で曾棨に次ぐ殿試第二名であった。これらのことから判断して、乙未科では、郷試の段階から北京で行われた順天郷試が、南京の応天郷試より重視されていたと考えられる。

十一月には、合格者の進士に賜与する冠服五〇〇セットを造らせている(13)。前々回の辛卯科の殿試合格者は、前述したように八四名にすぎなかった。前回の壬辰科では、帝が礼部尚書に事前に「数科の取士は頗る多し、玉石雑進するを免れず、今取ること百人を過ぐること無かれ(14)」と指示した結果、ちょうど一〇〇名であったことを考慮に入れれば、今回は当初から合格者の大幅増が計画されていたことは明らかである。明朝が始まって最初に北京で行われることになるこの度の会試と殿試では、かの地が文教の中心としての資格、すなわち文化的威信を十分に有していることを内外に印象づける必要があったからである。

翌年二月六日、行在礼部が会試の実施にあたる考試官の選定を奏請すると、帝は翰林院修撰梁潛を主考に同僚の王洪を副考に任命した（巻一六一、永楽十三年二月甲戌）。行在礼部は全国から集まった挙人数千人に対し会試を実施して、二十四日に洪英ら三四九名を合格者とした（巻一六一、同年同月壬辰）。

翌三月の朔日に、奉天殿で最終段階の殿試が挙行された（巻一六二、同年三月己亥朔）。殿試に先立ち、採点にあたる読巻官が内閣の官員、六部・都察院・通政司・大理寺の長官、詹事府・翰林院の堂上官から選ばれた。その日の朝は、十日も続いた春雨がすっかり晴れ上がって、絶好の試験日和であったという(15)。殿試の会場となった奉天殿の丹墀《まえにわ》内に、会試合格者が北向して東西両傍に排列し、文武百官が侍立して見守る中、永楽帝が常服で出御すると、まず殿中の策題案の上に策題が置かれた。次いで、この策題案が執事官により殿の左階から御道中に降ろされると、合図のもとに受験生は一斉に五拝三叩頭の礼を行った。拝礼が終わると、帝は駕《こし》に乗って退き、文武百官も退場すると、丹墀の東西に試卓が列べられた。礼部官が問題用紙を配ると、受験生は跪拝叩頭してからいよいよ問題に臨んだ(16)。殿試では、時務策一道（字数一千字以上）が出題された。答案を書き終えた受験生は、それぞれ東角門に至って試巻を提出した。提出された試巻は、しっかり彌封《びふう》（糊名ともいう）されたうえで東閣に詰めている読巻官のもとに送られ、その日のうちに仮の順位が付けられた。

翌日、読巻官がそろって文華殿に至り、上位者の試巻を読み上げると、帝は第一甲第三名までの順位を定めて御筆で書き入れた。その後、読巻官らは労いの宴を賜ってから東閣に退くと、まず第二甲・第三甲の試巻の彌封を拆《ひら》き、内閣に送って試巻の氏名が黄榜（合格者リスト）に記載された。次の日、読巻官がまたそろって文華殿に至ると、内閣の官員がさきに帝が定めた上位の三試巻を拆き、その氏名を黄榜に書き写した(17)。

三日後の伝臚（合格発表）では、永楽帝が奉天殿に出御し、陳循を筆頭とする三五一名に進士及第（第一甲―三名）及び進士出身（第二甲―九五名）・同進士出身（第三甲―二五三名）の栄誉が与えられた(18)。殿試で進士となった者が、会試合格者よりも二名多いのは、この中には、それ以前の科で殿試を受験できなかった劉進ら二名が含まれていたからである(19)。ただちに長安左門外に黄榜が張り出された。順天府の官員が、傘蓋と儀従を用意して状元となった陳循を都の宿泊先まで送り届けた。合格発表の日、都城の人々は、「北京の盛美は、以て前代を過越する有るなり」と感嘆したという[20]。都城の人々に比べられている「前代」とは、かつて北京が「大都《だいと》」と呼ばれていた元朝の時代を指している。北京に住む人々にとって、「大都」はまだ記憶の中にあった。

翌五日に、進士合格者の宴が北京留守行後軍都督府で行われた。教坊司が接待するこの宴には、採点にあたった読巻官やその他の執事官も参加するのを許された。状元の陳循には冠帯と朝服一襲《そろい》が賜与され、他の進士には交鈔五錠がそれぞれ賜与された[21]。

その翌日、奉天殿に出御した帝に対して、陳循らは諸進士を率いて上表しこれまでの特恩に感謝した（巻一六二、同年同月甲辰）。進士の祝宴は、南京ではこれまで会同館で行われていた[22]。北京の会同館は、旧燕台駅を改めたもので[23]、多くの進士たちを収容するには手狭であったのであろう、代わりに急遽北京留守行後軍都督府の建物が用いられた。永楽元年に北京に設置された行後軍都督府は、北平都指揮使司を改変したものであり[24]、洪武年間以来、東城保大坊に置かれた北平都指揮使司の建物をそのまま襲用していた可能性が高い。とすれば、この建物は、元の枢密院を受け継いだものであったから、かなりの広さがあり[25]、三五一名の合格者を十分収容できたはずである。ただ遷都後には、北京留守行後軍都督府は文官候補者の会聚する場として適当ではなかったことや、合格者も二〇〇名程度に抑えられたことから、礼部で行われるようになった[26]。

十三年の乙未科でも、翰林院に命じて、会試に及第できなかった挙人の中から勉学の面で見込みのある者を選んで再度試験を行っている。その結果、朱瑛ら二四名を選び出して特別に冠帯と教諭の俸禄を賜給したうえ、国子監に送って進学させ、次の機会に備えさせた[27]。これは、正規合格者を指す「正榜」に対して「副榜」と呼ばれるもので、元末の至正年間よりすでに行われていた[28]。明朝では、洪武・建文年間には副榜の者には教官のポストが用意されていたようであるが[29]、永楽帝が即位後の最初に実施した永楽二年甲申科で直々に指示して国子監に進学させ、後の試験に備えさせた[30]。

さらに十九日には、第一甲進士第一名いわゆる「状元」の陳循を翰林院修撰に、第二名「傍眼」の李貞と第三名「探花」の陳景著を翰林院編修とし、『性理大全』の編纂に加わるように命じた。第二甲王翺・第三甲進士の洪英・林文秸以下三〇名に以前から外国語を習っていた王懋・姚昇ら三二名を加えた六二名を翰林院庶吉士に、史常ら五名を行人に選び、残りの進士には諸司での観政《みならい》を命じた（巻一六二、同年同月丁巳）。進士をさらに勉学させる庶吉士の選抜は、洪武十八年乙丑科以来始まったものである[31]。当初、配属される官庁には翰林院に限らず承勅監などのようなさまざまな近侍衙門があったが、永楽二年以後は翰林院に専ら所属するようになり、文学の研鑽を積ませる方向をより強めた。六二名に達する庶吉士が選ばれたのは、これまでになく、人材を登用して北京の翰林院を充実させようとする永楽帝の強い意志が窺える[32]。

二十二日、帝は「進士題名碑」を北京の国子監に建てるように行在工部に指示した。この科の合格者の氏名を永く後世に伝えるためであった。碑記を撰するよう特に命じられたのは、巡幸先の北京において帝が最も信頼していた近侍官の一人、右春坊右庶子兼翰林院侍講楊栄であった（巻一六二、同年同月庚申）。題名碑が建てられる国子監は、元朝以来の建物をそのまま用いていた[33]。この地に題名録が刻石されるのは、元の仁宗（在位一三一一―一三二〇）の時に始まった[34]。省みれば、永楽十三年（一四一五）に国子監に進士合格者を刻んだ題名碑が建てられるのは、元末の至正二十六年（一三六六）[35]以来のことで、五〇年ぶりのことであった。これは、まさしく元の大都を継承する北京の地が文教の点でも、再び中心となることを宣言するものであった。

三

十三年の乙未科の合格者の中に、北方出身者の王翺《ごう》が上位にランクされており、永楽帝が喜んだことはよく知られている[36]。王の祖先は北直隷の欒州であったが、父の代に元末の戦乱を避けて河間府滄州の塩山県に移り住み農業を営んだ。王翺は、永楽九年の郷試に合格したものの、翌年の壬辰科会試では及第できず、副榜となり北京の国子監で進学した。二度目の受験となる乙未科の際には、会試主考官梁潜のリストでは第五名にランクされていたが、帝はいたく喜んで、殿試では四番目の第二甲第一名に引き上げ、とくに召見して酒飯を賜い、のちに翰林院庶吉士に抜擢した[37]。これまで明らかにしてきたように、北京で最初に行われた乙未科の会試と殿試を永楽帝が特別に重視していたことを踏まえれば、王翺にこうした厚遇を与えたのは、永楽帝が南人に対抗して北人の獲得に意を注いでいたというより、江西人の尹直がすでに指摘しているように、北京で最初に実施することができた会試で、お膝元の旧北平布政司管轄下から経魁（五経の首席合格者）が出たことに喜んだのであろう[38]。来るべき首都北京の文運隆盛を十分に期待させるものであったからである。これに加えて、南京から行在北京に新たに会場を移した会試と殿試が平穏のうちに挙行されたことは、遷都の実現に向けて準備が順調に進んでいるものと感じられたことであろう。

乙未科の進士の中で内閣大学士となった者には、状元の陳循のほかに、高穀、張益、許彬がいる。ほかに一品官まで昇官した者に、さきの吏部尚書王翺、刑部尚書兪士悦、二品官では、吏部尚書曹義、南京兵部尚書徐琦、兵部尚書孫原貞、右都御史洪英がいる[39]。吏部主事蕭儀も、この乙未科の合格者の一人であった。江西撫州府楽安県出身の彼は、第二甲第六七名であった[40]。のちに永楽十九年四月、完成したばかりの北京の奉天殿以下三殿が落雷で焼失すると、勅を奉じて、翰林院侍読李時勉や侍講鄒緝に続いて北京建設の不便を上奏した。[41]その結果、帝の逆鱗に触れて投獄され、獄中で死亡した。蕭儀は、十九年正月元旦の朝賀の儀式にあわせて「皇都大一統頌」[42]を上呈していた事実から判断して、北京遷都そのものに反対していたわけではない。むしろ「皇都」北京への期待が大きかっただけに、三殿焼失後は、南京への一時帰還に言及せざるを得なかったのであろう。北京で最初に行われた会試と殿試に臨むことができた蕭儀が懐いたであろう北京への特別を思いを窺うことができる。[43]

附言すれば、乙未科に続く十六年の戊戌科も、第三次巡幸期間中の北京で行われた。李騏以下二五〇名が進士合格となった。この時も楊栄が「進士題名記」の撰述を命じられている。これによれば、郷試で約一〇倍、会試で二〇倍の倍率というから、その当時進士となるためには二〇〇倍の難関を突破せねばならなかったことになる。[44]科挙とも密接に関わる国子監は元朝の大都以来の建物をそのまま襲用していたが、この戊戌科に先立って大成殿の帷幔《たれまく》のみ新調した。[45]かくして、永楽十九年の北京遷都に先立つ乙未科と戊戌科が新都において平隠のうちに盛大に挙行されたことは、文教政策の面でも、来るべき遷都への準備が着実に進行していることを示していた。

註

（1）拙稿「北京巡狩と南京監国――『太宗実録』編纂にみる北京遷都の影――」『東北大学東洋史論集』六輯、一九九五年。なお、その一部は加筆中国訳のうえ、「北京巡狩与南京監国――永楽遷都的歴史軌跡」として『北京師範大学学報』（社会科学版）一九九五年増刊、一九九六年に掲載された。

（2）張弘道・張凝道『皇明三元考』巻二、「永樂十三年乙未科大魁、中式三百五十名、始詔天下擧人、會試北京。」

（3）渡昌弘「明初の科挙復活と監生」『集刊東洋学』四九輯、一九八三年。趙子富『明代学校与科挙制度研究』北京燕山出版社、一九九五年。

（4）『明太宗実録』巻八八、永楽七年二月己亥、「是日禮部啓、會試天下擧人得中式者陳璲等九十五人。皇太子命送國子監進学、俟車駕回京廷試、宴考官於禮部。」
（5）明朝において殿試が一年以上も延期されたのは、ほかに天順八年甲申科と正徳十六年辛巳科の二例がある。前者は、試験場となる貢院の火事により、天順七年二月に行うべき会試が半年遅れの八月に延期、殿試も翌年三月朔日に延期と一旦決まったが、英宗の大喪の期間と重なり、さらに三月十五日に延期された（『明憲宗実録』巻二、天順八年三月乙丑の条）。後者は、正徳帝の南巡のために十五年三月の殿試が延期されていた。北京に戻ってからも帝の体調不良のために翌年の三月朔日と決まったものの、体調が回復せず十五日と再度延期された。しかし、病状は回復せず、正徳帝のもとでは殿試が実現しなかった。外藩から新たに即位した嘉靖帝のもとで殿試が行われるのは五月十五日のことで、一年二ヶ月あまりの延期となった（『明武宗実録』巻一九七、正徳十六年三月己未、『明世宗実録』巻二、正徳十六年五月丙辰の条）。
（6）『明太宗実録』巻一一四、永楽九年三月辛酉朔・甲子の条。胡広『胡文穆公文集』巻九、「賜進士題名記」。
（7）『国朝献徴録』巻八六、江西一、僉事、「江西按察司僉事陳先生璲墓表」（王偀撰）。万暦『広西通志』巻二五、名宦志、皇明、陳璲伝。ただし、殿試に関しては、国立中央図書館編印『明人伝記資料索引』文史哲出版社、一九六五年の「陳璲」の項目（六〇四頁）を参照した。
（8）『明太宗実録』巻一二六、永楽十年三月乙酉朔、「上御奉天殿、試禮部選中擧人林誌等百人及前科未廷對擧人林文澧等六人。」
（9）『明太宗実録』巻一五四、永楽十二年八月丙午、「北京行部郷試奏請考試官。上命翰林院侍講曾棨・翰林院侍講兼左春坊左中允鄒緝考試、賜宴於本部。」
（10）曾棨『刻曾西墅先生集』巻首、楊栄撰「西墅曾公墓誌銘」、「永樂元年中江西郷試、明年禮部會試中選者四百七十人、公在第八、廷試遂中第一、賜進士及第。太宗皇帝奇其才、親批所對策褒美之、賜冠帯・朝服、授翰林修撰・承務郎、未幾詔選進士二十八人、俾進學文淵閣、公之爲首。」
（11）永楽帝が文淵閣に進学させた二八名は、将来、政権を支える文人官僚となることが期待されていた。この中には、翰林院修撰曾棨、周述、周孟簡、庶吉士楊相・王英・王直・陳敬宗・李時勉らがいた。なお、江南の税役改革で活躍したかの周忱は庶吉士の地位にあったものの、年少を理由に文淵閣での読書を自ら願い出て、永楽帝にとくに許されたから、この時、実際に文淵閣に進学した者は二九名であった。陸容『菽園雑記』巻六、文淵閣。『明史』巻一五三、周忱伝。

(12)『明太宗実録』巻一五四、永楽十二年八月丁未、「是日、應天府郷試啓請考試官。皇太子命司經局洗馬兼翰林院編修楊溥・翰林院編修周述考試、賜宴於本府。」

(13)『明太宗実録』巻一五八、永楽十二年十一月丙辰、「造進士冠服五百副。」

(14)『明太宗実録』巻一二五、永楽十年二月戊辰、「命禮部尚書呂震諭考官楊士奇・金幼孜曰、數科取士頗多、不免玉石雜進。今取無過百人。其務精擇、收散木累百、不若得良材一株也。」同書同巻、永楽十年二月辛巳の条。

(15)楊栄『文敏集』巻九、「進士題名記」(一)。

(16)万暦『大明会典』巻五一、礼部九、策士・殿試儀。宮崎市定『科挙』秋田屋、一九四六年、のちに『科挙史』と改めて『宮崎市定全集』第一五巻、岩波書店、一九九三年に収録。

(17)万暦『大明会典』巻七七、礼部三五、貢挙、科挙・殿試、「永楽二年定」。ただし、そこに載せる「順天府」の官員が状元を送り届けるという規定は、この時期の殿試はまだ南京で行われていたから、明らかに「応天府」の誤りである。また進士合格者の宴が「礼部」で行われたというのも、註(22)に史料を掲げたように、「会同館」の誤りである。おそらく、北京で殿試が行われるようになって以後の規定が混入したのであろう。

(18)『明太宗実録』巻一六二、永楽十三年三月壬寅の条、『明清歴科進士題名碑録』華文書局、一九六九年の「明永楽十三年進士題名碑録」。

(19)『明太宗実録』巻一六二、永楽十三年三月己亥朔、「上御奉天殿、試禮部選中舉人洪英等三百四十九人、及前科未廷試舉人劉進等二人。」

(20)楊栄『文敏集』巻九、「進士題名記」(一)、「臚傳之日、都城人士抃舞稱歎、以爲北京之盛美有以過越前代也。」

(21)『明太宗実録』巻一六二、永楽十三年三月癸卯、「賜進士陳循冠服銀帶、餘賜鈔各五錠、俱賜宴於北京留守行後軍都督府。」

(22)『明太宗実録』巻二九、永楽二年三月丙午、「賜進士曾棨冠服・銀帯、餘並賜鈔五錠、是日賜宴於會同館。」、巻五二、永楽四年三月丙午、巻一一四、永楽九年三月乙丑、巻一二六、永楽十年三月己丑の条。

(23)『明太宗実録』巻八二、永楽六年八月辛巳、「設北京會同館、改順天府燕臺驛爲之、置大使・副使各一員。」

(24)『明太宗実録』巻一七、永楽元年二月庚戌の条。

(25)徐苹芳「元大都枢密院址考」『中国歴史考古学』美術考古叢刊3（允晨文化、一九九五年、原載一九八九年）。徐氏の推定によれば、その広さは南北約三九四メートル、東西三一五メートルであった。なお、論文中で、北平都指揮使司は洪武十五年以後に北平行都司となり、永楽元年に大寧都指揮使司に改められたとしているのは、『明史』巻七六、職官志五、都指揮使司の誤った記述を踏襲したものである。改めて言うまでもなく、北平に設けられた北平都司と大寧に設けられた北平行都司は別個の官庁である。

(26)『明太宗実録』巻二三五、永楽十九年三月壬午、「賜進士曾鶴齡等宴於禮部。」ただし、宣徳二年丁未科と五年庚戌科の際に行在中軍都督府が会場に使用されたのは、行在礼部の新築工事のためであろう。『明宣宗実録』巻二六、宣徳二年三月壬辰、巻六四、宣徳五年三月戊午の条。

(27)『明太宗実録』巻一六二、永楽十三年三月癸卯、「上、以禮部會試下第擧人中、或有學問可取者、命翰林院再試之、得朱瑛等二十四人、並賜冠帯、給教諭俸、送國子監進學、以待後科。」

(28)『元史』巻九二、百官志八、選擧附録・科目、「(至正八年)、是年四月、中書省奏准、監學生員毎歳取及分生員四十人、三年應貢會試者、凡一百二十人。除例取十八人外、今後再取副榜二十人、於内蒙古・色目各四名、前二名充司鑰、下二名充侍儀舎人。漢人取一十二人、前三名充學正・司樂、次四名充學録・典籍管勾、以下五名充舎人。不願者、聽其還齋。」ただし、元朝では、国子生員にのみ副榜が設けられていたようである。

(29)楊士奇『東里続集』巻三六、「従子之宜墓誌銘」、「之宜名相、余従兄思貽甫冢子也。(中略)、十五(歳)郡太守擧應江西郷試、中前列。明年會試禮部中副榜、當授教官、思貽奏言、臣之子年與學未可以爲人師、幸俾臣以歸教之、曽《増?》益其未至、庶他日不辱陛下任使。太祖皇帝可其奏。既歸益勤於學、後充太學生。太學生常數千人、季試、相屢占第一。永樂二年會試天下貢士、以相爲首。廷對第二甲一名。」

(30) 会試副榜の始まった時期については、『明史』巻六九、選挙志一には、「擧人入監、始於永樂中。會試下第、輒令翰林院録其優者、俾入學以俟後科、給以教諭之俸。是時會試有副榜、大抵署教官、故令入監者、亦食其禄也。」とあるのみで、その時期を特定していない。商衍鎏『清代科挙考試述録』生活・読書・新知三聯書店、一九五八年（一五頁）では、会試副榜は明の永楽四年に始まったとしている。しかしながら、『明太宗実録』巻三二、永楽二年六月甲午の条には、「上命禮部臣曰、會試下第擧人既多、其中必尚有可取者。蓋慮一時匆猝或本有學問、而爲文之際、記憶偶差、遂致謬誤、或本不謬誤、而考閲之官、神情昏倦、失于詳審、以致黜落。此皆可矜。其令翰林院出題更試、擇文詞優等者以聞。遂得貢士張鉉等六十人以奏。上召見、皆賜冠帶、命於国子監進學、以俟後科、且勉之、曰士當立志、志一則工專、工專則業就。爾等於學已有根本、但更百尺竿頭進歩。爾後科第一甲人、有不在其爾曹乎。其往勉之。」とあり、永楽帝が即位後最初に行った会試で始まったのは明らかである。

(31)『明太祖実録』巻一七二、洪武十八年三月丙子、「其諸進士、上以其未更事、欲優待之、俾之觀政於諸司、給以所出身禄米、俟其諳練政體、然後擢任之。其在翰林院・承勅監等近侍衙門者、采書經庶常吉士之義、俱稱爲庶吉士。其在六部及諸司者、仍稱進士。」

(32)『明史』巻七〇、選挙志二、「庶吉士之選」。

(33)『明英宗実録』巻二三、正統元年十月癸亥、「行在吏部主事李賢言、竊惟太學者天下貢士所萃、乃育賢成材之地。（中略）我國家建都北京以來、有廢弛而不擧者、有創新而不措者。所廢弛者莫甚于太學。所創新者莫多于佛寺。」

(34) 趙翼『陔餘叢考』巻二九、「題名録」、「其刻石于國子監、則自元仁宗時始。」

(35)『元史』巻四七、順帝本紀、至正二十六年三月乙未の条。元朝の科挙については、姚大力「元朝科挙制度的行廃及其社会背景」南京大学歴史系元史組『元史及北方民族史研究』六号、一九八二年を参照した。

(36) 檀上寛「明代科挙改革の政治的背景──南北巻の創設をめぐって──」『東方学報』五八冊、一九八六年。のちに檀上著書『明朝専制支配の史的構造』汲古書院、一九九五年に収録。生駒晶「明初科挙合格者の出身に関する一考察」『山根幸夫教授退休記念明代史論叢』汲古書院、一九九〇年。なお、檀上論文によれば、永楽朝は洪武朝の方針を継承し、当初から北人獲得を図っていたとして、『明史』巻一七七、王翺伝に見える以下の記載を挙げている。「王翺、字九皐、鹽山人。永樂十三年、初會試貢士於行在。帝時欲定都北京、思得北士用之。翺兩試皆上第、大喜。特召賜食、改庶吉士、授大理寺左寺正。」しかし、『明史』本伝も依拠したであろう『明憲宗実録』巻四八、成化三年十一月戊辰の条には、「致仕太子太保吏部尚書王翺卒。翺字九皐、直隷鹽山縣人。永樂乙未進士、時太宗始試士北京。得翺畿内人、居二甲第一、甚喜。改翰林院庶吉士、授大理寺正。」とあるのみで、「帝時欲定都北京、思得北士用之」という記述はない。この部分は、おそらく明末に編纂された何喬遠『名山藏』臣林記、王翺伝に「先是成祖定都北京、固欲得北士爲重、而北士毎後於南人。至是聞翺兩占高第、大喜。」と見える記述などを、清初の徐乾学等撰『明史列伝』や張廷玉等撰『明史』が踏襲したものであろう。

(37) 姚夔『姚文敏公遺藁』巻九、「明故太子太保吏部尚書贈特進光禄大夫太保謚忠肅王公行状」、「(永樂)九年辛卯中郷試、明年會試乙榜、卒業太學。乙未中陳循榜進士第二甲第一名、改翰林庶吉士。甲辰授大理寺左寺正。」彭時『彭文憲公文集』巻四、「故太子太保吏部尚書贈特進光禄大夫謚忠肅王公神道碑銘」。『明憲宗実録』巻四八、成化三年十一月戊辰の条。

(38) 尹直『謇齋瑣綴録』、「永樂乙未科、始開會闈於北京。泊菴先生主考。得一巻、三場俱優、取定爲會元。拆巻、乃陳芳洲循。先生以郷故爲嫌。欲取林文秸《かつ》、而又以秸字難識、進呈不便。因見第五名洪英、曰此洪武間英才也。遂取爲會元、而循居二。王翺第五。太宗見翺名喜、北京初啓會闈、而經魁得一畿甸士、遂以布衣召見、賜酒飯。後翺至宮保・太宰、壽禄・名位非常可及、遭際有自來矣。」嘉靖年間に重刊された兪憲『皇明進士登科録考』巻三、永楽十三年乙未三月の条も、同様な記事を載せている。なお、『明清歴科進士題名碑録』の「明永楽十三年進士題名碑録」でも、王翺は第二甲第一名(四番目)にランクされている。

(39) 張朝瑞『皇明貢挙考』貢挙紀略・永楽十三年乙未科、張弘道・張凝道『皇明三元考』巻二、永楽乙未科。

(40) 蕭儀『襪線集』附、忠諫贈言、陳艮撰「墓誌銘」。『明清歴科進士題名碑録』の「明永楽十三年進士題名碑録」。

(41) 拙稿「南京還都――永楽十九年四月三殿焼失の波紋――」和田博徳教授古稀記念『明清時代の法と社会明代史論叢』汲古書院、一九九三年。

(42) 蕭儀『襪線集』巻一、頌、「皇都大一統頌并序」。

（43）蕭儀のほかに、永楽十三年の進士で、勅を奉じて時政を陳言した者に、御史鄭惟桓（第三甲、浙江寧波府慈谿県の人）・高公望（第三甲、江西吉安府永豊県の人）がいる。『明太宗実録』巻一三六、永楽十九年四月甲辰の条。『明史』巻一六四、鄒緝伝。

（44）楊栄『文敏集』巻九、「進士題名記」（二）。

（45）『明太宗実録』巻一九八、永楽十六年三月丙子の条。

洪煕朝政権の性格
――即位にともなう人事異動を中心に――

岩渕　慎

緒　言

永楽二二年（一四二四）七月辛卯（一八日）永楽帝崩御。永楽帝としては即位以来五度目となるモンゴル親征の帰途、楡木川（現在の内蒙古自治区多倫県の西北）で没した。享年六五歳であった。靖難の役によって、甥の建文帝を帝位より引きずりおろし、明朝の帝位に即いた永楽帝は、謚号に二代目であることを示す「太宗」や創業の君主、及びそれに比する功績を持つ場合に用いられる「祖」の字を冠した「成祖」を贈られるほどの皇帝となった。結果的に得られた成果については、ここでは論じないが、五度にわたるモンゴル親征や鄭和の南海派遣、『永楽大典』の編纂、そして明清時代を通じて京師となった北京への遷都といった事業に取り組んだことは、周辺諸国に「中華」の威容を知らしめ、後世の歴史家の注目を十分に喚起するものであった。しかし、その跡を継いだ洪煕帝は、四七歳という円熟した年齢に加えて、度重なる永楽帝のモンゴル親征中に監国として実際の政治に携わってきたという豊富な経験があったにもかかわらず、それを活かせぬまま即位翌年の洪煕元年（一四二五）五月辛巳（一二日）、在位一年にも満たずして崩御した。さらに跡を継いだ宣徳帝は、祖父永楽帝と同じくモンゴル親征・鄭和の南海派遣を行い、こちらも漠北に威名をとどろかせることとなった。

共にモンゴル親征をもって、史上に名を残した永楽帝と宣徳帝の間にあった洪熙帝は、その在位期間の短さもあって、やはりその印象の薄さを免れ得ない。これまでの研究においても「仁宣之治」の始めの一時期を担う存在として扱われたに過ぎなかった。(1) しかしながら洪熙朝を単独で考えてみるに、そこにはその安定した「仁宣之治」を導くための布石となるべき何かがあったと考えられる。では、その洪熙朝とは如何なる政権であったのだろうか。「偉大」な父永楽帝の跡を受けて、治世を安定させるためにどのような方向性を打ち出そうとしていたのであろうか。一年に満たない治世とはいえ、「仁宣之治」に至る、その方向性を探ることは有用であると思われる。本稿では、そのような関心のもと、永楽朝から洪熙朝に移行するにあたっての人事異動に注目し、その前後にどのような傾向が見られたのかを分析し、またどのような人物が近侍官として登場してきたのかを眺めることで、洪熙朝の方向性の一端を示すこととしたい。

一　洪熙即位と人事異動

永楽崩御後、新しく樹立された洪熙朝で、どのような人事異動が行われたのかについて記す前に、その前段階としての永楽朝末期の状況、特に北京遷都後の中央政界の状況を記すことにする。

永楽一九（一四二一）年正月、永楽帝は太祖洪武帝の定めた京師南京を離れ、燕王として居を構えていた北平を北京と改称し遷都した。永楽帝は判断力の優れた、行動力あふれる人物であったとされているが、その晩年は屢々指摘されているように、病疾のために政務を執ることが困難であった。(2) そのため、皇太子であった朱高熾が監国のようなかたちで政務にあたる事が多く、また、たとえ永楽帝が自ら政務を執ったとしても、その勘気に触れた重臣たちが次々と下獄の憂き目にあわされてしまうことから、官僚たちにとって永楽帝の臨朝が、必ずしも望まれたものではなくなっていた。重臣の下獄としては、例えば戸部官僚として、永楽朝を通じて長く尚書の地位にあった夏原吉が、永楽一九年一一月の親征の発議に際し、国庫の不足を指摘して反対したために、開平（元代の上都）に糧儲の視察に行かされ、またすぐに召し戻されて獄に下された。また同じくモンゴル遠征に反対した兵部尚書の方賓も霊済宮に提調のために派遣されたが、永楽帝の怒気を知らされるや、自ら縊死し、(3)その後任も補充されず兵部尚書には趙羾が残されたのみであった、しかもこの趙羾は北征のための糧儲を調えるためになされた人事だったのであり、兵部尚書は実質的な空席状態にあった。

洪熙帝が即位する永楽二二年前後の六部尚書の構成を『明史』巻一一一　七卿年表を参考に記すと、次頁のようになる。

この表から窺えることは、洪熙帝の即位に際して、激しい人事異動が行われているという事であるが、では洪熙朝に行われた人事異動とは具体的にはどのようなものであったのか。以下、六部尚書に、主としてどのような人物が就いたのかを記しつつ、(4)それぞれの特徴を探ってみたい。

吏部尚書

蹇義　字は宜之、四川巴県の人、初名を瑢といった。洪武一八年（一三八五）の進士で、靖難の役後、永楽帝に認められ、吏部左侍郎、尚書を歴任。以後宣徳一〇年（一四三五）、正統帝の即位に前後して没するまで、尚

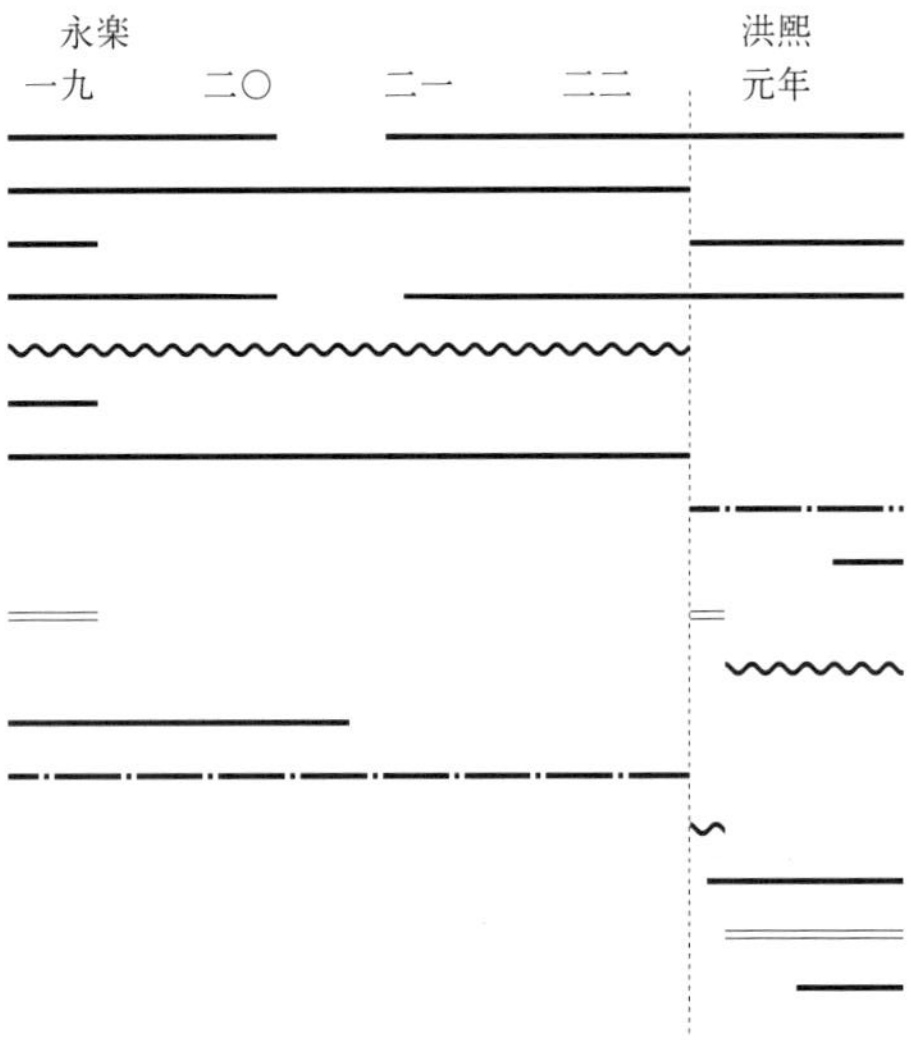

		備考
吏部尚書	蹇義	永楽20・9・丙寅 ～ 21・2・壬戌 下獄
戸部尚書	郭資	永楽22・11・丙戌 致仕
	夏原吉	永楽19・11・丙子? ～ 22・8・丁未 下獄
礼部尚書	呂震	永楽20・9・丙寅 ～ 21・3・辛卯 下獄
	金純	永楽22・8・庚申 ⇒［工部］
兵部尚書	方賓	永楽19・11・丙子? 自縊
	趙羾	永楽22・8・庚申 ⇒［南京刑部］
	李慶	［工部より］永楽22・8・庚申 ～
	張本	洪熙元・4・
刑部尚書	呉中	永楽19・11・丙子? ～ 22・8・戊午 下獄 永楽22・10・甲子 ⇒［工部］
	金純	［工部より］永楽22・10・甲子
工部尚書	宋礼	永楽22・7・乙亥 卒
	李慶	永楽22・8・庚申 ⇒［兵部］
	金純	［礼部より］永楽22・8・庚申 ～ 永楽22・10・甲子 ⇒［工部］
	黄福	洪熙元・正・ ～
	呉中	［刑部より］永楽22・12・甲子 ～
	李友直	洪熙元・3・

洪熙即位(永楽22・8・丁巳)

※　この他に、永楽二二年一二月甲寅、太子少保兼謹身殿大学士楊栄に工部尚書を、洪熙元年正月丙子、通政司兼武英殿大学士黄淮を少保兼戸部尚書に、武英殿大学士楊士奇を兵部尚書に、太子少保兼武英殿大学士金幼孜に礼部尚書をそれぞれ授けている。しかし、これら四名は何れも閣臣であり、これら六部尚書の肩書きは実務を伴わない。しかしこの意味するところは、官品の低い閣臣が官品の高い尚書の肩書きを持つことにより、閣臣が表舞台に姿を現すことを示している。

書の地位にあった。また、永楽二年（一四〇四）四月、朱高熾の立太子とともに、詹事府詹事を兼任して皇太子の輔導にあたった。東宮官は兼官が多く、そのために東宮官として名を連ねていても、実際に皇太子の近侍として輔導の任にあたっているものは少なく、蹇義はその数少ないうちの一人であった。永楽朝にあって皇太子であった朱高熾は、不安定な立場に置かれており、それは東宮官にまでも及び、東宮官は朱高熾の次弟である朱高煦等の讒言により獄に下されることが多かった。(5) 永楽時代の厳しい状況をくぐり抜けた蹇義は、洪熙帝の信任が厚く、後述する同じく東宮官であった閣臣の楊士奇とともに、洪熙朝の重臣として活躍するはずであった。また戸部尚書の夏原吉とともに、永楽・洪熙・宣徳朝を担った人物として「蹇・夏」と併称された。(6)

吏部に関しては、永楽朝から引き続いて蹇義があたり、尚書人事に異動はなかった。これは当然の事ながら、蹇義が元々洪熙帝の東宮官であったことが大きく関係しており、また永楽朝の長きにわたって、吏部尚書の地位にあったことから、人事について通暁していると考えられたからであろう。

戸部尚書

夏原吉　字は維喆、湖広湘陰の人。洪武年間に郷薦をもって太学に入り、当時戸部尚書であった郁新に才を認められ、昇進を重ねる。靖難の役では燕王に降り、ともに降った蹇義と同様戸部侍郎、尚書と昇進した。浙西の洪水の際に現地に入って治水に努め、永楽帝にその才を称賛された。モンゴル親征や、鄭和の南海派遣など大規模な事業が繰り広げられる中、その財政運営を一手に引き受けることになった。しかし、先述したとおり、永楽一九年に糧秣の不足を理由に北巡に反対したため、獄に下された。永楽崩御の際には、朱高熾は自らの即位よりも先に夏原吉を獄より出し、今後の政策について諮問しているとおり、夏原吉の存在の重要性が窺われるものであろう。そしてその諮問の応えにある冗費を押さえるため、洪熙帝は京師を北京より南京へ戻す方針を打ち出し、実行に移そうとしたのであった。

郭資

字は存性、北直隷武安の人。蹇義と同様に洪武一八年の進士。靖難の役勃発時には北平左布政使として北方にあったが、いち早く帰順し、そのまま北平にとどまって朱高熾とともに北平を護り、軍餉を掌った。永楽朝に入ってからは建文四年（一四〇二）一一月、戸部尚書に任ぜられた。永楽帝から「資、朕蕭何也。」（『続蔵書』巻九靖難功臣　湯陰伯郭忠襄公）と称され、翌永楽元年（一四〇三）二月には雒僉とともに、行部尚書となって北京建都にあたり、永楽帝より深く信用された。永楽一九年の北京遷都の前月に戸部尚書に復任、一九年の夏原吉下獄後の戸部を掌る。洪熙帝の即位時には、太子賓客を兼任し、太子少師にまで昇進するも、永楽二二年一一月に致仕。宣徳四年（一四二九）四月に復官するも六年（一四三一）四月に卒。

戸部の尚書人事に関しては、夏原吉・郭資の二名が挙げられる。夏原吉は先述したように、戸部尚書として永楽朝に仕え、永楽帝の信任も厚く、永楽崩御の際には夏原吉自身は獄中にあったものの永楽帝の口から「夏原吉愛我」（永楽二二年七月己丑条（一六日））との言葉が発せられたほどであった。彼の意見は洪熙帝とも一致しており、したがって即位前に獄より出され、諮問されたのであった。冗費・冗官問題、そして遷都事業による財政の悪化を立て直すために財政の現状を知悉した夏原吉が選ばれたのであろう。一方、郭資は永楽帝からの信任はあったものの、専ら親征時の糧秣担当としてその役割を期待された人物であり、復任した夏原吉・蹇義等によって「偏執妨害」として辞任に追い込まれた。洪熙朝をこれから担うであろう蹇・夏のラインが、永楽北巡の一翼を担った人物を排斥したのである。

礼部尚書

呂震　字は克声、陝西臨潼の人。洪武一九年（一三八六）郷挙をもって太学に入る。洪武朝では戸部主事、北平按察司僉事を経て、靖難の役では燕王側に立ち、北平にて世子朱高熾とともに居守した。永楽朝では真定府知府から、大理寺少卿を経て、三年（一四〇五）九月には刑部尚書、六年（一四〇八）一二月には礼部尚書を歴任、二〇年（一四二二）九月、女婿である朝鶴の朝参失儀問題で、当時監国をしていた皇太子と、永楽帝の意見が相違し、そのため下獄することになった。翌三月に赦免される。洪熙朝では太子少師を兼ね、ついで太子太保に進み、宣徳元年（一四二六）に卒す。

金純　字は徳修、江蘇泗州の人。洪武中、吏部尚書杜沢の推薦を受け、吏部文選司郎中、三一年（一三九八）には江西布政司右参政となる。永楽朝にはいると蹇義の推薦を受けて刑部右侍郎となり、北京建都事業では採木のため湖広へ行くことを命ぜられた。八年（一四一〇）北巡に扈従し、刑部左侍郎、九年（一四一一）には宋礼等とともに会通河の再開削にあたり、戻った後、礼部左侍郎、一四年（一四一六）三月には尚書となる。一九年、北京遷都後に落雷による三殿焼失から起こった各地への巡撫の官が派遣されるが、その一人として四川に赴いた。洪熙朝では永楽二二年八月、工部尚書に、ついで一〇月には刑部に転任。洪熙元年正月には太子賓客を加えらる。宣徳朝では三年（一四二八）に不興を買い、獄に下されるも、老臣を理由に赦され、そのまま致仕。正統五年（一四四〇）に卒す。

礼部尚書の人事に関しては、永楽期は呂震・金純の二人体制であったが、洪熙即位に伴い、金純が工部へ移ったため呂震のみになった。元々礼部尚書は呂震が永楽六年以来長くその任にあり、金純の礼部尚書昇進は北京建都に伴う採木や会通河開削などの功であり、つまりどちらかと言えば工部の管轄にあたる事業の功により礼部尚書に昇進したのであった。そのため、永楽二二年八月の洪熙即位にともない工部尚書に転任することになった。しかし同年一〇月にその剛直な性格を買われて刑部尚書にすぐさま転任することとなった。

兵部尚書

趙羾　字は雲翰、山西夏の人。洪武中、郷試より太学に入る。洪武帝に才を認められ、武庫員外郎となり、建文中は浙江右参政として海寇対策に功があった。永楽朝では刑部右侍郎から始まり、工部、礼部とわたり永楽五年（一四〇七）に尚書となった。朝鮮使臣団の応接に不備があったため、一時下獄したが赦され、永楽一五年（一四一七）に兵部尚書となり、専ら永楽帝の北巡に従う。洪熙帝即位に伴って南京刑部尚書となるも、宣徳五年（一四三〇）に兪士吉とともに弾劾され獄に繋がる。ついで赦され、致仕。正統元年（一四三六）に卒す。

兵部尚書の人事は、先に記したように永楽一九年に方賓が自縊した後は、趙羾のみが尚書としてその任にあたったが、その任は永楽帝のモンゴル遠征の糧秣の補給にあたるためのものであり、一般的な兵部尚書の任にあたるものではなく、兵部に関しては当時工部尚書であった李慶が兼領していたのであった。これが洪熙即位に伴い、空白状態を埋めるべく工部尚書であった李慶を転任させたのである。

刑部尚書

呉中　字は思正。陝西武城の人。洪武朝では末期に大寧都司経歴となり、靖難の役では、燕王が大寧に至った時に迎降している。永楽朝では転餉の功績から大理寺丞、少卿、右都御史となる。北京建都にあたって永楽五年正月、工部尚書として四川に採木にゆく。一四年八月刑部尚書へ転じ、一九年の北巡に関しては夏原吉等とともに反対の立場を取り、下獄された。洪熙即位とともに復官、太子少保を加えられ、工部尚書となった。宣徳朝になって、私邸造築に際して、官木を用いたため、獄に下されたが、功臣を理由に赦さる。宣徳七年（一四三二）に卒す。工部に長く奉職し、長陵・献陵・景陵の造営や、北京宮殿の奉天殿、華蓋殿、謹身殿、乾清宮、坤寧宮の造築にも携わった。

刑部尚書の人事に関してであるが、こちらも呉中が永楽一九年に下獄されてから後は、洪熙即位に伴って二二年八月に呉中が復任するまで空白状態にあり、兵部同様異常な状況であった。但し二二年一〇月には礼部尚書から工部尚書に転任していた金純が刑部尚書となり、呉中は工部尚書に転任することになった。

工部尚書

李慶　字は徳孚、順義の人。洪武朝では都察院右僉都御史、刑部員外郎、紹興府知府を歴任。永楽朝に入り、刑部右侍郎、都察院右副都御史となり、法を厳にして民を治めたことにより、「中外凛其風采」と評さる。一八年（一四二〇）に工部尚書に進み、兵部事を兼領。当時の兵部尚書趙羾が屯戍監督のために北辺にあったからである。洪熙朝にはいると兵部尚書となり、太子太保を加えらる。宣徳帝即位後の洪熙元年一〇月、南京兵部尚書となる。宣徳二年（一四二七）安遠候柳升とともに黎利討伐に行くも病没。

工部尚書の人事に関しては、永楽二一年（一四二三）に至るまで宋礼と李慶の二名が工部尚書を務めていたが、宋礼が卒すると李慶のみとなった。しかも李慶は先にも触れたとおり兵部尚書が空席であったため兵部事を兼領しており、洪熙即位に伴って兵部尚書に転任、後任に礼部尚書であった金純が転任したが、こちらもすぐさま刑部尚書に転任、結局黄福・呉中がその任にあたることで尚書人事が収まることになった。

以上見てきた六部尚書人事であったが、次のようなことが言えるであろう。永楽末期の尚書人事に空白が生じようともその補充がなされない「異常」な状況が、洪熙即位に伴い「正常」な状況へと転換が図られようとしていることである。戸部尚書であった夏原吉や、同じく刑部尚書であった呉中のように下獄されていた官僚をその地位に復したり、空白の状態にあった刑部尚書やほぼ空白状態であった兵部尚書の人員を補充するなど、永楽末期とは明らかに期を画しているということを目に見える形で表しているといって良いであろう。また今回の主題とは外れることではあるが、新帝即位に伴う六部尚書人事が、このような形で激しく異動することは、明代を通じても非常にまれなことであり、このことは六部尚書と閣臣の力関係の変動を考察していく上でも興味深いものとなっている。

二　楊栄と楊士奇

明代政治史の大きな問題（テーマ）の一つに「内閣」が挙げられるが、この内閣制度が実質的に活用されたのは永楽朝に始まる。靖難の役後に、燕王藩邸の旧臣のみでは王朝権力を御し得ないことを悟った永楽帝は、迎降した官僚のうち、当時官品は低くとも実務能力に期待のもてる若手～中堅の官僚を閣臣として登用し、政治的なブレーンとした。当初閣臣として抜擢されたのは、解縉、胡儼、黄淮、胡広、金幼孜、楊士奇、楊栄の七名であった。[7] これら七名のうち、後の首輔ともいうべき位置にいたのが解縉、そして胡広であった。しかし解縉は永楽一三年（一四一五）正月丙寅（二七日）に、[8] 胡広は一六年（一四一八）五月丁巳（八日）に、[9] それぞれ卒しており、永楽末期には、彼らの姿は官界にはなかった。その他にも、胡儼は閣臣として登用されたものの、永楽二年九月丁卯[10]（二九日）には国子監祭酒に転任せられ、政治の中枢からは距離を置かれた状況にあった。以上のような状況から、永楽崩御前後に官界中枢に身を置いていた閣臣は黄淮、金幼孜、楊士奇、楊栄の四人の名が挙げられる。彼らは金幼孜を除き、その官職としていずれも東宮官の職を兼任しており、この観点から四名を分類すると金幼孜と、その他三名の東宮官という構図となる。しかし、彼らを東宮官か否かとして分類するのではなく、永楽帝のモンゴル遠征に扈従していたか否かという観点からこの四名を分類すると、また別のグループ分けをする事ができる。楊栄と金幼孜、楊士奇と黄淮である。この四名の閣臣のうち、前者二名の楊栄と金幼孜は、永楽帝の幾度にもわたる親征に常に扈従していたのに対し[11]、後者二名の黄淮と楊士奇は、そのモンゴル親征中に皇太子が京師にあって、監国として政務に臨んでいる側で、東宮官として常に近侍して輔導の任にあたっていたのである。従って、同じ東宮官という皇太子輔導の官職にあるといえども、永楽朝内において、その他にどの職を兼職しているかによって、その置かれてくる立場は異なっていくこととなったのである。この立場の相違は永楽朝にあっては特に重要であった。何故なら、皇太子朱高熾の立場は、王朝内で必ずしも安定してはおらず、その不安定さが近侍の東宮官の立場をも不安定にさせ、東宮位を狙う漢王等にしばしば讒言を受けることになり、中には楊士奇・黄淮のように下獄されたり、さらに下獄だけではなく馬京・許思温のように獄死するものすら出たことがあったのである。一方の永楽帝の側に仕えていた楊栄・金幼孜の状況であるが、彼らは閣臣として常に永楽帝の左右に侍し、顧問としての立場にあって、下獄させられる事もなく、その安定した状態に身を置くことができたのであった。さらにこの二グループの立場の相違は、阪倉篤秀氏の指摘するように[12]、皇帝近侍官、皇太子近侍官として両者の確執にまで発展することとなった。しかしこの両者の立場の強弱は、現皇帝の影響によるところが大きく、そうであるが故に崩御に伴う政権交代が、彼らにその立場の変更を余儀なくしたであろう事は、容易に想像できるのである。

そこで本章では、永楽崩御・洪熙即位に伴う、「閣臣」の王朝内における立場の変動を、永楽帝の信任厚く、親征には常に扈従し、また崩御の報を京師にもたらした楊栄と、皇太子とともに苦難の永楽期を過ごした楊士奇を例に取り、その立場の転換を示してみることにする。

まず、楊栄、楊士奇両名の洪熙即位までの略歴を追ってみることにする。楊栄は字を仁勉、福建建安の出身で建文二年（一四〇〇）の科挙に第二甲三名で及第した。[13] 初名を子栄といったが、永楽帝の命により、「栄」と改めた。金川門の戦いでは楊士奇等とともに、いち早く永楽帝に迎降したが、その時に

（建文四年六月乙丑）成祖初入京、（楊）栄迎謁馬首曰、殿下先謁陵乎、先即位乎。成祖遽趣駕謁陵。自是遂受知。

（『明史稿列伝』巻三三　楊栄伝）

とあるように、永楽帝に対し、単なる簒奪者ではなく、祖訓を護った者としての立場を公に表すために、太祖を祀った孝陵を即位の前に参詣することを勧めたのである。このことにより楊栄は永楽帝の歓心を得ることができ、その才を認められたことから、当時三二才の最年少の閣臣として抜擢されることになったのである。永楽帝のモンゴル遠征には同じ閣臣の胡広、金幼孜等とともに常に扈従し、特に永楽一六年に胡広が没してからは、ますます永楽帝の信任を厚くし、翰林院事も掌ることとなった反面、このことは他の官僚からの嫉視を受けることとなった。

（永楽十六年）胡公没。公掌翰林院事、益見親密。一時廷臣狎レ恩多縦忌公伉直発其私。適太学闕祭酒、衆共挙公。実欲疎之。上不聴。

（『国朝献徴録』巻一二　少師工部尚書兼謹身殿大学士贈特進光禄大夫左柱国太師謚文敏楊公栄墓誌銘）

とあるように、たまたま国子監祭酒が空席となったことから、そこへの転任が上言され、それを口実に閣臣から引きずりおろされそうにもなったのである。しかし、永楽帝の楊栄に対する信頼は揺らぐことがなく、その後も、常に近

侍したことに変わりはなかった。永楽帝最後の親征となった永楽二二年の遠征にも扈従し、崩御の際には、同じく閹臣として同道していた金幼孜の意見を取り入れて、宦官の馬雲等とともに、機転を利かせ、錫を溶かして棺を作り、その中に遺骸を入れて、ひたすら喪を秘するようにしたのであった[14]。それが終わるや楊栄は少監の海寿とともに北京に駆け、崩御の報をもたらしたのであった。

次に楊士奇についてであるが、彼は名を寓といい、江西泰和の人で、科挙ではなく薦挙によって官界入りした。先にも述べたとおり、楊士奇は楊栄等とともに金川門の戦いで迎降した中に名を連ねており、永楽即位によって翰林院に入り、閣臣として永楽朝をスタートした。永楽二年四月の立太子の際には左春坊左中允として、吏部尚書蹇義等とともに皇太子の輔導官をつとめることになった。永楽朝での東宮官は、皇位をねらう漢王高煦の讒言により、多くの者が獄に下されることになったが、楊士奇もその例に漏れず、永楽一二年（一四一四）に、直後に赦免されるものの獄に下されたことがあった[15]。赦免された後も、東宮官として皇太子の輔導にあたったが、閣臣、東宮官であったとしても永楽朝にあっては楊士奇のように、安定した立場にはなかったことがうかがえる。

以上が、洪熙即位までの両者の略歴であるが、ではこの両者の立場がどのように変容していったのであろうか。これを直接明示する史料はないが、『実録』・伝記類から浮かび上がらせてみる。まず『実録』からであるが、永楽期の事績を記した『太宗実録』と洪熙期の事績を記した『仁宗実録』の編纂官は、間野潜龍氏の研究にあるとおりに[16]楊栄・楊士奇・蹇義等であった。永楽帝の死後、早速実録編纂の詔が洪熙帝から出たものの、在位一年にも満たずに崩御したために、『太宗実録』・『仁宗実録』の両実録編纂は宣徳朝に入ってから同時平行的に行われた。以上のような経過から両実録の編纂官もほぼ同じ顔ぶれとなったのである。このことは、両実録中の記載内容に、当時の史料の残存量の制限からくる濃淡はあるにせよ、記載のされ方については類似性があることを指摘できる。例えば永楽帝が閣臣などに対し言葉をかける際に「諭～～等曰」と書かれるがこの「～」に書かれる人物、あるいは複数いる場合にはその筆頭に記される人物をみた場合、その時期に永楽帝に近い人物が書かれていることを指摘できる。永楽初期にあっては「解縉」がその筆頭に記されることが多く、次いで解縉の失脚後は「胡広」の名が永楽一六年の死去まで続き、永楽末期にあっては「楊栄」の名が実録史料中に書かれることが多い。ところが、『仁宗実録』中における楊栄記載は、実録の分量（『太宗実録』は二七四巻―二四八〇頁、『仁宗実録』は一〇巻―三一四頁。巻数・頁数の数字は中央研究院本に拠った）に比して非常に少なく、例えば永楽二二年九月戊戌（二六日）条に

賜少傅兼吏部尚書蹇義、少保兼華蓋殿大学士楊士奇、謹身殿大学士楊栄、太師少保兼武英殿大学士金幼孜銀・図書各一。其文曰、縄愆糾繆。乃諭之曰、卿等皆国家旧臣、祗事先帝二十余年、又事朕於春宮練達老成。今朕嗣伍軍国之務重、頒卿等協心賛輔。凡政事有闕或群臣言之而朕未従、或卿等言之朕有不従、悉用此印密疏以聞。其毋憚於再三言之。君臣之間尽誠相与、庶幾朝無闕政民無失所而朕与卿皆不負祖宗付託之重。義等頓首受。

とあり、また、同二二年一一月丁亥（一五日）条[17]、同二二年一二月甲寅（一三日）条[18]のように、いずれも楊栄を先朝の旧臣として労うといった記載が多く、『仁宗実録』だけを眺めた場合、楊栄の存在はきわめて影の薄い「旧臣」という印象を与える。

また、このことは楊栄に関する伝記類についても共通しており、洪熙朝の記事がほぼ「縄愆糾繆」の銀章を賜与された事に集約され、洪熙帝に積極的に上奏、あるいは諮問を受けたということも見いだし得ない。このようなことから言えば、楊栄は永楽崩御の使者という役割を果たし、新帝即位に伴って陞進したものの、実際の政治の中枢からは外された、つまり先朝旧臣として敬われはするものの、新帝即位に伴う新人事によって実務に関与させられていない、という状態におかれたのではなかろうか。

では一方の楊士奇を取り巻く状況であるが、洪熙帝の即位当時は、新帝の意向や、二〇年以上にわたる長期政権からくる倦怠感を打破する意図もあったのであろう、東宮関係者が次々と陞進していった。その中に当然楊士奇の名もあったのである。また楊士奇は、『仁宗実録』洪熙元年四月甲寅（一五日）に「楊貞一」の印を賜っているが、この時に

勅少傅兵部尚書兼華蓋殿大学士楊士奇曰、往者国家肇建両京政務、方朕膺監国之命、卿以翰林親臣兼職春坊留侍左右賛助庶務。敷荅章奏籌画之際、適中惟難朕恒以為慮、尚頼卿一二臣僚同心合徳徇国忘身屢歴艱虞曽不易志。及朕嗣位以来嘉謨嘉猷入告于内期予于治以恵黎元正固無二簡在朕心、兹以已意創製楊貞一印一枚賜卿、用蔵於家伝之後世。惟卿子孫由是知卿克致顕栄不易惟艱思保守之惟、朕子孫亦由是知卿弼朕之功、以保全爾子孫与国咸休永世無斁。

と語りかけられているが、これは蹇義と共に苦難の時代であった永楽期を共に過ごした、いわば同志としての心情から出たものであろう。蹇義も同日に「蹇忠貞」の印を賜っている。

『仁宗実録』中の洪熙帝の諭旨をみると、その対象はもちろん多勢にわたるが、殊に閣臣については楊士奇の名が目につくと言ってよいであろう。また楊士奇に関する伝記類、さらに楊士奇の著した『三朝聖諭録』の記載をみても、自身が東宮官として長きにわたって洪熙帝に接していたとはいえ、洪熙朝に関する記事が多くあり、これはまた同時にこの時期の研究には、楊士奇の研究が欠くことのできないものであることを示している。

以上のように、『実録』に登場する両者の頻度、仁宗期での上奏、諭旨などを簡単にではあるが比較してきた結果、次のようなことが指摘できる。

永楽帝に信任され、常に近侍していた楊栄は、永楽朝において安定した立場にあった。洪熙朝にはいると、楡木川という京師より離れた地からの崩御の第一報を京師にもたらしたという功績や、兼官とはいえ東宮官でもあったこと

から陞進し、工部尚書にまでのぼることになった。しかし、それは表層的なものにとどまり、実務への影響力、つまり実権は失っていくことになった（工部尚書への陞進に関しても、陞進と言うよりも、長陵造営に名を借りた中央からの排斥ではなかったのではなかろうか）。それは『実録』・伝記類から洪熙朝の史料に出る頻度により窺えるものである。翻って永楽朝では閣臣ながらも、東宮官として辛酸をなめた楊士奇は讒言から、獄に下されることもあったが、洪熙即位とともに、皇帝の近侍官としてその立場が安定することになった。『実録』・伝記類から洪熙帝との親密さを示すことができ、ここに新帝即位を契機として、その朝廷内における両者の立場が逆転したのである。そしてその状態は、四七才という働き盛りの洪熙帝が即位したことから、しばらくはその状態が続くものと思われた。

小結

洪熙朝の特徴は、その主要な人事を概観しただけではあるが、「永楽色」を薄める傾向にあったということを指摘できる。換言するならば、永楽期の「苛政」から「寛政」への転換を企図していたということができる。それは財政逼迫からくる南京還都の動きや、鄭和の南海派遣の中止などと同様に、人事面においても示すことができるのである。永楽期に下獄された者達（主に東宮官であるが、そのほかにも建文遺臣の親族等）の地位回復や靖難の役後に籍没となった者達を民へ復すことなどはその好例といえるであろう。

しかし、その寛政へのシフトチェンジは不十分なまま頓挫してしまうことになった。洪熙帝の急死と宣徳帝の即位である。宣徳帝は、言うまでもなく永楽帝の嫡長孫であるが、永楽帝は殊の外、この後に宣徳帝となる朱瞻基をかわいがり、自らのモンゴル親征にも扈従させたほどであった。従って、宣徳帝は父洪熙帝よりも、祖父永楽帝の影響を多大に受けており、洪熙帝の行おうとした、先に示した一連の動きを一旦停止し、永楽帝の路線を継続しようとしたのであった。宣徳三年のモンゴル遠征や宣徳六年の鄭和の南海派遣の再開である。ただし永楽帝と異なるところは、むやみと遠征にでることはなく、交阯統治をあきらめ廃棄したことなどから、現実的な身の丈にあった明朝統治を行おうとしていたと考えられる。

註

（1）「仁宣之治」に関する専論は次のようなものが挙げられる。朱子彦「明代『仁宣之治』述論」『史学集刊』三（総第二〇期）一九八五年。郭厚安「論仁宣之治」『西北師大学報』二（総第一〇二期）一九九二年。蔡秉頎「明代〝仁宣致治〟新探」『雲南民族学院学報』一（総第三八期）一九九三年。趙毅・劉国輝「略論明初〝三楊〟権勢与〝仁宣之治〟」『東北師大学報（哲学社会科学）』一（総第一六五期）一九九七年。

（2）『太宗実録』永楽一八年七月丙子（一〇日）の条。

貴妃王氏薨。妃有賢徳……。上晩年有疾、間或急怒宮人懼譴妃委曲調護、蓋自皇太子・親王・公主以下皆倚頼焉。

また、永楽二一年五月己丑（一〇日）の条

蓋是時上以疾多不視朝。中外事悉啓皇太子、仁明恤下、往往裁抑宦寺。

（3）『明史稿列伝』三六　方賓列伝

（永楽）十九年議親征。尚書夏原吉・呉中・呂震与（方）賓共議、宜且休兵養民。未奏、会帝召賓。賓言糧餉不足。召原吉、亦以不給対。帝怒、遣原吉視糧開平、旋召還下獄。賓方提調霊済宮。中使進香至、語賓以帝怒。賓懼、自縊死。

（4）特に断り無き場合には典拠史料として『明史稿列伝』による。

（5）東宮官の不安定な立場については、拙稿「永楽朝と東宮官」（『中央大学東洋史学専攻創設五〇周年記念アジア史論叢（中央大学『アジア史研究』第二六号）』二〇〇二年）参照。

（6）蹇義に関しては阪倉篤秀氏の論攷に詳しく、それに拠れば、蹇義は自己抑制のきいた、優れて調整型の人物であったとしている。（「吏部尚書蹇義とその時代」『東洋史研究』五六－四　一九九八年。のち副題「－永楽朝から正統朝まで－」を追加して、『明王朝中央統治機構の研究』汲古書院　二〇〇〇年　第三章に所収）。

（7）『太宗実録』巻一四　洪武三五年一一月己丑（一〇日）条。（建文四年一一月）

陞翰林院侍読解縉為本院侍読学士、侍講胡靖・編修黄淮・検討胡儼皆侍読、修撰楊栄・編修楊士奇・検討金幼孜皆侍講。

『明史』巻一四七解縉列伝

成祖入京師、擢侍読、命与黄淮、楊士奇、胡広、金幼孜、楊栄、胡儼並直文淵閣、預機務、閣預機務自此始。

（8）『国権』巻一六　永楽一三年正月丙寅（二七日）条。

（9）『太宗実録』巻二〇〇　永楽一六年五月丁巳（八日）条。

（10）『太宗実録』巻三四　永楽二年九月丁卯（二九日）条。

（11）この二名は、モンゴル遠征について記録を残しており、楊栄は『北征記』、金幼孜は『北征録』をそれぞれ著している。またモンゴル遠征に扈従した閣臣は、他に胡広の名も挙げられる。

（12）阪倉篤秀「永楽一二年の解職赴京をめぐって」（『関西学院史学』二八　二〇〇一年）。

（13）『建文二年殿試登科録』・『建文二年会試録』（東洋文庫蔵）参照。建文二年の進士及第者には先に挙げた、胡広（状元－及第時には胡靖）や、金幼孜（第二甲四名）、後に三楊の一人に挙げられる楊溥（第二甲一八名）、宣徳期に礼部尚書となる胡濙（第二甲三四名）、宣徳期に都御史となる顧佐（第三甲六三名）の名が挙げられ、明中期に至るまで官界の重要な位置を占めることになった人物が多い。これら建文二年の進士群については別稿をもって論じたい。

（14）祝允明撰『野記』巻一。

太宗崩于楡木川。仁宗在南京帳内左右良窘擾。金文靖公速集諸内侍、令不発喪、亟命工部官括行在及軍中錫器、悉収入内幄召攻金者入銷錫製為椑、椑成権歛而錮之殺工以滅口、命光禄日進膳如常儀。

（15）このときの東宮官下獄の経過に関しては、前掲阪倉論文註（12）に詳しい。

(16) 間野潜龍『明代文化史研究』(同朋舎　一九七九年)。

(17) 『仁宗実録』永楽二十二年十一月丁亥(一六日)条。

上御西角門閲京官誥詞、顧大学士楊士奇・楊栄・金幼孜曰、卿三人及蹇尚書・夏尚書皆先帝親任旧臣。朕方倚以自輔、凡朕所行、卿等朝夕共見、有未尽善、皆当尽言。朕見前代人首有一履帝位、輒自尊大悪聞直言、左右之人雖素所親信、亦畏威順旨、緘黙取容、或賢良之臣不肯黙黙言之、一再而不見聴、亦退而絶口、以図自全。君臣間有各謂永享富貴、然未久、皆致禍敗。朕与卿等当深以為戒、君臣一体務始終同心、庶幾可以其図利安。遂取五人誥詞、上親御宸翰増二語云、勿謂崇高而難入勿以有所従違、而或怠曰此朕実心、卿等勉之。士奇等稽首曰、此陛下聖徳。臣等其敢不勉。上悦。

(18) 『仁宗実録』永楽二十二年十二月甲寅(一三日)条。

加太子少傅兼謹身殿大学士楊栄工部尚書、勅曰茲為胡虜梗化累犯辺疆、我皇考太宗文皇帝為宗社子孫天下臣民長久之計、不得已躬擐甲冑親率六師往行天討、豈期醜虜畏威遠遁。班師之日、不幸中道皇考上賓。六軍在外、朕又遠違膝下及其崩殂児孫亦莫能知。惟卿尽忠為国報先帝皇恩徳独為果断、致有今日家国寧謐宗社奠安。今辰奏告忽思至此実感不已。卿当重賚、曩者哀悼愴惶之際、報卿甚微、今追前愆加賜卿白金五十両・綵幣表裏各十・宝鈔二万貫・白米二十石、特陞卿為工部尚書前官如故三俸倶支全支尚書本色。卿当領服以慰朕懐。

世祖靖難と女直調査——一四五五年四月の人名記録に見る中朝関係——

荷見守義

一　発　端

政権争奪とは常に陰惨なものである。朝鮮王朝第四代世宗が三十二年に亙る治世において海東の盛国の基盤を築いて逝去すると、世子珦が登極して文宗の世となった。しかしこの文宗が治世わずか二年で逝去すると、そのまた世子である魯山君弘暐が数え十二歳で登極して端宗の世となった。しかし端宗が幼少であったため、政権の中枢を担ったのは世宗時代以来の重臣であった。この機を逃さず政権奪取に動いたのは、世宗の第二子で文宗の弟の首（晋）陽大君瑈であった。端宗元年十月十日（癸巳）以降、世宗の第三子安平大君瑢と結び付いた重臣が謀叛を企てているとして、首陽大君自ら、その首謀者とする金宗瑞父子を撲殺した。世宗朝以来中央・地方の枢要を担った、皇甫仁、李穣、閔伸、趙克寛、金衍、尹處恭、李命敏、元矩、趙藩、趙遂良、安完慶、池浄などは次々に殺害または処刑され、族殺・家財没収となる者もあった。当然ながら安平大君も捕らえられて、後には殺害された。

この粛清の嵐を発動した首陽大君は端宗朝の実権を掌握し、同十月十一日（甲午）には政権を、鄭麟趾、許詡、鄭昌孫、金銚、李季甸、朴仲林、朴仲孫、申叔舟など、所謂「靖難功臣」によって固めてしまった。ここに実質的に世祖朝は始まるわけであるが、安平謀叛の与党とされた中に咸吉道都節制使李澄玉がいた。首陽大君は取り敢えず李澄玉を平海（江原道平海郡）に安置することにして、たまたま妻の病気のため上京していた平安右道都節制使の朴好問を咸吉道都節制使として咸吉道（のちの咸鏡道）に派遣した。しかし李澄玉は大人しく縛に就くことを潔しとせず、朴好問を殺害し、自らは大金皇帝と称し、女直の勢力を結集しようとした。咸吉にあって当地の女直を自在に統率してきた李澄玉にとっては、それなりに成算があっての行動であったかもしれないが、じきに部下に射殺されてしまった。李澄玉の乱、と称されるが、あっけない幕切れであった。

首陽大君が政変を起こして政権掌握をしたということは、後の世祖朝を考える上で出発点とすべき点であるが、そこから派生する問題の一として、朝鮮東北面の女直統治の問題がある。朝鮮において野人と呼称された彼らは豆満江を挟んで現在の中国東北地方から朝鮮東北面にかけて広く散居していたので、女直をいかに安穏に朝鮮の地方統治に組み込むかは、朝鮮の東北面の安定的統治のためだけではなく、朝鮮の宗主である明朝や、タタール部やオイラート部といったモンゴル勢力との関係上も極めて重大な問題であった。また女直に対する統治といっても、この方面に通じたエキスパートがいてこそ、的確な対応が出来るのであるが、世宗朝において主にこの方面に通じた金宗瑞、皇甫仁、李澄玉、朴好問といったエキスパートは、相次いで政変に巻き込まれて命を落としてしまった。のちの世祖たる首陽大君は野人や倭人からも崇められる「字小主義」を目指して、女直や日本からの祝賀・朝貢を積極的に歓迎した(1)。しかしながら、世祖の方針に的確な提言が出来る人材を、自らの起こした政変で失っていたのである。本稿では、政変直後の朝鮮が行った女直実態調査を取り上げ、朝鮮の女直授官の傾向を探り、明朝の女直授官と比較することで、中朝関係における朝鮮自国の位置付けを考えてみたい。

二　女直実態調査――問題の所在――

政変後の朝鮮王朝による女直実態調査は、端宗（魯山君）三年（明・景泰六年、一四五五年）正月以降行われ、その結果は咸吉道都體察使李思哲の報告として、『朝鮮王朝実録』端宗三年三月己巳（二四日）の条に収録されている。この調査報告は、対象を朝鮮王朝の東北面、つまり咸吉道の豆満江流域までの地域に絞って行われたもので、これまで当時の女直部族集落の形態を研究するなどの立場から重視され、また朝鮮王朝の女直に対する影響の及ぼし方を検討するための好個の材料として注目されて来た。[2]この史料についてケネスR・ロビンソン氏は、「女真族の社会構造や家族関係のあり方を詳細に記したこの人名記録は、朝鮮王朝政府による女真人や日本人に対する名目的官職授与の実態の特徴をよく示すものである。そのうえ、それは他のデータとは一線を画していて、たやすく結びつけることができない。」と指摘し、[3]朝鮮王朝の女直に対する官職授与の分析を重要と強調している。そしてこの方面からの研究としては、このロビンソン氏の成果が現在までで最も詳細である。

ただロビンソン氏の研究「一四五五年三月の人名記録にみる朝鮮王朝の受職女直人」[4]においては、どうしたことか年月日換算が全くなされてないのである。例えば論題に掲げられている「一四五五年三月の人名記録」は、明確に『朝鮮王朝実録』端宗三年三月己巳（二四日）の条の咸吉道都體察使李思哲の報告を指すわけであるが、端宗三年三月己巳とは端宗三年三月二十四日である。しかしこれは旧暦であり、これを西暦に換算した場合は一四五五年三月二十四日にはならない。端宗三年三月丙午朔（一日）は西暦の一四五五年三月十八日に当たるので、三月己巳とは西暦の四月十日に当たるわけである。[5]つまり「一四五五年三月の人名記録」は誤りであり、「一四五五年四月の人名記録」

としなければならないのである。また同論文の書き出しに、この調査は一四五五年の最初の三ヶ月間に行われ、記録に留められた旨の記述があるが、調査は一四五五年の一月中旬からで、その記録が同四月初旬の『朝鮮王朝実録』に留められたのである。この年月日換算の疑点は『年報朝鮮学』六の三五頁から七八頁の毎頁に見られ、同論文を読む上での一つの留意点である。なるほど、新旧暦年月日換算に問題があったとしても、必ずしも直ちに論旨にまで狂いを生じるわけではない。しかし、歴史の研究は時間軸と空間面との交点でなされる営みであることに心を致す時、論旨に対する少なからぬ不信感が生じても致し方ないところであろう。

またこの調査報告に関し河内氏は『明代女真史の研究』の中で何度か言及し、[6] 首陽大君政変とその後の女直政策との関連からこの李思哲の調査報告書を理解しており、私には極めて妥当な理解の仕方であると思われる。なぜ殊更にこのような当たり前の事を記すかというと、ロビンソン氏の調査報告リスト分析が完全にこのリストがおかれた当時の政治状況と切り離されてなされているからである。そしてこの分析方法に私は危うさを感じるからである。それでは河内氏の見解はと言えば、首陽大君が即位前にたびたび女直の重立った者を招いたことに関して、「即位を目前にして、女真人の心をつなぐための、周到な外交的配慮から出た接待と解される。こうした儀禮的接待にさいし、女真人の序列に適切な配慮を缺けば、思わぬ紛糾も生れるであろう。予測される不慮の混亂を避けるため、朝鮮國政府では、接待の勞に當る禮曹の要請により、女真人の勢力調査をおこない、女真の在地の勢力を、朝鮮堂上の序列に反映させることになった。魯山君三年正月（戊午）、咸吉道都體察使李思哲は、兀良哈・斡朶里・骨看兀狄哈・火剌温等の部族の酋長以下の人員および部族勢力の實體を調査し、詳細に記録して報告するよう、魯山君から下諭されたが、もとより首陽大君瑈の方寸より出たことである。[7]」と、調査を企図したのは首陽大君であったとする。

この調査を行った李思哲は「靖難功臣」であり、端宗三年正月癸丑（七日）、議政府左賛成から咸吉道都體察使に任じられ、同戊午（十二日）、端宗から兀良哈・斡朶里・骨看兀狄哈・火剌温等諸種野人の調査を命じられたのであるが[8]、これは李澄玉に殺された朴好問の後継であり、人事・調査を通して女直に対する影響を強めつつあった首陽大君の企図であったことは、河内氏の指摘の通りであろう。そしてその調査報告は前述の通り同年三月己巳（二四日）に収録されており[9]、現地の女直をその勢力に応じて四等に分類し、判別不明な者は分類を保留している[10]。

以上のような状況を背景に作成された調査報告リストをもとに、ロビンソン氏は、「最初の官職授与だけでなく、その後の官職授与においてもまた、朝鮮王朝はいくつかのパターンにしたがってそれを行っていたことが明らかになる。女真族社会内部での地位の重要度は高位の官職授与に反映されたが、このような官職授与もまた、朝鮮王朝の官僚たちが、他の者よりも高い地位にある女真人に割り当てるべき特定の官庁と官職について考慮していたことを示している。しかし、中国の例に則りながらも、朝鮮王朝による昇進実施は、明のそれとは異なっていた。」と指摘し、「朝鮮王朝の官僚たちは、北東地域の女真人に対する最初の、あるいはその次以降の名目的官職支給における地位に細心の注意をはらった。その官職が所属する官庁や品階、そしてその後に加えられた、「昇進」での順序には、その女真人の在地社会における地位への関心、明政府との関係の有無、さらには、これらの官職授与の配分が品階と名声の両面でその女真人を朝鮮王朝政府内の官僚機構のどこに位置づけるものであったかが示されているのである。すなわち、たとえその官職が名目的であり、一四五〇年代半ばまでは朝鮮人に対して支給されたようではない都万戸や副万戸の職であったにせよ、王朝の官僚たちは、誰にどの官職を与えるかを決めるさい、それらの官職を現に機能している朝鮮の行政機構から切り離さなかった。」「さらに、朝鮮王朝の官僚たちは、明政府の官僚のやり方に厳密にはしたがわなかった。むしろ、朝鮮王朝の官僚たちは、十一世紀における高麗王朝の官僚たちがそうであったように、この中国政府のやり方を彼らの政府自体の官僚・行政組織へ、そして朝鮮の安全問題を満たすべきものへと適合させたのであった。」と結論付け、河内氏の、朝鮮王朝の女真人に対する全体的な政策に関しては、受職の件をも含めて、「全く明国引きうつしであった」とする点を、批判している[11]。

つまり、件の調査記録から女直授官の傾向を探る場合、朝鮮王朝独自の叙任が見られるか、及び王朝官制、明朝女直授官との関係はどうなのかが対立点となっているのである。本稿でこれら全ての論点に言及する余裕はないが、武官職・品級・等級分けの点について、節を代えて検討してみたい。

三　武官職・品級・等級分け——調査記録の官職——

『朝鮮王朝実録』端宗三年三月己巳（二四日）の条に登載されている李思哲の調査記録では、女直部族長・部民の勢力は四段階で評価され、朝鮮王朝または明朝が授官した官職が明記されている。ただ調査時点で断定が保留された者もかなりあった。その朝鮮王朝に関する官職は、侍衛、護軍、司正、司直、中枢、上護軍、副司正、大護軍、萬戸、都萬戸、副萬戸であり、明朝のそれは、指揮、都司、都指揮僉使、都指揮、千戸であった。

この朝鮮から女直に与えられた官職のうち、侍衛はソウルで朝鮮王の警護に当たる武官職であり、中枢は中枢院の武官職である。朝鮮王朝初期においては中枢院は軍令に携っていた。護軍、司正、司直、上護軍、副司正、大護軍は五衛[12]の武官職の階級名称である。また萬戸、都萬戸、副萬戸は京外官職[13]、つまり地方武官職である。

また、明朝から女直に与えられた官職も主に武官職であり、五軍都督府[14]の左・右都督（正一品）・都督同知（従一品）・都督僉事（正二品）、都指揮使司[15]の都指揮使（正二品）、都指揮同知（従二品）、都指揮僉事（正三品）、衛所の指揮使（正三品）、指揮同知（従三品）、指揮僉事（正四品）、正千戸（正五品）[16]、副千戸（従五品）、百戸（正六品）などである。従って、調査記録にある「都司」とは都指揮使司の都指揮使を指し、都指揮は都指揮使を指し、また都指揮僉使は都指揮僉事の誤りであり、指揮は衛所の指揮使、千戸も同じく衛所の正・副千戸に該当することになる。

以上から朝鮮も明朝も女直に武官職を与えていたことが分かる。また朝鮮が女直に与えた武官職には中枢院、侍衛、五衛、外官職の四種があるわけであるが、これらの武官職の品級構成、また武官職の中でも女直侍衛には名目的か実態があったか、及び朝鮮女直武官職と明朝女直武官職との関係をどう説明するか、は従来の研究でも必ずしもすっきり解明されていない。主には先行の河内氏とロビンソン氏との間で意見の相違が見られるのであるが、そのほかの疑問としては女直勢力の四等分けという考え方は一体どこから出てきて、当時の女直授官においてはどのような役割を果たしたのか、という点もはっきりしない問題である。以下では右記の点について逐一検討してみたい。

1　侍　衛

まず侍衛職の解釈であるが、ロビンソン氏の解釈には検討すべき点がある。同氏は右の四種の武官職は名目的官職であり、また「特定の女真人、とくに女直の支配層に連なる者に対しては、通例として王室護衛軍である侍衛の名目的官職を割り当てた。」[17]と断言しているが、この見解には素直には従えない。侍衛[18]は名目的でもなければ、女直の下層からも侍衛になった事例があるからである。

朝鮮王朝における女直の侍衛への採用は、朝鮮太宗の頃より記録に現れ、世宗朝に急増する、朝鮮独自の政策であるが、来朝女直に授官し、衣服等を賜与し、糧食・鹽醤等を給した、羈縻政策の一環であった。ここで言う侍衛とは朝鮮王宮近衛兵の職名であり、階級として上護軍・護軍・司直・司正等、五衛の品階と共通する名称の職階があったことは、河内氏の引用する『朝鮮王朝実録』世宗二十一年正月丙午（二七日）の条[19]の一例で明瞭である。そもそも朝鮮の侍衛には二通りのあり方があった。一は内禁衛、羽林衛で、常時朝鮮王宮を警護するものであった。一は大閲・講武・巡幸などの儀式の際に、兵曹指揮下の諸衛が内禁衛、羽林衛とともに動員されて、軍列を敷いて警護に当たるものである。後者はこの特別な儀式の時だけ臨時動員されて警護に就くのであり、普段は本来の任務に就いているのである。

それでは、女直に侍衛の肩書きが付与された場合、この侍衛は常備の近衛兵として任務に就いたのか、臨時に動員されるものであったのか、はたまた名目だけのものであったのだろうか。このように問うた時、難しいのは侍衛という肩書きが名目だけなのかそうではないのかという、見分けの点である。この点に関し、実際に女直で侍衛に任用された者が存在したことは、河内氏の研究で疑いようもない。つまり、太宗十年（一四一〇年）の朝鮮軍による毛憐衛攻撃、世宗十五年（一四三三年）の建州衛攻撃などが契機となって、女直の地で食い詰めた層から、自ら朝鮮に降って侍衛を志願する向化人が出た。河内氏は世宗六年から十七年までの二三例を挙げて分析し、これらの女直の多くはそもそも本地で社会下層に属する者であり、このような彼らに侍衛の官を与えて住居や糧食などの恩典を与える実際の狙いは、辺地の秩序安寧を図ることであり、侍衛本来の武術の腕前をかってのことではなかったことを明らかにしている。当然これら向化の下層女直は朝鮮領内に居住するわけで、これにわざわざ名目だけの侍衛を付与してもあまり意味がない。従って、これらの女直に付与された侍衛は実態があったものと考えられる。

一方、女直の上層から侍衛に採用された者は下層出身者とは些か事情を異にした。女直で朝鮮に帰属した場合、族長の子弟を侍衛としてソウルに差し出す習慣があり、朝鮮もこれを一種の人質と見なすようになった。特に世宗から端宗までの間にその傾向が見られたようであるが、侍衛としてソウルに居住した女直も故郷との往復を禁止されたわけではなかったし、後に大半は帰郷して行ったようである。

それではこの女直実態調査に出て来る女直侍衛はどのような身分なのであろうか、そしてソウルに滞在していたのであろうか。該当する者を挙げてみると、

1、李巨乙加介…四等・護軍・上京侍衛　萬戸酋長李貴也（一等）の子
2、童毛多赤　…二等・護軍・侍衛　故都萬戸阿下里の弟
3、浪三波　　…四等・護軍・侍衛　護軍浪加加乃（二等）の子
4、朴訥於赤　…二等・護軍・侍衛
5、浪伊升巨　…三等・大護軍・侍衛　都萬戸酋長浪卜兒罕（一等）の次子
6、金當　　　…二等・護軍・侍衛　都萬戸金大豆麻の子
7、金於虚乃　…二等・護軍・侍衛　護軍金吾乙昌可（一等）の姪
8、金吾看主　…三等・副司直・侍衛　護軍金吾乙昌可（一等）の従弟
9、金朱青介　…二等・司正・侍衛　護軍金吾乙昌可（一等）の次弟
10、金仇火里　…三等・司正・侍衛　護軍金吾乙昌可（一等）の次弟
11、朴吾乙賓介…四等・司直・侍衛　護軍朴波伊大（三等）の子
12、李留應巨　…三等・侍衛　上護軍李多弄可（二等）の弟

となり、侍衛となっている本人は二等～四等と女直部落内で決して下層に属しておらず、また酋長の子供が1・5、2・5・6は親族が都萬戸、7～10は親族が一等と判定されるなど、大半は有力親族の身内であることが分かる。ただ李巨乙加介が「上京侍衛」と記され、ほかは単に「侍衛」とされていることに何らかの意味があるのだろうか。河内氏の研究に拠れば、世宗二十三年に世宗は東北面の有力女直酋長を指名して、子弟を「質子」として侍衛に送るよ

う命じ、指名された過半の女直酋長については実際に子弟を侍衛に送ったことが確認されている。[20] この世宗が命令を下した酋長のなかに、李貴也や阿下里の名を見ることが出来る。この阿下里の弟毛多呉赤は女直調査でも2の童毛多赤として登場している。またこの調査の中で、以前侍衛としてソウルに滞在していて故郷に帰還した童宋古老などにはすでに侍衛の肩書は冠せられてはいないので、河内氏が推定した通り、侍衛とあれば基本的にソウルに上京していたと見て大過ないと思われる。従って「上京侍衛」と「侍衛」との違いは、単に後者が略された書き方であったと見てよかろう。どちらにしても侍衛は名目的官職であったのではなく、かなりの実態があったものと見て大過ないであろう。

2 京外官職の品級と明朝女直授官職

京外官職の品級に関する河内、ロビンソン両氏の見解の相違は、朝鮮が女直授官に際して明朝の女直授官をどう見ていたか、の解釈の相違に繋がる重要な論点である。ここでは両氏の言説を検討しておきたい。

河内氏は朝鮮の女直に対する授官の基準は明朝のそれにあるとして、明朝の武官職を持つ女直が朝鮮ではどのように授官されていたかについて、世宗から燕山君時期までの十七例を挙げて、

①都督僉事（正二品）→資憲大夫（正二品）・中枢府知事（正二品）[21]

②都指揮使（正二品）→都萬戸

都指揮使（正二品）→萬戸

③指揮使（正三品）・指揮同知（従三品）・指揮僉事（正四品）→副萬戸

指揮使（正三品）→上護軍（正三品）・護軍（正四品）・萬戸

④千戸（正五品）→司直（正五品）

のように対応関係を整理し、朝鮮の授官は明朝と対応関係にあるとする結論を出した。これは『朝鮮王朝実録』世宗十三年正月乙酉（二十日）の条に、

禮曹啓、自今野人都指揮則従三品、指揮則正四品、千戸・百戸則正五品、随班粛拝。従之。

とあることにより、河内氏は都萬戸は従三品相当、萬戸・副萬戸は四品相当、それ以下は五品相当およびそれ以下に格附けされていたのではあるまいかとし、明朝の官を持たない女直に対しては所属村落の実情に応じ、右の基準に準じて授官していたとする。(22)右記の世宗十三年正月乙酉の条にある野人の都指揮の品級は正二品であるので、朝鮮では従三品に三ランク格下げ、また指揮の品級は正三品であるので、朝鮮では正四品に二ランク格下げ、ただ千戸・百戸はそれぞれ品級が正五品、正六品であるので、朝鮮でもほぼ同格に扱うということになる。河内氏の列挙した事例から考えると、世宗十三年正月乙酉の条の換算基準はあまり厳格に遵守・運用されているとは言い難い。つまりこの換算基準をどう解釈すべきか課題が残っているのである。

一方、ロビンソン氏は朝鮮国内における京外官職に検討を加えて、『朝鮮王朝実録』太宗十三年七月丙戌（九日）の条に注目する。ここには萬戸（三品）、副萬戸（四品）、千戸（五品）、副千戸（六品）とする新しい方針が含まれていた。それ以前は三品以上は萬戸、四品から六品までは千戸と称していて格差など無いに等しいものであった、とする。これが世宗二十五年七月丙辰（三日）(23)の条では、太宗十三年七月の取り決めが古制に反するとして、萬戸は三・四品、千戸は五・六品と改めることになった。時は飛んで『朝鮮王朝実録』世祖十二年正月戊午（十五日）の条では都萬戸は従三品格であり、『経国大典』巻四、兵典、外官職の条では萬戸は従四品格に換算されていることは、ロビンソン氏の指摘通りである。これだけ品級が動く外官職の品級が何品相当であったか追求すること自体、いかなる意味があ

るのか疑問になって来るが、ロビンソン氏は女直京外官職品級の推定過程で、女直都萬戸が朝鮮三品地方官僚よりも上位に遇するよう朝鮮王が命じた例として、『朝鮮王朝実録』世宗二十三年十月丙寅（三日）の条の、都萬戸に任じた吾郎哈都指揮同知浪卜兒罕の例と、特別に資憲大夫（正二品）を加冠して、「野人」に従二品より上の職を与えた前例はないと臣僚から抵抗された、『朝鮮王朝実録』世祖八年十月庚午（九日）の条の[24]、兀良哈都萬戸浪亐老哈[25]の例を挙げている。

またロビンソン氏は、萬戸は従三品、副萬戸は従四品としているが、これは端宗三年正月戊申（二日）に斡朶里宣略将軍（従四品）である童毛知里に副萬戸を与えた事例に依拠している。しかし『朝鮮王朝実録』端宗三年正月戊申（二日）の条には、

以兀良哈指揮同知管禿金洽答浪因多只、副萬戸莽剌加乙軒、斡朶里宣略将軍童毛知里、副萬戸童波好爲萬戸、兀良哈指揮使納剌禿、指揮僉事也隆哥速古、斡朶里指揮大斜爲副萬戸。

とあり、童毛知里は副萬戸ではなく萬戸に任じられたのである。この条では指揮同知（従三品）、副萬戸、宣略将軍（従四品）が萬戸に、指揮使（正三品）、指揮僉事（正四品）が副萬戸に昇進したことを示しているのである。ロビンソン氏の説では人事記事を同等ランクの官職間での移動ということになるが、昇進か降格かという上下の動きの方が顕著である。なお、この童毛知里は端宗三年三月己巳（二四日）の女直調査の際に斡朶里護軍（正四品）として現れる。

つまりロビンソン氏の結論の都萬戸は従二品であるとは、従二品以上を与えられた前例はないということ、朝鮮王が三品地方官より上位に遇するよう命じたことなどからの断定であり、副萬戸は宣略将軍等のことから従四品と断定したのであり、萬戸はその中間という考えであろうか。

しかし、副萬戸の断定には史料の誤読があり、また都萬戸は三品地方官よりも高位に遇するよう命じている朝鮮王

の命令は、女直が朝貢して来た時の地方官の女直への応接儀礼の席次を指示したものであるが、このような命令をわざわざ出すということは実際にはなかなか守られていなかったか、以前には指示のような応接がなされていなかったか、または普段にはない女直に対する特別の計らいであった可能性があろう。また資憲大夫等の称号を与える事例であるが、これは必ずしも都萬戸の品級とは関係がないのではなかろうか。つまり都萬戸より高位の品級の称号を都萬戸に附加することで、その対象であった兀良哈都萬戸浪亐老哈の地位を名目的に引き上げた可能性はないかと考えるのである。このように考えると、前例において女真に従二品以上の品級を与えたことはなかったという朝鮮臣僚たちの意見は、必ずしも都萬戸の品級を確定する目安には使えず、都萬戸に対してまたはその対象の女直に対して必要以上に加冠することに抵抗感があったためではないかと考えられる。どちらにしても、ロビンソン氏の検討には再検討が必要になりそうである。

京外官職の品級について、河内氏は都萬戸を従三品相当、萬戸・副萬戸を正四品相当と想定するのに対し、ロビンソン氏は都萬戸を従二品、萬戸を従三品、副萬戸を従四品と高めに断定している。しかし後者の断定には問題が多い。河内氏の列挙する諸例と端宗三年正月戊申の条から考えると、都萬戸が三品相当、萬戸が三品から四品相当、副萬戸が四品相当と、少し幅を持たせて解釈した方がよいのではないかと思われる。

3　等級の思想

次に李思哲が女直を四等に分けている点であるが、この分け方はどこから来たのだろうか。まず不明な点である。ほかの事例から見ると三等分類の事例が拾える。例えば『朝鮮王朝実録』世宗二十八年正月戊寅（十日）の条の諸種野人に対する分類分けは、

一等＝都萬戸、都指揮[26]以上
二等＝上護軍、大護軍、護軍、萬戸、副萬戸以上
三等＝司直、副司直、司正、副司正から無職まで
の三段階になっており、一等は都萬戸が三品格という想定が正しければ三品以上、二等は三品から四品格以上、三等は五品以下ということになる。また『朝鮮王朝実録』世祖元年十二月乙卯（十四日）の条では、世祖が琉球国使や野人等に謁見した時の賜与でも、爵秩の高下、部落の強弱で三等に分けている。つまり、
一等＝浪孛兒罕ら五人
二等＝李多弄介ら六人
三等＝柳乃也ら五十人
の三段階である。ここに出てくるそれぞれの身分についての記述がないので、一番近いところで調べてみると、浪孛兒罕は端宗二年十二月丙申（二十日）には正憲大夫知中枢院事（正二品）、李多弄介は世祖六年閏十一月甲寅（十二日）には骨看兀狄哈知中枢院事（正二品）となっているが、世祖元年当時からかなり離れており当てにはならない。恐らく幾分か低い身分だったのではなかろうか。柳乃也は世祖元年十一月壬辰（二一日）には兀良哈大護軍（従三品）であるのでこれが当時の身分であろう。そうすると、一等は二品格、二等は三品前後、三等は三品から以下であろう。
『朝鮮王朝実録』世祖元年十二月戊辰（二七日）の条には、世祖即位に伴う叙録の記録が収録されているが、これも三等に分けてある。このなか女直の叙録者の肩書を抜き出すと、
一等＝同知中枢院事
二等＝僉知中枢院事、大護軍、上護軍、護軍

三等＝大護軍、護軍、司直、副司直、司正、副司正となり、一等は従二品、二等は正三品～正四品、三等は従三品以下ということになる。ここでの三等分けはそれぞれ異なる目的での分類であるので、共通した明確な基準を見付け出そうとしてもあまり意味のないことになるが、三品相当が二等に来るように分けられているような印象を受ける。

右のように端宗三年を挟む世宗・世祖年間に三等分類が見られるので、李思哲の四等分類は少しく珍しい分け方となる。これが朝鮮政府・首陽大君（世祖）の指示だったのか、李思哲個人か咸吉道の現場の判断だったのか確定することはできない。女直酋長クラスはよく分からないから一括して一等にしたという報告文面からすれば、かなり暫定的過渡的な分類の仕方であったように推測されるのである。

四　世祖靖難と女直調査——一四五五年四月の人名記録に見る中朝関係——

前節までの分析でそろそろ紙幅が尽きかけて来たので、以上から端宗三年の李思哲の女直調査結果について何が見えるのか論じておきたい。そして残された問題については稿を改めて論じたいと思う。

まず、端宗三年の李思哲の女直調査の出発点は端宗元年の首陽大君の発動した粛清の嵐にあったことは看過してはいけない。河内氏の指摘の通りである。この粛清が波及して咸吉で李澄玉の謀反があり、朴好問が殺害され、李自身も部下によって射殺されてしまう。ここにおいて世宗年間から対東北政策を担って来た有力な家臣が一挙にして失われてしまったのである。しかし、首陽大君のちの世祖は「字小」主義という一種の中華主義を目指したと言われ、女直や日本から膝行されることを望んでいた彼にとって、咸吉道の豆満江流域に居住する女直の心情的支持を取り付けることは、自らの理想実現の第一歩であったはずである。従って、端宗三年に腹心たる李思哲を咸吉に着任させて女直の実態調査を行わせた狙いは、首陽大君自身の指示において、自らが発動した政変において失われた女直に対するデータを構築し、かつ李澄玉謀反後の女直との繋がりを確認しようとしたところにあったと考えてよかろう。その後の世祖の積極的な女直招諭・授官は、このような地道な実態調査に裏付けられていたことであろう。従って、李思哲によってなされた女直調査を、政変と切り離して単なる官制・官職授与データとして利用しようとする手法には極めて危うさがつきまとうこととなろう。ロビンソン氏はこのデータが他の女直授官の記録とは一線を画するものであると指摘しているが、それは当たり前のことで、世祖即位に向けた特異な政治環境の中での所産であったわけである。しかし、このことを指摘するだけでは、単に河内氏の業績を単に追認するだけに終わってしまい、あまり意味のないことになってしまう。本稿の最後で論じたいことは、明朝と朝鮮王朝との女直授官職の換算、及び侍衛の実態をめぐって、明朝と朝鮮の間にどのような関係を描くことができるかである。

まず河内氏は『朝鮮王朝実録』世宗十三年正月乙酉の条の換算方式と実例によって、

明朝野人都指揮使→朝鮮従三品官相当＝都萬戸

（正二品）

明朝野人指揮使　→朝鮮正四品官相当＝萬戸・副萬戸

（正三品）

明朝野人千戸・百戸→朝鮮正五品官相当

（正五・六品）

というふうに考えたものと思われる。これに対し、ロビンソン氏はこの換算方式に拠らず、

都萬戸＝従二品、

萬戸　＝従三品、

副萬戸＝従四品

と考えたわけであるが、これを河内氏の収集した実例に当てはめると、

明朝野人都指揮使→都萬戸
（正二品）（従二品）

明朝野人都指揮使→萬戸
（正二品）（従三品）

明朝野人指揮使　→萬戸
（正三品）（従三品）

明朝野人指揮使　→副萬戸
（正三品）（従四品）

ということになり、河内氏の想定した明朝と朝鮮との品級の落差よりは、その幅が縮まるところが出てくる。これに対して、筆者の想定は、

明朝野人都指揮使→朝鮮三品官相当＝都萬戸
（正二品）

明朝野人都指揮使→朝鮮三品官官相当＝萬戸
（正二品）

明朝野人指揮使　→朝鮮四品官相当＝萬戸
（正三品）
明朝野人指揮使　→朝鮮四品官相当＝副萬戸
（正三品）
明朝野人千戸・百戸→朝鮮五品官相当
（正五・六品）

である。またロビンソン氏は女直侍衛が女直支配層の子弟に与えられた名目的な官職と考えたが、河内氏の考えの通り、女直侍衛に実態があったと考えると、女直のあらゆる層から析出された者たちが朝鮮の東北面統治の安定を目的として雇用されたと考えられる。ただこの女直実態調査が行われた時期には、侍衛を構成する女直は女直の上層から人質としてソウルに派遣された者たちであったことは確かであろう。

もしロビンソン氏の右の想定に従って朝鮮王朝の女直授官を考えると、朝鮮が女直に与える武官職は明朝の品級水準とほぼ同じで、かつ侍衛も人質ではないので、朝鮮王朝の女直に対する緩やかな影響行使ということになろう。

これに対し、河内氏や私の想定に従えば、朝鮮王朝は明朝から授官されている女直に対して、その品級レベルを低く抑えて授官し、かつ有力氏族からは子弟を人質としてソウルに滞在させるという、朝鮮王朝を明朝よりも上位においた授官施策を採り、はるかに直接的な関与をしていたことになる。この時代の京外官職は朝鮮国内では制度上殆ど存在しなくなった職であるが、女直に対しては在地支配層のランキングとして機能しており、極めて重要であるが、厳密に何品と決まっていたわけではないであろう。大体三品から四品相当と大雑把に使われており、場合によってどのランクが来るかは変動したのではなかろうか、と考えるのである。女直調査の当時、朝鮮は明朝の女直授官傾向を参照しつつ、明朝の武官職よりも自国の武官職の価値を高める政策を採っていたものと考えられる。

なお、女直調査の結果については紙幅の関係で論じる余裕を失した。本稿の分析をもとに別稿で詳細な検討を試みてみたい。

註

（1）河内良弘「朝鮮世祖の字小主義とその挫折」同著『明代女真史の研究』（同朋舎出版、一九九二年）第十章、長節子「朝鮮前期朝日関係の虚像と実像――世祖王代瑞祥祝賀使を中心として」『年報朝鮮学』八、二〇〇二年、参照。なお、本稿において河内氏の研究は前掲書で示すことにし、原載は表示しない。

（2）この実態調査から女直の部族構成について研究したものとしては、旗田巍「吾都里族の部落構成――史料の紹介を中心として――」『歴史学研究』五―二、一九三五年、金九鎮「麗末鮮初豆満江流域の女直分布」『白山学報』一五、一九七三年、田中通彦「十五世紀女真族社会と初期ヌルハチ政権の構造」『歴史人類』三、一九七七年、Pillip Woodruff “Status and Lineage among the Jurchens of Korean Northeast in the Mid-Fifteen Century” Central and Inner Asian Studies No.1,1987 などがある。

（3）ケネスR・ロビンソン「一四五五年三月の人名記録にみる朝鮮王朝の受職女直人」『年報朝鮮学』六、一九九七年。

（4）ロビンソン「一四五五年三月の人名記録にみる朝鮮王朝の受職女直人」は、前掲の通り『年報朝鮮学』六に掲載されたものであるが、もとが英文原稿であり、これを永島広紀、押川信久、本園貴年、友岡和仁、西野玄の各氏が翻訳し、六反田豊氏が監訳した旨である。

（5）例えば藤田明良「「蘭秀山の乱」と東アジアの海域世界――14世紀の舟山群島と高麗・日本――」（『歴史学研究』六九八号、一九九七年）では、『吏文』洪武三年十月九日付けの中書省咨を「一三七〇年（洪武三年）十月九日」としているが、「洪武三年十月九日」を西暦換算すると「一三七〇年十月二八日」となる。また同史料中の「洪武元年正月二十四日」を解釈して

「一三六八年一月二十四日」としているが、「洪武元年正月二十四日」を西暦換算すると「一三六八年二月十三日」となる。

（6）河内前掲『明代女真史の研究』第五章「李朝初期の女真人侍衛」、第十章「朝鮮世祖の字小主義とその挫折」。

（7）河内前掲『明代女真史の研究』三七三頁。

（8）『朝鮮王朝実録』端宗三年正月戊午（十二日）の条には、

諭咸吉道都體察使曰、禮曹當接待野人之時毎、患未知強弱。卿與都節制使同義、兀良哈・斡朶里・骨看兀狄哈・火剌温等諸種野人酋長麾下多少・部落族類強弱及雖非酋長族類強盛者、秘密聞見、詳録以啓。

とある。なおこの当時の咸吉道都節制使は金文起、咸吉道観察使は成奉祖である。

（9）『朝鮮王朝実録』端宗三年三月己巳（二四日）の条の冒頭には、

咸吉道都體察使李思哲、因諭書與都節制使同義、第其野人部落族類強弱、以啓曰、火剌温、愁濱江、具州等處兀狄哈、則居于深遠之地、未嘗歸順。故其部落族類強弱及麾下名數、不可得知。兀良哈・斡朶里・女真・骨看兀狄哈内酋長、則分等爲難。故並以一等施行。雖非酋長部落族類強盛人、亦以一等施行。其餘各人以強弱分爲二三四等。其不得詳知強弱者、亦具事由、憑後考。

とある。

（10）河内氏は前掲『明代女真史の研究』一八七頁で、李思哲は女直を一等から四等及び等外の五段階に分類したとし、同三七三頁で、一等以下四等に分かったと解釈しており、一書内において解釈が不統一である。考えるに、調査が不徹底で等級を付けられず保留した部分はランク付けされたとは考えられないので、等外をランクとすることは出来ない。やはり四段階と見てよいのではなかろうか。

（11）ロビンソン前掲「一四五五年三月の人名記録にみる朝鮮王朝の受職女直人」三六、四六～七頁、及び同論文註（5）。なお同氏は高麗王朝との比較で、旗田巍『朝鮮中世社会史の研究』（法政大学出版局、一九七二年）三九四～七頁を引いている。

（12）五衛の武官職の品級についてはロビンソン氏同様、千寛宇「朝鮮初期〈五衛〉の形成」（『歴史学報』十七・十八、一九六二年）に従い、朝鮮太宗年間の品級に準拠し、上護軍（正三品）、大護軍（従三品）、護軍（正四品）、司直（正五品）、司正

（正七品）、副司正（正八品）とする。なお千寛宇『近世朝鮮史研究』（一潮閣、一九七九年）参照。
（13）京外官職の萬戸、都萬戸、副萬戸の品級については、河内氏は都萬戸は従三品、萬戸・副萬戸は四品、千戸以下は五品以下とし、ロビンソン氏は都萬戸は従二品、萬戸は従三品、副萬戸は従四品と比定していて、見解に相違がある。
（14）ロビンソン前掲「一四五五年三月の人名記録にみる朝鮮王朝の受職女直人」三七頁では「五都督府」とするが、「五軍都督府」の誤りである。
（15）ロビンソン前掲「一四五五年三月の人名記録にみる朝鮮王朝の受職女直人」三七頁では、都指揮使司は州レヴェルでの軍事機関であるという見解であるが、明代では「省レベル」である。
（16）ロビンソン前掲「一四五五年三月の人名記録にみる朝鮮王朝の受職女直人」五二頁では「上千戸」とするが、「正千戸」である。
（17）ロビンソン前掲「一四五五年三月の人名記録にみる朝鮮王朝の受職女直人」三六頁。
（18）侍衛については主に河内前掲『明代女真史の研究』一七一～二一〇頁を参照。ほかに李炫熙「朝鮮前期留京侍衛野人攷――対野人羈縻策一端」『郷土ソウル』二〇、一九六四年がある。なお、ロビンソン前掲「一四五五年三月の人名記録にみる朝鮮王朝の受職女直人」四八頁、註(10)では、朝鮮の侍衛は明朝の「錦衛」に相当するという説明をしているが、「錦衛」は「錦衣衛」である。
（19）以童倉為嘉善雄武侍衛司上護軍、以童所老加茂加威勇将軍虎賁侍衛司護軍。
（20）河内前掲『明代女真史の研究』一九一～二〇〇頁。
（21）本論の舞台である端宗の頃は中枢院の時代であった。本文①の例ははるかのちの燕山君の時期の例である。
（22）河内前掲『明代女真史の研究』四四〇～三頁。
（23）ロビンソン前掲「一四五五年三月の人名記録にみる朝鮮王朝の受職女直人」註（28）では『朝鮮王朝実録』世宗二十五年七月乙卯（二日）の条と表記しているが丙辰（三日）である。
（24）『朝鮮王朝実録』世祖十二年正月癸丑の条と表記しているが史料に相違する。

(25) ロビンソン氏は「浪亐老哈」を「浪于老哈」としているが史料に相違する。

(26) ロビンソン前掲「一四五五年三月の人名記録にみる朝鮮王朝の受職女直人」三九頁で、この史料について「明政府の都指揮使司」と表現しているか、「司」は機関を示す名称であるので、ここでは「都指揮使」と言うべきであろうか。

明代南京と倭寇（一）

川越泰博

はしがき

洪武三十一年（一三九八）閏五月十日。明朝を創設した太祖洪武帝（朱元璋）は、七十一年に及ぶ波乱に満ちた生涯を終えた。その遺詔に従って、皇太孫の允炆が同月十六日に即位（建文帝）したが、同日、それに先だって、洪武帝の亡骸がその陵墓に葬られた。崩御が十日、葬が十六日であるから、この間わずか七日、崩－葬の期間は、異常に短かった。そのため、建文帝と燕王（後の永楽帝）とが、皇帝の座をめぐって争ったとき（靖難の役）、燕王は、『礼記』礼器第十に、天子が亡くなってから埋葬するまでの期間を七カ月としていることを典拠にして、洪武帝の場合、なぜもかくも早く、そして何を拠り所にそのようにしているかと詰《なじ》り、問題視したが、しかし、これは全く燕王の言い掛かりであった。洪武帝は、漢の文帝の薄葬令に賛同して、その遺詔に準じて殯の期間を七日と、自身の遺詔の中で指示したのであった[1]。

洪武帝の陵墓は、孝陵という。孝陵は、南京郊外にある鍾山中腹にあった。孝陵には、最愛の妻馬皇后がすでに埋葬されていた。また鍾山の山陰には、さきに身罷《みまか》った中山王徐達・開平王常遇春・岐陽王李文忠等十数人の開国の功臣たちが、すでに陪葬者として葬られていた。(2) 靖難の役に勝利した燕王が、のちに都を北京に移し、天寿山の麓に皇帝の陵墓が置かれるようになった後も、孝陵と陪葬者の墓地は、南京に残った。

北京への遷都によって留都となった南京は、長江に臨んでいるという地理的環境にあったので、「嘉靖大倭寇」時代を迎えると、実際の倭寇襲撃のみならず、倭寇接近というニュースの到来によってさえも、城内の人々は震恐した。刑科給事中丘橓の、「留都は根本の重地にして、祖宗の陵寝焉《ここ》に在り」(3) と述べた言を待つまでもなく、南京は、すでに旧都となったとはいえ、明朝創業の地であり、特別重要な地域であったのである。そのため、当該期には、倭寇に対する様々な南京防衛策が提案され、施行された。倭寇に対して、厚い研究の蓄積があるが、(4) しかし南京地域防衛という視点からの関心の寄せ方は、まだないように見受けられるので、本稿においては、倭寇の留都南京襲撃の様相と南京防衛にかかわる諸策について、少しく考察してみたいと思う。

一　倭寇の侵入ルート

「根本の重地」ゆえに　大体において、嘉靖三十年代からの「嘉靖大倭寇」時代の展開は、嘉靖二十八年（一五四九）における勘合貿易の廃止に呼応するものであった。

嘉靖三十二年（一五五三）八月、浙江海道副使李文進や参将兪大猷等は、倭寇に対する防衛失敗の責任を問われていた。巡按御史趙炳然は、「倭、浙江地方を犯し事を失するの諸臣の罪状」をときの皇帝世宗に奉上した。この中で、李文進と兪大猷については、「倶に寇を斬るの功ありて贖うべし」と主張したのであった。これに対して、世宗の下した処分は、兪大猷に対しては「奪俸」すなわち月糧支給を停止し、李文進とともに「罪を戴いて賊を勦せよ」というものであった。[5]この一事を見てもわかるように、倭寇の跳梁は、いよいよ激しくなり、明軍はしばしば大敗を喫した。このころ、長江沿岸にも、しきりに来寇したが、南京が寇掠を被ることはまだなかった。嘉靖三十二年（一五五三）六月に、南京署兵部事尚書孫応奎は、

倭夷は刼掠して、漸く留都に近づき、沿江の津溢す。已に官軍を調して防守し、応に甲仗粮芻を用いるべきを議す。乞う、南京戸工二部に命じて給発せんことを、と。

と上奏し、裁可をえた。[6]孫応奎は、倭寇が南京に逼近したことをもって、このような対策を講じたのであるが、まだ予備的措置の域を出るものではなかった。しかし、翌嘉靖三十三年（一五五四）五月の、給事中王国禎・賀涇・御史温景葵等が、「倭寇、猖獗して留都に逼近せるを以て、それぞれ上疏[7]」した対策案は、後段において言及するように、きわめて具体性を持つものであった。他地域においては、倭寇が猖獗をきわめているものの、南京自体は、まださしたる襲撃・寇掠をも被ってはいない時点において、具体性を帯びた防衛対策が競うように提案されたのは、趙文華が「南京兵部の江海事宜に咨す」において、

咨して軍務の事の為にす。本部、勅を奉じて陣を南都に侵《すす》むるを督す。責任重大、殊に深く祗惕《つつ》しむなり。竊かに惟《おも》うに、南都は重地にして、三面山を環《めぐ》らし、扼守し易し。惟だ西は江を距つ。沿茅数十里の間、皆衝犯すべし。若し巨艇に駕《の》り、風潮に乗ずれば、卒《にわか》に至り、険に聚りて分劫し、蔣山の麓を越え、金陵の巓を窺い、瓴《れい》を建《くつがえ》して下り、寝廟驚けり（『趙氏家蔵集』巻五、提督咨諭に所収）。

と述べているように、留都南京は、「重地」にして、始祖の陵寝がある、まさに明朝創業の地であったからにほかならなかった。それに加えて、南京は、三面は山を環らして防衛しやすいけれども、ただ西は長江に面しているので、その沿岸数十里の間は、どこからでも衝犯することが出来易かった。南京が内包するこのような地理的特徴も、大い

に憂懼されたからであった。

何良俊の憂懼　南京防衛に危惧を抱く人は、多くいた。何良俊もその一人であった。『四友斎叢説』の著者としても有名である何良俊は、字元朗、号柘湖居士、松江華亭（今の江蘇省松江県）の人であった。弟の何良傅（字叔度）とともに才学を以て令名が高かった。何良俊の友人莫如忠、それに同じく華亭の人である范濂は、何良俊兄弟のことを、世の人々が両何と称していると書き記している。(8) 何良傅は、嘉靖二十年（一五四一）の進士、南京礼部郎中等を歴任した。それに対して、兄の何良俊は、嘉靖中、歳貢生を以て国学に入ったのち、南京翰林院孔目を授けられた。棄官帰家後、たまたま倭寇の侵擾に遭遇して、また居宅を蘇州に移した。張之象や文徴明等の諸人と交遊があった。何良俊は、「蔵する所の書四万巻、渉猟すること殆ど偏し」と『四友斎叢説』の自序（隆慶己巳〔三年・一五六九〕と記されている）において述べており、その博学多聞は、明代学者中でも突出し、わずかに楊慎、胡応麟、王世貞がそれに次ぐと言われている。その何良俊が、蘇松等処の地方の掌故等を集めて書き記したのが、隆慶三年（一五六九）に初刻、万暦七年（一五七九）に重刻された『四友斎叢説』であった。

何良俊は、この『四友斎叢説』の中で、南京の地理的特徴について、

古の王公を称するもの、険を設け、以て其の国を守る。南都の険の若きは、唯だ長江に在り。夫れ倭寇の入海の口なり。龍江関に抵ること、但四五百里。設《も》し中原に警有らば、襄樊より順流して下り、直ちに建康を擣《つ》けり。或いは淮揚より来る。只一水の隔なり。守りをして江上に在らしめば、猶険の拠るべき有るがごとし。若し已に渡江して城下に奄至すれば、則ち我已に其の険を失えり。而して朝廷の設くる所の重兵十万の衆は、鼠の穴中に在りて、坐して斃《たお》るを待つが如きなるのみ。(9)

と述べている。長江右岸にある南京は、敵対勢力によって、長江の中流からも下流からも押し寄せられる危険性があっ

た。洪武帝がまだ群雄の一人であったとき、中流域にある江州に拠っていた陳友諒と下流の平江（蘇州）に拠っていた張士誠に挟み撃ちされそうになった。そこで、長江を溯って陳友諒と戦って（鄱陽湖の戦い）、まずこれを滅ぼし、その余勢をかって、一気に順流を利用して下り、張士誠を攻め滅ぼし、天下に覇をとなえるに至ったのであった。南京は、そのような地理的特徴を有していたので、江防に重きを置くべきであるが、しかし、それが突破されて、倭寇が城下に押し寄せれば、「朝廷の設くる所の重兵十万の衆」といえども、「鼠の穴中に在りて、坐して斃るを待つが如き」であると言うのである。それにもかかわらず、強化すべき江防体制の現状をみると、

今の江上の守り、独だ操江に少兵有るのみ。亦単弱なること甚だし。南京兵部略干与せず。重兵を無用の地に宿すこと、甚だ長算にあらず。

という状況にあると、その現状を憂懼しているのである。

倭寇の侵入路　しかし、ただ、江防体制を強化すれば、それで南京防衛が十全になるかといえば、そうとも言えなかった。何良俊は、また倭寇の南京への侵入路について、

夫れ倭寇の来るや、大江の外、三路有り、南都に達すべし。常鎮より来れば、則ち句容は其の一路なり。宜興より来れば、則ち秣陵関は其の一路なり。太平より来れば、則ち江陵鎮は其の一路なり。夫れ古の兵を用いるは、地の利を得るを須《ま》つ。今、参賛と守備の諸公とは、当に親ら其の処に至りて、地形を相い度《はか》り、某処は以て屯兵すべし、某処は以て会戦すべし、某処は以て伏を設くべしの如く、皆心に黙識すべし。

と述べ、さらにその対策について、

倘《も》し一日警有らば、則ち某将官を差わし、予先に兵を提して某処に扎営して敵を拒ぎ、某将官は某処において策応せしめ、某将官は某処において伏を設けしめ、其の既に至るを待てば、則ち之と争いて利《か》つ。先に山頭を占め

れば、則ち我主となり、彼客となれり。我逸を以てすれば、彼労を以てせり。敵の者を制する所以は、我に在り。万一利たざれば、則ち策応の兵と伏兵と倶に起ち、左右より合撃せん。此れ兵法の至要なり。

と述べている。

さて、何良俊は、長江を利用しての水上からの侵入の外に、倭寇の侵入ルートとしては、陸路からも三つのコースがあると言う。まず、常鎮ルートとして、長江沿岸の都市たる常州→丹徒→鎮江を通過して句容から南京に侵入するものである。つぎに、宜興ルートとして、太湖の西岸にある宜興から溧陽→溧水→秣陵関経由で南京に侵入するものである。そして、三つ目の太平ルートとして、杭州→淳安→徽州→績谿→旌徳→涇県→南陵→蕪湖→太平→江陵鎮（江寧鎮の間違いであろう）を経て南京ということになる。この太平ルートは、銭塘江に入り込んで来ることから侵入が始まるので、三つのルートの中では、一番長い走破距離を必要とするコースであった。

したがって、南京までの走破距離の長短、侵入の難易度等を勘案すれば、倭寇の襲撃ルートとして使用される可能性が高いと推測されるのは、まず、長江沿岸の各都市を突破して行く常鎮ルートであり、つぎに太湖から直接南京に接近が可能な宜興ルートであろう。これらのルートよりも何倍もの、走破距離を要する太平ルートは、倭寇にとっては最も使いづらいコースであったのではないかと見なしても、常識的にはさほど妥当性を失するものではないであろう。

ところが、現実に実際起きることは、必ずしも常識どおりであるとは限らない。嘉靖三十四年（一五五五）のことであった。最も非現実的と思われるルートが使われ、留都南京が襲撃される事件が起きたのであった。

何良俊が、『四友斎叢説』の中に記している倭寇の侵入ルートは、厳然たる歴史事実に基づいたものであった（「倭寇の南京襲撃ルート」図参照）。つまり、かれが、予測しうるものを網羅して書き残したという類いのものではなく、実際に起きた倭寇の南京襲撃と、その侵入経路を踏まえて、右のような三つの侵入ルートを述べたのであった。

何良俊記述の「倭寇の南京襲撃ルート」図

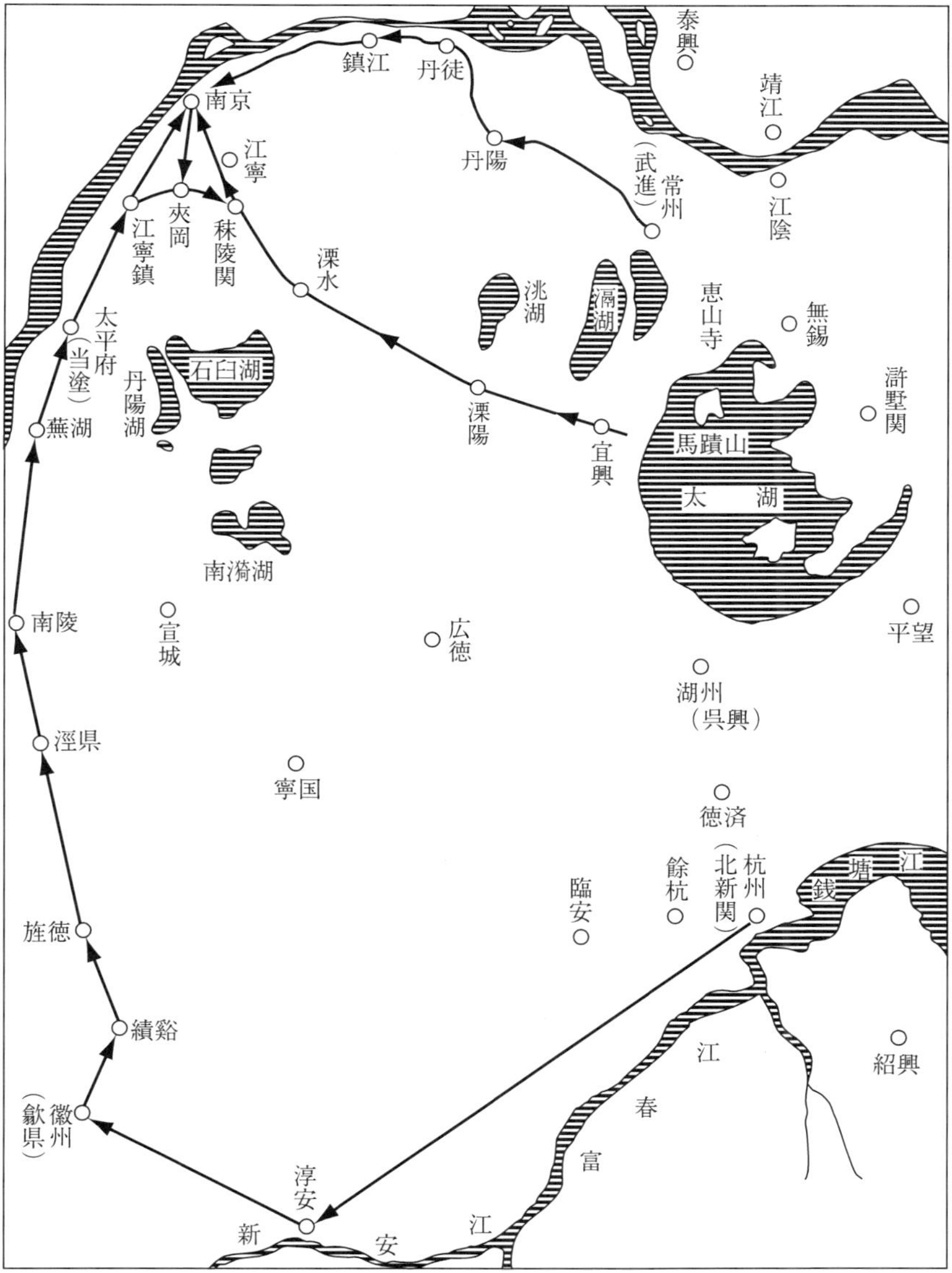

『明史』日本伝の記載　嘉靖三十四年（一五五五）における倭寇の南京襲撃が、何良俊の言う、太平ルートであったことについては、『明史』巻三二二、日本伝をみれば、直截に理解される。該書日本伝に言う。

時に賊勢蔓延し、江・浙蹂躙されざるは無し。新たに倭の来ること益々衆《おお》く、益々毒を肆にす。毎に自ら其の舟を焚き、登岸して刧掠す。杭州の北新関より西のかた淳安を剽し、徽州歙県《しょうけん》を突き、績谿・旌徳に至り、涇県を過ぎ、南陵に趨り、遂に蕪湖に達す。南岸を焼き、太平府に奔り、江寧鎮を犯し、徑ちに南京を侵す。倭は紅衣黄蓋、衆を率いて大安徳門を犯し、夾岡に及び、乃ち秣陵関に趨りて去れり。溧水より、溧陽・宜興を流刧す。官兵の太湖より出るを聞くや、遂に武進を越え、無錫に抵り、恵山に駐す。一昼夜、百八十余里を奔りて、滸墅《こしょ》に抵る。官軍の囲む所となり、楊林橋に追及せられ、之に殲す。是の役や、賊六七十人に過ぎず。而して経行すること数千里、殺戮戦傷せらるるの者四千人に幾《ちか》し。八十余日を歴て始めて滅ぶ。此れ三十四年九月の事なり。

最後の「此れ三十四年九月の事なり。」の九月は、八月の誤りで、修正を要するが、この『明史』日本伝の記事によって、嘉靖三十四年（一五五五）に倭寇の南京に至ったルートと南京を去って明軍に殲滅されるまでのルートが明確に判明する。

まず、南京襲撃に至るルート上の地名を、右の記事から取り出すと、

杭州→淳安→徽州歙県→績谿→旌徳→涇県→南陵→蕪湖→太平府→江寧鎮→南京

という諸地名を線で結ぶことができ、倭寇は、これらの諸都市を突破して南京を襲撃したことが知られるのである。

そして、南京を立ち去った後の帰路においては、

大安徳門→夾岡→秣陵関→溧水→溧陽→宜興→武進→無錫→恵山→滸墅

という諸都市を走破した。そして、最後は蘇州の滸墅関で、明軍に殲滅されたのであった。『明史』日本伝の後段に

は、「一昼夜、百八十余を奔りて、滸墅に抵る。官軍の囲む所となり、楊林橋に追及せられ、之に殲す。是の役や、賊六七十に過ぎず。」とあり、滸墅関の倭寇は、楊林橋において殲滅されたとしている。

楊林橋は、溧水県にあった。『明史』の言うように、楊林橋で殲滅されたとすれば、倭寇は、再び宜興ルートを辿って、溧水県まで戻ったことになる。しかし、これは、『明史』編纂者の誤りである。後述するように、滸墅関の倭寇は、楊林橋で全滅したわけではない。

それはさておき、このように、往路と復路のルートに表出した地名を取り出して、それを線で結ぶと、往路は、何良俊が言う太平ルートであり、復路は、宜興ルートの逆コースであることが知られるであろう。かくして、その走破距離、走破期間ともに、その規模は倭寇襲来史上稀にみるものであり、まさに「経行すること数千里」、「八十余日を歴て始めて滅ぶ。」と、『明史』日本伝が言うごとくであった。

二　倭寇大走破の様相

紹興から杭州へ　「八十余日」に及ぶ倭寇大走破の始まりは、五月の下旬、もしくは六月初めのことであった。以後、殲滅に至るまでの様相を知る上で好箇の史料は、『世宗実録』に収載された倭寇関係記事である。それに依拠しつつ、倭寇大走破の様相について見てみよう。

まず、嘉靖三十四年（一五五五）六月庚午（七日）の条に、

倭賊百余、浙江紹興府上虞県爵谿所より登岸し、会稽県高埠を突犯し、民居楼房を奪い、之に拠る。知府劉錫・千戸徐子懿等、兵を分けて囲守す。賊潜かに木を縛りて筏にし、東河より夜渡り、囲みを潰して出る。郷官御史

銭鯨、蝗浦《ていほ》に遭いて殺さる。賊、遂に杭州を流刧す。而して西のかた於潜・西興・昌化を歴し、内城大いに駭く。(10)

と、紹興府上虞県への登岸から杭州接近までについて述べている。浙江の紹興府上虞県爵谿所に上陸した倭賊百余人は、会稽県高埠から杭州に流刧してきたのである。その間、紹興知府劉錫や千戸徐子懿等の率いる軍兵に包囲されたのであるが、その囲みを突き破って出で、蝗浦で遭遇した郷官御史銭鯨を殺し、杭州近くの於潜県・西興駅・昌化県までやってきた。於潜県・昌化県は、杭州府治の西方に位置する属県であり、西興駅も杭州の西方にある。倭寇は、これらの地域を通過して、杭州府城に迫って来たのである。杭州城内の居住民が、大いに驚愕したのは、そのような倭寇接近の情報、あるいは噂に接したからであった。(11)

杭州から南陵へ　これら紹興府上虞県爵谿所より登岸し、会稽県高埠を突犯して、杭州までやって来た倭寇の消息は、しばらく途絶えるが、翌七月になって、再び判明する。『世宗実録』は、七月十三日の条に、杭州以後の倭寇の行動について、まとめて、つぎのように載せている。

高埠の逃倭の杭州西より掠する者、沿途に傷亡し、厳州の淳安県に至る。僅か六十余人。浙兵の逼急せるを以て、濠嶺盤山より歙県黄柏源口に突入す。徽州府の隘を守る官兵民壮五百余人、賊を見るや悉く奔り潰ゆ。賊、遂に績渓を流刧し、旌徳に至る。典史蔡堯佐、兵千余を率いて、之を禦ぐも克たず。賊、遂に県の南門を叩《う》ち、火を縦ちて屠掠す。涇県を過ぐ。知県丘時庸、兵を引きて悝塘に追撃するも、敗績す。賊、乃ち南陵に趨る。県丞莫逞、三百人を以て、分界山を守るも、賊を見るや悉く奔竄す。賊、遂に県城に入り、火を縦ち、居民の房屋を焚く。是において、建陽衛指揮繆印・当塗県丞郭暎郊・蕪湖県丞陳一道・太平府知事郭樟、それぞれ檄を承け、兵を以て来援し、賊と県の東門に遇う。印等、弓を引きて之を射る。賊、悉く手にて其の矢を接《う》く。諸軍、相い顧みて愕眙《がくち》し、遂に倶に潰ゆ。一道の率いる所は、皆な蕪湖の驍健にして、乃ち衆を麾き、独り進むも、賊のため

に殺さる。一道の義男の子義、身を横たえて賊の刃を捍《ふせ》ぐも亦死す。(12)

杭州府城西方の於潜県・西興駅・昌化県等の地域を掠奪した倭寇は、杭州府城への侵入はせず、大きく左折した。百余人いた倭寇も、途中の戦いで負傷したり死亡したりして減ったので、杭州府城への突入は、無理と判断したのであろう。杭州から左折すると、厳州府の管轄に入る。その淳安県に姿を現した。倭寇は総勢、わずか六十余となっていた。浙江紹興府上虞県に最初現れたときからみると、四割減ということになる。かれらは、浙江兵に追尾されて、安徽省徽州府の歙県《しょうけん》に逃げ込んだ。ここには、関隘の守備隊として、官兵民壮五百余人がいたが、倭寇の出現に驚き逃散した。倭寇は、難無くその北方に位置する績渓県まで流劫して進んだ。ここから、そのまま北上すれば、寧国府城まで真っすぐに行けるが、そのコースを避けて、倭寇は道を左に取り、旌徳県まで走破した。ここでは、旌徳県の典史であった蔡堯佐が、兵千余を率いて防衛したが、総勢六十余りしかない倭寇を敗ることができなかった。逆に倭寇は、南門から旌徳県城内に攻め入って、火を放って屠掠したのである。その後、涇水沿いに北上して、倭寇は、涇県を通過した。涇県知県丘時庸自ら兵を率いて追撃したが、反対に敗北を被った。倭寇は、南陵県（寧国府）に至った。県丞の莫逞が、三百人の兵を率いて分界山に陣を構えていたものの、倭寇が出現すると、これまた、一目散に逃げ出してしまった。そのため、さしたる障害もなく、倭寇は、南陵に攻め込み、放火して居民の家屋を焼き払った。

倭寇が、このように、きわめて容易に南陵を攻めることが出来たのには、理由《わけ》があった。嘉靖四十三年（一五六四）建立の県人何煃《かき》の撰文になる「建城碑記」に、

南陵は、故《もと》と城無し。嘉靖乙卯、倭寇流入するや、民、率《にわか》に山谷に走れり。比《この》ごろ台臣建議す（民国『南陵県志』巻四十五、金石、明）。

とあるから、嘉靖乙卯すなわち三十四年（一五五五）に倭寇が侵入して来たときには、城郭はなかったことになる。

何煃が撰文した碑文としては、この「建城碑記」の他に、「重建県庁記」（光緒『南陵小志』巻四上、芸文志、所収）もある。それによると、南陵の県庁は、洪武壬寅（至正二十二年（一三六二））に建てられて以来、ひさしく屋根葺きをしておらず、大きく傾いていた。嘉靖丁巳（三十六年（一五五七））に銭塘の周侯来が、知県として赴任した際に、あまりのお粗末な県庁を見ると、天を仰いで嘆息したという。それは、南陵が倭寇に攻撃された二年後のことであるが、倭寇の襲撃・放火によって、そのようになった訳ではなかった。長年にわたって、荒廃するまま放置されて来ていたのであった。このように、県に城郭はなく、県庁はお粗末であった南陵は、無防備に等しい状態にあったのであった。

南陵が危殆に瀕すると、寧国府の北方に位置する太平府の知府郭樟、太平府所在の建陽衛の指揮使繆印、太平府の附郭の県人である当塗県の県丞郭暎郊、太平府の属県の一つである蕪湖県の県丞陳一道が、応援のため、それぞれ兵を率いて南下して来た。それでも、倭寇を殲滅することができなかった。放たれた矢を素手で摑む倭寇を見て、諸軍肝を潰してしまったのである。

以上、浙江省杭州西方から現在の安徽省に入り込んで来た倭寇の走破の道筋を辿って来た。その道筋は、直線的ではなく、大きく左に湾曲したものであった。それは、大規模かつ堅牢に作られた府城を避けて、小規模の県城が点々と配置された道筋を辿ったからであった。六十人程度で流劫を重ねて行くためには、当然府城よりも県城の方が、組み易かったのである。倭寇が、数倍に及ぶ明軍を撃破して、各県城において屠掠を繰り返しつつ、南陵県までやって来れたのは、そうした戦略が奏功した結果であった。

太平府知府郭樟・建陽衛指揮使繆印・当塗県県丞郭暎郊・蕪湖県県丞陳一道が、兵を率いて、南陵県に来援に赴いたのは、「それぞれ檄を承け」（「各承檄」）とあるように、命令を受けてのことであった。その命令の出所は、おそらくは南京兵部であったであろう。南京兵部尚書張時徹等は、『世宗実録』嘉靖三十四年（一五五五）七月丙辰（二十四

日）の条に、

南京兵部尚書張時徹等言えらく、倭夷、畿輔に侵迫せり、而して京軍の京口に遠戍するは計にあらず、掣回して防守せんことを乞う。之に従う。

とあるように、倭寇の南京接近に対する防衛策を北京の明廷中央に上奏して、裁可されている。嘉靖帝の決裁によって報可が出たのは、七月二十四日のことであったから、張時徹等の上奏文が、南京から明廷中央に向けて上せられたのは、当然のことながら、それ以前のことであった。南京－北京間は片道、急げば十日で走破出来る。[13]とすれば、緊急性を帯びた張時徹等の上奏文は、遅くとも七月十四日までには、南京を出発していたはずである。つまり、南京六部の要路たちは、この時点（七月十四日以前）においては、すでに南陵が危機に瀕していることの情報をえていたのである。そうでなければ、「倭夷、畿輔に侵迫せり」（「倭夷侵迫畿輔」）という危機感を抱くはずもないからである。危機感を抱いたのと同じ時期に、南陵県を救援すべく来援体制がとられていたのであった（来援記事は七月十三日の条）。このような日時の符合は、偶然の一致ではないであろう。南京兵部では、一方においては来援のための指令を出し、一方においては上奏文を上して南京の防衛体制について献策し、その裁可を得たと見るべきであろう。

南陵県は、前掲「建城碑記」にも、「南陵の地は四衝なり」とあるように、交通の要衝であった。南陵県から長江の河港までの距離をみても、きわめて近い。蕪湖・象港・三山等、どの河港も指呼の間の距離でしかないのである。したがって、南陵県において殲滅できなければ、倭寇は、長江沿岸にあるどの河港にでも、迫り出すことが容易となり、そこから、長江の順流に乗って、一瀉千里に南京襲撃が可能であった。一方、陸路で進軍するという方法を取れば、蕪湖県・当塗県・江寧鎮、そして南京と直線的に辿って、留都南京の襲撃が出来たのであった。水路・陸路、そのいずれにせよ、南陵県は、南京に一気に攻め込むことのできる絶好の位置にあった。

南京兵部が、倭寇の南陵県襲撃を機に対策の手を打ったのは、南京から見て、南陵県がそのような地理的戦略的重要性を有していたからにほかならなかった。

南陵から南京へ　だが、南陵県における倭寇防衛は、失敗に帰した。驍健なる蕪湖の兵を率いていた蕪湖県県丞陳一道とその義男の子義も、ともに陣亡した。南陵に配備せられた明の軍兵を打ち破った倭寇は、とうとう蕪湖に進出した。前掲『世宗実録』嘉靖三十四年（一五五五）七月丙辰（二十四日）の条に、

南陵の倭、流刼して蕪湖に至る。火を縦ち、南岸を焼き、北岸を突き渡り市に入る。各商民義勇、屋に登り、瓦石灰礶を以て之を撃つ。賊の傷つく者多く、遂に奔り去る。各商兵、屋より下りて、二倭を生縛し、十級を斬首す。賊、太平府に趨る。是の時、操江都御史褒善、太平に駐す。千戸曾戻等を遣わし、郷兵・義勇・殺虎手等の兵を督して、之を馬廠に禦ぐも大敗す。賊、遂に進みて府城に逼る。城中の人、河橋を断ちて防守す。賊、引きて東のかた江寧鎮を犯す。指揮朱襄・蔣陞、衆を率いて迎拒するも禦ぐもあたわず。襄、戦死し、陞は創を被りて馬より堕つ。官兵の死する者三百余人。賊、遂に直ちに南京に趨る。其の酋、衣紅にして馬に乗り、黄蓋を張り、衆を整えて大安徳門を犯す。我が兵、城上より火銃を以て之を撃つ。賊、外城の小安徳門・夾岡等の門に沿って、往来窮覘す。たまたま城中、其の遣わす所の諜者を獲す。賊、乃ち衆を引き、舗崗より秣陵関に趨りて去る。

とあり、南陵県から蕪湖に至った倭寇が、南京に出現するまでの行程と様相について述べている。この記事を敷延して、若干の補足説明を加えることにしよう。

蕪湖県では、倭寇の方が、劣勢に立たされた。南陵におけるように、たやすくはいかなかった。商兵や義勇兵が、屋上からの投げ付ける瓦石・灰礶によって、多くの負傷者を出し、太平府に逃げ去った。蕪湖の商兵は、生縛二倭・斬首十級という戦果をえた。生縛・斬首合せて十二人の減数は、倭寇にとっては痛手であった。厳州府淳安県に姿を

現したとき、その人数は、すでに百人から六十余になっていた。ここ蕪湖では、当初からみれば、半分にまで落ち込んだことになった。その勢力の弱体化は、否めなかった。倭寇十二人を生縛・斬首するという大活躍をしたのは、商兵であった。商兵について、副都御史総督漕運として倭寇の平定に功績のあった鄭暁は、嘉靖三十三年（一五五四）五月に上した「倭寇を擒剿するの疏」[14]の中で、

臣、先題及び便宜事理を遵照して、参将喬基を起取して、揚州府の官軍兵壮を操練せしむ。又、巡塩御史莫如士有り、山西・陝西の塩商の家属の射るを善くし驍勇なる者五百名を選取して、商兵となし、専ら運司副使汪集に委ねて操練し、以て城に備え、外を守らしむ。

と述べている。長江の北岸に近く、大運河を臨む揚州は、明清時代、中国第一の産額を有する両淮塩流通の根拠地として繁栄した。いわば塩の都であった、ここ揚州には、塩を営業品目とする山西・陝西商人が多く移り住んでいた。巡塩御史の莫如士は、そうした山西・陝西の塩商の家から、弓矢が上手く、驍勇なる者五百人を選び出して、商兵として編成し、その訓練を運司副使の汪集に委ねたのであった。蕪湖は、青弋江《せいよくこう》と長江の合流点にあり、交通の要衝であったので、商業が発達し、商家が多数集まっていた。そのため、ここでも、揚州同様、商家の家属から選び出された、若くて強健な人々からなる商兵が編成されていたものと思われる。

何らなすすべもなく、ただ退却を余儀なくさせられたのは、倭寇にとって、紹興府上虞県爵谿所における登岸以来、はじめてのことであった。

倭寇が、這う這うの体で逃げ込んだ太平府の附郭の県は、当塗県であった。操江都御史の褒善は、太平府城のある、ここ当塗県に駐在していたのである。かれは、おそらくは建陽衛（太平府所在の軍事機関は建陽衛のみであった）であった千戸の曾㞳を遣わして、郷兵・義勇・殺虎手[15]等の兵を督して、倭寇を馬厰というところで防御させたが、逆に大敗

を喫してしまった。馬廠の防御を破った倭寇は、太平府城に一気に攻めて来たが、府城の住民たちが、河橋を切り落として防衛したので、倭寇は、太平府城への突入を諦め、江寧鎮を目指して歩を進めた。江寧鎮では、指揮使の朱襄・蔣陛が軍兵を率いて応戦した。しかし、朱襄は戦死、蔣陛は負傷、陣亡した官軍は三百余人という、不様な大敗を喫した。江寧鎮で大勝利した倭寇は、南京に直行した。その渠魁は、紅衣をまとい、馬に乗り、黄蓋を張り、賊衆を整えて、まさに威風堂々の形容詞がぴったりの感じで、大安徳門に侵入して来た。明軍は、城中から火銃で応戦した。倭寇は、南京外城の小安徳門・夾岡等の門を往来しつつ、突入の機会を窺っていたが、城内に放った間諜が擒獲されたのを機に退き、舗崗から秣陵関方面へ趨り去った。

南京から滸墅関まで　南京突入を果たせず、秣陵関の方に去った倭寇の、その後の移動経路とその様相についてみてみよう。

倭寇は、まず溧水県に現れた。秣陵関から溧水県に至るまでの状況について、『世宗実録』嘉靖三十四年（一五五五）八月癸亥朔（一日）の条に、

倭、南京より秣陵関に至る。応天推官羅節卿・指揮徐承宗、兵千人を率いて関を守るも、風を望んで奔潰す。賊、遂に関を過ぎ、溧水県の楊林橋に至る。典史林文景、兵を率いて迎遏するも、禦ぐあたわず。署県県丞趙珠臣、城を棄てて走る。賊、遂に小北門より入城して民家に宴飲し、信宿して乃ち去る。

とある。倭寇は、南京を始点に、秣陵関から溧水県へと、何良俊のいわゆる宜興から南京へという宜興ルートを逆走しはじめた。秣陵関でも溧水県でも、防御する明軍は、きわめて弱体にして怯懦《きょうだ》であった。兵千人を持って秣陵関を守っていたのは、応天府推官羅節卿と指揮の徐承宗であったが、わずか五十人程度の倭寇が姿を現すと、たちまち逃散してしまった。本来外敵の侵入を防ぐ目的でつくられた関隘たる秣陵関であったが、怯懦なる指揮官が配置され

たため、その用をなさなかった。溧水県の楊林橋でも、同様であった。溧水県の典史であった林文景は、ここで倭寇を待ち構えていたにもかかわらず、防御できなかった。署県丞の趙珠臣は、溧水県城を棄てて逃亡した。倭寇は、小北門より溧水県城に入り、民家においてたらふく飲み食いし、そこに信宿、すなわち二泊して、ようやく立ち去ったのであった。

溧水県城で英気を養った倭寇は、『世宗実録』が、

　溧水の倭、溧陽を流劫し、宜興に趨り、邙亭《きてい》に至る。官兵の太湖より出ずるを聞き、道を官路橋黄土に取り、武進県境を越え、無錫の慧山寺に抵る。一昼夜奔ること一百八十余里。我が兵、追い及びて之を急撃す。賊、夜に望亭に走る。次の日、滸墅関に至る。都御史曹邦輔、各官兵を督して之を囲む。(16)

と述べているように、さらに流劫を重ねて、滸墅関まで行った。最初に、溧陽県（応天府）を経た倭寇は、宜興ルートを逆走しながら、常州府の宜興県に至った。太湖を目前とした宜興県において、倭寇は、急遽北上を開始した。官軍兵が、太湖より迎撃のために出軍するという情報を入手したからである。北上して武進県（常州府）境を越えて、無錫県（常州府）の慧（恵）山寺に出た。この間、一昼夜百八十余里を走破するという大強行を行った。明尺では、一里は五五八メートルであるから、およそ一〇〇キロメートルを走破したことになる。

実は、「一昼夜奔ること一百八十余里。我が兵、追い及びて之を急撃す。賊、夜に望亭に走る。」（「一昼夜奔一百八十余里。我兵、追及急撃之。賊、夜走望亭。」）という文言の「夜に望亭に走る」の「夜」という文字は、現行の中央研究院歴史語言研究所景印『世宗実録』は、「疲」に作っているのである。『明実録校勘記』を参照すると、広方言館本や内閣大庫蔵旧朱絲欄精鈔本には、「疲」を「夜」に作っているということなので、それに直して引用・訓読したが、一〇〇キロメートルもの長距離を、一昼夜で走破した後であるから、「疲」のままでも差し支えなく、「賊、疲れて望亭

に走る」と読んでも良いかもしれない。しかし、そのどちらとも決めかねるので、今は、とりあえず、「夜」と見なしておくことにする。

明軍に追撃された倭寇は、その夜、望亭に走り、翌日蘇州の滸墅関に至った。そして、応天巡撫であった都御史の曹邦輔麾下の軍勢に包囲された。

ここ滸墅関で、倭寇は、全滅した。

倭寇殲滅の様相　倭寇の全滅について、『世宗実録』には、

蘇松巡撫曹邦輔、僉事董邦政・把総婁宇に檄し、沙兵を以て滸墅関の倭寇を撃ち、之を殲す。（中略）たまたま柘林の賊、風のために飄旋する者三百余、陶宅港に進拠す。邦輔、二賊の合し、かつ大患をなすを慮り、乃ち親ら副使王崇古を督し、各部兵を会集し、其の東路を扼し、四面より之に蹙《せま》る。賊、逃れて五龍橋に至り、復た梅湾山に至る。我が兵、地に随ってともに競い、頗る斬獲有り。太倉衛指揮張大綱殺され、兵卒の傷亡亦衆し。時に邦政・宇、沙兵を督し、陶宅を守る。邦輔、陶宅の賊の険に拠りて、かつ衆《おお》く、未だ兵を進めるべからざるを計り、乃ち邦政・宇を召して、沙兵を以て助剿せしめ、一たび戦いて十九級を斬首す。賊、懼れを以て呉舎に奔り、太湖に潜かに走らんことを欲す。我が兵、之を覚りて追い及び、楊林橋において尽く其の衆を殪《ころ》す。此の賊、紹興高埠より奔竄す。六七十人に過ぎざるも、杭・厳・徽・寧・太平を流劫して、留都を犯すに至る。経行すること数千里、殺戮及び戦傷は、無慮四五千人。凡せて一御史一県丞二指揮二把総八二県歴を殺す。八十余日にして始めて滅ぶ。(17)

と、嘉靖三十四年（一五五五）八月壬辰（三十日）の条にある。滸墅関にやって来た倭寇の殲滅作戦を指揮したのは、応天巡撫曹邦輔(18)であった。倭寇を最終的に殲滅したところは、「我が兵、之を覚りて追い及び、楊林橋において尽く

其の衆を殪《ころ》す。」とあるように、楊林橋であった、としている。しかしながら、『明実録校勘記』によると、内閣大庫蔵旧朱絲欄精鈔本は、楊木橋に作るという。ところが、鄭若曾の『江南経略』巻二、長呉二県倭患事跡には、楊家橋としている。また、道光『滸墅関志』巻十八、雑記でも、楊家橋としている。楊家橋であれば、ここは滸墅関から南方に位置するところにある。

　滸墅関倭寇の殲滅に関して、『世宗実録』は、右記のように、嘉靖三十四年（一五五五）八月壬辰（三十日）の条に、一括して載せているが、滸墅関に出現し、全滅するまですべて、この一日での出来事ではなかった。当然のことながら、時間差が生じたのであった。全滅までの過程について詳述している史料は、管見の範囲では、『江南経略』である。前引巻二、長呉二県倭患事跡によって、日付ごとに足取りを追うことにしよう。

〔八月十三日〕倭寇五十三人が滸墅関に現れた。その日の夜、官兵は、倭寇五人を射殺した。倭寇は、間道から山沿いに夜行して、海岸に出ようとし、二人のものを捕らえて道案内させた。ところが、道案内を強要させられた二人は、わざと官兵のいる方向に導き、三面が水という郭巷に連れ込んだ。そのため、倭寇は、官兵に三重に囲まれた。怒った倭寇は、道案内した二人を殺した。

〔八月十六日〕夜、囲みを破って五龍橋を渡り、梅湾に走った。

〔八月二十日〕霊巌山に走った。

〔八月二十二日〕官兵は、潜伏しているものを捜索して、七級を斬首した。倭寇は、鳳凰池に走った。

〔八月二十五日〕木瀆に走り、また前馬橋に走った。

〔八月二十七日〕曹邦輔は、副使王崇古・僉事董邦政・知府林懋・参将婁宇・通判余玄・知県康世耀を督して兵を合わせて倭寇を攻撃させた。倭寇は死に物狂いに抵抗した。官兵はようやく二十七人を斬死せしめたが、指揮張大綱・

崑山生員陳淮が戦没した。倭寇は、逃れて黄墅沙に行き、船を掠めて太湖を渡ろうとしたが、巡船に阻まれて楊家橋に走った。時に倭寇は、わずか二十二人になり、田野中に伏せていた。武生の車梁の探索で、これを発見し、呼び集められた官兵に囲まれた。倭寇は、金帛を撒き散らして、官兵の隙をねらって脱出を図ったが、結局一絶巷に追い詰められ、矢砲を集中的に浴びて、一人残らず殺された。

以上のように、倭寇の足取りを追ってくと、倭寇が溧水県の楊林橋まで、逃げ延びるということは、全く不可能なことであった。最終的に殲滅されたのは、楊林橋でも楊木橋でもなく、楊家橋であったのである。『江南経略』巻二、滸墅険要説には、

乙卯の秋、倭寇五十三人、南京より呉県の横涇に至りて官兵の截《き》る所となる。

とあるから、倭寇が最終的に全滅したのは、滸墅関周辺での出来事であったことは、疑う余地も無いのである(19)。

紹興府上虞県・会稽県高埠から、杭州府・厳州府・徽州府・寧国府・太平府を流劫し、留都南京に押し寄せた倭寇は、ようやくのこと、全滅した。それは、登岸以来八十余日経た後のことであった。しかし、倭寇は、その間、数千里の距離を走破し、およそ四五千人を殺戮及び戦傷し、一御史一県丞二指揮二把総八二県歴を殺した。明側は、大きな被害をこうむったのであった。

滸墅関と沙兵　留都南京を襲撃した倭寇の全滅地となった滸墅関は、蘇州関ともいい、景泰元年（一四五〇）開設、成化四年（一四六八）に一時廃止され、また同七年（一四七一）に復された鈔関の設置されたところでもあった。船舶の往来する内河水路の要衝地に置かれ、航行船舶に対して収税をするのが鈔関の役割であった。倭寇は、貨物を積載した船舶が輻湊する、かかる滸墅関に入り込んで来たのであった。

その倭寇を殲滅した、僉事董邦政・把総婁宇の率いる沙兵とは、沙船を使用する民にして、兵となる者であった(20)。

沙船について、清代の史料ではあるが、『皇朝経世文編』巻四十八、戸政二十三、漕運下に収載する藍鼎元の「漕糧は海運に兼資するの疏」に、

崇明三沙より洋に放し東行す、……以て天津に至る。順風ならば八九日に過ぎず。若し江南沙船を用いらば、則ち崇明より淮膠に泝《むか》うに、皆内洋に在りて行走す。内洋は沙洲の浅角多し。惟だ平底の沙船は行くべし。

とあるように、平底海船であった。溯って、明代に編纂された茅元儀の『武備志』巻一一七、軍資乗、水二、戦船二、沙船の条においても、

北洋は浅にして、南洋は深なり。沙船は底平にして深水の大浪を破るあたわざるなり。北洋は滾塗の浪有り。福船・蒼山船の底は尖にして、最も此の浪を畏る。沙船は却って此れを畏れず。北洋は鉄猫《ママ》に拠るべし。南洋は水深にして、惟だ木椗を下すべし。

とあるので、明代の沙船も清代の沙船も、ともに北洋航海向きの構造を持ったものであったことが分かる。その特徴は、船底が平闊であることであった。平底海船であれば、喫水が深くないので、スピードが出やすく、運動能力に長けた。その上、座礁の危険のある海底の浅い場所でさえも、スムーズに走り回ることができた。このような特性を有した船舶であったから、したがって、軍船に転用すれば、接戦に強かったのである(21)。かかる沙船を操るのが沙兵であった。

鄭若曾は、前引『江南経略』の、巻八、沙船論一において、

水戦は、郷兵の宜しくする所にあらず。乃ち沙民の長技なり。蓋し、沙民は海浜に生長し、水性を習知し、風浪に出入りし、険を履むこと夷《たいら》かなるが若し。直隷大倉・崇明・嘉定、皆之有り。但此船、惟だ北洋に便にして、南洋に便ならず。

と、沙兵の特質について述べている。また、鄭若曾は、同書巻三、崇明険要論においても、

或いは問う、倭の性狡悍にして、豈に沙民の能く敵する所ならんや、と。曰く否。海中の洲、山有る者は之を島と謂い、山無き者は之を沙と謂う。沙・島の名、殊《こと》にすると雖も、其の海処たること一なり。深渕巨濤、閲歴出没、島人、之を能くす。沙人も亦之を能くす。(22)

と述べ、以下、「火攻石撃、進退衝犂、島人、之を能くす。沙人も亦之を能くす。」等をはじめ、沙人＝沙兵の剽悍なる特質・特徴について、数項目にわたって挙例している。そのような剽悍なる特徴を有する沙兵が、滸墅関の倭寇に対して投入され、それが功を奏したのであった。

曹邦輔の勝報とその波紋　応天巡撫曹邦輔は、滸墅関倭寇を殲滅すると、その勝利を報告するべく上奏文を北京の明廷中央に上した。それを節略した文章が、『世宗実録』嘉靖三十四年（一五五五）十月丙子（十五日）の条に掲出されている。それは、

巡撫応天都御史曹邦輔、蘇州滸墅関の倭寇を勦滅するを以て聞し、かつ言えらく、

に始まり、今回の南京襲撃の倭寇について、

連年、倭患せり。其の来るや、必ず大衆を糾連す。多き者は数千、少なきも亦、数百を下らず。其の登岸して劫掠すること、近ければ則ち百里、遠きに至るも、千里に過ぎず。未だ五六十余の賊を以て深く内地に入り、数千里を転戦して、直ちに都門を瞰《うかが》うこと有らざるなり。

と述べている。

勝報の上奏文は、己自身の功績を陳べているので、多少の誇張・粉飾はつきものであろうが、それにしても、小人数の倭寇が、南京を襲撃するということは、曹邦輔が言うように、未だ曾てないような前代未聞のことであったに違

いない。前代未聞の出来事であっただけに、それに対処し、その勝報を上した曹邦輔の身に、予期せぬ事態がおきた。むろん、吏科給事中孫濬のように、

其の前の留都に流劫するの倭、又邦輔の滅ぼす所となる。功能乃ち然り。(23)

と述べ、曹邦輔の功を評価する人もいた。隆慶元年（一五六七）五月に応天巡撫に着任した林潤もまた、前掲『江南経略』巻二、長呉二県倭患事跡に寄せたコメントにおいて、

軍門林云う、是の役や、諸将皆な力を奮い、城を全うす。各々功次有り。然れども、今に至りて忠勇と頌《ほ》むる者は、之を都御史曹公兵憲任君に帰す。

とあるように、曹邦輔の功績を率直に認めている。

しかしながら、このように、至極公正に評価してくれる人物がいる反面、その一方では、それを妬んだり、羨望したりする陋劣な人物もまた多くいるものである。

趙文華が、まさにそのような人物であった。このとき、趙文華は、工部右侍郎のまま、沿海の軍務を督察する任を帯びることとなり、北京の明廷中央から派遣されて、江南に来ていた。(24)その趙文華は、倭寇討伐の功に自分が関与しなかったので、曹邦輔の功を横取りしようとしたのである。

初め文華、蘇寇の且《まさ》に滅ぼされんことを聞き、趣《にわか》に蘇に赴き、其の功を攘《ぬす》まんと欲す。至るに比《およ》べば、則ち邦輔の業、已に先に奏捷せり。文華、遂に大いに怒る。

と『世宗実録』嘉靖三十四年（一五五五）十月丙子（十五日）の条にある。また、『明史』曹邦輔伝にも、

侍郎趙文華、其の功を攘《ぬす》まんと欲するも、邦輔、捷書もて先に奏す。文華、大いに恨めり。

とある。功の横取りがかなわなかったため、明廷中央の権力者厳嵩の内援を恃む趙文華は、曹邦輔に対して、以後陰

湿な妨害をし続けた。

やがて、曹邦輔の人生は、暗転する。

嘉靖三十五年（一五五六）二月、突然解任・逮捕され、替わって湖広按察使張景賢が右僉都御史・応天巡撫に任命された。[25] 曹邦輔は、滸墅関倭寇の殲滅の功を挙げてから、わずか半年余にして、山西大同府の朔州衛に謫戍《たくじゅ》されることになった。[26] 赫々たる武勲の人から、一気に囚桎《しゅうしつ》の身に落とされた。

それは、すでに北京に戻っていた趙文華が、遺恨を晴らすために明廷で行った、陋劣なる工作の結果であった。[27]

註

（1） 洪武帝の薄葬問題については、拙著『明代建文朝史の研究』（汲古書院、一九九七年）一九一―一九二頁、参照。

（2） 『明孝陵志』第三。

（3） 『世宗実録』嘉靖三十四年（一五五五）九月甲辰（十二日）の条。

（4） 石井正敏・川越泰博『増補改訂日中・日朝関係研究文献目録』（国書刊行会、一九九六年）参照。

（5） 『世宗実録』嘉靖三十二年（一五五三）八月庚子（二十六日）の条。その後、李文進・兪大猷等は、倭夷五十余艘を焚燬、七百余人を擒斬し、一時的に海辺の安寧が保たれたほどの戦果を挙げたので、「奪俸」（「停俸」）という処分は撤回された。なお、普陀山十二景の一つである潮音洞近くの石崖に、「明嘉靖癸丑季秋、副使李文進・参将兪大猷・都使劉恩至督兵滅倭于此。」と文字を刻んだ戦捷文は、このときのものである。詳しくは、拙稿「普陀山の「抗倭石刻」について」（『アジア遊学』No.3、一九九九年）を参照されたい。

（6） 『世宗実録』嘉靖三十二年（一五五三）六月壬辰（十八日）の条。

（7） 同右書、嘉靖三十三年（一五五四）五月丁巳（十八日）の条。

（8） 莫如忠「何翰林集序」（『何翰林集』の巻頭に収載）。范濂『雲間拠目抄』巻一、紀人物、何良俊の条。なお、范濂は、「張董徐何は、雲間の四賢と称する所なり」とも書き記している。張は張之象、董は董宜陽、徐は徐献忠のことである。

（9）『四友斎叢説』巻十一、史七。該書の以下の引用も、みなこの巻・条項に拠る。

（10）『世宗実録』からの史料引用に際して、意味不明の箇所は、校勘記を参照して、適宜文字を改めた。

（11）明初の海禁政策から秀吉の朝鮮出兵まで、明代の中日関係史を通観された労作である鄭樑生『明・日関係史の研究』（雄山閣、一九八五年）においても、当該史料（『世宗実録』嘉靖三十四年〔一五五五〕六月甲午〔七日〕の条）に依拠して、「賊は遂に杭州を流刧し、西興・昌化に潜んだから、内城は大いに駭いた。」（同書、三三九頁）、「賊遂に杭州を流刧し、而して西に歴て西興昌化に潜み、内城は大いに駭く。」（同書、三四七頁）と述べられているが、これらは誤釈・誤訳である。「於潜」の「於」を置き字（黙字）、「潜」を「潜む」という動詞と理解したことから生じた誤解である。これは、於潜という地名である。西興駅・昌化県と同様に、その方角は杭州府治の西方であった。そして、二附郭県（銭塘県・仁和県）からなる杭州府の七属県を構成する一つの県名である。したがって、当該箇所は、「賊遂に杭州を流刧す。而して西のかた於潜・西興・昌化を歴し、内城大いに駭く。」という読み方に基づいて解釈しなければならない。

（12）『世宗実録』嘉靖三十四年（一五五五）七月乙巳（十三日）の条。

（13）拙著前掲『明代建文朝史の研究』一七二頁。

（14）鄭曉『端簡鄭公文集』巻十。

（15）殺虎手は、猟夫であるという（黎光明『嘉靖禦倭江浙主客軍考』〔燕京学報専号之四、哈仏燕京学社、一九三三年〕一三六頁）。

（16）『世宗実録』嘉靖三十四年（一五五五）八月甲戌（十二日）の条。

（17）当該記事の最後の部分、「凡せて一御史一県丞二指揮二把総八二県歴を殺す。八十余にして始めて滅ぶ。」と訓読した箇所の原文は、「凡殺一御史一県丞二指揮二把総八二県歴八十余始滅」という文言からなる。この文言中の傍線を付した「県歴」は、どのように解釈するべきであろうか。「県歴」とそのまま読むのか、「県、歴」と区切って読むのか、判断がつかないのである。「県歴」と続けて読めば、「凡せて一御史一県丞二指揮二把総八二県歴を殺す。八十余にして始めて滅ぶ。」と訓読でき、区切って読めば、「凡せて一御史一県丞二指揮二把総八一県を殺す。八十余を歴て、始めて滅ぶ。」と読める。何らかの文字の欠落があって、意味が取りづらいとも考えられる。

ちなみに、『中国・朝鮮の史籍における日本史料集成 明実録（二）』（国書刊行会、一九七五年）では、区切らずに「県歴」とし（同書、四三一頁）、鄭梁生編『明代倭寇史料』第一輯（文史哲出版社、一九八七年）は、「県、歴」と区切っている（同書、二六七頁）。

（18）『世宗実録』嘉靖三十四年（一五五五）八月壬辰（三十日）の条には、「蘇松巡撫曹邦輔」とあるが、これは応天巡撫のことであって、蘇松巡撫という名称は存在しない。応天巡撫の管轄は、後の安徽省・江蘇省を含む広い範囲にわたっており、単に蘇州・松江地方だけの巡撫は設置されていないのである。

（19）以上によって、前掲『明史』日本伝に、「一昼夜、百八十余を奔りて、滸墅に抵る。官軍の囲む所となり、楊林橋に追及せられ、之に殲す。是の役や、賊六七十に過ぎず。」とあるのは、矛盾していることが理解されるであろう。賊六七十は、滸墅関で殲滅させられたのであり、もう一度反転して宜興ルートを行き、溧水県楊林橋で滅ぼされたということは、決してなかったのである。参考までに、『明史』巻二〇五、曹邦輔伝を掲出する。「三十四年、右僉都御史・巡撫応天を拝す。倭、柘林に聚る。其の党、紹興より竄し、転じて杭・厳・徽・寧・太平を掠し、遂に南京を犯し、溧水を破り、宜興に抵る。官軍の迫る所となり、滸墅に奔る。副総兵兪大猷・副使仁環、しばしば之を邀撃す。而して柘林の余賊は、已に陶宅に進拠す。邦輔、副使王崇古を督して、之を囲ましめ、僉事董邦政・把総婁宇をして協剿せしむ。賊、太湖に走らんとするや、之を追い及び、尽く其の衆を殲す。」。

（20）黎光明前掲『嘉靖禦倭江浙主客軍考』一三九頁。

（21）『武備志』巻一一七、軍資乗、水二、戦船二、鷹船の条に、「崇明の沙船は、以て接戦すべし。但、上に壅蔽無し。火器・矢石は何を以て之を禦がんや。」とある。

（22）『江南経略』は、東洋文庫所蔵本（万暦四十二年（一六一四）補刊）を使用した。四庫全書珍本二集に収録する『江南経略』と比べると、文字の出入りがある。例えば、「或いは問う、倭の性狡悍にして、豈に沙民の能く敵する所ならんや、と。曰く否。」という文言の「倭の性狡悍」について、珍本二集本は、「寇の性狡悍」（同書、巻三下、崇明県険要論）に作っている。巻立てに関しても、大きな相違がある。しかも、珍本二集本には、東洋文庫本にある「軍門林云う」という、隆慶元年（一五六七）から同三年（一五六九）まで応天巡撫に在任した林潤の文言が、全て削除されている。珍本二集本を使用する場合は、注意を要する。

(23)『世宗実録』嘉靖三十四年（一五五五）十一月甲寅（二十三日）の条。

(24) 趙文華が、江南に派遣されることになったのは、嘉靖三十四年（一五五五）二月のことである。工部侍郎にもかかわらず、そのような決定がなされたのは、それに先立って上した、「倭に備える七事を疏陳す」という上奏文が、世宗に認められたからであった。派遣の決定は、二月二十一日、松江にやって来たのは、四月七日のことであった（日付は、いずれも『世宗実録』嘉靖三十四年（一五五五）の当該日の条に拠る）。なお、「倭に備える七事を疏陳す」の内容については、『世宗実録』嘉靖三十四年（一五五五）二月庚辰（十五日）の条に収載されている。

(25)『世宗実録』嘉靖三十五年（一五五六）二月戊午（二十九日）の条。

(26) 前掲『明史』曹邦輔伝に、「乃ち邦輔を逮繋して、朔州に謫戍す。」とあり、謫戍先を朔州としているにもかかわらず、朔州衛と言い換えたのは、謫戍という用語との関連に因る。謫戍とは、罪を被って、衛所の一軍卒にその身を落とされることである。したがって、辺境の府州県に流謫されるのとは異なり、その身柄の所属先は、衛所であった。

(27) この間の事情については、前掲『世宗実録』嘉靖三十五年（一五五六）二月戊午（二十九日）の条に詳しい。その骨子は、前掲『明史』曹邦輔伝にも見える。ちなみに、珍本二集本『江南経略』巻二下、長呉二県倭患事蹟にも、「曹公、捷聞を以て功を僉事董邦政に帰す。時に督察侍郎趙文華、此の寇の且に滅ばんとするを聞き、趨に之に赴き、其の功を攘まんと欲す。至るに比べば、則ち曹公已に先に捷を奏せり。文華、大いに怒り、遂に曹公を陥れる所以を思う。」とあるが、東洋文庫所蔵本『江南経略』には、この文言はないので、後に追加されたものと推測される。

明代後期、南人監生の郷試受験について

渡　昌弘

はじめに

明代の地方志には科挙合格者の一覧が載せられているが、郷試の場合、その中にはそれぞれが所属する省だけでなく、順天府もしくは応天府での合格者名も挙げられている。例えば崇禎『松江府志』巻三四・郷挙には、洪武三年より崇禎三年の間に実施された郷試合格者のうちに、両府で合格した者も記されている。各年号により実施回数は異なるため、一回あたりの合格者数を計算してみたところ、嘉靖年間以降、順天府郷試での合格者が急増した傾向がうかがえるのだが[1]、のみならず、成績も上位で、特に万暦年間には高洪謨（十年）、徐光啓（二五年）、王献吉（三四年）、包鴻逵（三七年）と、四人の解元（首席合格者）が出現している。勿論これらは監生での合格である。科挙の受験は原則として本籍地に限られていたが、それは生員等の場合であり、監生には本籍地以外での受験が認められており、順天府もしくは応天府での受験が一般的であった。

明代中期以降、国子監の学生である監生は、積分法に代わった歴事法（所定期間の事務担当）、もしくは科挙合格によって官僚となる途を進もうとしていた。歴事法については、これまでの谷光隆氏、五十嵐正一氏、林麗月氏をはじ

めとする諸研究[2]により、詳細が解明されている。しかし、当時の監生の多くは同法による出身よりも、科挙合格を強く望んでいた。そうした傾向は、特に人口が稠密で経済的に裕福な地域で強かったと思われるが、松江府も当然そうした地域に含まれる。

本稿は、明代監生の動向に関する研究の一つとして、科挙（狭義）の第一段階である郷試の受験について検討を加えようとするもので、右に触れた松江府に見られる傾向を手掛かりに、動向の一端を明らかにしたい。

一　南北国子監の並立

繰り返しになるが、監生の郷試受験は本籍地のある省でも可能だが、ふつうは国子監のある直隷で受験した。永楽年間以降、北京監生は順天府で、南京監生は応天府で受験したのだが、では南北何れに入監したのか。監生のうち、府州県学から選抜される歳貢生については、遅くとも正統三年には、次のように入監先が決められていた[3]。

北京国子監…北直隷、河南、山東、山西、陝西、四川、貴州。

南京国子監…南直隷、浙江、江西、福建、湖広、広東、広西、雲南。

（雲南は景泰七年以降、北監へと変更）

洪武中期の改革により、国子監は地方の府州県学と歳貢により結びつけられた。定期的に入監し、またその人数が確定している点で、歳貢は言わば基本となる入監の途である。国子監の南北並立以後、彼ら歳貢生にだけ本籍地による入監先が定められたのは、そこに理由があったと思われる。他の入監は不定期で、たとえ人数が多くを占めることはあっても、それは結果であった。

ところで、洪武帝はじめ諸皇帝は北人の獲得に力を注いだが、それらの政策は却って南人抑制として実施され、科挙では南北巻により行われた[4]。周知の通り、実際には南北中の三巻に区分されていたが、それは次に示すように、北人四、南人六という比率に基づいていた。

科挙の南北巻実施の機運の中、審議を命じた洪熙元年四月[5]の仁宗の言に、

自今、科場の取士は、十分を以て論ずれば、南士は六分を取り、北士は四分を取らん。爾ら、其れ各布政司の名数を定議して以聞せよ。（『仁宗実録』巻九下・洪熙元年四月庚戌の条）

とあり、北人四、南人六という比率が基準とされた。これを受け、仁宗の急死後、同年九月になって、次のように省別の解額（合格者数）が決定し、南北巻も実施されるに至ったのである。

行在礼部奏して科挙取士の額を定む。……是に至りて議して奏すらく、凡そ郷試の取士、南京国子監及び南直隷は共せて八十人、北京国子監及び北直隷は共せて五十人、江西布政司五十人、浙江・福建各四十五人、湖広・広東各四十人、河南・四川各三十五人、陝西・山西・山東各三十人、広西二十人、雲南・交阯各十人、貴州所属の試を願ふ者有らば、湖広に於いて試に就く。礼部会試は、取る所百人に過ぎず、と。上［宣宗］曰く、南士は十の六を取り、北士は之れ十の四。大抵、国家の設科取士は治を致すの本為り。……（『宣宗実録』巻九・洪熙元年九月乙卯の条）

このような経緯から分かるように、解額は北人四、南人六という比率を基準にして定められたが、では南・北はどの地域であったのか。淮水を境に区分するのは周知の通りだが[6]、西へ行けば曖昧な地域がある。具体的にはどこなのか。

郷試の地域別合格者は南北の比率をもとに決められたのだが、それを先に示した南北両監の区分によって分け、北

直隷・河南・山東・山西・陝西・四川・貴州を北、南直隷・浙江・江西・福建・湖広・広東・広西・雲南を南とすると、解額の総計五四〇名中、北の合計が二一〇名で、全体の三九％になるのであり、おおよそ北人四、南人六という比率になっている。

郷試合格者数は正統五年と景泰七年に増額されたが、同様にして計算すると、それぞれ北の割合が全体の四〇％、四二％となり[7]、ほぼ北人四、南人六という数値になっている。机上の計算に過ぎないかもしれないが、そもそも比率はこのようにして定められるのであろう。もちろん実際の合格者と若干の誤差は生ずるけれども、明代に於いて北人、南人という場合、右のような地域区分を念頭に置いたものと見て大過なかろう。

ところが、科挙の場合は南北中の三巻に区分され、地域は次のようになっていた。

北巻…北直隷、河南、山東、山西、陝西。

中巻…広西、貴州、雲南、四川、南直隷の一部（鳳陽府など）。

南巻…南直隷の一部（応天府など）、浙江、江西、湖広、福建、広東。

南北両監の地域区分と科挙南北中巻とは、もちろん無関係ではないが、本稿では明白につながりを論じ得るものでもない。ともあれ、双方を比較すると、科挙南北中巻のほうが極めて技術的あるいは政治的な印象を受ける。印象だけで云々するのは適当でないが、中巻に含まれる地域のうち、広西・貴州・雲南に比べて四川・南直隷は遙かに人才が豊富だが、そのうち四川は南北何れに含めるか判断し難い面があるものの、国子監の区分では南に入る地域で、これを科挙では中巻に含めている点、また、鳳陽府などを南直隷から分離して中巻に含めている点から、そのように感じられるのである。

この科挙南北中巻の施行時期について、檀上氏は宣徳二年の会試からとする[8]。入監先の区分は遅くとも正統三年には確定していたが、何年に設けられたか明確にし得ない。ただ、両者が同時、もしくは南北巻が先で南北中巻がのちに定められたのでないと不自然であり、とすれば歳貢生の入監先は、宣徳二年以前に確定、施行されていたものと推測されるが、詳細は後考に待ちたい。

なお、明代後期、万暦年間になると、科挙の南北中巻を念頭において、入監も厳格に分けるべきとの意見が出てきた。同二十五年十一月八日、候補太僕寺少卿傅好礼が上言して、会試の区分に倣って入監者も南北中に分けるべきと述べたのだが、これに対して異論が出され、裁可は下されなかった(9)。ただ、こうした意見が出された背景には、南人が北監にも、北人が南監にも入学している現状があった。

二　両京郷試の解額

監生が受験するのは、ふつう両京で実施される郷試であった(10)。北京監生は順天府で、南京監生は応天府で挑んだのだが、この二ヶ所の郷試は、もともと国子監生だけでなく直隷の生員のために実施された。そのため、解額（合格者数）は他地域よりも若干多め(11)であるとともに、字号により分けられていた。例えば万暦二十五年十一月八日、左中允全天叙の弁言に、

切に照するに、京闈の試巻、字号は三有り。凡そ只だ三を用ひ、字号を成さざる者は、則ち順天等各府州県の生儒なり。凡そ加へて皿の字号を用ふる者は、則ち各衙門の坐監・歴事・聴選の監生なり。歳貢・選貢・官生・恩例粟を分かたず、皆監生と称し、則ち皆皿の字を用ふ。凡そ加へて雑の字号を用ふる者は、則ち雑色・員役人等なり。（『続南雍志』巻六・事紀）

とあるように、試巻（答案用紙）の上に、「皿」もしくは「雑」を記すか、もしくは何も記さないかで三巻に区別されていたのである。そのうち全ての監生のそれには「皿」の字号が付けられていた。

順天府郷試では、「皿」が三〇名、「雑」が五名とされていたが、監生の合格は大体三一名に固定されていたようだ。[12]

他方、応天府では、この皿字号について、『南雍志』巻一五・儲養考「儲養生徒之定制」に、

宣徳・正統中、天下の郷試の解額を定め、応天府は八十名より増して百名に至り、例として監生二十名を取る。景泰七年、三十五名を増し、則ち監生の取中せる者、必ずや三十人以上。今［嘉靖］に至るまで之を行ふ。

とある。応天府郷試の解額が一〇〇名となったのは正統五年で、[13]そのうちの二〇名が監生からの合格者とされていたが、景泰七年からは一三五名中の三〇人以上とされた。しかし、万暦四十年某月戊寅、応天府尹汪道亨の奏請に、

臣按ずるに、景泰元年、国学・南畿の士を合せて取中せるは二百人、四年に中《あた》るは二百五十人。其の時、試に就く者は合せて一千九百有奇、而して太学の人少なく、中式《きゅうだい》者は八人、九人に過ぎざるのみ。今は則ち監生の入試せる者、已に景泰の通場の数の如く、生員は五千を逾ゆるに至る。……景泰七年、復た選挙の額を定め、南北直隷各一百五十名なり。其の時、生員・監生は未だ額を分かつこと有らざるなり。而して両京の太学で、天順三年は中るもの六人、六年は中るもの七人、成化元年は中るもの十人、嘉靖四十年に至りては許国一榜に中るもの遂に二十六人に至れり。自後、万暦三十四年、三十七年は、皆中るもの許国榜の数の如くし、襲ひて以て常と為す。而して生員の中数、遂に旧より減る。（『続南雍志』巻七・事紀）

とある。もともと監生と生員とで合格者が明確に区分されていた訳ではなく、景泰の頃に監生の受験者は少なくて合格者も八～九人に過ぎなかったが、それ以後増加し、嘉靖四十年には二六人を数えた。以後、この二六人が目安となっていた、という。

嘉靖～天啓年間に於ける合格者については、『続南雍志』巻一三・造士考「士之登庸」により姓名が知られ、人数は左記のようになる。

年次	監生の合格者数	
嘉靖 1年	21名	
4	11	
7	11	
10	5	
13	32	
16	35	
19	32	
22	30	
25	29	
28	15	
31	22	
34	20	
37	26	
40	27	
43	25	
隆慶 1	8	
4	50	
万暦 1	30	
4	20	
7	29	
10	28	
13	28	
16	28	
19	28	
22	30	
25	42	
28	38	
31	28	
34	28	
37	27	
40	28	
43	31	（3名増）
46	31	
天啓 1	37	（6名増）
4	27	

嘉靖四十年の合格は二七人で、また同年に急増した訳ではない。むしろ嘉靖十三年より増加しているが、ともあれ、三〇人という人数が厳格に満たされていたのではない。

そもそも、字号は二つの側面を持っていた(14)。監生の成績が優秀な場合に監生の合格を制限することになり、逆に生員の成績が優秀であれば、生員の合格を妨げることになるのだが、どちらに作用していたかを知る出来事が、隆慶元年に発生した。字号が廃止され、そのために応天府郷試では監生の合格者が激減する事態におちいった。右に挙げた人数表からも分かるように、それまで二〇人以上が合格していたのに、この年は南京監生が八人しか合格しなかったのである。これについて、『続南雍志』巻一三・造士考「士之登庸」には、南闈の諸生の巻面、別くるに皿の字を以てし、歴科皆然り、中式《きゅうだい》に数を分かつ有り。隆慶元年、御史耿定向の言を用て、皿の字を除去し、一例に編号せるに、是の年は止だ中《あた》るもの八人なるのみ。諸生譁然とし、下科は即ち皿の字を復して編号せり。庚午［隆慶四年］中るもの五十人、斯れ已に侈し。万暦壬午［一八年］より壬子［四〇年］に至るまで、中式は倶に二十八名を以て率と為し、間《まま》溢るる者有るは、則ち特恩に属す。盖し恩・選貢は間《まま》行はれ、時に臨みて酌す処なり。万暦乙卯［四三年］の後、額を広ぐるを以て三名を加へ、今、三十一名を以て例と為せり。

と記している。だが、ここで興味深いのは順天府郷試との相違で、『皇明貢挙考』巻一・入郷試之人に、

按ずるに、是の科の両京場中、皿字号を去るに因り、北京は監生の中式せる者、相伝ふらく七十有六人なるを以てせるも、主司は例に限られ、止だ三十有一人を録すのみにして、餘は悉く汰去せり。故に五十三名より後、復た監生の登録せる者有る無し。南京は止だ監生八人を録すのみ。文巻の生員に及ばざるを以ての故なり。彼此殊《こと》なり。路に当る者は、以て便ならずと為し、庚午［隆慶四年］に及びて、竟に旧号を復せり。

とある。順天府での監生の合格は七六人と伝えられたが、結局、従来どおり三一人を合格としたため、五三位以下の者はいなかった。すなわち、合格者の上位五二人中の三一人が監生であったという。監生の成績が優れていた様子がうかがわれるのに対し、応天府郷試でのそれは僅か八名で、理由は成績が生員に及ばないからだというのである。

こうした結果に対して、南京では大騒動となり、けっきょく一度廃止されただけで元に戻されたのだが[15]、このことにより皿字号の設置は、順天府郷試では監生の合格を制限する役割を果たしていたのに対し、応天府郷試では逆に生員の合格を妨げていたことが分かる。換言すれば、順天府郷試の受験者は生員よりも監生が優秀であり、逆に応天府では生員の方が優秀だったのである。優秀か否かはもちろん相対的な問題だが、それは合格の難易度と関係する。

順天府郷試では、しばしば冒籍者の合格が発覚した[16]が、それは南直隷など南人に含まれる地域の生員が、監生の合

格が制限されている順天府郷試での受験を企図したものであった。反対に、北人がそうした不法手段を講じてまで応天府郷試を受験した事例は見当らない[17]ことからも分かるように、合格しやすい受験地を求めての行動だったのである。

他方、生員には合法的に監生に上昇して受験する方法もあるが、この場合は両京での受験が可能である。それについては次節で述べることとしたい。

三　監生の増加と解額

既出の応天府尹汪道亨の奏請に見られたように、万暦の後半になると、受験者の増加があり、それは選貢や捐納（援例）など、歳貢以外の方途による入監に起因していた。受験者の増加は両京郷試での解額増加へとつながったが、この点を、まず選貢から見てみよう。

【選貢】

府州県学より優秀な人材を入監させる選貢は、南京国子監祭酒章懋の上奏により、弘治十七年以降、在学監生の不足を補うために三～五年に一度実施された[18]。万暦年間になると、同十九年二月庚午、北京国子監祭酒劉元震の条陳に対する礼部の覆議に、

国学は空虚にして、人才は希少なり。乞ふらくは、常貢の額の外に、六年の間に選貢の法を行ひ、尽《ことごと》く数南北二監に送りて肄業せしめ、以て太学を充さん。……（『神宗実録』巻二三二）

とあるように、やはり在学監生を増加させるために、選貢を六年に一度実施すべしと述べられた。この覆議に対し、

取りあえず同二十、二十一年に実施されることになった[19]。これが二十年代に於ける郷試受験者増加の一因となったが、それは北監で顕著であった。選貢の実施に対し、万暦二十二年春正月辛卯、南京礼部儀制司郎中張鼎思が、

祖宗の監を立て両都に分峙せるは、南北の英を羅め、作人の地を広くする所以にして、二百余年、未だ軒軽有らず。［しかるに］祭酒劉元震が選貢の請は、豈に北監を専らにせんや。（『続南雍志』巻六・事紀）

と述べ、北監のために実施されるものだと反発した。南北両監に分かれて入学することとなっていたが、規制はなく、実際には万暦二十四年十二月丁丑、南京国子監祭酒馮夢禎の陳言に、

是より先、万暦二十二年、天下の選貢生、咸北監の科場に留まるもの約そ一千二百余り。皇上、科部の議を採り、額に二十名を加ふ。南監の選貢、百名に及ばざるを以て、額を加ふるの例に在らず。（同書・巻六・事紀）

とあるように、同二十二年、選貢による入監者は北監に一二〇〇余名も入学しており、監生の順天府郷試合格者数を増加させるほどであったのに対し、南監では一〇〇名にも及ばない、という相違を見せていたのである。

このように選貢生が北監に集まった理由については、右にも引いた張鼎思の建言に、

今、府州の選は已に略《ほぼ》分送し、而して各県の選は則ち院試を以てせり。郷試の期迫るに距《いた》り、南より来るは便ならざるを以て、尽く北監に帰すは、士子を体恤するの情厚しと雖も、而るに二監の規摹を以て之を観れば、一は則ち済々として維れ新たなるも、一は則ち落々として故の如し。是れ北雍の人才は当に実るべきも、南雍は虚るべきなり。科挙の後、其の南するを告ふを聴すと曰ふと雖も、然れども応試は北に在り、而して肄業は南に在り。是れ庠序は南雍なり。（同書・巻六・事紀・万暦二十二年春正月辛卯）

とあり、郷試の時期が迫ると、受験生に便宜をはかり、南監に入れるべき南人を北監に入学させているためだという。そして張鼎思は、そうした措置により北監は在学監生で溢れているが、南監では寂しい限りだとし、さらに郷試受験

は北、学習は南という区別を生み出している、とも述べる。

ともあれ、解額の増加によって選貢生の合格率は高まった。万暦二十二年、順天府郷試では一五〇名が、応天府郷試では一三五名が、それぞれ解額となっていた。こうした中で実施された両京郷試について、右にも引いた、南監祭酒馮夢禎の陳言に、

然して北監は選貢の中式者が五分の四を以てし、是れ二十人にして中るは一人なり。南監は選貢の中式者が三分の一に居るを以てし、是れ三十人にして中るは一人なり。南は更に余る有り、北は更に足らず。選貢に優劣有るに非ず、人数に多寡有ればなり。実を以て之を較ぶれば、北は加額の恩を蒙れりと雖も、選貢は病なり。（『続南雍志』巻六・事紀・万暦二十四年十二月丁丑）

とあり、南監では選貢生のうちの三分の一が合格したのに対して、北監では五分の四が、また競争率は南監で三〇倍であるのに対し、北監では二〇倍と低いことが述べられ、順天府郷試での合格率が高かったことが知られる。さらに続けて、

其の年、科挙の後、北監選貢の紛々として南に改めらるる者、七百余人を下らず。今、南監の収むる所の選貢、未だ撥歴せざるもの及び方めて来る者を以て、通く之を計ふれば、明くる歳、応天の科挙は、大約千数の外なり。是れ選貢は昔、北に聚まり、今、南に聚まるなり。皇上、加額の恩、昔は北に施さる。今は独り南に施すべからずや。（同前）

とあり、郷試に不合格であった北監の選貢生が南監への改送を願うという。京闈での受験は一度限りとされていたから[20]、応天府郷試で再度合格をはかるものであろう。ともあれ、馮夢禎はこの改送による増加を理由に、万暦二十二年の順天府郷試の例にならって応天府でも二〇名を増額すべきと述べ、翌二十五年、一〇名増額が認められた[21]。

このように解額の増加をもたらした選貢であるが、同二十七年、歳貢の妨げとなっているという礼部の覆議が容れられて、停止されることとなった。[22]

【恩貢】

選貢と同じように実施された入監の方途に、恩貢がある。隆慶元年、提学御史周弘祖の題疏により、廩膳生の中から優秀な者一人を入監させることが許可され、[23]これにより入監者が増えた。そのため隆慶四年二月、北京国子監祭酒孫鋌が、

隆慶元年……詔して、天下の府州県学に廩を食む生員の数の内より、其の俊異なるものを抜きて起貢前来し、両京国子監に分発して肄業せしむるを許す。号して恩貢と曰ふ。常年貢途の外に加□し、先時の抜貢して即ち歳貢に充つる者と同じからず。誠に天地浩蕩の恩にして、これより前に未だ有らざる所なり。臣が領する所の本監に即きては、隆慶三年六月十二日に入監せるは三百四名、十月十九日に入監せるは三百七十七名。今、各省より続到投牒し、礼部より本監に分発せらるる者、又幾何名なるやを知らず。夫れ常年より之を論ずるに、本監及び各衙門の考選監生の応試せるもの八百餘名。是を以て、定額は中式参拾名なり。蓋し亦た三十にして一を取るは、難しからずと為さず。乃ち今恩貢の数、殆ど且に之に過ぎんとす。(『皇明太学志』巻九・増科額)

と述べ、続いて両京の解額をそれぞれ二〇〇名に増加することを求めた。ただ採否は、この年(隆慶四年)一度限り、それぞれ一五名の増額が認められただけであった。[24]

管見の限り、恩貢の実施について、右以外は不詳である。ただ一時的にせよ、その実施による監生の増員に対応して解額が増加された。

【捐納】

次に、明代後期における監生増加の主要な原因であった捐納については、その人数を精確に示す数値は殆どないが、全体の七割を占めると述べられるほど[25]、増加していた。ところが、これを受けて解額を増加すべきだとする意見は、管見の限り見当らない。むしろ、万暦十六年五月己卯、礼科都給事中苗朝陽の上言に、

国初、首め太学を建て、慎みて郡邑廩餼の士を選び、之を国に貢し、而して之を作養し、以て異日の用に備へ、原より未だ民生入監の例有らず。故に京門の解額の増は、貢士の為に設け、援例の為に設くるに非ざるなり。正統の間、偶ま納粟の例を開き、以て辺方を済け、後来因沿して、援例漸く広がれり。即ひ才俊の士なるも、学校の拘検を厭ひ、多く此の途に由り、以て科第を取れり。然して其の援例の始めに当たりては、猶ほ嚴に稽審を為すなり。今は則ち当日の制の如きこと能はず。（『続南雍志』巻五・事紀）

とあり、両京の解額の増加は歳貢生など「貢士」のためのものであること、及び捐納生は実施当初に比べて優秀でなくなったと指摘されている。少なくとも万暦の頃、選貢・恩貢の実施に伴う監生数の増加に対応して、両京での郷試の解額がそれぞれに増加されたが、捐納のための増額は主張されなかったのである。

むすびにかえて

以上、万暦年間を中心に、監生の両京での郷試受験について述べてきたが、とくに南人のそれとの関わりに触れて、むすびにかえることとしたい。

万暦二十五年十一月八日、候補太僕寺少卿傅好礼の上言に、
聞くならく、今科、監生の入選せる者、順天は二千余名なるも、応天は其の半ばにも及ばず。而して中式の額同じなれば、何と南の幸いにして、北の不幸ならんや。査するに、今科、監生の順天郷試に登る者、南直隷・浙江両処は幾ど四十名、而るに北直隷・山東・河南等一十三処は、其の四分の一にも及ばず。何ぞ南・浙二処は才を儲ふること是の如く煩にして、一十三処は才を生むこと是の如き寡きや。(『続南雍志』巻六・事紀)

とある。この年の順天府郷試は解額が一五〇名で、うち五〇名が「皿」字号であったが、そのうちの四〇名が南直隷・浙江両地方からの合格者であったという。これほど多くの合格者を出したのは、高い競争率を回避し本籍地でなく順天府で受験したためで、前述した選貢や恩貢、もしくは捐納による入監の影響の一つであろう(26)。

国子監が南北に並立するようになると、歳貢にのみ入監区分が行われた。いわゆる南人は南監への入学が規定されたのであるが、選貢など歳貢以外であれば北監への入学が可能で、それは順天府郷試で多数の合格者を出すことにつながった。特に南直隷・浙江からの合格者が多く、それは両地方での挙人の増加をもたらしたと推測される。本稿の「はじめに」で示した、嘉靖年間以降、順天府郷試に上位の成績で合格する者が増加した松江府の例は、その一つである。ただし、郷試の次に受験する会試では南北中巻による制限があり、容易に進士増加へとは結びつかなかったと思われる。

なお、南人が北監への入学を願ったり、反対に南監への改送を願ったりした理由について、本稿では郷試の合否にのみ着目した。それ以外に、明代に於いて両京の国子監、もしくは北京・南京という都市が持っていた文化的特性をも考慮すべきであろうが、それは今後の課題としておきたい(27)。

註

（1）崇禎『松江府志』巻三四・郷挙に記された郷試合格者名を、年号ごとに人数を整理すると、次の通り。なお洪武年間は省略した。

年間	実施回数	合格者総数	応天府郷試合格数	順天府郷試合格数
永楽	8	86［10.7］	6［0.7］	1［0.1］
宣徳	4	28［ 7.0］	0	0
正統	4	55［13.7］	5［1.2］	5［1.2］
景泰	3	64［21.3］	0	6［2.0］
天順	2	36［18.0］	0	3［1.5］
成化	8	97［12.1］	4［0.5］	7［0.8］
弘治	6	71［11.8］	1［0.1］	4［0.6］
正徳	5	59［11.8］	2［0.4］	1［0.2］
嘉靖	15	227［15.1］	14［0.9］	24［1.6］
隆慶	2	26［13.0］	1［0.5］	4［2.0］
万暦	16	268［16.6］	10［0.6］	40［2.5］
天啓	3	49［16.3］	3［1.0］	11［3.6］
崇禎	1	12［12.0］	1［1.0］	3［3.0］

備考；合格者数の単位は人。［　］は1回あたりの人数。
典拠；崇禎『松江府志』巻三四・郷挙

（2）谷光隆「明代監生の研究──仕官の一方途について──㈠」『史学雑誌』七三─四、一九六四年。五十嵐正一『中国近世教育史の研究』第三編第四章「明代監生の履修制度」一九七九年、国書刊行会（原載は一九五八年）。林麗月『明代的国子監生』一九七八年、台北、私立東呉大学中国学術著作奨助委員会。ほか。

（3）『皇明太学志』巻七・政事上・歴事「差歴備考」の正統十四年冬、及び『南雍志』巻三・事紀三・正統十四年十二月乙丑の各条。景泰七年の変更は『南雍志』巻三・事紀三・景泰七年、『英宗実録』巻二六六・景泰七年五月辛未の各条、参照。

（4）檀上寛「明代科挙改革の政治的背景──南北巻の創設をめぐって──」（原載一九八六年。同『明朝専制支配の史的構造』再録、一九九五年、汲古書院）、林麗月「科場競争与天下之『公』──明代科挙区域配額問題的一些考察──」『国立台湾師範大学歴史学報』二〇、一九九二年。

（5）檀上氏は同年五月のこととする。前掲書・一八二頁、註27。

（6）桑原隲蔵「歴史上より観たる南北支那」原載一九二五年。『桑原隲蔵全集』第二巻、一九六八年、岩波書店。

（7）明代郷試の解額は、万暦『大明会典』巻七七・礼部三五・貢挙・科挙・郷試「凡郷試額数」により、変化が知られる。林麗月氏が同書の記述をもとに補訂し、表に整理している（註4、前掲論文・九頁）。これらによると、正統五年は総計七四五名、北が三〇〇名で四〇％、景泰七年は総計一一五五名、北が四九〇名で約四二％。なお、和田正広氏も「明代挙人層の形成過程に関する一考察──科挙条例の検討を中心として──」（原載一九七八年。同『明清官僚制の研究』再録、二〇〇二年、汲古書院、二四〇～二四一頁、註25）で、やはりこの数値を整理しているが、ここでは林氏の補訂によった。

（8）檀上氏前掲書・一六八頁。

（9）万暦二十五年十一月八日、候補太僕寺少卿傅好礼の五箇条に及ぶ条陳の一つに、「入監は宜しく南北に分かつべきとは何ぞや。蓋し進士の科を推して、南北中に分かつの意なり。両京並びて国子監を設け、以て士を養ひ、郷試は倶に三十五名を設け、以て挙を待す。南に産まれし者は宜しく南監に入り、試を南に応ずべく、北に産まれし者は宜しく北監に入り、試を南に応ずべく、［しからば］但に選挙均しきのみならず、道里も亦た均しからん。……職謂ふに、南直隷・浙江・湖広・江西・福建・両広は南監に入り、北直隷・山東・河南等八処は宜しく北監に入り、応試も亦た之に因るべきも、然らず。制科［会試」は已に南北中に分かれたり。何ぞ独り郷科［郷試］に於いてのみ之を疑［擬］せんや。此れ南北の宜しく分かつべきなり。」（『続南雍志』巻六・事紀）とある。

（10）因みに宋代には、太学生は国子監解試（国子監試）で学力を試され、合格すると省試を受験できた。この試験は、京師で実施される開封府解試とは別のものであったが、一時期、両試験の合格者数を合同で定めた（熙寧八年）。荒木敏一『宋代科挙制度研究』第一章・第七節「国子監解試」、東洋史研究会、一九六九年。村上哲見『科挙の話――試験制度と文人官僚――』五四頁、講談社現代新書、一九八〇年。

（11）前註（7）参照。

（12）例えば、本文に引用した『皇明貢挙考』巻一・入郷試之人に「主司は例に限られ、止だ三十有一人を録すのみ」とあるところから知られる。

（13）前註（7）参照。

（14）林氏前掲論文・二〇～二二頁。

（15）隆慶元年の皿字号廃止については、本文提示の『皇明貢挙考』のほか、『穆宗実録』巻一二・隆慶元年九月甲戌、『続南雍志』巻三・事紀・隆慶元年の正月乙丑、九月辛未の各条、参照。

（16）沈徳符『万暦野獲編』巻一六・科場「乙酉京試冒籍」など参照。

（17）林氏前掲論文・一〇～一一頁。

（18）『明史』巻六九・選挙志一では開始の年を記していないが、『国朝典彙』巻八四・貢士では弘治十七年三月の条に章懋の上奏をのせる。以後、隆慶元年にも実施された。

（19）『続南雍志』巻五・事紀・万暦十九年二月丙子の条。

（20）『世宗実録』巻二七九・嘉靖二十二年十月辛巳の条。

（21）『神宗実録』巻三〇七・万暦二十五年二月甲申、『続南雍志』巻六・事紀・万暦二十五年四月壬午の各条。

（22）『神宗実録』巻三三七・万暦二十七年七月戊申朔の条。

（23）『皇明太学志』巻九・増科額、『続南雍志』巻三・事紀・隆慶二年正月丙寅の条。
（24）孫鋌の上言を受けた礼部の覆奏に対し、「聖旨を奉じたるに、是なり。両京、各々十五名を増すを准すも、例と為さず。」とある。『皇明太学志』巻九・増科額。
（25）謝肇淛『五雑組』巻一五・事部三。精確な統計は『南雍志』巻一五・儲養考「儲養生徒之名数」にのせる正徳十六年の内訳。
（26）因みに、管見の限りでは、科挙に合格した捐納監生二〇人の姓名が知られ、なかには解元（郷試首席合格）や会元（会試首席合格）、状元（殿試首席合格）であった人物もいる。わずかな例ではあるが、上位の成績で合格していたのであり、そのうち明らかに順天府郷試で合格したのは、解元八人を含む一一人で、彼らの本籍地を見ると南直隷六人、四川三人、江西一人、不明一人（解元であったのは四川の三人以外）であった。捐納による入監でも、選貢などと同じく南人であっても南監に入る必要がないため、合格しやすいと判断した順天府郷試での受験を図って北監に入学した、その結果であろう。なお、特に嘉靖二十二年以降、歳貢と援例による監生は、両京での郷試受験が一度限りと決められ（前註20）ており、このことを想起すると、右の合格例から見て捐納監生と言えども学力は高かったと考えられる。渡昌弘「捐納監生の資質について」『歴史』六八、一九八七年、一二〇～一二一頁。
（27）宋代には京師開封に受験者が集中した。これについては、例えば村上氏前掲書・九二～九六頁、参照。

明末における新行政区画の設置——広東鎮平県・連平州の事例——

甘利弘樹

はじめに

本稿は、明末に実施された新行政区画の設置の内容を、崇禎期の広東東部における鎮平県・連平州の設置という具体的事例に基づいて解明し、明末地方政治史のなかに位置づけようとするものである。

新行政区画の設置は、中央及び地方政府の統治に深く関わる問題である。すなわち、県の設置により、治安の強化、徴税の徹底、科挙・官吏登用による威信の分配、そして市場統制が行われるのである。[1] 一方で新県設置（以下、設県）は、それが行われる社会にとって、地方の安定・科挙合格者枠拡大の可能性のような恩恵を被るとともに、設県運動におけるヘゲモニー争いを通して、生員等諸勢力の拡大の契機となる重要な政策であったといえる。[2]

従来明代の新行政区画の設置は、開発史・都市史など様々な視点から研究が行われてきたが、[3] 特に青山一郎氏は、嘉靖期における福建漳州府寧洋県設置の動きを丹念に追い、当該県社会のヘゲモニー掌握をめぐって生じた諸勢力のせめぎ合いのなかで、寧洋県が設置されたことを明らかにした。[4] 青山氏の論文は、設県の事例を地域社会の実態に照らしながら詳密に解明した論考として、高く評価されるべきものである。但し、中央ないし地方の政府が設県にいかに関わったかは明らかにしなかった。新県等新行政区画の設置が、必ず中央・地方政府の認可によって行われる政策であり、境界の設定・官員及び諸衙門の設置・周辺地域との関係の調整に、政府の意図が反映されていたことを考えると、官側の動きを等閑視できない。

ところで青山氏は、寧洋県設置の事例から、明代華中・華南地域（少数民族地区は除く）の異域分治（既存県城とは別に、新たに県城を設置するというパターンの設県。青山氏の造語）においては、次のような六つの共通点があると提起している。(1)一種の治安不良状況が、新県設置の直接の契機となること、(2)発案が官僚によるか民間によるかに拘わらず、住民の強い推進・協力によって県の設置が実現されること、(3)推進派は既存県では県という行政単位の恩恵を十分に被らず、設県運動を通じて新県のそれを獲得しようとしたこと。社会的に(4)推進派を中心とする県社会を形成しようとしたこと、(5)推進派を中心とする県社会形成に不満を有する集団が存在し、彼等によって反対運動が起こりうること、(6)推進派にせよ反対派にせよ、その基礎には同族結合があったであろうこと、以上である。[5] この提起は、新行政区画設置の研究において示唆に富むものであるが、従来これに対して具体的事例から検討した論考は、唐立宗氏の研究（後述）以外、管見の限り存在しないようである。

一方、斯波義信氏は、全国的統合を欠く分裂期に、政府が軍屯・民屯をおこして空白地をひらき、移住地に新設した県を立てて定住をすすめること、地方の支持を得るために新県をふやすきらいがあること、県数の誤調整は、王朝末期か分裂期に目立つこと、という三点を指摘している。[6] これらは極めて鋭敏な指摘であるが、具体的な例示を行っていない点が惜しまれる。

さらに唐立宗氏は、文集・地方志を博捜・駆使し、明代の福建・広東・江西・湖南省境における地方行政を詳悉に検討した雄篇の中で、当該地域における設県の事例を丁寧にとりあげて、設県という政策と設県に対する士民の動きの内容と意義を説明した[7]。だが、斯波氏のいう分裂期に当たる明末の事例に関しては、まだ議論の余地があると考える。なお、筆者は明末の広東に山寇鎮圧後設置された鎮平県（現在の広東省梅州市蕉嶺県）・連平州（現在の広東省河源市連平県）について少しく触れたが、その意義づけを十分行うことはできなかった[8]。

以上から、華中・華南地域における新県設置を明末という時代の中で捉え、官・士民双方の動きを追いながら、特に官側がいかなる行動をとって、いかに設置に関与したかを明らかにすることが求められる。

本稿では、右の問題を広東における鎮平県・連平州設置の事例から追求する。鎮平県・連平州は、ともに広東に所属する行政単位であり、明末のほぼ同時期に成立した。また両者については、官側の動向を把握する際に有効な檔案・地方志に、設置に関する記録が比較的多く存在する。よって鎮平県・連平州は、青山氏が提唱した華中・華南の新行政区画設置の六つのパターンを検討するという点でも、先のパラグラフで掲げた問題にとりくむという点でも、格好の事例と位置づけることができる。

以下では、鎮平県・連平州の設置をめぐる動きを、特に官側の動向に着目しつつ具体的に解明する。なお、本稿でしばしば用いる『中国明朝檔案総匯』[9]（以下『明檔総匯』と略記）所収の「兵部為査明両広会剿有功官員議叙事行稿」（＝「為鎮平城工告竣久当優叙酬労事行稿」[10]）・「兵部尚書張鳳翼等為陳九連山設兵屯守之計事題本」[11]は、それぞれ「鎮平」・「九連」と略記し、『明檔総匯』掲載頁を付して表記する。

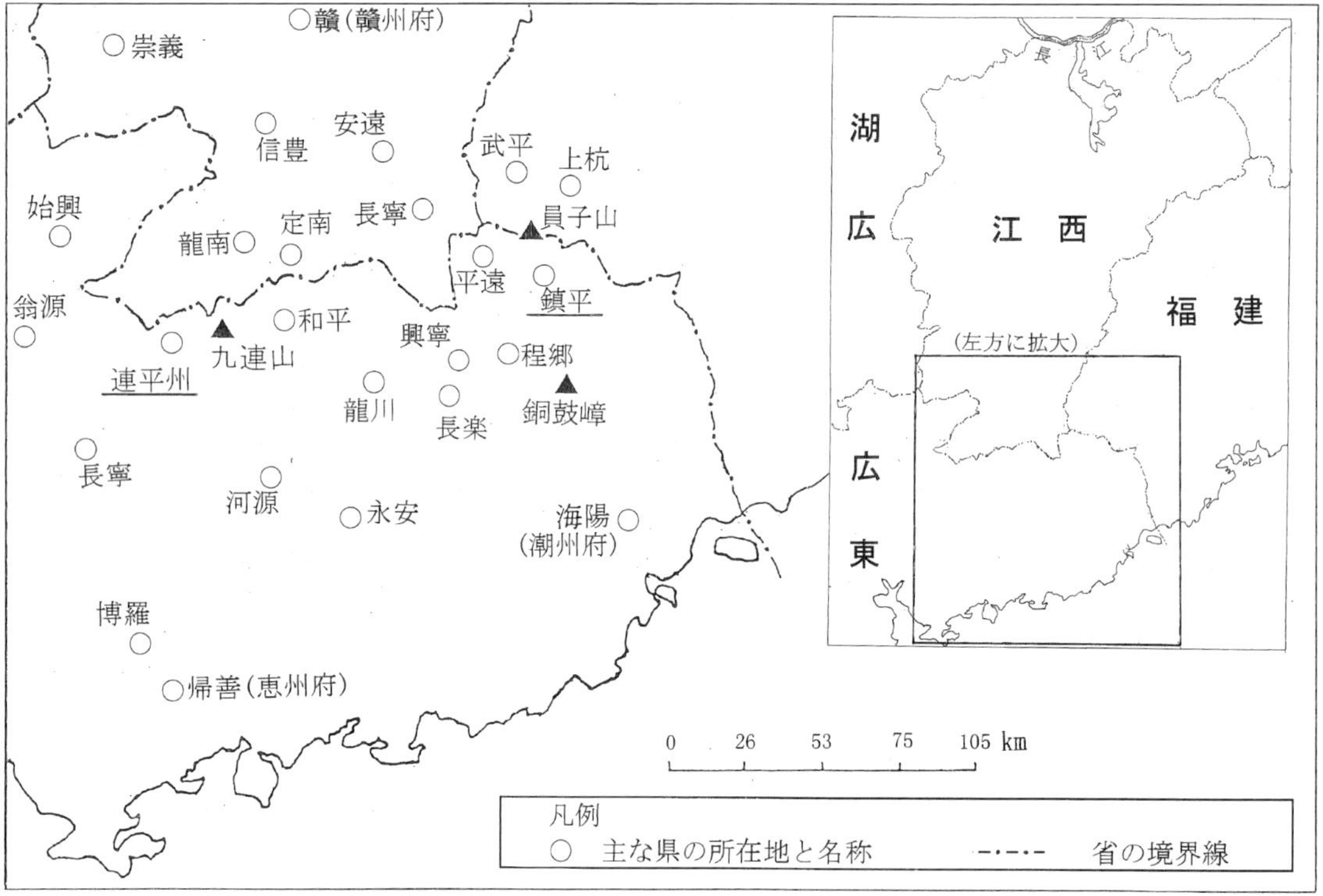

地図　　鎮平県・連平州周辺図

譚其驤主編『中国歴史地図集』第七冊元・明時期（地図出版社、1987年）をもとに作成

一　鎮平県の設置

鎮平県の設置は、崇禎六年（一六三三）のことであるが、具体的な検討に入る前に、該県設置に至るまでの広東潮州府における行政区画の変遷をまず説明しておきたい。洪武二年（一三六九）広東東部の潮州府に程郷県が設置されたほか、府内の県は元代のものが継続された。[12]その後嘉靖四一年（一五六二）山寇の鎮圧後、福建汀州府武平・上杭両県、江西贛州府安遠県、広東恵州府興寧県のそれぞれの一部を以て、江西贛州府属として、平遠県が設置された。しかし広東側の士民の要請を受け、嘉靖四三年（一五六四）程郷県内の義化・長田・石正の三都と興寧県内の大信里・義田都からなる平遠県が、広東潮州府属として新たに設置されることとなった。[13]平遠県は、程郷県豪居に県城が置かれることになったが、それ以前、平遠県設置については、程郷県豪居への県城設置を主張するグループと、程郷県石窟への県城設置を主張するグループがあった。後者のグループのトップは徐鏗といい、石窟の諸生であった。彼は石窟への県城設置が実行されないと知るや、憤激して「六〇年後に必ず石窟に県ができるであろう」といったという。[14]

こうして一部のわだかまりを残しつつ設置された平遠県は、以前と変わらず山寇の活動が断続し、一、二年の間に最低一度は官兵が出動していた（「鎮平」四六七）。そして崇禎期に入ると、五総賊（崇禎元～二年、一六二八～二九）、鍾凌秀とその弟鍾復秀（崇禎四～六年、一六三一～三三）があいついで活動を起こし、彼らは石窟に拠点をおいて、広東東部のみならず、隣接する福建・江西にまで侵掠した。[15]これらの山寇に対して官軍が鎮圧を行う最中の崇禎四年（一六三一）、両広総督王業浩は、石窟に県城を造り、平遠県の行政機構（以下、県治）を移動させる案を中央に提出した（「鎮平」四五〇）。なお、王業浩は王陽明の後裔で、山寇の鎮圧に加えて新県設置を奏請したことは、正徳期に南贛巡撫として広東・江西境界地方の山寇を鎮圧し、さらに新県（江西南安府崇義県・広東恵州府和平県）を設置して当該地方の安定を図った「其の祖」王陽明と比較され、兵部から高い評価を与えられた（「鎮平」四七二・四七三）。また崇禎五年（一六三二）広東巡按梁天奇も王業浩と同様の奏請を行った（「鎮平」四五〇・四五一、「九連」一八七・一八八）。このように、山寇を掣肘するための施策として、中央・地方の官らは、平遠県治を石窟に移動することを企図していたのである。だが、この企図は官側のオリジナルのものというよりは、当時の平遠県に住む士民の請願を酌んだものであった。すなわち「九連」一八七・一八八に、

員子山の窼穴の若きも亦虔・贛・粤・閩の間に界するを以て、賊は倏忽に来去するを以てすべし。而して平遠県治は反って一偏に在りて、弾圧する能わず。臣（梁天奇――引用者註）潮州を巡歴し、該県紳衿・里老の聯詞して籲控するに據れば、県治を石窟地方に移して以て賊衝を制するを請い、且つ捐輸して以て建棚を助くるを願うに、情甚だ真切たり。而して道・鎮の将領の凡そ其の地に至る者は皆「其の田土膏腴を望むに満ち、百姓生聚繁衆し、形勢環拱美利なれば、悉く遷城を以て得策と為さん」と言う。即ち督臣熊文燦も亦之を稔知し、深く以為らく然りと。臣先に已に潮州府に酌議するを批行せるに、屢ば催すと雖も、尚未だ詳覆せず。而るに平遠県城の当に遷改すべくして、則ち固より輿論僉同たり。

とあるように、平遠県の紳衿・里老が、潮州府内を巡歴した梁天奇に対して、県治の石窟移動を請願し、同時に県治建設の費用を義捐してくれることを求めたのである。しかも平遠県に至った道・鎮の将領が、石窟の田土を肥沃なものとみなし、県治移動を促したのであり、ここに至って、両広総督兼広東巡撫熊文燦は、紳衿・里老や将領らの意見を受け入れた。一方で、梁天奇は潮州府に県治移動の件を酌議させていたが、しばしば催促しても回答を得られなかった。恐らく潮州府側としては、県治移動に伴う出費を考え、すんなり賛成できなかったのであろうが、県治移動は

「輿論が賛同している」として、押し切られる形になったのである。

ここまでみてくると、官・士民による石窟への平遠県治移動が確定的であるが、崇禎六年（一六三三）の熊文燦の上奏では、平遠県治はそのままにし、石窟に新県を設置することが奏請された[16]。その変化の理由は、次の史料から明らかである。

是に先んじて督・撫・按・道の諸臣議して平遠県治を石窟に遷さんと欲するも、蓋し石窟の士民の請うるに據れば、冀わくは官の弾圧して以て禍患を目前に弭める有らんことを。乃ち平遠県城の士民なれば則ち安土を以て重遷し、又官去りて変生ずるを慮り、且つ両地相距つこと二百餘里なれば、遙制は為難なり。若し旧を舎て新を図れば、後の平遠を視るも亦猶今の石窟ごとくならんことを恐れるなり、と。臣（熊文燦――引用者註）等県基を相度り、形勢を兼察し、若し石窟の地の方策万全為れば、則ち県宜しく建つるべけれども、宜しく遷すべからざるなり[17]。

すなわち石窟の士民が、県治移動後の平遠県が石窟のように山寇の拠点となるのを危惧したことを契機に、石窟設県を請願する石窟の士民の輿論が、平遠県治の石窟移動を請願する輿論にとってかわって請願内容となり、結果として官側が石窟設県を実行するに至ったのである。このことから鎮平県の設置が、士民側からの請願に官側が応ずるというスタイルをとっていたとわかる。ここで石窟設県請願に関わった三人の紳士について言及したい。

(一)頼其肖：字は若夫、石窟白馬郷（現在の広東省蕉嶺県陂角村）の人で、豪胆な諸生（生員）として知られていた[18]。彼は実際に呈請文を官府に提出し、設県の具体案を提出している[19]。すなわち、石窟が当時交通の要衝に位置し繁栄していたことを述べたのち、石窟に県城を設け、平遠県治はそのまま留めて屯営を設けること、巡検司を平遠県に移したり駅逓を整備させること、設県にあたり銭糧の徴収を暫く停止し、不足分は隣県から借りるようにすることを主張しており、これらの主張は、ほぼ実行に移されている。[20] いうなれば、頼其肖は鎮平県設置のシナリオを作った人物であり、士民の請願の中心人物にあたるのである。なお、彼は呈請を出した後、詔によって「監紀推官」を授かり、郷兵を組織してそのリーダーを務め、潮州府南部の海賊黄海如の鎮圧に当たっている。[21] 郷兵を組織するには、一定の人望と指導力が必要となる。彼が石窟設県を推進し実施に至らせる原動力となったことにより、石窟におけるヘゲモニーを獲得し、郷兵を組織するに至ったことが想定できる。

(二)徐徽：字は宏猷、石窟桂嶺の諸生である。天啓期に山寇が良民を誣累したとき、身を挺して山寇に弁明を行い、三〇餘家の命を救ったという彼は、崇禎期石窟に山寇が盤踞した際、石窟設県を主張し、自らの邸宅を義捐している。その邸宅は県署や学署に使用され、出費を抑えたかった官側（後述）にとって大きな助けとなった。これに対応して、官側は設県後、彼の子一鉷に代価を与えようとしたが断られたようである。[22] なお、この徐徽が前述した徐鏗の後裔であったことは、「徐鏗……当道に上書して宜しく石窟を建つべきの議を謂うも、果たして行われざれば、発憤して書を著し「六十年後必ず復た県属を改めん」と謂う。其の裔孫（徐徽が該当すると思われる――引用者註）遺書を献ずるの後、就ち宗祠に鎮平治を建つるに、合に符契すべきが若し」[23] とあることからほぼ断定できる。ゆえに以上から、彼は嘉靖期の平遠県設置以来の徐氏一族の念願を叶えたと同時に、設県後、義捐者として官側からも士民側からも一目置かれる存在となり、鎮平県において一定のリーダーシップを発揮したといえるだろう。

(三)韓日纘：字は緒仲、広東恵州府博羅県の人である。万暦二五年（一五九七）の郷試で好成績をあげた彼は、間もなく中央に抜擢され、崇禎五年（一六三二）に礼部尚書に任じられた。彼もまた山寇の活動を防ぐために、鎮平県及び後述する連平州の設置に尽力したと伝えられる。[24] こうした行動の背景には、郷土の安定を願う彼の心情もあっただろうが、それ以外に、明代の博羅県には潮州府方面からの移民の流入が多くあり、[25] 平遠県・鎮平県に韓姓の「郷賢」が多い(26)ことから、博羅県の韓氏が、同族にあたる平遠県・鎮平県の韓氏の利益を考えて、石窟設県に力を及ぼしたという構図が考えられる。すなわち鎮平県設置が、当該地域の士民のみならず、他地域の彼らの同族の力によって推進されていたという側面をみいだせるのである。

ところで忘れてならないのが、設県に際しての官側の行動である。例えば、踏査については、さきにみた広東巡按梁天奇の潮州府内の踏査、道・鎮の将領の石窟踏査以外に、広東監軍道洪雲蒸・恵潮道周夢尹が程郷県から平遠県石窟までそれぞれ単騎で踏査した上で、平遠県治を石窟に動かすことは不都合であると判断した(27)とあって、石窟設県が官側の度重なる踏査に基づいた点を見のがすことはできない。また、

今輿論を参酌して、再四商榷するに、両処皆要地に属し、両県分治すべくして、両県兼摂すべからず。県を石窟に建てれば、則ち平遠の盗弭み、而して松源・藍坊の諸処を割いて之に属せば、則ち程郷の盗も亦弭み、一挙両得たりて、添縣して再に計決せざるに似たり(28)。

とみえるように、石窟設県は、平遠県の山寇の活動を防ぐとともに、程郷県の松源・藍坊といった地域を鎮平県に編入することで、程郷県の山寇の活動をも防ぐという「一挙両得」を狙う官側の意向の反映だったのである。

こうして、官・士民の判断・要請に基づき、熊文燦の奏請を経て、石窟設県、すなわち鎮平県設置が実行へとうつされた。まず新県の領域だが、平遠県の石窟都、程郷県の松源都・亀漿都が設定された(29)。ついで県城の建設について、その費用の捻出から考えたい。崇禎期の広東の人々は、遼餉等の兵餉の負担によって疲弊していた(30)。それゆえ鎮平県設置に際し、当該地方の士民に費用を課すことは全く無理であったといえる。実際平遠県治の石窟移動を請願したグループも頼其肖も、共通して民衆負担無き設県を主張していたのである。官側もその点に配慮し、いわゆる公費による県城の建設が実施された。しかし当時は、財政難の中央に費用を申請して交付される状況ではなく、地方で費用を

賄うにしても、各衙門には十分な費用がなく、山寇を鎮圧するための経費の余剰もなかった[31]。そこで官個人による建設費の「捜助」が行われ、広東巡按銭守廉より義捐された一六、七〇〇両を端緒として、南贛撫臣潘曾紘・按臣葉紹顒・按臣劉廷瑞の努力により四万餘両が集められた[32]。特に銭守廉の義捐した額が大きかったが、その内容は、自らの俸給・募金からなっていた[33]。

　こうして資金が集められたのち、県城建築が始まり、竣工のめどがたった時点で、工事を担当した匠戸に未払いの銀が合計銀五一五両六銭あった[34]。内容は、前平遠県知県沈惟耀の名義で、未だ窰戸に代価を支払われていない塼八〇、三二二塊があり、銀に換算すると一七四両二銭九分にあたった。また、通判段夔龍の名義で、未だ窰戸に代価を支払われていない瓦二七、〇〇〇片と塼一一、三六四塊、泥水工銀二三両六銭があり、銀に換算すると四〇両零八銭五分にあたった。さらに胥吏と結託し銭糧の銀を詐取して戴罪した主簿李一駿の名義で、窰戸に代価を支払われていない大塼九〇、三一四塊、中塼三九、一九一塊、瓦三六〇、〇〇〇片があり、銀に換算すると三〇〇両五銭四分にあたった。以上三官の名義で、未払いになっている塼等の代価の合計は、銀五一五両六銭八分であった。

　ここで未払いを全て解決する所作がとられる。つまり、沈・段・李各々の名義の塼等を平遠県知県張元徽が買い取って代価を匠戸に渡し、匠戸に未払いになっている銀を完済する。そして買い取った塼等を、再び銀に換え、県城の濠を掘る費用に充てることにしたのである。これは公費支出を抑えるための苦心のやりくりだろう。なお、李一駿名義の塼等だけは、知県が買い取った後、代価を李自身から払わせるようにしたが、これは結果的に罰銀を建築費用に充当することになり、経費削減を図る一つの方法であったといえる。

　以上のような官側の苦労の末に、崇禎九年（一六三六）県城が完成した。その規模は、周囲八〇〇丈、高さ一丈九尺であり、程郷県（周囲九八五丈、高さ二丈六尺）には及ばないものの、平遠県（周囲五二〇丈、高さ一丈二尺）よりも巨大であった。[35]

こうしてハード面が整った一方で、ソフト面として軍制の整備が次のように行われた。[36] すなわち、石窟巡検司の一部を程郷県の藍坊に移動し、鎮平県内の藍坊巡検司とするとともに、もとあった石正営の兵は今まで通り（定額の兵餉あり）とし、交通路である胡椒逕に新設兵一五〇名をおき、潮州府中軍の兵餉を割り当てることとした。また一方で東石・田心に新たに営を設けて兵を配備させた。新しい営の設置の際には兵餉等の経費が必要であるが、約一、三〇〇畝という大規模な「賊田」を軍屯化することで一〇〇名の兵を養い、公費を用いることはなかった。しかも同時に「佃耕」、いわゆる民屯も実施した。その結果税収が多くなったことはいうまでもないだろう。これら兵制の整備にも、出費を抑えようとする官側の苦労がみられる。

上述のように、設県による新しい体制作りが進む一方で、士民の状況がどのようになったかというと、結果からいえば、設県以前よりも負担が重くなっていた。[37] 崇禎一〇～一二年（一六三七～三九）の間鎮平県知県を務めた胡会賓は、「然して寇盗の原は民窮する自り起こり、民窮するの原は賦重き自り起こる」と、賦税の過重が山寇発生の原因であるという前提を提示した上で、設県後鎮平県の銭糧が規定よりも三〇〇餘両多く、さらに弓兵・舗兵・団操・打手の工食、各駅站への支給、挙人・紳士への迎賀、城垣等の修理のごとき負担に鎮平県民が苦しんでいると指摘している。例えば程郷県の団操・打手の工食の一項一、五八四両四銭について、鎮平県はその十分の一に当たる一五八両四銭四分を負担すべきであるが、実際にはそれに加えて六一両一銭一分三厘を負担していた。すなわち税糧・加派・賦役の負担は、崇禎一〇年頃の段階で鎮平県民にとって過重状態にあり、平遠県・程郷県と、負担の不公平を招いていたのである。こうした鎮平県の困窮には、胥吏による弊害が胡会賓によって指摘されているが、具体的な対策はなされていないようである。胡会賓が「且つ鎮は原盗藪にして、土瘠せ民貧しく、若し復た重徴すれば、勢い必ず盗の一邑と為らん。事有れば、三邑に牽連し、唇亡びれば歯寒く、実に深く隠かに慮る。卑県の寛を請い恤を請う者は、程・平の為にして、鎮の為に非ず」という主張は、彼の真情の吐露と判断できるであろう。

また胡は「邑の創るや、賦の維均を議すれば、則ち程郷は十分中を以て一分を割り、平遠は三股中を以て一股を割る。当年の挈領已に振裘の如し。而して細目の議尚お肥瘠に偏る。此該県の均役を請う有る所以なり。」と述べ、もともと一つであった程郷・平遠・鎮平の三県が「均役」になることを望み、均役の根拠として「本府核べるに賦役全書を以てせよ」といい、『賦役全書』を挙げている。こうした賦役・税糧の不均等は、いわば胥吏の恣意的な搾取の放任や地方政治の混乱に原因が求められるだろう。

鎮平県の設置は、その後崇禎年間に平遠県・鎮平県を拠点とした山寇が勃発しなかった[38]ことを考えると、一定の効果があった。しかし順治年間になると、「鎮平は、……丙戌の年（順治二年――引用者註）に賊に盤踞されて七年を経た[39]」という記録があるように、長期間活動する強力な山寇がうごめくようになった。その理由は、鎮平県設置の主体である明朝の崩壊とともに、鎮平県の機能が崩壊し、さらに明朝時代の重賦の不満が一気に爆発したためといえるだろう。

二　連平州の設置

連平州の設置[40]は、崇禎六年（一六三三）のことであるが、具体的な検討に入る前に、設置以前の恵州府における行政区画の変遷をまず明らかにしておきたい。恵州府は洪武元年（一三六八）に設置され、府内の県は元代のものが継続された。その後正徳一三年（一五一八）に和平県が、隆慶三年（一五六九）に長寧県・永安県が設置された。これらの県はいずれもが山寇の活動の鎮圧過程あるいは鎮圧後に設置されたものであり、治安の強化を目指す意味合いが強かったといえる。(41)殊に和平県は、桶岡・浰頭の山寇を鎮圧した王陽明（当時南贛巡撫）の奏請・指揮によって設置され、そののち該県を拠点とした山寇はしばらく現れなかった。(42)だが、崇禎四年（一六三一）に山寇陳萬（陳孟雄(43)）が、和平県とその西に位置する韶州府翁源県との境界にある九連山を拠点とし、賊総（部隊長）趙什満を樟坑に、賊総頼肆総を下藍洲にそれぞれ配置して(44)、活動を起こした。彼が拠点とした九連山は、広東恵州府の長寧・和平・龍川・河源、同韶州府の翁源、同南雄府の始興、江西贛州府の龍南・定南・信豊各県と隣接し、道路が湖広南東部や福建に通じていた。この条件を生かして、陳萬は広東東部はもとより、福建・江西さらに湖広にまで侵掠を行ったのである。彼は鍾凌秀と合体することで二万の勢力を形成させ、あるときは鍾とともに、またあるときは単独で行動したが、崇禎五年（一六三二）に九連山で官軍に囲まれて降伏し、斬罪に処せられた。ただしその残党は散り散りになって逃亡したという。(45)

九連山付近に新行政区画を設置する動きは、当該地域の士民から起こった。(46)その後広東巡按銭守廉の踏査が行われ、新行政区画の設置が決定された。この新行政区画は、山奥に逃げこんだ陳萬の残党を牽制し、山寇が拠点を築くことを防ぐ狙いがあった。また河源等の県と分離することで、山寇同士が結合しないことを意図していたといえる。

新行政区画として、連平州が県ではなく州とされたことについては、黄士俊「建連平州治碑」に次のようにある。

乃ち更に熟籌して曰く、連平の建県は、即ち和平・河源等の県のみ。画疆して守り、痛痒既に同体に非ず、応援終に是隔藩なれば、惟だ連平のみ州と為し、而して和・河両県を以て属と為さん。庶わくは統轄専らにして而して事権合し、卒に緩急有れば、臂指使うべくして、呼吸通ずべくして、一身の頭目手足の相須いるが如くならんことを。

すなわち連平州は、恵州府内の和平・河源の両県を管轄して、治安の強化を図るために州とされたことがわかる。この判断には広東監軍道洪雲蒸・巡道周夢尹の踏査による報告が生かされており、新行政区画設置に対して官側の適切な対応がなされたといえよう。

その後恵州府内の和平県の恵化図、翁源県の梅坑二鋪・大隆都、長寧県の長・吉二都、河源の忠信一図を範囲として、連平州が設置されることになる[47]。

ついで、州城の建築について考える。建築は崇禎六年（一六三三）一〇月に開始され、明年一二月に完了となった。その結果、周囲六三五丈、高さ二丈一尺の州城が現れた。この規模は、決して大きいとはいえないが、これに関連して経費の問題について考えたい。州城の建築費は、鉱山での利益（「爐餉[48]」）以外、主に大官の義捐によっていた。それらを提示すると次の通りである。

両広総督熊文燦　　二、〇〇〇両
南贛巡撫陸問礼　　五〇〇両
広東巡按銭守廉　　一、〇〇〇両
布政司・按察司・塩運司・糧道・諸武官の義捐　一四、二七〇両
設法捜助による八、八七〇両餘

このようにみると、鎮平県設置に約一七、〇〇〇両を義捐し、さらに連平州設置に一、〇〇〇両を義捐した銭守廉に対して、熊文燦の義捐（鎮平県設置への義捐の額は不明）がたいへん少ないことがわかる。この二人のうち、銭守廉は、広東巡按に赴任した後、広東で起こった「妖教」を摘発したり、民衆を困窮から救うなどの活躍をしていた。彼は、鎮平県・連平州の設置後辞職し、郷里のある河南に戻る途中で流賊と戦って壮絶な最期を遂げるが、彼を讃える碑文

が造られたり、郷賢祠に祀られるなど、死後も名官として名を残している[49]。一方熊文燦は、その両広総督としての広東での行状をみると、手に入れた広東各地の財物を北京に送って中央官僚の機嫌をとったり、重税で民衆を苦しめていた[50]。そのため、彼は大量の財産を有していたはずであり、義捐の額はあまりに少ないといわざるを得ない。鎮平県設置の奏請が一種の人気取りであったとする見方[51]は間違いではないだろう。「建連平州治碑」では、熊公・銭公を並べて賞賛しているが、以上みたように、実際には両者にかなりの違いがあったのである。

つづいて実際の行政機構成立の過程を見ていきたい。行政機構を整備するためには様々な職掌があるが、連平州の場合、築城関係は長寧県知県陳国正が、田賦関係は永安県知県牟応綬が、工程全体については広東監軍道洪雲蒸・恵州司理呉希哲がそれぞれ分担することになった。さらに、知州一員、吏目一員、儒学の学正・訓導各一員（ただし訓導は和平県訓導を異動させる）を設け、行政上の要職をまずおさえた。

一方、軍事面に対する施策だが、広東巡按梁天奇の言に次のようなものがある。

顧みると、なぜ賊がいるのか? 散ずれば民であり、聚まれば盗となる。粤東に盗が多い所以は、ただ山嶺が険阻で、結聚するところが有る為である。今九連山窠は洗ったと雖も、長久の計は為されておらず、大兵がひとたび撤収すれば、良無き人の盗心が復た萌え出、どうして保安し、潜んだり散った者が窠穴に結聚するのを更えられようか。是は異日の大盗が終息しないことである。この頃臣は道将と善後の策を相談したところ、皆山中の賊窠は必ず兵将に守らせ、賊に嘯聚する処を無からしめれば、その後粤東に永く大盗の患は無くなるだろう（「九連」一八四・一八五）。

これによると、山地を切り開いたり、兵将に防備をさせることで、山寇の結集する場所を失わせ、広東に平和が訪れるということが説かれている。すなわち連平州設置は、領域と兵備の充実によって山寇の活動を狭めさせることが重要だったのである。この意見が反映されるかたちで、銭守廉の立案により、内管に一営を設けて兵八〇名をおき、野鴨潭・獐坑（樟坑のことであろう）に各々一営・兵四〇名を設け、さらに和平県岑岡営の兵二〇〇名を統合させることとなった。これらの営・兵の維持には、軍屯による自給自足がなされるとともに、「賊産」が用いられた。その結果、公費を新たに捻出する必要がなかったのである。

これより先、陳萬らの有していた田地、すなわち賊田についての調査が行われ、山寇の「巣窠」のあった賊田を実際に踏査した総兵官鄧懋官・広東巡按梁天奇から、次のように、田地の面積と駐屯可能な兵数が報告された（「九連」一八五・一八六）。

内管‥	田約四、五〇頃	兵五〇〇名
上下田螺塘‥	田数頃	兵一五〇名
上下藍洲‥	田数頃	兵一五〇名
五虎営‥	田約三頃	兵一〇〇名
李叟洞‥	田数頃	兵一〇〇名
樟坑‥	田一〇餘頃	兵三〇〇名
野鴨潭‥	田一〇餘頃	兵三〇〇名

さらに、高坪・深谷の地には千数百頃の田地が確保できるとまで報告されている（「九連」一八六）。これらの肥沃な賊田に軍屯が設置されたことは、当然の流れであっただろう。また賊田は「佃耕」する者が募集され、単に軍屯として機能しただけではなく、民屯として山地開発が行われることにもなったのである。

こうして行政機構・軍備とも整備された連平州であるが、崇禎一五年（一六四二）に早くも山寇が起こる。[52] その原因についいては、史料的に追求できないが、鎮平県と同様の明末の政治状況が反映されていたことは確かであろう。

おわりに

明末広東に鎮平県・連平州が設置された理由は、崇禎前半に起こった五総賊・鍾凌秀・鎮復秀のごとき山寇の鎮圧後、彼らの拠点ならびに主要活動範囲であった潮州府・恵州府に安定をもたらすためであった。

鎮平県についていえば、その設置の背景には、頼其肖の呈請、徐徽の邸宅寄付をはじめとする平遠県石窟の士民による推進・協力があった。そして頼其肖は、呈請によって、官側及び平遠県一部士民の「平遠県治の石窟への移動」という輿論を打破し、石窟での設県を実現させると同時に、結果的に自らの勢力を拡大させたといえる。徐徽についても、その祖徐鏗以来の石窟設県という事業を成し遂げ、自らの勢力拡大を果たした。しかも、こうした設県の動きは、平遠県内のみに止まらず、同族結合に基づくと考えられる博羅県の韓氏の請願にもみられた。彼らの請願に対して、官側は当初構想していた平遠県の行政機構の石窟への移動という計画を、石窟の設県、すなわち鎮平県の設置へと変更することになった。

一方連平州でも、鎮平県のように鮮明ではないが、当該地域の士民からの要請に基づいて設置されるに至るという経緯があった。また鎮平県・連平州いずれも、官側にとっては、賊田を接収することで、山地開発を推し進め、開墾地を増やすことで、税収を増やすメリットがあった。

以上の点から、本稿の「はじめに」において挙げた青山氏の六つのポイントは、鎮平県・連平州にも概ね当てはまり、華中・華南の新行政区画の設置に、普遍的なパターンがあるという仮説が一層真実性を増してきたといえよう。

一方で本稿は、官側の動きに注目してきた。その結果、地方官が新行政区画設置をさかんに奏請したり、踏査したり、明末における財政難・民衆の疲弊という状況下にあって、費用をほぼ全て負担したことから明らかなように、新行政区画の設置に対して積極的になっていたことを看取した。そして自らの俸給を義捐したり、公費支出をかなりの程度おさえた行政機構の整備は、当時の政治状況・社会状況を反映した、苦肉の策であったといえるだろう。だが、官側は同じ歩調をとっていたわけではなかった。いわば当時の潮流にのるかたちで、胥吏と結託して悪事をはたらき、罰として鎮平県城建築の費用の一部を支払った李一駿や、自己の保身や人気取りのために新県設置を行った熊文燦のように、当時の地方官界の乱れも見いだされ、賦税徴収の混乱のような事態を招いていたのである。実に吏治の乱れと新行政区画設置による混乱とは連動して起こったのである。

ところで鎮平県・連平州の設置は、治安の強化による山寇の活動の防止に一定の役割を果たした。それは銭守廉のような良官によって推進されたという背景があるだろう。だが、こうした成果も地方官が拠り所とする明朝の崩壊によってもろくも崩れ、順治初年前後に山寇の再発がみられた。このことは、官による新行政区画の設置が、明朝の終焉とともに意義を失ったというかたちで説明できるだろう。以上から、次なる課題として、清朝の広東東部に対する諸政策の検討があるが、本稿で十分述べられなかった徴税・賦役の実態の分析とともに、今後に期すこととしたい。

註

＊論文ないし編著書は、原則として初出後、編著者名と出版年で略記する。

（1）斯波義信「社会と経済の環境」（橋本萬太郎編『漢民族と中国社会』山川出版社、一九八三）。

（2）青山一郎「明代の新県設置と地域社会——福建漳州府寧洋県の場合——」（『史学雑誌』第一〇一編第二号、一九九二）、唐立宗『在「盜區」與「政區」之間——明代閩粵贛湘交界的秩序變動與地方行政演化』（国立台湾大学文学院、二〇〇二）。

（3）新県設置の先行研究に関しては、青山一九九二、註（2）に詳細且つわかりやすくまとめられている。
（4）青山一九九二。
（5）青山一九九二、九八頁。
（6）斯波一九八三、一八八頁。
（7）唐二〇〇二、三四六～三八五頁、四四六～四四七頁。
（8）甘利弘樹「明末清初期、広東・福建・江西交界地域における広東の山寇――特に五総賊・鍾凌秀を中心として――」（『社会文化史学』第三八号、一九九八。以下甘利一九九八ａと表記）五四～五五頁、甘利弘樹「明末清初期、広東東北部地域における行政区域の変化について」（富士ゼロックス小林節太郎記念基金、一九九八。以下甘利一九九八ｂと表記）七～一〇頁。
（9）中国第一歴史檔案館・遼寧省檔案館編、広西師範大学出版社、二〇〇一。本書については甘利弘樹「（研究動向）明朝檔案を利用した研究の動向について――『中国明朝檔案総匯』刊行によせて――」（『満族史研究』第一号、二〇〇二）等参照。
（10）「兵部為査明両広会剿有功官員議叙事行稿」（『明檔総匯』第一三冊、目録番号一九一一）は、中国第一歴史檔案館では全宗「明朝檔案」中に「為鎮平城工告竣久当優叙酬労事行稿」（分類番号〇〇五六〇、明檔縮微第五巻）というタイトルでマイクロフィルムに収められている。
（11）『明檔総匯』第八二冊所収。なお本史料は、『崇禎存実疏鈔』五巻に収録されているものである。
（12）甘利一九九八ｂ、五～七頁。
（13）黄釗『石窟一徴』巻一、方域。
（14）以上平遠県設置・徐鑾については、唐立宗二〇〇二、四五〇～四五二頁参照。
（15）五総賊・鍾凌秀・鍾復秀については、甘利一九九八ａ参照。
（16）乾隆『重修鎮平県志』巻六、芸文、熊文燦「建城疏」。光緒『潮州府志』巻四〇、芸文、熊文燦「建鎮平県疏」。
（17）前註熊文燦「建鎮平県疏」。
（18）黄釗『石窟一徴』巻九、人物、頼其肖。

(19) 黄釗『石窟一徴』巻九、人物二七、頼其肖「請開築鎮平県城池呈稿」。
(20) 鎮平県設置による保甲の設置については甘利一九九八a、五四頁、また官吏の異動、軍制等諸機構の整備、費用の調達については、甘利一九九八b、七～一〇頁をそれぞれ参照。
(21) 屈大均『皇明四朝成仁録』（欧初・王貴忱主編『屈大均全集』（人民文学出版社、一九九六）第三冊、所収）巻八、隆武朝、広東州県起義伝、頼其肖。
(22) 乾隆『重修鎮平県志』巻五、人物、懿行、徐徽。
(23) 乾隆『嘉応州志』巻六、郷賢。
(24) 康熙『博羅県志』巻三、献紀下、郷賢列伝、韓日纘。『韓文恪公文集』巻四、「呉嵩輪司李署郡蕩平九連山寇肇建連平州治序」。
(25) 康熙『博羅県志』巻一、地紀。
(26) 嘉慶『平遠県志』巻三、人物、郷賢。乾隆『重修鎮平県志』巻三、典礼志、郷賢。
(27) 道光『恵州府志』巻二四、芸文、記、黄士俊「建連平州治碑」。
(28) 註（16）熊文燦「建鎮平県疏」。
(29) 『石窟一徴』巻一、方域。
(30) 蔣祖縁・方志欽主編『簡明広東史』広東人民出版社、一九九三、二八七～二八八頁。
(31) 『明清史料』辛編第二本「兵科抄出南贛巡撫陸問礼題本」。
(32) 「鎮平」四五一～四五四。『明清史料』辛編第二本「兵部行「確議九連建県平遠遷治事」残稿」。
(33) 民国『重印信陽州志』巻之八、人物志、忠義、銭守廉。
(34) 以下の二つのパラグラフの内容は、「鎮平」四五六～四六一に基づく。
(35) 道光『広東通志』巻一二八、建置略、嘉応州。
(36) 本パラグラフの内容は、註（16）熊文燦「建鎮平県疏」に基づく。

(37) 以下の二つのパラグラフの内容は、乾隆『嘉応州志』巻一二、鎮平県、芸文、胡会賓「清糧減編牘并議」に基づく。

(38) 乾隆『重修鎮平県志』巻六、芸文志、雑記。乾隆『嘉応州志』巻一二、鎮平県、寇変。

(39) 乾隆『嘉応州志』巻一二、鎮平県、芸文、薛世望「興革除陳」。

(40) 連平州の設置に関する史料として、黄士俊「建連平州治碑」(①康熙『恵州府志』巻一八、詞翰下、②道光『恵州府志』巻二四、芸文、記、にそれぞれ所収)と同「鼎建連州治碑記」(③陳広傑・鄧長琚編著『広東歴代状元』(広東高等教育出版社、一九九八)所収)がある。このうち①と②は同じ文章と思われるが、①の印刷状態が劣悪で、完全な比較はできなかった。②と③は、非常に似た文章であるが、文字の一部、欠字の箇所に異同がみられる。以下本章は特記しない限り②に主に基づいて論を進め、適宜①・③で補った。

(41) 甘利一九九八b、六~七頁。

(42) 康熙『恵州府志』巻五、郡事下。

(43) 陳萬については、甘利一九九八a参照。

(44) 『崇禎存実疏鈔』二巻(『明檔総匯』第八〇冊所収)、「兵部尚書張鳳翼等為粤寇敗帰画守編甲会剿事題本　崇禎五年一二月二八日」。

(45) 『明清史料』乙編第七本「会剿広東山寇鍾凌秀等功次残稿」。

(46) 唐二〇〇二、三七五頁。

(47) 道光『広東通志』巻七、郡県沿革表五。

(48) 唐二〇〇二、三八二頁参照。

(49) 註(33)に同じ。

(50) 『明史』巻二六〇、熊文燦。

(51) 黄釗『石窟一徴』巻一、征撫。

(52) 康熙『恵州府志』巻五、郡事下。

〔附記〕本稿脱稿後、広東省中山図書館において雍正『連平州志』を閲覧する機会を得た。当該書の記載に基づいた連平州成立のさらなる考察は、別稿にて行いたい。なお本稿は、平成一四年度文部科学省科学研究費補助金（特別研究員奨励費）による研究成果の一部である。

清末福建における監獄と押所

高遠拓児

はじめに

清代の刑罰制度では、地方の州県の段階で結審しうる裁判事案は、笞・杖に該当する比較的軽微な事案に限られ、徒・流・死など、より刑事性の強い事案については、上司や皇帝のもとにその決定権が置かれるのが一つの原則であった[1]。そこでは、例えば斬・絞の死刑に該当する事案の場合、［州・県→府→按察司→督撫（総督・巡撫）→三法司（刑部・都察院・大理寺）→皇帝］と、上申に基づくチェック（これを覆審という）を繰り返してゆき、最終的に皇帝の判断をもって結案するという流れとなっていた[2]。この場合、罪人の身柄は、各省の長官である督撫のもとまで移送され、覆審が済んだ後、初審を担当した州県に送り返されて、皇帝の判決を待つのが通常の手続きであった[3]。そして、このような制度の円滑な運用を保証するために、清朝は裁判や刑の執行に関する様々な「期限」を設定し、正当な理由なくその期限を超過した際には、担当官の責を問う規定を設けていた。その期限は、刑罰の種類や事案の性格によって細分化されていたが[4]、尋常の人命事案の審理については、【表1】のように定められていた[5]。また、地域の特性を考慮した特例が設けられることもあり、例えば中国本土と海峡を挟んだ台湾については、同種の事案について、【表2】

のように全体で二ヶ月ほど長い期限が設定されていたのである。[6] いずれにせよ、各地の官員には、このような期限を遵守して、裁判および行刑の事務を進めることが義務づけられていたのである。

【表1】尋常の人命事案に対する承審限期

	統限	分限			
		州県	府州	按察司	督撫
雍正 5年例	6ヶ月	3ヶ月	1ヶ月半	1ヶ月	半月
乾隆15年例	6ヶ月	3ヶ月	1ヶ月	1ヶ月	1ヶ月

【表2】台湾の場合

	統限	分限			
		県/庁	府	按察司	督撫
乾隆25年例	8ヶ月	3ヶ月	3ヶ月	1ヶ月	1ヶ月

以上のような刑罰制度において、判決の執行命令が下るまでの間、罪人の身柄を拘束し、官の管理下に置くために設置された施設が「監獄」である。[7] 従って、当時の監獄の基本的性格は、未決囚の拘置所と言うべきものであり、それは、現代日本における刑務所のような施設とは、本質において異なるものと理解しなくてはならない。清代の監獄は、各省単位では州・県・庁・府・按察司に置かれ、それぞれ「州監」「県監」などと称せられ、その施設は各衙門内に敷設されるのが一般的であった。また、監獄に人の身柄を拘禁することを「監禁」と言い、そこに繋がれる罪人のことを「監犯」などと言った。

さて、文明社会としての理想を論ずれば、罪を犯すものがなく、かかる監獄のような施設が無用のものとなることこそ望ましいわけだが、それはひとまず措き、現実に発生し、また発生し続ける犯罪に対処してゆかねばならなかった清朝としては、かかる犯罪事案の処理が効率的に進められ、不当に長期監禁される罪人が存在しない状態というのが、制度の運用上、理想的な状態であったと考えられる。反対に、裁判事務が滞って事案が積み上がり、規定の期限を越えて拘禁される罪人が多数監獄に放置されることは、好ましからざる状態であり、そのような状況が広域に及び、かつ改善の見込みがなければ、それはすなわち制度の崩壊と言わざるを得ない。かかる事態を防止するために、前述の期限が設定されているわけであるが、とくに所定の期限を越えて罪人を監禁することは「淹禁」と呼ばれ、発覚すれば担当官は処罰される規定となっていた[8]。清代の地方官の文集などを繙くと、この淹禁や、積案（堆積した事案）[9]、滞獄（滞留している裁判事案ないしは獄囚）を整理し、獄政を疎通させることを目的とした政策議論にしばしば出会うことになるが、それは刑罰制度を正常な状態に保つために必要なシステム・メンテナンスであったということができるであろう。

ところで、清代の中国には、倉・舗・所・柵・店等々の様々な名称をもって呼ばれる、監獄以外の拘禁施設も存在していたことが知られている。これらの施設の発生と展開、その機能などについて検討された濱島敦俊氏によると、これら監獄以外の牢獄は「公権力＝州・県衙門が取扱う裁判が増加した結果の拘束スペースの需要の増大」を背景として明代に発生し、とくに「軽罪を犯した人間、及び訴訟当事者と証人を拘束する」機能を持つものであったとされる[10]。そして、この倉・舗等について、清朝は当初容認する姿勢を取っていたが、康熙四五年（一七〇六）には、上司の監督の及ばないこれらの施設の存在に伴う弊害が指摘され、これを禁止する例が立てられ[11]、律例の建て前では、以後それが踏襲されることとなった。しかし現実には、監獄以外の拘禁施設は、清代を通じて広範な地域に敷設されており、それは地方レベルでの司法において、監獄と相補しながら、相当に重要な役割を果たすものであったと理解されるのである。従って、こうした監獄以外の拘禁施設も、地方司法の現状を映し出す一つの鏡となるものであり、やはり地方官の文集や省例等の書物には、いわゆる「州県自理」の案の整理に際して、軽罪人や関連証人等の釈放が論じられる例を見出すことができる。

以上に述べてきた如く、監獄その他の拘禁施設は、各地域、各時期の司法の現状を映し出す存在であり、制度の具体的な運用状況を探るには、格好の対象となるものである。しかしながら監獄についての従来の研究は、その多くが制度の概要を論ずるにとどまり、地域性や時代性を踏まえたその実態に関する議論は充分尽くされてきたとは言い難かった。[12]また、監獄以外の施設に関しては、それを必要とし、存立せしめた地域の秩序――地主・佃戸関係など――に主たる関心が寄せられてきたが、これらの施設が例えば各省の制度において、どのように位置付けられ、管理されるものであったか等の問題については、これまで検討される機会はほとんどなかったように思われる。

そこで本稿では、以上のような研究の状況を踏まえ、清代後期における省レベルでの獄政の展開について、とくに福建省を素材として論じてゆくこととする。同省については、福建省『省例』[13]のほか、督撫経験者の文集などの史料を通じて、省の上層部で立案、推進された政策の展開をかなり克明に把握することが可能である。また、光緒一一年（一八八五）まで、閩浙総督と福建巡撫の統属下にあった台湾の淡水庁・新竹県の文書、いわゆる『淡新檔案』にも、これに関連した史料を見出すことができる。そして、これらの史料より得られる知見を総合すると、同省では同治年代後半から光緒年代前半にかけて、監獄とその他の拘禁施設に収容される罪人の整理が盛んに議論され、とくに監獄以外の施設（当時の史料ではしばしば「押所」と総称される）とそこに拘禁される罪人（同じく「押犯」と総称される）の管理をめぐって大きな変化が生じていたことに気付かされるのである。そこで本論では、まず第一章において同治年代後半、第二章において光緒年代前半の同省の監獄・押所をめぐる政策議論の展開について検討し、第三章ではその省の政策に対する淡水庁の具体的な対応の様子について紹介することとしたい。

一　同治年代における監犯・押犯の整理

広西省金田村における上帝会の起義に端を発する太平天国と清朝の抗争は、周知の如く、華中・華南各地に拡大し、清朝の統治に大きな動揺を与える結果となった。太平天国は、同治三年（一八六四）の天京（現在の南京）陥落によって、事実上崩壊したが、乱後の地方行政を任された地方官たちに重くのしかかってきたのは、混乱し、麻痺状態に陥った行政の再建という課題であった。

当時の戦乱は福建省にも波及し、とくに咸豊七年（一八五七）には、江西方面からの太平軍の進攻を受けたほか、天京陥落後も、侍王李世賢の勢力が広東方面から進入し、漳州が戦場となるなど、各地方は直接、間接に戦乱の影響を被ることとなった[14]。刑罰制度の領域においては、とくに罪人の身柄の移送が要される覆審の手続きや徒・流等の執行に支障が生じ、各地の監獄には淹禁される罪人が積み上がるようになったとされる。同治七年（一八六八）、閩浙総督英桂（同治七〜九年在任）と福建巡撫卞寶第（同治六〜九年在任）は、その連名の奏摺のなかで、当時の状況について次のように報告している。

前数年地方辦理軍務、各県支応防堵、日不暇給、未免顧此失彼、以致積圧較多。接任人員、毎以期限已逾、無従扣展、一経題達、処分綦厳、遂多瞻顧、遅疑不敢詳辦、而人犯久羈囹圄[15]。

ここで英桂・卞寶第の両名は、事案の積圧という問題が顕著になった直接的な原因を、ひとまず数年来の軍務に帰している。その上で、英桂らは問題の背景について、さらに一歩踏み込んだ言及をしているが、それは（前任者から）任務を引き継いだ人員は、ことごとに期限がすでに過ぎ、延長する術もなく、ひとたび題本が皇帝に届けば、その処分は非常に厳しいので、ついに多くは顧みても、ぐずぐずしてあえては詳しく取り裁こうとせず、罪人は久しく牢獄に繋がれることとなっている、との指摘である。そして、このような状況を改善するために英桂らが採った方策は、現職の官員の責を問わないことを条件に、事件の処理を促進させることであり、彼らの上奏では先の引用文に続けて、遅延に理由ある者という条件付きながら、同治七年（一八六八）一〇月から新たに期限を設定することを提案し、裁可を得るに到っている。

この施策がどの程度の効果を上げたかを具体的に示す史料は、管見の範囲では見当たらないが、同治九年（一八七〇）三月には、卞寶第より「審解期限を厳立し、章程を核定し、通飭辦理せよ(16)」との批が按察司に下され、再度、積案や淹禁の問題が取りあげられており、同治七年（一八六八）以来の懸案は、充分な解決に到らなかったものと推測される。そして、章程（規則）の立案を命じられた按察使潘霨（同治八〜九年在任）は、まず、左記のようにその要因を官僚の怠慢の陋習に求めている。

閩省各属、疲玩成風。遇有緝獲案犯、或怠於審辦、或吝惜解費、往往久逾例限、延不審解。一俟瓜代、有期即可置身事外。接任之員、以事非己任、相率因循(17)。

戦乱の収束後、数年を経ても獄政が正常に復さず、前記の英桂等の施策も充分な効果をあらわさなかったとすれば、それは単に戦乱の後遺症ではなく、現状における綱紀の弛緩を問題とせざるを得ないであろう。ここにおいて按察使潘霨は、とくに審理の怠慢、解費（罪人の護送費用）の吝嗇という風潮の存在を指摘した上で、これに対処するための「命盗等案解費章程」を施行することを総督英桂と巡撫卞寶第に対して提案し、許可されている。その具体的な内容は、次のようなものであった。

凡各庁州県到任、務於五日内査明、前任如有已逾例限尚未招解之犯、立即稟明本管道府、将前任扣留、勒交解費。

如到任時並不査明稟報、即著後任賠墊[18]。

つまり、期限を超過してなお招解（供述書を取った上で罪人の身柄を上司のもとに移送すること）されていない罪人について、後任の官員が着任から五日以内に調査し、上司に通報すれば、その解費は前任者に強制的に支払わせることとし、一方、もし調査や通報を怠れば、後任者に負担させるというものであり、前任・後任の責任の所在を明確にして、積案・淹禁の連鎖を断ち切ろうとの主旨に基づくものであった。ここで、期限を越えて招解していない罪人を放置して任地を離れた官員に対し、「扣留し、解費を勒交」させてまで、その責を負わせようとする潘霨の意気込みは、裏を返せば、一省の刑政を預かる按察使が、現状にそれだけ強い危機感を抱いていたことのあらわれと見なすこともできるであろう。

ところで、この「命盗等案解費章程」はその名が示す通り、いわゆる「命盗重案」の罪人を対象とした章程であったが、当時の福建省の上級地方官たちは、より軽微な「州県自理」の案に関わる罪人の処遇にも、問題のあることを認識し、対策を構じていた。『省例』には、同治七年（一八六八）七月に按察使康国器（同治五年〜八年在任）が、総督および巡撫に宛てて提出した対策が載録されるが、これはかかる議論の一端を示すものである。ここで康国器は、その当時の状況について、次のように述べている。

州県審理詞訟、或供情未確、或人証未斉、不得不将被告暫為管押。（中略）本年閏四月間、奉撫憲札、司通飭各属、将已結未結新収各案、按月摺報査核。至応行看管人犯、務須将姓名懸牌、明白暁諭。（中略）去後迄今各属月報案件、往往開報已結而不報未結、辦理殊未画一。其看管人犯実有若干、曾否牌示、申覆遵辦甚少[19]。

ここに「本年閏四月間、撫憲（巡撫）の札を奉ず」とあるが、その札文の具体的な内容は、当時の巡撫卞寶第の『卞制軍政書』巻二所収の「通飭結案札」によって窺うことができる。これによると卞寶第は、かつて直隷の順天府尹であったとき（同治二～五年）[20]に「月報の法を立て、各属を督飭し、積案を清理す。勤惰に分別して、ただちに勧懲し、これを行いて頗る効あり」として、その経験を踏まえて福建省においても、各州県の抱える裁判事案について、月ごとにこれを報告することを促し、また「看管人犯」について「懸牌」せよと指示している。[21]この「看管人犯」とは、州県自理の詞訟に関わって身柄を拘束されている者のことを言うと解されるが、彼らが収容されるスペースについて、「通飭結案札」には具体的な言及がない。ただ、ここで「看管」＝看守という監禁に比べ幾分緩やかなイメージを与える言葉が、あえて選択されていることからも窺われるように、監獄以外の施設に拘禁される者のことを暗に指しているものと考えられる。[22]また「懸牌」とは、罪人の姓名を記した牌を、衙門の壁などに掛けて明示することと解される（後述の丁日昌の粉牌の法も参照）。

しかしながら、巡撫卞寶第の月ごとの報告と懸牌を軸とした施策は、すでに康国器が述べているように、ほとんど効果をあらわさなかった。各地の官員は、報告については未だ結審に到っていない事案の報告を避け、拘束している罪人についての情報も開示せず、懸牌を実施したか否かの返答もほとんど得られないという有様であった。ここで康国器は、当時江蘇省で施行されていた「粉牌」の法を紹介し、それを参考にしつつ、福建省に施行すべき方法を提案している。その内容は以下に示す通りであるが、やや長文であるので、ここでは全体を二段に分けて引用することとする。

茲恭閲本年五月邸抄江蘇撫憲丁片奏。以通飭所属、将自理詞訟・禁押人犯、按月造冊呈報、由司随時抽査。並飭各州県、特設大粉牌。一面、懸掛衙署頭門之外、将管押人犯姓名、於牌上逐一開列、註明某月日某案管押字様。其訊釈者、即於牌上開写某月日省釈或交保字様。若無管押人犯、亦即拠実書明、使民間共見共聞、差役無従舞弊。一面、出示暁諭、如有人被押而牌上無名、或牌上書明業已開釈而尚未放回者、准家属喊稟、査究。復経委員査出、金匱・宜興・荊渓三県、並未将羈候人証粉牌、懸掛署前。除札臬司将該三県門丁・経書提省究辦外、奏請将署金匱県呉致祥等、一併摘去頂戴、以示懲儆。等因。奉旨允准、在案。

閩省疲玩之風、殆有甚於蘇省。応請再行通飭各属、遵照前指、特設粉牌。一面、将管押人犯姓名案由月日及已未訊釈縁由、随時開写明白、常川懸掛署前。如査有家丁・書役朋串私押、匿牌不掛、滋生弊端、立即厳行査究、尽法懲処。仍仿照月報監犯冊式、将押犯按月開報。如実無押候人犯、亦按月申覆一次、以便随時抽査。一面、由府出示暁諭、如有其人被押而牌上無名、或牌上書明業已開釈而尚未放回者、准家属喊稟、以憑査究[23]。

前段が江蘇巡撫丁日昌の粉牌[24]の法の紹介、後段が康国器の具体的な提案であり、結果として、この提案は総督英桂、巡撫卞寶第両名の許可を得て施行されることとなった。それは月ごとの報告と懸牌を内容とする点では、前述の卞寶第「通飭結案札」とも共通しており、その意味では、言葉を換えて同じ政策を再度繰り返したと言うこともできよう。ただ、今回の月報・懸牌の法には若干の注意を要する点がある。

一つは、「監犯を月報せる冊式に仿照し、押犯をもって按月開報せしむ」とあるように、対象とされる罪人を、監犯に対置される存在＝押犯と明言するようになった点である。押犯が監犯にあらざる存在であるならば、彼らが収押されるスペースというのは監獄以外の牢獄のほかなく、先の卞寶第の札において、表現上曖昧であった部分がより明確に示されることになったと言えるであろう。さらに、懸牌（粉牌）の法について、牌の書式を細かく指示し、かつ押犯の家族による告発を許すなど、政策としての洗練度が増していることも注目される。

このように、按察使康国器の提案は、基本路線としては巡撫卞寶第の方針を踏襲しながら、すでに朝廷の裁可を得ている江蘇省の例を採り入れ、その権威と具体策を借用して、省単位での押犯管理を一層押し進める内容のものであったと評しうるのである。

もっとも、以上のような、堆積した監犯・押犯、及びその背景にある積案の解消を企図した同治年代後半における一連の施策は、実のところ、現実にどこまで遵守され、効果を上げたか疑わしい部分がある。康国器や潘霨らが、相次いで福建省における怠慢の風潮を問題として指摘しているように、当時の同省の綱紀は相当に弛緩しており、巡撫からの指示に対してすらノーリアクションで済ます官員も少なくなかったのである。このような現状において、省レベルでの下達を徹底させるには、何らかのチェック機構や強制力を働かせる必要があったと考えられるが、例えば先に引用した康国器の提案では、牌を匿して掛けなかった場合など、厳しく取り調べて処罰する旨、明記されてはいるものの、その調査結果や処罰の実例について言及する史料を確認することはできない。むしろ左記のような甚だしい匿報の現実を前に、有効な対策を打てずにいたというのが、この時期の督撫や按察使らの限界ではなかったかと考えられる。

漳属民情刁健、訟案較繁。各県積圧、多至千余起或数百起不等。各該県現在開報均多不実。即如平和一県、先拠摺報、未結之案、僅有数起。迨経札府飭査、則補開四十余起。其為並不拠実開報、更属顕然[25]。

こうした状況に対して、卞寶第が行い得たのは、「徹底清査」せよとの指示を繰り返すのみであった。そして我々は、こうした同治年代の一連の施策がいかに守られなかったかを示す史料を、続く光緒年代の初期に見出すことができるのである。それは、先に名前の上がった丁日昌という人物の文集、『丁中丞政書』に収められる数件の上奏文である。すなわち、彼は光緒元年（一八七五）、福建巡撫に任命されるが、その後、彼が豪腕をもって展開した行政再建策の一環として、監犯・押犯をめぐる問題も再度クローズアップされることとなったのである。そして、彼の指導下で明らかとなった各州県の積案、淹禁等の実情はまさに驚くべきものであった。

二　光緒年代初期における監犯・押犯の整理

広東豊順の人丁日昌は、咸豊七年（一八五七）、廩貢生から瓊州府学訓導となり、同年中に江西萬安県知県に任じられた。この抜擢は、これより先、咸豊四年（一八五四）に恵潮嘉道の幕友として、広東潮州府の土匪を討平するのに功があったためとされる。丁日昌が官として最初に地方行政に携わった萬安県は、咸豊六〜七年間（一八五六〜七）、太平天国の占領下にあり、彼が預かったのは、清朝側が回復した直後の同県の行政であった。丁日昌の事績につき、詳細な検討を加えた呂實強氏によると、知県時代の彼は訟案の審理を極めて重視し、訟棍を厳しく取り締まったという。[26]戦乱後の行政再建を進める中で、司法の問題をとくに重視していたことが窺われる。その後、曾国藩の幕僚として頭角をあらわし、李鴻章に激賞された丁日昌は、蘇松太道（同治三〜四年在任）、両淮塩運使（同治四〜五年在任）、江蘇布政使（同治六年在任）、江蘇巡撫（同治六〜九年在任。九年には丁憂のため回籍）と、江南の上級地方官職を歴任し、光緒元年（一八七五）八月に督辦船政大臣に命ぜられ、同年一一月に福建巡撫を兼署することとなった（翌年、福建巡撫に専任せられ、光緒三年七月に病をもって暇を請い回籍。翌年四月に致仕)[27]。彼の事績を通覧して得られるのは、動乱期における強権型のリーダーとしての一面と、実務に長けた能吏としての一面を併せ持った人物というイメージである。

省政担当者としての彼の獄政方面での事績については、前章ですでに江蘇省における粉牌の法などを紹介した。それは、自理詞訟による押犯について、月ごとの報告を義務づけ、また、押犯の姓名その他の情報を記した粉牌を衙門の前に掛けさせるというものであったが、それ自体はとくに独創的なものと言うにはあたらない(事実、ほぼ同様の規定を順天府尹時代の卞寶第が実施している)。彼の個性をよく反映しているのは、自理詞訟についての立ち入った施策にも、朝廷の裁可を得ておく周到さと、それを徹底させるために行った容赦ない摘発の二点であったと考えられる[28]。そのような姿勢は、その福建巡撫時代にも、ほぼ共通して確認することができる。

監犯・押犯の滞留、さらにその背景にある積案の問題に対し、福建巡撫として着任した丁日昌は、まず巡撫衙門内に「清理詞訟局」なる専門機関を設置し、一方では官員の裁判実務の達成度を数値化し、これを各々の官員の考課に反映させるという方針を打ち出している。

臣以為、欲正本清源之計、必先清理詞訟。詞訟既清、則百姓不致受胥吏之訛詐、可遂其耕田鑿井之楽。臣現擬於署内設立清理詞訟局、派選妥員、由税厘局酌給薪水、幇臣稽核。一面厳飭各府州県、将所有詞訟、分別上控・自理、作為管収。除在毎月報明各守牧令、毎月能将案件全結、給予奨励、結数至八成以上者記功、不及五成者記過。如此次第辦理、庶幾詞訟不致積圧、牢獄人犯亦可逐漸減少矣[29]。

右のような指示を下した丁日昌は、その一月後、実際に届けられた報告に接して、「月余以来、各属の冊報を披閲するに、類みな有名無実にして、積圧の案はなお多く、審結の案は甚だ少なし」[30]と評している。彼は、江蘇巡撫時代、報告書の記載と実数が符合するか否かという点につき、委員を派遣して、実地において調べさせたというが[31]、この福建においても、人を派遣して実態の調査にあたらせ、詞訟・押犯の匿報や書類の不備を次々と指弾している。その概要は【表3】に示した通りであり、これによって、当時の福建には詞訟の匿報数百件という県や庁も決して珍しくはなかったことが知られるのである[32]。また、【表4】は光緒二年（一八七六）五月時点での、台湾の二庁五県の「詞訟冊報」と「押犯冊」の提出状況を整理したものであるが、当時の台湾では匿報以前に報告義務すら満足に履行されていなかったことが窺われる[33]。そして、これらの匿報や月報の不履行に関わって何らかの処分を受けた官員は、明らかなだけでも二八名にのぼったのである[34]。

このような荒療治の結果、丁日昌の着任後数ヶ月のうちに、相当数の積案の処理が進み、また監犯・押犯の整理が実現したと考えられる。すなわち、匿報されていた裁判事案の処理については、【表3】［その後］の項にその後の処理状況を示した通りであり、また、監犯・押犯については、

半年以来、統計辦結新旧監犯五百三十二名、各庁県所報冊内名数与密査実有人数尚相符合。惟押犯往往有冊中僅報数名、実押至数十名者。（中略）自経臣等厳加査究、各州県於冊報有名之押犯、已結釈一千二百四十六名。其未登列冊報以及書差私押計釈放者、蓋又不止数千人矣[35]。

と述べられるように、監犯五三二名が結案、押犯一二四六名が結案のうえ釈放されたという。押犯の収押状況については、なお、巡撫サイドが全貌を把握し切れていないことを告白しているが、少なくとも同治年代以来の刑政の危機

【表３】丁日省による匿報等の摘発と処分

	詞訟冊報	押犯冊	処分	その後
閩県	匿報100余起	匿報2名	摘去頂戴	
侯官県	匿報200余起	匿報15名	摘去頂戴	8､9割処理
莆田県	匿報200余起		摘去頂戴	全て処理
福清県	匿報80余起	匿報28名	（已另案参革）	
南平県	匿報300余起	匿報25名	摘去頂戴	
厦防庁	匿報500余起	80余名中冊報僅止数名	摘去頂戴	8､9割処理
石瑪庁	匿報60余起	匿報20余名／抗不冊報	摘去頂戴	
南安県	匿報200余起	匿報9名	摘去頂戴	8､9割処理
建安県	匿報300余起。偽造甚多	抗不造冊	摘去頂戴(のち奏参革職)	
甌寧県	匿漏多し	匿報９名私押8名	摘去頂戴。另行査辦	
晋江県	匿漏多し		摘去頂戴	全て処理
邵武県	匿漏多し		摘去頂戴	8､9割処理
長汀県	匿漏多し		摘去頂戴	全て処理
漳平県	匿漏多し		摘去頂戴	
龍渓県		不登註収押日期	摘去頂戴	
松渓県	偽造顕然	抗不冊報	摘去頂戴	8､9割処理
噶瑪蘭庁	自相矛盾､亦属有心朦混		摘去頂戴	8､9割処理
羅源県	匿報･偽造	抗不遵造	摘去頂戴	全て処理
寧徳県	匿報数十起、偽造数起		摘去頂戴	全て処理
福鼎県	匿報数十起、偽造数起	匿報4名	摘去頂戴	
恵安県			摘去頂戴	8､9割処理
嘉義県	匿報149起、偽作審結	姓名不符	革職	

【表４】台湾所属庁･県の報告状況（光緒2年5月時点）

	詞訟冊報の提出	押犯名冊の提出	処分
淡水庁	昨年9月まで	提出せず	摘去頂戴
噶瑪蘭庁	昨年11月まで	昨年11月まで	大過一次
澎湖庁	昨年11月まで	提出せず	摘去頂戴
台湾県	以前は提出	提出せず	摘去頂戴
鳳山県	以前は提出	提出せず	摘去頂戴
嘉義県	昨年11月まで	提出せず	摘去頂戴
彰化県	提出せず	提出せず	交代した前知県が別件で革職に問われる
恒春県	提出せず	提出せず	新設県のため詞訟の有無を調査

的な状況は、相当程度緩和されたと見てよいであろう。
同治年代後半に顕在化した福建省の獄政上の課題は、甚だ対症療法的な方法によってではあったが、このように光緒年代初期にいたって漸く快方へと向かうこととなった。その後、清末までの経緯については、なお不明な点が多いが、同治年代後半から光緒年代初期にかけての一連の積案や監犯・押犯対策は、同省の司法をめぐる状況に若干の変化を残したことが知られる。それは従来、積極的に取り組まれてきたとは言い難かった押所・押犯の問題に対して、省の上級地方官たちが継続的に議論するようになり、その管理に乗り出したことによってもたらされた変化である。その結果、押所と押犯は省の上下で公然と語られる存在となり、光緒八年（一八八二）には、その施設に対する上司の定期的な査察も、省の制度として設けられることとなった。そこで、次にこれらの点について確認してゆくこととする。
まず、押所と押犯の存在が公然と語られるようになった様子は、省内でやり取りされた文書の表現にはっきりと反映している。すなわち、下行文書については、左記のような変化を確認することができるのである。

同治五年（一八六六）一二月一九日、台湾府発、淡水庁宛移文の一節
「将在監人犯、開列姓名事由造冊、□送査考[36]」。
光緒二年（一八七六）四月二四日、台湾府発、淡水庁宛移文の一節
「将在監在押人犯応禁応釈及収禁管押年月日期、分別具造□由清冊、按月詳報察核[37]」。

右はいずれも罪囚に対する矜恤を指示する閩浙総督の牌を、台湾府知府が淡水同知に宛てて転達した移文の一節であり、『淡新檔案』中にはかかる文書が、同治年代から光緒年代にかけて数点確認することができる。それは内容的

に、台湾のみを対象として下されたものではなく、省全域に下達されたものと見るのが自然であろう。右に引用したのは、そのような文書のなかで、州県及び庁の拘束する罪人についての報告義務を確認する一節であるが、咸豊・同治期には、専ら「在監人犯」についてのみ書類の提出を指示していたものが、丁日昌の着任後、光緒二年（一八七六）には、「在監在押人犯」と新たに押犯がその対象に加えられるようになったことが知られる。そして、以後、光緒年代の同種の文書では、この在監人犯と在押人犯を併記する表現が定着してゆくのである。

また、上行文書については、あくまで一衙門の事例という限定付きではあるが、やはり『淡新檔案』を通じてその変化の一端を窺うことができる。

光緒二年（一八七六）五月三〇日、淡水同知陳星聚発、巡撫丁日昌宛申覆（稿文）の一節
「凡監房之打掃与刑具之洗滌、雖経卑職時為諭飭[38]（後略）」。
光緒三年（一八七七）六月七日、淡水同知陳星聚発、巡撫丁日昌宛申覆（稿文）の一節
「務将監房押所打掃潔浄[39]」。

これらはいずれも、罪囚を矜恤することを命じられた淡水同知の申覆の草稿であり、ちょうど前述の下行文書と対になる性格を持った文書である。ここでは光緒二、三年（一八七六、七七）間を境に、「押所」という表現が監房と併記されて登場するようになっていることが知られるが、この「監房押所」との併称は、やはりその後の同種の文書において踏襲されることとなる。すなわち、省の上層における姿勢の変化が浸透するのに、この淡水の場合には、一年の時差を要したということであろう。

このような変化は、あくまで文書の表面に現れた形式上のものに過ぎないが、とくに省の上層部がこの押所・押犯の存在を事実上公認するようになったことが、次に述べる光緒八年（一八八二）の規定の導入を可能にする素地を作ったものと考えられる。以下その経緯を順を追って確認してゆくこととする。

この光緒八年（一八八二）には、『羈所宜改活板説』という書物が、福建省の各衙門に配布された。これは羈所の衛生管理に関わる書物であり、その初版は道光二八年（一八四八）、広東電白県知県劉毓焜によって刊行されたものである。(40)「羈所」とは監獄以外の拘禁施設の一名であり、(41)それは清代後半期の福建において、押所と総称された施設と同一の対象を指すものと考えられる。この『羈所宜改活板説』は、その羈所（押所）の床板を脱着可能な構造にすることによって、換気や汚物の掃除に便利なようにすることを説くものであり、すでに浙江省において各州県に通達、導入が図られていたが、光緒八年（一八八二）正月、閩浙総督の指示により、福建省にも援用されることになったのである。その経緯は、翌九年（一八八三）二月の福建按察使張夢元の札に、次のように約言されている。

奉督憲牌開、据署浙江金衢桑道呈復、遵札飭属、矜恤獄囚。文内声明、各属羈所、宜改活板。前広東電白県劉令刊有活板説一書、行之有効。職道前辦軍需善後局時、曾照刊通行浙省十一府各州県、遵照均改活板。（中略）該道所呈活板説一書、深得法外施仁之意、用之閩省卑湿之区、所全尤大。雖始事不無小費、而利頼伝於無窮。行司即将発来活板説一書、移会藩司、悉心核議、酌定章程、尅日照様刊刷、通頒所属各府庁県、一体遵辦具報。仍将会議辦理縁由、先行具文詳核。等因。奉此、当経葉前署司会同陳藩司核議、毎年春季、委員査看具報。(42)

右の引用の末尾に、毎年春季に、委員が査看して具報することとしたとあるように、光緒八年（一八八二）以降、福建省では、府の官員が毎年春季に視察して、活板の実施状況を検分する規定が立てられた。活板の導入や府の視察が実際にどこまで徹底されたか、なお具体的な史料を欠くため、これをつまびらかにすることはできないが、それは押所に対する定期的な査察が、同省の制度に定められたおそらく最初の例であり、それは同治年代以来の押犯・押所管理策の延長線上にあるものと見なしうるであろう。

三　台湾府淡水庁の対応

前章まででは、督撫や按察使といった省の上級地方官が立案、実施した監犯・押犯政策の展開を中心に検討を進めてきた。一方、この省のトップによる政策を、末端の州・県および庁などがどのように受けとめたかという問題は、その実効性を検証する上で重要であり、また当時の行政機構の実像を理解する上でも興味深い考察対象となるであろう。しかしながら、それを窺う直接的な手がかりは極めて乏しく、専ら省のトップの言説の端々から、それを読み取ってゆくという手法に頼らざるを得ないのが実状である。ただ、光緒年代初めの丁日昌の一連の施策については、台湾府を経由して淡水庁に下された下達や、それに対する淡水庁側の返答の草稿等が、『淡新檔案』中には含まれており、我々はこれを通じて、末端機関の対応の一端を窺うことが可能である。もとより、一地方官庁の事例を一般化することは危険であり、台湾という地域の特殊性も考慮されねばならないが、本章では一つの事例という制限を付した上で、光緒二年（一八七六）に淡水庁内で作成された文書の草稿を紹介することとしたい。

さて、前章では光緒二年（一八七六）五月の時点での、台湾所属の県・庁における詞訟冊報および押犯冊の提出状況を【表4】として提示した。その典拠は、『淡新檔案』刑事・総務・冊報に収録される五月一三日付けの移文であり、それは、月報が満足に履行されていない状況を戒める巡撫の札を、台湾府知府が淡水同知に転達するものであった。ここでは、淡水庁について、「詞訟冊報は昨年九月分までで（提出が）止まっており、押犯冊は全く造報していない」[43]との現状が指摘され、摘去頂戴（官品を示す帽章を除くこと）との淡水同知に対する処分が示されたうえで、未提出分の書類を補って報告することが命じられている。以下に示すのは、この札を受けた淡水同知陳星聚の稟文の草稿（稟稿）であり、いわば淡水庁側の始末書とでも称すべき性格の文書である。なお、本件は楷書体で記された原文に、あとから添削の筆が入っている。ここではひとまず楷書で記された地の文に、論者が句読点を付し、便宜上の段落分けをしつつ引用することとする。

台湾府北路淡水同知陳〇〇謹稟大人閣下。

敬稟者。窃於光緒二年五月十六日准台湾府移。以本年五月初六日奉憲台札開照得、各属詞訟、按月冊報、并将押犯姓名、懸掛粉牌、另冊造送稽核、原以杜延累私押之弊。因査卑庁詞訟冊報、至上年九月分止、押犯冊並無造報。応即摘頂、均令補報。飭即転飭、迅将本年二月以前未造報詞訟押犯、按月分冊造斉、尅日馳送。等因。転移到庁、准此。

卑職遵査卑庁所有詞訟案件、各前任向皆按季彙報、因而卑職抵任以来、悞循旧章、亦将詞訟冊按季造送。継因審理民間詞訟、不敢稍事苟安、致負憲台息訟安民之至意。爰従本年正月起、将詞訟已未結各案、改作按月冊報一次、以期勤於自課。嗣奉憲諭、諄諄厪卹民隠。務令属吏於詞訟案件認真清厘、俾免原被候審延累之苦□経卑職将登任以来造報審結詞訟之案、皆従其実、並未稍有虚捏情形、拠実上達。並已将本年二月・三月・四月份管収結銷詞訟案由、按月造冊呈送。各在案。

至於押犯名冊、亦因各前任未曾造送、遂致相沿至今。現奉憲台行府転飭補報。仰見憲台於経営整頓之中、仍開補過贖愆之路。惶悚感激、莫可名言。縁査卑庁地方、並無設立班館・所・店、惟有頭門之内、儀門之外、監獄対面、有□屋一所数間。凡遇命盗案内、指告有名証佐尚未斉集案情却関緊要、以及素非安分必須査訊明確酌量擬懲、並有不得妥属保領恐其外出復滋事端各犯、則向係在此暫押、歴来已久。節経卑職随時査案清理、督飭丁役人等打掃収拾未嘗或懈。茲奉前因、除遵将現存在押人犯姓名、逐日写立粉牌、懸掛該処、並標明如係牌上未書之人有被看管、即係擅自私押、准予苦主随時喊控査究外、理合査明、自同治十二年八月二十九日卑職抵任起、接准卑□庁移□各犯、直至現在光緒二年五月止、所有管押人犯実在名数、分月造具管収、除在□□清冊、一併彙斉、稟呈大人、察核。

俯念、事係相沿貽悞於前、現已経心挽回於後。容准嗣後将押犯名冊、随月均同詞訟冊、拠実并報、以副杜絶延累私押弊□□釐念則仰沐鴻滋、不勝鰲戴矣。粛此具稟、恭請勛安。伏乞垂鑒。卑職星○謹稟。

計稟呈、押犯冊　本。

稟補造押犯名冊由。

一紅白稟撫憲丁。

光緒貳年閏伍月　　日、承刑総[44]。

右の引用のうち、まず第一段は、この文書が淡水同知陳[星聚]による稟であることを示している。第二段では、台湾府より転達された巡撫からの札の内容が示される。そして、第三段から第五段までに、淡水同知側の具体的な答弁が記される。とくに第三段は「詞訟冊」、第四段は「押犯名冊」に関する事情の説明とその後の対応如何を、それぞれ述べており、第五段は今後の心がけ等を述べ、本文を締めくくっている。第六、七段には、押犯名冊の発送に関する記事（六段の空白には、後から別の筆跡で「壹」と記される）、第八段には、この稟の宛先が巡撫丁日昌であることが記され、最後の第九段には、年月と「承刑総」の三字が見える（空欄となっている日付の部分には、後から別の筆跡で「十七」と記される）。「承刑総」とは、淡水庁の刑房において、この稟稿の起草が行われたことを示す文言と考えられる。

さて、本文書において、とくに注目されるのは、第三段と第四段の内容であろう。まず、第三段では「卑庁のあらゆる詞訟案件は、各前任はさきにみな按季彙報し、よって卑職は抵任以来、あやまって旧章に循い、また詞訟冊をもって按季造送す」と言い、陳星聚が同知に着任する以前から、同庁では季節ごとに詞訟の報告を行っており、自分もそれを踏襲したのだと語られる。もっとも淡水庁の詞訟冊の報告は、前述の通り光緒元年（一八七五）九月から翌年五月まで行われておらず、「按季造送」とは自ずから無理のある答弁なのだが、本文書の添削者もこの点にはとくに手を着けていない。

続く第四段では「押犯名冊に至っては、また各前任いまだかつて造送せざるにより、ついに相沿して今に至るを致す」と、ここでも、従来の因習に従って、押犯を報告していなかったとの弁明が記される。また、淡水庁には班館・所・店といった施設は存在しないが、頭門の内、儀門の外、監獄の対面に、罪人を拘束するスペースがあり、命盗事案のうち「指告せられて名あるも、証佐なおいまだ斉集せず、案情かえって緊要に関する」者、および「もとより分に安んぜず、必ず須らく明確に査訊し、酌量して擬懲すべき」者、ならびに「妥属保領を得ず、おそらくはそれ外出せば、また事端を滋くする」者について、ここにしばらく収容することが、久しく行われてきたと述べられるのは、同庁関係者の発言として興味深いものがある。もっとも、「命盗案内」と前置きするように、比較的刑事性の強い事案を念頭に置いて、ここでは話が進められており、軽罪囚について明言しない点には、十分な注意が必要であろう。

淡水庁側が、なお全ての情報を開示していない可能性も拭いきれないと言わねばならないのである。

さて、本史料ではすでに引用した原文に対して、添削の筆が入っているわけであるが、とくに目を引くのは、第四段の文章が半ば以上削除されているという点である。具体的には「縁査卑庁地方」より「歴来已久。節経」に至る部分、「自同治十二年八月二十九日」より「直至現在光緒二年五月止、所有管」に至る部分がそれぞれ削られ、このほか若干の加筆等も加わり、添削後の文章は概ね次のようなものとなっている。

至於押犯名冊、亦因各前任未曾造送、遂致相沿至今。現奉撫憲札行、転飭補報。仰見撫憲於経営整頓之中、仍開補過贖愆之路。惶悚感激、莫可名言。茲卑職随時査案清理。除遵将現存押人犯姓名、逐日写立粉牌、懸掛該処、並標明如係牌上未書之人有被看管、即係擅自私押、准予苦主随時喊控査究外、理合査明、現押人犯実在名数、造具清冊、稟牒呈堂台察核。

前述の原文と対照すれば瞭然だが、ここでは拘禁施設やそこに収容される罪人に関する具体的な記述が、ほとんど削られているのである。この稟稿の添削者の姓名や庁内での地位については不明であるが、原文を起草した刑房の胥吏より高い地位にいる人物、すなわちより庁の中枢に近い人物と考えるのが自然であろう。いずれにせよこの稟稿の添削者は、監獄以外の拘禁施設に関する具体的な情報を、上司に開示することについて、非常に強い抵抗感を抱いていたことは疑いない。これは推測の域を出ないが、その抵抗感の背景には、律例が禁じる監獄以外の牢獄の存在について公文書中に言明することへの危惧、あるいはこれまで上司の目を気にせずに運営していた施設の問題について、巡撫が口を出してきた事への不満、そうした感情があったのではないかと、筆者には感じられるのである。

この問題については、本文書の原文起草者も、「卑庁地方、並びて班館・所・店の設立なし」と、あえて但し書きを付していた。情報を開示する程度については、原文起草者と添削者には明らかな意識のずれがあったが、両者ともこの問題に相当神経を使った対応をしていることでは共通していると言いうるであろう。淡水庁では、光緒三年（一八七七）には、上司に対して押所の存在を認める文書を作成するようになるが（前章参照）、この文書には、そのような姿勢を決めかねている時期の同庁内部の困惑が反映されているように思われる。

結びにかえて

清朝の監獄は、刑罰の執行が開始するまでの間、一時的に罪人の身柄を拘束しておくことを主たる目的とした施設であった。従って、刑罰制度の運用に障害が生じ、覆審や執行の手続きが遅滞するようになると、そこには不当に長期間拘禁される囚人が次々と堆積してゆくこととなる。清代後期の福建では、太平天国との抗争を経た同治年代にその傾向が顕著になるに及び、総督英桂や巡撫卞賓第のもとで監犯の整理が試みられるようになり、また、これと並行して監獄以外の拘禁施設に収容される押犯の整理も議論されるようになった。ただ、この同治期の施策は、とくに官僚機構の綱紀の弛緩が大きな障壁となり、充分な成果を上げるには致らなかった。それは同省の刑罰制度が、全体的な機能不全に陥っていることを示すものであったが、このような危機的な状況は、光緒年代初めの巡撫丁日昌の時代にひとまず緩和された。それは裁判事案等についての報告をただ待つのではなく、上から積極的に監視し、官僚機構を厳しく統率する姿勢によって実現したものであった。また、この丁日昌の時代には、従来曖昧な位置に置かれていた押所・押犯が事実上公認の存在となり、やがては上司による定期的な査察の規定も立てられるにいたった。

そして、このような変化の過程に対し、末端の地方衙門がどのような反応を示したかという点につき、本稿では台湾府淡水庁の事例を紹介した。そこでは、管理の強化を図る巡撫サイドの圧力に対し、どこまで庁内の情報を開示するかという点をめぐって、困惑しつつぎりぎりの調整を試みる末端機関の姿が浮かび上がってきた。

なお、同治年間の「粉牌」による押犯管理といい、「活板説」といい、この時期の福建省では、しばしば他の省の動向にも影響されながら、司法制度の再編が模索されていた。このような各省間での制度の伝播と導入、受容の様子、またそのような動きの連鎖によってもたらされる、中国全体での司法制度の推移については、なお未解明の問題が数多く残されている。残された課題は少なくないが、一つの省という単位に即して、清末の獄政の展開を窺うという、本稿の所期の目的はある程度果たされたと思われるので、今はここで擱筆することとしたい。

註

（1） 清代における刑罰制度の概要については、滋賀秀三「清朝時代の刑事裁判」（同氏『清代中国の法と裁判』創文社、一九八四）を参照。

（2） ただし、清の制度には、皇帝の裁断を待たずに執行される死刑も存在した。枤斃や恭請王命、清末の就地正法などの手続きがそれである（清代の死刑制度については前註所掲滋賀氏論文二二四～二二六頁参照。また、枤斃については鈴木秀光「枤斃考—清代中期死刑案件処理の一考察—」（『中国—社会と文化—』第一七号、二〇〇二）、就地正法については邱遠猷「晩清〝就地正法之制〟研究」（『法律史論集』第一巻、一九九八）、李貴連『沈家本伝』（法律出版社、二〇〇〇）第五章・一「就地正法与伝統司法審判制度」などの専論がある）。

（3） 督撫レベルでの覆審が終了した後、州県に戻されず、そのまま省城の監獄に罪人の身柄が留め置かれることもありえた。そのような例については、拙稿「清代地方秋審の手続と人犯管理—乾隆年代における提犯・巡歴・留禁の問題をめぐって—」

（『史学雑誌』第一一〇編第六号、二〇〇一）第三章を参照。

（4）例えば光緒一八年上海図書集成印書局刊『欽定六部処分則例』巻四七、四八には、「承審限期」等、裁判事務に関する様々な期限についての規定が含まれている。

（5）光緒『大清会典事例』巻一二二・吏部・処分例・外省承審事件・雍正五年奏准。

（6）光緒『大清会典事例』巻一二二・吏部・処分例・外省承審事件・乾隆二五年覆准。

（7）清代の監獄制度の概要については李甲孚『中国監獄法制史』（台湾商務印書館、一九八四）第一一章「清朝之獄制」、および薛梅卿主編『中国監獄史』（群衆出版社、一九八六）第五章第二節「清朝的監獄」を参照。

（8）『大清律例』巻三六・刑律・断獄上・淹禁。なお、「淹」字には、久しく留まるの意がある。

（9）趙暁華『晩清訟獄制度的社会考察』（中国人民大学出版社、二〇〇一）第三章「晩清的積案問題」では、裁判制度の運用上生じた積案の問題について、清末の中国全体を俯瞰しながら分析が試みられる。積案の発生要因（戦争・吏治の腐敗・人口増加・財政の逼迫・交通条件の悪化）や清朝によるこの問題への対策についての検討は、とくに同時期の一省の獄制に着目した本稿とも相補するところが少なくない。趙氏が指摘された清末の獄制上の諸問題に対し、当時の地方官たちが具体的にどのように対処しようとしたのか、本稿ではそのような問いにも一つの答えを示すことになるであろう。

（10）濱島敦俊「明清時代、中国の地方監獄―初歩的考察―」（『法制史研究』三三、一九八三）四頁。なお、こうした監獄以外の拘禁施設に関する専論としては、同氏の「明末東南沿海諸省の牢獄」（西嶋定生博士還暦記念論叢編集委員会編『東アジア史における国家と農民』山川出版社、一九八四）、「試論明末東南諸省的抗・欠租与舗倉」（『中国社会経済史研究』一九八二年第三期）のほか、清代中期の江南デルタにおける「自新所」に焦点をあてた太田出「「自新所」の誕生―清代中期江南デルタの拘禁施設と地域秩序―」（『史学雑誌』第一一一編第四号、二〇〇二）、清末の華南における「班館」に焦点をあてた可児弘明「清末の班館に関する留書」（『史学』第五八巻三・四号、一九八九）などがある。

（11）濱島敦俊『明代江南農村社会の研究』（東京大学出版会、一九八二）五六一～四頁参照。

（12）清末の習芸所等について論じたものを除けば、管見の範囲では、清代後半における広東省の監獄制度について整理した万安中「清代広東監獄初探」（『学術研究』一九九八・六）がある。また、前註（9）所掲趙暁華氏著書・第五章「晩清監獄生活及獄政改良」は、清末の獄制改革前夜の監獄等の拘禁施設における囚人の生活環境について言及する。いずれにせよ定制上の監獄の運用状況についての研究はまだその緒についたばかりであり、未解明の問題を少なからず残している状況にあると言いうるであろう。

（13）福建省『省例』については、寺田浩明「清代の省例」（滋賀秀三編『中国法制史―基本資料の研究―』東京大学出版会、一九九三）を参照。

（14）酈純『太平天国軍事史概述』下編第一冊第七章、下編第三冊第一六章（中華書局、一九八二）参照。

（15）『卞制軍奏議』巻三「為命盗積案亟須設法清釐現擬従新立限責令接審官速訊詳辦以清庶獄恭摺仰祈聖鑑事」。

（16）『省例』巻三五・刑政「詳定命盗等案犯解費章程」。

（17）同右。

（18）同右。

（19）『省例』巻三四・刑政「通飭各属将押犯姓名懸牌暁諭」。

（20）『清代官員履歴檔案全編』（華東師範大学出版社、一九九七）第三冊五八一頁。

（21）州県自理の案についての月報は、これより以前、嘉慶一五年の上諭によって定例となっている（『欽定六部処分則例』巻四七・審断上・州県自理詞訟第一条）。懸牌の法についての起源は不詳であるが、少なくとも月報の法については、新しい規則の導入ではなく、遵行されなくなった旧来の規則の回復が企図されたと見るべきであろう。

（22）なお、監獄以外の拘禁施設に居る囚人の管理について、福建省では、すでに嘉慶二五年の時点で一度、月報の導入が図られている（『省例』巻三四・刑政「各属管押人犯査議章程詳明通飭査辦」）。そこでは、対象とされる罪人は「管押之犯」「管押人犯」などと表記されるが、それは「外属府州庁県均有自理詞訟及管押之犯、向来僅止月報監犯清冊、不将管押人犯一并造送」とあるように、明らかに監獄に収容される監犯と区別される存在であった。これは福建省『省例』の刑政の項において、監獄以外の施設に拘禁される罪人の管理について明示的に規定した最初の例として注目されるが、その後、こうした押犯等に関する議論は、本稿で問題として取りあげている同治年代までほとんど表面化していない。また同治年代における一連の議論を見ても、この嘉慶期の規定は、その後、完全に空文化していたと判断せざるを得ないように思われる。

（23）『省例』巻三四・刑政「通飭各属将押犯姓名懸牌暁諭」。

（24）粉牌の「粉」字の語源については不詳。この点については後考を俟ちたい。

（25）『卞制軍政書』巻三「札漳州府張署守・按察使」。

（26）呂實強『丁日昌与自強運動』（中央研究院近代史研究所専刊三〇、一九七二）八頁。

（27）以上、丁日昌の経歴に関しては、前註所引の呂實強氏著書を参照した。

（28）江蘇省における丁日昌の治績の詳細は、彼の『撫呉公牘』を通じて窺うことができる。また、彼の定めた規則の一部は、『江蘇省例』にも載録されている（同治六年藩政「月報詞訟監押各冊式」、「禁押人犯列示粉牌」等）。

（29）『丁中丞政書』巻七・撫閩奏稿一「署内設局派員清理詞訟片」。

（30）『丁中丞政書』巻七・撫閩奏稿一「清理積案以甦民困片」。

（31）同右に、「臣任蘇撫時、創立章程、通飭各属、将詞訟按月造冊通報、予以功過、明示勧懲。並令将押犯姓名懸掛粉牌、按月另冊造報。必隠者彰之、使顕然後、官吏不敢任意欺朦。仍随時派員、密査報冊与実数是否相符。遂漸無延案私押之弊、而民困亦藉以稍蘇」と見える。

（32）【表3】の典拠は以下の通り。『丁中丞政書』巻七・撫閩奏稿一「清理積案以甦民困片」、「設法清理監押人犯并勒限査辦疏」、同書巻八・撫閩奏稿二「彙参摘頂勒限清理積案片」、「結銷積案各員開復片」、「特参謬妄不職知県疏」、「福清県知見魏弼文革職片」。

（33）【表4】の典拠は『淡新檔案』刑事・総務・冊報（31202-3）。なお、本稿では、東京大学法学部所蔵のマイクロフィルム版を利用し、史料の整理番号も、このマイクロ版の記載に従って付すこととする。

（34）【表3】【表4】には、裁判事務以外の事柄でも指弾され、加重的に処罰された例も含まれる。

（35）『丁中丞政書』巻七・撫閩奏稿一「設法清理監押人犯并勒限査辦疏」。

（36）『淡新檔案』刑事・総務・執行（31801-16）。文中の「□」は、史料の汚損により判読不能な文字を示す（以下同じ）。
（37）『淡新檔案』刑事・総務・執行（31801-Ⅱ2）。
（38）『淡新檔案』刑事・総務・執行（31801-Ⅱ5）。
（39）『淡新檔案』刑事・総務・執行（31801-Ⅱ14）。
（40）光緒七年重刊『羈所宜改活板説』に附される浙江布政使徐宗幹の序（咸豊九年正月上元）、および劉毓焜の自序（道光二八年孟春）を参照。本書は『淡新檔案』刑事・総務・執行（31801-Ⅱ34）に収録される。
（41）Kerr,J.G.,“The Prisons of Canton”, *The China Review* vol. 4, 1875-1876 によると、一九世紀後半の広東省広州府城には、死刑囚を対象とした「大監」のほか、微罪を犯した者や債務を負った者を拘禁する「羈所」や「差館」と呼ばれる施設が存在したという。
（42）『淡新檔案』刑事・総務・執行、光緒九年三月一二日、台北府発、新竹県宛移文（31801-Ⅱ39）。『羈所宜改活板説』通行の経緯については、同31801-Ⅱ35も参照。
（43）『淡新檔案』刑事・総務・冊報（31202-3）。
（44）『淡新檔案』刑事・総務・冊報（31202-5）。なお、本分後半には、原文の上に添削者が付したと思しい楕円の記号（原文の削除を示す記号と考えられる）が数珠つなぎ状に記されており、さらにその上に押印がなされているため、今回利用したマイクロ版では原文を判読することが非常に困難となっている。引用文後半に判読不能を示す「□」が多いのはこのためである。なお、「究」等は文字の判読可能な部分と、前後の文脈から、筆者が推測して補った字句を示す。なお、引用中の「○」は、原文でも圏点で示される（ここでは人名の省略記号として用いられる）。

〔付記〕本稿は、二〇〇〇年一一月一二日開催の史学会第九八回大会における口頭発表「清代福建における監禁と徒流」の一部を改稿したものである。

洪武初期における宝源局・宝泉局の設置と運営

益井岳樹

はじめに

地方政権からの脱却を図る朱元璋政権にとって、統一王朝の枠組みを早期に成立させ、政権の安定化を図るには、いくつかの要素が必要であったと考えられる。本稿で取り上げる通貨の安定と統制もその要素の一つである。取るべき通貨体制の前提として、この新王朝が市中に蓄積された既存の銅銭の量を把握することは不可能であったし、前王朝の轍を踏む可能性もある紙幣を新規に発行することも困難であった。そこで、少なくとも流通上信用度が高かったと考えられる銅銭を通貨として採用したのであろう。結果的には王朝が発足してまもなく紙幣を発行するものの、洪武期のほぼ最後まで銅銭を公認し続けることになる。この銭鈔兼用の通貨体制を維持しようとする姿勢こそが洪武期の通貨政策の基本なのでは無かろうか。最終的に銅銭を排除するという結果の如何を問わず、こう考えた際に、銅銭の発行過小と紙幣の発行過多が政府が統制する通貨政策に破綻をもたらしたという、やや簡潔に過ぎる洪武期の通貨政策概観を見直す必要があるのではと感じるようになった。そこで、本稿では、宝鈔の発行を通貨政策の区切りと考え、銅銭を使用しての通貨の統制と安定を模索し続ける洪武初期の通貨政策を、その前半までを扱うことにする。

一　元末明初通貨状況概観と研究方法

明朝初期の政策決定に多大の影響を与えたと考えられる王禕は、早くから国家が通貨を統制する必要性を指摘している。[1] 宋代まで永らく銅銭を単一の基軸通貨としてきた中国は、元代にはじめて紙幣を単一通貨として導入したものの、経済活動の中心地であった江南地域を支配下に収めるに従い、紙幣に対する安定的な統制を持続することが難しくなっていったと考えられる。[2] 元朝末期には、通貨は国家の統制を完全に離れ、市中では取引の規模に応じて銀と銅銭に通貨の使用が二分され、庶民の消費生活においては再び銅銭を主体とする通貨経済が復活していた。元朝の統治の安定性が失われるにつれ、当時各地で割拠しはじめた反乱勢力が、安易に紙幣を発行せず、銅銭を鋳造発行したのは、この変化する通貨流通の実情に則した政策を採用していったためと考えられよう。また副次的な意味として自らの政権の正当性を主張することによって、将来の統一国家としての自立を目指していたことも考慮しなくてはならない。これは、当時諸勢力によって発行された六種類の銅銭が、自称する王朝の元号を銭文に使用していたことにも示されている。[3] ただ、これらの銅銭は浮沈の激しい地方政権同様、短期間しか発行されなかった上、流通域も限定的であり、また鋳造量も非常に少なかったためか、今日では稀覯のものとなってしまっている。

最終的にこの混乱を統一した朱元璋政権も、一地方政権であった当時、既に大中通宝を発行し、名実共に統一王朝を樹立した後には、早々に洪武通宝を発行し、[4] 自らの支配地域における通貨の統制を銅銭によって行う姿勢を保ち、地方政権以来の通貨政策に継続性を持たせていたと考えられるのである。

この銅銭を単一通貨とする通貨政策は、洪武八年に紙幣である「大明宝鈔（以下宝鈔）」の発行によって事実上、放棄されてしまった。新たに発行された宝鈔に関し、明朝が早期に発行・流通に関する統制を失い、額面と流通上の価値が乖離し続けた結果、元朝末期と同様に、通貨としての役割を果たさなくなっていったことは、制度上・政策上の面から過去の研究でも詳細に検討がなされてきた。(5) しかし、少なくともこの洪武八年までは、銅銭のみが通貨として発行されていた以上、明朝の通貨政策も銅銭を中心に方向付けられており、(6) また、宝鈔が発行後も、洪武二十七年の使用禁令までは、銅銭も通貨としての使用が公に認められていたことは考慮に値するのである。(7)

明初の銅銭については、檀上寛氏が一九八〇年の研究の中で、当時の通貨政策の推移を、銅銭と宝鈔の発行政策と明朝初期の統治政策が内含する意義とを絡める形で体系的に論じ、宝鈔の発行そのものの意義付けについて、単なる通貨としての認識を超えた枠組みから論じている。(8) また、近年では宮澤知之氏が明初における銅銭・宝鈔・銀の関係を時間の推移と通貨政策上のそれぞれの位置づけの変化の点から論じている。(9) 両氏はこれらの研究を、多くは『大明太祖高皇帝実録（以下『太祖実録』）』に依って構成している。この時代の史料そのものが少なく、その結果として『太祖実録』はその史料的価値を高め、この時代の研究者はだれもがこの手法を基本的に採用し、傍系史料で補いながら研究を積み重ねてきたのである。史料の少なさそのものはやむを得まい。しかし『太祖実録』に記されている宝源・宝泉局に関する記述と、他の史料に記載されたそれには差が有る場合や、相反する場合が有り、相違点も少なくない。また、これまでの理解や解釈では納得しがたい点もいくつか存在する。そこで、本稿では、これらの既存の研究に現存する実物史料を加えて考察することにした。

二　鋳銭局の設置条件

そもそも支配地域全体でまんべんなく鋳銭を行う必要はあるのだろうか。通貨に対する考え方は各地毎に異なり、それによって銅銭に対する価値観も異なると考えなくてはなるまい。大中通宝が発行された当初は、朱元璋は未だ一地方政権に過ぎず、洪武通宝が発行された当時でさえ、明朝は安定した王朝であったとは言い難い。それにもかかわらず、実物史料から見れば、文献史料からは地方政権期と見なされる時期に発行された大中通宝でさえ、各地で鋳造発行されていたと考えられるのである。これはなぜなのだろうか。

『万暦大明会典』の、洪武二十六年の鋳銭則例に依れば、鋳造を行っていたのは北平・広西・陝西・広東・四川・山東・山西・河南・浙江・江西の十布政司であり、応天府を合わせた十一カ所において銅銭が鋳造されていたことになる。しかし、その他の史料、また銭譜及び実物の大中・洪武通宝の背面に残されている文字から考えるに、湖広・福建においても鋳銭が行われていたと考えられるので、最大時には計十三カ所において鋳造が行われていたと考えて良い。

そもそも、大中通宝の鋳造が開始された至正二十一年当時は、南京の宝源局のみが設置され[10]、至正二十四年に江西に貨泉局（後の宝泉局）が設置され[11]、その後、支配地域の拡大とともに各地に宝泉局が順次設置されていったものと考えられている。この時期の各地での鋳銭は、元末に設置された諸路の宝泉提挙司を踏襲したと考えられているが[12]、これらの宝泉局いずれにおいても大規模な鋳銭が行われていたわけではない。当時は銅資源の枯渇が深刻であり、宋代に見られたような大規模な鋳銭を可能にする原材料の供給は不可能であったと考えられるからである。このことは元朝末期に行われた銅銭の鋳造も、原材料の供給不足が問題視された状況下で行われていたことからも理解できる。(13)当時も若干の銅産はあったものの、鋳銭量の確保には、民間から銅を回収して鋳銭に充てざるを得ない状況であった。この状況が明初期に急速に回復するとは考えられない。鋳銭量の少なさは、相対的に流通上に見いだされる銭種の割合に反映し、「(前略)洪武銭、民間全不行、予幼時嘗見有之、今復不見一文。蓋銷毀為器矣。(後略)」(陸容『菽園雑記』巻十)と、さほど時代を経ない内に流通上から消えていた様子からも、鋳銭量そのものはさほど多くなかったことがわかるのである。(14)

銅銭の絶対数に影響する原材料の供給と鋳造量の問題は、洪武期の通貨政策に少なからぬ影響を与えたに違いない。しかし明初期の銅産についてはあまり記録が無いのである。『太祖実録』所載の明初の池州府に産する銅は、(15)水運を利用して南京宝源局の鋳銭に、また『明史』所載の徳興・鉛山に産する銅は、(16)江西・湖広等の宝泉局での鋳銭に供されていたと考えられよう。これと同様に各地の宝泉局へも近隣の銅産地から原材料が供給されていたものと考えられる。(17)ただ各地域における銅産に差がある以上、各宝泉局の銅銭の鋳造額にも相応の差があり、このことは史料からも明らかである。(18)このことから、各局では原材料の調達から銅銭の鋳造・発行までをその地域において一貫して行っていたためと考えなくてはならない。この銅銭の鋳造発行に関する現地調達・現地供給という方法は、明代に始まったことではないようである。元末に鋳銭政策を提言した王禕が「夫銭便於貿易。而銅不便于転輸。転輸不便。故即其所出而鼓鋳。貿易相便。故随其所在而流布。此勢之必然。」(王禕「泉貨議」『皇明経世文編』(王忠文公集)』)と述べていることからも、既存の制度であったと判断できるのである。

この地方毎に独自の鋳銭が行われていたという事実は、実物史料からも理解できる。宋銭に見られる銭文・字体上のある種の統一感は、(19)大中・洪武通宝では希薄化し、地方の鋳銭局毎に特色のある字体が見られる。この結果、背面に鋳銭地を示す文字が鋳られているもの（紀地銭）が存在していることにも助けられ[20]、光背銭（背面に文字のない銭）であっても、鋳造地の特定が或る程度可能であることは銭幣学の分野から指摘され、細かい分類が既になされてきた[21]。

こういった先行研究や、文献史料および実物史料からの検討によれば、各宝泉局での大中・洪武通宝の鋳造は、おそらく鋳造に際して、中央政府から銭文の指定はなされるものの、それぞれの字体まで関与されることはなく、鋳銭に使用する母銭の製作は、各地に任されていた可能性を示唆している[22]。明初の銅銭の鋳造発行政策の主眼は、銭そのものの体裁には置かれず、むしろ通貨としての銅銭の供給環境の安定に置かれていたということが出来るのである。

三　実物史料と文献史料の比較検討

今日まで理解しがたいとされてきたこの時期の銅銭の鋳造についての問題の一つは、大中通宝と、洪武通宝の鋳造時期の切り替えの問題である。一般には、当初計画していた「大中」という年号が統一王朝樹立に際しては採用されず、「洪武」という年号が採用された結果、洪武通宝の鋳造に切り替えられたと考えられてきた。『太祖実録』中の洪武元年三月辛未の記述が[23]、この論拠となっており、洪武通宝の鋳造・発行と同時に宝源・宝泉局では既存の大中通宝の鋳造は停止されたと考えられてきたのである[24]。この問題に関してその研究の中で取り上げた宮澤氏も、この時期に鋳造工程上は洪武通宝への切り替えが行われたことを認めている[25]。しかし、複数の大中・洪武通宝の紀地銭の存在は、この文献史料とは相矛盾することになる。

ここでは検討例として大中通宝と洪武通宝に存在する背北平銭を取り上げることにしよう。奥平昌洪氏は文献史料上から考えれば大中通宝と洪武通宝の鋳造期はこの洪武元年三月を期にわけられるという考え方に対して、二種類の銭が並鋳されていた中間期が存在する可能性を挙げた。[26] 同氏は、『明史』所載の北平府の設置が洪武元年八月であるのに、大中通宝の鋳造が洪武元年三月辛未に停止されたという考え方は、大中通宝背北平銭と洪武通宝背北平銭が並存する（図）という矛盾点に着目し、このことから大中通宝は洪武期に入っても当分の間、鋳造が継続されていたと考えたのである。[27]

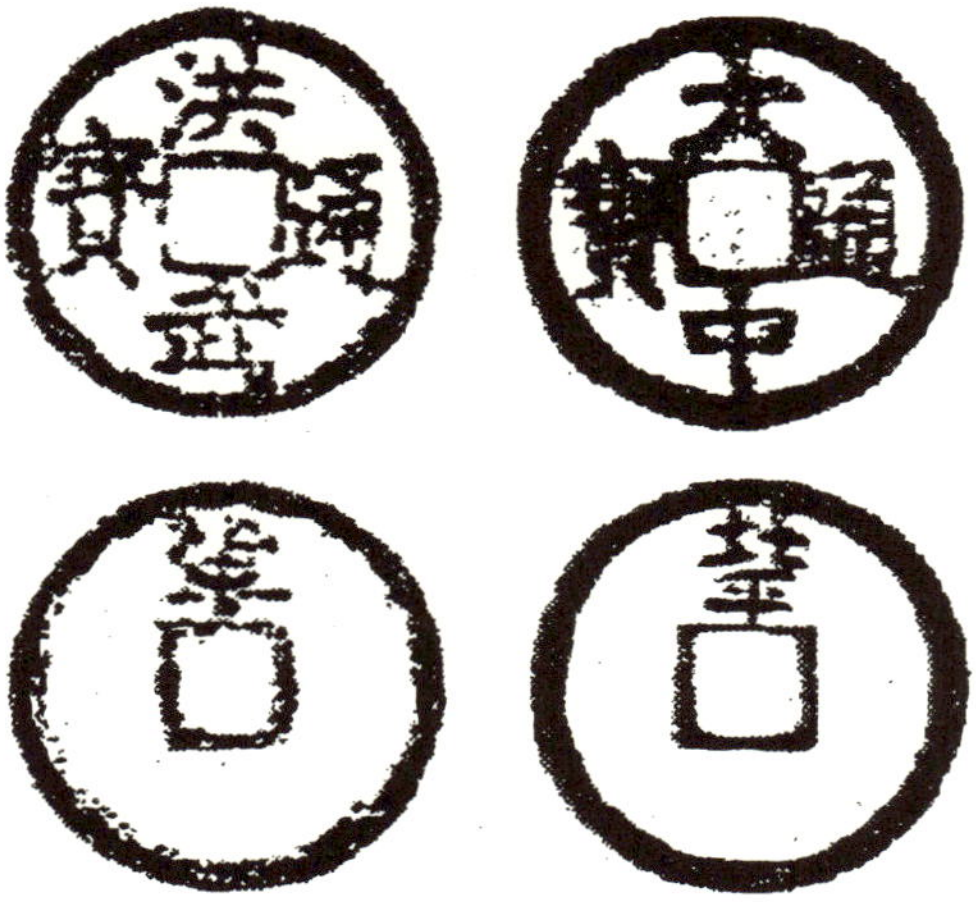

大中通宝・洪武通宝、背北平小平銭の図
出典:『簡明銭幣辞典』上海戸籍出版社（1991）

発行される通貨に使用される年号に対し、明朝政府はさほど関心を払わなかった可能性はある。この姿勢は、たとえば宝鈔上には明末に至るまで継続的に「洪武」の文字が使用されていることや、[28] 後の天啓年間に提起された、旧銭を補鋳しようとした政策にもあらわれていると考えられる。[29] こういった姿勢や、現物史料・文献史料を鑑みれば、大中通宝と洪武通宝には並鋳期が存在し、大中通宝は洪武期に入っても鋳造が継続されていたという同氏の考えは正しいとしなくてはならない。

しかし、この考えにもいくつかの問題点が存在する。奥平氏は北平府の設置と背面に北平という文字の入ったこれらの銭の鋳造をほぼ同時期と考えていたが、これには史料解釈上の齟齬がある。実際に北平行省が設置されたのは洪武二年三月癸丑のことであり、[30] さらにその地の鋳銭を担う宝泉局が設置されたのは洪武六年十月癸巳のことである。[31] これでは上述した洪武通宝の初鋳時期からはかなりの時間が経過していることになる。結果、当該地域の支配とその地域における開鋳は別の問題であることが理解できるのである。[32]

こういったことから、まず奥平氏の提起した並鋳時期の存在は確認される。これに加えて洪武期に入ってかなりの時間的経過が見られてもなお、大中通宝の鋳造が新たに行われ、また継続されていた、と結論づけて良いだろう。

四　宝源・宝泉局の設置と改変

北平府の一例に見られるように、宝泉局の設置に関する問題は、ひとくくりに論じることは出来ないようである。ここではこの問題に関し、利用しうるいくつかの史料から、相互に関連すると思われる記述を拾い出し、時系列を追って再検討を加えることにした。[33]（各項目の『実録』は『大明太祖高皇帝実録』、『会典』は『正徳大明会典』、『王続』は『王圻続文献通考』、『欽続』は『欽定続文献通考』を指す）

①至正二十一年二月己亥　南京宝源局を設置し大中通宝を鋳造（『実録』・『国榷』・『会典』・『王続』・『欽続』[34]）

②至正二十四年四月壬戌　江西貨泉局を設置し鋳銭開始（『実録』・『国榷』・『会典』・『王続』・『欽続』）

この記述は史料によって二種類に分かれ、『実録』・『国榷』・『欽続』では「江西行省に貨泉局を設置」、『会典』・『王続』は「江西行省〝等〟に貨泉局を設置」となっており、その他の行省でも鋳銭が開始されたことになっている。

百瀬氏は『明史食貨志譯註　補訂版』（東洋文庫・一九九六）下巻『銭鈔』六八七頁で、数種類の大中通宝紀地銭の存在を挙げ、この時期に複数の行省で鋳銭が開始されたと考え、これにより『会典』等の記述が正しいと指摘している。しかしこの指摘は訂正を要する。行省が正式に設置された後に貨泉局が設置され、鋳銭が開始されたことを前提にすれば、至正二十四年四月壬戌時に貨泉局が設置され鋳銭が開始されたと考えられる行省は、江西に加えて湖広・福建だけであろう。浙江では至正十八年十二月丙戌に浙江分省が設置されたものの、行省が設置されるのは至正二十六年十二月己未のことである。ただ、もし貨泉局の設置が『実録』の〝行省〟という行政単位にこだわらないとすれば、少なくとも浙江ではこの時期に大中通宝の鋳造が開始された可能性はある。[35] しかし先述した北平及び、後の⑦でも触れるが、四川ではまだ分省や行省が設置されておらず、鋳銭は開始されていまい。

③洪武元年三月辛未　　京師・各省において洪武通宝鋳造（『実録』・『国榷』・『会典』・『王続』・『欽続』[36]）

　洪武元年七月辛未　　鋳銭を停止、またすぐに再開する（『実録』・『国榷』・『欽続』）

④洪武四年二月丁卯　　大銭を改鋳し、小銭を鋳造（『実録』・『国榷』・『欽続』）

　ここで取り上げられた大銭の小銭への改鋳は、記述がそれぞれ異なり理解に苦しむ。『実録』では大中・洪武の大銭を改鋳し小銭としたとし、その理由も述べているが、[37]『国榷』では単純に洪武通宝小銭を鋳造したことを述べているだけであるし、『欽続』では大中通宝大銭を小銭に改鋳したことは述べているものの、[38] 洪武通宝大銭に関する記述はなく、どのような形で改鋳が実施されたのかがはっきりしない。[39]

⑤洪武五年七月乙未　宝源局火災（『実録』・『国榷』）
⑥洪武六年三月丙寅　四川宝泉局設置（『実録』・『国榷』）
洪武六年十月癸巳　北平宝泉局設置（『実録』・『国榷』）

『実録』に依れば、四川行省は洪武四年七月丙子に設置されたことになっている。これは先述した北平における行省の設置と宝泉局の設置の時間的ずれに類似し、統治体制の確立と銅銭の鋳造発行が一致しないことの一例としてあげられよう。(40)

⑦洪武八年三月辛巳　宝源局における鋳銭停止（『実録』・『会典』・『王続』・『欽続』）
洪武八年九月己巳　福建宝泉局廃止（『実録』・『国榷』）

⑥で扱った山西・北平における宝泉局設置に関する記述や、⑦の福建に設置された宝泉局が単独で廃止された記述からも、各地での鋳銭が一律に管理されていたのではないことがわかる。宝泉局の運営は各地で柔軟に行われており、時宜に応じてそれぞれ停鋳・開鋳を行っていたと考えると、(41)洪武二十六年時点では、この二地域では鋳造を停止しており、洪武二十六年時の鋳銭則令の中に含まれなかったと考えるのが妥当である。

⑧洪武九年六月己酉　　各布政司の宝泉局を廃止（『実録』・『国榷』・『会典』・『王続』・『欽続』）

一般にこの⑦の宝源局における鋳銭の廃止と⑧の各布政司における宝泉局の廃止は洪武八年に発行された大明宝鈔の流通を促すためであるとも考えられている。[42] しかし銅銭の使用が宝鈔の流通促進のために禁止されるのはさらに後のことであり、洪武八・九年の宝源・宝泉局の相次ぐ鋳銭の停止は、あくまでそれまで行われてきた鋳銭政策の流れの一環として行われたのであって、宝鈔の発行とは直接関係は無いと考えられるのである。

小　結

ここまでの検討から、宝源局宝泉局は中央政府によって一括して管理されていたわけではないと結論づけて良いだろう。鋳銭事業は各地方の実情に応じ、柔軟性を持って運営されてきたのである。この柔軟性は、今回の研究で立証できたと考える大中通宝と洪武通宝の並鋳期の存在にも反映している。しかし、本稿では洪武初期の鋳銭事業の実態こそ確認できたものの、宝源局や各宝泉局のそれぞれの設置と廃止、行省の設置と宝泉局の設置の時間差の問題、大中通宝がなぜ洪武期に入っても鋳造が新規に行われたか、また継続されたのか、等の根本的理由を明らかにすることは出来なかった。

本研究は、銅銭の鋳造発行政策からみた、基本通貨を銅銭とする通貨問題が比較的安定していたと考えられる洪武期前半に関するものである。さらに洪武期後半の通貨問題が動揺する時期をも加えた上で、洪武朝期の通貨政策の問題について総括的な考察を加えることについては、今後の検討課題としなくてはならない。

註

（1）王褘「泉貨議」『皇明経世文編（王忠文公集）』。

（2）高橋弘臣『元朝貨幣政策成立過程の研究』東洋書院（二〇〇〇）。

（3）張士誠〝天佑通宝〟（一三五四～一三五七）、韓林児〝龍鳳通宝〟（一三五五～一三六六）、徐寿輝〝天啓通宝〟（一三五八）〝天定通宝〟（一三五九～一三六〇）、陳友諒〝大義通宝〟（一三六〇～一三六一）、朱元璋〝大中通宝〟（一三六一～一三六八）。なお、後述するが、これまで一般に考えられてきたように大中通宝に関しては一三六八年で新規の鋳造が終了したわけではない。洪武通宝の発行開始までが単独で鋳造されていた時期であると考え一応の区切りとした。

（4）洪武通宝の発行は洪武元年三月であり、明朝のその他の制銭が新皇帝即位以後、かなりの時間を経て鋳造が開始されている状態と比較すると極端に早いことがわかる。これには上述した宣伝効果を担う副次的意味合いもあったと思われるが、何よりも元朝期の通貨の紙幣化による経済の混乱を収拾する意図を明確化し、経済面からの求心力を高めることを狙ったものと考えて差し支え有るまい。

（5）永江信枝「明代鈔法の変遷―その崩壊の原因を中心として―」『史論』第九集（一九六一）等。

（6）拙稿「元末明初貨幣考」『佐久間重男先生米寿記念　明代史論集』汲古書院（二〇〇二）。

（7）『実録』洪武二十七年八月丙戌にはじめて銅銭の使用が公に禁止される。その時期までは政府による支出に銅銭が頻繁に使用されており、奥山憲夫氏は「洪武朝の絹・銅銭等の賜給について」『国士舘大学文学部人文学会紀要』三〇（一九九七）において『太祖實録』中に見られる賞賜に使用された銅銭についても詳細な検討を加えている。なお、洪武期に於ける文献上で確認できる公の銅銭の最後の支出は、『従信録』に記載された、「洪武二十四年。賜長興侯耿炳文緡銭五萬」ではなかろうか。

（8）檀上寛「初期明王朝の通貨政策」『東洋史研究』39―3（一九八〇）。

（9）宮澤知之「明初の通貨政策」『鷹陵史学』28（二〇〇二）。

（10）『太祖実録』辛丑（至正二十一年）二月己亥条「置宝源局、鋳大中通宝銭。先是中書省議以国家新立、銭法未定。民以米麦与銭相貿易、毎米一石官直銭千、而民間私易加至三千。然銭貨低昂豈能久而不変。令請置宝源局於応天府、鋳大中通宝銭、使与歴代銭兼行。」

（11）『太祖実録』甲辰（至正二十四年）四月壬戌「命江西行省置貨泉局、設大使副使各一人、頒大中通宝大小五等銭式、使鋳之。」

（12）『欽定続文献通考』巻九銭幣三「順帝至正十年十月、置諸路宝泉都提挙司於京城。明年十月、又立宝泉提挙司於河南行省及済南冀寧等路凡九。江浙江西湖広行省等処凡三。」

（13）『欽定続文献通考』巻九銭幣三「武宗至大三年正月初、行銭法。―中略―至大二年九月、大都立資国院。山東河東遼陽江淮湖広川漢立泉貨監六。産銅之地立提挙司十九。十月以行銅銭法詔天下。―中略―又民間拘銅器甚急弗便。」

（14）陸容は正統元年（一四三六年）の生まれであり、幼いときには洪武通宝を見たことがあったものの、『菽園雑記』を記述した頃には見なくなったとしているので、洪武通宝は百年足らずの間に流通上から姿を消したことになる。

（15）『太祖実録』洪武五年十二月庚子「洪武初年、地州府採銅一十八萬斤」。

（16）『明史』食貨志・五「銅場、明初、惟江西徳興鉛山。」

（17）例えば山東宝泉局に銅を供給していたと考えられるのは臨朐県七宝山や莱蕪県等であろう。『元史』食貨志・歳課「銅在益都者、至元十六年撥戸一千於臨朐県七宝山等処採之」とあり、また『明史』の済南府の項に「莱蕪県諸山多産銅鉄錫」とある。同様に北平宝泉局に関しては、『元史』食貨志・歳課に「（銅）在遼陽者、至元十五年撥採木夫一千戸於錦瑞州雞山巴山等処採之」とある。同じく浙江宝泉局に関しては『元史』食貨志・歳課「（銅）在澂江者、至元二十二年撥漏籍戸於薩矣山煽煉、凡一十有一所」とあり、元代にすでに銅産が確認されているので、これらの銅産地から原材料となる銅が供給されていたと考えて良い。明代の銅産地については一覧が夏湘蓉・李忠均・王根元編著『中国古代工業発展史』明文書房（一九七九）に記載されているが、それらの銅山が開発された時期については明らかではない。

（18）洪武二十六年鋳銭数各書所載稍有出入。『万暦大明会典』巻一九四『鋳銭』項下の記載は以下の通り。北平：二十一座：千二百八十三万四百文、広西十五・五座：九百三万九千六百文、陝西：二千三百三万六千四百文、広東：十九・五座：千百三

十七万二千四百文、四川：十座：五百八十三万二千文、山東：二十二・五座：千二百十二万二千文、山西：四十座：二千三百三十二万八千文、河南：二十二・五座：千三百十二万二千文、浙江：二十一座：千百六十六万四千文、江西：百十五座：六千七百六万八千文となっている。これ以外にも、福建・湖広においても鋳造が行われており、さらに『実録』至正二十三年十二月の記述に依れば、南京宝源局の当時の鋳銭量は三千七百九十一万文前後となっているので、この鋳銭数が洪武二十六年まで維持されていたとすると、江西に次ぐ銅銭の鋳造量を誇っていたことになる。この至正二十三年の宝源局の鋳銭数を加えると、二億二千七百三十二万四千八百文の鋳造能力があり、さらにこれに福建・湖広の鋳銭量が加わることになる。

(19)「宋代の銭幣の字体の美しさには芸術的価値さえある。」と彭信威氏は述べている。宋代の銭幣の多くは特定の人物が銭文の文字を書き、その字体をそのまま銭范に使用したため銭の書体（真書・篆書・行書等）の区別は多いものの、字体そのものは非常に整っており芸術的価値が非常に高いと同氏は結論づけている（前掲書）。一方、大中・洪武通宝には字体に統一が無く、むしろその字体だけからでも鋳銭地が特定できることから、おそらく各地方において独自に范を作成したものと考えて良いだろう。

(20) 鋳造地を示す背面の文字種類には、「北平」「豫」「濟」「京」「浙」「福」「鄂」「廣」「桂」が挙げられる。

(21)『洪武通宝図譜（『銭貨』創刊五〇号記念特集号）』昭和五〇年一月一日静岡いずみ会。

(22) 典型的な例が背福（福建鋳造）の洪武通宝小平銭に存在する。一部のものには通宝の宝が本来「寶」となるところ「寳」となっており、母銭の製作にあたって字体をまねたものではないことを物語っている。

(23)『太祖実録』、洪武元年三月辛未。
「命戸部及行省鼓鋳洪武通宝銭。」

(24) 洪武通宝の鋳造に関して、この際に彭信威氏は『中国貨幣史（第三版）』六二八頁の中で、洪武元年に南京宝源局以外の各省に宝泉局を設置して洪武通宝を鋳造するようになったと説明しているが、これは正確ではない。以下詳述。

(25) 宮澤知之前掲論文。

(26) 奥平昌洪『東亜銭志』岩波書店（一九三八）（昭和四十九年歴史図書社復刻）。

（27）奥平氏の考え方は、鋳銭を担当する機関の設置が鋳銭の開始を意味する、という点に基本が置かれているが、この点には検討の余地がある。ただ機関の設置と鋳銭開始に相互の関連性は無いとすれば、これまでの研究の根本が崩れてしまうので、ここでは基本的な考え方に沿うものとする。
（28）『太祖実録』洪武三十五年十一月己亥。
（29）王圻『続文献通考』巻十八「皇明銭法」嘉靖三十二年の項に、洪武から正徳にいたる年号の銭を補鋳しようとした記述があるが、鋳銭予定額が莫大であるため実行に移されたかどうかは疑わしい。
（30）『太祖実録』洪武二年三月癸丑。
（31）『太祖実録』洪武六年十月癸巳。
（32）屠燕治「大中通宝広五銭的発現与考辨」『中国銭幣』（一九九八年第一期）の中で同氏は、洪武期に入り、広東に行省が設置されると同時に大中通宝の鋳造は停止されたため、大中通宝背廣五銭は得難いとしているが、後述するように洪武通宝の鋳造開始が必ずしも大中通宝の鋳造停止を意味しているわけではない。
（33）この当時の宝源・宝泉局の設置に関して諸史料による記述に揺れがあることは、和田清編『明史食貨志譯註　補訂版』（東洋文庫・一九九六）、下巻『銭鈔』を筆記した百瀬弘氏が指摘しており、『明史』・『明史稿』の記述には問題が多いとされているので、ここでは挙げないこととする。
（34）『大明会典』・『王圻続文献通考』には明確に時期を記していない。『欽定続文献通考』には月までは記しているが日は記していない。
（35）背面上部に〝浙〟の字を冠する大中通宝の存在は極めて多い。数量上は光背銭に次ぐと考えられる。
（36）この記述も二種類に分かれ『太祖実録』・『国榷』には明確に月日が記されているが『大明会典』には月日がなく、『王圻続文献通考』には洪武初、『欽定続文献通考』には洪武元年三月、といずれも曖昧な記述に留まっている。
（37）『太祖実録』洪武四年二月丁卯
「命改鋳大中洪武通宝大銭為小銭。先是、宝源局所鋳新銭、皆鋳京字於其背。其後多不鋳。民間以二等大銭無京字者不行使。故命改鋳為小銭以之便。」

（38）『欽定続文献通考』（洪武）四年二月改鋳大銭為小銭
「宝源局所鋳大中通宝大銭皆鋳京字於背、後多不鋳。民間以二等大銭無京字者不行。故改為小銭以之便。」

（39）この問題をさらに複雑にしているのが、後に出てくる『国榷』洪武二十二年六月癸丑の記事である。この問題に関して宮澤氏は、これまで一般的であった、これを機に全ての大銭が小銭に改鋳された、とする理解に疑問を呈し、その根拠として『太祖実録』洪武二十二年六月癸丑、同洪武二十三年十月戊辰、『諸司職掌』に述べられている銭制則例の大銭に冠する記述を挙げている（宮澤前掲論文）。この指摘は最後に鋳造されたと考えられる紀重銭の存在からして是とするに足る。

（40）なお、山西にて鋳銭が行われていたことは洪武二十六年の鋳銭則例からも明らかであるが、山西を示す紀地が鋳られた大中・洪武通宝は存在しないため、いずれの光背銭が山西鋳のものかを特定することが困難であることを断っておく。

（41）今回の研究では触れないが、『太祖実録』洪武二十二年六月甲子には江西・河南・広西・陝西・山西・山東の六布政司所轄の宝泉局の鋳銭を復活させ、浙江・湖広・福建・広東ではそのまま継続したことを記している。これ以前の状態では先の六布政司は停鋳しており、後の四布政司は鋳銭を継続していたことになるので、この点からも宝泉局に対する統制が一律に行われていたと考えることは難しい。

（42）彭信威前掲書（第七章「明代的貨幣」）。

明代の歇家について

谷口規矩雄

一　はじめに

本稿で取上げようとする「歇家」については、かつて西村元照氏[1]、山本英史氏[2]等によって論じられ、その実態について、基本的な点はかなり明らかにされたと言ってよいと思う。即ち明末以降、歇家が税糧徴収に際して、税糧の包攬を行う中心的担い手となっていたということである。ところで歇家は本来旅舎であったこともよく知られたことであった。例えば『六部成語』戸部・歇家の条に「停歇客商、貨物之家」とあることによっても明らかであろう。また歇家が訴訟の代行を行ったこともよく知られているが、本稿では歇家を税糧の包攬との関連を中心に考察したいと思うので、この面については一切触れないことにしたい。

ところで上にも指摘したように、歇家は元来旅舎であったと理解されている。一方税糧の包攬は既に宋代に存在したことが指摘されている。とするならば包攬という行為は歴史的にはかなり古い時代から続行されてきたわけであるが、それが何故に明末にいたって旅舎である歇家と結びついて、歇家が包攬を行う中心的存在になったのであろうか。歇家の旅舎としての機能が如何なる理由で、何時の頃からか変化して、そのような存在になったかを探ることが本稿の目的である。

二　明代中期の歇家

従来知られているところでは、上述のように歇家は旅舎であった。しかしこれとは若干性格の違ったものとしての歇家の存在を指摘されたのは新宮学氏であった。氏は近作の論文「通州・北京間の物流と在地社会」（山本英史編『伝統中国の地域像』第一章、慶応義塾大学出版会、二〇〇〇年）のなかで（二六頁）、倉役としての歇家の存在と、その役割を解説しておられる。その点をもう少し史料により具体的に示すと次のようである。『通糧庁志』巻八、服役志の倉役の条に

歇家。毎一官下。額設一五名。共三三〇名。専管包囤糧米進廒。修整倉墻。……
下官歇家。二五名。運官于彼安歇。一応糧銀・板席未完。倶属承任。

と記されている。但し下官歇家の条は嘉靖『通州志略』には見えないので、これはそれ以後の時代になって増設されたのであろう（『通糧庁志』は万暦三三年刊）。いずれにせよここに上げられた歇家は一般的な旅舎としてではなく、通糧庁管下の徭役の一つとして設置されている。その業務は、新宮氏もいわれるとおり「糧米の屯積や倉廒への搬入、倉墻の修理を請負う」ことであった。それに下官歇家の条には、運官を宿泊させたことが記されているから、恐らく漕糧を運搬してきた運糧戸も宿泊させたにちがいない（この点は後文で触れる）。歇家が糧米を屯積する以上、運糧戸を宿泊させることは当然有り得たと思われるからである。この点からいえば、歇家はやはり旅舎としての機能を持っていたということになる。とするならば倉役としての歇家は他の主要な、例えば臨清などの水次倉のほか、国家の重

要な倉庫には必ず付設されていたものと考えられる。しかし管見の限りでは他の倉庫についてその実例を見出すことが出来ない。しかし『正徳会典』巻三九、倉庾二、内外倉廒、事例の弘治一二年の条に次のような記事がある。

一二年。奏准。凡京倉小脚・歇家。営求在官。指称公用為由。索取囤基等項銭物。…

この文によれば全京倉には歇家、小脚が存在したと読み取れる。そして同一三年の奏准には

在京在外并各辺。但係一応収放糧草去處。若職官子弟・積年光棍・跟子・買頭・小脚・跟官伴当人等。三五成群。搶奪籌斛。…

と記されている。この文には歇家は記されていない。しかし『万暦会典』巻一六四、刑部六、戸律二、倉庫の「多収税糧斛面」の条にはこれと同じ条文が引かれており、その文には小脚・歇家と記されている。『正徳会典』の弘治一二年の条には歇家が記載され、一三年の条に記載されていないのは、この文には「在京在外并各辺」とあり、「在外并各辺」ではこの時期にはまだ歇家が存在しなかったから記されなかったとも考えられる。では何故『万暦会典』には記されたのかといえば、万暦時代には歇家の存在が極普通のこととなっていたので、会典の編者が何の疑問もなく歇家という語を書き加えたのかもしれない。とすれば『正徳会典』の弘治一三年の記事に歇家が記載されていないのは、むしろ正しいということになろう。では「在外・各辺」には実際歇家は存在しなかったのであろうか。この問題に解答を与えることをもう少し後にし、次の記事を検討したい。それは『憲宗実録』巻四六、成化三年九月癸酉の条の一文である。これは戸部が六部等の官と会議し、漕運事宜につき条奏したものの一部である。

一、南京有無籍之徒。名為跟子。遇各処起解糧草・布絹到京。先於艤舟処。迎引赴官。毎米一百石・草一千包。索取歇家銀一銭。其歇家亦百端遮説取利。事敗。法司罪如常例。人無所懲。請令南京法司如有犯此徒罪以上者。枷号三月。謫戍辺方。

これは南京へ糧草や綿布・絹布を運搬してきた納糧戸が跟子・歇家により銀銭を索取されているが、そのことが発覚した場合、常例による罪では、彼らは懲りないので、彼らに対する罪を重くすべきであるという提案である。そしてこの案は裁可されている。ところでこの文によれば、南京各倉に歇家が存在したことは明らかである。しかし全体の事情があまり明白ではない。ただこの条文はやや時代が下るが、弘治一二年再審議されることになった。『孝宗実録』巻一五〇、同年乙酉の条に、刑部が南京吏部尚書倪岳等の言を覆奏した記事がある。そのなかに上記の成化三年の一条を再審議した文が含まれている。そしてその条についての倪岳の再審議にあたっての上奏文が彼の文集中に残されている。それは『皇明経世文編』（以下、『経世文編』と略記）巻七八、『青谿漫藁』の「災異陳言疏」という文章で、相当長文のものである。その一節に

一、申明旧例。照得。先該南京総督糧儲右都御史周瑄奏称。南京無籍軍民人等。称為跟子名色。迎接納糧人等。跟送歇家。哄誘銀両。買囑官攢等。通同作弊。……各司府州県納戸。初到南京。不能熟知道路。未免尋人指引。別無官房住歇。未免尋討歇家。此人情所不能無者。查得。見行事例。攬納之人。坑陥納戸。及打攪倉場。虚出通関者。止問充軍。不曾枷号。今跟子・歇家止是晒晾・駞載・糴買等項。多取工銭価直。比之攬納作弊。軽重不同。既枷号三月。又発遣充軍。法令似乎過中。……

と述べられている。この文と成化三年の文とを比較すれば、時代はやや離れているが、歇家についての状況はより具体的に理解できるであろう。この文や成化三年の文によれば、南京には船着場のような所に、跟子と称する無籍の軍人や一般人が屯していて、江南各省の府州県から漕米等を運送してきた納糧戸（恐らく里長戸等を指すと思われる）を出迎え、歇家へ連れ込んで銀両を騙し取っていると言う。その額は、米百石・草千包毎に歇家銀一両だという。これは跟子が客を歇家へ連れ込んだ、いわば「連れ込み料」として、跟子の取り分になったのであろう。納戸は初めて南

京へやってきたので道路も知らず、別に官設の旅館もないので歇家に泊まらざるを得ないのである。そして歇家に連れ込まれると、歇家では納戸の運んできた米の乾燥や、倉に搬入するための梱包、また米の買取等の業務を行い、高額の手数料を徴収したのである。ところで上記の「糴買」と言う語であるが、筆者は一応「買取」と訳した。しかしそのままでは意味は十分理解できない。ただこれについては『万暦会典』巻二七、戸部十四、漕運、漕禁の条の成化六年の令として、次のように記されている。

令提督漕運等官厳加巡察。若有運糧官軍。沿途糶売糧米者。就便拏問。及行京通等処管糧巡倉等官。禁約各倉隣近之家。不許収買糧米。囤放売与運糧官軍。有犯拏問。

この禁令では運軍の行為が問題になっているが、文の後半では、北京・通州の各倉では近隣の家（歇家）が運軍が運搬してきた糧米を「収買」し、別の運軍に売与してはならないとしている。このことから判断すれば、歇家が納戸から「糴買」するというのは、納戸が運搬してきた糧米を歇家が何らかの理由で「収買」するという意味であると解釈できよう。こうしたことの他に、更に上記『経世文編』の後文には「納戸…一入歇家。輒被恐嚇。受害多端。」とあり、納戸は様々の搾取を受けたのである。

以上のように、成化三年頃の段階で、南京には、船着場のような場所には一般的に跟子という者が存在し、彼等は歇家と結託して、納戸から様々な名目の銀を取り立てたのである。とするならば歇家の業務は南京に限定されるとりわけ特殊なものとは考えられない以上、他の重要な国家の糧草倉庫の存在する土地には、歇家が存在したと考えてよさそうである。しかし上述のように弘治一二年の記事に歇家が現れるまで、他地方におけるその存在は不明なのである。ならば『正徳会典』の弘治一三年の記事、即ち跟子のみが記され、歇家が記載されていないことをどのように考えるかと言う問題が残るであろう。筆者は、成化三年の記事に跟子と歇家が仕事の上でほとんど一体化した存在のように記されていることから考えるならば、歇家は当然記載されていているべきものと考えたい。何故なら跟子はそれ自身での活動は無意味で、歇家と結びついてはじめて彼等の活動が有効になるからである。連れ込み料としての「歇家銀」の獲得が、彼等の最大の目的の一つと考えられるからである。従って弘治一三年段階では、その記事にあるように「在京在外并各辺」の「一応糧草を収放する処」では、跟子・歇家が存在し、活動していたと考えてよいように思われる。明中期において、歇家は両京のみならず、北辺各地の倉厫への糧草運送と結びついて広く活動していたと考えてよいであろう。ただし成化三年・弘治一三年の記事等を読む限りでは、歇家が倉役として国家の徭役のなかに組込まれていたとは考えにくいのである。

ところでこの倪岳の上奏文の中にはなお注目すべき指摘がある。上記の条文中の跟子・歇家が「晒晾・馳載・羅買等項」の高額の手数料を取り立てていることを述べた後に、

比之攬納作弊。軽重不同。

と述べていることである。歇家が高額の手数料を取り立てていることと「攬納作弊」とが、ここでは対比させて問題にされているのである。即ち歇家が手数料を徴収する行為と「攬納作弊」行為とは別の事柄と見なされていると判断されるのである。そして後文でも歇家の包攬行為に関する記述はまったく見られない。また上引の『正徳会典』弘治一三年の条には別項のこととして

内外倉場等処糧草。并各処軍需等項。不拘起運存留。但有包攬誆騙不行完納。事発問罪。

と記されており、跟子・歇家が害を為すのと包攬行為とは別個の事柄と見なされていたと解される記事になっている。以上のことから考えるならば、弘治一三年段階では、歇家はまだ税糧包攬の中心的存在ではなかったと言ってよいように思われる。即ち歇家は旅舎としての業務の一環として納糧戸を宿泊させると同時に、彼等の米の晒晾・梱包等入

倉に関係する各種の業務を行うことが中心であったとしてよいであろう。

三　歇家の業務

第二節では、歇家が明代中期頃には、国家の倉廒への糧草運輸と結びついて広く各地で活動していたが、まだ税糧包攬の中心的存在にはなっていなかったらしいことを推測した。本節では歇家の業務内容をもう少し詳しく検討し、それが包攬と結びつく行為になっていったかどうかを見てゆきたい。

先ず上述の歇家が「止是晒晾・駝載・羅買等項。多取工銭価直」という点についてであるが、『万暦会典』巻二七、漕運、漕規の様米の項に

宣徳十年題准。各処起運京倉大小米麦。先封乾円潔浄様米。送部。転発各倉。収候運糧至日。比対相同。方許収納。

という規定がある。当然であるが、運軍であれ納糧戸であれ、京倉へ納入する米麦は、十分乾燥させた、完熟した混入物のないものでなければならなかった。だから京・通倉はじめ主要な水次倉には、徭役の一つとして曬夫が設置され、運送中に水を被った糧米が搬入されてきた場合には乾燥させた後、納入が許可された。しかしこのような処置が適切に取られなかった場合があったのであろうか、納戸は歇家において高額の手数料を支払って「晒晾」、即ち乾燥作業を行っている。明代半ばにはこうした業務が歇家の手に移っていたのであろうか。『漕運通志』巻八、漕例略、正徳一六年の条に「禁約通倉官攢歇家阻害運軍」という上奏文がある。(3) それには

近年通倉前後歇家。謀同把門官攢人等。不容車驢進倉。逼令堆放各倉門前。用銭打点。方許進倉。偶値暴雨。淋

湿虧折。且又乗機盗取。乞勅戸部出榜禁約。

とあり、歇家が門番の官攅等と結託して、糧米を積載した車や驢馬をそのまま倉内に入れさせないで、むりに各倉の前に山積みさせ、賄賂を受け取った後初めて納入を許した。またたまたまにわか雨に遭い、糧米が濡れたり、こわれ米になってしまうと、それに付け込んで糧米を掠め取ってしまうというような悪業を働いていたのである。ここに官攅というのは、また攅典ともいい、倉厫の斗級を監督し糧米の出納を司った。彼等には任期はなかったようで何年にもわたって同一の職役に着いて不正を働くものが多数いたようである。(4) これもその事例の一つである。ここにいう歇家が官攅と結託して車や驢馬を倉内に入れさせないで賄賂を強要するようなことは極一般的なことであった。こうしたことについてはまた『明実録』嘉靖七年六月庚戌の条に、次のような記事がある。これは総督倉場尚書李瓚が通恵河が開通し、糧運は水路によることになったが、糧運担当の経紀が急ぎ強行搬入しようとし、雨に遭っても覆いをしないで入倉するので、却って漕運が停滞する。そこで晴天の日に漕運を行いたいと上言したことに対する皇帝の批判である。帝は今閘運が修復され漕運が速くスムースに行われるのは

其事甚善。乃不厭遅而厭速。不患少而患多。何故。此必在倉人役及倉前歇家。欲以留難規利。駕言惑人。況雨水不常。中途難測。必待清明。是終無剥載之期。其称水陸並進。本係原擬。不知何人阻遏。不容陸運。戸部査究施行。令起糧官。陰雨毋得起剥。仍多置蓆以備苫蓋。或船搭蓆棚以防不測。糧運既到。即令督促入倉。随便堆放。多方添処囤基。通融撥派。厫口収糧。委官毎日在倉。及時晒晾。上緊収受。自後在舟在途雨湿。責在管運。若到倉稽留被雨。責之管倉。仍痛革科索運軍。

やや長文になったが、これを読めば倉厫の管理体制の不合理がよく分かるであろう。糧米の搬入が速やかに行われないのは、倉厫の管理人、この場合は官攅等を指すであろうが、彼等が倉前の歇家と結託して搬入を押し止め難癖をつ

けて私利を得ようと企んでいるからであるという。まして雨天には漕運を止めて晴天の日に行うのはもっての外である。雨で運糧が出来ないならば苫蓆等を十分用意し、不測の雨を防ぐべきである。糧米が到着すれば入倉を督促し、囤基を増設して即ちに倉に収納すべきである。在倉の管理官は毎日倉にあって時時に糧米を乾燥させ受納せよ。糧米が倉に到着したのち引き止められて雨に遭えば、その責任は倉の管理にある、と管倉官を批判している。

世宗の指摘は全く適切なものといえよう。官側が糧米の十分な受納体制を取っていないので、その不備に付け込んで歇家が活動するのである。前述のように歇家が糧米の「晒晾」を行うのは、むしろ倉側の不備を補完している行為と云えなくもないであろう。前引の『漕運通志』の記事でも、歇家が官攅と結託して各倉の門前に糧米を山積みさせるような行為を行うのは、米を堆積させる囤基としての地面が十分用意されていないからであろう。囤基について『万暦会典』巻二七、漕運の漕禁の条、嘉靖八年の議准に

京倉軍民運糧到日。聴其自行雇覓各倉囤基。囤放糧米。不許抽銭。……若小脚・歇家。営求在官。指称公用為由。索取囤基等項財物。及別項求索情弊。於本倉門首。枷号一箇月。

とあり、この文によれば京倉では運軍や納戸が糧米を運送してくると、自身で各倉の囤基を賃借りし、そこへ糧米を積み上げたものと解される。その際に小脚・歇家が結託して自分たちで用意した囤基を公用のものと詐称してそれを使用させ、その使用料を搾取したのではないだろうか。このようなことが行われるのは官倉側に囤基が十分に用意されていなかったからであろう。上掲の『実録』の文で、皇帝が「多方添処囤基」といっているのは、そうした事実を指してのことであろう。運軍や納戸が糧米を運送してくると、各自が各倉の囤基を賃借りすることになっているのに、官倉側にその十分な用意がないので、歇家の囤基を借用せざるをえないことになるのであろう。これでは罰則を強化して歇家の不正を防止しようとしても不可能なことは明らかである。ここで小脚に触れれば、新宮氏も云うように、

彼等は糧米の運送係りであり、倉役の一種として各倉に一定人数が配属されていた。それにしても歇家が糧米の乾燥を行ったり、官攢・小脚等と結託して自分たちの用意した囤基を使用させようとするのは、各倉の収納体制の不備に乗じた行為であり、そうした不備を適切に改善しようとしない管倉官の責任でもあったと言えるであろう。以上に述べたことは京・通倉における事態であるが、明朝にとって最も重要な倉厫であったが故に、糧米収納体制の矛盾ももっとも明白な形で現れたものと解される。そして同様な矛盾は各地の倉厫においても程度の差はあれ存在したものと思われる。従って歇家は上述のように官倉の収納体制の不備を補完する形で漕運体制の中に深く根を降ろしていったと言えるであろう。

さらに歇家の行為で問題とされる一つに「插和」即ち「混ぜ物をする」ということがある。納戸である糧長や里長が糧米に水をかけたり、砂を混入させた悪米を運軍に引き渡すといった不正行為については、既に星斌夫氏が指摘されている。(5) 又運軍による同様の行為については『万暦会典』巻二七、漕運の漕禁の条、弘治三年の奏准に

各処兌過糧米。務照原兌様米上納。若官軍人等。将原兌好米。沿途糶売。劫糶陳砕。及插和沙土糠粃麤穀等項抵数者。験出。将各該指揮等官参送。旗軍径送刑部。

とあり、運軍の兵士が糧米に砂や糠、屑米等を混入することは厳しく禁じられていた。しかし歇家による「插和」という不正行為はそれに劣らず大きな問題であった。上述のように、歇家は官倉への糧米納入業務の過程で重要な役割を果たしていたのであったが、彼等はその立場を利用して、こうした不正を働いたのである。『経世文編』巻三一二、万士和(6)『万文恭公集』の「条陳南糧缺乏事宜疏」には次のように云われている。

再照。倉場積弊。其端不一。一半在司。一半在倉。大要歇家指称打点。而挟騙解糧人戸。糧解希図插和。而買求在官人役。

この文は南京倉場の状況を述べたものであるが、これによれば、歇家が賄賂を使って手を回し「解糧人戸」、即ち糧長や里長を指すであろう、を騙し、「在官人役」、即ち官攢等を買収して挿和を企んでいることを指摘している。内容はやや具体性を欠いているが、歇家が挿和のような不正を行うのには矢張り官攢等の在倉の職役と結託する必要があったのであろう。これは嘉靖四五年の上奏であるが、南京の倉場における歇家の存在とその弊害は非常に大きなものとなっていたことが理解される。明末期における挿和の具体的状況については例えば「題参歇家王雲従等挿和白糧疏」等があり、歇家による弊害はさらに拡大していたに違いない。

ところで彼には別に「四上徐存斎（階）相公」という書簡がある（『経世文編』同巻）。それには

南都積棍。内則戸部糧儲・巡倉各衙門書手・皁隷人等。外則歇家・軍斗・軍余・驢脚夫人等。無慮数千人。皆倚倉場為生命。可以立法漸革。不可以一斉頓革。故本職近與戸部設立長単。刻期打発。革去歇家。不用保状。詢之解糧員役。近日使費已減大半。是亦漸革積弊。

と述べられており、南京では倉場の様々な職務に寄生して悪事を働いている「積棍」が数千人もいるという。そのなかでも歇家は最も有力な存在だったようで、歇家の撤廃が提案されている。万士和はこの時、南京糧儲総督であったと思われるが、戸部（南京）と謀り「解糧員役」（ここでは糧長等を指していると思われる）に対し長単を発給し、歇家の提出する「保状」を認めないことにしたという。ここに云う長単とは一種の納入証明書であろう。(7) 納糧に赴いた糧長等に対し、倉場の管理官が直接「長単」、納入証明書を期限を定めて発給し、歇家の出す「保状」、ある種の保証書を認めないことにした、即ち歇家が、倉場と納糧の担当者である糧長との間に介在しないような処置をとった。その結果糧長等がこれまで歇家等に支払っていた不当な様々な費用、「使費」は大半を無くすことが出来たというのである。

この文からも分かるとおり、南京倉場では歇家が糧米の納入に当たって大きな力を持っており、糧長等の糧米納入

を背後で保証する立場を取っていたと解される。倉場側でも糧長を管理するのに歇家の力を利用したほうが何らかの利点があったのであろうか。それにしても、この時点になって歇家の弊害が顕著になってきたのでその廃止を考えざるをえなくなったのであった。

ところで歇家が倉役の一つに組み込まれるようになった時点ということについてであるが、本節に引用した史料の殆どは両京倉及び通州倉関係のものである。そのことから判断すれば、歇家が倉役に組み込まれていたのは、両京と通州倉のみであったと考えられる。他の司府州県倉や衛所倉にも歇家は存在したと思われるが、管見ではその史料を見つけることが出来なかった。またその時期については、前引の『漕運通志』の記事に「近年通倉前後歇家」とあり、通倉に付属した歇家というようにも読み取れるので、それから考えると、通州倉で歇家が倉役に組み込まれたのは、それよりもう少し前の弘治末か正徳初のことではなかったかと思われる。

四　結びにかえて―漕運関係以外での歇家の活動

以上二節にわたって歇家の活動を検討してきたが、その全ては漕運に関係して、糧米の倉廒への納入に関わる問題であった。本稿の最初に述べた歇家と税糧の包攬との関係については殆ど具体的史料を管見の範囲では見つけることが出来なかった。最後に引いた万士和の手紙の文で、ようやく歇家が糧長に対して何らかの意味の保証を行っていたことを明らかにすることができた。しかしこれとて漕運に関係してのことであって、直接税糧の包攬と結びつく行為とは云えないであろう。漕運に関係しての歇家の活動と、税糧の包攬という活動とは全く別種の歇家の活動と考えられるのではなかろうか。従来は歇家の活動を税糧の包攬という面のみから考察されてきたようであるが、旅舎として

の性格を持つ歇家の活動はもっと多方面に及んでいたようである。例えば『明実録』正徳一六年四月壬寅の条には

一、私自浄身人。多在京潜住。希図収用。着錦衣衛緝事衙門・巡城御史。厳加訪拏究問。今後各処軍民。敢有私自浄身者。本身并下手之人処斬。全家発煙瘴地面充軍。両隣并歇家不挙首者。倶治以罪。

という禁令があり、個人が勝手に浄身することは禁止されていた。それにもかかわらず宦官の手術を受けたものがいた場合、その者が身を寄せていた歇家が自首しなかったならば処罰されることになっていた。これは歇家の旅舎としての性格からすれば、当然のことであったといえよう。

さらには、既述のこととはまったく別の方面における歇家の活動も注目される。『万暦会典』巻三七、戸部二四、茶課、禁約の弘治一八年の題准に

各処行茶地方。但有将私茶潜住辺境。興販交易。及在腹裏販売與進貢回還夷人者。不拘斤数。事発并知情歇家・牙保。倶問発南方煙瘴地面衛所。永遠充軍。

と述べられており、辺境において私茶の販売に歇家が関係していたことが指摘されている。楊一清は「為修復茶馬旧制。以撫馭番夷。安靖地方事」(『経世文編』巻一一五、「楊石淙奏疏」)という上奏文中の「一。厳私販之禁」という条で上の題准を引き、陝西・四川地方の私茶横行の状況を述べているのであるが、こうした記事により歇家は私茶の販売にも関係し、その活動は陝西・四川の辺境地域にも拡大していたことが分かるのである。恐らく明末には歇家の活動は商品流通の各方面に及んでいたことが推測される。税糧の包攬のみならず歇家の活動をより多面的に考察することにより、明清時代の商業経済の実態をより具体的に明らかにすることが可能となるであろう。

註

（1）西村元照「清初の包攬―私徴体制の確立、解禁から請負徴税制へ―」『東洋史研究』三五巻三号、一九七六年。

（2）山本英史「清初における包攬の展開」『東洋学報』五九巻一・二号、一九七七年。

（3）この文は新宮氏も前掲論文で引用されている。氏は「把門官攢人等」の個所を倉官や攢典と解釈しておられるが、『実録』、『会典』等でも官攢と言う語が頻出しているので、ここはそのまま「把門の官攢人等」でよいと思う。

（4）攢典については『万暦会典』巻二一、倉庾一の在倉員役の条に、両京・通州倉及び天清等五箇所の水次倉について、正統十四年の規定として攢典二名とされている。他の両直隷府州県・都司衛倉では「毎倉各一名。看守斗級。専管倉分」と規定され、隆慶五年の議准には「其沿辺倉場攢典。務要本地殷実人民。取具干連保結。方許上納参充」と述べられており、攢典にはその土地の「殷実」の人が、何らかの保証書を提出してその役に当たったようである。攢典の害については『皇明疏鈔』巻四〇、王國光「査理倉漕夙弊以裕国計疏」に詳しい。

（5）星斌夫『明代漕運の研究』日本学術振興会、一九六三年。第三章第二節「糧長の諸弊」。

（6）嘉靖二〇年の進士。隆慶初、戸部右侍郎、総督倉場となった。明史巻二二〇に伝あり。

（7）長単については伍躍『明清時代の徭役制度と地方行政』大阪経済法科大学出版部、二〇〇〇年。第三章、第三節、一五五頁に荻生徂徠の解釈を引用した解説がある。

明代景徳鎮の上供瓷器の解運について

――特に嘉靖・隆慶期の陸運をめぐって――

飯田敦子

はじめに

中国陶瓷の最大の生産地である景徳鎮は、安徽省祁門から西南流して鄱陽湖に注ぎ込む昌江中流域に位置する。鄱陽湖は北部の湖口から長江につながり、この長江水系や運河を利用しての瓷器製品の各地への輸送は、その地理的環境、輸送量や利便性において、陸運に比べて水運が圧倒的に有利であると言えよう。現に民国（一九一二）以前はこの地で生産された瓷器の九〇％以上は水運であったという。(1) 民間瓷器の清末の販路の状況を北村彌一郎氏は次のように伝えている。(2)（句読点は筆者による）

…就中主要ナル販路ハ、広東北京天津及上海方面トス。抑モ景徳鎮産貨物ノ殆ンド全部ハ、一先ヅ鄱陽湖ニ出ズルモノトシ、而シテ広東行ノモノハ同湖ヨリ長江ニ出デ、上海ヨリ海路ニ由ルトキハ、半ヶ月内外ニテ達スルコトヲ得ベキモ、多額ノ運賃ヲ要スルヲ以テ、通常河水ヲ利用シ贛江ヲ逆リ、陸路二ヶ月許ニシテ達スルモノトス。又北京天津方面行貨物ニ在テハ、漢口ニ出デ京漢鉄道ニ依ルコトナシトセザルモ、是亦運賃ノ関係上主トシヲ［テ？］水路運河ニ據レリ。其他四川雲貴両湖安徽浙江等ノ地方ニ至ルモノハ、何レモ長江或ハ其支流ニ依テ運搬セラル、モノトシ、汽船ノ便アル處ト雖モ大抵民船ニ積載セラレ、之レ民船ハ汽船ニ比シ時間ヲ要スルコト多キモ、其運賃ノ低廉ナルヲ以テナリ。

民国以後、自動車と鉄道による輸送が始まったが、やはり水路が主であった。解放後、道路や鉄道の整備拡張が進み陸運の輸送量も大幅に増加してきたという。(3)

明代（一三六八～一六四四）において、景徳鎮の上供瓷器の京師への解運は、嘉靖期から隆慶・万暦（一五二二～一六二〇）の間の一時期、陸運によった時期があった。皇帝などの御用瓷器の特殊性ゆえに輸送費については民運とは全く別の次元の問題ではあるが、この時期にそれまで水運であったものが何故陸運の方法に切り替えられたのか、筆者は拙稿「明代景徳鎮御器廠の経費に関する一考察」第五節「解運の費」(4)で、その理由の一つ、つまり水運の場合、風波などによる瓷器の破損や、沈船した時のリスクの大きさに於いて陸運をよしとする内容を万暦期の官僚の言葉を引いて紹介した。(5)しかしこれは時の宦官潘相が江西に馬快船を増設しようとしたことに反対するための意見であり、確かに大きな要因の一つではあるかもしれないが、嘉靖期の実態と完全に結びつくとは言い切れない。今回は前回論及し得なかった部分を補足し、さらに具体的にその一端を探ってみたい。

一　中官裁革と陸運開始時期及びその背景

嘉靖『江西省大志』「陶書」解運の条には、

(a)往《さき》の陶廠を査するに皆水運により京に達す、陸運に由るは中官裁革の後に始まれり（今の廠見《げん》に有する大［木］・小［木］・舡木三作の匠作八十名は水□［万暦『江西省大志』は「運」とある］の為に設く）。廠官議して工部に關策し、是より後、凡そ欽限磁器は陸運、部限磁器の如きに至りては、南京浙江の解運の冬夏龍衣の事例に照らして、預め驛傳道を行き、堅固なる座船を揀んで、饒州府河に至りて装載し、裏河より直ちに京師に達す。委官乗傳管解し、期を刻んで交卸せば、これ詔を塞いで期を愆《あやま》つに至らず、而して夫馬の煩費は南北均しく息む。（査往陶廠皆自水運達京、由陸運者中官裁革後始也（今廠見有大小舡木三作匠作八十名為水□設）。廠官議關策工部、是後凡欽限磁器陸運、至如部限磁器、照南京浙江解運冬夏龍衣事例、預行驛傳道、揀堅固座船、至饒州府河装載、由裏河直達京師。委官乗傳管解、刻期交卸、斯塞詔不至愆期、而夫馬煩費南北均息矣。）

【引用文中の（　）内は原文の割注、［　］内は筆者の補足とする。】

とあり、また、万暦『江西省大志』「陶書」箱摃料数の条に

(b)嘉靖年間より以来、倶に陸路に由り京に進む。…（自嘉靖年間以来、倶由陸路進京。…）

とある。

(a)によれば、往時は水運、陸運は中官裁革の後ということであるが、中官が御器廠に派遣され、管廠官として焼造を監督する事例については、『明実録』を見ると、宣徳期から、正統・成化・弘治・正徳・嘉靖初年にかけて、その差遣と撤回が繰り返し行われている[6]。

「陶書」は嘉靖末に王宗沐により記されたものである関係上、正徳期（一五〇六～一五二一）からの実録の記事をここで若干紹介すると、『明武宗実録』正徳六年（一五一一）二月壬寅の条に、

江西征派の物料及び焼造の磁器を停む。巡按御史の地方の災重を奏するが故を以ってなり。（停江西徴派物料及焼造磁器。以巡按御史奏地方災重故也。）

と見え、焼造瓷器の停止が行われたが、正徳一一年（一五一六）一一月丙申の条には、

尚膳監言う、供御磁器足らず、本監官一員を差し饒州に往かしめ焼造を提督せしめんと乞う。工部言う、江西兵荒相継ぎ、而して饒州は姚源に逼近なり、傷困尤も甚し。若し差官せば、必ず多く無名の人等を帯し、供費は貲《はか》られず、民何ぞ以って堪えんや。鎮巡官の督を命ずるを止めんことを乞う。該府は不足の数を以って、式の如く焼造して進用すれば便なり。従わず。（尚膳監言供御磁器不足、乞差本監官一員往饒州提督焼造。工部言江西兵荒相継、而饒州逼近姚源、傷困尤甚。若差官必多帯無名人等、供費不貲、民何以堪。乞止命鎮巡官督。該府以不足之数、如式焼造進用為便。不従。）

とあり、尚膳監が中官を派遣して饒州で焼造を監督させようとしたことに対して工部が反対意見を出すが、武宗はこれを聞き入れず、中官は派遣され、正徳一五年（一五二〇）には一一月己酉の条に、

太監尹輔に命じて饒州に往きて磁器を焼造せしむ、工部議して覆するに、江西地方は屢《しばしば》焚劫に遭い、復た宸濠の難有り、所在の官民は十處のうち九は空なり、優免・賑済尚未だ蘇息せず。若し再び差官して焼造せば、稟給・柴薪・物料・工食の所費貲られず、誠に恐らくは激しく他の変を成すなり、乞う、弘治九年の例に照らして、暫らく差官を免じ、鎮巡三司等の官をして原欠の数を査せしめ、式の如く焼造し、以って次いで進用せしむれば、官民両便にして、供應誤《あや》まらざるに庶《ちか》し。上曰く、業已《すで》に之を遣わせり。已にして給事中呉厳、御史楊東中等も亦た言を為すを以ってす。允さず。（命太監尹輔往饒州焼造磁器、工部議覆江西地方屢遭焚劫、復有宸濠之難、所在官民十處九空、優免賑済尚未蘇息。若再差官焼造、稟給柴薪物料工食所費不貲、誠恐激成他変、乞照弘治九年例、暫免差官、令鎮巡三司等官査原欠之数、如式焼造、以次進用、庶官民両便供應不誤。上曰業已遣之矣。已而給事中呉厳御史楊東中等亦以為言。不允。）

とあるように、宸濠の乱（一五一九〜二〇）により疲弊した饒州府に於いて、中官が差遣された場合の弊害が述べられているにも拘わらず、工部の反対を押し切り再度中官を派遣している。続いて『明世宗実録』正徳一六年（一五二一）七月壬申の条に、

巡按江西御史唐龍、鎮守焼造太監を革むことを請う。上其の章を所司に下す。（巡按江西御史唐龍請革鎮守焼造太監上下其章于所司。）

と見えるが、これも実行されていたとは言い難く、また同実録、嘉靖八年（一五二九）一〇月癸亥朔の条に、太監劉良、旨を奉じ、弘治正徳中の未完磁器三十余万を督造せんとす。給事中陳皐謨言わく、先年は止だ是れ饒州府の委官焼造す。近世は乃ち中官遣わされ、大いに民害を為す、之を罷めんことを請う。疏下り、工部は覆して皐謨の言の如くす。（太監劉良奉旨、督造弘治正徳中未完磁器三十余万。給事中陳皐謨言先年止是饒州府委官焼造近世乃遣中官、大為民害、請罷之。疏下、工部覆如皐謨言。）

とあるが、これに対し嘉靖帝は、

上曰く、「焼造は今より始まるにあらず、且つ日用も亦缺くべからず、爾等既に見る所あり、何ぞ言官の論及を待たんや、乃ち此の議を為すは人の言を畏るるに過ぎざるのみ」と。前旨の如く行う。（上曰焼造非自今始、且日用亦不可缺、爾等既有所見、何待言官論及、乃為此議、不過畏人言耳。如前旨行。）

とし、中官を排除しようとした陳皐謨の意見は退けられ、中官による督造が認められている。嘉靖八年の段階では、中官裁革の議は退けられていたのである。しかし、万暦『江西省大志』「陶書」、建置の条によれば、

嘉靖改元、詔して中官を革め、饒州府佐貳を以って之を督せしむ。（嘉靖改元詔革中官、以饒州府佐貳督之。）

同書設官の条には、中官裁革について、

陶監に官あり、是より先中官一員専督す、嘉靖九年裁革し、饒州府佐一員を以って管督せしむ。（陶監有官、先是中官一員専督、嘉靖九年裁革、以饒州府佐一員管督。）

とあり、また設官の条には、

〔続〕按ずるに管廠官は、正徳より嘉靖の初めに至るまで中官一員専督す。九年奉文して裁革し、各府佐より一員を輪選して管理せしむ。（続按管廠官、自正徳至嘉靖初中官一員専督。九年奉文裁革、於各府佐輪選一員管理。）

とあり、嘉靖九年（一五三〇）に中官裁革が行われたことが上の三カ所に述べられている。解運の条にいう中官裁革とは(b)の嘉靖年間の記事とも考え合わせて、嘉靖九年のことであることは疑いないと思われる。そしてこの時期の中官裁革は、江西地区だけではなく全国的に行われた鎮守太監の裁革の一環とみられる。(7)

さて、中官裁革の後に陸運が始まるとあるが、それではなぜ陸運の方法が採用されたのか、嘉靖『江西省大志』「陶書」解運の条には、御器を梱包する際の材料の細目や輸送にあたる官員や人夫の費用を列挙したあとに、

……杠は池州府建徳県に至り交遞す。……（……杠至池州府建徳県交遞。……）

とある。そこで陸運の経路となった池州府の康熙『建徳県志』を紐解くと、巻一〇「記」に徐紳(8)による「巡撫都御史海公徳政碑記」が載せられており、時の應天巡撫海瑞の徳政を記した内容で、詳細は次節で改めて紹介するとして、その冒頭に、

建徳邑は小にして土瘠なり、旧《もと》簡僻と称す、嘉靖十一、二年の間より、饒［州］の景徳鎮、数《しばしば》勅使を奉じ、焼造進御の諸器、程期既に迫り、運者は改めて捷便を取り、悉く道を此に開く。（建徳邑小土瘠、旧称簡僻、自嘉靖十一二年間、饒之景徳鎮数奉勅使、焼造進御諸器程期既迫、運者改取捷便、悉開道於此。）

とあり、嘉靖一一、二年（一五三二、三）ころより進御の瓷器の納期が迫り、解運に当たる者が捷くて便利なルートを建徳に開いたという。確かに『明実録』を見ると、嘉靖九年一一月壬寅の条に、

工部尚書章拯を罷めて、閒住せしむ。郊壇祭器を缺誤するに坐せばなり。（罷工部尚書章拯閒住、坐缺誤郊壇祭器也。）

とあり、工部尚書が郊壇祭器の上供で、不足と遅れを生じたかどで罷免され、同九年一一月辛未の条には、

江西巡按御史傅鳳翔の俸五ヶ月、左参議汪溱、僉事陳端甫は各半年を奪う、郊壇の磁磚を督造し限に違うが故を以ってなり。（奪江西巡按御史傅鳳翔俸五月、左参議汪溱、僉事陳端甫各半年、以督造郊壇磁磚違限故也。）

とあり、今度は江西巡按、左参議、僉事が郊壇瓷磚を京師に納入するにあたって納期に間に合わず、減俸の罰を受けている。翌嘉靖一〇年（一五三一）三月戊申の条には、

江西左参議汪溱、分巡九江道僉事陳端甫、圜丘祭器を焼造するに法の如くせざるを以って、おのおの俸一年を奪う。（江西左参議汪溱、分巡九江道僉事陳端甫、以焼造圜丘祭器不如法各奪俸一年。）

とあり、前年に半年分の減俸処分を受けた当人二名が、今度は圜丘の祭器を焼造するにあたって法を守らなかったとして再度一年分の俸給を取り上げられている。ちなみに嘉靖一〇年五月には圜丘の祭器以外にも、丁酉の条に、

饒州府は方澤・夕月壇の祭器を進む（饒州府進方澤夕月壇祭器。）

と見え、方澤・夕月壇の祭器を進御している。そして同年六月己巳の条には、

工部は方澤・朝日・夕月三壇の祭器の規式・顔色・尺寸の図冊三本を以って進呈す。上は命じて史館に送付せしむ（工部、以方澤・朝日・夕月三壇祭器規式顔色尺寸図冊三本進呈　上命送付史館。）

とあり、圜丘の祭器に関しては同じく嘉靖一〇年一〇月辛巳の条に、

工部に命じて圜丘壇祭器を修造し、祈穀壇の諸建造を罷めしむ、祈穀を圜丘壇に改め、行礼するが故を以ってなり（命工部修造圜丘壇祭器、罷祈穀壇諸建造、以祈穀改于圜丘壇行礼故也。）

と見え、祈穀壇の諸建造を罷める代わりに改めて圜丘壇で行礼するために工部に祭器の修造を命じている。さらに翌嘉靖一一年（一五三二）二月乙巳の条には、

圜丘の磁磚を稽誤するを以って、江西饒州府知府祁勅を逮して、法司に下して問い、降して辺方の雑職と為す。

（以稽誤圜丘磁磚、逮江西饒州府知府祁勅、下法司問、降為辺方雑職。）

とあり、饒州府の知府も処罰の対象となっている。郊壇祭器や圜丘壇などの祭器の需要に合わせ、嘉靖九年から一一年にかけて管見のかぎりで、四度にわたり工部官や、江西巡按御史、当該地方官などが缺誤、違限などの罪で処罰されている。ちなみに嘉靖『江西省大志』「陶書」御供の条には、嘉靖八年からの焼造瓷器の数が記されているが、嘉靖八年から同一〇年までをここに紹介すると、嘉靖八年は焼造瓷器二五七〇件、嘉靖九年青色瓷磚四〇五塊、嘉靖一〇年礫・鍾一二〇〇〇、盌一〇〇〇、爵三〇〇となっている。数量としてはそれほどでもないが、嘉靖期に入り宮殿や各壇の建造が盛んに行われるとともに、しかるべき日時に行われる各壇の祭祀のための祭器の調達が急務となり、無理な注文が出されたのであろう。[9]その結果決められた瓷器の形式に合わなかったり、数に不足を生じたり、期限に遅れるなどの事態を起こし、従来の水運のルートでは間に合わず、急きょ一刻も早く京師に届く近道を探索する必要があった。このため、景徳鎮から池州府建徳県へぬけて北上する陸路を開いたようである。『明史』食貨志、焼造の条には

［嘉靖］十六年新たに七陵の祭器を作る。三十七年官を遣わし江西に之き、内殿の醮壇の瓷器三万を造らしむ、後に饒州通判を添設し、専ら御器廠の焼造を管せしむ。是の時、營建最も繁し。（十六年新作七陵祭器。三十七年遣官之江西、造内殿醮壇瓷器三万、後添設饒州通判、專管御器廠焼造。是時營建最繁。）

とあるように、祭器の需要は嘉靖期を通じて高かったのである。

二　景徳鎮から池州府建徳まで

それでは饒州府の景徳鎮から池州府の建徳まではどのような経路を辿ったのであろうか。「陶書」は解運にあたっ

ての経費のことに重点が置かれ、解運の経路については、陸運になる以前の水運の経路についても殆ど述べられていない。

本来水運であれば、景徳鎮から昌江を下り先ず鄱陽まで行き、ここでやや大きな船に積み替え、鄱江（昌江はここで楽平から流れてくる楽安江と合流して鄱江（＝饒河）となる）から鄱陽湖に出て、長江を下り、先に引用した資料(a)のとおり裏河を経て、この後大運河で北京に北上していったのが主な経路であったろう。

饒州府城があった鄱陽県の月波門外には、中官が駐在し皇帝へ進御する瓷器の検査封印を行ったとされるもう一つの御器廠があったという[10]。嘉靖『江西通志』巻八、饒州府、公署、府治の条に、

> 御器廠は府城月波門外に在り、宣徳の間、内臣此に駐し、進御の瓷器を験封す。嘉靖改元、詔して内臣を革む、唯だ廠のみ存す。（御器廠在府城月波門外、宣徳間、内臣駐此、験封進御瓷器。嘉靖改元、詔革内臣、唯廠存。）

とあり、水運の場合は必ずここを経ていたのである。嘉靖期になって中官を革めた後、つまり陸運に切り替えられてからは、廠（ここでは事務所という意味であろう）のみ残ったという。またこの近くには芝山駅があり支線ではあるが駅伝路も通っていた。ただ季節によって河の水量に増減があり、大きな船の航行には不向きな昌江は小さい帆船で鄱陽まで輸送してから、ここでやや大きい船に荷を積み替えねばならなかった。こうしたことも時間がかさむ一因であったろう。

さて、乾隆『池州府志』巻三　疆域志には、

> 池州府…西は東流県方家荘を以って界と為し二百四十里にして江西九江府の彭澤に接す、…西南は建徳県昭潭を以って界と為し三百二十里にして、江西饒州府の鄱陽に接す…、安徽安慶府に達するに陸行一百二十里、水程一百二十里、京師に北上するに陸行二千八百里、水程四千零五十里。（池州府…西以東流県方家荘為界二百四十里、接江

西九江府之彭澤、…西南以建徳県昭潭為界三百二十里、接江西饒州府之鄱陽…、達安徽安慶府陸行一百二十里、水程一百二十里、北上京師陸行二千八百里、水程四千零五十里。）

とあり、建徳県は池州府の西南に位置し、昭潭が饒州府鄱陽県との界を為していた。同府志には、また建徳県について、

建徳県（府治の西南一百八十里）東は六十里にして沈坑嶺に至り貴池界と接す、西は二十里にして厳塘に至り東流界と接す、南は一百二十里にして石門に至り鄱陽界と接す、北は四十里にして古港に至り東流界と接す。（建徳県（府治西南一百八十里）東六十里至沈坑嶺接貴池界、西二十里至厳塘接東流界、南一百二十里至石門接鄱陽界、北四十里至古港接東流界。）

とあり、建徳県の南にある昭潭と、饒州府鄱陽県の石門とがその境界をつなぐ地点であった。一方、康煕『建徳県志』巻一、疆里には、

本県は広さ八十里、袤一百六十里、…京師に至るに陸行二千九百八十里、水行四千三百三十里。…、南は一百二十里にして江西鄱陽県界に至る、北は四十里にして東流県古港界に至る、東南は九十里にして江西浮梁県桃墅嶺界に至る。（本県広八十里、袤一百六十里、至京師陸行二千九百八十里、水行四千三百三十里。…、南一百二十里至江西鄱陽県界、北四十里至東流県古港界、東南九十里至江西浮梁県桃墅嶺界。）

とあり、建徳県の東南九〇里では浮梁県の桃墅嶺ともつながっていた。ところで、『明世宗実録』嘉靖一五年（一五三六）一〇月甲申の条には、

兵部、江西巡撫秦鉞等の奏せる所の四事に覆するに、

一、饒州府鄱陽県は池州府建徳県と隣を為す、寔に惟うに盗藪隔省の故を以って、詰を致すべからず。今宜しく

建徳及び新建・進賢・星子・都昌五県を以って倶に饒州兵備に隷せしめ、建昌・寧州・武寧・靖安・奉新五州県は倶に九江兵備に隷せしめ、万安・龍泉・永豊・広昌・新城・南豊六県は倶に贛州兵備に［隷せしめ］、勅書を換給し、其の兼制を聴せば、脩勢聯給し事権統一するに庶し。（兵部覆江西巡撫秦鉞等所奏四事、一、饒州府鄱陽県与池州府建徳県為隣、寔惟盗藪以隔省故、不可致詰。今宜以建徳及新建・進賢・星子・都昌五県倶隷饒州兵備、建昌・寧州・武寧・靖安・奉新五州県倶隷九江兵備、万安・龍泉・永豊・広昌・新城・南豊六県倶隷贛州兵備、換給勅書、聴其兼制、庶脩勢聯給事権統一。）

とあり、饒州府鄱陽県と池州府建徳県の県境の盗賊に対する警備の強化を図っており、

一、鄱湖は旧《も》と巡湖指揮一員有り、令して宜しく復設すべからしむ、南康の都昌に駐劄し、不時鄱湖を巡視せしめ、上は蘄［州］・黄［州］・荊［州］・益［州］に至り、下は安慶・池［州］・太［湖］に至るまで、専ら譏察非常を以って、盗賊を督捕せしむ。（鄱湖旧有巡湖指揮一員、令宜復設、令駐劄南康之都昌、不時巡視鄱湖、上至蘄黄荊益、下至安慶池太、専以譏察非常督捕盗賊。）

といい、鄱陽湖に出没する盗賊を防衛する手だてを打ち出している。また、

…中略…

一、鄱陽・建徳二県は相距ること三百余里、陸行の大道、原《もと》驛遞無きにかかる。宜しく建徳の永豊鎮、鄱陽の石門二巡検司を、倶に改めて馬驛と為すべし。…詔して悉く議の如くす。（鄱陽・建徳二県相距三百余里、係陸行大道原無驛遞。宜将建徳之永豊鎮、鄱陽之石門二巡検司、倶改為馬驛。…、詔悉如議。）

とあるように、陸路は鄱陽と建徳間の路程の確保が準備されている。鄱陽県治と建徳県治の間の三〇〇余里[11]の道にはもとは駅が無かったので、今回建徳県の永豊鎮（昭潭の北にある地名）と鄱陽県の石門の二巡検司を馬駅に変えようと

したもので、結局この議のようになったという。また万暦『江西省大志』巻六、険書には、「附臬氏曰」のあとに、江西・閩・広の盗、鄱湖に泛《う》かび陸に登れば則ち池［州］の建徳・徽［州］の祁門、晝夜兼程五日にして金陵に至る可し、宜しく新安衛一所を撥して祁門に屯せしめ、池州衛一所は建徳を戍らしめ、復た要害隘険に於いては、守るに弓兵を以ってし、謹んで以って烽堠すれば、則ち陸道憂い無かるべし。兵部に下して覆し、南京内外守備官及び撫按官をして会議して以って聞せしむ、事竟に施行されず。…（江西閩広之盗泛鄱湖而登陸則池之建徳・徽之祁門晝夜兼程五日可至金陵、宜撥新安衛一所屯祁門、池州衛一所戍建徳、復於要害隘険、守以弓兵、謹以烽堠、則陸道可無憂矣。下兵部覆、令南京内外守備官及撫按官会議以聞、事竟不施行。…）

とあり、この記事の具体的な年月日は不明だが、建徳や祁門からは昼夜兼ね五日で南京に到着できることがわかる。そして結果的にはこの議は施行されなかったとあるが、やはり当地の防衛強化がうたわれている。

このように陸路の安全確保の強化が建議された背景には、盗賊の出没に加え、景徳鎮の上供瓷器の京師への陸運が始まったこともその一つではなかろうか。現在東至県の文化部に、前節で引用した文革前まで永豊鎮に立てられていた海瑞の「海公徳政碑」が保管されているという。とすれば、明代の永豊鎮は鄱陽の石門と通じているわけであるから、景徳鎮から建徳県までは、建徳県と浮梁県桃墅嶺をつなぐルートも存在したが、史料から確認できるのは、鄱陽の石門と建徳の南の昭潭永豊に通じるルートが陸の要道であったということである。つまり景徳鎮からはまず隣の鄱陽県の石門まで行き、石門からまた県境を越えて、池州府建徳県へ向かった可能性も高い。

石門の巡検司については、道光『鄱陽県志』巻八、公署に、

石門巡検廨は広晋郷二十都に在り、県を去ること北一百五十里、晋のとき石門を設けて広晋県と為す、唐のとき県を改め驛と為す、明洪武の初め始めて驛を改め巡検と為す、汎官王榮即ち旧址に廳祠宅楼東西廂庫共に四十一

間を重創す、宋元明の時、驛站、今仍《なお》京に通ずる陸站の要道為り。（石門巡検廨在広晋郷二十都、去県北一百五十里、晋設石門為広晋県、唐改県為驛、明洪武初始改驛為巡検、汎官王棨即旧址重創廳祠宅楼東西廂庫共四十一間、宋元明時、驛站、今仍為通京陸站要道。）

とあるように、鄱陽県城の北一五〇里に位置し、明代洪武期に、駅であったものを巡検司に改め、先の実録の記事にあるように嘉靖一五年にまた馬駅となり、清代でも京師に達する陸站の要道であったという。

三　建徳県内の輸送状況

景徳鎮の進御の瓷器の輸送が引き金となって、馬駅が設けられ、それに伴い駅伝利用者が増加し、民生に影響を及ぼすに至り、隆慶年間に海瑞が間接的に関与してくることは興味深い。

康熙『建徳県志』巻二、建置志、舗舎にも、次のような記事が見える。

高寅曰く、建〔徳〕は孔道に非ず、驛無き也、先朝洪武より始まれり。嘉隆間偶《たまたま》饒の上供有るに値《あ》たり、一時の権宜にして、枉道して建〔徳〕を過ぎ、遂に誤りて以って站と為す、海中丞疏して其事を寝む、而して残黎稍《やや》蘇えり。（高寅曰、建非孔道、無驛也、自先朝洪武始。嘉隆間偶値饒有上供、一時権宜、枉道過建、遂誤以為站、海中丞疏寝其事、而残黎稍蘇。）

ここでは明初以来本来駅伝道の道筋ではなかった建徳が嘉靖・隆慶の時期に上供瓷器の一時の便宜的な輸送経路として設定され、遂に誤って駅となってしまった。そして海瑞が上疏してこれを止め、疲弊した人民はやや蘇ったという。

第一節で冒頭の一部分をすでに紹介したが、康熙『建徳県志』巻一〇には「巡撫都御史海公徳政碑記」と題する碑文が載せられており、隆慶四年（一五七〇）、徐紳の作となっている。文革前まで東至県昭潭鎮の北に永豊と呼ばれる地区（明代では永豊鎮）にこの徳政碑が立てられていたというが、筆者はまだこの地を訪問する機会を得ていない。この地域は明代に急逓舗[13]は置かれていた。

海瑞が右僉都御史欽差総督糧道巡撫應天十府に就任したのは隆慶三年六月で、翌四年四月には官を免ぜられているから、このわずかな期間に実行されたことが、安徽省の南側に位置する池州府の一県に石碑が建てられるほどの恩恵を施したのであろうか。康熙『建徳県志』巻八、古蹟によれば、

明、海瑞、号は剛峰、江南を巡撫し、恵政多し。時に建徳に駐節し、民難を目撃す、尤も優恤を蒙むるは、夫馬を禁革するが如きその一なり。後の人は為に碑を永豊鎮に勒す。時に邑人李司馬一元[14]と公とは同志にして、清君子為り、公も嘗つて之を過訪するなり。（明、海瑞号剛峰、巡撫江南、多恵政。時駐節建徳、目撃民難、尤蒙優恤、如禁革夫馬一也。後人為勒碑永豊鎮。時邑人李司馬一元與公同志、為清君子、公嘗過訪之。）

とあり、海瑞が建徳に駐在したときに民の困難を目撃し、夫馬の禁革はその優恤の恩恵の一つであるとする。それではこの事を海瑞自身はどのように記しているのであろうか。『海瑞集』の「被論自陳不職疏[15]」の中の一節に

…建徳県は原《もと》驛逓無く、正路に非ざればなり。二十年来、行者は江西驛傳道、九江兵備道二衙門の挂号・裁革を憚り、其路始めて通ず、臣之を聞くこと久しきなり。臣初めて到任するや、即《ただち》に池州府に行きて査して議し、并びに江西九江道に移文するも、申復相同じ。彼れ彼の江西の民を愛せずして反って臣の之を行うを欲するか。民事を勅訪すると詐称し、乳臭の童子は、此れ之を欺くこと可なれども、当路の官は婦人童子に非らざる也。…（…建徳県原無驛逓、非正路也。二十年来行者憚江西驛傳道九江兵備道二衙門挂号裁革、其路始通、臣聞之久矣。臣初到任、即行池州府査議、并移文江西九江道、申復相同。彼不愛彼江西之民、而反欲臣行之耶。詐称勅訪民事、乳臭童子、此可欺之、当路

之官非婦人童子也。…）

と言い、上供瓷器の輸送そのものへの言及はないが、その批判の矛先は正規の驛傳道を避け、ここに道をとる使客に向けられている。さてその石碑の内容であるが、紙面の都合で全文掲載は避け、主に前半部分の重要であると思われる箇所を抜粋して紹介したい。

(c)建徳邑は小にして土瘠なり、旧《もと》箇僻と稱す。嘉靖十一、二年の間より、饒［州］の景徳鎮、数《しばしば》勅使を奉じ、焼造進御の諸器、程期既に迫り、運者は改めて捷便を取り、悉く道を此に開く。而して夫馬稾餼を里甲中より増す。其の後醮祀の営造寝［寖《ようやく》?］盛んにして、進運の諸器、動《やや》もすれば百扛を数え、月に凡そ十餘上《のぼ》せり。江・浙・閩・広に盗起るに迨《およ》び、諸使の星軺、率《おおむ》ね亦た敏捷を取り出入紛錯すれば、則ち夫馬稾餼の里甲に歳辦するものは、殆ど万金なり。皆昔は之れ未だ嘗つて有らざるものなり。其の間、監司守令は、嘗つて之が為に節縮協助すると雖も、然れども便道既に開かれ、承迎風靡し、夤縁奸を為し、公私破冒し、末益増劇《ますますはげ》し。蓋《けだ》し九里は騒然たりて、一も生に聊《やす》んずる者無し。（建徳邑小土瘠、旧稱箇僻。自嘉靖十一二年間、饒之景徳鎮数奉勅使、焼造進御諸器程期既迫、運者改取捷便、悉開道於此。而増夫馬稾餼于里甲中。其後醮祀営造寝［寖?］盛、進運諸器、動数百扛、月凡十餘上、迨江浙閩広盗起、諸使星軺、率亦取敏捷、出入紛錯、則夫馬稾餼歳辦于里甲者、殆万金。皆昔之未嘗有者也。其間監司守令、雖嘗為之節縮協助、然便道既開、承迎風靡、夤縁為奸、公私破冒、末益増劇。蓋九里騒然、無一聊生者矣。）

前半部分は第一節で既に紹介したが、嘉靖一一、二年ころより、景徳鎮の進御の諸器がここに輸送経路をとるようになり、そのために必要な夫馬や稾餼などの供出は建徳県の里甲に負担を増加させた。その後、宮殿や各壇の営造がますます盛んとなり、[16]進運の諸器は一〇〇扛を数え、月に一〇余回にわたったという。一箱には小器一二〇件が入ったという[17]から、一〇〇扛と言えば、小器であれば一二〇〇〇件の計算となる。これが月に一〇余回というから、莫大

な数量の瓷器が陸運され、それに伴う費用も莫大なものであったことがわかる。(18)

さて海瑞の徳政碑に戻ると、

隆慶改元して、詔して焼造を停め、始めて徯蘇の望み有るも、顧《ただ》其の他の経る所の供億は輟《や》まず。郡太守慈谿馮君(19)は前の令長涪州張君(20)に下して力めて之を圖《はか》り数《しばしば》加恤有れども、惜しむらくは擅《ほしいまま》に更置するを得ざるのみ。（隆慶改元、詔停焼造、始有徯蘇之望、顧其他所経供億不輟。郡太守慈谿馮君下前令長涪州張君、力圖之数有加恤、惜不得擅更置耳。）

とし、隆慶初年に焼造が停免となり、建徳県の民も苦難から解放される望みを持つが、駅伝利用者への供億は止まず、地方官が恤政を敷いても改善されず、まして知府・知県などに駅伝の更置の権限は無かった。

己巳［隆慶三年］八月都御史瓊山海公来たりて江南を撫し、冗濫を裁し、虚冒を革め、豪縦を抑え、凋敝を拯《すく》い、廉頑立懦にして、風采は凛粛なり。首《はじ》めて吾郡に檄して謂く、傳舎は孔道に隷し、供給は必ず経費に隷す、建徳の夫馬稟餼を置くは典に非らず、其れ尽く星使を停罷し、驛稟は悉く旧に復し、由る所は故の如くす。違う者は之を治すること差有り。是において馮君は今の令長滇南范君(21)とともに秖《ただ》休命を承け、惟《ただ》謹しむのみ。（己巳八月都御史瓊山海公来撫江南裁冗濫、革虚冒、抑豪縦、拯凋敝、廉頑立懦、風采凛粛。首檄吾郡謂、傳舎隷孔道、供給必隷経費、建徳置夫馬稟餼非典、其尽停罷星使、驛稟悉復旧、所由如故。違者治之有差。于是馮君与今令長滇南范君秖承休命惟謹。）

とあるように、隆慶三年に海瑞が應天巡撫として赴任し、池州府建徳県に於いては、そもそもここは駅伝を通す所ではないとし、星使（朝廷の使者）を停罷し、夫馬稟餼は、建徳に駅伝が設置される以前の額に戻されたという。

庚午［隆慶四年］の春、海公、言論を以って調走せらる。書は別に山中に予う。邑人之を聞くや、村は吊［=弔］し巷は哭くこと父母を失うがごとし、則ち相与《とも》に小人の依る無きを歎き、盛徳の難を悵《いた》む。継いで謀りて峴首の石に勒して甘棠の思いを永くせんと欲し、且つ以為《おもえらく》幸来者の采風は尚く、改弦より軽くは無しと云うのみ。（庚午之春、海公以言論調走。書別予于山中。邑人聞之、村吊巷哭如失父母、則相与歎小人之無依、悵盛徳之難。継謀欲勒峴首之石、永甘棠之思、且以為幸来者之采風尚無軽于改弦云耳。）

とあり、隆慶四年に海瑞が離任する時の状況や、石碑を制作した事情が伝えられている。海瑞には上供瓷器の陸運そのものを批判する意図は見えないが、「傳舎は孔道に隷し、供給は必ず経費に隷す、建徳の夫馬稟餼を置くは典に非らず」として先に紹介したような大胆な措置をとったことは事実であろう。しかしこの地方は後に、康熙『建徳県志』巻五、弊書、鄭三俊による「言池州利弊書」と題する文に、

海中丞、條鞭を立て里甲を罷めてより、江南の民は乃ち有生を得たり、後に則ち貪官蠹胥、巧みに名色を立て、累りに復た之に里甲を中《あ》て、而して害は仍お之に貽《のこ》す、條鞭は賢者の起して之を救うありといえども、後人も亦たこれを守るあたわず、條鞭の旧は、終《つ》いに復すべからざるなり。（自海中丞立條鞭罷里甲、江南之民乃得有生、後則貪官蠹胥、巧立名色、累復中之里甲、而害仍貽之、條鞭雖有賢者起而救之、後人不能守之、條鞭之旧、終不可復矣。）

とあるように、後を継いだ貪官蠹胥が一條鞭法を取り入れる以前の状態に戻ってしまったという。

海瑞とならび、建徳県の駅伝問題に関与した人物としては李一元が挙げられる。康熙『建徳県志』巻九、書には李一元による「答朱東原巡撫書」に次のように記されている。

…我下邑は膏腴の地、国初にありては先ず儘《ことごと》く軍を屯し、遺す所の瘠薄は、方に之を民に付す。邇来累《しき》りに重科を起こし、縦《たとい》豊歳なれども完税するあたわず、加えて以って軍は日《ひにひ》に強梁して併呑し計を得て、訟は連《しき》りに省を隔て、完結は尤も難し。民の積苦、是におけるや一日にあらざるなり。且つ万山の中に在りて、旧は驛逓衙門無し、亦た送迎の擾も無し。正徳末年宸濠乱を作してより、兵の間道を取る。続いて饒府の上供御器も此《ここ》より皖

を過ぎるに因りて、一應の夫役はこれ民を労し、已《すで》に疲憊に勝えず、兼ねるに縉紳の江を渉るを欲せざる者は、又た相率いて争いて便捷に趨き、遂に通衢と成る。相距ること三百餘里、一つとして站無し。道は雨風に遇うごとに泥に塗《まみ》れ、往返動《やや》もすれば旬日を経る。貧民の是れに應じて役する者は多く妻子を鬻《ひさ》ぎ、田廬を棄つるに至る。十年攢造して、逃亡を計る者は半ばを過ぐ。即ち今井里は蕭條として、民も固志無くして、皆饒路を以って之が祟と為すなり。……（…我下邑膏腴之地、在国初先儘屯軍、所遺瘠薄者、方付之民。邇来累起重科、縦豊歳不能完税、加以軍日強梁併呑得計、訟連隔省、完結尤難。民之積苦、于是也非一日矣。且在万山之中、旧無驛逓衙門、亦無送迎之擾。自正徳末年宸濠作乱、取兵間道。続因饒府上供御器由此過皖、一應夫役之労民已不勝疲憊、兼縉紳不欲渉江者、又相率争趨便捷、遂成通衢。相距三百餘里、無一站。道毎遇雨風泥塗、往返動経旬日。貧民應是役者多至鬻妻子、棄田廬、十年攢造、計逃亡者過半。即今井里蕭條、民無固志、皆以饒路為之祟也。…）

とあり、建徳の肥沃な土地は明初は軍の屯田であり、それ以外の痩せた土地が民に給された。その上、軍の横暴な土地併呑に遭い、民の生活は甚だ苦しいものであった。ここは山々の中に在り、以前は駅逓や衙門は無く、また送迎の擾も無かった。正徳末年宸濠が乱を起こしてから、兵がここを抜け道とした。続いて饒州府の上供御器の輸送もこの地を安徽省の通り道としたことによって、あらゆる夫役が民を労し疲憊にたえない、また縉紳で川を渉ることを望まぬ者はぞろぞろと争ってこの抜け道に趨き、遂に大通りとなってしまった。三〇〇余里の距離があると云うのにその間に駅は一つも無く、道は雨風に遭えば泥まみれになり、往復にややもすれば一〇日を数えることもある。貧民で役に応じた者は多くは妻子を売り、田を捨てるに至るのである。一〇年ごとの里甲冊攢造には逃亡した者は半分以上であるという。

徐紳の「巡撫都御史海公徳政碑記」(c)によれば、上供瓷器の陸運の経路が開かれたのは嘉靖一一、一二年ころであり、

『明世宗実録』嘉靖一五年一〇月甲申の条によれば、同年に饒州府の石門巡検司と池州府の永豊鎮巡検司が馬駅に改められたはずである。しかし、「相距たること三百餘里、一つとして站無し。」という。三〇〇余里の距離というのは建徳県治と饒州府鄱陽県治の間のことで、永豊鎮巡検司は建徳県治の南九〇里(22)にあり、石門巡検司は鄱陽県治の北一五〇里(23)の距離である。このことはつまり、石門と永豊の巡検司を馬駅と改めたとしても、当時の建徳の地方官には正式の駅という認識が無かったのかもしれない。李一元はこの書の他に、「答邑父母譚少川論兵書(24)」で、

…御器の路一たび通じてより、公使の乗傳する者日《ひにひ》に衆し。本九里の瘠、四県の衝に當たり、至る所追呼需索饜《あ》くこと無し、民は朝夕急なり、誰か能く之に堪えんや。近ごろ民糧僱役は稍稍《やや》息肩なりと議すと雖も、固より剜肉補瘡の計なり。…（…自御器之路一通、公使之乗傳者日衆。本九里之瘠、當四県之衝、所至追呼需索無饜、民朝夕急、誰能堪之。雖近議民糧僱役稍稍息肩、固剜肉補瘡之計也。…）

とし、また「少川譚公奨薦序(25)」には、

…邇《ちかごろ》饒器の径にして道を取るに因り、乃ち乗傳する者も亦た之に趨く、行李の往来は遂に寧日無く、里逓は剥膚朘骨、常に蹙蹙として應辦するあたわざれば、加うるに額外の征数を以てし、常賦に倍たり。…（…邇因饒器径而取道、乃乗傳者亦趨之、行李之往来遂無寧日、里逓剥膚朘骨、常蹙蹙不能應辦、加以額外之征数、倍于常賦。…）

と述べ、ここでも建徳が饒州の上供瓷器の経路となって以来、公使の乗伝が増え、行李の往来が絶えなかったという。少川譚公（＝譚経）は、同県志巻三、表によれば、嘉靖四〇年（一五六一）に建徳県の知県になり、李一元の奨薦を受け、後に宿州の知州となっている。嘉靖四五年（一五六六）には次の知県張学顔が着任しているので、李一元の一連の書や序は海瑞が来る前の状況を説明しているものと思われる。

なお万暦『池州府志』巻九、芸文、記には「建徳邑侯王公新造尭城渡橋碑記」に、

建徳南門の五里に、旧《もと》尭城渡有り、路は彭蠡に通じ、皖江に達す、御用の器必ず経て、冠盖の倫は旁午たり。蓋し一邑の要津かな。往《さき》に航を設けて渡すも、渓流は湍急にして厲風時に發し、胥《みな》溺し、災を為す、邑は甚《はなは》だ之に患う。（建徳南門之五里、旧有尭城渡、路通彭蠡、達皖江、御用之器必経、冠盖之倫旁午。盖一邑要津哉、往設航而渡、渓流湍急厲風時發、胥溺為災、邑甚患之。）

とあり、建徳県治の南門から五里の所に尭城渡があり、ここは御用の器が必ず通る場所であったという。万暦期の建徳知県王公（＝王浙[26]）が、ここに橋をかけたことが後文に記されているが、上供瓷器は昭潭、永豊から北上して建徳県城の南側を通過していたのである。

四　建徳から東流へ

それでは建徳から次はどこへ向かったかというと、乾隆『池州府志』巻二一　郵傳志に、

建徳・東流二県は江西の鄱［陽］・彭［澤］に通ず、貴［池］・青［陽］の孔道のごときにあらず、然れども嘉靖中より、饒州玉瓷を進め、道を此に取る、故に設くる所の夫馬は両邑之を一にす。（建徳東流二県通江西鄱彭、非若貴青孔道、然自嘉靖中、饒州進玉瓷取道於此、故所設夫馬両邑而一之。）

とあるように、東流へ道を取っている。明代の東流県[27]は、建徳県の西北に位置し、万暦『東流県志』巻一、疆域記に「東南は建徳県に至る四十里」とある。

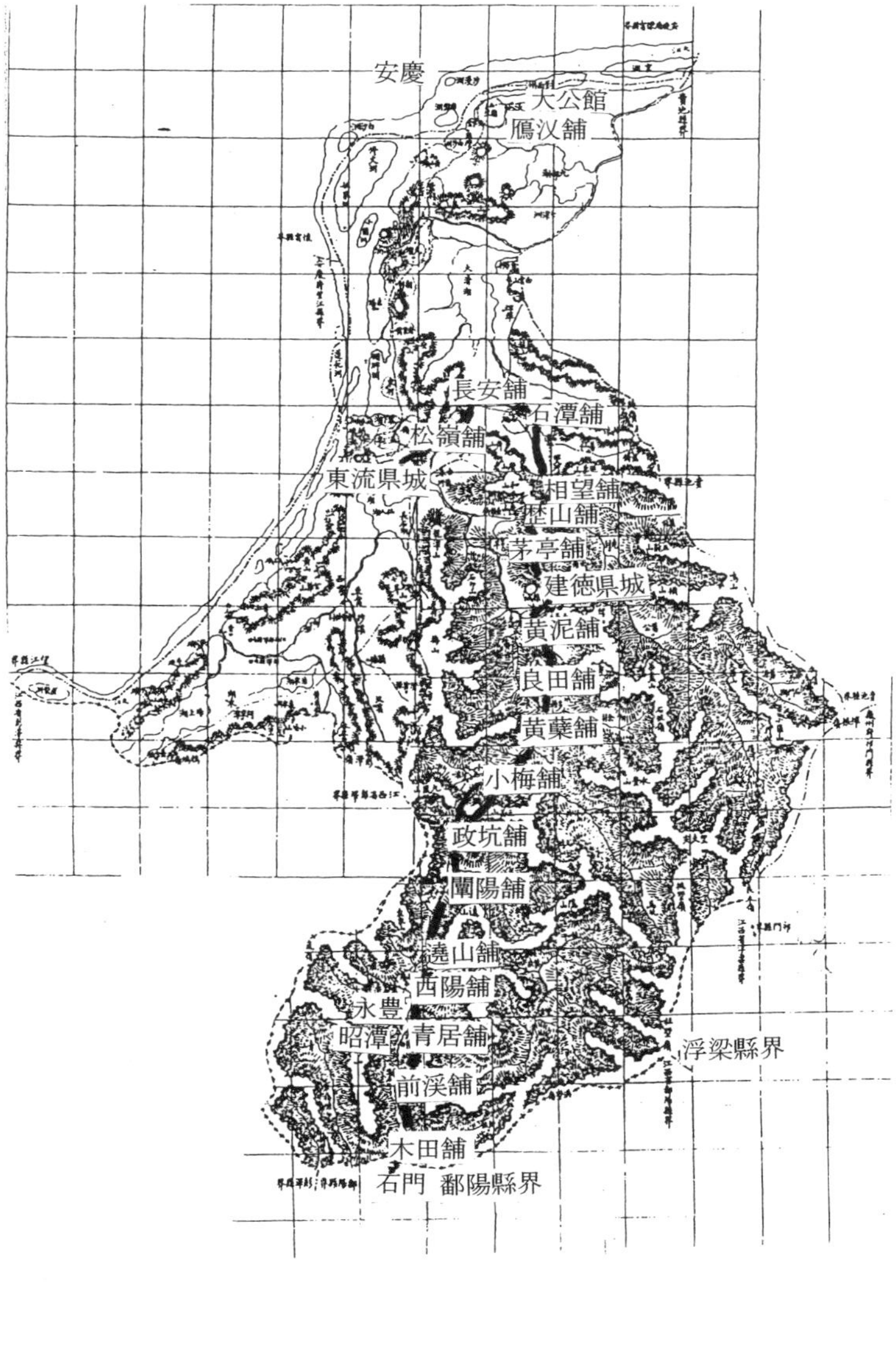

景徳鎮

清代池州府建徳縣・東流縣地図

「江南安徽全圖」、清福潤等奉敕撰、光緒二二年石印本をもとに作成。

万暦『東流県志』巻八、津梁考は、次のように伝えている。

…故に津梁を考うるに、県の晋陽郷に石潭渡有りて、官は渡船を設け、歳《としごと》に渡夫を編し之を掌《つかさど》る。惟新郷に江口渡有り、晋陽郷に張家灘渡有り、唐豊上郷に鉄山渡有り。鴈汊《がんがい》は江を截ち、安慶に至り、南北津渡の衝なり。往歳行旅は、皆屯田の軍の船を倩《やと》いて以って渡る。多くは掯索せられ、人は或いは銀三分に至り、牛馬は或いは五六分に至り、中流にて櫓を停め、赫詐百端なり。万暦の初め、知県陳公春、其の弊を懲《とど》め、官の渡船四を設く、編夫乗駕せしめ、仍ち其の直を定む。大約《おおむね》人は銭二文、行李は一擔、人と等し、馬牛は之に倍たり。乃ち渡夫に命じて収貯せしめ、以って修船の費と為し、往来は之を便とす。…

是れより先、江西浮梁県景徳鎮官廠所造の尚方供御窯器、毎歳入貢して取道し、必ず鴈汊《がんがい》より江を渡る。軍船覘視して其の来たるを知り、往往官役を匿避して、勢に恃みて多く民船を捜し乗載して、反って酒肉賄賂を索む。方《まさ》に隲庇を與《あたう》こと少なければ、愜願せず、遺害浅からず。渡船有りてより以後、則ち地方は遂に此の輩の横を免ぜり。（…故考津梁、県之晋陽郷有石潭渡、官設渡船、歳編渡夫掌之。惟新郷有江口渡、晋陽郷有張家灘渡。唐豊上郷有鉄山渡。鴈汊截江至安慶、南北津渡之衝也。往歳行旅、皆倩屯田軍船以渡、多被掯索、人或至銀三分、牛馬或至五六分、中流停櫓、赫詐百端。万暦初知県陳公春、懲其弊、設官渡船四、編夫乗駕、仍定其直。大約人銭二文、行李一擔、與人等、馬牛倍之。乃命渡夫収貯、以為修船之費、往来便之。…

先是江西浮梁県景徳鎮官廠所造尚方供御窯器、毎歳入貢取道、必由鴈汊渡江。軍船覘視知其来、往往匿避官役、恃勢多捜民船乗載、反索酒肉賄賂。方與隲庇少、不愜願、遺害非浅。自有渡船以後、則地方遂免此輩之横矣。）

これを見ると、上供瓷器は必ず鴈汊という地点から長江を渡ったことが確認できる。鴈汊は東流県の北に位置し、万暦『東流県志』巻二、疆域記には「北は安慶府に到る百里」とあるので、距離とすれば東流県治から鴈汊までは約一〇〇里ほどである。清代の地図で見ると、鴈汊の東側に大公館という名称が見える。この大公館は乾隆二一年（一七五六）に建てられ、安慶府の迎江寺と相望し、大公館渡口と称され、略して大渡口とよばれるようになったという。現在の大渡口鎮のあたりに鴈汊があったと思われる。[28]

この鴈汊から安慶に長江を渡るにあたっては、行旅は屯田の軍船を雇っていたが、非常に高い船賃を払わされ、中流で船を止められ更に脅される有様であった。これら屯田の輩は、景徳鎮の進御の瓷器が必ずここを通ることを知っており、自分たちの官役を匿避して勢力を恃み民船を捜し乗り込み荷を積んで、酒肉賄賂を索めたという。そこで万暦の初め知県の陳春は官の渡船四隻を造り、船賃や船夫も定めてこの弊害を無くしたと伝えている。

おわりに

嘉靖九年以降、御器廠では中官が裁革された後、景徳鎮の上供瓷器は水運から陸運に切り替えられたが、その背景には宮殿や祭殿の相次ぐ建設に付随して必要とされる祭器などの供御の瓷器、特に欽限瓷器の京師への納入期限が迫っていたことが挙げられる。このため遅延をおそれた官員が近道を陸路に取り、それは景徳鎮から建徳を経て東流鴈汊から長江を渡り安慶へ北上して行くものであった。

景徳鎮から建徳県内へは、主に鄱陽県石門から建徳県の永豊に通じる道を取ったと思われる。第一回目の交逓が行われた地点は、具体的に明らかにされていないが、嘉靖一五年に馬駅が設けられた建徳県内の永豊鎮のあたりではないかと推測する。その地点までは人夫や馬匹など饒州府側の負担である。[29]その後は通過する当該地域の負担となる。もともと駅伝施設が無かった建徳や東流では、御器の輸送回数が頻繁になるにつれ、その負担は地元の里甲に重くのしかかり、またこれに便乗して通行往来する使客も増え、建徳では住民の半数までもが逃散する事態にまでなってしまったという。

御器の輸送量としては時に一回に一〇〇扛を数え、月に一〇余回に上ることもあったという。隆慶初年に焼造が一時停免になったが、使客の往来は絶えず、海瑞が應天巡撫になりこの地に来て使客の往来を止め、逓送のための人夫や馬匹の供出も増額以前の状態に戻した。それゆえ、建徳の永豊には徳政碑が立てられるほどにその施策は民から歓迎されたが、海瑞の任期は非常に短期間で、離任後はまた元の窮状に戻ってしまったという。

以上、今回景徳鎮から安慶までの道筋とその状況を紹介したが、今後は安慶からどのように京師まで達したかを追求していきたいと思う。また陸運によると言っても全く水運によらずにすべての経路を陸行したとは考えにくい、場所によっては安全が確保されていれば水陸兼行の可能性が高いと思われる。

最後に今後の課題としてもう一つ、欽限瓷器と部限瓷器の輸送方法の違いが、いつから設定開始されたかという問題が残る。第一節で引いた(a)の資料の「往《さき》の陶廠を査するに皆水運により京に達す、陸運に由るは中官裁革の後に始まれり。（…）廠官議して工部に關策し、是より後、凡そ欽限磁器は陸運、部限磁器の如きに至りては、南京浙江の解運の冬夏龍衣の事例に照らして、預め驛傳道を行き、堅固なる座船を揀んで、饒州府河に至りて装載し、裏河より直ちに京師に達す。委官乗傳管解し、期を刻んで交卸せば、これ詔を塞いで期を愆つに至らず、而して夫馬の煩費は南北均しく息む。」の「是より後」が嘉靖九年の中官裁革の直後と捉えてよいのか、それとも陸運に切り替えられた当初は欽限・部限ともに陸運であったものを途中から、欽限は陸運、部限は水運に分けたのであるか、もしそうであるなら、それはいつからか現時点では確認できない。

そしてこの方法がいつまで続けられたか。『明実録』からは万暦三十年代に潘相が水運と馬快船の増設を提議し、これに対する官僚の反対意見を二、三見い出すことができるが、[30]康熙『饒州府志』巻一二、陶政には「陶成るや分限して京に解り、解官の費は浮梁県貯庫の砂土上工夫工食の余剰銀両内より支す。往時は皆水運もて京に達す、陸運に由るは中官裁革の後始まれり。後に潘太監復た水運船を設け、水運甚だ便なり」とあり、乾隆『浮梁県志』巻五、陶政には、「万暦中、潘太監仍ち水運船を設け、嗣後、之を便とす」とあり、結局水運に戻り、後には甚だ便利になったという。潘相は景徳鎮に万暦の民変を引き起こした張本人であるが、輸送の面からは水運に戻したことで、後世にプラス評価を与えられているのである。この間の事情もさらに検討する余地があろう。そして時系列とともに輸送経路ならびに輸送法の相違とその輸送量がさらに具体的に示されることができれば、部限と欽限の瓷器の性質の違い[31]をさぐる一助にもなるはずである。

註

（1）景徳鎮瓷器の輸送及び流通については、江西省軽工業廳陶瓷研究所『景徳鎮陶瓷史稿』二九頁（生活・読書・新知三聯書店、一九五九年）、愛宕松男「東西交渉史上における中国陶瓷、特にその輸送についての一考察」（『愛宕松男東洋史学論集』第一巻。三一書房、一九八七年六月）、金沢陽「明代景徳鎮民窯製品の販路について」（『山根幸夫教授退休記念明代史論叢』下巻。汲古書院、一九九〇年三月）、佐々木達夫「明時代の中国国内陶磁器流通」（『三上次男博士喜寿記念論文集』陶磁編。平凡社、一九八五年八月）参照。

（2）北村彌一郎『清国窯業視察報告』四七頁。（農商務省商工局、一九〇八年三月）参照。

（3）江西省軽工業廳陶瓷研究所『景徳鎮陶瓷史稿』三二頁（生活・読書・新知三聯書店、一九五九年）参照。

（4）『佐久間重男先生米寿記念明代史論集』（汲古書院、二〇〇二年一〇月）所収。

（5）『明神宗実録』万暦三五年四月甲寅の条に、江西巡按御史の史弼が、当時宦官潘相が瓷器の輸送に馬快船を建造しようとしたことに反対して上奏した文に、「馬快之設只行于江左、不行于江右、江右由湖渉江沿二千里始抵瓜歩、道迂而甚険。故留都之袍服以便水而之水、江西之瓷型以便陸而之陸。今以脆薄之型瓷、犯波濤之顛播。一運有虞、必令地方賠補、窯戸更造竭膏髄而誤上供、誰任其咎」とある。

（6）佐久間重男『景徳鎮窯業史研究』一四七頁。（第一書房、一九九九年七月）参照。

（7）『明史』巻七四、志第五〇、職官三、宦官に「鎮守太監、始於洪熙、徧設於正統、凡各省各鎮無不有鎮守太監、至嘉靖八年後始革。」とあり、『明世宗実録』嘉靖一〇年閏六月乙丑の条には、「詔革鎮守浙江両広湖広福建…」の記事が見える。

（8）徐紳は官營の人、嘉靖一九年挙人、二〇年進士。康熙『建徳県志』巻四、選挙志、科貢年表及び『明世宗実録』によれば、嘉靖二〇年に蘭谿県の知県、その後三七～三八年にかけて江西巡按御史、後に巡撫順天右僉都御史に任じられている。また康熙『建徳県志』巻八、人物志、列伝に「徐紳、号五台、登進士第、任蘭谿知県、県隣海忠介公所治淳安、二人以気誼相引重挙卓異、考選御史、巡視屯馬。…」とあり、海瑞とは同志のよしみがあった。万暦『金華府志』、万暦『池州府志』巻六にも伝あり。

（9）嘉靖期の宮殿や祭殿の建設がいかに頻繁に行われたかは、林乾『明帝列伝　嘉靖帝　隆慶帝』一四四頁（吉林文史出版社、一九九六年一月）参照。

（10）味岡義人「二つの御器廠」（『陶説』三六六号、日本陶磁協会編、昭和五八年九月）参照。

（11）鄱陽、建徳間の距離には、地方志によって若干の相違が見られる。道光『鄱陽県志』巻四、城池には、「県治…北至建徳県治、陸路二百八十五里経石門」とある。

（12）東至県昭潭鎮の北、永豊にあった海瑞徳政碑の石碑は高さ三尺、厚さ約五寸、幅二尺七寸、約一一九〇字という。

（13）康熙『建徳県志』巻二、建置志、舗舎の条には、「県前総舗、毎舗十里、南路、黄泥舗、陽田舗、黄蘗舗、小梅舗、政坑舗、闉陽舗、遶山舗、西陽舗、青居舗、前渓舗、水（木？）田舗、以上達江西鄱陽。とあり、上供瓷器の運輸経路もほぼこの急逓舗の道筋をとったものであろう。万暦『池州府志』巻二、建置志、郵舎の条にもほぼ同様の地名がついた舗が列記されている。現在では北から東至、良田、黄柏、官港、陳鎮、泥渓、永豊、昭潭のルートがこれにあたり、南の県境の石門街へ通じている。「中国分省公路交通地図集」（中国地図出版社、一九九九年一月第四版）参照。

(14) 李一元、九都の人、嘉靖二六年進士。(康熙『建徳県志』巻四、選挙志による)、同県志巻八、人物志には「李一元、字調卿、号陶山、嘉靖丁未進士。選開州知州、歴任南部郎金華知府、河南督学、太僕鴻臚卿、通政使、刑部右侍郎、改兵部侍郎、巡撫江西。…」とある。万暦『金華府志』巻一四、万暦『池州府志』巻六にも伝あり。

(15) 『海瑞集』上編、應天巡撫時期。陳義鍾編校(中華書局出版、一九六二年)参照。

(16) 原文は「寝」であるが、「寖」の誤りかと思われる。

(17) 万暦『江西省大志』巻七「陶書」箱損料数の条参照。

(18) 愛宕松男氏は前掲「東西交渉史上における中国陶瓷、特にその輸送についての一考察」の五節「中国貿易陶瓷器の水陸における輸送の方法」の中で、御器廠の上供品の包装材料の用途について述べられ、「一箱百二十個の器碟に要する資材だけでも銀三銭――銅銭に換算して六百文であるから一個当たり五文に相当する――を算えるが、これに輸送に伴う人件費・舟車費を加算すると――上記の解運の条によると「陶成。毎分限運。一歳数限、一限差官費不可定、然至少者不下千金、而夫力装具不與焉」とあって、最小限を五十箱(六千個)と仮定すれば一個当りの直接輸送費は三百二十文余にも達する勘定である――全くの多額にのぼるものである。」と計算されている。

(19) 馮叔吉、慈谿の人、進士、隆慶元年池州府知府任。伝あり。(万暦『池州府志』巻四、官秩)

(20) 張箎、涪州の人、挙人、隆慶二年建徳県知県任。伝あり。(康熙『建徳県志』巻三、表)

(21) 范従義、臨州の人、挙人、隆慶四年建徳県知県任。(康熙『建徳県志』巻三、表)

(22) 康熙『建徳県志』巻二、公署、参照。

(23) 道光『鄱陽県志』巻八、公署、参照。

(24) 康熙『建徳県志』巻九、書、ならびに『李陶山先生集』万暦一四年跋、参照。

(25) 康熙『建徳県志』巻九、序、ならびに『李陶山先生集』万暦一四年跋、参照。

(26) 王淅、号は懐楚、四川灌県の人、挙人。万暦三七年、建徳知県任。伝あり。康熙『建徳県志』巻三、官秩志参照。

(27) 一九五九年に建徳(＝至徳)県と合併し現在では東至県の中の東流鎮となっている。

（28）「江南安徽全圖」、清福潤等奉敕撰、光緒二二年石印本、この他饒州府は「江西全省輿圖」、清朱兆麟等撰、光緒二二年石印本参照。

（29）嘉靖『江西省大志』「陶書」解運の条参照。尚、同書の割り注には「如浮梁至建徳短杠夫價、往年小器箱重不過五六十斤、用夫二名、後三名四名、前塗費可例推。」とあり、小器の箱であれば、往年は重さ五、六〇斤を過ぎなかったが、これを二人で運び、後には三、四名で運び、費用は例推すべしという。

（30）前掲（5）『明神宗実録』万暦三四年五月甲寅の条の他に、万暦三〇年一二月甲午の条、万暦三四年一〇月癸丑の条等参照。

（31）部限瓷器と欽限瓷器については、金沢陽氏「『部限瓷器』・『欽限瓷器』についての若干の考察」（出光美術館研究紀要第一号、一九九五年、矢部良明『中国陶磁の八千年』三三〇～三三四頁（平凡社、一九九二年）、謝明良「十五世紀的中国陶瓷及其有關問題」（故宮学術季刊、第一七巻、第二期）参照。

引用地方志史料

嘉靖『江西省大志』	明　王宗沐	嘉靖三五年と伝えられているが、内容は嘉靖三八年の記事が見え、三八年から三九年にかけて江西按察使の時に書かれたものであろう。
万暦『江西省大志』	明　陸墳（＝陸万垓）	万暦二五年
嘉靖『江西通志』	明　林庭棉	嘉靖四年
康熙『饒州府志』	清　王用佐	康熙二三年
康熙『浮梁県志』	清　陳淯	康熙二二年
乾隆『浮梁県志』	清　程廷済	乾隆四八年
道光『鄱陽県志』	清　陳驤	道光四年
康熙『建徳県志』	清　高寅	康熙元年
万暦『東流県志』	明　陳春	万暦三年
万暦『池州府志』	明　李思恭	万暦四〇年

乾隆『池州府志』　清　劉權之　乾隆四四年

明代徽州の小規模同族と山林経営

中島楽章

はじめに

長江下流大地域の周辺部に属し、新安江の上流部を占める徽州盆地では、宋代ごろから地域開発の過程で同族を中心に山林経営が展開された。徽州における山林経営は、浙江・江西・福建など、中国東南部の山間盆地との共通性が高いが、特に徽州においては、膨大な契約文書をはじめとする、明代以降の山林経営をめぐる豊富な一次史料が残されており、明清期における山林と郷村社会との関わりを、長期的なスパンである程度定量的に、現実に林業を営んだ地主や同族のレヴェルで検討することができる。

明清徽州の山林経営については、八十年代以降の徽州文書研究の進展とともに、陳柯雲氏の一連の論考をはじめとして、(1)張雪慧・楊国楨・劉和恵氏らの研究が発表された。(2)とりわけ近年では、上田信氏が徽州府祁門県の韓渓・楚渓流域を舞台に、有力宗族であった汪氏の族譜と徽州文書を活用し、風水観念を背景に、宗族・里甲制・郷約などを通じて維持されていた山林秩序が、清代中期以降、棚民の流入とともに急激に動揺してゆくプロセスを活写している。(3)また渋谷裕子氏も、清代中期以降、休寧県の山間地に流入した棚民と定住同族との相互関係を、棚民・定住同族双方

の子孫からの聞き取り・民間伝承・現地に残された碑文などを活用して描き出した。(4)

本稿では、明代の小規模同族に関する一連の文書史料を素材に、大宗族とは異なる山林経営の実態について検討してみたい。中国社会科学院歴史研究所には、〈清代乾隆四十八年祁門凌氏『合衆謄契』〉（以下『合衆謄契』と略称）、および〈清代道光年間祁門凌氏『合同文約拚契俱謄録』〉（以下『俱謄録』と略称）と題される、清代中期に祁門県三都の凌氏が編纂した二種の謄契簿（各種契約文書を集め抄録した簿冊）が収蔵されている。両者はいずれも、王鈺欣・周紹泉主編『徽州千年契約文書』清・民国編（花山文芸出版社、一九九二年）第十一巻に全文が影印されている。(5)『合衆謄契』所収の文書は、大部分が明代文書であり、特に山林売買文書が多い。これに対し『俱謄録』所収の文書は、大部分が清代中期の文書であり、山林伐採契約を中心に、棚民の租山文書・山林禁約・紛争関係文書・宗族合約などより多様な文書を含んでいる。

本稿では『合衆謄録』を主な史料として、『徽州千年契約文書』（以下『契約文書』と略称）所収の関連する散件文書も利用し、明代徽州の一小規模同族による山林経営について検討を加えたい。なお凌氏の居住地は、上田氏が論じた汪氏と同じく、韓渓流域の河谷盆地に位置する。上田氏の紹介した族譜や文書と、本稿で取り上げる一連の山林文書を結びつけることにより、明代の小盆地における有力宗族・小規模宗族の双方による山林経営の実態とそれをめぐる社会関係を、複合的に分析することも可能なのである。

一　凌氏による山林売買の概況

祁門県三都は、県城の西南方向、祁門県の中央を東北から西南へと貫流する閶江北岸の山間地に位置する〈図1〉。

〈図1〉祁門県三都とその周辺

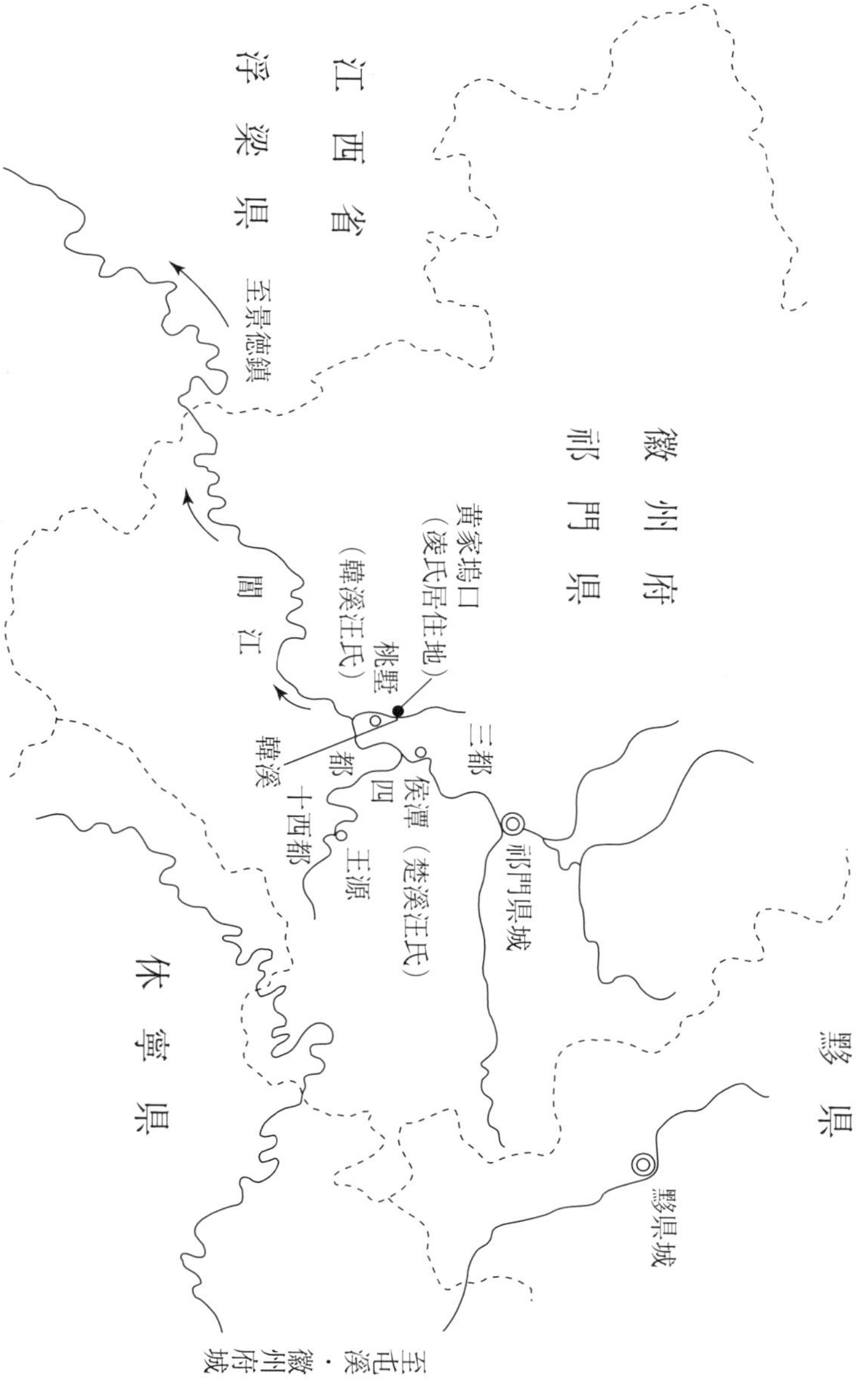

宋元期の三都は明初に閶江対岸の四都と合併し、行政上は「三四都」となったが、本稿では基本的に三都と称することにしたい。祁門県城のある盆地から閶江を下ると、まもなく両岸に山が迫る山間部となる。その間を縫って韓渓・楚渓という二つの河流が閶江へと注ぎ、その流域に点在する小盆地や河谷地が人々の生活領域であった。この地域の有力宗族は上田信氏が論じた汪氏であり、侯潭村・柯里村に居住する楚渓汪氏、牌源村・桃墅村に居住する韓渓汪氏に分かれていた(6)。韓渓・楚渓の汪氏は明清期を通じて、六十名近い貢生・監生、七十名近い生員を輩出した有数の「名族」であり(7)、特に桃墅村の汪克寛は、元末明初の代表的な朱子学者の一人として知られる。

一方、本稿で取り上げる凌氏は、桃墅村から韓渓をさかのぼった河谷地にある、黄家塢口という小村に居住する小同族であった。汪氏の同姓村が位置する韓渓流域の主要盆地の周縁部にあたり、附近には黄氏・胡氏などの同族集団も居住する。凌氏は十九世紀初頭に（おそらく手書きの）族譜を編纂したようであるが(8)、現存するかどうかはわからない。凌氏は宋代に祁門から休寧県に移住したのち、元代に祁門県に戻り、明初に伯二公なる人物が黄家塢口に定住したらしい(9)。文書史料を見るかぎり、凌氏は十九世紀初頭まで、官僚はおろか一人の生員も出した形跡もない。十五世紀後半から十六世紀前半にかけての一連の家産分割・承継文書からは、当時凌氏の族人が自小作農であり、里甲制のもとで族人が「捕戸」や「甲首」の傜役を負担していたことが確認される(10)。明末崇禎年間には、三四都二図三甲の甲首戸であった(11)。明清期の宗族に関しては、いうまでもなく多数のケース・スタディがあるが、ほとんどが整備された祠堂・族産・族譜をもち、しばしば官僚・士人を輩出した有力宗族を対象としている。欧米においても一定の族産を形成した同族集団をlineage とみなすことが多く(12)、十分な族産を形成するにいたらない小規模同族の実態については研究が乏しい。一般に宗族研究は族譜を主史料とするため、族譜を残さなかった小同族の検討は難しいのである。しかし徽州文書のなかには無名の同族にかかわるものも多く、ここでとりあげる凌氏関係文書も、小同族による山林経営の実態を長期的・定量的に示しうる史料として独特の史料価値を持つといえよう。

『合衆謄録』の冒頭には、「嘉慶廿四年、凌栄春が衆契を謄録、後日詳細に校合のこと。契約の原物は天春公が収め、その長子の宗富が収領」とあり、つづいて「各契約書の写しを番号を振って左に列挙」として、「元号（一号）」から「壱伯一十七号（一一七号）」までの番号の下に簡単な表題を付け、抄録した文書がリストアップされている。凌天春・宗富の父子は十五世紀後半から十六世紀初頭にかけての人物であり、『合衆謄録』は、天春・宗富を祖先とする房が保管していた原文書を抄録した簿冊だったと考えられる。つづいて一号から一一七号まで文書本文が抄録されているが、なかには文書全文ではなく概要のみの項目もある。その大部分は明代に凌氏が山林を購入した際に受領した山林売買契約であるが、このほか家産分割・継承文書や、山林紛争に関する文書なども含まれている。『合衆謄録』の末尾には、乾隆四十九年（一七八四）、火災で焼失した契約の事後処理に関する一連の文書を収める。それによれば、凌氏の宗祠である「凌敦義堂」に属する山地の契約文書は、「清明首人」が保管していたが、火事によりすべて焼失してしまった。そのため一族は謄契簿の記載に基づき、山地契約の内容を保証する「火帖」の発給を知県に申請し、認可を得たという[13]。「火帖」で確認を受けた山林売買文書の多くは、『合衆謄録』にも収められており、おそらく凌氏が共同で経営する山林に関する文書を、「経首人」が輪番で保管し、凌氏の各房も、原文書を抄録した謄契簿を保有していたのであろう。

『合衆謄録』には、洪武十六年（一三八三）から崇禎六年（一六三三）にいたる、凌氏による山林購入の記事が百件ほど残されている。その中には文書全文ではなく契約の概要のみを記した項目も含まれるが、あまりにも断片的な記事を除いた、計九十七例の山林売買契約について、年月・売買当事者・山林の所在地・地目と面積・売買価格を一覧表として整理したのが、〈表1〉である。

〈表１〉明代における凌氏の山林売買

	年　月	売　　主	買　　主	土　　名	地目・面積	価　　格
1	洪武16/4	汪致和	凌進保	南山塢	山16.0	鈔1.50
2	永楽15/6	汪宗紹	凌寄	黄家塢口	山3.0	鈔30.0
3	永楽18/12	一都金良生	凌寄	岑背塢	山1.5	大綿布4
4	洪熙1	二都汪文憲等	凌寄	仏光坦	山1.0	綿布5
5	宣徳1/11	汪宗紹	凌寄	方七塢	山2.0	鈔30.0
6	宣徳1/11	汪宗紹	凌寄	皮塢	山5.0	大綿布2
7	宣徳4	汪宗紹	凌寄	仏光坦	山一半	鈔30.0
8	宣徳6	二都汪文憲等	凌寄	仏光坦	山一半	大綿布5
9	宣徳9/2	十二都胡添林	凌寄	葉家源	山6.0・地2.0	大綿布15
10	宣徳9/2	汪宗紹	胡永安・凌添祖	里培塢	山3.5・地2.0	大綿布5
11	宣徳10	十二都胡天林	凌寄	背後竹山前山	山一半	不明
12	正統1/9	十二都胡敬通	凌寄	葉家源	山3.0	大綿布13.5
13	正統1	汪文憲・美善	凌寄	方七塢	山8.0	大綿布10
14	正統2/3	金寄隆	凌寄	干天坳	山3.5・地1.0＋30歩	花銀0.86
15	正統2	金寄隆	凌寄	干天坳	山4.25・地1.0	不明
16	正統2	十二都胡天林	凌寄	背後竹山前山	山一半	不明
17	正統3/2	汪景瑞	凌寄	田坑口	山地3.75	大綿布4
18	正統3/4	汪順理兄弟	凌天祖	南山塢	山3.0	大布5
19	正統3/9	金寄隆	凌寄	干天坳	山地3.0	大綿布3
20	正統3/11	十二都胡添林	凌寄	社屋坦	山1.0	大綿布1
21	正統3	金寄隆	凌寄	干天坳	山1.25	綿布3
22	正統4/11	汪文憲・美善	凌龍乞・元乞	方七塢	山1.0	大綿布1
23	正統4/11	汪文憲・美善	凌寄・仏保	浮鳩塢・法塢	山地13.0	大綿布6
24	正統5/8	汪敬賢・敬先	凌寄・胡永安	盤坑源・里培塢	山7.0・地4.0	大綿布8
25	正統5/11	汪敬賢・敬先	凌寄	黄家塢・方七塢	山地4.75	大綿布2
26	正統5	胡士賢	凌寄	方七塢	山4.0	大綿布2
27	正統5	胡士賢	凌寄	方七塢	山9.0・地2.0	不明
28	正統6/6	十二都胡善同	凌寄	李二段坦	山3.0・地0.5	銀0.2
29	正統7	汪文椿・文朴等	凌勝宗・宗冨等	牌坵	山3.0→分法 α	不明
30	正統8/2	汪宗成	凌寄	庄基	山地3.5	大綿布4
31	正統8/3	不明	凌寄	楓樹塢口	山 α	不明
32	正統12/5	一都金諒生	凌寄・仏保	岑背塢	山地4.5	首飾銀4.0
33	景泰1	十二都胡志寧	凌宗冨・貴宗	梅樹塢	山1.25	綿布4
34	景泰1	汪順栄	凌勝宗・宗冨	梅樹塢	山1.25	大綿布4
35	景泰3	黄員宗・求向等	凌天祖・天春	梅樹塢口	山1.0→分法 α	銀0.5
36	景泰5	胡天進	凌貴宗・勝宗等	下培	山1.25	不明
37	景泰7	凌音保	凌天春・胡志等	栗七垮	山一半	銀2.5
38	天順2/2	十二都査懐	凌添祖・添春	南山路	山一号→1/9	稲谷15
39	天順3	黄長徳・長欠等	凌天祖・天春	梅樹塢口	山1.0→分法 α	銀0.12
40	天順3	金文通・貴通等	凌貴宗・勝宗等	下培	山地2.0	不明
41	天順3	胡天進	凌貴宗・勝宗等	下培	山1.25	不明
42	成化7	凌音保	凌天春・胡志等	梅樹塢	山5.0→股分 α	銀2.5
43	成化9	十二都胡思寧	凌天春等	梅樹塢	山1.25	銀1.65
44	成化12/8	広東海南衛胡寛	凌添春・宗勝	干天坳等	山地五号	銀1.5
45	成化13	黄長欠	凌天春・宗貴	梅樹塢口	山1.0→分法 α	銀0.2
46	成化13	黄冨	凌天春・宗貴	梅樹塢口	山1.0→分法 α	銀0.7
47	成化14	王芳・壮・雄等	凌宗冨・宗生等	狭山裡	山一号→分法 α	銀30.0
48	成化17/1	王思澤	凌天祖・胡永安等	培塢	山15.0・地3.5	紋銀15.0

〔単位〕鈔＝貫　綿布＝疋　銀＝両

49	成化18/12	胡氏頂真	凌宗勝・宗慶等	箬塆	山2.5・地2.0	銀2.5
50	成化23/4	凌宗友	姪凌敬昇	楓樹塢口	山地一号→分籍α	白銀0.36
51	弘治1/2	凌宗友	凌文敬・敬徳等	南山塢	山地0.3	白銀2.2
52	弘治1/10	凌宗徳・宗友	族兄凌宗富等	葉家源	山地10.0→分籍α	白銀7.0
53	弘治2	十二都胡龍泉	凌宗富・宗生等	牌坵	山3.0 →分籍α	不明
54	弘治3/3	凌宗徳	兄弟凌宗富等	方七塢	山0.2	白銀1.0
55	弘治3/6	凌宗友	兄弟凌宗生等	方七塢	山地2.0→分籍α	白銀1.05
56	弘治3	十二都胡龍泉	凌貴宗・勝宗等	岑背	山α→分法α	白銀1.5
57	弘治5/11	凌富	姪凌敬昇・敬得	社屋坦庄後	山5.0→分籍α	白銀0.34
58	弘治6/8	凌宗友	姪凌敬昇	社屋坦	山5.0→分籍α	白銀0.33
59	弘治6	凌宗友・宗得	凌宗富・敬昇等	南山塢	山3.2	銀13.5
60	弘治8	凌敬得	凌宗富・敬昇等	仏光坦	山α→分法α	不明
61	弘治15/	凌宗友・敬祥等	房姪凌敬昇	梅樹塢口	荒田・山→分籍α	銀0.6
62	弘治16/12	凌敬徳・乞徳	凌敬昇	梅樹塢口	荒田・山→分籍α	白銀0.2
63	弘治18/12	凌敬徳	伯凌宗富・宗貴等	方七塢口等	山地12.0→分籍α	銀1.0
64	弘治18/12	凌敬得	房弟凌敬昇	社屋坦庄後	山三号→分籍α	白銀0.5
65	弘治18	凌敬徳	凌宗富・敬昇等	南山塢	山0.8	銀1.7
66	弘治18	汪細毛等	凌宗富・宗生等	牌坵	山3.0→股分α	不明
67	正徳4/8	凌文敬	凌敬昇	梅樹塢口	荒田・山→分籍α	銀0.3
68	正徳5/4	凌敬善	族弟凌敬昇	梅樹塢口	荒田・山→分籍α	白銀0.13
69	正徳5/6	凌敬善	族弟凌敬昇	皮塢	山一号	紋銀1.0
70	正徳11/4	汪栄・涯	凌敬昇	大塘塢頭	山2.5・地・荒田	白銀1.3
71	正徳14/5	凌志仁・志元等	族叔凌敬昇	葉家源・南山塢	墳山16.0→分籍α	銀1.4
72	嘉靖8/15	凌社積	姪凌敬昇	邵家塢	山地一号→1/4	紋銀0.3
73	嘉靖12/11	凌祥	族弟凌乞保・志保	住基前後	竹山一備	紋銀0.3
74	嘉靖18/8	凌乞徳	族姪凌志保	葉家源	山0.3・地0.2	銀0.56
75	嘉靖19/7	凌乞得	姪凌志保	住基前後	山二塊→分籍α	紋銀0.3
76	嘉靖21/12	凌遅	凌敬昇・凌三等	葉家源	山地10.0→分籍α	紋銀1.2
77	嘉靖23/9	王氏三娘	凌志宝	楓樹塢口	山場一号→分籍α	紋銀0.2
78	嘉靖28/1	凌乞徳	弟凌敬華・志保等	南山塢	主利山骨苗木1/20	紋銀0.28
79	嘉靖29/3	凌寿乞	族弟凌龍乞兄弟	黄家塢・邵家塢	竹山一備	紋銀0.3
80	嘉靖29/6	十二都胡緯	凌姓・胡姓	何家冲	山20.0→分法α	紋銀2.8
81	嘉靖29	凌寿乞	凌得隆兄弟	南山路	山α→1/20	不明
82	万暦17/8	汪継文・継茂等	凌得隆	葉家源	山一号→分法α	銀7.0
83	万暦19	凌社	凌得栄	大塘塢	山6.0→分法α	銀0.5
84	万暦21/12	十二都胡佑	凌得栄・興文	大塘塢	山2.0	紋銀1.5
85	万暦21	十二都胡大傑等	凌得隆	葉家源	山α→分法α	銀1.1
86	万暦25/2	十二都胡文仕等	凌得云・興文	大塘塢	山地2.0	紋銀0.5
87	万暦27/6	凌得云・乞・法	凌奇祖・興文	方七塢	山0.75	紋銀0.85
88	万暦37	十二都胡寄南	凌奇祖・興祖等	狭山裡・方七塢	山α→分法α	不明
89	万暦43/6	十二都胡登庸等	凌奇祖・興文等	留蔵塢・郭塆	山0.047＋α	紋銀0.8
90	万暦43	凌斉	凌奇祖・興祖等	南山塢・皮塢等	山α→分法α	不明
91	万暦44/4	胡天福	凌得鳳・奇祖等	経裏	山0.825	銀0.9
92	万暦45	余阿章	凌奇祖・奇勝等	留蔵塢	山9.0→分法α	銀0.6
93	万暦46	凌得栄	凌奇祖	大塘塢	山6.0→分法α	銀0.45
94	万暦47	凌斉	凌奇祖・興祖等	方七塢	山α→分法α	不明
95	天啓2	十二都胡寄南等	凌奇祖	東培塢	山0.3375	不明
96	崇禎1	凌奇法・奇仁	凌奇祖・興貴等	東培塢	山一号→分法α	不明
97	崇禎6/12	十二都胡大志戸	凌姓	黄家塢口	山場・田・地・塘	紋銀170.0

まず淩氏による山林購入の趨勢について概観しておこう。まず十五世紀前半の永楽～正統年間にかけては、主として淩寄によって山林の購入が続けられており、面積が判明する事例だけ集計しても、購入した山地は総計一三一畝にのぼる。淩寄の事績については一切わからないが、明初に黄家塢口に移住した伯二公をうけ、三都での淩氏の生業基盤を築いた人物だったようである。十五世紀後半の景泰～成化年間にも、淩寄の子である淩天春・天祖や孫に当たる淩宗富・貴宗などが、他姓から山地の購入を続けたが、その回数や規模はしだいに減少してゆく。十五世紀末～十六世紀前半の弘治～嘉靖年間には、他姓からの山林購入は急減し、もっぱら淩氏の一族どうしが、細分化された管業権の売買をくりかえしている。均分相続によって淩寄の蓄積した山林も次第に細分化され、他姓から山林を購入する資力も減少したのであろう。ただし十六世紀後半～十七世紀前半の万暦～崇禎年間には、軍戸であった十二都の胡氏からしばしば山林を購入し、特に崇禎六年には、黄家塢口の山林・田地・屋地・ため池など一切を、銀一七〇両という大金で買い入れた[14]。明末期には徽州の山林産品の需要は高まっており、淩氏も山林経営によって得た現銀で、軍戸として重い負担に迫られた胡氏からまとまった土地を購入したのであろう。

三都汪氏の族譜『韓楚二渓汪氏家乗』には、韓渓流域一帯の絵図が載せられており、これによって淩氏の生活舞台のイメージも得ることができる〈図2〉。図の左上の山地から南東へ流れ下る韓渓は、谷間から出たところで若干の平地を作ったのち、図の中央部から右側にかけて、ある程度まとまった盆地を形成した。この盆地には韓渓汪氏の同姓村である桃墅村があり、河流に沿って韓渓汪氏の宗祠を中心に集落が広がり、周囲には田地が開けている。図の左下には北宋初に韓渓に移住した始祖の汪釗の墳墓があり、「始居、後為各祖塋」との注記がある。汪氏はまず韓渓に沿った盆地が開ける地点に定住し、やがて下流の盆地中心部一帯へと開発を進めたのであろう。これに対し淩氏の居住地である黄家塢口は、絵図の左側なかほど、盆地の中心部から韓渓をさかのぼった河谷地に位置する。背後にはい

〈図2〉韓渓流域絵図（『韓楚二渓汪氏家乗』より）

くつかの尾根が連なり、韓渓の対岸には若干の田地がある。おそらく明初に淩氏が三都に流入した時点で、韓渓沿いの中心盆地はすでに先住の有力同族である汪氏が占有していたため、まだ開発の進んでいない上流の山間部に定住したのであろう。

〈表1〉の「土名」の項に現れる地名を見ると、「方七塢」・「大塘塢」・「梅樹塢口」など、「塢」・「塢口」という地名が五十六例に上る。「塢」は山あいから流れ出た河川が作り出した小規模な扇状地や河谷を指し、河川が山地から流れ出す「塢頭」から、河流やため池を利用して水田が開かれ、しだいに下流部の「塢口」へと開発が進められて、集落も形成された。(15) 河川沿いの平地の両側の斜面を「培」と呼び、杉（広葉杉《コウヨウザン》）や松などが植林されたり、茶や果樹などが栽培された。こうした山林経営が行われる山地を「山場」と称する。上田信氏が鮮やかに描き出すように、塢の両側の尾根部分（「壟」と称する）は、「気」の流れる「龍脈」であると考えられ、しばしば祖先の墳墓も設けられた。「気」の流れを保護するため、墳墓のまわりの「墓林」や、龍脈の通じる尾根づたいの「蔭林」を伐採することは禁止ないし制限され、この結果尾根部分には原生林に近い照葉樹など樹林が残され、斜面の「山場」における土壌流失を防いだという。(16) このほかに〈表1〉には、「源」（河川の源流部）・「坑」（河川に沿い山嶺に挟まれた平地）・「培」（上述）・「坦」（平坦な傾斜地？）・「塝」（尾根の間のくぼ地）・「�」（山間の屈曲したくぼ地）などの地名が見え、山林経営がおもに山間の河谷やくぼ地で展開されたことがわかる。

「方七塢」・「大塘塢」・「盤坑」などの土名は、絵図上でも確認することができ、いずれも黄家塢口に近接した河谷地であった。総じて淩氏の山林経営は、居住地にほど近い、韓渓に流れ込む小河川に沿って開けた凹型地形において、両側の斜面で杉・松や山林産品などを栽培するという形で進められたのであろう。上田氏も説くように、十五世紀頃の段階では、杉などが植林された「山場」は、栽養や伐採・運搬が容易な河川沿いの斜面に限られ、その奥には雑木

林や照葉樹の原生林が広がっていたと考えられる。(17)

二　十五世紀前半の貨幣動向

周知のように、明朝は洪武八年（一三七五）に「大明宝鈔」を発行したが、十分な準備金や回収手段を欠く不換紙幣だったため、十五世紀前半から鈔法は動揺し、十五世紀後半までに銀経済へと移行することになる。明代前期の徽州文書に現れた貨幣使用については、大田由紀夫氏が主として『明清徽州社会経済史料叢編』第一・二輯、および『徽州千年契約文書』を中心に、計369件の契約文書を定量分析し、その動向を明らかにしている。大田氏によれば、徽州府下における貨幣使用は、県により若干の相違はあるものの、永楽末年から宣徳初年に鈔遣いから綿布遣いへ、正統年間中頃に綿布遣いから銀遣いに転換したという。祁門県においても、永楽年間までは鈔遣いが圧倒的に多かったが、宣徳三年（一四二八）ころから綿布による交易が増加し、正統六・七年（一四四一・四二）ごろからは、綿布や稲穀による取引を若干残しながらも、銀が主要な交換手段となっていった。(18)

『合衆謄録』所収の山林売買契約からも、洪武十六年（一三八三）から天順三年（一四五九）にいたる、計三十二件の貨幣使用事例を確認できた（大田氏のデータには未収録(19)）。件数は限られており、特に永楽年間以前は三件に過ぎないが、特定の同族をめぐる貨幣使用の趨勢を知るうえでは意味があろう。〈表一〉の「価格」の項目によれば、凌氏が山林購入に際して宝鈔を使用した事例は、宣徳四年（一四二九）までの四例にすぎない。綿布による支払いは永楽十八年（一四二〇）から現れ、宣徳四年まで十年ほど宝鈔と綿布が併用された。宣徳六年（一四三一）から正統八年（一四四三）にかけては、大部分の交易が綿布によって行われたが、銀遣いも二例のみ現れる。正統十二～天順三年（一四四七～一四五九）にかけては、銀と綿布・稲穀が併用される時期が続くが、成化年間以降は銀遣いが完全に定着した。総じて三都凌氏の山林購入においては、一四二〇年代が綿布遣いへの転換期であり、一四五〇年前後が綿布遣いから銀遣いへの転換期であったといえよう。

〈表2－1〉祁門県における貨幣使用動向

	鈔	布帛	稲穀	銀	計
1410-1419	38	1	0	0	39
1420-1429	39	5	0	0	44
1430-1439	2	14	4	3	23
1440-1449	1	11	1	22	35
1450-1456	0	2	5	13	20
合計	80	33	10	38	161

〈表2－2〉三都凌氏の貨幣使用動向

	鈔	綿布	銀	計
1410-1419	1	0	0	1
1420-1429	2	3	0	5
1430-1439	0	12	1	13
1440-1449	0	4	2	6
1450-1456	0	2	2	4
合計	3	21	5	29

凌氏による貨幣使用の推移を、祁門県全体の趨勢と比較してみたい。大田氏の統計に基づき、永楽八～景泰七年（一四一〇～一四五六）における、祁門県下の貨幣使用動向を〈表2－1〉に示した。これに対し比較の便宜のため、凌氏の貨幣使用を同じ時期区分で整理したのが〈表2－2〉である。一四一〇～二〇年代は凌氏のデータが少ないため比較は難しいが、一四二〇年代には、祁門県全体としては鈔遣いが断然優勢なのに対し、凌氏では綿布が鈔遣いを上回っていることが注目される。一四三〇年代には、祁門県全体・凌氏ともに綿布などの実物貨幣が圧倒的に優勢である。ところが一四四〇年代以降は、祁門県全体では銀遣いが綿布遣いの二倍にのぼるのに対し、凌氏の場合は四〇年代にはなお綿布が多く、五〇年代になってようやく綿布と銀が並ぶのである。概して凌氏による

貨幣使用を祁門県全体の動向と比べると、鈔遣いから綿布遣いへの移行はより早く、綿布遣いから銀遣いへの移行はより遅く、綿布が主要貨幣であった時期がかなり長いのである。

凌氏の住む三都は山間地ではあるものの、県城にも比較的近く水運の便もあり、祁門県全体として特に辺地というわけではない。凌氏の山林交易において実物貨幣が使用される時期が長かったのは、地域的な条件ではなく、小規模同族としての社会的条件によるのではないか。このことを確認するために、凌寄とほぼ同時代の人物で、有力な在地主であった謝能静による貨幣使用と比較してみよう。謝能静の住む祁門県十西都は、三都から東南十キロほどに当たり、いずれも閶江の支流に沿った河谷盆地に位置し、県城からの距離もほぼ等しく、地理的条件に大差はない。ただし無名の小同族であった凌氏とは異なり、十西都の謝氏は宋元以来、士人・官僚・商人などを輩出した在地の有力宗族であり[20]、謝能静も売買や開墾を通じて多くの田地や山林を集積した経営地主であった[21]。

欒成顕氏は各地の機関が収蔵する、謝能静に関する土地売買文書を、一覧表として整理している[22]。欒氏の収集した文書に加え、張伝璽主編『中国歴代契約会編考釈』下巻（北京大学出版社、一九九五年）から、欒氏のデータに含まれていない北京大学図書館蔵の文書を補充し、一四一〇～一四五六年にかけて謝能静が山林・田地を購入した際、支払った貨幣を整理したのが〈表２－３〉である。これによれば、凌氏では綿布遣いがより多く、祁門県全体としても実物貨幣が使用され始めた一四二〇年代においても、

〈表２－３〉十西都謝能静の貨幣使用動向

	鈔	綿布	稲穀	銀	計
1410-1419	16	0	0	0	16
1420-1429	16	0	0	0	16
1430-1439	3	4	1	2	10
1440-1449	0	1	0	6	7
1450-1456	1	0	0	2	3
合計	36	5	1	10	52

謝能静は例外なく鈔を使用している。一四三〇年代には、凌氏はもとより、祁門県全体としても実物貨幣が圧倒的に優勢であったが、謝能静に関しては鈔ないし銀と、綿布ないし稲穀とが同数であった。また実物貨幣を用いる場合も、「綿布四十匹を鈔八百貫に准じ」などと、あくまで鈔の代替物であることを明記する場合がある。一四四〇年代以降は、凌氏ではなお綿布遣いが優勢なのに対し、謝能静の場合はほぼ銀遣いが定着したようである。(23) 総じて謝能静の土地取引では、凌氏はもとより祁門県全体と比べても、鈔から綿布への移行は遅く、綿布から銀への移行は早く、実物貨幣の用いられた時期はかなり短いのである。

おそらく当地有数の経営地主であり、かねてから商業にも従事していた十西都謝氏の場合、明代前期といえども市場交易を通じて鈔や銀を入手する機会も多く、また里長戸などとして、鈔や銀を政府に納入する必要も高かったであろう。これに対し凌氏のような小同族の場合、明代前期には自給自足的な性格が強く、市場交易によって鈔や銀を入手する機会は乏しかったと思われる。明朝でしだいに銀使用が拡大する一方、十五世紀半ばにはユーラシア全域で銀流通が減退しており、特に一四三〇〜四〇年代には、中国では銀の生産量・輸入量が減少して、銀不足が生じていた。(24) 特に凌氏のような小同族が銀を入手するのは困難であったろう。このため一三四〇〜五〇年代における凌氏の貨幣使用は、綿布十四例に対し銀三例と、圧倒的な実物貨幣優勢を示したのである。

三　山林の管理・経営形態

凌氏が購入した山林は、確認しうるかぎりすべて三四都八保に属している。「保」は南宋以来の都保制の流れを引く地域区画であり、通常一つの都が十の保に分けられる。(25) 徽州では元代の延祐年間（一三一四〜二〇）に行われた田土調査によって土地ごとに字号が付けられ、さらに元末の動乱期を経て、洪武年間の田土調査（丈量）によって魚鱗冊が作成され、あらためて字号が決められた。全県の保には『千字文』の順番で一つの字が決められ、三四都八保は「律」字である。保を単位としてひとまとまりの土地ごとに番号が割り当てられ、全県の土地は「律字六百八十七号」といった「字号」を付せられて魚鱗冊上に登記された。これを「洪武経理」と称し、明末の張居正の丈量によって改訂されるまで、土地所有の基準となる。また保では「保簿」と称する魚鱗冊を作成・保存し、それをまとめて県レヴェルの魚鱗冊が作られた。凌氏の山林契約にも「面積や境界に不明な点があれば、本保の経理と照合して根拠とする」[26]といった文言があり、「保簿」は保内の土地管業や売買の基準となっていた。凌氏の購入・経営する山林は、「保」を範囲とするかなり限られた範囲に集まっていたわけである。なお「里」（図）も一般には都を分割して設けられたが、土地ではなく戸に基づき、都内の自然村落をいくつか組み合わせるなどして、一里が一一〇戸＋αとなるように編成したものであった[27]。

洪武年間の丈量の段階では、一つの戸が一つの字号を持つ山林を有することが多かったと思われ、これを「全業」と称する。しかし分割相続や土地売買などによって、一つの字号を持つ山林を、複数の戸が共有するパターンも増えてゆく。こうした形態を「共業」と称し、各戸が分有する部分を「分籍」・「分法」と呼ぶ。分籍の数が比較的少ない場合は、一つの字号の山林に実際に境界を定めて分割したであろう[28]。こうした形態を、ここでは「共業分界」と呼ぶことにしたい。戸籍台帳である「賦役黄冊」には、各戸の有する山林が字号ごとに列挙され、全業・共業の別も注記される。分割相続や売買があれば、十年に一度、賦役黄冊を改訂する際にデータを更新した。ただし注意すべきこととして、賦役黄冊上の「戸」は、家産分割が行われた後も分割されないことが多く、このため戸籍上の「戸」は、実際にはしばしば複数の「家」（生計を共有する生活世帯）を含んでいた。このため戸籍上は単一の「戸」の全業である山林であっても、実際には複数の「家」が共業している場合も多いのである。

均分相続や売買がくりかえされ、分籍を有する戸ないし家が増加すると、実際に山林を分割することは難しくなってゆく。ひとまとまりの山林でも地形や植生、栽養の状況によって収益性は異なり、これを均等の条件で分割することは困難である。そこで地権の細分化が進むにつれ、一つの字号をもつ山地の経営・収益権全体を、均等な「股」（股分）に分割し、各戸・各家が保有する分籍の多寡にしたがって、股を配分する形式が一般化していく。家産分割の時には股分も均分相続され、股分保有者どうしが、また時には外部者に対して、股分を売買することもできる。股分を保有する各戸・各家は、共同で山林の経営に当たり、収益は股分の多寡に応じて各自に分配した。こうした山林の経営形態を、「共業分股」と称することができる。(29) 共業分股形式は、山林保有の細分化・流動化に対応しうるシステムとして、明代中期ごろから広範に普及していったようである。

また実質的な共業関係のなかでも、父祖が遺した山地を子孫が共同で管理・経営する場合を、「衆存」と称する。衆存の山地には、祖先の墳墓・風水にかかわる蔭林など、山林経営を行わず保全する部分もあり、祭祀などの経費を供出するための山地など、子孫が共同で経営するとともに、収益も共有する場合もある。こうした経営形態を「衆存共益」と称することができる。しかし子孫が共同で衆存の山林を管理・経営しながらも、各自が均分原則に従って股分を分有し、股分の多寡にしたがって収益を分配することも多かった。こうした形式を「衆存分股」と称することができよう。十六世紀以降、特に有力な大規模宗族では、「衆存」の山林を一括して祠堂の名義に移したり、族人が資産を祠堂などに寄附して、その収益を祭祀や宗族活動に充てることも増えてゆく。こうした形態が「祠産」・「祠業」である。祠産は宗族全体の宗祠のほか、房を単位とする祠堂や、各種の「会」などの祭祀組織のもとでも形成された。明代後期以降は、祠産が単独の戸として、独自の戸名により黄冊に登録されることも少なくない。(30)

一般に明清期の「族産」としてイメージされるのは、こうした祠産形式であろう。しかし『合衆謄録』所収の文書を見るかぎり、明代を通じて凌氏が祠産形式の族産を有していた形跡は見られない。十五世紀前半に凌寄が買い集めた山林の多くは「衆存分股」形態で管理・経営されていたようである。成化十一年（一四七五）、凌寄の子である天春と孫の貴宗らが、凌寄が遺した資産を分割した際にも、田地は均分したのに対し、山林の大部分は「衆存」として分割せず、「同衆管業」することが定められた。[31] ただし「衆存」の山林にも、均分原則にしたがって「分籍」が設定され、その後は前述のように、族人の間で「分籍」の売買が活発に行われている。

つづいて山林の経営形態について検討しよう。広大な山林を経営する大宗族は、山林の附近に佃僕を住まわせたり、山地附近の農民と契約を結んで、彼らに杉や松などの植林・育成・看守を委ねることが多かった。杉の植林から伐採までには、三十年前後の時間がかかる。育林を請け負った佃僕や農民は、まず山地を開墾して苗木を植え、その間は山地にゴマや雑穀を植えて収益を得た（栽苗工食）。林木の育成中も、「浮木」（枝や雑木）を柴・薪として売ることができる（長養工食）。山林が成長して伐採されると、収益の五割～三割を「力分」として得、地主は残りの五割～七割を「主分」として得た。「力分」は一種の資産のように継承され、売買される場合もある。[32] ただし『合衆謄録』所収の文書には、主分・力分に関する記載は少ない。これは凌氏の有する山林では、族人自身が植林や育林に当たっていたためであろう。たとえば、成化十三年（一四七七）、三四都の胡友宗らが凌氏に交付した「文約」には、次のようにある。

三四都の胡友宗は、景泰年間に金記隆から、八保の干天�、律字二百四十二号の山地、計四畆を買った。……成化十三年にその山の樹木を伐採したところ、凌天春らが正統年間の契約文書を持ち出して談判してきた。両家は前後して二重に（問題の山地を購入する）契約を交わしていたのである。このため二家は契約を照合して、山地を均分して各自が経営することにした。山地にある樹木は、凌天春らが栽養したものなので、伐採時の収益のうち、力分を（凌氏に与えるのを）除き、主分は両家が均分することにする。……[33]
ここで凌天春らは、自家の山地でみずから植林をしていたので、本来なら主分・力分を分ける必要はない。ところが胡氏もその山地を二重に購入していたことがわかり、地権を均分する必要が生じた。そのため山林の伐採時には、収益のうち地権者の得る主分は凌氏・胡氏が均分し、栽養者が得る力分は凌氏が得ることになったわけである。

さらに万暦三十二年（一六〇四）、三四都の黄・胡・凌の三姓が議定した「合同文約」は、「共業分股」形態のもとでの、小同族による山林経営の実態を如実に記している。

三四都の黄富・胡三・凌云らの三姓は以下の通り議定する。先年、各姓は銀を出しあって八保の盤坑で一か所の山地を買った。……毎年土を耕して苗木を植え、松や杉を育ててきたが、人心がそろわず山林が荒廃し、柴刈りにかこつけて松や杉を侵害している。いま黄富・凌云・胡三らは合議し、帳簿三冊を備え、一冊には契約文書を抄写し、他の二冊には先に立てた合同文書にしたがい各人の股分を記す。山林の植樹や育成につとめ、前のように荒廃させたり、勝手に盗み伐ってはならない。

毎年清明節の翌日には、三姓の股分を有する族人は一緒に山に入り、一年目には土を耕し、二年目には苗木を稠密に植える。山仕事に行かない者があれば、当日にみなで記録しておき、（伐採時の）力分は与えない。伐採時には帳簿を照合して収益を分配する。……なお殺牛弯・小又塢・陰弯・冷水弯・王毛弯などにある雑木や柴は、この議定事項に含まれないが、その他の林木は各姓が保全して育成し、でたらめに伐採したり、勝手に盗み伐り売却してはならない。樹木が成長した時点で伐採し、契約に照らし股分に応じて収益を分配する。……子孫は永遠にこの約定を遵守し、（樹木や股分を）他人に売却してはならない。緊急に生活費が必要となれば、各姓の族人に売却し、他人に売却する者があれば、各姓が買い戻す。遵わない者はみなで処置し、山（の股分）を売った者は、山に入って植樹・耕作・柴刈りすることを禁じる。……(34)

この文約の末尾では、各姓が有する股分が列挙されている。これによれば共業する山地を計四十六の股分に均分し、淩姓が十七股、黄姓が十九股、胡姓が十股を得た。淩姓の得た十七股は、淩云ら五名が二股ずつ、淩奇保ら八名が各一股（うち一股は兄弟二人で共有）という形で分配されている。このように淩氏が他姓との「共業分股」や、族内での「衆存分股」の形態で経営する山林では、股分を有する族人が共同で山に入り、開墾・植林・育林・柴刈りなどを行ったのであろう。したがって股分保有者が主分・力分の双方を得ることになるが、山仕事に参加しなければ力分は与えられない。伐採時には股分に応じて収益を分配し、育林中に得られる雑木や柴も、やはり股分に応じて分配したと思われる。股分保有者が他人に股分を売却することは禁じられたが、族人に売却することは認められた。

淩氏による山林経営は、大部分がこうした共業分股・衆存分股形式で行われた。そこでは山林の開墾・植林・育成などは股分を有する族人の共同作業として行われたが、伐採時の収益は股分に応じて分配され、各自が自由に使用できたと考えられる。こうした形式によって経営される山林は、同族が共同で管理・経営する点では、いわゆる「族産」に近いが、各族人が股分を分有し、収益を股分に応じて分配する点では、共同で経営するとともに収益も共有する「衆存共益」形式や、祠堂などの名義で保有され、収益を祭祀などの宗族活動に充てる「祠産」形式の族産とは性格を異にする。全体として、宗族の規模が大きいほど、また明代から清末・民国期へと時代が下るほど、「衆存分股」形式の山林経営が、「衆存共益」からさらには「祠産」形式に比重を移してゆく傾向があるようである。

四　山林紛争とその解決

徽州の山林経営に紛争はつきものである。山林の境界は紛れやすく、境界を越えて他人の山林を伐採したり、他人の山地に墳墓を築いたり、山地を二重売買したり、といった紛争がしばしば発生する。『合衆謄録』のほか、『契約文書』所収の散件文書から、明代の祁門県三四都で発生した計十一例の山林紛争を整理したのが、〈表3〉である。このうち⑤〜⑦をのぞく八例では凌氏が紛争当事者となっている。十五世紀後半に発生した八例の紛争のうち、①・③・④・⑤・⑧の四例は中人の調停により、訴訟を待たず決着しており、⑦は県に提訴されたのち、里甲の長である「里長」と、里内の紛争解決を任とする「老人」の調停により和解した。②・⑥は知県が訴訟当事者に対し、「里老」（里長と老人）の調査結果にしたがい地権を確定することを命じた「帖文」（指令書）である。総じて郷村レヴェルでは中人が解決に当たり、県に提訴された訴訟では、里長・老人の調査結果に基づき、知県が帖文を発給して決着を命じる、という傾向が認められるが、これは明代中期の徽州文書に現れた紛争・訴訟処理の全体的状況ともおおむね共通している。(35)

こうした傾向を一見すると、明代中期には郷村での紛争解決は中人が主導し、里長や老人は主として訴訟の調査検証や調停を任としていたかのように思われる。しかし三四都の紛争事例では、中人となった人物はしばしば里長・老人の経験者と重なり、また中人・里長・老人ともに、有力宗族である汪姓が多数を占めている。たとえば成化十七年（一四八一）の紛争⑤では、余姓・王姓・謝姓が有する山林の地権が不明確となったため、汪景融・汪仲暁・饒秉立の三名が中人となり、三姓の分籍を再確定した。その七年後、弘治元年（一四八八）の紛争⑦は、黄姓・金姓・胡姓の

〈表３〉明代の祁門三四都における山林紛争

年月・土	紛争・訴訟の当事者と原因	紛争・訴訟処理の経過	里老・中見人等
①天順２(1458)1/2 黄家塢	淩天春らが管業する山の一角に、淩仏保が秘かに故祖を埋葬。	淩天春が中人を介して抗議。中人の調停により、仏保は天春に銀二銭を払い、埋葬地を買い取る。	見人胡宗得・黄友文、諭親胡春
②成化１(1465)6/4 梓樹塢等	黄文・淩仏保が管業する山地をめぐって訴訟が生起し、巡按御史にまで上訴される。	巡按御史の指示を承け、祁門県が里老に実地検証を命じ、その結果黄・淩の管業権が認められる	里老汪景融等
③成化13(1477)1/1 干天坳	胡友宗らが景泰年間に買った山林を伐採した際、淩天春らが正統年間の売契に基づき管業権を主張。	両家が文契を検証し、係争地を均分して管業し、胡友宗が伐採した木価も、天春の力分を除き均分。	中見人淩仏保・胡宗富
④成化17(1481)3/2 社屋坦	汪姓と淩天春が管業する隣接した山林を両家が伐採する際、境界が不明確なため争論となる。	中人の仲介により両家が清白文約を立て、新たに境界を確定して和解。	中人汪文琳（署名は依口代書人）
⑤成化17(1481)4/2 大径坑	余姓・王姓・謝姓が管業する山林の杉木を伐採して分配する際、各姓の管業権が不明確となる。	三姓が中人に託して境界を定め、山地を六分に均分し、余姓・王姓が二分半、謝姓が一分を管業。	中見人王景融・汪仲暁・饒秉立
⑥成化21(1485)8/4 鐘家段等	汪仁政・汪文栥の両家が、父祖伝来の山地の境界や管業権の混乱により、祁門県に訴訟を起こす。	知県の指示により里老が両者を官に拘引して審問し、知県はこれに基づき両家の管業を整理・確定。	里老汪以彰等
⑦弘治１(1488)5/3 塘塢	黄富・金縁保・胡勝宗の三家が、山林の境界を争って、相互に祁門県に告訴。	知県の指示を承け、里老が係争地を実地検証し、里老の調停で三家は合同を立て新たに境界を確定。	諭解里老饒秉立・王大成・汪景余・王大績、中人余昊・汪以本
⑧弘治2(1489)3/2 株坵畔	淩勝宗らが管業する山林の樹木を、十二都の胡琳が無断で伐採。	淩姓は中人に託して抗議し、その調停により淩姓の管業権を確定	代書見証人胡龍泉
⑨万暦17(1589)8/8 葉家源	汪継文らが淩姓の山地で、一部の分籍を買って墳墓を築いたため紛争となり、相互に祁門県に告訴。	里長・中人の調停により、淩姓が分籍を汪姓から買い戻し、墳墓を撤収して和解。	中見里長汪天常汪興孫、中見証汪継銭ほか六名
⑩万暦32(1604)2/2 経源	胡文鐸らと汪典らが共業する山林を伐採する際、境界が不明確なため紛争となる。	里長・中見人の調停により、山林の境界と両家の管業権を確定して和解。	中見人余応昌、勧諭里長方求盛・汪志真
⑪万暦48(1620)7/2 楓樹塢	淩奇祥が山地を開墾・栽種する際、隣接する一都淩応光の山林との境界が不明確なため争論となる。	里長・保長が両家の文契を調べたうえで係争地を実地検証し、境界を定めて両家の管業権を確定。	保《マ》保《マ》汪廷試、勧諭里長汪天奎・金尚仁、中見胡天保、山隣二名

［出典］　①『合衆謄録』一〇七号「黄家塢仏保葬祖文約」（四八三頁）　②「成化元年祁門黄《マ》文淩《マ》等査産帖文」（『契約文書』宋・元・明編、一巻一八一頁）　③『合衆謄録』一一四号「干天坳胡友宗文約」（四八九頁）　④『合衆謄録』一一三号「社屋坦汪昶・曎文約」（四八八頁）　⑤「成化十七年祁門余九思等共管山地合同」（『契約文書』一巻二一〇頁）　⑥「成化二十一年祁門県為告争山地杉木事帖文」（『契約文書』一巻二二九頁）　⑦「弘治元年祁門黄富等三人重立山界合同」（『契約文書』一巻二四〇頁）　⑧『合衆謄録』一一二号「株坵畔胡姓砍木文約」（四八八頁）　⑨『合衆謄録』六六号「汪淩合同和息」（四五六頁）　⑩『合同文約契俱謄録』六三号「経源合同」（二八二頁）　⑪『合衆謄録』一一〇号「楓樹塢与県里淩姓争山約」（四八六頁）

三家が山地の境界を争った訴訟であるが、知県の指示を承けた里長・老人が実地検証を行い、境界を再確定している。[36] 文書の末尾には「勧諭里老」として、饒秉立・汪景余など四名の里長・老人と、汪以本など二名の中人が名を連ねているが、このうち饒秉立は紛争⑤では中人として調停に当たっている。

同じく紛争⑤で中人であった汪景融も、紛争②では里長ないし老人として訴訟の実地検証を行っている。この汪景融については、三都汪氏の族譜『韓楚二渓汪氏家乗』にも、「祁門県城の南二十里ばかりを侯潭という。代々の名門たる汪氏はほまれ高く、桑や梓が繁茂し、父老は衣冠正しく、子弟は詩書を学び老成している。……当時この家門の格式を主持していたのが景融兄弟の世代と、前後の世代で年が近い人々であった[37]」といった記述があり、侯潭の汪氏を代表する有力者の一人だったことがわかる。紛争⑦において「勧諭里老」の一人であった汪景余も、汪景融と同世代の族人であろう。

やはり紛争⑤で中人となった汪仲暁についても、族譜には次のような記述がある。

> 郷飲酒礼の由来は久しく、高年者を尊び有徳者をたっとぶ意義は大きい。……賢知県の蘇公は、着任後まず有徳な年長者を推挙させて任用したが、相潭の「耆老」であった汪仲暁もこれに選ばれた。汪仲暁は父の時済から詩書礼楽の訓育を受け、書や古礼を好み、儒学をたっとび道を重んじ、善行や施しを喜び、その見識や規範にしたがって郷里のもめごとを決着させ、不公平な訴訟を正し、人々はその公平さに心服した。まことに仁厚の長者といえよう。このため郷里の人々は彼を求め、宗族姻戚は彼をよみし、知県は賓客の礼で（郷飲酒礼に）招いたのである。……[38]

「耆老」は一般的に有徳な高年者を指すこともあるが、各里の老人の通称として用いられることも多い。郷里のもめごとや訴訟の決着につとめたという記述から見て、彼が里の老人であった可能性は高い。くわえて紛争⑦で中人として調停に関わった汪以本についても、族譜には「はじめ儒学を学び、特に春秋に通じたが、仕官を望まず、先達として後進を導いた」とか、「読書すればその要点をつかみ、言葉は簡明にして当を得、郷里の人々はしばしば裁断を求めた」[39]など、徳望ある在野の読書人（処士）であったことを伝える。

このほか〈表3〉の紛争事例には現れないが、十五世紀前～中期、侯潭の汪宗海についても、「世故に長け、生業に勤め、資産は日々充実し、かつての倍をこえた。知県は有徳な高年者と聞き、彼を郷党の長に挙げた。久しく決しない訴訟も、彼がひとたび審問すればたちまち解決し、人々は貴賤・長幼・賢愚を問わず一様に称揚した」[40]などとある。この「郷党の長」も有徳な高年者として推挙されたことから、里の老人を指すと考えられよう。こうした多分に類型的な伝記史料からも、有力宗族たる汪氏に属し、経営地主であるとともに一定の伝統的教養も備えた人物が、老人や里長、あるいは中人として紛争・訴訟調停に当たったことがうかがわれる。そして彼らによる紛争解決の事実は、実際に文書史料により確認できるのである。

〈図1〉に示したような韓渓流域の小盆地は、明代里甲制が成立した一つの原型のような風景を示しているのではないか。宋元以前から盆地の中心部に定住し開発を進めた有力同族の汪氏は、里長戸として里内の徴税や徭役の供出、地方行政の補助などの責任を担い、遅れて盆地の周辺部に定着した凌氏のような小規模同族は、甲首戸として里長戸たる汪氏の統率のもとで税役を負担し、無産の佃戸や佃僕なども畸零戸として組み入れられた。里内の水利や農業基盤の維持、各種の公益活動は里長戸たる汪氏の主導で行われたであろうし、里内に紛争や訴訟が起これば、主として汪氏の有力者が老人や里長、ないし中人として、調停や調査検証に当たったのである。

しかし十六世紀以降、比較的完結して流動性に乏しい郷村社会を前提にした里甲制による郷村統治は必ずしも十分に機能しなくなってゆく。山林紛争の調停や、山林秩序の維持についても、里甲制以外の形態が模索される場合もあった。典型的な例として、嘉靖二十六年（一五四七）、三四都では汪氏を中心に、余氏・王氏・程氏・胡氏・饒氏などの同族が会議して「郷約」を結んでいる[41]。この「郷約」では、まず韓渓・楚渓一帯において、山地の分籍を持たない外来者が入り込み、林木や柴を無秩序に伐採し、山林の荒廃を招いていると指摘する。そのため地域内の村落の家々を十二の「甲」に編成し、各甲に「甲総」一名をおいて、その統率のもとに山林の保全や看守を行うことを取り決めたのである。この「郷約」の内容については、上田信氏が詳細かつ鮮明に紹介しているので[42]、ここでは繰り返さないが、里甲組織によらず、保甲方式で地域内の家々を組織することで、山林の保全を図ったことは注目される。里はおおむね自然集落に基づいて設けられたと思われるが、一里＝十甲、一甲＝十甲首戸という人為的な編成のもとでは、甲の編成と自然集落にずれが生ずるのは免れない。くわえて戸籍上の戸は、現実の生活世帯からしだいに乖離する傾向もあった。これに対し上記の「郷約」における「甲」は、おそらく自然集落にしたがって設定されたのではないかと想像され、一甲に属する戸数も固定されていない。甲に組織される各戸も、おおむね実際の生活世帯に近かったのではないかと思われる。

ただし十六世紀以降の祁門県において、里甲制による山林紛争の解決・山林秩序の維持は、必ずしも形骸化したわけではない。明代後期にも、里長戸は山林紛争の解決や山林禁約の締結に、しばしば中心的な役割を果たしていた。たとえば嘉靖四十一年（一五六二）、祁門県十西都では、外地からの流入民が山地で柴や樹木を盗み伐り、炭を焼いていたため、十名の里長戸が「郷約」を締結し、里民を「甲」に編成し、巡視と取り締まりを行うことを議定している[43]。また万暦十四年（一五八六）、祁門県十二都では、王姓・黄姓が経営する山林でしばしば杉・松・竹などが盗伐されたため、両姓は里長戸と隣人を招請して禁約を結び、盗伐の禁止と摘発を議定した[44]。さらに〈表3〉に示した、万暦年間の三例の山林紛争においても、里長は紛争解決に主要な役割を果たしている。紛争⑨では、凌氏の族人が共有する山地で、汪姓が一部の分籍を買って墳墓を築いたため訴訟となったが、里長や中人の調停で凌氏が分籍を買い戻して決着した。⑩では、胡姓と汪姓との山地争いを、「勧諭里長」が境界を定め解決している。⑪でも、凌氏の族人どうしが山地の境界を争ったのに対し、保長と「勧諭里長」が、契約を調べ現地を検証して境界を確定した。なお⑨〜⑩で調停に関与した計七名の里長・保長のうち、汪姓が五名を占めている。

周知のように江南デルタなどにおいては、十六世紀以降、優免特権を持つ郷紳をはじめとして、不在地主による土地集積が進展する一方、里長戸・糧長戸として里甲制を支えてきた在地の経営地主層の階層分化が進み、過重な税役負担により経営地主層の多くが衰退したことが、直接的に里甲制の動揺を招いたとされる。これに対し徽州においては、十六世紀以降も、明初から里甲制を支えた有力宗族の勢力にはほとんど変動がなく、明清期を通じて、特定の有力宗族が地域秩序の中心であり続けることが多かった。明代後期においても、里長戸は依然として郷村の税役徴収・秩序維持・紛争解決を主導し続け、老人制に代わって導入された郷約・保甲制も、やはり有力宗族を基軸に編成されたのである。

小　結

韓渓流域の河谷地に住む小規模同族であった凌氏は、衆存形式で山林を共同経営し、「股分」に応じて収益を分配してきた。明代の祁門県では、有力宗族による大規模な山林経営においても、しばしば衆存形式がとられたようである。たとえば六都善和里の程新春の子孫は、嘉靖二十六年（一五四七）に山林を「帰衆」して共同経営し、その収益を「衆用」とすることを議定している。清初までにその面積は約一一五〇畝にのぼり、収益は軍戸としての徭役負担や祭祀費用に充てられ、残りは族人に分配された(45)。十一都李源の李氏も、十六世紀前半に三千畝前後の山林を有していたが、その九割程度を衆存として佃僕に租佃させ、収益は分籍に応じて族人に分配した。李氏はこのほか、祠堂に属する祠産形式の山林も有し、収益を祭祀費用などに充てていたが、明末清初からは衆存の山林がしだいに祠産へと移行していったという(46)。全体として有力宗族の山林経営では、宗族組織の整備・拡大にともない、衆存形式が祠産形式に移行する傾向があったと見てよいであろう。

明代の祁門県において、山林の多くが衆存形式で経営されたのは、一つには山林の地権が細分化を続けるなか、山林を空間的に分割することが難しかったためであろう。また山林経営は商業性が強いうえ、成長までに長期間を要したため、林木の植林・育成や、山地での副産物の栽培・薪や柴の生産などを地権者がばらばらに行うよりも、地権者がある程度計画的に共同経営するのが合理的であった。このため田地は一般に各家が独自に経営し収益を得る「私産」であったのに対し、山林は経営を共同化し収益を股分に応じて分配する衆存形式がひろく行われた。そして宗族の規模が大きいほど、また時代が下るほど、経営を共同化し収益も共用する「公産」としての祠産形式も普及してゆく。「公産」の収益は一種のファンドとして、族人の教育や科挙受験への援助、商業活動への投入など、より計画的な投資が可能であった。ただし凌氏の場合は、十九世紀初頭にいたるまで山林の大部分は衆存形式で経営され、祠産の規模は小さい。凌氏のような小規模同族では、山林の収益の多くは個々の世帯の生計費に充てられ、宗族活動の規模は限定的だったのである。

明清徽州の農村では、同族の規模や経済状況などに応じて、族人の有する資産を「私産」・「衆存」・「公産」として経営していたといえよう。各自が出資した土地・資金・労力に応じて股分を有し、収益を分配する「分股」方式は、いうまでもなく合夥による商業経営や、銀会や祭祀組織の参加権などとも共通する。分割や売買などが容易な股分による共同経営と利益の分配は、社会移動が活発で流動性が高い十六世紀以降の社会、とくに人口増に対し農業資源が限られ、商業活動による外部資源の獲得が必要であった徽州のような社会においては合理的な形態であった。しかし凌氏の山林経営においても、明初から数百年にわたり均分相続が重ねられた結果、清代中期には股分は著しく細分化され、収益の零細化や共同経営の困難も増していった。この時期の凌氏による山林経営と、激化する社会的競争のなかでの紛争や宗族形成については、稿をあらためて論じることにしたい。

註

（1）陳柯雲「明清徽州地区山林経営中的“力分”問題」（『中国史研究』一九八七年一期）、「明清徽州苗木経営初探」（『平準学刊』四輯上冊、一九八九年）、「従《李氏山林置産簿》看明清徽州山林経営」（『江淮論壇』一九九二年一期）。

（2）張雪慧「徽州歴史上的林木経営初探」（『中国史研究』一九八七年一期）、楊国楨『明清土地契約文書研究』（人民出版社、一九八八年）、第三章第一節「皖南祁門県的営山与棚民」、劉和恵「明清徽州文契研究――山場的租佃、管理和所有権的形態――」（『文物研究』六輯、一九九〇年）。

（3）上田信「山林および宗族と郷約――華中山間部の事例から――」（地域の世界史10『人と人の地域史』山川出版社、一九九七年）。また同氏の『森と緑の中国史――エコロジカル・ヒストリーの試み――』（岩波書店、一九九九年）Ⅲ「東南山地」、「トラの眼から見た地域開発史――中国黄山における生態システムの変容――」（岩波講座開発と文化5『地球の環境と開発』岩波書店、一九九八年）、『トラが語る中国史――エコロジカル・ヒストリーの可能性――』（山川出版社、二〇〇二年）も参照。

（4）渋谷裕子「清代徽州休寧県における棚民像」（『伝統中国の地域像』慶應大学出版会、二〇〇〇年）。

（5）『徽州千年契約文書』では、『合衆謄録』を『嘉慶祁門凌氏謄契簿』と、『倶謄録』を嘉慶二十二年祁門凌氏立『合同文約謄契簿』と題するが、ここでは王鈺欣等編『徽州文書類目』（黄山書社、二〇〇〇年）における題名に従った。以下『合衆謄録』・

『倶膽録』所収の文書を引用する際は、各文書にもともと付されていた通し番号と表題を記し、かっこ内に文書の作成年次と、『徽州千年契約文書』（清・民国編）十一巻におけるページ数を注記する。

（6）上田前掲「山林および宗族と郷約」九二～九九頁。

（7）『韓楚二渓汪氏家乗』巻一、標類、科第・貢選・庠序の項。

（8）「嘉慶十五年淩大倚等五房立過継承祧合同」（『契約文書』清・民国編、二巻一七〇頁）。

（9）『倶膽録』七九号「合衆議約」（嘉慶十一年、三二一～一三頁）。

（10）『合衆膽録』一〇四号「添春同姪貴宗分家鬮書清単」（成化十一年、四七〇～七三頁）・一〇五号「淩貴宗同弟徳宗勝宗友宗貴宗鬮書分単」（成化十一年、四七六～七九頁）・一〇六号「得隆得元兄弟鬮書分単」（嘉靖三十五年、四七六～七七頁）。

（11）『合衆膽録』一〇三号「推単」（崇禎六年、四七〇頁）。

（12）M・フリードマン（田村克己・瀬川昌久訳）『中国の宗族と社会』（弘文堂、一九八七年）、第一章「村落、リニージ、そしてクラン」。P. Ebrey and J. Watson eds., *Kinship Organization in Late Imperial China, 1000-1940*, University of California Press, 1986, "Introduction".

（13）『合衆膽録』一一五号「合衆公議請給火帖合同」・一一七号「大俊記鸞潤参月初七日上県報状逓詞請帖」・一一六号「官帖」（乾隆四十九年、四九〇～五〇〇頁）。

（14）『合衆膽録』一〇二号「黄家塢口基地前後山場田塘総契」（崇禎六年、四六八～六九頁）。

（15）徽州盆地における扇状地を中心にした村落の形成と開発の進展について、上田前掲『森と緑の中国史』一九〇～九三頁を参照。

（16）上田前掲「山林および宗族と郷約」一〇五～〇八、一二五～二六頁。

（17）上田前掲「トラの眼から見た地域開発史」二二五～二八頁、二三五～三六頁。

（18）大田由紀夫「元末明初期における徽州府下の貨幣動向」（『史林』七六巻四号、一九九三年）。祁門県における貨幣動向については、九～一二頁参照。

(19) なお傅衣凌「明代前期徽州土地売買中的通貨」（初出一九八〇年、『明清社会経済史論文集』人民出版社、一九八二年所収）も、『合衆謄録』と、祁門『黄富等謄簿』を史料として明代前期の貨幣動向を分析している。ただし凌氏のみに限定した数値は不明であり、若干のデータの脱落もみられる。
(20) 欒成顕「元末明初祁門謝氏家族及其遺存文書」（『95国際徽学学術討論会論文集』安徽大学出版社、一九九七年）。
(21) 欒成顕「明初地主積累兼併土地途径初探」（『中国史研究』一九九〇年三期）。
(22) 欒成顕前掲「明初地主積累兼併土地途径初探」一〇五～〇七頁。
(23) 景泰三年（一四五二）に一例のみ鈔による価格表示が現れるが、これは土地取引税納入の後、税課局が発給する「税憑」であり、他の税憑では「布折鈔壱伯貫」・「銀折鈔肆伯貫」といった表記がされているので、実際には銀が用いられた可能性が高い。
(24) William S. Atwell, "Time, Money, and the Weather: Ming China and the "Great Depression" of the Mid-Fifteenth Century," *The Journal of Asian Studies*, vol.61, no.1, 2002.
(25) 欒成顕『明代黄冊研究』（中国社会科学出版社、一九九八年）、第九章第一節「里甲編成原則与図保区分」。
(26) 『合衆謄録』九号「土名葉家源契」（宣徳九年、四〇二頁）など。
(27) 鶴見尚弘「明代における郷村支配」（岩波講座『世界歴史』十二、東アジア世界の展開Ⅱ、岩波書店、一九七一年）。および欒成顕前掲「里甲編成原則与図保区分」。
(28) 十五世紀前半に凌寄が購入した山林では、一つの字号を持つ「全業」を一括購入する場合と、一つの字号の半分を購入し、「共業」関係をとる場合とが半ばするが、後者でも実際に境界を定めて「共業分界」形態をとったと思われる。たとえば正統四年（一四三九）、三四都の汪文憲兄弟が同族と共業する山地で、自らの分籍を凌氏に売却したが、契約文書には売却部分の境界が明記されている。『合衆謄録』四六号「方七塢契」（四四〇頁）。
(29) 「共業分股」などの経営形式については、欒成顕前掲『明代黄冊研究』二六四～六七頁を参照。
(30) 鈴木博之「明代徽州の族産と戸名」（『東洋学報』七一巻一・二号、一九八九年）。

（31）註（10）前掲『合衆謄録』一〇四号「添春同姪貴宗分家鬮書清単」・一〇五号「凌貴宗同弟徳宗勝宗友宗貴宗鬮書分単」。

（32）陳柯雲前掲「明清徽州地区山林経営中的〝力分〟問題」。

（33）『合衆謄録』一一四号「干天坳胡友宗文約」（四八九頁）。原文は以下のとおり。

三四都胡友宗等、於景泰年間買受本都金記隆山地乙号、坐落本都八保、土名干天坳、係律字弐百四十二号、計山地四畝有零。東至汪山、西至胡田、南至峯、北至路。於成化十三年砍斫其山木植。今凌天春等、於正統年間買受文契理論。其契前後不同、二家情愿、各照原買文契対半管業無詞。其山木植、是天春等栽坌、其木価除力坌、主分対半均分。立約之後、二家各無争論、如有争論、甘罰白銀乙両入官公用。仍依此文為用。今恐無憑、立此文約為照。

成化十三年正月十三日　立文約人胡勝宗　友宗　依口代書人胡聚

中見人凌佛保　胡冨宗

（34）『合衆謄録』一〇九号「盤坑合同文約」（四八四～八五頁）。原文は以下のとおり。

三四都黄富・胡三・凌云等三門嘀議、先年各出銀買山壱源、坐落八保、土名盤坑、外至殺牛弯、里至胡潤冨山、東［至］冷水弯口、西至大峯。遆年鋤種蓄養松杉等木、因人心不斉、難蔵荒廃、討柴為由、侵損松杉等木。今黄富・凌云・胡三等嘀議、立簿三本、壱則謄写契書文約、二則言（原）?立合同各人股分。用工栽養蓄木、無得依前荒廃。毋盗木肥己。毎年清［明］後一日、三門承股分人等倶要到山。頭年撥山、第二年栽苗、其苗必稠密。如在家不去者、当日同衆記明、力分則無。日後砍斫、照簿上文憑分利、無許争論。如有争論、听衆賫文理論。亦不許胚奸作弊賭祝、収簿之人私記、如訪出者、収簿之人同論。侯（候）木成林砍斫、照分相分。倘有東西二処失火、倶要斉心協力截救、無得躱縮在家、不去截救、甘罰銀乙銭公用。

再議、殺牛弯・小又塢・陰弯・冷水弯・王毛弯等処雑柴不在約内、其余各号各門禁養、無得混砍、亦無私自盗木変売。成林之日砍斫、照契貯股分相分。自立之後、倘有私自砍木変売者、听衆投理（里）?呈官理論。子孫永遠遵守、無許変売他人。倘有緊急食用、各売各門、不許変売他人。如変［売］他人、各門取贖、如不遵者、听衆理治。売山之人、不許入山栽種砍柴、如入山者、听衆理論。倘盗砍強種、賫文呈官治罪、仍依文為準。禁約合文一様三帋、各収乙帋、遆年取記栽苗于后、永遠遵守為照。

万暦卅弐年五月初弐日　　立禁議約合文人　黄冨　同立人　胡三
同立人　凌云　代書人　謝弼。
（末尾に「三門共業契内股分開例于後」として、三姓の族人が保有する股分を列挙）。

(35) 中島楽章『明代郷村の紛争と秩序――徽州文書を史料として――』（汲古書院、二〇〇二年）第三・四章を参照。

(36) この紛争については、上田前掲「山林および宗族と郷約」一〇六～〇八頁を参照。

(37) 『韓楚二渓汪氏家乗』巻九、文献、「侯潭別墅記」（康永韶撰）。

(38) 同書巻八、文献、「賀汪公仲暁栄膺郷飲序」（陳鵬撰）。

(39) 同書巻四、世系、楚渓俊傑公派、八十四世。巻九、文献、賛、「以本賛」。

(40) 同書巻八、文献、「汪公宗海八十寿序」（宗子巌撰）。

(41) 「嘉靖二十六年祁門汪舎遠等禁止伐樹文約」（『契約文書』宋・元・明編、二巻一五六～五八頁）。

(42) 上田前掲「山林および宗族と郷約」一一二～一七頁。

(43) 南京大学歴史系資料室蔵〈明清承当里長里役排年合同〉（編号〇〇〇〇五九）所収、「嘉靖四十一年祁門県十西都里排謝公器等議立郷約」（表題は中島による）。中島楽章「明末徽州の里甲制関係文書」（『東洋学報』八〇巻二号、一九九八年）一二六～二八頁参照。

(44) 「万暦十四年祁門王詮卿等立禁伐文約」（『契約文書』宋・元・明編、一六二頁）。

(45) 周紹泉「明清徽州祁門善和程氏仁山門族産研究」（『譜牒学研究』二輯、一九九一年）。

(46) 陳柯雲前掲「従《李氏山林置産簿》看明清徽州山林経営」七八～八〇頁。

［附記］本稿印刷中に、渋谷裕子「安徽省休寧県龍田郷浯田嶺村における山林経営方式の特徴―清嘉慶年間と現在を中心として―」（『史学』七一巻四号、二〇〇二号）を得た。凌氏の『俱謄録』に収める棚民の租山契約により、清代中期の山林経営形態を詳細に分析しており、あわせて参照されたい。なお本稿は、平成十四年度科学研究費補助金・若手研究(B)の成果の一部である。

『綏寇紀略』の李公子像

佐藤文俊

はじめに

李岩が実在の人か、烏有先生（実存しない人の名）かの論争は長い。とくに文化大革命終了後に、事実関係の有無の再検証から李岩は烏有先生の立場に立ち、清代以来の同説（「旧案」）が顧誠等により再評価・再提起され、これをめぐり李岩に関する真偽論争が再度活発になった。

李自成軍の流賊としての性格に一定の秩序を与え、政権構想を提起したといわれる李公子＝李岩伝承について、顧誠は李公子が李自成の別称であり、李岩なる人物は反動小説『新編勦闖通俗小説』（以下『勦闖小史』と記す）が作り出した人物と結論付けたが、李自成が何故に李岩といわれたかについては、今後の課題として結論を保留した。(1)

李岩烏有先生説をとる欒星は、李岩は李自成の別名で李公子も当初李自成を指していたのが、順治から康熙年代、江南や浙江から福建にかけての伝聞にその地の文人が脚色した著述（『勦闖小史』、『定鼎奇聞』、『樵史通俗演義』、いわゆる三部小説）により骨格が作られ、伝説の人、杞県の李岩が李自成より分離され、李公子＝李岩が流行することになったという。(2)

筆者は中国での長期にわたる李岩論争に啓発されながら、先に一六六四年の明朝倒壊期の李公子像を検討し、江南では李公子＝李自成、李公子＝李岩という二つの伝承が李公子像を共有しながら、同時に伝わっていたという論考を発表した(3)。

ところで欒星は李岩烏有先生説の立場から徹底した李岩批判を行う過程で、『明史』流賊伝中の李公子＝李岩に関する記述は、先の三部小説が骨格を作り、並行してこうした伝承を基礎にさらに新しい内容を加えた呉偉業『綏寇紀略』内の李公子＝李岩像が、『明史』流賊伝執筆者に決定的な影響を与えたという(4)。

本稿では『明史』巻三〇九流賊伝に決定的な影響を与えたといわれる『綏寇紀略』の描く李公子＝李岩像を再検討し、『明史』流賊伝に採用された部分と不採用部分があったことを明らかにし、その意味するところを考察してみたい。なお右の考察の目的を明確にするため、次章で述べる如く『明史』流賊伝の枠を創った最初の執筆担当者毛奇齢の著書『後鑑録』、及び毛奇齢の執筆内容を踏襲した王鴻緒『明史稿』、欽定『明史』との比較を行いたい。

一　呉偉業『綏寇紀略』について

呉偉業（一六〇九～一六七一、万暦三七～康熙一〇）は字駿公、号梅村、太倉の人である。崇禎年代には師の張傅と共に復社で活躍し、崇禎四年には榜眼の成績で進士に合格し翰林院編修を命じられた。時に二三歳であった。その後実録纂修官、東宮講読官を歴任するも温体仁一派と対立し、明滅亡時には太倉にあった。ほんの短期間福王の弘光政権に関係するも辞職し在野にあって著作に専念した。しかし清朝にその才を推薦する者が後をたたず、ついに迫られるように順治一〇年上京し、わずか三年であったが国士監祭酒に就任した。伯母の死去を契機に帰郷を願い出て許され、順治一三年末に帰途に就き、以後二度と出仕することはなかった[5]。

呉偉業はその経歴から史官としての意識が旺盛で、邸報・奏疏・軍檄・部議等の官文書や文集・書信等の個人の記録を長期にわたって収集・保存し、明滅亡にいたる原因を解明しようとする構想を練っていた。順治九年（一六五二）、太倉から嘉興府に遷り、初校ともいうべき原稿は順治一〇年、清朝への出仕前に出来上がったという。しかし『綏寇紀略』の刊行は呉偉業の死後三年、康熙一三年（一六七四）であった。記述の方法は編年体でも紀伝体でもなく、毎巻ごとに明の滅亡の原因を作った人物・事件・事項を配置し、表題はすべて各巻を象徴する地名を使用して三文字で表し[6]、各巻末に論評を加えた。

この初稿段階では書名を『鹿樵紀聞[7]』といい、別に『流寇輯略』・『流寇紀略』等ともいわれたが、上述のごとく康熙一三年、呉偉業の弟子の一人、『明季遺聞』の著者鄒漪により『綏寇紀略』と名付けられて刊行された。彼は師の著を刊行するにあたり、家屋を売ってその費用を捻出したという[8]。

鄒氏本は通行本といわれ、一二巻で補遺三巻を欠いていた。後に清の諸生張海鵬の努力で、もとの一五巻が復元された。鄒氏本一二巻については清の林璽菴・全祖望等は弟子の鄒漪がかってに「竄改」したと批判するが[9]、一方で乾隆時代の人梁玉縄は鄒漪を弁護し、一九三〇年代には姚家積は全祖望等の批判は濡れ衣であることを考証している[10]。呉偉業の別荘で生活した弟子の黄侃の体験では、呉偉業はその初稿を旧史と称し、それには毎巻に総論と附記がなく、その後改稿を続けた。しかしながら以後、「真史」の意図とは異なった偽者が通行するようになったという[11]。鄒漪がなぜ一二巻本で刊行したのかは、文字の獄等諸般の事情を勘案した呉偉業自身の意思によるのか、鄒漪の判断なのかは不明である。

呉偉業は当時の「江南三大家」といわれた銭謙益・龔鼎孳と並ぶ文壇の指導者であったので、明の滅亡の原因を書きとどめ分析した初稿段階の『鹿樵紀聞』（後の『綏寇紀略』）には多くの知識人が関心を持ち、呉偉業自身も彼らにこの書に対する意見を求めた。『国権』を執筆中の著者談遷は呉偉業の収集した史料を借り出し、『鹿樵紀聞』に関しても意見を交換した一人である（談遷『北游録』）。

趙翼は『簷曝雑記』巻六〈綏寇紀略〉で、『明史』の孫伝庭・楊嗣昌・左良玉及び流賊李自成・張献忠等の伝に関する内容の多くは、大概呉偉業『綏寇紀略』に拠っているという。〈はじめに〉でも触れたように、『明史』流賊伝の内容の基軸は『綏寇紀略』である。この流賊伝の執筆者毛奇齢（一六二三～一七一三）は康熙一八年（一六七九）推挙されて上京し試験の結果、翰林院検討を授かり『明史』編纂に携わった。康熙二四年に帰郷するまでの七年間、彼は明史館での生活を過ごした。彼の役割分担はくじ引きの結果、弘治・正徳両朝紀伝・〈土司〉・〈盗賊〉等の執筆を担当した。(12) 彼が主編した流賊伝の内容は姉妹作品の『後鑑録』と同一であり、これは『綏寇紀略』及び同書を参照して書かれた呉殳『懐陵流寇始終録』・馮蘇『見聞随筆』等の系列の著書を参考にしたと思われる。

なお大規模な乾隆禁書の時期、多くの明末・清初に関して記述した野史や私集、及び江南三大家の二人、銭謙益・龔鼎孳等をはじめ多くの文人の書物が禁書に指定された。さらにこれより先、『綏寇紀略』を刊行した弟子の鄒漪は自著『明季遺聞』等の件で文字の獄にかけられている。しかしながら呉偉業の詩集は廃棄されたものの、『綏寇紀略』は四庫全書に収められ権威ある書として流通し続けた。

二　『綏寇紀略』執筆前後の李公子像

李姓の富裕な大家又は有力郷紳の子息で、李公子と呼称される例は多くあるが、崇禎から順治年代にかけて、特に

『綏寇紀略』執筆前後の明末農民反乱期に関連する李公子像三例について、以下で検討してみたい。

1 李公子＝李自成

後に史書で記されたようなまとまった李自成伝がない時期、反乱中に伝承された李自成像は「駅卒」・「馬夫」・「闖将」・「闖王」（高迎祥死後）等であり、欒星氏等のいう「李公子」としての呼称イメージが最初から伝えられたのか、それとも反乱のある段階から「李公子」として伝承されるようになったのか、研究の現段階では明らかではない。筆者は前稿で、明朝倒壊の年、一六四四年（崇禎一七、順治一）八月前後に江南を中心に伝承され、江戸時代の日本にやってきた中国商人の口述で得られた比較的まとまった李公子＝李自成像の一例を、『華夷変態』から紹介した。[13] 本稿の以下の記述に必要なので、筆者の前稿論文から同書一巻「大明兵乱伝」（一六四四、一六四五）の要約をしておきたい。

反乱の指導者李自成は延安府米脂県の出身で、祖父は元兵部尚書、父親は彼の幼少の時期に亡くなった。崇禎七年納税ができず県の役人に逮捕・投獄された延安府米脂県の農民達に同情し、彼らの滞納分を銀で代納し獄中より彼等を救出した。翌八年、米脂県役所は大飢饉で再び納税の出来ない農民に代わって税の代納をするよう要請したが、李自成は断りを入れた。このため県役所は彼を逮捕・投獄した。これを知った米脂県の農民達が県役所を襲撃し、李自成岩を救出した。この後彼等は李自成を指導者として流賊となり、やがて陝西省を陥しその勢いで北京も占領した。

この伝聞では李公子＝李自成は陝西延安府の米脂県の人で、祖父が兵部尚書の経験者の家柄に生まれ、飢饉時の農民の税未払いをめぐり最終的には県役所と対立し、破獄し李自成を救出した農民に擁立され流賊の指導者となる内容である。父親の代の状況が不明であるが、有力郷紳の正義派の子息としての「公子」イメージで語られる。

2 李公子＝李岩

前稿で筆者は、一六四四年八月以降に公刊されたと考えられる、演義形式による長編時事小説『勦闖小史』中の李公子＝李岩の骨格は、李公子＝李自成とは異なる当時江南に伝聞されていた別の李公子像が基になっていると考えた。考察の必要上、前稿の要約を記しておこう。

李岩は河南開封府杞県の公子・挙人というのみで、後の史料にある李精白の子の如き家系に関する内容は弟が李牟と言う以外、全編を通じて一切みられない。この李岩がやむを得ず反乱に参加するきっかけとなったのは、飢饉で窮民化した小農民の救済の具体的方法――税の免除と窮民の賑済をめぐって知県や郷紳と対立し、結局按察使の指示で李岩は投獄された。知県を殺害し李岩を救出した農民達や弟李牟と共に、隣府にやってきた李自成軍に投ずる。

李自成により参謀の一人として重用された「制将軍」李岩は、流賊としての軍に一定の秩序を与えるために、「仁義」に基づき小農民や小商人向けのスローガンを創作・宣伝し、明の官僚の内「好官」は用いる等、独自の政権構想も示した。李自成軍は再起後の崇禎一四年以降、特に一六年以降は破竹の勢いで進撃し、河南・湖北等の占領地に地方政権（「偽官」）を創りつつ、西安で大順政権を樹立後、山西・畿内の都市を占領しついに明朝を倒壊させる。この過程で李岩の宣伝と参謀の役割は重要視された。しかし北京占領時期には李自成軍の武将も兵士も統制が乱れ、北京の「民望」を失ってゆくが、李岩と配下の軍は従来どおり統制がとれ、民衆の支持を得ていた。李岩は秩序を守って北京を掌握し大順国の建設をするよう提言するが、次第に李自成に受け入れられなくなっていく。

呉三桂軍と清軍の連合軍に敗れ西安目指して撤退していた一七年五月、河南の大順地方政権が南明の福王政権に次々に敗れていく事態に、河南出身の李岩が兵二万を借りて失地を回復したいと申し出た。これを李自成への裏切りの意図ととらえた牛金星は、李自成と共謀して宴席において、壮士に李岩と弟の李牟を殺害させた。

この結果李自成軍の結集は乱れ、一方で李岩兄弟の死は、山東徳州の奪還を計っていた謝陞（前内閣大学士）や呉三桂の知るところとなり、彼らは明を悩ませた元凶を取り除けたと認識し、李自成軍の滅亡を予測する。『勦闖小史』に描かれた李公子＝李岩像は、賑済と納税をめぐって知県や郷紳と対立する名家の正義派の子息であり、やむを得ず参加した李自成軍でも最後までその姿勢が一貫していたとして記述される。

3 李公子＝李栩

崇禎年代、李公子と郷里でいわれていた人物に、李精白の子李栩がいる。李精白は後述するごとく、南直隷の鳳陽府属の潁州の人（「潁川衛の軍籍」）である。李精白には二人の男子と一人の娘計三人の子がいた。男子の二人の内長男は初名を麟孫といい、次男を鶴孫といった。次男は崇禎八年、流賊が潁州を襲う以前に死亡している。本稿で問題とするのは、長男の麟孫である。以下の彼に関する記述は、順治一一年序刊行『潁州志』巻一四李栩伝による。同州志は以後の同地域の地方志（潁州府志、阜陽県志）中の李栩伝にない表現があること、『綏寇紀略』とほぼ同時期の編纂に関わることで史料を比較する上で有効と考えられる。彼は生員から崇禎の初め貢生となり、太学に入学したが父の死亡により、帰郷し喪に服していた。崇禎八年、西方の流賊の主力部隊が始めて河南東部から南直隷鳳陽府を襲ったが、その一部の部隊が潁州を攻撃した。ほとんど戦闘の経験も準備もない同州は、最大限の抵抗を行ったが、八五歳の天啓時代の兵部尚書・張鶴鳴をはじめとした紳士や州衙門の官僚（知州尹夢鰲等）、武臣や潁州衛兵・潁州衛学生員、老百姓等多数が死亡し、壊滅的打撃を受けた(14)。

この時の李栩の行動について、右の順治『潁州志』巻一四李栩では、次のようにいう。

李栩は字遽遽、潁の諸生にして、戸部尚書精白の子なり。崇禎初、貢もて太学に入る。科名を以って奮せんと思うも、丁父憂もて家居す。八年賊潁を囲み、栩戦守を策するに皆中るも、当時者と輒に相左し、潁は必ず破れんと料る。念うて曰うに、先大夫は子二人有るも、今弟は死せり、我死せば又孰か継がん、計を以って逸去せんと。賊既に城を屠し、人は**李公子**死せりと謂う。月を踰えて山東従り数騎を策して来るに、魅齢跗注す。一城皆驚喜し、相に諸の避難・遠竄者を招集し、始めて稍や帰り、城市栩に依って団聚す。（太字は筆者）

以上のごとく、順治一一年序刊本『潁州志』では、郷紳李精白の子李栩は潁州の有力者の一人で、城内の人々から慕われ頼りにされたことを伝える。突如襲ってきた崇禎八年の流賊への対応をめぐり、李栩は州の支配権を掌握する「当事者」と意見の齟齬があり、潁州城が確実に陥落すると見通し及び家督の相続者が自分一人であることに鑑み、ひとまず潁州城を脱出し山東（父親の故郷?）へ避難した。落城後、李栩が不明であったので、人々は「李公子は死せり」といいあった。しかし翌二月に帰郷した彼を見て、生き残った城内の人々は「皆狂喜した」という。このように事件以前から、潁州の人々は郷紳李精白の子李栩を、「李公子」と尊称していた。

李公子＝李栩は帰郷後、壊滅的な打撃を受けた潁州及びその防御体制再建の中心となって活動し、その手腕は明の巡撫や総兵官から注目され、一方で彼の組織した軍団はまもなく明の正規の軍に組みこまれ、解体しつつある衛所制を補充する。この経過についてさらに続けて順治『潁州志』を見よう。彼は軍事に関する「智と勇」に自信があり、財産を投げ打って郷里の防衛を担う「壮丁」三〇〇人を募集し、自ら「坐を作して撃刺す」等の武術を教え一騎当千の兵士に鍛えあげた。この状況を見た兵備道の謝肇玄が彼の戦略と戦術に「将の才」があることに注目した。八年九月二度にわたる流賊を防ぐとともに、伏兵を設けて大勝利を得、捕獲した「賊首」白虎神・闖塌天等を彼の軍団に加えた。

巡撫・按察使も各々李栩の才能を皇帝に推薦し、その結果適宜その才能を登用せよとの皇帝の命を受けた。もとより李栩は「一隊の任に当るを得て諸賊奴を殺すを願う」というように、自身の武装力を正規の明軍の中に組み込んで活動したいと願っていた。督撫の朱大典は彼と面接し、李栩に「都司」職を与えて軍を訓練させ、併せて自軍の兵餉調達権を与えた。地元の防衛勢力が、解体しつつある明の衛所制を補充するために組み込まれ、こうして貢生出身の都司が誕生した。彼は「東西の丁を募り軍を成し、精鋭と号す」の如く、配下の軍を拡大した。

この軍を指揮して一〇年八月、再び潁州城を襲った流賊と戦い、著しい勝利の成果を挙げた李栩の活動が中央に報告され、この結果彼は都司から「参将」に昇進した。この頃から潁州城の守りが万全となり、「栩の威名は亦、四(方)に著われ、賊は相戒めて敢えて近づかず」という状況が出現した。李栩軍には続々「逃賊・叛将」といわれるような人々、つまり、流賊側からも明軍側からも参加者が増大していった。明軍の一翼で活躍する李栩軍は、崇禎一五年九月、李栩が殺害されるまで、黄河流域の滅亡を防ぎ淮北・淮南の両淮地域の安定は、李栩の功績によるところが大であった。特に一一年頃から鳳陽総兵官として両淮・安徽・河南等で流賊と対し、著しい戦績をあげる猛将で後靖南侯に封じられた黄得功[15]は、遠征で潁州を通過する度に、李栩の皇帝への忠誠と郷里の熱心な保護という「忠義」に感銘を受け、最大限、李栩の軍と提携した。

李栩の最後はあっけないものであった。河南の一土賊から河南東部~江蘇西部にかけて流動し、「中寇」の流賊に拡大した袁時中に殺害された。袁時中は時には張献忠或は李自成と協調しつつ地盤の維持につとめていたが、張献忠・李自成との矛盾が深まると、明軍にも「偽降」した。特に一五年四月から閏一一月にかけては、李自成とは敵対性の矛盾を有し李自成の袁時中への攻撃も行われたため、劣勢となった彼は投降を考え保定総督楊文岳との招撫交渉と決裂、九月にはついに李栩に投降した。しかし同月、長期にわたり続いた中原の要、開封攻防戦が、黄河の決壊によって開封が落城すると、流賊は張献忠・李自成の勢力に二分され、当該地域の流賊は李自成に統合されていく。袁時中は開封陥落の情報を得ると自己の勢力を維持するために、再度自立する道を選択しようとした。その行動を起こす直前、袁時中と行動を共にする「狡賊李奎」は、かつて李栩に投降する以前、部下多数が李栩に殺害されたのを恨んでいたが、この離脱の機会を捉えて彼に復讐しようと考え、袁時中をたきつけて李栩は信用できないといい、二人で計って李栩を営に呼び出した。潁州の人で「善く天文を談ずる」参謀の一人、曹永鼎の強い反対にもかかわらず、豪胆な彼は袁時中の営に入りそこで殺害された。[16]

李栩・黄得功に対し、当時以下のような興味深い呼称がなされていた。先述したように崇禎一〇年、潁州衛都司職を得た李栩は、南直隷の鳳陽府・廬州府・安慶府から河南・湖広東部境界地域を流動する流賊左金王・革裏眼等五衛の攻撃を撃退し、大勝利を博した。周辺の流賊は「是れ自り胆落し、呼んで李闖子の兵と為」した。このように流賊側から「李闖子」と呼称された李栩には士大夫の側面と、武に通じしかも組織力にも優れ、日常的には食客を養う土豪的側面も有していた。[17]

また鳳陽府周辺で李栩と綿密な軍事上の提携をなした総兵官黄得功は、崇禎一七年に靖南伯に出世した。その剛勇さで鳴る彼は戦闘ごとに「数斗」の酒をあおり、血だらけになって「鉄鞭」を振るう様を、軍中では「呼んで黄闖子と為し」(『明史』巻二六八)、『綏寇紀略』補遺下でも戦闘毎に勇猛に相手に突進し勝利をあげる彼を、江淮の人々は「闖仔」と言い合ったと伝えている。明末農民反乱を代表する勇猛な指導者を闖王(初代高迎祥、二代李自成)、闖将(李自成)と呼称した事実があるが、これに敵対した側にも李闖子、黄闖子のごとき闖子の呼称が存在した。

李栩は江南でも有名であった。崇禎九年四月、武生李璡が差し迫った軍餉は疲弊した民衆から追徴するのでなく、現状の財産を報告させて巨室・富家(「縉紳・豪右」)から「籍没」すべきであることを上奏した。これに対し閣臣銭士升が、富家こそが「小民」と国家の拠り所であり、もしこうした籍没を認めたなら「無頼亡命の徒」が民を率いて、

「縉紳・豪右・富商・大賈」を攻撃して彼らを窮民化させ、ますます流賊を活発化させてしまうと反論し、李璡の逮捕を要求した。閣臣温体仁の反対で李璡は逮捕を免れたが、銭士升は敗れて帰郷した。富家こそ自費を投じて郷村防衛を行う要であると主張する銭士升の立論の事例として挙げられたのが、穎州士民李栩であった。(18)

以上の如く李精白の子李栩は李公子・李闖子と呼ばれ、攻勢を強める流賊に対抗するため私財を投じて郷里防衛の先頭に立った。彼の著しい軍事的才能が評価され軍団は明軍に編入され、李栩自身は都司から参将に昇進した。順治『潁州志』巻一四の李栩伝は、流賊との戦闘方法をめぐって州の支配者の主流と対立があったことが述べられているが、これが従前からの齟齬か、崇禎八年に生じたのかは不明である。以後に編纂された地方志はこうした内容について一切触れることはないが、清末に刊行された文集には父李精白が奄党として処分されたため、士大夫から相手にされなくなった李栩自ら父の名誉を挽回しようとする意図を持って、郷里の危機を救おうとしたことが述べられている。(19)したがって李栩は奄党の子息として、潁州の支配層との間に一定の矛盾があったと考えられる。

三 『綏寇紀略』とその李公子＝李岩像

次に『綏寇紀略』中に描かれた李公子＝李岩像と、『綏寇紀略』執筆前後の李公子伝承との関連を考察してみたい。まず『綏寇紀略』の李公子像の立場を見よう。同書の李公子＝李岩像について最も詳細に記しているのは巻九「撃通城」である。李岩は崇禎一三年一二月、牛金星・宋献策と共に参加し、李自成に様々な提言を行い李自成軍に一定の方向を与えた。この点について『綏寇紀略』巻九では

城を過ぎて殺さず、掠する所を以って飢民に散ずるに因って、民多く之に帰し、号して李公子は仁義の兵と為す。

伝聞者或は即ち以って自成と為すも、李岩有るを知らず。

の如く、城市内の富裕な階層から奪った財物の分配を受けた飢民達は、これを実施しているのが仁義の士、李公子＝李自成と認識していたが、実はこうした政策の実施者は李公子＝李岩であることを知らないと記す。李公子＝李自成という広範な伝聞に対し、呉偉業は『李闖小史』を始めとした三部小説、『明季北略』の著者計六奇自らの見聞体験、談遷『国権』等と共に李公子＝李岩説を強調している。

呉偉業『綏寇紀略』中の李公子像は、順治年代に流布していた李公子＝李岩像と同じ基調にたっているが、前章で見たように一部李栩像や李自成伝承とも重なっている。李自成軍に加入していく契機、次いで李自成軍中における役割と実践、最後に大順政権崩壊後西逃の際、牛金星・李自成の陰謀により弟李牟と共に殺害されるという大枠は李公子＝李岩の像共通項である。しかし『綏寇紀略』には、上記の同内容を基調とする三部小説の系統等とは異なる新たな内容が加えられている。しかもその追加された内容が取捨選択されて、重要なポイントとして『明史』に挿入されていくが、これらの点は李自成軍に加入していく契機の部分に集中している。『綏寇紀略』のこの部分とは、李自成が危機を脱して河南に進入した崇禎一三年の河南の状況で述べる以下の箇所である。なお呉偉業が附した割注は（　）内に太字で記す。

河南は旱にして斗穀は万銭、人心は蟻動す。杞県挙人李岩なる者、初名は信、熹廟（天啓）の大司馬（兵部尚書）李精白の子なり（**精白の原籍は潁州衛**）。性は倜儻にして常ならず、嘗って家粟千石を出だし荒を賑わす。人之を徳とし争いて李公子と称す。李公子の父は奄党なり。士大夫與に歯するを羞じ、信は以って憾みを為す。乱に因って之を督府に請い、用って郷里を扞衛し、権宜もて兵柄を竊み、以って其の平かならざる所に報ぜんとす（**伝に云わく、安義襄郷備禦を授かると**）。杞の人士は之を仇とし、他事に縁って文もて賊に通ずるを為すを致すとす（**中州、時に紅娘子の賊を討つ。紅娘子は縄伎の女なり。〈李〉信を獲え強いて身を委ね、之に事えんとす。信は已むを得ず而して従い、後に間に乗じて竊に帰り、杞人の執える所と為る。紅娘子は救いに来たり、飢民は開門し賊を納む）。（県）令亦其の名を市い衆を得るを悪み、遂に執えて而して之を獄に錮す。民の之を徳とする者曰く、李公子向に我を生かせり、今急有りて廼ち令を殺し械を破り之を出だす。李公子の獄に有る在るや、自成既に衆の擁する所と為るを思い、嘆じて曰く、今日反決せり。遂に往きて自成に投降す。自成其の名を聞き、礼もて之を重んじ名を巌と改め、偽りて制将軍に署し用事せしむ。

以上は巻九「撃通城」の一部であるが、同書内の他の部分も含めて、李公子＝李岩説に立ち、従来の伝承になかった四つの諸点が加えられている。以下で新たに加えた四点を列挙し、各々の問題について検討してみたい。

1　初名李信、父親は李精白と明言し、割注で李精白の「原籍」を潁州（川）衛とする。

李岩の出身地は河南・開封府所属の杞県の人で挙人の称号を有するという内容では他の書と一致しているが、家族関係では以下の内容を明確にしている。父親について最も早い記録『勦闖小史』は李岩が公子といわれる存在であったと記す以外、その他については触れず、『定鼎奇聞』では李岩は李尚書の子としている。『綏寇紀略』では李岩の初名は李信といい、李岩名は李自成との初対面で彼から与えられたとする。又父親について、「熹廟の大司馬李精白の子」、つまり兵部尚書李精白の子と明言し、これは『明史』にも挿入された。李公子＝李自成説を伝える『華夷変態』中の伝聞記録では、祖父が兵部尚書の経験者で父は李自成幼年のときに死去したとする。李公子といわれた李自成、李岩、李栩のいずれも父或いは祖父が兵部尚書にからんで伝聞されているのが興味深い。なお『明史』巻一一二　七卿年表二では李精白が六部の尚書に就任した事実を検証できない。順治『潁州志』巻一三名賢伝にある李精白伝、及び各史書のいう李精白＝兵部尚書は実職でなく、彼が山東巡撫の時に「加銜」されたものである。順治『潁州志』巻一一・一七上には、崇禎元年三月、李精白に「兵部尚書簽右副都御史」が贈られたとある点からも首肯できよう。なお奄党とされた李精白は山東の知県、巡撫時代の治績を評価した記事が山東地方志に散見し、地元では順治『潁州志』が唯一立伝した名賢伝には、清貧な生活を送るが郷里の利害の為にはその立場から的確に問題を処理したので「軍民之に頼る」と記し、潁州内の有力郷紳の側面を伝える(20)。

一方では潁州の李栩が、李自成の参謀の一人となって李公子と呼称された李岩（李信を改名）ではないかとの噂が広がっていたようで、乾隆『阜陽県志』巻一三李栩伝の後に、県人の李祖旦がかつて李栩の父親李精白の族譜『李氏家乗』を調査した上で、伝承の李岩は李栩でないことを立証しようとしている。

同『阜陽県志』によると、彼の長男李栩は幼名李麟孫といい、李栩と改名後、崇禎八年「郷勇」をもって郷里を保護し、一三年に袁時中に殺害されたのに対し、杞県の人李信は一三年に李自成軍に参加後李岩と改名し、一七年五月に牛金星の讒言により殺害されているので両者は別人であり、又李栩は貢生（抜貢）であって挙人ではないという。

一方李岩の出身県と伝承された杞県の側でも杞県に李岩（信）は存在しないことを強調（康熙三二年序刊『杞県志』附弁李公子）しているが、この内容を乾隆『阜陽県志』側でも参照している。杞県でも潁州（順治一五年潁川衛は潁州に帰属）でも、康熙二〇年明史館が開かれ、『明史』の作業が進行していく過程で伝えられる流賊伝の内容中に、李自成軍に加わって参謀の役割を果したといわれる、存在もせず、関連する事実もない李精白の子李岩に関する記述が正史の中に挿入されようとしている現状への危機感で、阜陽県及び同県が所属する潁州府、杞県及び所属する開封府でも郷里の不名誉として強く意識された。

少年時代、流賊羅汝才軍に捕われた経験のある帰徳府商丘県の人鄭廉は『豫変紀略』（康熙四〇年完成、乾隆八年刊）

を著した。彼はその著で前掲康熙『杞県志』附弁李公子を全文引用しつつ、「予家は杞を距てること僅に百余里、知交は甚だ夥く、豈に見聞無からんや。即ち不幸にして賊に陥るも、亦た賊中に李将軍、杞県の人なる者有るを聞かず」と述べ、杞県は自身の郷里と近く知人も多いが、李岩なる人物については聞いたこともなく、さらに捕虜となった羅汝才軍中でも同様であるとし、李岩なる人物の存在を否定した。

又李祖旦による『李氏家乗』の調査によると、李精白の原籍は山東兗州府曹県固村である。明初、徐達の元征討に従軍した祖先の李従はその功績で、南直隷潁州に置かれた潁川衛右所小旗を授けられ、さらに総鎮に昇進した。潁川衛は地方行政区画では南直隷鳳陽府潁州にありながら、軍政管区では河南都司に属し中軍都督の指揮下にあった。衛籍の子弟が科挙を受験する場合にやや複雑な状況が生じた。明初は州学の衛籍生員は応天郷試を受験し、正統一二年以降は河南に所属し河南郷試を受験し、万暦二二年以降は開封府学に属した。したがって万暦三一年・四一年、挙人・進士に各々合格した李精白は科挙受験上は開封籍であるが、杞県人ではない(21)。

周知のごとく李岩挙人説は、『綏寇紀略』を始め多くの史書に記されるが、その合格年代について記しているのは『樵史通俗演義』が万暦四三年、『明季北略』が天啓七年のみであるが、いずれもその事実を確認できない。一方で李岩は諸生であるとする著書も多い。例えば『懐陵流寇始終録』巻一三、『明史紀事本末』巻七八、『流寇長編』（下）、『流寇志』巻四、『国榷』巻九七等であるが、これもこれまでの所確認できない。

『明史』とそれに至る毛奇齢『後鑑録』、『明史稿』等は、李公子＝李岩、杞県の挙人説に立ち、『綏寇紀略』の加えた初名信、父親は兵部尚書李精白等の内容を採用しているが、李精白についての割注「原籍は潁州衛」を削除している。

2　地域防衛権の掌握をめぐる杞県内支配層との対立

この問題について『綏寇紀略』では、従来とは異なる伝承内容を加えている。しかもこの内容は毛奇齢『後鑑録』、『明史稿』、『明史』にも採用されていない。『勦闖小史』を起点とする三部小説の李公子＝李岩、及び日本の江戸時代に伝えられた李公子＝李自成伝承共に、飢饉にもかかわらず従来どおり賦役や臨時税としての三餉の徴収をめぐって混乱する農民を救済しようとする李公子の主張と行動が郷紳・知県以下の役人との対立を激化させ、この点こそ、彼を流賊に加わらしめる最大の原因としてあげている。

しかし『綏寇紀略』では、杞県内で李岩が郷紳・知県等の対立する最も重要な原因として、以下の内容が加えられ強調されている。李精白は山東巡撫時代の天啓七年、二度にわたり魏忠賢生祠の建立を願い出て許可された[22]。そのため天啓から崇禎への政治変動で、魏忠賢党の一員として崇禎二年三月に頒布された崇禎帝の詔書で、李精白は「交結近侍又次等論徒三年輸贖為民者一二九人」の一人として処分され、民への降格が確定された。先に一章三節の李栩の項で述べたように、李精白は郷里の穎州に帰り、しばらくして死去した。したがって李信が奄党の子ゆえに杞県の士大夫との矛盾を深めたとすれば、遅くとも崇禎の世に入ってからと考えられる。

本章の最初に掲げた『綏寇紀略』巻九の内容では、父親の李精白が奄党とされ処分された影響で、杞県の士大夫が李信との付き合いを避けたため、かれがこれに恨みを抱いていたとする（郷里での対立する農民救済をめぐる等の他の側面については不明）。崇禎八年以降、飢饉の続く河南に、地元の土賊のみでなく始めて流賊の本格的侵入があり、各地で郷兵の組織をはじめとした在地の防衛体制の強化や堡寨の建造が行われ、明朝もこうした動きを奨励した。従って士大夫層でも武の知識と戦闘の組織化に能力のある人物が重用されるのは当然であった。

李信は従前より飢饉に際しては「家粟」を供出して救済に努めていたので、人々はこれに感謝して「李公子」と尊称していた。其の上流賊の直接的な脅威のもと、文のみでなく武の才能を有する李信の活躍の場が用意されたともいえよう。『綏寇紀略』では李信が杞県において具体的にどのような防衛組織を創ったのか、ほとんど記していないので詳細は不明であるが、とにかく彼の方策を「督府」朱大典に要請して、その結果「郷里」防衛の責任者に命じられた。呉偉業が割注に附した、朱大典から李信に授与された職名は「安義襄郷備御」と伝えられる。先述した李栩も潁州防衛の権限を朱大典から「潁の義勇」を訓練し指揮させるために、都司という正規の明軍職を与えたため、郷里防衛の兵権をめぐって潁州城の有力者と対立したことを述べたが、杞県の李信も朱大典から与えられた「安義襄郷備御」なる名称が明軍の職階に当たるのか否かは不明であるが、このことが奄党の息子李信にたいして杞県の士大夫が「兵柄を竊む」行為として警戒し、一層対立を深めたという。朱大典に関連する記述から李信、李栩が各々の郷里で他の士大夫層と対立する状況は、比較的類似している。しかし欒星は呉偉業が「伝に云う」として脚注をつけた李信に与えたという肩書きに関する伝聞は、事実を確定できないものとして意識したもので、またこの官職と思われる肩書を授けた朱大典に冠された「督府」つまり総督職は、明末に設置されていないからこれらの記述は出鱈目で反動的と酷評する（欒星註2著書一〇二頁）。しかし筆者は呉偉業が従来伝えられた内容以外に、別の伝聞もあることを割注として慎重に記したと解釈し、又朱大典の官職の実態は総督と捉えられると考える。(23)

『後鑑録』、『明史稿』、『明史』では、本項目の杞県における流賊の脅威に対する地域防衛権を朱大典から公認された奄党の子李信の行動は、日頃士大夫に疎外された恨みを晴らすための復讐とする見解、及び授与された「安義襄郷備禦」なる職名も含めてすべて削除された。但し『後鑑録』では杞県防御の兵権をめぐる記述は削除したものの、李信が家粟を供出し飢民を救った行動について「父の奄党を以って其の醜を湔がん」としたと記述し、奄党を理由とする救済の視点は残された。しかし『明史稿』・『明史』では「杞県挙人李信なる者、逆案中尚書李精白の子なり。嘗って粟を出して飢民を振わす」として、とくに奄党の子の恨みとする因果関係説をとっていない。

3　紅娘子との結びつき

『綏寇紀略』巻九には、李信が杞県の当局や士大夫と決定的に対立し、その結果投獄される原因に三部小説等の系続に見られなかった紅娘子問題が加えられた。

杞の人士は之（兵柄を奪ったこと）を仇とし、他事に縁って文もて賊に通ずるを為すを致すとす。

のごとく、杞県の士大夫は李信の飢民救済・兵権の掌握以外に「他事」＝通賊問題をとらえて訴状を提出した。この「他事」とは紅娘子と李信の繋がりに関する問題である。呉偉業は本章の最初に掲げた本文の割注でつぎのようにいう。当時河南には反したばかりの女綱渡り師紅娘子がいて、李信に思いをよせ李信を捕らえて身を任せようとした。やむをえず紅娘子の意のままになり、隙をみて自宅に逃げ帰ったところを通報され捕らえられ投獄された。そこに紅娘子が救出にかけつけ飢民もこれに応じて内より開門して、彼女とその軍を城内に引き入れた。この割注の後、『綏寇紀略』本文では『勦闖小史』等三部小説と同じ内容である、知県は李信が従前より救済を通して杞県の民衆から声望を得ていたのを恨んで彼を投獄したと記し、このため恩義を感じていた民衆が知県を殺害し彼を獄中より救ったと続く。

欒星によると遅くとも乾隆に出現した戯曲の台本『芝龕記』以来、現代にいたるまで李岩と紅娘子に関する内容は小説や戯曲の格好の題材を提供することになった。李岩と紅娘子の関連については『明史』流賊伝に採用されているが、不思議なことに李岩について詳細な記述をしている『新編勦闖小説』等三部小説系統には一切なく、したがってこれらの内容を紹介した『明季北略』にも触れられていない。『綏寇紀略』より早いかほぼ時期を前後した三部小説や『明季北略』・『明史紀事本末』等の江南の作者は紅娘子に触れていない。烏有先生であるかどうかの議論の対象である李岩に、さらに歴史的存在の証明の難しい紅娘子についての最初の記述は『綏寇紀略』であるという(24)。欒星はこのように、『綏寇紀略』巻九内の割注で李岩像に加えられた紅娘子伝承はでたらめで、これはかつて顧誠が論評した『勦闖小史』をさらに改悪した反動小説『定鼎奇聞』という評価を、さらに凌駕するような改悪された内容とまで酷評した。

次に欒星の紅娘子批判に関する論点を前掲書九一～九三頁から要約してみよう。紅娘子問題は一つの非の打ち所のない小説或いは演劇の題材である。しかし歴史上このような人物は完全に存在しない。1、「縄伎女」というだけで出身が全く不明で、おそらく紅娘子名は綽名であろう。2、造反理由と時期、彼女と李岩の合作時期が不明。3、紅娘子故事の出現の背景――紅娘子が城を破るという風変わりな記載がすでに江南で流行していた。しかしながら李岩伝承を批判した康熙『杞県志』の「李公子弁」が反論の対象とした『樵史通俗演義』・『明史紀事本末』も紅娘子に関する内容をのせていない。当時の杞県の人はこのことを知らなかった。

『綏寇紀略』の内容を継承した著述に『鹿樵紀聞』(呉偉業の名を冠した後世の書)・呉殳『懐陵流寇始終録』・馮蘇『見聞随筆』・毛奇齢『後鑑録』等があって、『明史』流賊伝の執筆を担当した毛奇齢を通して『明史稿』・『明史』へとつながる。しかし筆者の調査でも呉偉業と直接、間接に接触した或いは『綏寇紀略』の草稿を見た同時代人で、李岩の李自成軍に加わった理由に紅娘子との関係をまったく挙げないものも多い。たとえば『国榷』・『明史紀事本末』・彭孫貽『平寇志』等があり、康熙七年刊行の明末遺民張怡『謏聞続筆』巻一では、李岩に関する記述内容は『綏寇紀略』巻九と同じであるが、呉偉業が割注で記した紅娘子に関する内容は省略されている。

欒星は先述の戯曲脚本『芝龕記』はこうした二人の伝承内容に脚色を加えたものであり、したがってこの紅娘子物語はすでに以前から流伝していたといい(先掲書一〇三頁)、又詳細は不明であるが、呉偉業の附した割注から紅娘子の城を破るという伝承も江南で流伝していたという。

紅娘子なる名称は文学や民間伝承中には豊富である。曲子名として『紅娘子』は敦煌文書に見られ[25]、或いは元曲『西廂記』に見られる恋する男女の間を取り持ち、その願いを成就させる紅娘が有名である。一方、一九八〇年代より中国で長編叙事としての山歌の蒐集整理がなされたが、その一つの語り物に『紅娘子』がある。大木康の興味ある論考中で紹介されている[26]『紅娘子』は、山歌として南通地方に三種類、崇明島に一種類、伝説物語として開封の大相国寺に関するもの一種類である。

これらの紅娘子はサーカスの女芸人、農民、塩民というように、歌われ語られる場によって紅娘子の職が変化するが、いずれも悪い男に横恋慕されその窮地を各種の方法をとって脱する筋書きである。明朝倒壊期の史実が織り込まれている南通の『紅娘子』には、南通の農家の娘紅娘子に横恋慕した土地の悪覇馬公子により彼女の恋人が殺されたため、上京してこの件を皇帝に直訴したが、逆に皇帝が彼女を気に入り后妃になるようにいわれたため、これを拒否して李自成軍に身を投ずるという内容を含む。又杞県を管轄する開封府城内にある相国寺と関連する紅娘子はサーカスの女芸人で、同寺前でサーカス公演を行っていたが、土地の悪覇で知府の息子に横恋慕され、彼と結んだ相国寺の悪僧の姦計に陥りそうになるものの、うまく危機を脱する。大木によるとこうした口承文芸における紅娘子の内容は、長江南岸の各地には伝えられておらず、歴史的には人の流動を通して北方起源の話が南通等に伝わり当該地で内容を豊富にしたとされる。

『綏寇紀略』に記される杞県城を破り獄中の李岩を救出した「縄妓の女」紅娘子が実在の人であれば一体誰なのか。明末の流賊の乱では多くの参加者が呼称として綽名を用いているので、実名が不明の場合も多い。清代から現代まで文学作品や戯曲で描かれるように、李岩と夫婦であつたとしても乱の過程では女俠として戦闘等の場面中にその名を記されてもよいはずであるが、崇禎一三年末以外に紅娘子の名は見られない。「紅衣」を身にまとって白蓮教の一部隊を率いていたので紅娘子といわれたとして、乾隆『杞県志』巻二天文志にある崇禎一一年七月、二昼夜にわたり杞県城を攻めた白蓮一派記事に比定したり、又北京占領時に郷里の大官劉理順を保護するために派遣された「紅衣一人」に擬する論もあるが、考証は難しい。

欒星は呉偉業が『綏寇紀略』中で割注に取り入れた、紅娘子が杞県城を攻めたという内容が江南伝承にあるというが、その詳細は不明であり、一方大木の紹介したように、長江以北には紅娘子伝承が各地に見られるものの、李岩らしき人物との関係や攻城を伝える内容は見られない。紅娘子関係の民間伝説は豊富であるだけに、李自成や李岩関連の史実に類する内容がそれらの核として語られていないため、李岩論争以上に困難な課題を持つ。呉偉業は紅娘子問題にどれだけの確信をもっていたか、李岩と紅娘子の関係に関する情報をどのようなルートで得たのかは、今後の研究課題である。

以上のごとく呉偉業が割注で、伝承の一つとして記したと考えられる紅娘子と李岩に関する内容が、毛奇齢等によって『明史』流賊伝に採用された。

4　福王府攻撃と李岩

崇禎一三年一二月、李自成軍は洛水の中流に位置する河南府永寧県を攻撃・陥落させ、分封されていた万安王を殺害したのに続き、一四年一月には洛水の下流の洛陽を陥落させた後、怨嗟の的であった福王を殺害した。この福王の殺害後、洛陽における李自成軍による初歩的な地方官設置は、明末農民反乱が新しい段階に移行するきっかけとなった(27)。李自成軍も張献忠軍も以後、城市攻撃と地方官設置を重点的に行うが、特に明代華北・華中には、省城・府城に諸王が分封されていたので、こうした王と王城攻撃が戦略的に位置づけられた。こうした方針の先鞭をなした、洛陽による福王と王府攻撃の意義を明確にしたのが李岩等であった。この点を強調したのが『綏寇紀略』である。

同書巻八「忭渠塾」には

時に杞県の人李岩、術者宋献策は起ちて賊に従い、（李）自成に教えるに好言を為す。衆を給いて曰うに、王侯貴人は窮民を剥ぎ其の凍餒を視る、我故に之を殺す。

また同巻九「通城撃」にも

賊は李岩・牛金星の策に従い、福邸中の庫金及び富人の貲を発し、以って飢民に号召す。

とあるように、崇禎一三年李自成軍に河南において参加した李岩・牛金星・宋献策が、飢民を救済するために、彼らから収奪した王族や富民の蓄えた財産を分配するように提言した。特に洛陽に封建された福王とその王府は、明の国庫から莫大な財源を供給されたのみならず河南を中心に山東・湖北等から大量の土地を集積し、その他王府の禄糧の独自徴収をはじめ塩・商税を独占していた。このような無法な集団として河南府を中心に、農民・商人・兵士を始め一部の支配層からも怨嗟の的となっていた。上述したごとく、明代では広く華北と華中の一部に王府が存在しており、これらの王府攻撃は明末農民反乱を一層発展させる重要な契機となった。

獲得した福王府の財物の処理について

初め賊の王府に入るや、珠玉貨賂山積し、縑囊に装し、負任して以って盧氏山中に入り、王府中の金及び倉粟を発し、大いに飢民を賑わす。……飢者をして遠近を以って食に就かしめ、男子二十以上の軍に従うを願う者は、月に四十金を食し、趫敢にして能く将為る者は之に倍せしむ。

とあって、盧氏山中に運搬し洛陽を含む広範囲の飢民に食料と財を与え、男子二〇歳以上の希望者を兵士として、能力ある者は指揮官として採用し各々厚遇した。こうして奪った福王府等の財物は飢民救済と軍の充実に使用され、李自成軍の最盛期を迎える基盤となった。

呉偉業は巻九の巻末で「外史氏曰く」の表現を用いて論評した〈驕りて制し難し〉の項目中に

（李）自成初め福邸の貲を盗み、以って宛・洛に号召し、附従するもの始めて衆し。京師の陥するに逮び、その下は争って金帛財物の府に走り以って之を分かつは、此れ其の利同じきが為めなり。

と書いて、李自成軍が陥落させた北京に入場後、兵士達が王族・爵位家に押し入り金銀財宝を略奪して分け合った行動は、福王府に対して実施した方法がその原点をなしていると総括している。このように同九巻に

初め（李）自成大志無し。至る所、百姓の塢壁を保ち従うを肯ぜざるを屠戮す。李岩教えるに、中原に拠りて天下を取り、宜しく拊循して人心を収むべしと。

とあるごとく、中原から政権樹立を視野に入れた提言を李岩が行うが、その一つに王府攻撃の戦略があった。この王府攻撃と李岩等の提議との関係については毛奇齢『後鑑録』では福王府攻撃の意義については強調されているが、李岩等の提議との関連については触れず、『明史稿』・『明史』も同様である。

おわりに

以上『綏寇紀略』の執筆開始前後、明末農民反乱に関連する李公子と呼称される三人の人物―李自成、李岩、李栩―がいた。『綏寇紀略』の描く李公子＝李岩像は、飢饉や政府の重税徴収、地主・紳士層の収奪下で、飢民化した小農民を如何に救済するかの方針をめぐり知県等の行政部門・紳士層と対立激化していくという側面では、李公子＝李自

成と重なり、流賊や土賊の深まりゆく危機に、朱大典の公認のもと郷里の防衛の主導権を握り地元の有力郷紳と対立を深める点では、李公子＝李栩と重なる。

李公子＝李岩像に呉偉業はその著『綏寇紀略』で、李闖王＝李自成、李公子＝李岩と明確に区分するとともに、李岩像に新たに四つの内容を加えた。それも主要な内容はほとんどが割注に記された。第一は李岩の初名李信、父親は李精白と明記し、これは毛奇齢『後鑑録』、『明史稿』、『明史』に踏襲されたが、割注部分の李精白の原籍穎川衛は削除された。第二の杞県の知県や支配層と対立し李自成軍に加わる有力原因の一つとして本文に加えられた内容に、奄党の子として疎外されていた李岩が掌握した杞県の地域防衛権が明の督府朱大典から公認されたため、杞県の士大夫達は李岩が彼らに恨みを晴らすことを目的としたと捉える見解は、『後鑑録』、『明史稿』、『明史』では削除された。当然割注に記した朱大典から授与されたとする職名「安義襄郷備禦」も削除された。但し毛奇齢『後鑑録』では、飢民を救済するために供出した行動が「父の奄党を以って、その醜を湔がん」とした目的を有していたと記すが、『明史稿』、『明史』では「(李信)逆案中尚書の子なり、嘗って粟を出し飢民を振わす」として、奄党の子との因果関係を弱めている。

第三の李岩を危険視した士大夫が、賊紅娘子との関連を訴えて投獄させたという記事は、割注で比較的長く書かれている。しかしながら歴史事実についての調査・記述が不明のまま、『後鑑録』、『明史稿』、『明史』にそのまま採用され、李岩・紅娘子物語として後世に語り継がれることになった。第四の福王攻撃の提言についての李岩等の役割については、『後鑑録』、『明史稿』、『明史』も特に触れず、李自成軍の行った歴史事実として記されている。

呉偉業が『綏寇紀略』で新たに加えた四点の内、毛奇齢等によって『明史』流賊伝に採用されたのは、初名李信、父親李精白、紅娘子との関連であった。不採用となったのは李精白の原籍穎川衛、奄党の子としての恨みから杞県の地域防衛権を掌握しょうとしたこと、李岩等による福王攻撃の提言である。
『綏寇紀略』の一部の内容を不採用とした結果、李岩も李栩も李精白の子とされていたのが、『明史』では彼の子を李岩とし、李精白の原籍は穎川衛という伝聞を削除したことで、李公子＝杞県の李岩に統一されたことになる。恐らく呉偉業は当時伝承された李公子＝李岩によりながら、一方で穎川衛の李栩に関する伝聞が彼自身にとって未確認情報であったため、割注に併記したと考えられる。それを毛奇齢等の史官は呉偉業の李公子＝李岩を踏襲したが、李公子＝李栩と重なる部分を整理し、父親李精白、杞県の人に統一したと考えられる。その点では『後鑑録』、『明史稿』、『明史』には李栩の記事が見られない事と符号する。

こうして乾隆四年勅許を得た正史『明史』流賊伝で記された杞県の人李岩伝承が史実として公認され、さらに同年、編年紀事体での歴史叙述を命じられて完成された張廷玉等『御撰資治通鑑綱目三編』（乾隆一一年序刊行）を通して、一層の権威を有することになった。

註

（1）顧誠「李岩質疑」（『歴史研究』一九七八―五）以下、李岩論争に関する主要な論著文献は拙稿「一六四四〈崇禎一七、順治一〉年の江南における李公子像」（『歴史人類』第二九号　註一）参照、本文中で引用する場合前稿と記す。なお、中華人民共和国成立前後から文革期までの李岩論争は拙著『明末農民反乱の研究』（研文出版一九八五）付篇を参照されたし。

（2）欒星『甲申史商』（中州古籍出版社　一九九七）「李岩の謎」。三部小説については、欒星同著「明清之際的三部講史小説」参照。

（3）註（1）拙稿。

（4）註（2）欒星著。なお王興亜は李岩問題研究にあたっての各項目の基礎となる史料の客観的評価の必要性を述べる（『李自

成起義史事研究』〈中州古籍出版社、一九八四〉第五章)。

(5) 呉偉業の伝記は多いが、『綏寇紀略』の執筆を理解する必要上、近年に発表された必要最小限度の文献を掲げる。馮其庸、葉君遠『呉梅村年譜』(江蘇古籍出版社、一九九〇)、葉君遠『呉偉業評伝』(首都師範大学出版社、一九九九)、徐江『呉梅村研究』(首都師範大学出版社、二〇〇二)。なお福本雅一注『呉偉業』(中国詩人選集二集一二、岩波書店一九六二)の解説参照。他に福本には「呉偉業の挫折」(『明末清初』同朋舎出版、一九八四)、「呉梅村佚詩二首」・「拙政園と呉梅村」(いずれも『明末清初』二集所収、同朋舎出版、一九九三)がある。なお『綏寇紀略』についての本格的研究はまだないが、概括的な評価や解説については、葉君遠氏の著書六章の九、李学穎點校『綏寇紀略』(上海古籍出版社、一九九二)前言等参照。歴代の『綏寇紀略』評ついては謝国禎『増訂晩明史籍考』等参照。

(6) 唐朝蘇鶚『杜陽雑編』等の筆記小説の文体の方法を用いた。

(7) 註(5)葉君遠の著書によれば、今日見ることができる呉偉業作として流通している『鹿樵紀聞』は呉偉業の名に仮託したもので、本来の『鹿樵紀聞』とは全く別物であるという。註(5)の『呉梅村年譜』付録二として載せられている論文「呉偉業《『鹿樵紀聞』》辨偽」が、この点について詳細に論じる。

(8) 姚家積「明季遺聞考補」(『史学年報』第二巻第二期、一九三五)中で引用された、梁玉縄『清白士集』巻二八による。

(9) 全祖望『鮚埼亭集外編』巻二九、謝国禎『増訂晩明史籍考』による。

(10) 註(8)。

(11) 黄侃「『鹿樵紀聞』序」(『晏水文征』巻六〇)。註(5)葉君遠著書、一六四頁による。

(12) 姚雪垠「李自成自何処入豫」〈歴史研究〉一九七八—五。黄愛平「毛奇齢与明末清初的学術」〈清史研究〉一九九六—四。

(13) 註(1)拙稿。欒星は『華夷変態』中の記述「大明兵乱伝」は、なぜ李自成を当初から李公子と称したかの「原始伝聞」に属する内容として高く評価する。なお『華夷変態』のこの項目について、中国の研究者の評価方法については前稿参照。

(14) 林正亨「詳奏頴城忠節疏」(乾隆二〇『阜陽県志』巻一七芸文一 状)。崇禎一五年に頴州通判として赴任し頴州の防御を組織した山東の人任有鑑は、八年の頴州の壊滅について「人不知兵、戦守無具」(順治『頴州志』巻一二任有鑑)と総括している。この時の死亡者の分布状況については、乾隆『潁州志』が詳細に伝える。
(15)『明史』巻二六八、順治『潁州志』巻一四。
(16) 乾隆『潁州府志』巻八。袁時中については註(1)拙著第一章第二節。
(17) 順治『潁州志』巻一四李栩。又、同州志の内容を継いだ『右台仙館筆記』巻一六(兪越編『春在堂全集』)では、李栩像を次のように記す。「…且吾自慙不学、少年時紈子弟、好馳馬試剣、博奕飲酒、閒或與幕府諸客為歌詩、酒後耳熱抜剣狂歌、如此而已」。
(18) 銭士升「為奉旨祭告皇陵礼成回奏因陳目撃民瘼仰祈聖恩特軫湯沐以固邦本以広聖孝事」(『啓禎両朝條款』巻四上)。
(19) 注(17)『右台仙館筆記』巻一六。
(20) 欒星はこの問題に続けて、奄党とされた李精白が順治『潁州志』郷賢志のみに立伝された理由に言及し、順治の混乱期に、彼が郷里に対して行った利害関係のみからの評価によったためとする(註2欒星著書一〇八～一〇九頁)。
(21) 乾隆『潁州府志』巻五秩官表・衛。なお 順治『河南通志』巻一七万暦癸丑周延儒榜では、李精白を開封府尉氏県の人と記している。康熙三四『開封府志』巻二三選挙も同様である。欒星はこの誤りは潁川衛籍の郷試受験者は開封府で受験するので、「開封府衛籍」或いは「衛人」の「衛」と「尉氏県」の「尉」が同音なので、誤って尉氏県人とされたと推測している(欒星註一著書一〇六～一〇七頁参照)。但し同『河南通史』では、天啓五年進士合格者の李虚白を潁川衛の人と正しく記している。後考を待ちたい。
(22)『明実録』天啓七年七月甲申、同八月壬寅。
(23) 崇禎八年、流賊が鳳陽を落として皇陵を破壊したため、崇禎帝はこれを防げなかった総督楊一鵬を逮捕し、彼に代えて朱大典を「総督漕運兼盧・鳳・淮・揚四軍」、つまり漕運総督と盧州・鳳陽・淮安・揚州の四軍の統括を命じた。この任務を遂行するため、鳳陽に司令部を移動させた(『明史』巻二七六、朱大典)。朱大典は同八年に直隷・河南・山東・湖広・四川軍務を「総理」し、湖広巡撫の兼職を命じられた盧象昇と連携して流賊を破った。こうした実態を、清代の道光『阜陽県志』巻一二李栩伝では「制府」朱大典と記す。

（24）欒星註（1）著書一〇一頁。王興亜註（4）二八五頁。

（25）図版六 Stein5643「崔氏夫人訓女文(部分)」にある。妹尾達彦中央大学文学部教授にご教示をいただいた。

（26）大木 康「中国民間の語りもの『紅娘子』について」（『伝承文学研究』第三七号、一九八九）中国側の研究文献は大木論文参照。なお本稿では十分活用できなかったが、大木康東洋文化研究所助教授から紅娘子に関する情報を教えていただいたうえに、長編叙事民歌『紅娘子』（中国民間文芸出版社、一九八七）、李程遠 捜集整理「大相国寺的伝説」（中国民間文芸出版社、一九八八）のコピーをいただいた。特にここに記して謝したい。

（27）「大順地方政権の研究」（註1拙著第一章三節）、「福王府と明末農民反乱」（『明代王府の研究』研文出版、一九九九、第六章）。

明末福建における「依山塩引」について

橋本英一

はじめに

明代の福建については、古くは一田両主制をはじめとして[1]、抗租[2]、隣省との境における流賊の動向等[3]をはじめとして様々な方面より研究の対象とされてきた[4]。

この福建という地域は、周知の通り北西南側の省境は山続き、東側一帯が海に面している。海に面している東側でも山が海岸に迫っている場所が多くあり、全体的に平地の少ない地方という印象を持つ。そうした地理的環境からか、省内の人々は全面的に農業へ依存する事ができず、海とも密接な関係を有していた事が知られている[5]。海と言えば、福建は塩の生産地の一つに数えられていた。明代においても、洪武二年に六都転運塩司の一つが設置され[6]、政府による塩の生産と管理が始まったのである。

塩政に関する従来の研究として、まず最初に佐伯富氏の業績を挙げなければならない。氏は著書『中国塩政史の研究』第四章、第四節の中で、特に開中法の展開を中心にして明代の塩政についての考察を行っている[7]。氏によって教示された内容に基づく事で、明代塩政の全般的な変遷を、具体的な事例に基づいて考証する事ができたが、一方で各地域の個別具体的な実態については、必ずしも充分に解明がなされてきたとは言い難く、猶研究の余地が残されている感がある。

そこで本論では、明末万暦年間における福建塩政について、中でも塩商に発給された「依山塩引」に焦点を充てたい。そもそも塩引とは、塩商に与えられる販売許可証であったが、福建の「依山塩引」は明末の一時期にしか発給されなかった、言わば臨時的な塩引であった。福建では、従来より「附海塩引」が存在しており[8]、何故「附海塩引」の他に「依山塩引」が発給されなければならなかったのか、その背景を探っていきたい。周知の通り、塩税は国家財政収入の大きな柱の一つであり、その上、万暦年間後期に福建に派遣された税監高寀も塩政とかかわっていた事から[9]、「依山塩引」の発給は、単に福建省内のみに影響を与えていたものではなく、遠く北京との関係も出てくる事になる。明末万暦年間の福建塩政の実情を解明するための一手段として、「依山塩引」を取り上げる所以はそこにある。

『神宗實録』巻五四九、万暦四十四年九月己丑の条には「戸部奏、八閩巨省、産塩最多、……」とある。この戸部の上奏は、福建の塩引額の増加を要請しているものであり、福建が中国内で「産塩最多」であると言う文言を直ちに鵜呑みにするつもりはないが、当時の福建も塩の産地として重要な位置にあった事を想像させるには充分であろう。尚、当該時期の福建塩政を考察するに際しては、明末天啓年間に周昌晋によって編纂された『福建鹺政全書』[10]（以下『全書』と省略する）や各地方志、『實録』、『萬暦大明會典』、『萬暦會計録』等を参照していく。

一　「依山塩引」が発給された時期

そもそも、福建に存在していた「附海塩引」と「依山塩引」には、どの様な性質の違いがあったのであろうか。

『全書』巻下「鹽疏」に掲載されている福建都御史金学曽の「會勘依山引疏」中に、この両塩引に関する詳細な記載があり、同時に万暦二十年代後半の福建塩政の実情を垣間見る事ができる。その中の一節に以下の記述がある。

依山之引、不過補附海之不足、間一行之耳。豈可以為例。

本来福建省で塩商に発給されていたのは「附海塩引」のみで、「依山塩引」は「附海塩引」の不足を補う、言わば臨時的な発給に止まる存在であった。その故に万暦年間当時では制度化されていなかった事が判る。では「依山塩引」が臨時的に発給されたのは何時であったのか、この史料には具体的な年分が記されている。

本省自國初以来、額有附海塩引三萬七千五百六十五道。例該三年一中。……依山之引、行自嘉靖二十九年始、其後萬暦六年、萬暦二十四年、各行一次。

ここから、臨時的に発給された「依山塩引」は、嘉靖二十九年に発給されたのがその最初で、その後万暦六年と二十四年に一度ずつ発給されている事が判る。この三年の中で、嘉靖二十九年と万暦六年に関しては、「依山塩引」の発給を明確にしている記述は『實録』中には見えない。(11)(12)しかし万暦二十四年に関しては、『神宗實録』巻三〇七、万暦二十五年二月甲申の条に、「依山塩引」の発給に関する具体的な史料が見える。そこには発給された「依山塩引」の額数までも記載されている。

福建巡按御史徐兆魁、以福建瀕海、産塩地廣、食塩戸多。乃運司舊例毎歳止行附海塩引一萬二千餘、苦于不敷。議添依山塩引三萬三千四百四十引、先期請發給商、相兼辦課。部覆允行。

当時の福建では食塩人口が多かったにもかかわらず、毎年発給されている「附海塩引」は一万二千余引だけで、塩引の数が明らかに不足している状況にあった。そのため、この年には「依山塩引三萬三千四百四十引」が臨時的に発給される事となった。「附海塩引」一年分の実に三倍にあたる塩引がこの年に発給されたのである。このことから、

「會勘依山引疏」中に二十四年とあるのは、実は二十五年の事ではないかと推測できる。又、先の「會勘依山引疏」中に「額有附海塩引三萬七千五百六十五道。例該三年一中。」とあったが、三年に一度を一年に換算すれば、『實錄』史料中の「運司舊例毎歳止行附海塩引一萬二千餘」と計算上は合うことになる。『神宗實録』巻五二〇、萬曆四十二年五月丁卯の条にも、

計附海引凡三萬七千五百六十五道、……合計三年、毎年止得一萬一千七十五道、僅足二幇七号之用。嘉靖倭患以來、積引至十七萬、故題増六幇以銷之、計期以五十日爲限。至萬曆二十五年、積引將盡、始請依山以佐之。

とあり、一年間でただ一万一千七十五道の発給に止まっていた事が記されている。ただ嘉靖年間中期以降より塩引の滞積する状態が続き、それが万暦二十五年に至って漸く解消した。積引が解消されれば今度は塩引の不足が問題となり、当時は「依山塩引」の発給によってこの事態を乗り切ろうとした、としている。

次章では福建都御史金学曾の「會勘依山引疏」を基にして、いま少し「依山塩引」について、見ていきたい。

二　「會勘依山引疏」に見える「依山塩引」と塩商

『全書』巻下「鹽疏」中に、福建都御史金学曾の上疏が三本掲載されている。その金学曾は万暦二十三年五月に命を受けて湖広按察使より福建へと転任してくる。(13) 彼の「會勘依山引疏」の中には、各衙門からの報告も転載されており、当時の福建における塩税の徴収状況等も理解できるようになっている。「依山塩引」の発給が必要であった理由や、それに対する各衙門の見解、その発給を強く望んでいた塩商林遜と税監高寀とのかかわり等も同時に記載されている。

「會勘依山引疏」は、「爲新商額外請引、舊商辧課無虧、謹遵旨勘實疏通、以粛塩政事。」で始まる。この「新商が定額外に塩引を要請」した部分を中心にして、この題奏を見ていく。この題奏が実際に何時のものであるかは定かではない。しかし、金学曽は高寀の手本「爲塩商遵例請引、願増引価、以功大工、以図報効事。」を手元に有しており、その手本に対する万暦帝の聖旨には「是。銀両着進収。奏内依山、附海塩引、商人林遜等、既已赴告巡按衙門、査議准照例行。」とあった。高寀は万暦二十七年二月に福建へ派遣されており[14]、その手本に、塩商が塩引を要請している事が記されている点、又高寀に対する万暦帝の聖旨の中に「依山、附海塩引」や「商人林遜等」について触れている点から、「會勘依山引疏」は少なくとも二十七年の半ば以降に記されたものであろう。

長文であるため、ここでは塩商の供述も含め、特に「依山塩引」について述べられている箇所に限定して、内容を追っていく。

随據該道呈、據運塩司査得、本省自國初以来、額有附海塩引三萬七千五百六十五道。例該三年一中。毎引價銀三錢、賣完之日、再秤餘價四錢。歳解戸部邉儲銀二萬二千二百両一錢。依山之引、行自嘉靖二十九年始、其後萬曆六年、萬曆二十四年、各行一次。毎引價止二錢。比附海引價、則少一錢。故林遜等告欲請中依山。經蒙前按臣批司審。

福建運塩司が調査したところ、明初期より福建で発給されていた塩引は「附海塩引」であり、その定額は三万七千五百六十五道であった。「附海塩引」は三年に一度の開中が原則であった[15]。塩商は、一道につき先に銀三銭を運塩司に支払い、対価の塩を塩場で受け取り[16]、それを特定の行塩区域で販売していた。後に余価銀四銭を支払うことになっていた。「依山塩引」が発給されたのは嘉靖二十九年、万暦六年、二十四（五）年のそれぞれ一年ずつであり、その時に発給された「依山塩引」は納税額が「附海塩引」より一引につき一銭安かったため、塩商林遜等は「依山塩引」

の発給を要請したのである。ところが、

随經前按院詳批、依山之行、不過補附海之不足、間一行之耳。豈可以爲例。林遜捏呈圖便、已私殊爲塩政之蠹。但據引未入手、姑免重究。此繳蒙依在□林遜等因。見前詞未允、復援大工事例、僉告税監、毎依山引税價外、願增銀二錢、……具由通詳及呈。

前監察御史（劉応竜）は、過去に「依山塩引」が発給されたのは「附海塩引」が不足したためであり、どうして「依山塩引」の発給を恒例とすべきであろうか、とこの「依山塩引」の発給に否定的であった。塩商林遜についても、呈文を捏造しておのれの利益を追求する手段として「依山塩引」の発給を要請したのは、福建塩政にとっても害である、と断じている。前監察御史に要請した段階では、林遜はまだ「依山塩引」を入手していなかった。林遜は「依山塩引」の入手が不可能と見るや、今度は「大工」[17]の事例を持ち出して、一引二銭の「依山塩引」に、二銭を上乗せして支払うと税監（高寀）に持ちかけている。

……續據該道、……今見在舊商洪度貞等計一百四十五名、新商林遜等計一百名、各具甘結、願將新請依山四萬引目、議與西路附海之引相間兼行、新舊商人、各行三幇。……但査、西路附海之引、毎歲六幇、今止三幇。西路附海之課、毎歲所入一萬二千二百六十八兩。今止得六千一百三十四兩。併四場塩折及東南餘價等銀、通計歲入不過二萬一千六百二十六兩四錢零。尚欠銀五百七十三兩六錢。若不佐依山、當課將何取盈。合無于依山餘價內、毎歲撮銀六百兩、湊足二萬二千二百兩一錢之數、照舊解部濟邊。餘艮另文解進、庶幾彼此稱便、塩課易完等因。

現監察御史（張応揚）によれば、現在、旧商の洪度貞等計一百四十五名と新商の林遜等計一百名等は、新たに要請した「依山塩引」四万引分の塩を、西路「附海之引」分と併せて販売したい事を申し出ている。（略）現状として西路行塩区域内部では、従来は毎年六幇が行塩していたのが、（塩引の不足が原因で）現在は三幇しか行塩していない[18]。そのため、西路行塩区からの塩税収入は本来一万二千二百六十八両あるべきところ、今は約半分の六千一百三十四両しかない。四場の塩折銀や東路、南路両行塩区の余価銀を合わせても、なお定額より五百七十三両六銭も不足している。もしも「依山塩引」からの塩税収入に頼らなければ、どの様にして定額通りの解交ができようか。「依山塩引」からの塩税収入の中より銀六百両を取って戸部へ解交すべき定額二万二千二百両一銭を確保し、余は別途北京へ解交すればよい、としている。敢えて「依山塩引」の発給に踏み切るべきであると称しているのは、塩税の不足と言うやむを得ない実情があったのである。しかしそれに対して、

……該司議、欲折衷均分新舊各行西路三幇、仍于依山餘價内、毎歳撮銀六百兩、湊額解部、餘銀另進、以爲兩便。合無聽從其議。

とあり、運塩司はその案に従うべきではないと反論しているものの、もはや態勢は「依山塩引」を発給する方向へと向いていた。

……得、國初向行附海、不行依山。依山之行、實自嘉靖二十九年始、其後萬曆六年行一次。萬曆二十四年又行一次。其實非舊制也。附海毎引納價三錢、依山毎引納價二錢、視附海則少一錢矣。故商有願中依山者。誠利之也。豈知、依山一行則附海不得不壅。附海一壅則正課不得不虧。近來無敢開依山者、倶遵例耳。先是、前按臣未允林遜之請、未爲無見。此輩爲計不遂、乃復増價毎引二錢、其湊銀八千兩以助大工、因呈之。内監衙門題、伏遵明旨。便商裕國、臣等有同心。何説之辭獨計。新舊商人、同是赤子。新舊塩引、總歸國課。儘新引則舊商納課在司、守支已久。儘舊引則新商助工在監、指望方殷。今據司道酌議、西路新舊各行三幇、衆心允服。

私金学曽が調査したところ、従来の「附海塩引」は毎引三銭で、臨時に発給された「依山塩引」は毎引二銭と、納入税額に一銭の差が設定されていた。税額の安い「依山塩引」を求めんとする塩商が多いのは当然であるが、一度「依

山塩引」を発給すれば、税額の高い「附海塩引」を求める塩商はいない。塩商には判らないだろうが、正規の塩引を塩商に捌けなければ、当然規定の税額を徴収する事が困難になり、戸部へ解交すべき塩課に欠額を出す事態となってしまう。この場合、当事者としは責任問題に発展し、「依山塩引」の発給には慎重にならざるを得ないのは当然である。前按臣はその発給を認めなかった。故に林遜は納税価格を二倍の四銭につり上げ、それによって得られた八千両を「助大工」の為に用立てたいと申し出た。その要請を承諾した内監衙門が題奏し、最初にあったように「是。銀両着進収。奏内依山、附海塩引、商人林遜等、既已赴告巡按衙門、査議准照例行。」と万暦帝の旨に従って「依山塩引」の発給が成るのである。

復査、該司額課、歳計解部該二萬二千二百兩、歴年俱足、無逋欠者。以五幇六幇盡屬舊商行也。今已減半、其勢不得不湊給依山餘價、以完正課、俱已處妥、無容復議。

又私（金学曽）が調査するに、運塩司が毎年戸部へ解交すべき定額は二万二千二百両であるが、これまで毎年不足なく解交されていた。それは旧商がすべて行塩していたからである。今塩引が不足して幇数が半分に減少している状況にあり、「依山餘價銀」を徴収して解交額の不足を補わざるを得ないことについては、妥当な見解であって再度議論する必要はない、と結論付けている。ただ塩商林遜等に関しては、

據各司道之査、……林遜等呈告不實、法應坐誣。但既增價助工、姑不深究。臣等移令左監丞高寀、覆覈相同、謹遵旨會究明實具題。

とあり、運塩司や監察御史の調査の結果、呈告の内容に嘘があり、法令上は誣罪に当たるが、既に「依山塩引」を手にして、納税額を増して「大工」の為に役立てている事から、暫くは重罪に処する事を免じている。以上の事について、左監丞高寀と協議の結果、双方ともに同意し、題奏する事となった。

結局、「依山塩引」の発給に関しては、都御史、監察御史共にその弊害に言及しつつも、塩税の徴収額が不足しているると言うやむなき状況にあった事から、その発給に同意している。又、林涎等に関しては、「依山塩引」の発給を要請した理由を「助大工」と称している点を鑑みて、しばらく重罪に処するのを免ずる事で、やはり都御史、監察御史、運塩司、税監の間で意見が一致している。当然ながら、「大工」の為に塩税を納入したいと申し出ている者を、即刻重罰に処したいとは、皇帝に向かって言えるはずはなかった。こうして、四回目の「依山塩引」が発給されたのである。

塩課に欠額を出した場合、林涎等塩商が直接責任をとらされる事はない。税額の安い「依山塩引」の発給を要請したものの、解交額の不足と言う実害の生じる事を恐れた前監察御史には断られた。そこで目を付けたのが高寀だった。高寀と林涎等との繋がりは、彼が福建に着任してすぐに出来上がったものであろう。

三　高寀と『依山塩引』

税監高寀の悪名高きことはつとに有名である。この高寀が福建への赴任の命が下されるのは万暦二十七年二月の事である。その高寀が最初に塩政とかかわったのが、万暦二十七年十月に、万暦帝によって撫按官と会同して福建各塩場の積銀の調査を命ぜられた事である[19]。高寀は礦税監であったが、当然ながら塩税にも目をつけていたはずである。前章でも見てきたが、「依山塩引」とのかかわりも持っていたのである。『万暦福州府志』巻三一、食貨志七、塩課に、

萬曆二十八年、税監高寀疏請増依山共八萬引。毎封四百（引）、計二百封。附海共二千四百三十五引、内派西路約六封、東路一封。

とある。合計して八万引という数字については疑問が残るものの、万暦二十八年に高寀は「依山塩引」の発給を上奏している。前章では、塩商林遜の要請に従って高寀が「依山塩引」の発給に関する上奏を行った事を見てきたが、この記述はそれに符号するものであろう。この本文に付された〔注〕には「依山毎封納價銀八十兩、水脚銀一兩六錢、滴珠銀八錢、該銀一萬六千四百八十兩」以下、他に余価銀、加課銀、牙税銀とそれらに伴う水脚銀、滴珠銀を含めた合計額（五万八千五百五十四両余）、つまり「依山塩引」を発給する事によって得られた税額の一部は「倶解京助大工」として、塩課以外の目的で北京へ解交されていた事が記されている。その他の例えば助餉牙行経紀銀、店戸工食牙行税銀（両者合計約一千二百六十八両四銭）は「軍門小賞」に支出される等、比較的少額の場合は、東路からの引価銀、水脚銀、滴珠銀等（合計約七十七両）が北京へ「助邊」のために解交されているのを除き、現地での使用に回されている。

それまで三回にわたり、一年と言う限定的な発給のされかたをした「依山塩引」は、特に万暦二十五年の場合は「附海塩引」の不足を補う目的であったが、二十八年の場合は「助大工」と言う目的が前面に出ている。それは塩商林遜等の企図もあったためであるが、福建塩政の現状を鑑みての発給ではなかった。その証左として、高寀が私自に「依山塩引」を発給した事に対しては、当然ながら批判する声が聞こえてくる。例えば『神宗實録』巻四二二、万暦三十四年六月乙未の条に、

戸部尚書趙世卿言、祖制設有鹾政、原以一年之入、供一年之出。……福建歳額二万二千有奇、原徴于一年之前。自高寀開依山引四萬、而額遂不敷、且圧至次年矣。……乞亟渙綸旨、將各處無名浮課、悉行罷免。……不報。

とあり、高寀が「依山塩引」四万引を私自に発給して以来、正規の塩引である「附海塩引」が滞積し、本来戸部に納入すべき税額が不足している事が述べられている。高寀を始めとして各地に税監を派遣したのは、とりもなおさず万暦帝自ら行った事であり、この様な上奏を顧みるはずはなかった。趙世卿は、それまでに発給された三回の「依山塩

引」については触れず、高寀が発給した分にのみ言及している点でも、その影響の大きかった事が窺える。『神宗実實録』巻四四〇、万暦三十五年十一月戊午の条においても、

福建巡撫徐学聚、以税監高寀徴解不納、又上章詆己、乃疏臚寀不法事。……閩中塩政引目、舊止附海一例。續請依山佐之悉貯司。自寀入閩、姦民林世卿導之、私造南京戸部塩引、倶稱依山。毎封四百引、勒銀四百餘金。凡引百封、偽者過十之七、商人破家、呑聲切齒、自經死者不獨朱家相、洪士雅等数輩而已。……疏入亦不報。

とあり、高寀が福建に着任してより、姦民林世卿は高寀と結託し、南京戸部発給の塩引[20]を模倣してそれを「依山塩引」と称し、その偽「依山塩引」を塩商人に押しつけて銀四百両を取り立てていた。百封四万引の中の七割以上が偽「依山塩引」であり、塩税を納め、或いは取り立てられたものの、塩を販売する事ができない塩商が破産に追い込まれ、自殺した者も多数に上った、とある。万暦三十五年に福建では高寀と塩商との間で騒動が起き、その対立の構造の一つに高寀対塩商があったと考えるならば[21]、「依山塩引」の存在も一つの引き金になっていた事になる。結果として、この事件をもって高寀は「依山塩引」、いや塩政そのものから手を引かざるを得なくなったのであろう。三十五年以後、『神宗實録』中よりこの「依山塩引」に関する上奏はしばらく途絶えることになる。

最後に『全書』巻下「鹽疏」にある「請免積塩變價疏」には以下の記載がある。

今査、在庫引目、直至二十九年方能銷盡。頃經収税内監高寀、聽商人林遜等請給依山、數盈四萬、新舊二次兼行、約至萬曆三十五年始可盡銷。即正引不無壅滞之患。

万暦二十五年に発給された「依山塩引」も含めた財庫塩引が二十九年にようやく無くなる。近頃高寀が塩商人林遜等の要請を受けて、結果的に「依山塩引四万」が発給される事になった。新旧「依山塩引」が出回り、万暦三十五年までかかって始めて無くなる計算である。「附海塩引」の滞積は避けられない、とある。影響の大きかった事が改めて

理解できよう。

塩商と結託して「依山塩引」を発給したものの、塩商とも騒動を引き起こしてしまった高宷は、万暦四十二年六月に万暦帝によって召還されることとなる。[22]

四　高宷離閩後の福建塩引

その後の福建の塩引に関しては、『全書』巻上「鹽運」に以下の記述がある。

運司先年原額年解銀二萬二千二百兩一錢。嗣至萬曆四十二年間、按院徐□因見依山引目題革不行、附海引目不足三年銷繳、具題加引二萬六千七百七十五道、計該增課銀七千二百三十九兩八錢七分。併舊額引三萬七千五百六十五道、以足三年銷繳。

万暦四十二年当時の福建監察御史徐鑒[23]によれば、現段階では既に「依山塩引」の発給は停止されていたが、さりとて「附海塩引」の発給のみでは相変わらず塩引は不足していた事から、徐鑒は「依山塩引」の発給ではなく、「附海塩引」を増発する事によってこの事態を乗り越えようとしたのである。[24]この提案がなされて二年後、それが実現する。『神宗實録』巻五四九、万暦四十四年九月己丑の条に、

戸部奏、八閩巨省、產塩最多、課僅二萬二千餘兩、似屬太少。前按臣徐鑒言、該省額派三萬七千五百六十五引、而塩行六幇、引少幇多、以致私幇横行。議增引目二萬六千七百七十五、通歳解部銀七千三百三十九兩。此宜著爲定議。……報可。

とあり、「附海塩引」の定額増が万暦帝によって裁可されたのである。『全書』巻上「鹽引」の条には、

一、運司三年開中塩引三萬七千五百六十五道、續於萬曆四十五年五月内増引二萬六千七百七十五道。又于天啓二年十一月内、増引一萬五千道。新増、舊額共七萬九千三百四十道。

とあり、万暦四十四年九月の裁可以来、四十五年五月になって施行されたのである。

小　結

福建には二種類の塩引が存在していた。その一つである「依山塩引」は嘉靖、万暦年間において、臨時に四度発給された。最初から三回にわたって発給されたその背景には、通常の「附海塩引」の発給に頼っているだけでは塩引が不足し、塩を販売できない状態に陥っていた事が挙げられる。何故「附海塩引」の増発で対応せずに、「依山塩引」を発行しなければならなかったのか。一つには塩商の納税額が「附海塩引」より一銭安い事にあった。安い「依山塩引」を発給して急場を凌ごうとしたのであるが、臨時的に発給した「依山塩引」が恒久化すると本来の「附海塩引」が出回らなくなり、戸部へと毎年解交すべき定額に不足を来す恐れがあった。官側はこの点を恐れていたのである。故に「依山塩引」は嘉靖二十九年、万暦六年、二十五年の一年に限定した発給であった。

ところが税監高寀が福建に着任して以後、この「依山塩引」を私自に発給する事となった。その名目は「大工」を助けるためであったが、塩商と結託して自己の利益を追求する事に主眼があった。しかし万暦三十五年の、所謂民変において、高寀と塩商との対立の原因の一つにこの「依山塩引」があった事から、高寀は「依山塩引」はおろか、塩政から手を引かざるを得なかったと思われる。万暦四十二年当時の巡撫徐鑒の言葉にも「依山不必再請以致奸究之生心」[25]とあり、混乱を助長するだけの「依山塩引」の再発給は望んでいなかった事が窺われる。結果として万暦四十五年には本来の塩引である「附海塩引」の定額増が決定され、福建における塩引の不足を補う措置が取られるのである。負のイメージが強かった「依山塩引」の発給であったが、その発給を評価できる点があるとすれば、国家財政の重要な収入項目の一つであった塩課の欠額を、一時的にせよ、或いはわずかな額であったにせよ、防ぐことができた点を挙げる事ができる。又、些少ではあるが、塩商は「大工を助け」たい事を理由にしてその発給を要請しており、実際に徴収されていた塩税も「京に解りて大工を助け」ていた事から、「依山塩引」と北京とのつながりも見えてくる。

以上より明末における福建塩政の実態の一部を見てきたが、塩引の発給と塩商の行塩地域に関しては、今回触れる事ができなかった。こと行塩地域の問題は広東塩、或いは淮安塩との関連もあり、福建のみならず南東中国一帯の塩政に係わる問題でもある。[26] 稿を改めて考察を続けていきたい。

註

（1）一田両（三）主制等に関する論文としては、仁井田陞『補訂中国法制史研究（土地法、取引法）』第一部土地所有制、第四章「明清時代の一田両主慣習とその成立」（東京大学出版会・一九八〇年十一月）、宮崎市定「中国近世の農民暴動――特に鄧茂七の乱について――」『宮崎市定全集』十三巻所収（岩波書店、一九九二年一月）、清水泰次「明代福建の農家経済――特に一田三主の慣行について――」『史学雑誌』六三編七号（一九五四年七月）、片岡芝子「福建の一田両主制について」『歴史学研究』二九四号（一九六四年十一月）等参照。

（2）抗租やそれに関する論考については、三木聡「抗租と阻米――明末清初期の福建を中心として――」『東洋史研究』四十五巻四号（一九八七年三月）、同「清代前期福建の抗租と国家権力」『史学雑誌』九一編八号（一九八二年八月）等参照。

（3）近隣省境における流賊の動向、あるいは当該地域に関する論考については、森正夫「十七世紀の福建寧化県における黄通の抗租反乱（一）、（二）、（三）」『名古屋大学文学部研究論集』史学二〇、二一、二五号（一九七三年三月、七四年三月、七八年三月）、草野靖「明末清初期における田面の変質――閩・江・広三省交界山田地帯の場合――」『熊本大学文学部論叢』一号（一九八〇年三月）、甘利弘樹「明末清初、広東・福建・江西交界地域における広東の山寇――特に五総賊・鍾凌秀を中心として――」『社会文化史学』三十八号（一九九八年三月）等参照。

（4）その他にも社会経済史を中心に、山根幸夫「十六世紀中国における或る戸口統計について――福建恵安県の場合――」『東洋大学紀要（人文科学、自然科学編）六輯』（一九五四年三月）、田中正俊・佐伯有一「十五世紀における福建の農民叛乱（一）」『歴史学研究』一六七号（一九五四年一月）、佐久間重男「明代海外私貿易の歴史的背景――福建省を中心として――」『史学雑誌』六二編一号（一九五三年一月）、森田明「福建省における水利共同体について――莆田県の一例――」『歴史学研究』二六一号（一九六二年一月）、同「明末清初における福建晋江の施氏」『社会経済史学』五十二巻三号（一九八六年八月）、中谷剛「万暦二二年福州府の食糧暴動について――都市下層民の心性――」『山根幸夫教授退休記念明代史論叢』上巻（汲古書院、一九九〇年三月）、青山一郎「明代の新県設置と地域社会――福建漳州府寧洋県の場合――」『史学雑誌』一〇一編二号（一九九二年二月）、三木聡「明末の福建における保甲制」『東洋学報』六十一巻一・二号（一九七九年十二月）、同「明代の福建における魚課について」『山根幸夫教授退休記念明代史論叢』上巻（汲古書院、一九九〇年三月）、堀地明「明末福建諸都市の火災と防火行政」『東洋学報』七十七巻一・二号（一九九五年十月）等参照。

（5）註（4）三木聡「明末の福建における保甲制」参照。

（6）『太祖実録』巻四七、洪武二年十二月是月の条参照。

（7）佐伯富『中国塩政史の研究』（法律文化社、一九八七年九月）参照。この書の第四章、第四節が明代の部分である。明代の塩政に関しては寺田隆信『山西商人の研究』（東洋史研究会、一九七二年）、佐伯富「明代における行塩地問題――河東塩を中心にして――」『東方学会創立四十周年記念論集』（東方学会、一九八七年三月）、同「明代における竈戸について」『東洋史研究』四十三巻四号（一九八五年三月）、藤井宏「明代塩商の一考察（一）、（二）、（三）」『史学雑誌』五四編五、六、七号（一九四三年五、六、七月）、同「明代の戸口食塩法に就いて」『社会経済史学』十三巻三号（一九四三年六月）、同「明代塩場の研究（下）」『北海道大学文学部紀要』三号（一九五四年三月）等参照。

（8）明代の福建において、両塩引が存在していた事は、『全書』巻下「塩疏」中の「会勘依山引疏」に
塩引一也、何以有依山、付海之分哉。以塩戸之居付海者、可以晒塩、聴商□買、故引名付海。傍山者、難以晒塩、只令辦課輸官。故引名依山。
とあるによる。又『神宗実録』巻五二〇、万暦四十二年五月丁卯の条にも、
撫副使李思誠議称、引自有二、曰依山、曰付海。依山無晒曝丘盤無塩、止納折色。付海有晒曝丘盤有塩、故行本色。此祖制不可乱也。
とある。『万暦福州府志』巻三十二、食貨志七、塩課や『光緒興化府莆田県志』巻六、賦役、塩課の条にも見える。制度上「付海塩引」が福建の塩引であった事は『全書』巻下「塩疏」中の「会勘依山引疏」に、「本省自国初以来、額有付海塩引三万七千五百六十五道。例該三年一中。」や「依山之引、不過補付海之不足、間一行之耳。豈可以為例。」とある事に拠する。拙論「『依山塩引』と『付海塩引』について」『明代史研究』三十号（二〇〇二年三月）において、「付海塩引」について若干の考察を行ったが、未だ疑問を残すところもある。

（9）高寀が福建塩政とかかわっていた事は、『神宗実録』巻三四〇、万暦二十七年十月庚寅の条に、
命……福建税監高寀、会同撫按、査理塩場積銀。

とあるによる。内監高寀に関して、奈良修一「明末福建省の高寀に対する民変について」『山根幸夫教授退休記念明代史論叢』上巻（汲古書院、一九九〇年三月所収）参照。内監高寀が引き起こした民変の中で、万暦三十五年の民変は、高寀と塩商の対立が原因の一つであったと述べている。

（10）本論では『北京図書館古籍珍本叢刊』第五八冊所収（天啓七年影印本・全二巻）の史料を使用する。

（11）嘉靖二十九年に「依山塩引」が発給されていた事を示す史料は『世宗実録』中には見出せない。ただ『世宗実録』巻三六六、嘉靖二十九年十月己卯の条には以下の詔文がある。
詔。……其福建依山塩旧停者、仍許本運司開中、解銀太倉。

ここでは停止していた「依山塩」を、福建運塩司が開中する事を許可し、得られた銀両を太倉庫へ解交する事が命じられて

いる。嘉靖二十九年に下された詔の内容を、或いは「依山塩引」の最初の発給と捉えてしまった可能性がある。

（12）万暦六年の場合は、『神宗実録』巻七二、万暦六年二月庚寅の条に以下の記述がある。
福建八府、立塩運一司、毎年額銀入太倉僅二万二千二百両。塩商陳公養請開増引一次、遂銀至二万余両。至是戸部題為定例。上曰、這塩引准開中一年。若毎年為常、恐至壅滞。着該撫按、詳議具奏。

とあり、塩商陳公養の要請に従って塩引を増発した結果、増発分だけで銀二万両の増収となったことが明らかにされている。戸部も増発した塩引をそのまま制度化する事に前向きとなったが、万暦帝は一年間に限定する形で塩引の開中を許可している。ただこの増発された塩引が「依山塩引」であるかは不明である。

（13）金学曽は万暦二十三年五月甲申に湖広按察使より福建への転任の命が下る（『神宗実録』巻二八五）。二十六年六月戊辰に、病をもって致仕を請うも許可されなかった（『神宗実録』巻三二三）。その後、二十七年五月庚午に離任を許される（『神宗実録』巻三三五）ものの、実際には「候代」として福建に暫く留まる事となる。本文は「候代」の時のものである。次の巡撫朱運昌は二十九年二月壬申に福建へ派遣されている（『神宗実録』巻三五六）が、三十七年六月丁卯にも福建巡撫としての金学曽の上奏があり（『神宗実録』巻四五九）、実際に何時まで福建巡撫「候代」であったのかは不明である。

（14）『神宗実録』巻三三一、万暦二十七年二月戊辰の条「設市舶于福建。遣内監高宷帯管礦務。」による。

（15）『全書』巻下「塩疏」にある「覆覈積塩疏」に、
（金学曽）看得、福省所属之府八、而行塩止有三府。運司所轄之場七、而辦課止有三場。行塩之地甚狭、所産之塩亦甚少。以故国初定制三年一次開中引目、額只三万七千、以一年計算則一万二千引而止矣。

とあり、三年に一度の開中は明初からの制度であった事が判る。

（16）『全書』巻上「塩限」には、万暦四十五年七月の事として、塩法道按察使畢懋良の上奏がある。
凡西路水口、年限五幇、毎幇十商。毎商領引目一封計四百道、毎引一母一子、共二十五万三千斤。商人領引、毎引先納引価銀三銭、運司追収、給票付照。至領引時、執票赴司、告領引目牌帖赴院道掛号。僱式船二隻、前往海口、牛田、上里三場、剪支母塩、另用価買子塩。……

以下、塩商が塩を販売する際に、辿るべきルートと諸手続きについて述べられている。
(17) 「大工」は宮殿の造成を指すと思われる。林烝の言う「大工」は、万暦二十七年二月庚申に工事が始まり(『神宗実録』巻三三一)、翌年八月辛未朔に完成(『神宗実録』巻三五〇)した慈慶宮の造成を指しているのではないか。
(18) 西路の場合、幇ごとに旧商は十名、新商は二名半とし、毎名が引一封四百道を販売する事になっていた。新旧両商合計でそれぞれ五幇、年間二万五千道を販売する事が定められていた(『全書』巻上「塩引」参照)。旧商と新商とに区別されているのは西路行塩区だけである。
(19) 註(9)『神宗実録』巻三四〇、万暦二十七年十月庚寅の条参照。
(20) 『全書』巻上「塩引」によれば、当時の福建では、運塩司が南京戸部に塩引の交付を要請していた事が判る。
運司三年開中塩引三万七千五百六十五道、……三年一次請発、運司当派引之年、将繳引各商造冊送道、照依幇商、移会布政司編派、仍造冊具由呈詳、按院批允、行司遵照。該司毎引一道、追引紙銀三釐、差役領文、赴布政司倒文、解赴南京戸部交納、請刷引目。回司派給各商、銷繳如引目。

ここに「三年開中塩引三万七千五百六十五道」とある事から、これは「付海塩引」を指している。三年分を一度に交付されており、それを福建に持ち帰って、運塩司が三等分して毎年塩商に発給していたのである。
(21) 註(9)奈良修一「明末福建省の高寀に対する民変について」参照。
(22) 『国榷』巻八二、万暦四十二年六月による。
(23) 徐鑒が福建巡按への転属命令が下されたのは四十一年二月丁未のことである(『神宗実録』巻五〇五)。
(24) 『神宗実録』巻五二〇、万暦四十二年五月丁卯の条に徐鑒の題奏がある。
而付海引自原額之外、三年共増引二万六千六百七十道、該引価八千三百十二両五銭。該増全価加牙税一万三千六百八十七両一銭一分二厘零。毎年可増解部司課銀七千二百三十九両八銭七分零。毎次請引、倶照此例。……疏入留中。

この時の徐鑒の提案に対しては、即時実行とはならなかった。
(25) 前註『神宗実録』巻五二〇、万暦四十二年五月丁卯の条参照。

（26）　行塩地の問題に関しては、福建省の汀州府が広東塩を食していた事は、『全書』巻上「塩界」参照。又、淮安塩の行塩地であった江西省の一部に福建塩が入り込んでいた事は、註（7）佐伯富論文「明代における行塩地問題――河東塩を中心にして――」参照。

明清時代崇明県の抗租の変遷——佃戸の結合と手段——

中谷　剛

はじめに

明清時代の抗租に関してはこれまで数多くの研究がなされ[1]、最近も新たな側面から研究が進められている。特に一九八〇年代以降は社会史的な視点、具体的には佃戸の社会的結合関係や心性などが注目されてきていると言えよう[2]。本稿においてはそのような動向を意識しつつ、佃戸が自らの要求を実現するために選択した手法、そしてそれを可能とした佃戸の実態について問題としたい。具体的には清代の食糧騒擾でよく見られた罷市という都市的な手法が、何ゆえに佃戸によって選択されたのか、佃戸の証言を通じて分析していきたい。

本稿で分析の対象とするのは、長江の河口に位置する崇明島の明代中葉以降の抗租である。筆者は先に崇明島の宗族・地域エリートの実態を論じた際[3]、崇明島の有力宗族・地域エリートが抗租の標的とされた事例があることを指摘した。本稿ではこの事例の分析を通じて、地域社会における宗族や地域エリートの位置づけをも考えてみたい。

一　「崇明島」の形成と地域社会としての崇明県

(一)「崇明島」の形成

崇明島は長江の砂州・中州が成長した島であり、周辺では常に新たな砂州が出現し、その砂州を農地に開発することが盛んであった。しかし、長江の流れは砂州の流失も引き起こす。これに海潮も加わって、流失の危険は増す。これは干拓・開発を終えた農地であっても例外ではないどころか、県城すら流失の危険にさらされていた。実際、崇明島の県城・州城は万暦一一年に県城が確定するまで、「六建五遷」という言葉が生まれるほど頻繁に移転を繰り返している。中には同一の砂州上での移転ではなく、砂州間の移転もあった。明代には姚劉沙から三沙の馬家浜、そして最終的には万暦一一年に長沙へと移転した(4)。

万暦一一年の移転以後、現在まで県城は移転していない。明中葉以降、砂州の流失が無くなる訳ではないが、堆積の方が勝っていく。その結果、崇明島の形状も現在のような、まさに島となる。それ以前の「崇明」とは長江河口に点在する砂州の総称という印象が強い。極論すれば、明中葉以前と以降では「崇明」は別な場所であったのである。何故、明中葉以降、堆積が流失に勝るのか。土砂の流量など自然条件の変化は不明だが、砂州を保護する人為的な営みは活発になった。行政的な営みとしては海塘の建設である。崇明における海塘の建設は元代に始まるが、清代以前には海塘は少なく、万暦二一年における北洋海塘五〇里が最大であった。清代には大規模な海塘の建設が始まる。乾隆二七年に建設された趙公堤が最大のものであり、北堤と西南堤に分けられる。これとは別に県城を保護するための旧塘・新塘も光緒年間に建設されたが、清代においても崇明島全体を保護するような海塘は作られていない(5)。このような営みが崇明島を形作っていたといえるだろう。

さらに明中葉以降、砂州の出現の増加と比例して、それを農地化する営みも活発となる。圩田による干拓も、崇明島の形成には一定の役割を果たしたと思われる。

(二)　地域社会としての崇明県

万暦一一年に県城が確定し、崇明島が拡大を始めて崇明県という地域社会は再出発した。では、崇明県はどのような変遷を遂げたのだろうか。ここでは崇明県発展の一つの指標として、社会資本としての各種施設の建設・整備の動向を見よう。これらの建設・修理を可能としていくのは崇明県の経済力であり、その増減はある程度まで崇明県という地域社会の発展の状況を示すと考えられるからである。光緒『崇明県志』巻三、建置志から学校・書院・城壁などの施設の整備件数を、一五八三年から一〇年刻みのグラフとした。

このグラフを見ると、何度か建設件数が増える山がある。まず万暦前半期（一五八三〜六〇二年）は、県城の移転にともなう新築の時期であるが、清代に比べて低水準である。

次に順治・康熙年間（一六五三〜一六八二年）に劇的に件数が増加するが、反清海上勢力に対する防衛的な施設が多い。順治一六年の城壁女墻の補修などで、崇明県の有力宗族の一員たる施文が活躍し始める[6]。これ以後、地域の有力者が様々な施設の建設に参加し始めたことが、建置志の本文・割注に見え始める。

そして最大のピークとしての雍正・乾隆前半期（一七二三〜一七六二年）が訪れる。この時期は反清勢力も完全に消滅し、学校の拡充整備などが主となる。切迫した事情が無いのに建設件数が増加するのは、崇明経済の繁栄を示すだろう。

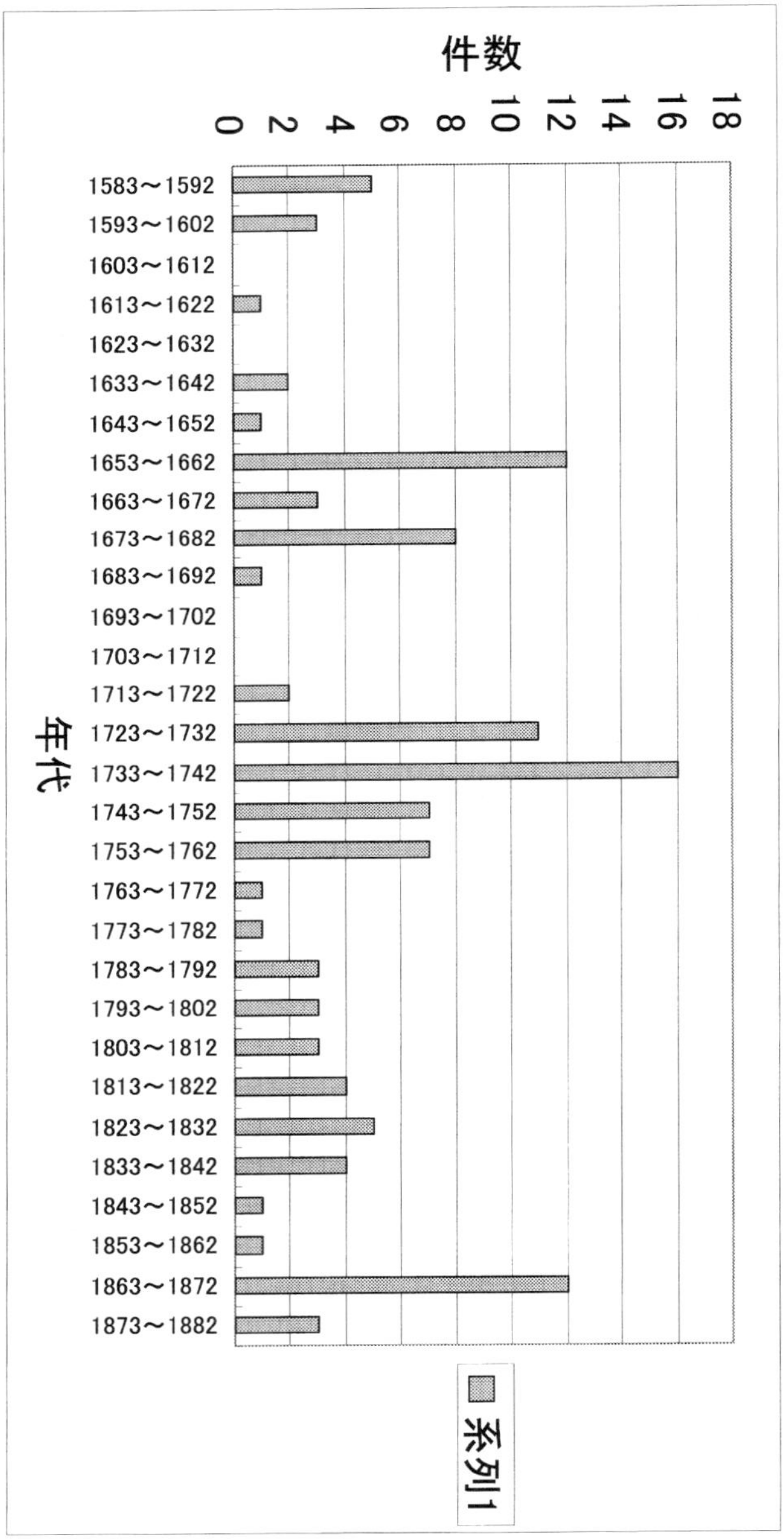

崇明県の社会資本整備状況グラフ

その後、なだらかなピークを為す嘉慶・道光期を経て咸豊・同治期（一八六二〜一八七二年）の激増に至る。

このような建設件数の変動は山本進氏の分析した清代崇明棉業の展開と軌を一にしている。(7) 山本氏によれば、崇明県においては清代に入って棉業が成立し、安徽との米―棉の交易関係を背景に乾隆期まで順調に成長するが、乾隆年間には安徽棉布市場が飽和に達し、且つ崇明県の米穀需要が安徽の供給能力の限界を超え、崇明県は近郊の産米地から粳米を買い付けるようになって安徽米を背景とした崇明棉業の成長は抑制される。しかし、崇明棉の特色ゆえに道光年間にも販路は確保されていたという。

この崇明棉業の一つの頂点となる乾隆期までが、社会資本の建設件数のピークとなっている。

さらに言えば、五港開港以降も崇明を含む江南の棉業は成長を続ける。ただ、織布は農家の副業から工場生産に移行するが、崇明綿花は工場向けとしても広い販路を確保して発展を続けた(8)。

二　明代中葉から清代康熙年間までの抗租

崇明県における抗租についての最も早い記述は、康熙『重修崇明県志』のものである。まず、巻四、賦役志、「頑佃歴叛」には、

内地佃戸、与僕無異。惟崇勢豪・土棍、不耻為人佃。作因而積成尾大、逋租殴主、往往有之、外沙尤甚。明嘉靖中、山前沙・王家港等処、隔遠県治、悪佃招納亡命、産主収租時、輒遭殺殴。故俗伝、有剥皮王家港、了命山前沙之謡。万暦中、知県袁仲錫詳憲、毎遇租期、請発営船防護、租畢撤回。又立糧庁、比欠捕庁逐遷之法。

とある。崇明県外では佃戸とは奴僕と同等のものとみなされ、蔑視の対象となるが、崇明県では有力者や無頼は、他人の佃戸となることを恥としない。そのような連中が佃戸となった場合は、佃戸の方が強くなり、佃主を殴り倒したりする。このようなことはまま有るとはいえ、崇明の本島から離れた外沙が最もひどい。明の嘉靖年間には山前沙・王家港などが県治から遠く離れているため、悪佃が命知らずの無頼をかき集め、佃租を集めに来た産主を殺傷し、俗謡にも歌われるほどである。万暦末年に知県の袁仲錫が収租時期に護衛の軍船を派遣し、収租が完了するまで配置し

た。また、「糧庁」を設立し、督促・捕縛を行わしめたという。

この記述は崇明県独特の佃戸の性格、明代の激しい抗租の回想からなっている。

崇明の佃戸の性格については、康熙『県志』、巻六、風俗にも、

佃戸、例称「佃僕」。江南各属、皆然。崇独豪宗与光棍半焉。藐視田主、害民蠹国、莫甚于此。他邑所無也。

とある。崇明の場合は、「豪宗」という宗族の威勢を背景とする有力者と「光棍」という無頼が佃戸全体の半分を占めていた。この連中は田主を馬鹿にし、民を苦しめ、国を害すること、大変に甚だしいものだったとする。

このように崇明において有力者・無頼が佃戸となるのは、砂州の開発の形態が影響している。県では里長戸に籤で新張の砂州の所有を割り当て、開発を任せると共に租税を課した。だが、砂州を農地とするためには、「圩」を作り、土砂の流失を防いで開墾を進めなくてはならず、資本の手配がつかなければ、直ぐには農地化できない。そこで始まるのが「争圩」である。金や人を動員できる者、つまり宗族の成員や無頼を支配下に置く有力者が、所有者に無断で圩を築いて開墾を進めてしまう。(9) 開墾終了後、有力者たちは田主に対して、佃戸的な立場に立って開墾資本・立退き料・承価を要求する。

明中葉以降は砂州の堆積が勝り始めた時期であり、同時に無頼の活動が目立つ時期でもある。この時期の無頼（打降・打行）の活動について、康熙『県志』巻六、風俗、習俗では、

崇邑向有打行。打行者云打為行業也。又名打降猶降伏之降也。明宣徳初、巡撫周公忱另設重大枷板治之。此風稍息。至万暦中、有曹鐵・抄化・李三等。天啓、有楊麻大・陳梅二・郁文昌・橋陳二・熊帽子、名団円会。崇禎時、有黄倫等、結地皇会。沈元西・沈二等、遂于獄中、反出劫庫焚署。後又有施君正・胡八及陳章等、先後俱斃于法。

とあり、宣徳の初めには巡撫周忱の厳罰主義により沈静化したが、万暦・天啓・崇禎年間には著名な無頼が出現し、

「団円会」・「地皇会」といった組織が結成され、崇禎年間には囚人の反乱まで引き起こし、後には処刑者も出している。

明中葉において崇明県で良民が無頼化する原因を、万暦『新修崇明県志』、巻一、風俗議では、

崇人、自耕稼漁樵而外、無別他業。故多游民、或習打行、或攻賭博。為盗行姦、大率皆此類也。

とする。この史料では崇明県では農業・漁業・柴の伐採以外に収入源がなく、無業の遊民が増加して職業的な無頼となるとする。しかし、経済的に未発達な地域で、無業の遊民や職業的な無頼がどのようにして存在できるのだろうか。賭博という娯楽の提供による富の再分配を受けているという面もあるが、地域の経済規模自体が小さいのであれば、自ずと限界がある。

ここで注目したいのは、地方志に見える知県の無頼対策である。康熙『県志』巻一〇、宦蹟、知県には以下のようにある。

游応豊、福建選貢、万暦三十七年任。手不釈巻、威厳有断。廉窩訪造、訪搶圩・打行廿輩、申院究擬。一邑快心。

……

李招鳳、陝西郿県、挙人。崇禎十一年任。持正不阿、遇事能断。禁打行、除訪暴蠹。豪強膽落、多方搆害之、卒中計、罷職而去。

游応豊の無頼と「搶圩」の取り締まりに「一邑快心」となり、李招鳳の無頼・胥吏取り締まりに「豪強」が驚愕している。つまり、万暦年間には不法な砂州の占拠・開発たる「搶圩」が崇明県では大きな問題であり、無頼への需要もあった。この「搶圩」と無頼・豪強の関係について、清代康熙年間の崇明県の人、沈寓の『白華荘蔵稿抄』巻五、「弭盗議」には、

……請言今日崇邑之為盗者、海不揚波、東海貿易之舟、絡繹不絶、似海上無盗矣。不知崇邑之盗、一在於塩、一在於窩。……抑窩盗宜緝也。従来、竊盗、不能自立、必有居停、所云「窩囤之家」是也。……然二盗之彰著於崇邑者、無夜無之。而巡捕不得而獲、官司不得而問者、庇蔭於打降、根源於豪覇。打降者豪覇之爪牙也。豪覇為兼併僭竊之計、必招集打降・無頼之徒、以張其威勢。豪覇、以縁納例、以護其身。打降、縁豪覇以護其身。盗賊、縁打降以護其身。……

とある。崇明の犯罪者は必ずしも表立たないが、その理由は「塩」（塩の密売）・「窩」である。「窩」と言われる元締めは外来の犯罪者を匿い、犯罪行為を行わせる。「塩」にせよ「窩」にせよ、「豪覇」と称される有力者が「打降」を保護し、「打降」が盗賊を保護するから根絶できないとする。有力者はそれら無頼を使って「兼併僭竊之計」を実行するという。この「兼併僭竊之計」であるが、『白華荘蔵稿抄』巻一三、「正経界呈」では、

曰「搶圩」、塗成蕩、百頃千頃統党築囲、立号某圩、買価・承価兼併如秦。

としている。砂州が出現すると圩で周りを囲み、勝手に名称を付け、土地の所有権である買価・承価を独占した。別に占拠・開発したからとして法律的には所有権が得られる訳ではなく佃戸的な立場になるだけだが、搶圩によって実質的な所有権を得ることが「兼併」という語で表されていることに留意したい。『白華荘蔵稿抄』ではこの他、巻一三「正経界呈」（甲午春筆）に、

均撥里民起賦、率循旧章、救瘠甦困、至公至当。何突有豪強不逞、貪胥変法、早視王土、為奇貨。……以一紙書、作千万畝之富翁。独不思急公之里民、世受夫苦、而奸悪之豪強、坐享其利。循豪強之為、則豪強之上更有豪強、招打降、集無頼、勢必至於争、争必至於殺、殺必至於乱。崇明之沙漲不已、則崇明之争殺不止也。

とある。里民に砂州を均撥するという従来の方法を無視し、胥吏と結んだ有力者が土地を集積してしまう。これは里

民を代々苦しめ、有力者は利益を得る。しかし、上には上がいるので有力者同士が無頼の徒を集めて争いを始める。崇明では砂州が出現し続けるので、争いや殺人がやまないのだという。

この『白華荘蔵稿抄』の三つの記述からわかるのは、有力者が無頼などを抱え込み、新たに出現した砂州を暴力的に占有しようとする図式である。

以上、康熙年間に回想される明中葉以降の抗租は、「外沙」と言われる周縁部の砂州において、有力者が宗族の成員や無頼を抱え込んで佃戸となり、田主を脅迫するというものである。このような抗租が康熙年間にも起こったという記述は無いが、やはり康熙年間にも存在したと思われる。(10)

三　雍正年間以降の抗租

(一)　光緒『崇明県志』の認識

光緒『崇明県志』巻四、風俗には、

郷民素守法。康熙後、漸有抗租頑佃。而堡鎮以東、為尤甚。由其離治独遠也。歳或歉収、則聚衆逐主、甚至拒捕抗官。如乾隆六年老施二等、二十三年姚受・施仲文等、皆犯大辟、其目無法紀。自罹於罪宜矣。然使之無道、教之無素、不能変凶暴為馴良、是亦有司之責也。

とある。ここでは康熙年間以後、抗租が徐々に増加してきたという認識が示される。そして地理的には堡鎮より東が甚だしいとし、その理由は県城から遠いからとしている。抗租のあり方としては、不作の年に集団で田主を追い払い、ひどいのは逮捕を拒んで役人に逆らうという。そしてその最悪の例として乾隆六年の老施二、二三年の姚受・施仲文などをあげ、彼らは法を守る気などなく、重罪を犯すことになるので、罪を得るのも当然とする。彼らを無軌道・無知なままにし、凶暴を馴良とすることができないのは官の責任とする。

光緒『崇明県志』の風俗では、新たな抗租認識が浮かび上がる。抗租の画期を康熙年間とし、抗租を行う佃戸も単純に「郷民」と区分される。しかも地理的な区分も堡鎮以東で、外沙に限定はしない。抗租の手法も佃戸自身の圧力で田主を追い払うというものとなっている。

無論、順治・康熙年間にも抗租が起こったろうし、乾隆『崇明県志』には康熙年間を抗租の画期とするという認識は無い。ただ、確かに新たな認識に繋がるような形態の抗租が、雍正年間に出現している。また、先に述べたように、この時期は崇明県の経済発展がピークに達した時期でもある。

(二) 雍正年間の抗租

雍正年間において確認される抗租は雍正八年のもので、これについては『雍正硃批諭旨』所収の李衛と尹継善の二つの上奏[11]がある。どちらも日付としては雍正八年六月初三日であるが、李衛の上奏の方が詳細である。ここでは李衛の上奏を中心に事件経過を見ていこう。

李衛の上奏は五月三〇日付、差往江南巡緝私塩盗匪弁員の稟称の引用で始まるので、この抗租はその日付以前に発生していることがわかる。その稟称によれば

崇明県花沙・海梢等処民人、忽率衆鳴鑼、到新開河鎮、強勒各舗戸関店面、喧鬧地方等情。

とある。史料中の「花沙・海梢等処」は不明だが、押しかけた新開河鎮は崇明島の南岸、県治と堡鎮の中間に位置している。「花沙・海梢等処」はその周縁部であろうと推測される。次に抗租が発生した原因について李衛の調査が記

される。

因崇明佃民、向例夏冬二季交納業主田租之外、尚有轎銭・折飯・家人雑費等項、経知県祖乗震于上年具詳禁革立碑。文内分晰未明、刁民借以為題、欲将夏季麦租不還。

崇明県の佃戸は夏冬の納租の他、雑費の負担を強いられていた。知県の祖乗震は雑費徴収を禁止し、その旨を記した石碑を建てた。しかし、碑文の内容がわかり難く、刁民らが夏季麦租までを踏み倒す口実にした。続けて抗租の具体的方法として、

先写匿名謗紙粘貼、指称取租富戸施大受与新任鎮臣施廷専聯宗、倚勢勒収等語。聚衆多人、逼迫店戸罷市、甚至殴辱巡検。

とある。彼らはまず匿名の中傷ポスターを貼りだし、麦租を取り立てようとする富戸施大受は新任の蘇松鎮総兵官施廷専と同宗であり、施廷専の威勢を借りて取立てを行っていると攻撃した。尹継善の奏では中傷ポスターの内容を、「悪戸施大受、将美女金帛送施総兵、通家来往、倚勢多索麦租」と記している。佃戸たちは多勢で店舗に罷市を強要し、巡検まで殴ってしまったという。

この抗租の参加者について、

雖経菅県拿有朱鎖等四五人到案、尚先写匿名帖之夏君欽等棍、脱逃未獲。

とあって、県で捕縛した朱鎖、逃亡中の中傷ポスターの作製者夏君欽らが知られるが、詳細は不明である。彼らの手法は明中葉に見られた田主への純然たる暴力・脅迫ではなく、多勢が鎮の店舗に罷市を迫る形になっている。罷市の根拠は知県の禁令と鎮の人々を含めた地域の意思（の演出）であり、田主の不当性である。つまり、それ以外に頼むべき暴力性も宗族的な背景も無かったということであり、「豪宗」と「無頼」という康熙『県志』の佃戸像とは微妙

にずれる。むしろ雑費負担から免れる事に成功し、地主の支配・保護関係から独立した存在となりつつあった零細な佃戸と見なすことができる。

この事件を整理すると、宗族のつながりを悪用しているとされているのは田主であり、それに苦しむ佃戸、それに賛同する鎮民という図式が演出されている。そして、抗租の手段は罷市・ポスターの掲示というものである。このような図式や手段は乾隆年間の抗租でより意図的に用いられることになる。

㈢　乾隆六年老施二事件

①老施二事件の史料

乾隆六年の老施二事件に関しては、比較的史料が豊富に残っている。最も詳細なのは中国第一歴史檔案館・中国社会科学院歴史研究所合編『乾隆刑科題本租佃関係史料之二　清代土地佔有関係与佃農抗租闘争』（中華書局　一九八八）、二、佃農抗租闘争、㈡佃農要求減租和反抗地主増租的闘争、二四六「江蘇崇明県老施二父子聚衆抗租罷市」である。以下、この史料を用いて分析を進めるが、その都度断らず、史料の末尾に該当箇所の頁数を示す。その他、中国人民大学清史研究室・檔案系中国政治制度史教研室編『康乾雍時期城郷人民反抗闘争資料』（一九七九　中華書局）第一章農民的反抗闘争、第一節抗租和争田、民地（江蘇）一二九頁～一三三頁所収の檔案がある。

②老施二事件の経過

まず、老施二事件の概要を見よう。崇明県で七月に風雨があった。八月一二日、老施二は七滧鎮において五人の仲間に抗租の計画を持ちかける。これについての老施二の供述。

乾隆六年七月内、崇明地方遇了風雨、花稲原有収成。小的想要趁此頼租、就於八月十二日、小的在七效（滧）鎮、遇見顧七・張三・徐龍・倪七・何九五個人在那裏売柴、小的起意説、「今年有了這番風雨、我們都不必還租了。但要大家齋心、若有私還租的、我們打拆掉他房子、如有大業戸下郷議租、我們打逐了去、那些小糧戸、就不敢来看租了」。那時張三們転相伝説、鎮上的人都聴見這話的。（六六二）

老施二が計画を持ちかけたのは七滧鎮で柴を売っていた顧七・張三・徐龍・倪七・何九である。老施二の話は暴風雨があったので租を払う必要は無く、大事なのは皆が心を合わせる事で、密かに租を払った者に対しては、その家屋を打ち壊すとする。また具体的な方法として大地主を殴って追い払って見せしめとすれば、中小地主は敢えて収租に来ないだろうというものだった。この話は張三らが話したので、七滧鎮の人々に伝わった。

翌一三日、田主への具体的行動が始まる。これについて、直接に佃戸と対峙した田主黄申の家人黄仁の申し立てでは、

仁於本月十三日、経主遣同家主之姪黄錫廷、及沙八等、到田験看。不意行至灶塗南佃人黄七店前、蜂擁多梟、各持刀棍、喊称「今歳不許看田議租」。即擒沙八乱殴。当搶去棉外套一件、涼帽一頂、雨傘一把、賑匣一個。在場各佃黄七・徐龍・顧寿・施大等、不阻不救、問亦不答。（六五七）

としている。黄申の家人や甥が看田議租のため郷村に下る。黄七は黄申の同姓の佃戸であったようだが[12]、集まった者は黄申の佃戸ではなかった。この時、「今年は看田議租を許さない」と叫んだのは老施二の息子小施二（施大）であるが、老施二はおらず、前日に老施二の提案を受けた者としては徐龍の名が見えるだけである。その時、家人らは殴られた上、衣類等を強奪される。これにより小施二らは搶奪の罪で告発されることになる。老施二はこの行動について、

到十三日、黄申家下郷看田議租、衆人就横了這個主意、不許他議租、打起来的、小的兒子也在内叫喊的。但是這

日、小並不在場、不知他們搶了些什麼東西的。（六六三）

とする。老施二は家人らへの暴行に人々は自発的に参加し、息子はともかく自分は参加していないとして関与を否定する。小施二も、

十三日、黄家人們下郷看田議租、走到黄七店前、衆人聴見議租、都就走来。那時、先是小的喊説、「今年田已荒了、還要看什麼田、議什麼租」。（六六九）

として、議租が行われているのを知って人々が集まったのであり、自分が看田議租の拒否を宣言したが、呼び集めたとは認めない。少なくとも彼らの弁明によれば、一三日の事件は前日に老施二が持ちかけた計画が他の佃戸に伝わり、佃戸らが自発的に起したということである。

田主黄申は一三日の事件を県に訴え、事件の参加者で名前の判明している者が捕縛される。これを契機に事件が微妙に変質し始める。それは老施二にも不法行為を犯した事が自覚され、抗租よりも罪を免れる事が問題となってくるからである。

差役張華に小施二・黄七が捕まり、七澂鎮の保正李孟儒宅に拘束される。老施二は息子が逮捕されたことを知り、

小的在鎮上回来、恐怕兒子到官受累、就与母舅顧七商量、要把兒子搶了出来。小的喊説、「我兒子因衆人不還租的事、為了官司、被差人拿到保正李孟儒家去了、如今你們衆人、該出来幇我同去搶了出来」。那時、原有許多人聚攏来。小的就同顧七拿了一棍扁担、領了徐龍・倪七・郁仁・施四、到李孟儒家。（六六四）

と述べるように、小施二が処罰されることを恐れ、母舅顧七と相談し、救出に行くことにした。老施二は息子が逮捕されたのは、皆が租の不払いを決めたためとして、李孟儒宅からの救出に参加するよう呼びかけた。老施二・顧七は棒を持って徐龍らを率いて李孟儒宅に向かった。

李孟儒宅では李孟儒・張華は留守で、縛られていた小施二を解放した。縛られていなかった黄七はそのまま帰宅し、一同も解散しかけたが、老施二が抗租を完全なものとするため、裏手にある黄申の収租房を打ち壊そうと提案した。そこで顧七・小施二など七人が協力して黄申の収租房を打ち壊し、残り火から出火する。

小施二を取り戻し、黄申の収租房を打ち壊した老施二らだが、直後から重罪を犯したという不安に駆られ始める。そこで捕縛を逃れるための罷市を計画し始める。

老施二は以下のように自供する。

供。小的做了搶犯・坼房的事、料想有差人来捉拿、須要人多些、必得各鎮罷市、纔免得拘拿。故此、小的与顧七商量、顧七就起了各鎮速宜罷市稿子、他写一二十張、猶恐鎮不敷粘貼、又央陳時夏、抄写了一二十張。小的用布裙為旗、兒子小施二、拿了家裏一面銅鑼、顧七拿着罷市帖子、同了徐龍・柴人張二・張三・何占・何丫頭・沈八、於十七日、到了七效・向化・米行三個鎮市、叫喊各店関閉、如不肯関、就要塗汚。那時、鎮上怕事的人、見小的們説要塗汚的話、先関了幾個、大家看見、也就関閉起来了。（六六五）

相談役となった顧七は以下のように自供する。

老施二与小的商量説、如今搶了人犯、拆了房子、事弄大了、益発有差人来捉拿、須要人多些、必得各鎮罷市、纔免得拘拿。小的聴了他的話、就起了罷市稿子、小的写了一二十張、又拿到訓蒙的陳時夏書館裏、写了一二十張来。那時就於十七日、叫小同到七效鎮上粘貼、他又糾了徐龍・柴人張二・張三・何占・何丫頭・沈八、一同跟去的。那時老施二在鎮上、用布裙為旗、小施二打起鑼来、喊叫各店関閉、如不罷市、就要塗汚。一路到了七滧・向化・米行三鎮、那鎮民聴見塗汚的話、也就都罷市了。（六六六～六六七）

二人の自供をまとめると、以下のようになる。老施二は捕縛を恐れ、人数を集めて幾つかの鎮で罷市を行えば、おそらく罪を免れるだろうと顧七に相談した。同意した顧七は各鎮に罷市を呼びかけるポスターの原稿を用意し、一〇〜二〇枚ほどを筆写し、書館から連れ出した手習いの教師陳時夏にも同数を書写させた。老施二は旗を作り、小施二は家から銅鑼を持ち出し、顧七はポスターを持って徐龍ら六人を連れ、一七日に七潊・向化・米行の三鎮に行き、店を閉めなければ汚物をまくと脅して罷市を行わせた。

三つの鎮で罷市を行わせた老施二らは、翌日に五潊鎮でも罷市を行わせようと試みるが、

供。十八日、小的叫柴人張二、同小的到五效罷市去、不料鎮民不依、小的們只得回去了。（六六五）

とあるように、老施二と柴人張二が罷市を呼びかけるが、予想外のことに鎮の人々に拒否された。その結果、老施二は、

後是顧七、因李孟儒把拆房的事報了官、心裏怪他、也要拆他房子、与楊継賢相商。他説、「你們已把黄家房子拆了、再拆李孟儒房子、左右也是一様大罷了」。顧七就合了小的兒子小施二、同張三・柴人張二・徐龍們、把李孟儒房屋拆的。（六六五）

とあるように、黄申の収租房打ち壊しを李孟儒が県に報告したのではないかと不安に駆られ、顧七と相談して李孟儒の家も打ち壊そうとする。楊継賢という人物に相談すると、けしかけられた。その結果、顧七は小施二・張三・柴人張二・徐龍を連れて李孟儒宅を打ち壊した。

李孟儒宅打ち壊しの後、二ヶ月近く老施二らの行動は沈静化する。その間、後述のごとく租の支払いは行われなかったようである。しかし、数々の不法行為を重ねた以上、官が黙っているはずも無かった。老施二らは再び不安に駆られる。そして老施二らは新たな行動に移る。以下、老施二の自供である。

供。小的只因頼租起見、就做出拆房子、貼掲罷市的事来、罪犯得大了。那柴人張二已経被拿、又聴得差人不日就

要下郷、按名捉拿。小的与楊継賢商量、「不如糾集衆人、上城求求求、或可寛免、那柴人張二就可無事了」。那楊継賢又説、「人是越多越好、不但官府罪不加衆、就是那柴人張二、也要放的了」。十月初四日、小的就倡首、叫顧七・張三・徐龍・徐宝・何占・何丫頭四路拉人、還叫他們伝説、如有不出来的、就要圩毀他們房子的話、脅着衆人。故此、十月初七日、小的把捐那旗在前面、小的兒子小施二打起鑼来、一時衆人聚衆的原多、並不曾在那家預先会齋、也没有執什麼器械。将近城辺、聴得城内営裏炮響、小的随即把旗鑼都蔵匿起来、走到寿安寺、就遇見兵捕的。小的們上城、不過要求官府免租・免罪、並無別個意思。（六六五～六六六）

老施二は抗租から始まって、打ち壊しと罷市まで、さすがに自分が重罪を犯したという事を自覚するようになった。そこへ柴人張二の逮捕、さらに捕り手が派遣されて捜査・逮捕が行われるとの噂を聞く。老施二は楊継賢に「大勢の人々を集めたら良いのではないか、県城に行って強く求めれば、許してもらえるかもしれないし、柴人張二も無事に帰って来られるだろう」と相談した。楊継賢は「人は多いほど良く、官府も全員を罰することは出来ないだろうし、柴人張二も釈放されるさ」と答えた。一〇月四日、老施二は顧七・張三・徐龍・徐宝・何占・何丫頭に、一緒に来なければ家を打ち壊すと道行く人々に伝えさせた。七日、老施二は旗を持ち、小施二は銅鑼を鳴らして先頭に立つと大勢の人々が集まったが、別に結盟・武装していた訳ではない。県城の近くまで行くと、城内の兵営から銃声が聞こえてきたので、旗や銅鑼を隠して逃げ出したが、寿安寺の辺りで兵隊に見つかって捕まってしまう。老施二は自分が県城に行ったのは、あくまで官府に租の減免や免罪を求めるためで他意はないとする。

③乾隆六年の事件の参加者

乾隆六年の抗租事件の参加者を整理してみよう。

まず、地方志においても名があげられている老施二である。老施二は自らについて、

小的崇明県人、今年五十一歳了。(六六三)

としか述べていない。

やはり老施二は佃戸であったと思われるが、黄申の佃戸であった訳ではない。また乾隆六年一〇月、蘇州巡撫陳大受の奏[13]では、知県許惟枚の稟を以下のように引用し、

許惟枚稟称、「各沙業佃倶輸服、惟有老施二等本系積賊塩梟……」等語。

とするように、この一〇月段階では、老施二らは常習的な犯罪者で塩の密売人との認識である。しかし、乾隆六年一一月八日、両江総督那蘇図の奏[14]では、「奸民老施二」となり、乾隆一〇年七月一八日の刑部の黄冊[15]では、「老施二系浜海愚民」となる。『乾隆刑科題本之二』所収の史料では老施二を無頼と見なす表現はなく、無頼とは考え難い。

老施二が最初に七滧鎮で抗租を持ちかけた仲間は「在那裏売柴」の五人であり、その場にいた老施二も柴を売っていたかもしれない。また、小施二は家人襲撃の武装疑惑について、

並没人執什麼刀械的、想是那日有作(斫?)柴的人也在那裏、故此他錯認的。(六六九～六七〇)

と述べ、柴伐採の者が誤認されたとする。

柴について康熙『県志』、巻六、風物では、

崇土瘠民貧、自本分農業外、惟頼漁樵。……畢修艅下蕩樵柴載、往内地発売名曰柴汎。此二業民命頼之、国課係焉。今因冦警暫廃。

とある。崇明県は土地が瘠せて民も貧しく、農業以外の収入源としては漁と樵だけであった。船の扱いに熟達すると、まだ農地化されていない砂州に行って柴を伐採し、その柴を内地、すなわち長江の両岸に売ることを「柴汎」といった。漁業と共に崇明県の農民にとって重要な生活・納税の糧であったが、康熙年間には反清勢力の跋扈により難しく

なったという。先にあげた万暦『県志』の記述でも、「自耕稼漁樵而外、無別他業」と樵を上げており、明中葉以来の農家の副業であった事が分かる。この柴は砂州の塩分除去のために移植された植物で、自生したものではなかった(16)。後の田主である産主や佃戸が費用を取り決めて、砂州に草が生えた草灘に蘆葦＝柴を植える「種青」を行い、蘆葦が繁茂した時点で刈り取って利益とする(17)。この抗租に参加した者たちは、老施二を含め柴売りという典型的な副業に従事していた佃戸であったろう。

この抗租事件には佃作以外の職業を有した者、あるいは佃戸では無い者も参加している。佃作以外の職業を有した者は、顧七と陳時夏である。

顧七は自らを、

小的是崇明県人、今年三十八歳了。小的訓蒙的人、那老施二是小的堂外甥。（六六六）

とする。顧七は蒙学（手習いの私塾）の教師であった。明清時代に限らず、蒙学の教師は社会的に尊敬されず、報酬の面でも恵まれなかった(18)。顧七も貧しかったため、柴売りや土地の佃作もしていたのだろう。

しかし、顧七は老施二の相談役として信頼され、罷市呼びかけのポスターの作成も顧七が行っている。老施二らの識字能力は不明だが、ポスター作成には一切参加せず、訓蒙の陳時夏を書館から連れ出して筆写させている。どうも単なる識字能力というより、書道の技術が要求されたようである。いずれにしても顧七は行動面だけでなく、最下層の知識人として抗租の方法の演出に不可欠な存在であった(19)。

佃戸ではない参加者としては、楊継賢が確認される。楊継賢は自らを、

訊拠楊継賢供、小的是不種田、不用還租的人、在七滧鎮上開店生理的。……十七日、老施二・小施二到鎮上敲鑼罷市、在小的店前説、「要拆李孟儒房子」。小的怕他們、原説「你們已把黄家房子拆了、再拆李孟儒房子、左右也

一様大罷了」。不過是一句混話。……後来老施二糾合衆人上城、他又対小的説、「今柴人張二、已把你供出来、如何不一同上城求官呢」。故此、小的見兵捕来拿、害怕起来、就逃走的。（六五九）

として、農業は行わず、土地を佃戸に貸し出すことも無く、七漖鎮で店舗を開いて生活していたとする。その楊継賢が抗租に関わるのは、老施二の李孟儒宅打ち壊し発言に対して焚きつけるような応答をしてからであった。それを理由に半分脅されて誘われ、請願に同行して捕まる。李孟儒宅打ち壊しについて別な自供では、

顧七向小的説、「我們已把黄家房子拆了、被保正去報了官、我們如今要去拆了李孟儒房子、可使得麼」。（六六八）

とあって、語りかけてきたのは顧七で、「可使得麼」（良い方法かな？）という相談口調である。つまり楊継賢の思いはどうあれ、老施二・顧七からは相談できる親しい仲間と考えられていたことがわかる。しかも、事件経過で見たように県城への請願について、老施二の相談に「人は多いほど良く、官府も全員を罰することは出来ないだろうし、柴人張二も釈放される」と保障している。これでは完全に中心人物であるが、楊継賢はこれを否定し、

……小的都是怕他們兇狼、纔随口答応、附和他們的話。拆保正房子、原是顧七起意、糾衆上城、実是老施二為首。……老施二説、「無名的人上城求寛去、你是有名的人、反倒不去麼」、故此小的同上城的。（六六九）

と述べる。つまり、楊継賢は老施二らが恐ろしくて話をあわせただけで、計画は全部老施二らが立てた。老施二が「名望もない連中が請願に行くのに、何とあんたみたいな名望家が行かないつもりか」などと言うので県城に同行したのだという。では判決で楊継賢の役割が如何に認定されたかというと、楊継賢は自供後に病死したため判決は行われていない。しかし老施二らも特に楊継賢の主導を述べておらず、やはり巻き込まれたのだろう。いずれにせよ楊継賢は頼りになる「有名的人」であり、老施二らの意識の中では仲間なのである。

④結合とその範囲

老施二らはいかなる社会的結合により事件を起こしたのだろうか。

まず主犯格の老施二と小施二（施大）は親子である。仲間の内、親子以外の施姓は施四ぐらいで、宗族の協力は見られない。老施二に最も協力したのは母方の叔父たる顧七であった。植野弘子氏は台湾漢族の姻戚関係の研究において、娘婿との関係の重視、母方のオジへの敬意が漢民族社会に普遍的に見られることを指摘している。また、台湾においては、母舅は姉妹の息子たる外甥に対して贈与を行い、外甥は母舅に対して最大限の敬意を払う。ただし、外甥が結婚すると贈与は終了する。[20]近現代台湾の例を清代崇明島に単純に応用は出来ないが、老施二―顧七関係では顧七が母舅として外甥老施二に優位に立つ。既婚の老施二と顧七の関係は薄まっているはずだが、老施二は遙かに年上の顧七に相談している。勿論、顧七の下層知識人という点も重んぜられているだろう。しかし、少なくとも宗族の関係より、婚姻に伴う家族同士の関係がここでは機能している。

さらに佃戸ではない楊継賢をも結びつけたのは、七滧鎮という場である。

老施二の抗租の提案は七滧鎮の柴売り場で行われ、その提案は張三らの話で七滧鎮の人々に広まった。これ以外に老施二が何らかの伝達の手段をとったとは史料に記されていない。断定は出来ないが、鎮に集まる人々の噂が合意を形成したように見える。

罷市の最初の呼びかけも七滧鎮で行われ、向化鎮・米行鎮に拡大された。これら三鎮では計画通りに罷市が行われたが、五滧鎮では予想に反して住民に拒否されている。乾隆『県志』巻二、輿地志で四鎮の位置関係を確認すると、県城の東七〇里に五滧鎮（南北二鎮）、東南七五里に米行鎮、東南八〇里に向化鎮、東南八〇里に七滧鎮となる。この抗租は七滧鎮を中心とする地域の人々によるものであり、七滧鎮を中心とする社会関係を共有することの希薄な五滧鎮では脅迫すら通じなかった。

だが、罷市呼びかけポスターの文面について作成者の顧七は、

供。那帖子写的是、「崇明海外、今歳風雨過多、花穀歉収、不許業戸下郷収租、各舗戸速宜罷市、如不関閉、就来塗汚、莫怪」。是這様的話。（六六八）

としている。ここから読み取れるのは、罷市に応じなかった店舗に対する制裁が「就来塗汚」であり、抗租の取り決めに違反した佃戸に対する制裁の「我們打拆掉他房子」に比べて軽い事である。無論、店舗を汚物で汚損するのは有効な営業妨害の方法ではある。しかし、七滧鎮は老施二の抗租の場ではあっても、やはり七滧鎮の店舗は彼らの団結の外側にあるのであり、重い制裁で拘束し合う佃戸たちとは異なる。

⑤手段としての罷市

先にあげた顧七の自供から、罷市呼びかけのポスターはあくまで抗租との関連において罷市を強制するものとわかる。しかし、田主が収租に来るのを認めないからといって、なぜ商店が罷市を行わなければならないのか、その点を鎮の店舗に説明しようという意図は感じられない。

そもそも抗租だけなら、「我們打拆掉他房子」という脅迫だけで十分成立しているのである。老施二の県城への請願に同行した陳二・朱上・袁虎・周六・顧貴らの自供として、

……小的們都情願還租的。只因八月初頭、有老施二父子、倡議不許還租、若有一個私下還了租、就先拆毀他房子。（六五九）

とあるように、抗租に消極的な佃戸も、家を打ち壊すという脅迫に従っている。

鎮の店舗に理由を説明する意思が無いのは、やはり罷市の動機が、

小的做了搶犯・坼房的事、料想有差人来捉拿、須要人多些、必得各鎮罷市、纔免得拘拿。

というように、自分たちの罪をごまかそうとしたということによるだろう。金弘吉氏は清代の罷市に関する研究の中で、康熙年間までの罷市に対する官僚の寛大な態度について、罷市で示される要求が商人だけでなく地域民一般の意思表示・輿論であるとの認識を、官憲が一般に有していたためではないかとしている。[21]おそらく官府が上記の認識を持っていると老施二らは期待し、自分たちの行動が地域社会の意思と受け取られ、個人への追求が行われなくなることを願っていた。金氏は官僚に見せ付けるため、府県城で罷市が行われることが多いことを指摘しているが、七滧鎮にはその罷市を見せ付けるべき官僚は存在しない。しかし、罷市以外に地域社会の意思を演出する手段がある訳ではなく、とにかく罷市が行われることが重要であった。

竜頭蛇尾に終った県城への請願は、もっと露骨に罪を免れようとしたものである。老施二の「不如糾集衆人、上城求求求、或可寛免……」、楊継賢「人是越多越好、不但官府罪不加衆……」などの発言はそれを現すし、陳二・朱上・袁虎・周六・顧貴らの自供で語られる老施二の発言では、

……差人要来拿了、我們須多擁些人上城来、那官府自然免我們的罪了。（六五九）

とあり、多勢を集めて県城に押しかければ、官府は自分たちの罪を許してくれるはずだというのである。

しかし、結局老施二らは知県の元に押しかけることは無かった。そのため、律の適用においても、

今老施二強行出頭、聚衆罷市、雖与例合、但頼租既殊於抗糧、且未斂銭構訟、挟制殴官、聚衆半多被脅同行、与実在光棍有間。（六七一）

という視点が示される。[22]

㈣　乾隆二三年の姚受・施仲文事件

乾隆二三年、向化鎮で抗租が発生した。この事件に関する史料は少なく、『康雍乾』所収の檔案があるのみである。詳細な分析は不可能なので、事件の経過だけを見ておこう。

同年八月、風潮があり、稲・綿花に若干の被害が出たが、災害とは認定されなかった。向化鎮地方に居住する姚受は黄蘭の田地を佃作しており、租をごまかす事を計画した。乾隆二四年正月一五日、両江総督尹継善・江蘇巡撫陳弘謀の奏によれば、

乃有黄蘭佃戸姚受起意頼租、十月初八日与佃伙施仲文商謀貼約伝布、当央相識之羅顕邦写就免租稿、施福謄写、因初十日即聞黄蘭家人黄仁已至向化鎮倉房収租、不及張貼、姚受与施仲文遂謀糾人赴倉嚇鬧。……姚受等分執火把、群赴黄仁倉房尋鬧喧嚷、赴看之人漸多。適県役王如等尋査至彼、将姚八並赴看之陸進・宋隆拿去。姚受疑被捉進倉房、喝令施仲文・姚福・郭大・徐四・郭升麻子坼籬堆貯、姚受放火、焼去厨房二間。旋因救火人衆、姚受等遂各散去。

とある。一〇月八日、姚受は佃戸仲間の施仲文と相談してポスターでの宣伝を計画し、知り合いの羅顕邦が租を免ぜよとの原稿を書き、施福が書き写した。ただし、一〇日には黄蘭の家人黄仁が向化鎮の倉房に収租に来たため、ポスターを張り出す時間は無かった。そこで姚受・施仲文は人を集めて倉房に騒ぎを起こしに行った。姚受らはそれぞれ松明をもっており、多勢で黄仁の倉房に赴き騒がしく言い争ったため、見物人が集まり始めた。そこに県役王如らが巡回してきて、その場にいた人々を逮捕した。捕まることを恐れた姚受は施仲文らに命令して集積された穀物を蹴散らさせ、自ら放火して厨房二間を焼き払った。消火に駆けつけた人々に紛れて姚受らは逃げ帰った。

これから後は捕り手への抵抗と乱闘が述べられるが、それは省く。

四　黄氏一族の性格

乾隆六年事件の田主黄申、二三年事件の田主黄蘭、彼らはいかなる人物だったのだろうか。結論から言えば、彼らは親子であったと思われる。この一族に関しては、前稿で論じている(23)。

黄申は監生であり、莫大な財産を背景に文学活動でその名を高めた。親の死後は任官の望みを捨て、蘇州の西山の搆止止園に居住して文学活動に専念した。その後、崇明県に帰ったようである。そして姻族の救済に力を注いだが、当然ながら宗族の面倒を見た上での話であろう。崇明県に帰ってから蘇州には戻らず、死後蘇州に葬られた。子に問題の蘭と芝・茝の三人がいた。

黄申は七年・一四年の県学の修復に関わり、間違いなく乾隆六年には生存していた。乾隆七年には倡捐者の末尾に名前を列ねるだけで、修復計画の中心となるのは一四年段階を待たねばならない。だが、乾隆六年段階でもある程度の威信は獲得していたはずである。

一方、黄蘭であるが、申の長子であり、一応官僚身分を手に入れていた。何よりも注目されるのは、乾隆二〇年の賑恤事業に協力して扁額を授けられた事、そして乾隆『県志』の編纂に参加している事である。この賑恤に関しては、前稿で論じたとおり一人で一廠分の費用を負担し、寄付者の中では最高の顕彰を受けている。抗租が起こった乾隆二三年はこの賑恤から三年後のことであり、その行為はまだ忘れられていなかったはずである。

申・蘭の親子は善挙に努力していたが、彼らの宗族内には「勢豪」・「豪宗」的な者もいた。

光緒『崇明県志』巻六、賦役志、田制に、

……（康熙）十六年、又開恩例。田畝或有隠漏、准今業主自首起科、従前侵隠情罪、概不究追。時豪猾糧戸、竟昌新漲為旧隠、書報起科、図作己業。……

とある。康熙一六年に特例として、政府が把握していない田土に関して、現有の「業主」が自ら申し出るなら、原則としてそれ以前の隠匿の罪は問わないとされた。これ以来、「豪猾糧戸」は新漲の砂州を隠匿していた田土として報告し、自分のものにしようとしたという。

乾隆『県志』巻四、賦役志の割り注には、以下のような記述がある。

再査康熙十六年以下、起科各案。悉係豪右借影、侵佔弊産。毎臨大丈、止将新漲沙塗鬮発。里排、望水賠賦。均撥之典、僅存其名。……

この割り注に続けて、「附前県張文英均撥詳看略」が引かれる。

……凡非正撥、皆為弊産。……康熙五十九年、里民沈運洪等、呈請翻撥。当経前任王令査出、施聖易・倪王招・施文・施章・施琛・湯榮・湯滄・黄斌・黄景瑀・黄聖宇・呉允升・祝景明・施恩・黄維屏等各案、弊田七百餘頃。……

この「凡非正撥、皆為弊産。」とあることからして、「弊産」とは私的に開拓を進め、不法に経営される田土という事になるだろう。

ここで「自首起科」を通じて「弊田七百餘頃」の一部を得ていた一人、黄維屏なる人物が登場するが、維屏は申の同族・同輩行である。彼は「豪猾糧戸」であり、明末の「勢豪」・「豪宗」の同類ということになる。

しかし、維屏の同輩行で申の兄である家譲について、乾隆『県志』巻一二、人物志、懿行、国朝は、

黄家譲、字尭客。邑庠生。性孝友仗義。幼嗣伯安国、為子。……康熙四十五年、盛士奇等、以豪強起科、侵佔民

業、将叩閽。譲曰「此義挙也」。傾嚢助之。得均撥、如旧大弊、永除。邑中諸里排、伝道至今。としている。つまり、家譲は「自首起科」の弊害を除く活動に援助を与えている。同族であってもその立場は多様であった。

これまでの分析を整理しよう。抗租の対象となった黄申・黄蘭は親子であり、黄正蒙にはじまる家族の中で全盛期に当る世代であった。おそらく、これはより広く宗族の中でも当時有力であった枝房であろう。申と同輩行には外沙の砂州を獲得しようとした維屏もおり、申も不法な豪強たることも可能であったはずである。しかし、申・蘭は善挙に努力し、地域エリートの道を選択した。しかし、同時にそれは見せしめとして標的にされる危険と背中あわせであったといえる。

おわりに

崇明県の地方志における抗租の認識の変化を見る限り、明代中葉以降、外沙で有力者や無頼が田主と衝突するという認識から、康熙年間を画期として東部で郷民が抗租を行い始めたという認識となる。この変化の背景には、島の成長に伴って、既に開発を終えた農地の経営が地主の課題となった事、経済的発展によって自立的経営が可能となった佃戸と地主との関係が希薄化した事もあるだろう。

実際、雍正年間以降、抗租は島内陸において、郷民が有力宗族の成員に対して行い、市鎮における罷市が見られるようになる。罷市は抗租が佃戸を超えた地域社会全体の意思という演出であり、それによって逮捕を免れようとする狙いもあった。最終的には知県への集団的請願（挟制）に至るが、佃戸らは官を制御可能なものと理解していた。

乾隆六年の佃戸側の結合を見る時、宗族は結合の契機にはなっておらず、むしろ小規模な家族単位の結合が核となっている。さらにこれに市鎮を中心とする多様な社会関係が加わって集団が形成され、その中には最下層の知識人や非佃戸も含まれていた。抗租には田主と同姓の黄七も消極的ながら参加しており、佃戸同士の結合が宗族に優先していた可能性も無しとはできない。

他地域における抗租と宗族の関係については、今後の課題としたい。

註

（1）例えば森正夫『奴変と抗租―明末清初を中心とする、華中・華南の地域社会における民衆の抵抗運動―』（昭和五四・五五年度科学研究費補助金（一般研究C「抗租運動の長期的比較的綜合的研究研究成果報告書」一九八一）、濱島敦俊『明代江南農村社会の研究』（東京大学出版会　一九八二）など。

（2）三木聰『明清福建農村社会の研究』（北海道大学図書刊行会　二〇〇二）、濱島敦俊『総管信仰―近世江南農村社会と民間信仰』（研文出版　二〇〇一）。

（3）拙稿「明清時代崇明島の地域社会と宗族」（『岩手県高等学校　年報　社会科研究』三六　一九九五）。

（4）王守稼「崇明県在明代的建立及其発展」（『封建末世的積淀和萌芽』上海人民出版社　一九九〇）。

（5）張文彩編『中国海塘工程簡史』（科学出版社　一九九〇）。

（6）拙稿「崇明県施氏の履歴―その発展と統合―」（青山学院大学東洋史論集『東アジア世界史の展開』汲古書院　一九九四）。

（7）山本進「安徽米流通と清代崇明の棉業」（『名古屋大学東洋史研究報告』一三　一九八八）。

（8）包偉民主編『江南市鎮及其近代命運　一八四〇～一九四九』（知識出版社　一九九八）。

（9）寺田浩明「『崇明県志』にみえる「承佃」・「過投」・「頂首」について―田面田底慣行形成過程の一研究」（『東洋文化研究所紀要』九八、一九八五）。

（10）註（9）寺田論文では、康熙県志の凡例をひいて、康熙県志の編纂において抗租の発生が前提となっていることを示す。
（11）李衛の上奏は『雍正硃批諭旨』第一三函、第五冊、尹継善の上奏は『雍正硃批諭旨』第一八函、第六冊。いずれも『康雍乾』二七頁所収。
（12）乾隆一〇年七月一八日、刑部題に「行至佃戸黄七店前」（『康雍乾』三一頁）とある。なお黄七と黄申が同一宗族であったかは不明である
（13）『康雍乾』三〇頁。
（14）『康雍乾』三一頁。
（15）註（12）参照。
（16）柴の商品性と塩分除去の方法については、劉淼『明清沿海蕩地開発研究』（汕頭大学出版社　一九九六）一二四〜一三一頁。
（17）草野靖『中国近世の寄生地主制－田面慣行』（汲古書院　一九八九）三五八頁。
（18）陳学恂・周徳昌編『中国教育史研究　明清分巻』（華東師範大学出版社　一九九五）。
（19）金弘吉「清代前期の罷市試論」（『待兼山論叢　史学編』二六号　一九九二）では、このような伝単の製作者として「非特権有力戸」という社会の中間層を設定している。しかし、顧七らはさらに下層に位置するのではないかと考えられ、最下層の知識人としておく。「非特権有力戸」に当るのはむしろ楊継賢であろう。
（20）植野弘子『台湾漢民族の婚戚』（風響社　二〇〇二）。
（21）註（19）金論文参照。
（22）その結果、老施二事件は「情同光棍又与例載有間」の典型として、洪弘緒・饒瀚『成案質疑』（乾隆刊）などの例案集に取り上げられている。
（23）註（3）拙稿。なお、呉仁安『明清時期上海地区的著姓望族』（上海人民出版社　一九九七）でも黄正蒙家族の復元を試みているが、地方志の伝記のみを用いているようである。ただ、上海図書館には崇明黄氏の族譜が複数所蔵されており、黄正蒙家族が記載されている可能性もある。

村落社会における「銭会」

——清民国期の徽州地域を中心として——

熊遠報

はじめに

一般的に言えば、伝統中国の社会における統治機関である地方官府は、様々な機能を持っていたが、地方官の職務は、主に徴税や「聴訟」等の活動を通じて、国家の財政収入を確保し、地方の治安を守り、社会秩序を維持することにあった。また、基層社会における日常的な社会救済や、生産・経営・社会生活に関わる金融（蓄積と融資）等に関しては、官府はあまり関与することはなかった。そして、政府と民間社会に介在する中間領域における社会保障や経済的機能が十分になされていない伝統中国の農村社会では、一般の人々は、政府の賦税・徭役、および行政命令（禁令）などに対応しながら、主に自力で生産、経営、社会生活を営んでいた。社会生活（生産・経営・冠婚葬祭など）を営む過程の中の具体的な場面に従って、人々は、様々な組織形態、習慣、規則、および制度を創出した。こうしたものは、次第に地方の習慣・伝統となり、人々の生産と社会生活に大きな影響を与えていった。

最近、明清時代、特に清代後期の地方官府と民間社会に介在する公共領域・公共空間における様々な事業、組織およびその機能に関する研究が進んでいる。[1] しかし、基層社会、特に村落レベルの農村社会において、人々が、どのように生産と社会生活を行なっていたのかということについては、あまり研究がすすんでいないのが現状である。

筆者は、明清時代の徽州の村落が相互に多元的な関連性をもち、統合、服従、抗争、牽制、協力、扶助、互酬などの要素を内包し、様々なレベルの同心円（圏層）の交錯関係から成り立つ複合的な地方社会であったと考え、徽州地域の文書、日記、族譜などの資料を利用して、村落社会における交錯した社会組織・集団の成立要因、社会機能、権力体系などの問題について検討してきた。(2) 本稿では、拙著の第二章第三節の補足として、明代から民国期の徽州の銭会に関する史料を紹介しながら、農村社会における銭会とその社会的機能について考察してみたい。なお、銭会の全体像を検証する過程の中で拙著の第二章第三節と重なる部分が一部あることをお断りしておきたい。

一　慶源村の銭会

拙著では、康熙三十八年から四十五年における慶源村に関する様々な出来事を記載した『畏斎日記』を利用して、同村の多様な社会組織のあり方について整理した。(3)『畏斎日記』（以下『日記』と略称）(4)の作者の詹元相（一六七〇～一七二六年）は、康熙・雍正期の慶源村で生活していた一生員であり、彼の父親と叔父、及び母方の祖父も生員であった。彼は、科挙試験に励む一方で、村内の文会の主要なメンバーでもあり、広い交友関係を持ちながら、村落の事務にも積極的に関与していた。彼の日記には、個人的交遊、科挙試験、および彼のまわりで発生した様々な出来事について細かく記録されている。その内容は、村民の日常生活、経済活動、社会組織、祭祀など多方面に及んでおり、郷村社会における人々の行動様式、社会組織の状態とその動き、社会生活の実態について解明する上で、重要な資料を提供している。かつ、同村の主要な住民である詹氏に関しては、元から清代にかけて幾つかの族譜が現存しており、その中には、明末から清代前期の多くの村人について書かれた資料も載せられている。[5]『日記』の中には、詹元相が関与した慶源村内の銭会組織の具体的な構成や規約に関するまとまった記述はないが、その断片的記載から各会の概略を窺うことができる。

同庚会（二〇二頁）は、庚戌会（二二七頁）とも言い、康熙庚戌（九年、一六七〇）に詹之謙（一六三二～一七〇〇）によって作られた会であり、元相が参加した時点で確認できる参加者としては、少なくとも雲級（詹文梯、一六七〇～一七三二）、高白（詹茂桐、一六六九～一七一六）、江景昭、詹之謙などがいた。会員の生年が一致しているわけではないので「聯庚会」（二五一頁）と称していたこともあったようである。この会の中心メンバーは、庚戌年前後に生れた人々である。これはある種の「同」という縁を通じて人間関係の絆を強めることを目的とした組織である。そのメンバーの中の元相と雲級は、「以年誼又相知独厚」という理由で二人のみの銭会も作っていた（二〇二頁）。

九子会（二〇六頁）は、十五両会（二〇六頁）とも言い、含章が息子の嫁を娶る資金を賄うために康熙三十五年に作った銭会である。[6]確認できるメンバーには元相、詹含章、詹潤可、詹文賛、詹廷楹（一六六六～一七〇三?）、庭槐（詹茂槐、一六五三～一七二五、含章の兄）、載上（尚）（詹文錦、一六六九～一七五七）、懐仁（詹之栄、一六四四～一七一七）などがいる。康熙四十二年一二月に節娘は、息子の嫁を娶る資金を調達するために「三両二銭九子会」を作り、詹元相も入会して銀四銭を出資した（二五一頁）。節娘の所属や社会的身分は不明であるが、出資金の総額から、節娘のほかに会員が八人いたことが推測できる。

七賢会（二〇七頁）は、詹起清（一六四五～?）によって作られた銭会であり、康熙三十九年十月に六回目の決算の時に、少なくとも元相、江陽舅、江女孫舅、詹起清などのメンバーがいた。康熙四十年に会の新しい周期が発足した時に、メンバーには、少なくとも元相、（詹）富兄、栄弟（詹元栄、一六七四～一七四五）がいた。

百斗米会（二五〇頁）は、康熙四十二年十一月に法叔（詹儀一）の提唱によって組織されたものである。この銭会には、元相が十斗米（時価九銭）を出資した。元相の出資状況から会員が十一人いたと推測できる。会員は法叔、元相のほか、栄弟（詹元栄）も入っている。この会の出資形態は実物であった。この事例から、徽州地域においては食糧が貴重な商品として基金の一つになっていたことが分かる。

天又会（二〇七頁）の具体的内容は不明であるが、元相、江景昭、江日三（元相の母方の従弟）が入っている。

以上の会の具体的な情報に関しては、『日記』以外には関連する文書はない。しかし、その名称や人数や出資金の額などから、一人の「会首」より組織された共済的な金融組織であったことが推測できる。

二　清民国期の徽州地域の銭会

徽州地域の銭会に関しては、前掲の『日記』の他に幾つかの間接的史料がある。雍正十一年から乾隆八年の十一年間の休寧県の黄氏一族の収支について記録されている帳簿の中には、銭会に関する資料も少なくない。帳簿の作成者は、生員レベルの科挙資格の保有者で、たびたび典当業の仕事先である江南地域に出かけていた。この記載によれば、黄氏一族は、毎年五つか六つの銭会に参加し、出資したり、会の利息を払ったり、また資金を集めていた。黄氏が参加した各銭会の出資額は、会によって異なっていたが、毎回の出資額が銀四両余りに上った時もあった。(7) 収支帳簿にある関係者の呼称から、黄氏の関与した銭会組織の会員は、大体村落内部の人や親戚であることが窺われる。複数の銭会に加入するという黄氏の行動は、前述した詹元相と同じように思われる。このことから、こうした行為は、徽州地域の富裕な家庭に共通する特徴的な行動様式であったと考えられる。

銭会は、徽州村落に普遍的に存在していた融資・蓄積組織であるだけではなく、外地で商業を営む徽州商人の間の重要な金融手段でもあったと考えられる。乾隆・嘉慶年間、典当舗に雇われた歙県の汪騰蛟は、江南地域の仕事先で複数の銭会に加入していた。汪騰蛟が参加した（息子の名義で入会）一つの銭会は、会期間隔に関する詳細な情報はないが、毎回の会員の出資額は銀百両前後であった。入会の際に払う金額と入会の理由について、揚州で仕事を行なっていた彼は、河南省で商売を営んでいた息子の汪天龍への書簡の中で、「初七日、由淮転致汝信、並兌会曹砝元絲銀壱百両、為汝付朱銅翁二会、坐落将来捐職之項」と述べている。[8] 汪騰蛟は、科挙資格を得ていたためか、捐納なのかは不明であるが、浙江省の地方官（県丞の職に相当）となっていたため、徽州〜蘇州・浙江間で商売を行なうように息子を説得し、得会（会員が一つのサイクルの中で各会員から集金を集めることを指す）していない河南の銭会について、息子への書簡の中で「我便一意做官、責成汝肩任家事。……只是去年応朱銅翁一会、已付過両次、此会頗有划算。若不在埠、恐難克全終始。如可以託得妥人、応付之時寄付、将来至収会之期、仍不失大宗銀両到手、極妙。否則尋人頂替、将所付之本収回、亦無不可。到底得会之期尚遠、這辺事大。汝接到此信、細為斟酌、並与銅翁商量、若埠店無所牽挂、汝便決志辞帰……」と述べている。このことから彼が、会員権の処置に悩んでいたことが窺える。[9] この手紙とほかの書簡をあわせて考えてみれば、この銭会を作った朱銅翁は、河南省にあった店の経営者、または徽州の商人が持っていた商店の河南省の支店の責任者であったと思われる。徽州における銭会の習慣と汪天龍の払った一回の出資額から、この会の毎回の集金額が銀千両前後であったと推測できる。この銭会を作った朱銅翁の目的が、経営資金を賄うためなのか、貯金のためなのかについては、詳しい史料はないが、汪天龍（汪騰蛟）の入会の目的は貯金にあり、具体的には将来朝廷の官職を捐納して得るために、資金を貯めることにあった。銭会の資金運用は、会首と会脚によって様々であるが、一般的に巨額の資金は、日常的な消費に用いるのではなく、経営上の投資とか、社会的身分の上昇に対する投資にあったと考えられる。

家計収支帳簿、書簡は、徽州地域内の銭会および徽州地域外における徽州商人の銭会とその状態の一面しか書かれておらず、徽州の銭会の類型、規則、運営状況等についてはよくわからない。しかし、日記、家計収支帳簿、書簡から銭会組織が、徽州における一般の人々の間で数多く作られ、大きな経済的機能を果し、徽州の村落や鎮、ないし徽州商人の仕事先において重要な存在であったことが分かる。社会経済的活動に関して、事情の大小に関係なく記録を残す傾向のある徽州人の習慣を考えると、当事者たちは、銭会に関する記録や文書を数多く作っていたと考えられる。そうした点から言えば、徽州地域における銭会組織の性格と全貌を解明するためには、当事者が作成した多数の銭会記録等の文書の分析もしなければならない。しかし、現在公的機関に収蔵されている銭会組織の文書はそれほど多いとは言えない[10]。

銭会に関する具体的な規則、運営などは、非常に複雑なものであり、その全容の解明は、今後の研究に期待したいが、以下では、その基礎的な作業の一環として、明末から民国時期の徽州の銭会に関する文書について、いくつか紹介することにしたい。

㈠「万暦五年汪于祜等会約」

以下は、万暦五年二月二十五日に汪于祜が作った会に関する契約書である。

龍源汪于祜今会到十人名下会紋銀五十両整、其銀照依盤旋会、毎月毎両加利弐分、約至本年候杉木出水発賣之日、将銀照依月数、本利一並算還、不致少欠、所有十人名数並銀数開具于後。今恐無憑、立此会約為照。

計開

汪于衽　五両正　汪徳彦　五両正　汪必振　弐両伍銭正　汪必暉　拾両正　饒（?五両正?）汪必晟　五両正
汪必昂　五両正　汪必晫　五両正　謝世章　五両正　汪棠　弐両伍銭正
会正
汪必勲（押）　係必勲天平天理人心馬子兌
汪必穜（押）
汪柯（押）
万暦五年二月二十五日立会約人汪于祜（押）[11]。

会約の内容から見れば、汪于祜は、何らかの理由で十人から銀五十両を集めていた。その十人は資金の貸借者であり、貯金者でもある。汪于祜の融資の目的については明記されていないが、月に二パーセントの利息が付いている。返還計画としては杉の販売所得を、融資の元金と利息の支払いに当てている。汪于祜が作った会は、輪番で資金を集められていた加入者が相互に融資する形態ではなく、「抜会」や「単刀会」と言われる、一人で資金を集めるような形態であり、それは利息で融資者に補償するものであった。この融資の信用を保証するために、三人の「会正」、即ち中見人（保証人）が立てられた。

㈡「康熙五十四年何我占会規」

これは康熙五十四年に何我占が作った銭会であり、十二年が一つの周期で、毎回の集金額は銀百五十両であった。会の具体的な運営規則は、以下のとおりである[12]。

康熙五十四年十一月二十日　首会　何我占

会証　観廷

一議、会期毎年十一月五日付揺、風雨不移。
一議定、揺会無論全色点大者、儘前不儘後。
一議定、平係足九八色、係爪紋。
一議、毎会設席弐桌、扣銀弐両四銭。
一議、此会公揺、不譲不押不欠。
一議定、揺得会之時、当即交清、会外之帳不得在会内消算。
一議、会証毎次酬資參星。
首会毎位出銀拾五両、共成壱百五十両、付首会収。
第二会、首会出銀十八両、未得十友各出十三両弐銭。
第三会、已得者各出銀十八両、未得九股各出十弐両陸銭陸分七厘。
第四会、已得者各出銀十八両、未得八股各出十弐両。
第五会、已得者各出銀十八両、未得七股各出十壱両壱銭四分三厘。
第六会、已得者各出銀十八両、未得六股各出十両。
第七会、已得者各出銀十八両、未得五股各出八両四銭。
第八会、已得者各出銀十八両、未得四股各出六両。
第九会、已得者各出銀十八両、未得三股各出弐両。
第十会、已得者各出銀十八両、未得二股不付、余利銀十二両公分。

第十一会、已得者各出銀十八両、未得一股不付、余利銀十二両公分。
末会、已得者各出銀十八両、未得者不付、余利銀三十両公分。

余利分例
首会与二三両会不分余利
四会分余利銀四両　五会分余利銀五両
六会分余利銀七両　七会分余利銀七両
八会分余利銀七両　九会分余利銀五両
十会分余利銀四両　十一会分余利銀三両

会友台甫列左
坤含老姪
呉爾嘉翁　呂永清兄　合　四会
程肇敏兄　江虞載表弟　合
呉以千表弟　洪尭章兄　合
胡済遠表弟　三会
彤耀尊叔　二会
源順寶店　坤含頂

為吉老姪
雅存老姪　　呉其藩兄頂　　五会
観廷老姪孫

この銭会は、一年を一つの会期にしており、首会を除いて、会員の得会の順番は、集会の時にサイコロの点数で決められていた（これを「揺会」という）。会員は、会首の何我占を含め十六人であった。その中の名義人の源順寶店についてては坤含が代理となり、名義人の雅存については呉其藩が代理となっている。その他、呉爾嘉と呂永清、程肇敏と江虞載、呉以千と洪尭章は、十二ある会股の中にそれぞれ一つの股份を有していた。また、源順店の代理人という股份以外に坤含も、もう一つの股份を持っていた。姪、兄、表弟、尊叔、姪孫、翁といった会員に対する呼称から見れば、会員は、会首の同族、親戚、友人或は知合いであり、礼儀関係上は三つの世代に属しているが、この銭会の中の経済的地位は平等であり、同等な「会友」になっていた。この会書には徽州地域における銭会の典型的な特徴が浮き彫りにされている。つまり、この銭会の基礎は、相互間の経済上の利益にあるだけでなく、長期的な人情・礼儀の「互酬」の中から築かれた親戚、友人という信用関係にもあった。しかし、万暦五年の会書と同じように、「会証」という手段も用いられていた。会証の中見人・潜在的な紛争の調停人の役割は、重要視されており、毎年会合を行なう際に銭会から三銭の報酬をもらっていた。

㈢　「雍正三年呉景山立会書」

これは、雍正三年に、呉景山が作った会書であり、関与者は二人しかいなかった。その内容は、以下のようなものである。

立会書呉景山、今邀到嵎賓尊叔翁蒙応会本課平紋銀壱百両正。其銀議定一週年帯本利付還拾弐両、期以十年為満、共還本利銀壱百弐拾両。此係承愛、不致愆期、還清繳券、立此存照。

雍正三年三月　日立会書呉景山（押、印）(13)。

この「会」は二人の間で作られた利息のある金銭貸借である。十年間の借金の利息は二割であり、その利息は、明清時代の徽州地域においては、決して高い額ではないが、叔父と甥という関係からみれば、利息のある親戚間の貸借は商業的色彩が非常に強い。しかもその信用関係は、口頭ではなく会書という契約を結んだ形で保証されていた。

(四)「至公六会扣本便応算清書」

「至公会」の作られた時期は、明らかではないが、出資の基準となる貨幣から見れば、清代のものであると推測できる。その内容は以下のようなものである(14)。


首会不出銀，後十人各出乙両、共合十両付首会領。

第二会、首会応弐両、後九人各応出八銭八分九厘、共合十両付二会領。

第三会、首会二会各応弐両、後八人各応出七銭五分九厘、共合十両付三会領。

第四会、首会二会三会各応弐両、後七人各応出五銭七分乙厘四毛、共合十両付四会領。

第五会、首会二三四会各応弐両、後六人各応出三銭三分三厘、共合十両付五会領。

第六会、首会二三四五会各応弐両、共合十両付六会領。

第七会、首会応弐両、二会応乙両六銭、三会応乙両乙銭乙分、四会応弐両、五会応乙両二銭九分、六会応二両、共合十両付七会領。

	首会	二会	三会	四会	五会	六会	七会	八会	九会	十会	末会
一	得	1	1	1	1	1	1	1	1	1	1
二	2	得	0,889	0,889	0,889	0,889	0,889	0,889	0,889	0,889	0,889
三	2	2	得	0,75	0,75	0,75	0,75	0,75	0,75	0,75	0,75
四	2	2	2	得	0,5714	0,5714	0,5714	0,5714	0,5714	0,5714	0,5714
五	2	2	2	2	得	0,333	0,333	0,333	0,333	0,333	0,333
六	2	2	2	2	2	得					
七	2	1,6	1,11	2	1,29	2	得				
八		2	1,2	0,9	2	2	1,9	得			
九			2	0,5	1,5	2	2	2	得		
十				2	0,67	1,33	2	2	2	得	
十一					1,33	0,67	2	2	2	2	得
会員出資総額	12	12,6	12,199	12,039	12	11,11	10,22	9,5434	7,5434	5,5434	3,5434

第八会、二会応弐両、三会応乙両二銭、四会応九銭、五会六会各応弐両、七会応乙両九銭、共合十両付八会領。

第九会、三会応弐両、四会応五銭、五会応乙両五銭、六七会各応弐両、共合十両付九会領。

第十会、四会応弐両、五会応六銭七分、六会応乙両三銭三分、七八九会各応弐両、共合十両付十会領。

末会、五会応乙両三銭三分、六会応六銭七分、七八九十会各応弐両、共合十両付末会領。

この銭会のメンバーは、得会の順番によって出資額が異なっている。各会員の出資額と得会順は、以下のとおりである。

この「至公会」は十一人(股)からなり、共済の金額は銀十両である。会員の出資金の総額は、得会の順番によって決めており、首会から第七会までの出資金の総額は銭会から得た金額を超え、八会から十一会までの会員の出資金の総額は、銭会から得た金額より少なかった。十一回目に得会した会員の出資金の総額は銀四両分足りなかった。つまり、先に得会した会員(六会まで)は、後に得会した会員に利息を支払っていたと言える。ただ、支払った利息の数は、首会が一番多いとは言えない。

㈤　「光緒拾八年宇記会簿」

「光緒拾八年宇記会簿」は、一人の「会友」（名前は未詳）が光緒十八年から三十三年にかけて、毎年参加していた各銭会に関する記録である。[15] 各銭会の会規の記録はないが、各銭会の首会、周期、会友の名前（姓の付いた人もいるが、その多くは姓が付いていない）、出資金の額、集金額、得会の順番、利息などについて記録されている。記録者が参加した銭会は、以下のとおりである。

1、光緒十八年蜡月初一日に発足した。柏松婆を首会とし、毎回の集金の総額は三十千（銭）の銭会である。

2、光緒十九年十一月二十五日に発足した。金桃叔を首会とし、毎回の集金の総額は三十千（銭）の銭会である。

3、光緒二十一年六月初一日に発足した。松叔を首会とし、毎回の集金の総額は銀洋三十元の銭会である。

4、光緒二十五年十二月初一日に発足した。黄莫的を首会とし、毎回の集金の総額は三十千（銭）の「胡盛会」である。

5、光緒二十四年十月十五日に発足した。胡康嫂を首会とし、毎回の集金の総額は銀洋六十元の銭会である。

6、光緒二十五年十一月十五日に発足した。観紅叔を首会とし、毎回の集金の総額は二十千（銭）の銭会である。

7、光緒二十七年十一月十五日に発足した。済川弟を首会とし、毎回の集金の総額は二十五千（銭）の銭会である。

8、光緒二十七年十一月二十日に発足した。福慶を首会とし、毎回の集金の総額は二十千（銭）の銭会である。

9、光緒二十七年霜降第三日に発足した。黄新貴を首会とし、毎回の集金の総額は二十砠の谷会である。

10、光緒二十八年六月初一日に発足した。胡観長を首会とし、毎回の集金の総額は銀洋二十元の銭会である。

11、光緒二十九年蜡月初一日に発足した。程日財を首会とし、毎回の集金の総額は銀洋三十元の銭会である。

12、光緒三十二年霜降後第三日に発足した。胡秀岩を首会とし、毎回の集金の総額は三十砠の谷会である。
13、光緒三十二年に発足した。程社慶を首会とし、毎回の集金の総額は四十元の銭会である。
14、光緒三十二年に発足した。金豺叔を首会とし、毎回の集金の総額は三十元の銭会である。
15、光緒三十三年に発足した。華慶嫂を首会とし、毎回の集金の総額は銀洋三十元の銭会である。
各会に参加した目的に関する資料はないが、会簿の作成者は、毎年、複数の銭（谷）会に加入していた。

㈥「一九二八年夏嘉生会簿」

「一九二八年夏嘉生会簿」は、「会首」の夏加生が作り、会員の荘順元が所持していた「会簿」である。この「会簿」は、序言、会例、毎期応付会款数目、各会定期得会洋数目からなる。その内容は以下のとおりである。[16]

（序言）嘗聞緩急相済、良友之深情、利益均沾、懿親之盛誼。生承先人遺業、勉力経営。毎逢財政支絀、周旋未便、茲蒙親友玉成一会、分為十份、共合銀洋五百元正、訂定十個月一転、以得会之先後為付会之等差、褒多益寡、集腋成裘、惟願和衷共済、始終如一。生忝居首会、受恵孔多、用誌数語、弁諸簡端、以矢銘感。所有会規開列於後。

中華民国戊辰年七月二十日立　　首会夏嘉生謹識

「会例」：
一、本会組成、除首会外、共計十会、由各会友先自認定得会次序、故定名曰坐会。
一、本会定総会簿一本、帰首会掌之、凡与会者各存一本、以資執照、会簿後幅、会友各自簽名蓋章、以示慎重。
一、首会応付毎会銀洋、須照得会人原付数目按期類推。

一、首会照次序認定応付外、各会友亦照認定坐得之期数目、応付到底。
一、会友得会時、応覓会中二人作保、嗣後如有会洋未斉、倶向保人負責。
一、毎届会期、首会須於十日前柬邀各会友、不得無故延誤。如有特別事故、亦応倩人作代、或将銀洋預交首会、若果遷延不到、其已得会者由保人填付、未得会者由首会代墊。
一、会友交付会洋均須現款、不得以本票作抵、如有未到期之行票、亦応照市貼水、以外昭公允。
一、会友到会時、須各自携同分会簿、俾得会友注填蓋章。
一、会友平日往来款項、不得会内抵付過劃。
一、会友於得会後、応在総会簿注明某年月日得会洋若干元、並須蓋章画押、以資憑証。

「毎期応付会款数目」

第一期	首会　夏嘉生	
第二期	応付洋七十二元五角	周煥章
第三期	応付洋六十七元五角	周煥章
第四期	応付洋六十二元五角	周張氏
第五期	応付洋五十七元五角	周祖沛
第六期	応付洋五十二元五角	周煥章
第七期	応付洋四十七元五角	周銘俊
第八期	応付洋四十二元五角	周銘俊
第九期	応付洋三十七元五角	周祖沛・葉廷柄

第十期	応付洋三十二元五角	石永福
第十一期	応付洋二十七元五角	荘順元

以上共合成洋五百元正。

「各会定期得会洋数目」

第一会	首会坐得洋五百元	戊辰（一九二八）年七月二十日
第二会	坐得洋五百元	己巳（一九二九）年五月二十日
第三会	坐得洋五百元	庚午（一九三〇）年三月二十日
第四会	坐得洋五百元	庚午年十二月二十日
第五会	坐得洋五百元	辛未（一九三一）年十月二十日
第六会	坐得洋五百元	壬申（一九三二）年八月二十日
第七会	坐得洋五百元	癸酉（一九三三）年閏五月二十日
第八会	坐得洋五百元	甲戌（一九三四）年三月二十日
第九会	坐得洋五百元	乙亥（一九三五）年正月二十日
第十会	坐得洋五百元	乙亥年十一月二十日
第十一会	坐得洋五百元	丙子年（一九三六）：有閏月八月二十日 無閏月九月二十日

この会書によれば、商人の夏嘉生は、民国十七年（一九二八）に経営の資金を賄うためにこの会を作った。「毎期応付会款数目」（首会の支払基準）から考えると、会員の出資金の総額は五百元であり、利息は付いていないようである。

これは、親戚友人の間で相互に融資する共済的な銭会である。得会の順番は、会員の意思によって決まる「坐会」というやり方である。会員の中の周煥章と周銘俊は、会の十一ある股份の中にそれぞれ二つの股份を持ち、周祖沛は一つの股份を持ちながら葉廷柄と一つの股份を共有していた。親戚や友人からなるこの会の基礎は、長い間にわたって築かれてきた信頼関係にあったが、会員の権利と義務、義務の不履行に対する罰則、退会についての処理方法といった具体的な運営については詳細な規則を設けている。会の合理性や会員たちの契約或は合意に法律的に効力をもたせるために、首会の夏嘉生は、契約税を払う形で地方政府の承認をもらっていた。会簿の見返しに貼ってある「民国政府印花税票」は、こうした金融的会組織、特に集金額の多い会組織の運営が単なる慣習というだけに止まらず、法律にも適応した行動であったことを示している。明清時代の村落社会における集金額の少ない会組織も、上述したような手続きを経ていたとは考えられないが、それであっても、一定の慣行と規則に従って行われていたものと思われる。

おわりに

以下では、まず、本稿の内容を踏まえた上で従来の研究を見てみたい。従来の銭会研究としては以下のようなものがある。王宗培は、江南地域、特に浙江省の状況を中心に、銭会に関する基礎的研究を行なった[17]。楊西孟は、王宗培の成果を吸収しながら、四川省の事例を加え、さらに銭会の種類、規則、会金の計算方式などについて整理した[18]。曹競輝は、戴炎輝等の調査研究に基づいて、諸国の金融組織を比較しながら、植民地時代以降（特に戦後）の台湾における銭会の状況について明らかにした[19]。

以上の研究の内容を相互に比較検討してみると、王宗培、楊西孟、曹競輝は、銭会の金融組織としての構成、規則、運営上の技術的問題、機能などについて分析しているが、それぞれの重点は異なっている。その中で、王氏の研究は草分け的存在であり、楊氏は、各種類の銭会の出資形態、利率などの計算方法を中心に論じている。曹氏は諸国の銭会に類する組織を比較し、銭会の法律上の問題と政府の規制について検討している。

これらの研究は、銭会を理解する上で今後とも参照すべき研究であると考えられるが、これらの論考の中では、中国の諸地域の銭会に関して整合的に研究する作業は十分に行なわれておらず、かつこれらの研究対象は、主に二十世紀の都市の銭会、つまり、銀行の制度と組織が発達している時期の銭会を中心としている。銭会という金融組織の結成と展開、および農村社会における経済・社会機能に関する研究は、ほとんどないと言える[20]。

徽州の村落社会における金融組織としての銭会は、かなりの流動性があり、ある特定の名称をもつ会であっても、徽州地域の祖先祭祀や信仰組織としての会とは異なっていて、長期間存続することはなく、その人数・規模も非常に小さく、集金の総額もそれほど大きくはなかった[21]。各々の銭会の成立理由、会首および各会脚（会員）などについて考えると、個別性、非公共性といったことが銭会の特徴であると言える。

銭会は、様々な縁と利益関係によって作られた自主的組織である。銭会を作る会首にとって、資金の獲得という金融的な機能は明確であるかもしれないが、銭会は、会首のために参加者の利益が損なわれるものではなく、会脚（会員）にとっては蓄財の機能ももっていた。結果としてそれは参加者全員に有利な共済組織であった。このように参加者全員が利益を共有できるため、会首は会脚の入会を容易に誘致できた。こうした相互融資の組織、或は共済的な金融組織としての銭会は、相当に平等な、利益が共有される組織であったが、会の組織者と参加者は、それぞれ融資要求および資金を集める順番や時期によって、銭会から得た利益はまったく同じというわけではなかった。そもそも、会脚が入会する動機は、単なる経済行為だけではなかった。誘う側としての会首にせよ、誘われた側としての会脚にせよ、銭会の結成と入会は、複雑な社会関係、つまり、個人的信用や威信にかかわっており、特に入会者にとっては社会関係を作る重要な手段となっていた。

前掲の史料から見れば、明代から二十世紀前半まで、銭会は、徽州地域において、非常に重要な金融組織として、村落と市鎮における人々の中で盛んに作られた。慶源村の人々も頻繁に銭会組織を作ったり参加したりした。『畏斎日記』の作者の詹元相も多くの銭会に参加していた。こうしたことによって数世紀にわたって様々な形態の銭会が出現した。徽州の村落社会においては、こうした短命的な銭会組織が多数存在しており、一般の人であっても少なくともいくつかの共済的会組織を作ったり、参加したりしていたことが推測できる。また前掲の書簡によれば仕事先で銭会を作る徽州商人の姿も窺われる。全体的に見れば、銭会は、徽州地域のみならず、徽州商人が所在した街にも浸透しており、各地に遍在する組織になっていたと言える。二十世紀の江南の市鎮で流行した「新安会」や「徽式会」も、もとはと言えば、徽州地域において生み出されたものなのである。

徽州地域、特に農村社会において、銭会組織が一般の人により盛んに作られたことの社会的背景については、少なくとも、以下の要素が考えられる。

まず、伝統中国の社会において、銭荘、票号、ないし銀行などの金融機関は、農村社会、特に小額の貸借（融資）は業務の対象外として扱っており、農村の一般の人々が、生産・経営および社会生活を営む際には、しばしば資金難（多くの場合は小額の資金である）の問題に直面していた。資金を調達するために、個人間の貸借や高利貸などの手段はあったが、個人間の貸借は金額と期間が限られ、融資の環境・条件もよくなかった。また、高利貸はコストとリスクが高すぎて、しばしば返済能力を超える事態を招いた。一方、多くの親戚や知合いを集めて作られた銭会は、各会員の利益を損なわない規則に従って運営されており、集金や借金返済の信用も会員の社会関係を通じて確保できた。従って銭会は、相互扶助、金融共済、蓄積などを実現できる、比較的に安全性のある便利な組織であった。

次に、周知のように徽州は明代以降、商人が輩出され、殆どの住民は何らかの形で商業活動に関わっており、遠距離商業や大手の商号以外にも、小商人や零細な商店、季節商売人などが多く出現していた地域であった。小商人と零細な商店の商業資本の獲得経路は様々であったが、地域内部における資金調達の重要な手段として銭会は大きな役割を果していたと考えられる。従って銭会の結成および入会は、商業的利益に繋がっていた。つまり、徽州地域では、首会にとっては投資の資金難を解決できる、会員にとっては一種の蓄積、投資（単純な経済投資に限らない）であり、それは「互酬」的行動であった。

以上、明末から民国にかけての徽州の銭会について会書の例を紹介しながら考察してきたが、徽州地域における銭会についてまとめてみると、以下のようになる。

徽州地域では、人々は特定の目的・理由でもって複数の親戚・友人および知合いを説得し、規模が十人前後の銭会を作った。会員を誘って銭会を作る人は、首会と言い、会員（会脚）から最初の会費（それぞれの会員・股は、同じ金額である）を集める。会員の得会の順番の決め方は、会首や会員の具体的状況によって異なっていた。得会の順番以外の出資金と集金の総額が会首も会員も同じである会もあれば、得会の順番によって出資金の総額が違っていて、会首を含め先に得会した会員が、後に得会した会員に利息を支払う会もあった。多くの会員（股）から金を集め、約束した期間に約束した手段で会員に原本・利息を払う会もあれば、銭会の運営形態を取っていても二人しかいない会もある。銭会の運営周期と会期の間隔はそれぞれであり、一般的に言えば、半年、十ヶ月、一年を一つの会期とし、同じ名前の銭会の存続は、比較的に短く、長い周期のものでも十一年前後である。各銭会は、人数も少なく規模も小さく、会員の股権の転移と売買もでき、出入りは相対的に自由であった。会首にとって、銭会を作って資金を集めることは、事業の運営資金難、或は特定の投資、および消費資金難の問題を解決する手段となる一方で、会員にとっては、銭会に加入することで、資金の蓄積、或は利益（利息）の獲得、ないし親戚・友人・知合いに資金を提供する手段となっていた。つまり、経済利益と社会関係における「互酬」（投資）は、それぞれ銭会参加者の目的となっていた。

宗族の祭祀等に関する組織や村落の信仰組織等が連続性をもっていたのに比べ[22]、明清時代における徽州地域の銭会組織は、結成と解散を繰り返していた。個々の銭会は、短い期間で結成・解散を行い、不安定ではあったが、こうした郷村社会の隅々に遍在していた銭会組織の結成・解散の交替は、経済の安定化に大きな役割を果していた。以下では最後に、主に拙著の第二章で述べた銭会に関する三点の性格について紹介してみたい。

第一点は、会組織は徽州村落内部における資金調達と公平な協力的行動の一形態であり、提唱者（会首）の経済困難を解決する有効な融資手段であり、他の会員が蓄積や何らかの事業を遂行するための資金を獲得する場であるということである。

第二点は、それは小さい資本でありながら、徽州商人が商業活動を円滑に展開する重要な資金源となっており、絶えず各地に出張している徽州商人の経済活動を支えていたということである。なお、徽州商人の資本問題については、藤井宏、葉顕恩、張海鵬等の諸氏がそれぞれ論じているが、徽州地域の銭会については注目していない[23]。

第三点は、銭会が、人間関係における「互酬」的行為として、郷村社会の人間結合の過程の中で、その会員の相互支援、協力関係、個々の人間の絆を強めていたということである。色々なレベル、また、数多くの銭会組織に参加する人々は、自己を中心とする様々な「圏子」（人間関係ネットワーク）を作り、それぞれの「圏子」の交錯と結合を通じて、個人（家族）を、様々な「圏子」の中に組込んで、蜘蛛の巣のように綿密な社会関係網を作っていた。参加した銭会が多ければ多いほど、この個人（家族）の発信力が大きくなる。つまり、銭会への参加は、単なる経済的利益をもたらすだけではなく、利用できる多くの社会資源、或は支援体系を作り出すという大きな意味ももっていた。このように様々な「圏子」を形成するという行為は、徽州の人々のみならず、中国人の基本的な行動原理であるとも言える。

個人の戦略や選択を離れて巨視的な眼差しでこのような「圏子」に溢れる徽州村落社会を観察すれば、一つ一つの環節となってこのような「圏子」が、村落社会の活性化を促していたことがわかる。人々が絡み合って、相互に排斥しづらく相互依存しやすいというような関係を構築することにより、彼らの生活共同体が形成されていた。しかも、このような「圏子」の形成過程の中には、尊卑、上下や序列関係原則の束縛を超えて、経済的・社会的地位の如何に拘わらず平等の立場で協力しあうという水平的な原理も見て取れる(24)。

銭会は、農業を中心とする伝統的中国社会における、農村金融が十分に発達していない状況の下で、地域社会内部から生み出された相互扶助(金融救済)・相互融資の組織形態であった。関連する習慣と具体的な「会規」以外の出資と集金に関する信用は、主に会員間の相互的信頼関係、個々の会員と会首との間の信頼関係を通じて保証されていた。個々の銭会の社会的機能は小さかったかもしれないが、徽州地域のようにそれが遍在している地域においては、銭会の社会経済的機能は決して無視できないものであった。しかも、銭会は、徽州地域以外の広い地域で見られた共済的な金融組織であり、農業を基本的な生計手段とする、また、農村の金融業が発達していない伝統的中国社会の中で生活する人々の生産と生活に、重要な役割を果していた。そして、それはさらに都市に広がって、近代的な銀行制度に影響を与えていった。

以上のように、銭会は、その経済的役割が重要であるのみならず、その社会的役割も非常に重要であったと考えられる。つまり、銭会を研究することは、伝統中国の農業社会を理解する上で、非常に重要な課題であると思われる。

本稿では、清民国期の徽州地域の銭会に関して幾つかの事例を紹介してきたが、その分析は、基礎的な研究であり、また、論理は資料上の制限のために十分に展開されているとは言えない。その総合的な研究は、今後の課題としたい。

註

（1）特に、明清時代の都市の善堂、善会、水会、火会等に関する研究は進んでいる。夫馬進『中国善会善堂史研究』（同朋舎出版、一九九七年）、小浜正子『近代上海の公共性と国家』（研文出版、二〇〇〇年）、吉澤誠一郎『天津の近代』（名古屋大学出版会、二〇〇二年）等参照。

（2）拙著『清代徽州地域社会史研究』（汲古書院、二〇〇三年）、第一、二、三章。

（3）前掲拙著第二章。

（4）劉和恵整理（『清史資料』第四輯、中華書局、一九八三年）。

（5）特に乾隆五十年『慶源詹氏宗譜』。拙著第二章第二節参照。

（6）銭会は、銀会、合会、標会、揺会、輪会等とも言われる。資金の調達と会員相互の貸し借りを特徴とする民間の金融共済組織である。なお、銭会の先行研究としては、王宗培『中国之合会』（中国合作学社、一九三一年）、楊西孟『中国合会之研究』（商務印書館、一九三四年）、梁治平『清代習慣法　社会与国家』（中国政法大学出版社、一九九六年）一一〇〜一一九頁、渋谷裕子「徽州文書にみられる『会』組織について」（『史学』六七巻一号、一九九七年）などがある。

（7）「乾隆休寧黄氏家用収支帳」（王鈺欣・周紹泉編『徽州千年契約文書（清民国編）』第八巻一〜二六七頁）。

（8）『三世手澤』第三巻第十七頁、七月十六日。

（9）『三世手澤』第三巻第二三〜二六頁、二月十三日。

（10）中国社会科学院歴史研究所の所蔵史料については、王鈺欣他編『徽州文書類目』（黄山書社、二〇〇〇年）参照。

（11）王鈺欣・周紹泉編『徽州千年契約文書（宋元明編）』第三巻三一頁。

（12）中国社会科学院歴史研究所所蔵。この資料については、渋谷裕子による詳細な研究がある。氏前掲論文参照。
（13）王鈺欣・周紹泉編『徽州千年契約文書（清民国編）』第一巻二三三頁。
（14）この会書は筆者所蔵。
（15）この会書は筆者所蔵。
（16）この会書は筆者所蔵。
（17）前掲王宗培『中国之合会』。
（18）前掲楊西孟『中国合会之研究』。
（19）曹競輝『合会制度之研究』（聯経出版事業公司、民国六九年・一九八〇年）。
（20）徽州地域の銭会については、渋谷裕子が、前掲論文で主に「何我占会書」について紹介している。
（21）銭会の集金総額は各々の会、都市、地域によって異なるが、徽州地域における農村社会の集金規模は一般的に大きくはなかった。規模の大きい銭会は、大体都市によく見られ、また、二十世紀の台湾の一部の銭会の集金規模は億元に上っていた。
（22）拙著第二章注139参照。
（23）藤井宏「新安商人の研究」（『東洋学報』三六巻一～四号、一九五三～一九五四年）、葉顕恩『明清徽州農村社会与佃僕制』（安徽人民出版社、一九八三年）、張海鵬他編『徽商研究』（安徽人民出版社、一九九五年）等参照。
（24）費孝通の雲南の農村調査によれば、会組織の経済機能を守るために、できるだけ親戚や親密な関係をもつ人の加入は避けていたという（『郷土中国・生育制度』北京大学出版社、一九九八年、七三頁）。ところが、詹元相の日記及び徽州千年文書から得られた知見によれば、徽州地域では親戚同士間の小さい貸し借りでも、契約方式で利息を含む権利関係を明確にしていた。このような金融共済組織の運営について見てみると、参加者が誰であるにせよ経済利益と合理性が核心的な原則であったことが分かる。

付記：本稿は日本学術振興会平成十四年度科学研究奨励費研究成果の一部である。

元朝翰林国史院考

道上峰史

前言

翰林院の成立は、唐代の中期に遡る。七三八年（開元二十六年）唐玄宗期に、翰林学士院は設立され、主として制書、詔の起草をおこなった。翰林院は内制を司り、中書舎人は外制を司った。当初、翰林院には、文詞経学の士から、占い、医術、技術などの能力を持った人々まで広く存在したが、徐々に文辞経学の士が集められるようになり、皇帝の私臣として制書の起草という範囲を超え、秘書官として国政の運営に参加するようになった。宋代になると、宰執へとのぼる予備の地位に位置づけられるまでになった[1]。そのような官衙が、元代では国史院と合併して翰林国史院として設立された。

元朝の翰林国史院についての研究は、山本隆義氏の「元代に於ける翰林學士院について」が初めての専論である。山本氏は元朝の翰林国史院について概観し、多く金朝の制度を継承している点と、長官職を蒙古、色目人以外の漢人、南人が数多く就任している点を指摘した[2]。その後、翰林国史院の中で、漢族の儒士に焦点を当てて論じたのが、張帆氏の「元代翰林国史院与漢族儒士」である。張氏は元朝において漢族儒士が活躍した翰林国史院の役割を、民族間の

矛盾の緩和と捉え、その特色を説明している。(3)

本稿では先行研究において触れられていない点を軸にしながら、翰林国史院の成立過程、官衙の職掌、所属した人々について触れ、その特徴について言及したい。

一　翰林国史院の成立

(一) 翰林国史院設立

一二六〇年（中統元年）憲宗モンゲの死後、その弟クビライは開平府においてクリルタイを開催し、皇帝位に即位した。元朝世祖クビライの誕生である。クビライは旧金朝の領土を中心にして、国家経営を始めた。国家建設をおこなうなかで、翰林国史院も設立された。

翰林院の設立年代については、史料によって記述が錯綜しているので、まず混乱している記述の整理から始めよう。『元史』百官志の翰林院の記述によると、その設立は「中統初、以王鶚爲翰林學士承旨、未立官署。至元元年始置、秩正三品。」とあるように、中統初と記されている。(4)『元史』巻四「世祖本紀」では「(中統元年) 七月癸酉（略）…王鶚翰林学士承旨兼修國史」とあり、王鶚自身は一二六〇年（中統元年）に翰林学士承旨に任命されている。このことは、『元朝名臣事略』巻一二「内翰王文康公」の記述からも確認できる。(5)ところが、『元史』世祖本紀の記述を追っていくと、翌年の一二六一年（中統二年）七月癸亥（三日）に「初立翰林國史院」と記載され、さらに四年後の一二六四年（至元元年）九月壬申朔にも、「立翰林國史院」と書かれている。以上の記述をまとめると、王鶚が翰林学士承旨に任命されたのは一二六〇年（中統元年）であり、翰林国史院が設立されたのは、一二六一年（中統二年）、又は一二六四年（至元元年）ということになる。

それでは一体、翰林国史院は、何年に設立されたのだろうか。

王惲によって著された『玉堂嘉話』によると、一二六一年（中統二年）夏五月に上都（開平府）において、翰林院の設置の詔がなされている。(6) しかしながら、黄溍による「翰林國史院題名記」には、

世祖皇帝中統元年、初設翰林學士承旨官正三品。至元元年、乃建翰林國史院而文學士等官。八年院升從三品。

（黄溍『金華黄先生文集』巻八「翰林國史院題名記」）

とあり、同書巻八に収める「監脩國史題名記」には、

昔在世祖皇帝中統二年、翰林學士承旨王公鶚奏請立史局、纂脩先朝實録及遼、金二史、其國史則請以右丞相史公天澤監脩、上悉從之。至元元年始置翰林院。十三年乃制授平章軍國重事耶律公鑄監脩國史、建官實始於此。

とある。つまり、黄溍の記述に従えば、一二六一年（中統二年）に翰林国史院設立の詔が出され、一二六四年（至元元年）に設立されたということになる。

『元史』「世祖本紀」の記述を追うと、一二六一年（中統二年）七月癸亥（三日）には遼、金二史の編纂を請い、翌一二六二年（中統三年）八月戊申（二四日）には先朝の事績の記録を史館に託すように請願し、一二六三年（中統四年）夏四月戊寅（二九日）にも、太祖の事績を延訪して史館に託すように請願している。一二六四年（至元元年）においても再び翰林学士院の設立と、学士の推薦をおこなっている。王鶚は翰林院設立の詔の後も、数度にわたって、史館運営に関係する上奏をおこなっている。これらをうけて、一二六四年（至元元年）二月辛亥（六日）に儒士を選び、国史を編修して経書を訳写させ、館舎を起こすよう、勅が下ったのである。そして、一二六四年（至元元年）九月壬申朔に、翰林国史院が設立されたのである。

中統年間（一二六〇年～一二六三年）には、アリクブカとの戦いもあり、官制が整っていない時期であった。この段階では、翰林院という官署はなくても、すでに翰林院の官員は存在していたのである。翰林国史院関係者として、王鶚だけでなく、翰林侍読学士郝経、翰林待制何源の名が、一二六〇年（中統元年）の段階で確認できる。(7)

最後に、未だ官署が建てられない状況において、一二六〇年（中統元年）に翰林学士承旨という官を設け、王鶚を任命したという点に言及したい。これは、即位詔の漢人への影響を考慮してのことであった。クビライが即位するにあたり、漢人に対する権威づけが必要であった。そこで、旧金朝において状元であり、当時老儒として尊敬を集めていた王鶚を起用して即位の詔を作成させたのである。そのために、一二六〇年（中統元年）に王鶚を翰林学士承旨に任じたものと思われる。その後も引き続き「中統建元詔」、「中統元年五月赦」、「賜高麗國王歴日詔」、「至元改元赦」など様々な詔を、王鶚は手がけたのである。

(二) 翰林院と国史院

元朝以前、翰林院と国史院は、全く別の官衙であった。翰林院は制誥を司り、文書行政を扱う官衙として尊重されてきた。さらに皇帝の側近くにいて助言を与えるという、ブレーンの役割も果たしていた。ところが、元朝において、翰林院と国史院が合併された。それはいかなる理由によるものであろうか。まず国史院について、どのような官衙であったかをみてみよう。国史院は、前代までは史館という名称の官衙であった。国史院（史館）も、やはり唐代に設置された官職であった。(8) 史館の官員は、宰相などの高官が兼任するという形をとっていたために、士大夫からは尊重され、文学の士として誉れ高かった。史官の官員に定員はなく、正史の編纂事業の際に、宰相が兼任するという形をとっていた。(9)

本章では、翰林国史院設立の時代背景をふまえながら、翰林院と国史院が合併された原因について考察を加えたい。

まずはじめに、翰林国史院の設立を上奏した、王鶚という人物についてみてみよう。王鶚は一一二四年（正大元年）金朝の状元であった。かれは金朝滅亡後「漢人世侯」の一人である張柔によって混乱より救い出されると、クビライに見出され、孝、経、書、易、及び治国の道を進講した(10)。クビライの皇帝即位より中統年間の詔は前述のように、王鶚によって書かれたのである(11)。

王鶚は一二六四年（至元元年）に、国史院の設立と、正史の編纂を再び上奏した際、『元史』巻一六〇「王鶚傳」に、

（王鶚）上奏、「自古帝王得失興廢可考者、以有史在也。我國家以神武定四方、天戈所臨、無不臣服者、皆出太祖皇帝廟謨雄断所致、若不乘時紀錄、竊恐久而遺亡、宜置局纂就實録、附修遼、金二史。」又言、「唐太宗始定天下、置弘文舘學十八人、宋太宗承太祖開創之後、設内外學士院、史册爛然、號稱文治。堂堂國朝、豈無英才如唐、宋者乎。」皆從之、始立翰林學士院、鶚遂薦李冶、李昶、王磐、徐世隆、高鳴為學士。

と、あるように、李冶、李昶、王磐、徐世隆、高鳴を参画させるように推薦した。ここに推薦されている人々は、いずれも旧金朝において名高い士大夫たちであった。李冶（一一九二～一二七九）は、金の正大年間末年に進士となった人物であり、一二六五年（至元二年）翰林学士となった。李昶（一二〇三～一二八九）は、一二一八年（金朝興定二年）に進士となった人物である。当時、華北を支配していた「漢人世侯」の一人である厳実は、かれを行台都事とした。李昶は、一二六一年（中統二年）翰林侍読学士となり、一二六八年（至元五年）、吏礼部尚書となった。王磐（一二〇二～一二九三）は、金朝の正大年間の進士。厳実が、師として迎えた人物である。一二六二年（中統三年）に山東において起った「李璮の反乱」において忠節を守った。平定後、翰林直学士となり、国史の纂修に携わった。徐世隆（一二〇六～一二八五）は、一二二七年（金朝正大四年）進士に及第した。厳実は、かれを東平に招聘し、書記を掌らせ、一二六四年

（至元元年）、翰林侍読学士兼太常卿となった。高鳴（一二〇九～一二七四）は、若くして文学を以て名を知られた。世祖が即位すると翰林学士となり、太常少卿を兼ねた。一二六八年（至元五年）、御史台が設立されると、侍御史となった。

以上のように、王鶚によって推薦された人々は、金朝が存続していれば、高位高官として活躍の場が用意された士大夫たちであった。ところが、モンゴルの侵攻によって金朝が滅亡したために、かれらは任官の道が、閉ざされようとしていた。

この時期に、王鶚は、正史編纂のために学士に推薦したのであった。その推薦者のなかに、東平と関わりがある人物が含まれていた。李昶、王磐、徐世隆である。この三人は、一二六一年（中統二年）、そして一二六四年（至元元年）に、王鶚によって正史編纂、国史院の設立が上奏された際に推薦されて、本格的にクビライの幕下に入ることになった。つまり、この時期における正史編纂作業は、士大夫たちを「漢人世侯」の下から元朝に集める役割の一端を担ったものであり、翰林国史院の設立によって、多くの旧金士大夫たちが救済されることになった。

翰林院が今までの職掌のみの官衙であったとするならば、ここまで多くの士大夫たちを登用できただろうか。モンゴル帝国においては皇帝の側近には怯薛が近侍し、文書行政官として必闍赤が存在した[12]。行政用語にウイグル語を用いていたモンゴル帝国は、この官職には多くウイグル人を登用して、膨大な文書を処理させていたのである[13]。すなわち翰林院にあたる官職は、すでにモンゴル帝国に存在していた。そこで、王鶚は国史、正史の編纂という、本来ならば史館によっておこなわれるべき職掌を合わせた翰林国史院の設立を考えたのである。

(三) 翰林国史院の設置場所

一二六〇年（中統元年）、王鶚は翰林学士承旨として任命されるが、官署は未だ建てられない状態であった[14]。これについて、山本氏は、王惲の『玉堂嘉話』の序文に書かれた「中統建元之明年、辛酉夏五月、詔立翰林院於上都。」という記述から、まずはじめに上都において翰林国史院の官衙が設立され、一二六四年（至元元年）に大都に移動したとされた。[15] しかしながら、『玉堂嘉話』のこの記述だけでは、上都に官衙を設立したと言い切れない。この記述はあくまでも、上都において詔がなされた、ということにすぎないのではなかろうか。この時期は、皇帝が上都におり、詔は上都においてなされるのが当然である。加えて、官衙を上都に設立したのならば、「未だ官衙を建てず」（『元史』巻八七百官志「翰林兼國史院」）という記述がなされるだろうか。矛盾が生じるであろう。さらに、大都の建設は一二六七年（至元四年）から始まっているために、もしも官衙が移動できたとしても燕京（旧金中都）であって、大都ではないはずである。

では翰林国史院の官衙は、どこに、いつ頃建設されたのであろうか。

翰林国史院の官衙について確認できる記述は、一三三一年（至順二年）以降である。残念ながら、それ以前の記述は無く「屢々遷徙を経る」（『日下舊聞考』巻六四「官署」）という記述のみである。『析津志輯佚』によると、かつて尚書省の官衙であった場所が中書省となり、中書省の官衙が南北二つに分かれ、一三三一年（至順二年）以後は北中書省の官衙が翰林国史院となったことが分かる。[16] そして「中書省照算題名記」では、翰林国史院の官衙が「天師宮」と呼ばれる場所であった、とされている。[17] その他の翰林国史院の官衙についての記述は、『日下舊聞考』にある。海子（現在の積水潭）の北に位置した、緑に覆われた場所に官衙があったようである。[18]

これらの記述をまとめると、一三三一年（至順二年）以前の翰林国史院の官衙の場所は、具体的には分からないものの、一三三一年（至順二年）以後は、その職掌の関係から、北中書省の衙門を利用していたことが判明する。北中書省の官衙は『析津志輯佚』「朝堂公宇」、『日下舊聞考』巻六四「官署」によると、海子の北、鼓楼の西にあった。

二　翰林国史院に所属した人々

翰林国史院に所属した人々について探り出す方法としては、いくつかあろうが、『元人傳記資料索引』（新文豊出版公司）を手がかりに探していくことも一つの方法である。それに拠れば、約三〇〇人に及ぶ人物を挙げることができる。本章では、このデータの中から特にかれらの仕途に焦点を当ててみたい。

元朝前期においては科挙という官吏登用制度を採用せず、一三一三年（皇慶二年）に採用されるまで、種々の方法によって官吏登用がなされていた。士大夫を自任する知識人達にとって、科挙が施行されなかった時期は、異民族王朝による悲劇的な出来事として、後世の士大夫によって叙述されている。元朝でも何人かの士大夫によって、科挙がおこなわれないことで、儒者が軽んじられているという状況を記録に残しているものもいる。元朝ではは翰林国史院という、かつての士大夫たちが宰相の登竜門として考えていた官衙の状況は、どうだったのであろうか。

㈠　推薦による任官

翰林国史院への任官方法として、元朝一代を通じて最も長い間おこなわれていたものが、推薦による任官である。世祖期より、科挙が施行された後の順帝期に至るまで、推薦による任官は続けられた。科挙という登用方法が徹底されなかったという元朝の特色が現われている。

官に推薦することは、翰林国史院の職掌のひとつであり[19]、翰林院に所属した士大夫たちは、積極的に推薦をおこなった。前述の王鶚は、十路学校提挙官の設置を上奏するとともに、多くの旧金士大夫を元朝に推薦した。翰林院に任官した、多くの士大夫たちは推薦によるものであった。翰林国史院任官表で確認する限りでも、その割合は多く、五七名が推薦によって仕官している。王磐をはじめとして、閻復、程鉅夫等によって推薦された人物が、特に多くみられる。そのなかには、集賢学士である許衡による推薦も多い[20]。前述したように、王鶚が翰林国史院設立期に遼、金二史の編纂のために、旧金朝の士大夫である李冶、李昶、王磐、徐世隆、高鳴を学士とするように推薦しており、その後も張樞、杜本等が三史編纂の際に、翰林院に推薦されている[21]。

このように、科挙の代わりとして推薦をおこない、多くの士大夫たちを元朝に参加させるはたらきを、翰林国史院は任っていたのである。

(二) 怯薛からの任官

怯薛については、箭内亙氏、片山共夫氏によって詳細な研究があるので、そちらに譲ることとして、ここでは怯薛出身者の翰林国史院での状況を考察したい[22]。

怯薛歹として皇帝の側近くにいた者達、父の職を継ぎ宿衛として近侍していた者達から翰林院に所属した者は、翰林国史院任官表から一九人確認できる。そのうち翰林学士承旨になっている者が、一五名である。その後も中書平章政事、中書右丞相として、政務をおこなう者が多い。

とくに翰林学士承旨の任用にあたっては、『元史』巻二四「仁宗本紀」とあるように、皇帝自らが選用することを明言している。

皇慶元年春正月壬戌、陞翰林國史院秩從一品。帝諭省臣曰、「翰林、集賢儒臣、朕自選用、汝等毋輒擬進。…

（略）」

ここでは「翰林、集賢の儒臣」ということを強調しているが、姚燧が『牧庵集』巻四「送李茂卿序」で、

大凡今仕惟三塗、一由宿衛、一由儒、一由吏。由宿衛者言出中禁、中書奉行制勅而已。

と記しているように、怯薛官の任官についても皇帝自らが任命した。怯薛歹から任官した者達は、皇帝によって任命され、高位にのぼり、皇帝の側近として活躍していった。

(三) 科挙からの任官

では、科挙によって任官し、翰林国史院に所属した人々は、一体どのような状況であったのだろうか。「元統元年進士題名録」（『北京圖書館古籍珍本叢刊』21史部・傳記類書目文獻出版社）及び、蕭啓慶氏によってまとめられた「元至正前期進士輯録」（『燕京學報』新十期、二〇〇一年）によれば、科挙に合格してから、どのような職に任官しているかについて、情報を得ることができる。「元統元年進士題名録」によると、一〇〇名中一三名、「元至正前期進士輯録」では一一七名中八名が、及第後、まずはじめに、翰林院の職に就いている。科挙及第者の約一割が、翰林国史院から官途についていたことになる。

次に、翰林国史院に任官した人物をみてみよう。翰林国史院任官表を参照すると、確認できる限りでは、八五名が科挙によって任官している。そのうち三四名が、まずはじめに翰林院の職に就いている。科挙が、一時期中断されていたことを考慮すれば、科挙によって任官する者達が、初めて官途に就く場合、翰林院の門をくぐる者が比較的多いことが分かる。その後の官歴をみていくと、怯薛出身や推薦によって任官した者達に比べ高位にまで上りつめているものは、それほど多くはない。しかしながら、科挙による官吏登用によって仕官する者の多くが、まず翰林国史院に

所属するという点は興味深い。かれらは、文書行政に関わる実務を任っていた。やはり「経史に通じている」、という人物であると判断されるためであろう。

三　翰林国史院の職掌

(一)　翰林国史院の職掌

一二六四年（至元元年）に設置されて以後、翰林国史院は変容を続けていった。翰林学士承旨の官品も徐々に上昇し、一三一二年（皇慶元年）には従一品となる。一二八三年（至元二十年）から一二八五年（二十二年）の間は、翰林国史院と集賢院とが合併されてひとつの官衙となり、官員の定数を増加させた。職掌も多岐にわたり、起居注、会同館、秘書監、国子学なども翰林国史院に包括された。蒙古新字のほか亦思替非文字（ペルシア文字）を扱うことにもなった[23]。

翰林国史院の職掌は、まず修国史、士大夫の推薦、知制誥、祭祀、翻訳となる。歴代の翰林院がおこなっていた職掌の他に、元朝の特徴としては翻訳、モンゴル人子弟の教育などがある。しかし、最も特記すべきは中華王朝の伝統を元朝においても存続しようとしていた、という点ではないだろうか。

翰林国史院の職掌の中で、まず挙げなくてはならないものが、国史の編纂である。

王鶚のもとで、翰林修撰同知制誥兼国史院編修官についていた王惲は、王鶚の国史編纂への強い思いを、『玉堂嘉話』序で、次のように伝えている。

已而（王鶚）公謂不肖惲曰、「翰苑載言之職、莫國史為重、遂復以建立本院為言久焉。」

すなわち、翰林国史院の設立を上奏した王鶚にとって、翰林国史院の役割で国史編纂が最も重要なものであった。国史を重要視する認識は、仁宗の次の『元史』巻二四「仁宗本紀」にある言葉からも、うかがうことができる。

皇慶元年春正月壬戌、（略）…帝諭省臣曰、「（略）、人言御史臺任重、朕謂國史院尤重、御史臺是一時公論、國史院實萬世公論。」

仁宗は御史台の任が重要であるという言に対して、国史の編纂をおこなう国史院は「萬世の公論」であるとして、「尤も重し」と言っている。国史の編纂に対する評価の高さがうかがえる。

次に挙げるべき職掌は、推薦を含めた官吏の登用に関するものである。『元史』巻八一「選舉志」には、

世祖至元初年、有旨命丞相史天澤條具當行大事、嘗及科舉、而未果行。四年九月、翰林學士承旨王鶚等、請行選舉法、遠述周制、次及漢、隋、唐取士科目、近舉遼、金選舉用人、與本朝太宗得人之效、以為「貢舉法廢、士無入仕之階、或習刀筆以為吏胥、或執僕役以事官僚、或作技巧販鬻以為工匠商賈。以今論之、惟科舉取士、最為切務、矧先朝故典、尤宜追述」。奏上、帝曰、「此良法也、其行之。」中書左三部與翰林學士議立程式、又請「依前代立國學、選蒙古人諸職官子孫百人、專命師儒教習經書、俟其藝成、然後試用、庶幾勳舊之家、人材輩出、以備超擢」。十一年十一月、裕宗在東宮時、省臣復啟、謂「去年奉旨行科舉、今將翰林老臣等所議程式以聞」。奉令旨、准蒙古進士科及漢人進士科、參酌時宜、以立制度。事未施行。至二十一年九月、丞相火魯火孫與留夢炎等言、十一月中書省臣奏、皆以為天下習儒者少、而由刀筆吏得官者多。帝曰、「將若之何？」對曰、「惟貢舉取士為便。凡蒙古之士及儒吏、陰陽、醫術、皆令試舉、則用心為學矣。」帝可其奏。繼而許衡亦議學校科舉之法、罷詩賦、重經學、定為新制。事雖未及行、而選舉之制已立。

とあるように、翰林学士承旨である王鶚、留夢炎によって積極的に科挙制度の施行が求められているという点は、見

逃すことができない。すなわち、王鶚等の推薦という方法は、旧金及び旧南宋士大夫たちを元朝に登用するための手段としておこなわれた措置であり、理想としては科挙を再開して士大夫たちを登用しようとしていたのである。

その他には、翰林国史院は、国子監と共に、学校の設立にも関わっていた。元朝の戸籍制度では、知識人たちは「儒戸」として区分され、徭役の免除などの特権を与えられていた。その代わりに、「学校」に属して経学の講義を受けたり、儀礼に参加する義務を負っていたのである。翰林国史院は、知識人を統括する官衙として、学校制度にも関わっていた(24)。関連して翰林学士徐世隆が、閻復、李謙、孟祺、張孔孫、夾谷之奇等を教育し、後にかれらが翰林国史院の一員として活躍したように、士大夫を育てるという任務も帯びていたのである(25)。

そのほかに、特異な儀礼が、翰林院でおこなわれていた。それは歴代皇帝の御容を、翰林院の官員が描いて、その御容を翰林院の中に置き、春秋に祭るというものである(26)。

翰林国史院は、「萬世の公論」である修史の作業をはじめとして、官僚への推薦、教育、礼楽に関わっていた。加えて前王朝からの職掌である草制という実務的な職務もこなし、翻訳もおこない、皇帝からも特別視される官衙であった。以上のように、翰林国史院は元朝において、非常に重要な官衙であった。

㈡　翰林国史院と蒙古翰林院

翰林国史院と必闍赤の関係については、片山氏が必闍赤の長官が翰林学士承旨であり、必闍赤は元朝成立以後も、衰退することはなかったと論じている(27)。ここでは、翰林国史院と蒙古翰林院の関係について簡単に触れておきたい。

翰林国史院は、一二七五年（至元十二年）に蒙古翰林院が分立した。その後、蒙古翰林院が翻訳の作業、及びモンゴル文字での聖旨作成を請け負うこととなった。

その時の記述をみてみよう。『元史』巻八「世祖本紀」一二七五年（至元十二年）三月庚子（二十九日）には、

從王磐、竇默等請、分置翰林院、專掌蒙古文字、以翰林學士承旨撒的迷底里主之。其翰林兼國史院、仍舊纂修國史、典制誥、備顧問、以翰林學士承旨兼修起居注和禮霍孫主之。

とあり、『秘書監志』巻一「設司徒府」には、

筆且齊［必闍赤］[28]色埒默爲頭兒蒙古翰林院、是寫蒙古字聖旨、這勾當大有。併在漢兒翰林院裏、不宜一般。

とあるように、蒙古翰林院は「漢兒」の翰林院と同一にされては困る、と考えていた。この意識の相違が分立した原因なのであろう。

中華世界の伝統を保持しようと務めた士大夫と、怯薛として皇帝に近侍して翰林院の任についた人々を包括する官衙が、この翰林国史院であった。

結語

翰林国史院の成立年代及び官衙の位置等、混乱している記述の整理をおこない、翰林国史院任官表を考察した結果、以下のことが明らかになった。

翰林国史院設立は、一二六一年（中統二年）に「翰林国史院設立」の詔が上都にて出され、一二六四年（至元元年）に設立された。

官衙の位置については、一三三一年（至順二年）以前は数度にわたって移転したが、一三三一年（至順二年）以後は、北中書省の衙門を利用していた。

翰林院に任官する途は三つあった。推薦と怯薛と科挙である。

推薦による任官は、旧金朝の士大夫及び在野の知識人が多くみられた。

怯薛から任官した者は、翰林学士承旨、中書平章政事等、高位に就く者が多く、皇帝の側近として活躍した。

科挙から任官した者は、高位に就く者は多くはないものの、その数は多く、実務にかかわっていた。

翰林国史院の職掌は、草制、実録、正史の編纂などの他に、官僚の推薦、祭祀等、多岐にわたっていた。特に科挙が一時期停止されていた元朝において、翰林国史院がおこなっていた推薦は、多くの士大夫、儒者達を元朝に流入させ、翰林国史院に取り込んでいった。翰林国史院が存在し、それが機能したことは、結果として、いわゆる「元朝士大夫の受難」を取り除くことになった。

元朝という政権の特殊性から、翰林国史院もモンゴル帝国期の官制と中華王朝の官制の二面性を有していた。怯薛から仕官した官僚の多くが、翰林国史院のトップに就任している点や、蒙古翰林院の存在がそのことを示しているのである。

註

（1）『文獻通考』巻五四「職官、學士院」。
（2）山本隆義「元代に於ける翰林學士院について」（『東方学』第十一輯、一九五五年）後に、改編して（『中国政治制度の研究－内閣制度の起源と発展』同朋舎、一九六八年）に収める。
（3）張帆「元朝翰林国史院与漢族儒士」（『北京大学学報－哲学社会科学版』第五期、一九八八年）。
（4）『元史』巻八七百官志「翰林兼國史院」。
（5）『元朝名臣事略』巻一二「内翰王文康公」

中統元年、拜翰林學士承旨、奏立翰林國史院、詔從其請。
(6) 王惲『玉堂嘉話』序
中統建元之明年、辛酉夏五月、詔立翰林院於上都。
(7)『元史』巻四「世祖本紀」中統元年四月。
(8)『唐會要』巻六三「史官上」
武徳初因隋舊制、隷秘書省著作郎。貞観三年閏十二月、移史官於門下省北、宰相監修。自是著作局始罷此職。
(9)『宋史』巻一六一「職官志」、巻一六四「職官志」。
(10)『元史』巻一六〇「王鶚傳」。
(11) 蘇天爵撰『元文類』巻九「即位詔庚申年四月」。
(12) 片山共夫「怯薛と元朝官僚制」(『史學雜誌』第八九編第十二号、一九八〇年)。
(13) 真杉慶夫「元朝の必闍赤について」(『元朝刑法志の研究訳注』教育書籍、一九六二年)。
(14)『元史』巻八七百官志「翰林兼國史院」。
(15) 山本氏前掲論文。
(16) 熊夢祥『析津志輯佚』「朝堂公宇」
於今尚書省爲中書省、乃有北省南省之分。後於至順二年七月十九日、中書省奏、奉旨、翰林國史院裏有的文書、依舊北省安置、翰林國史官人就那裏聚會。繇是北省既爲翰林院、尚書省爲中書都堂省固矣。殆與太保劉秉忠所建都堂意自遠矣。其於方位制度、視北省有間、然而朝廷公府、更張因革不一、故不可不詳。
(17)『析津志輯佚』「朝堂公宇、中書省照算題名記」
天師宮(略)、至順二年七月十九日,奉旨爲翰林國史院、蓋爲三朝御容在内,歳時以家國禮致祭。而翰林院除修纂、應奉外、至於修理一事又付之有司。
(18)『日下舊聞考』巻六四「官署」

元時翰林院以金烏珠第爲之、歐陽楚公詩、翰林老屋勢深雄、猶是金家兀朮宮、是也。臣等謹按、元之翰林國史院屡經遷徒、至順間賜居北中書省舊署。析津志稱院内古木繁陰、蔚然森樾者、是也。自後遂爲定制。

（19）『元史』巻四二「順帝本紀」
至正九年五月庚戌、命翰林國史院等官薦舉守令。

（20）集賢院については、櫻井智美「アフマッド暗殺事件と司徒府の設立」（『中国―社会と文化』第十五号、二〇〇〇年）に詳細な考察がなされている。

（21）『元史』巻一九九「隱逸列傳」。

（22）箭内亙「元朝怯薛考」（『蒙古史研究』刀水書院、一九三〇年）。
片山共夫「怯薛と元朝官僚制」（『史學雜誌』第八九編第十二号、一九八〇年）。

（23）黄溍『金華黄先生文集』巻八「翰林國史院題名記」。

（24）『元史』巻二八「英宗本紀」
（至治二年）三月己巳、中書省臣言、「國學廢弛、請令中書平章政事廉恂、參議中書事張養浩、都事孛朮魯翀董之。外郡學校、仍命御史臺、翰林院、國子監同議興舉。」從之。

『元史』巻八三「選舉志　翰林院、國子學官」

凡翰林院、國子學官、大德七年議、「文翰師儒難同常調、翰林院宜選通經史、能文辭者、國子學宜選年高德劭、能文辭者、須求資格相應之人、不得預保布衣之士。若果才德素著、必合不次超擢者、別行具聞。」

（25）『元朝名臣事略』巻一二「太常徐公」
時自入學、親爲諸生講説、其課試之文、有不中程者、輒自擬作、與爲楷式。一時後進、業精而行成人才輩出、如翰林學士閻復、太子諭德李謙、浙東按察使孟祺、禮部侍郎張孔孫、太子贊善夾谷之奇等是也。

（26）『元史』巻七五「祭祀志　神御殿」
其太祖、太宗、睿宗御容在翰林者、至元十五年十一月、命承旨和禮霍孫寫太祖御容。十六年二月、復命寫太上皇御容、與太宗舊御容、倶置翰林院、院官春秋致祭。

『析津志輯佚』「歳紀」

（六月）是月大都涓日、遣翰林院官一員、赴上都注香。比至、大臣奏上位、親囑香授與使者、函香、御酒、乾羊諸祭物、乘傳回京。至健徳門外禮賢亭住夏、宰輔百官恭迎至京。凡各寺内有影堂者、分其祭儀、遣大祝酒、則宣徽院令光禄寺一如故事。翰林院三朝御容。

（27）片山共夫「元朝必闍赤雑考」（『モンゴル研究』第一七号、一九八七年）。

（28）［　］内は筆者の注。

翰林国史院任官表

名前	生没	出身	仕途	官歴	備考
宋子貞	1185～1266	潞州長子人［金朝］	太宗召入	安撫司計議官（宋）→詳議官，兼提擧學校（東平幕府）→行臺右司郎中→参議東平路事，兼提擧太常禮樂→益都路宣撫使→右三部尚書→参議軍前行中書省事→翰林學士，参議中書省事→中書平章政事	
王　鶚	1190～1273	曹州東明人［金朝］	世祖召入	正大元年中進士第一甲第一人（金）→應奉翰林文字（金）→歸徳府判官，行亳州城父令（金）→同知申州事，行蔡州汝陽令（金）→（丁母憂）→尚書省右司都事（金）→左右司郎中（金）→世祖潛邸→翰林學士承旨＋資善大夫	
竇　默	1196～1280	廣平肥鄉人	世祖召入	世祖潛邸→翰林侍講學士→昭文舘大學士＋太師，魏國公	
王　磐	1202～1293	廣平永年人［金朝］	世祖召入	正大四年進士第（金）→歸徳府録事判官（不赴）→議事官（宋）→益都等路宣撫副使（以疾不赴）→参議行省事→翰林直學士，同修國史→眞定、巡徳等路宣慰使→翰林學士→太常少卿→資徳大夫＋端貞雅亮佐治功臣、太傅、開府儀同三司，洛國公	
姚　樞	1203～1280	洛陽人	世祖召入	燕京行臺郎中→（棄官）→世祖潛邸→勸農使→東平道宣撫使→太子太師→大司農→中書左丞→僉河南行省→昭文舘大學士→翰林學士承旨	
李昶	1203～1289	東平須城人［金朝］	世祖召入	興定二年廷試中第二甲第二人（金）→徴事郎、孟州温縣丞（金）→儒林郎、鄭州河陰簿（金）→尚書省掾（金）→漕運提擧（金）→都事（東平行臺）→行軍萬戸府知事（東平行臺）→經歴（東平行臺）→（丁父憂）→翰林侍講學士，行東平路總管軍民同議官→吏禮部尚書→南京路總管，兼府尹（不赴）→山東東西道提刑按察使	
孟攀鱗	1204～1267	雲中人［金朝］	？	正大七年進士第（金）→…→朝散大夫、招討使（金）→陝西帥府詳議官→翰林待制、同修國史→太常儀定禮儀	
杜　瑛	1204～1273	霸州信安人	世祖召入	懷孟、彰徳、大名等路提擧學校官（辞）＋資徳大夫、翰林學士、上護軍，魏郡公	召されるも、就かず。天暦中、贈られる
高智耀	1206～1271	河西人［西夏］	世祖潛邸	進士第（西夏）→簽判（西夏）→翰林學士→西夏中興等路提刑按察使→崇文贊治功臣、金紫光禄大夫、司徒、柱国＋寧國公	
徐世隆	1206～1285	陳州西華人［金朝］	東平幕府	正大四年進士第（金）→縣令（金）→辞官→掌書記（東平幕府）→拘権燕京路課税官（辞）→東平行臺經歴→燕京等路宣撫使→太常卿，兼提擧本路學校事→翰林侍講學士，兼太常卿→戸部侍郎→吏部尚書→東昌路總管→山東提刑按察使→淮東（提刑按察使）→翰林學士（辞）→集賢大學士（辞）	
呉安朝	？～？	績渓人［南宋］	？	咸淳七年進士（南宋）→参議閩浙招捕司事→池州路判官→知賀州→（棄官）→翰林（不起）	程鉅夫、翰林に推薦するも、辞す
宋　衜	？～1286	潞州長子人	推薦	翰林待制→行省員外郎→河南路總管府判官（不赴）→太常少卿→秘書監→太子賓客	趙璧の推薦
高　鳴	1209～1274	眞定人	旭烈兀召入	諸王旭烈兀從西征→翰林學士，兼太常少卿→侍御史→吏禮部尚書	
劉德淵	1209～1286	内丘人	？	翰林待制→…→（家居講學）	
安藏扎牙答思	？～1293	畏兀兒人	憲宗召入	…→翰林學士，知制誥同修國史→商議中書省事→翰林學士承旨、正奉大夫＋太師，秦國公	
留夢炎	1219～？	衢州人	世祖召入	宋淳祐四年進士第一（南宋）→…→右丞相（南宋）→左丞相（南宋）→（棄官）→禮部尚書→翰林學士承旨	
郝　經	1223～1275	澤州陵川人	世祖潛邸	世祖潛邸→江淮荊湖南北等路宣撫副使→翰林侍讀學士→國信使	

董文用	1224～1297	稾城人	推薦	詩賦中選→主文書（世祖潛藩）→左右司郎中→兵部郎中参議都元帥府事→西夏中興等路行書郎中→山東東西道巡行勸農使→工部侍郎→衛輝路總管→山北遼東道提刑按察使（不赴）→兵部尚書→禮部尚書→翰林、集賢二院學士，秘書監→江淮行中書省参知政事→御史中丞→大司農→翰林學士承旨→資徳大夫、知制誥兼修國史＋銀青榮祿大夫、少保、趙國公	董俊（太祖に降り、金征討に参加）の三子。莊聖太后の命により、子弟が和林城に召集され、その中より推薦される
雷　膺	1225～1297	渾源人	世祖召入	太宗時選科挙→萬戸府掌書記（眞定）→大名路宣撫司員外郎→翰林修撰、同知制誥、兼國史院編修官→陝西西蜀四川按察使参議→陝西五路轉運司諮議→参議左壁總帥府事→承務郎、同知恩州事→監察御史＋奉議大夫，僉河東山西道提刑按察司事→進朝列大夫、山南湖北道提刑按察副使→淮西江北道提刑按察副使（以母老辞）→行臺侍御史→（丁母憂）→中議大夫、江南浙西道提刑按察使→集賢學士＋通奉大夫、河南江北等處行中書省参知政事、護軍，馮翊郡公	世祖は詔して、耆舊の子弟を集めて属僚とした
胡祇遹	1227～1295	磁州武安人	推薦	員外郎→中書詳定官→應奉翰林文字→太常博士→戸部員外郎→右司員外郎＋兼左司（員外郎）→太原路治中→，兼提擧本路鐵冶→河東山西道提刑按察副使→荊湖北道宣慰副使→濟寧路總管→山東東西道提刑按察使→翰林學士（不赴）→江南浙西道提刑按察使＋禮部尚書	張文謙の推薦
王　惲	1227～1304	衛州汲縣人	推薦	詳議官→中書省詳定官→翰林修撰、同知制誥，兼國史院編修官＋兼中書省左右司都事→監察御史→承直郎、平陽路總管府判官→翰林待制，朝列大夫、河南北道提刑按察副使→燕南河北道（提刑按察副使）→中議大夫、行御史臺治書侍御史（不赴）→山東東西道提刑按察副使→（疾帰）→左司郎中→少中大夫、福建？海道提刑按察使→翰林學士、嘉議大夫＋通議大夫、知制誥同修國史→中奉大夫＋翰林學士承旨、資善大夫，太原郡公	姚樞の推薦
愛　薛	1227～1308	西域弗林人	拖雷近侍	西域星暦、醫藥二司事→廣惠司→秘書監、崇福使→翰林學士承旨＋修國史→平章政事→秦國公＋太師、開府儀同三司、上柱国、拂林忠獻王	拖雷の妻唆魯禾帖尼によって召入される
大乘都	1228～1299	畏兀人	世祖召入	入侍禁中→阿難答師→嘉議大夫、翰林學士＋太傅，秦國公	
何崇禮	？～？	大寧人	？	…→應奉翰林文字、從仕郎、同知制誥兼國史院編修官→…	何實（太祖に降り、金の征討に参加）の子
姚　燧	1238～1313	洛陽人	推薦	秦王府文学→奉議大夫，兼提擧陝西、四川、中興等路學校→陝西漢中道提刑按察司副使→翰林直學士→大司農丞→中憲大夫、江東廉訪使→中奉大夫、江西行省参知政事→太史賓客→承旨學士→太子少傅→榮祿大夫、翰林學士承旨、知制誥兼修國史→（官辞）→翰林學士承旨（以疾不赴）	姚樞の従子。許衡の推薦
撒的迷底里	？～？	？	？	…→翰林學士承旨→…	
和禮霍孫	？～？	佚其氏	怯薛	宿衛（世祖）→翰林待制，兼起居注＋兼會同館事→翰林學士承旨＋兼大司徒→中書右丞省＋保徳協課佐理功臣、太師、開府儀同三司，齊魯國公	和魯火孫と同じ。
孟　祺	1231～1281	宿州符離人	推薦	掌書記（東平幕府）→国史院編修官→從仕郎、應奉翰林文字，兼太常博士→承事郎、山東東西道勸農副使→承直郎、行省諮議→郎中→少中大夫、嘉興路總管→（疾辞官）→大中大夫、浙東海右道提刑按察使（疾不赴）＋宣忠安遠功臣、中奉大夫、参知政事、護軍、魯郡公	廉希憲、宋子貞の推薦
魏　初	1232～1292	弘州順聖人	推薦	中書掾史，兼掌書記→（下野）→国史院編修官→監察御史→陝西四川按察使事→陝西河東按察副使→治書侍御史→江西按察使→侍御史→（御史）中丞	左丞許衡、學士竇默の推薦
董　朴	1232～1316	順德人	推薦	陝西治法官→以親老帰→太子院主事（辞）→…→翰林修撰	

李　謙	1233～1311	鄆州東阿人	推薦	東平府教授→…→萬戸府經歴→應奉翰林文字→（翰林）待制→（翰林）直學士→太子左諭徳→侍讀學士→（翰林）學士→翰林學士承旨→太子少傅（辞）→集賢大學士、榮祿大夫	翰林學士王磐の推薦
張孔孫	1233～1307	隆安人	世祖召入	萬戸府議事官→奉禮郎→掾→戸部員外郎→南京總官府判官→僉四川道提刑按察司事→湖北道提刑按察副使→浙西提刑按察副使→同知保定路総管府事→侍御史→禮部侍郎→禮部尚書→燕南提刑按察使→（燕南）粛政廉訪使→僉河南江北行中書省事→大名路總官，兼府尹→淮東道粛政廉訪司使→集賢大学士、中奉大夫→翰林学士承旨、資善大夫	
閻　復	1236～1312	高唐人	推薦	掌書記（東平行臺）→御史掾（東平行臺）→翰林應奉→會同舘副使，兼接伴使→翰林修撰→僉河北河南道提刑按察司事，奉訓大夫→翰林直學士→（翰林）侍講學士→集賢侍講學士，同領會同舘事→翰林學士→浙西道肅政廉訪使→集賢學士，正議大夫→翰林學士→翰林學士承旨，正奉大夫→榮祿大夫，平章政事	翰林學士王磐の推薦
呂䟦	1237～1314	京兆人	推薦	伴讀→陝西道按察司知事→四川行樞密院都事→奉訓大夫、四川行省左右司郎中→同知順慶路總管府事（疾辞）→國子司業→（喪辞）→華州知州→翰林侍讀學士＋陝西行省参知政事、東平郡公	許衡の推薦
王思廉	1238～1320	眞定路獲鹿人	推薦	掌書記（張徳輝）→（謝帰）→符寶局掌書→昭文舘待制→訓奉大夫、符寶局直長→翰林待制→中順大夫、典瑞少監→（典瑞）太監→嘉議大夫、同知大都留守，兼少府監事→正議大夫、樞密院判官→中奉大夫、翰林學士→（病）→工部尚書→征東行省参知政事→大名路總管→集賢學士→正奉大夫、太子賓客→翰林學士承旨、資善大夫＋翰林學士承旨、資徳大夫、河南江北等處行中書省右丞、上護軍，恒山郡公	董文忠の推薦
劉　岳	1239～　?	南康星子人	?	太醫院判→翰林學士→建昌路總管→…	
張伯淳	1242～1302	杭州崇徳人[南宋]	?	少擧童子科（南宋）→迪功郎、淮陰尉（南宋）→揚州司戸参軍（南宋）→擧進士（南宋）→臨安府都税院（南宋）→觀察推官（南宋）→太學録（南宋）→杭州路儒學教授→浙東道按察司知事→福建廉訪司知事→翰林直學士，奉訓大夫→慶元路總管府治中→翰林侍講學士	
趙與票	1242～1303	台州黄巖人[宋宗室]	推薦	登進士第（宋）→鄂州教授（宋）→翰林待制→（翰林）直學士→侍講→（下野）→…翰林學士＋通議大夫、禮部尚署、上輕車都尉、天水郡侯	伯顔の推薦
耶律希亮	1247～1327	契丹人	怯薛	速古兒赤、必闍赤→奉訓大夫、符寶郎→嘉議大夫、禮部尚書→吏部尚書→翰林學士承旨、資善大夫→翰林學士承旨、知制誥兼修國史＋推忠輔義守正功臣、資善大夫、集賢學士、上護軍，漆水郡公	耶律楚材の孫，鑄の子
劉敏中	1243～1318	濟南章丘人	?	中書掾→兵部主事→監察御史→（下野）→御史臺都事→燕南肅政廉訪副使→國子司業→翰林直學士，兼國子祭酒→宣撫使→東平路總管→陝西行臺治書侍御史→集賢學士，商議中書省事→集賢學士、皇太子贊善→商議中書省事→河南行省参知政事→治書侍御史→淮西肅政廉訪使→山東宣慰使→翰林學士承旨→＋光祿大夫、柱国，齊國公	
戴表元	1244～1310	慶元奉化人[南宋]	?	以三舍法登内舍生（南宋）→登進士乙科（南宋）→建康教授（南宋）（不就）→臨安教授（南宋）（不就）→信州教授→婺州教授（以病辞）→薦翰林、集賢修撰，博士（辞）	
尚　野	1244～1319	保定人	?	國史院編修官＋兼興文署丞→汝州判官→南陽縣尹→懷孟河渠副使→國子助教國子博士→國子司業→翰林直學士、知制誥同修國史→翰林侍講學士→集賢侍講學士、兼國子祭酒＋通奉大夫、太常禮儀院使、護軍，上黨郡公	

王　構	1245～1310	東平人	東平幕府	以詞賦中選→東平行臺掌書記→翰林國史院編修官→應奉翰林文字→（翰林）修→司直→吏部郎中→禮部郎中→太常少卿→淮東提刑按察副使→治書侍御史→翰林侍講學士→參議中書省事→濟南路總管→翰林學士承旨	賈居貞に学ぶ
王希賢	1246～1288	彰徳人	推薦	翰林國史院編修官→大司農司令史→翰林應奉→太常博士→陝西行省員外郎→知泗州	王博文(南臺中丞)の長子
曹元用	？～？	汶上人	推薦	鎮江路儒学正→翰林國史院編修官→掾史（御史臺）→中書省右司掾→應奉翰林文字→禮部主事→尚書省右司都事→員外郎→太常禮儀院經歷→翰林待制→（翰林）直學士→太子賛善→禮部尚書，兼經筵官→糾儀官→中奉大夫、翰林侍講學士，兼經筵官＋正奉大夫、江浙等處行中書省参知政事、護軍，東平郡公	閻復の推薦
暢師文	1247～1317	南陽人	推薦	右三部令史→掾属→東川行樞密院都事→四川北道宣慰司經歷→承直郎、潼川路治中→同知保寧路事→僉西蜀道提刑按察使事→監察御史→陝西漢中道巡行勸農副使→陝西漢中道提刑按察使事→僉本道肅政廉訪司事→山南道（肅政廉訪司事）？→山東道（肅政廉訪司事）？→國子司業→陝西行中書省理問官→（以疾家居）→陝西漢中道肅政廉訪副使（不赴）→太常少卿→翰林侍讀學士、朝請大夫、知制誥同修國史＋少中大夫→太平路總管→翰林侍讀學士、中奉大夫、知制誥同修國史→燕南河北道肅政廉訪使→（以病去官）→翰林學士、資徳大夫→（以病去官）＋資政大夫、河南江北等處行中書省左丞、上護軍，魏郡公＋推忠守正亮功臣	安童の推薦
劉　賡	1248～1328	洺水人	推薦	國史院編修官→應奉翰林文字→司徒府長史，兼應奉（翰林文字）→同知徳州事→太廟署丞、太常博士→監察御史→翰林直學士→翰林侍講學士→翰林學士＋兼禮部尚書→侍御史→翰林學士承旨，兼國子祭酒→集賢大學士，兼國子祭酒→（翰林學士）承旨→太子賓客→集賢大學士→翰林學士承旨＋光祿大夫	劉肅の孫
唐仁祖	1249～1301	畏兀人	怯薛(恩蔭)	諸貴冑爲質→蒙古掾→翰林直學士→工部侍郎→中書右司郎中→參議尚書省事→工部尚書→翰林學士承旨、中奉大夫→通奉大夫、将作院使→翰林學士承旨、資善大夫、知制誥兼修國史＋榮祿大夫、平章政事，洹國公	唐古直（太祖より仕え、札魯火赤となる）の孫
高　睿	1249～1314	河西人	（恩蔭）	符寶郎→唐兀衛指揮副使→翰林待制、禮部侍郎→嘉興路總管→江東道提刑按察使→同僉行樞密院事→浙西道肅政廉訪使→江南行臺侍御史→御史中丞→淮東道肅政廉訪使南臺御史中丞→推忠佐理功臣、太傅、開府儀同三司、上柱国＋寧國公	高智耀の子
程鉅夫	1249～1318	建昌南城人	推薦	質子→宣武將軍、管軍千戸→應奉翰林文字→翰林修撰→…→集賢直學士，兼秘書少監→翰林集賢直學士，同領會同舘事→参知政事（固辞）→御史中丞→集賢直學士→侍御史→行御史臺事→集賢學士→行御史臺事→閩海道肅政廉訪使→江南湖北道肅政廉訪使→翰林學士→山南江北道肅政廉訪使→翰林學士→山南江北道肅政廉訪使→浙東海右道肅政廉訪使→翰林學士承旨→光祿大夫＋大司徒、柱国，楚國公	丞相火禮霍孫の推薦
胡長孺	1249～1323	永康人	推薦	咸淳十年以任子入仕（南宋）→迪功郎、重慶府隔槽酒務（南宋）→翰林修撰→揚州教授→建昌教授→寧海主簿	
呉　澄	1249～1333	撫州崇仁人	推薦	應奉翰林文字→江西儒学副提擧→（以疾去官）→國子監丞→（國子）司業→集賢直學士→奉議大夫→翰林學士、太中大夫→經筵講官＋資善大夫＋江西行省左丞、上護軍，臨川郡公	程鉅夫の推薦

郭　貫	1250～1331	保定清苑人	推薦	樞密中書掾→南康路經歴→江西道提刑按察司判官→濟南路經歴→監察御史→僉湖南肅政廉訪司事→湖北道（肅政廉訪司事）→江西道（肅政廉訪司事）→御史臺都事→集賢待制→翰林學士→河東廉訪副使→吏部考巧郎→治書侍御史→禮部尚署→嘉議大夫→淮西廉訪使→侍御史→翰林侍講學士→淮西廉訪使→中書参知政事→（中書）左丞＋集賢大學士→太子詹事＋太子賓客→（帰家）→集賢大學士→（致仕）→翰林學士承旨（不起）＋光祿太傅、河南行省平章政事、柱國，蔡國公	
張仲壽	1252～？	銭塘人	？	…→翰林學士承旨	
王　約	1252～1333	眞定人	推薦	從仕郎、翰林國史院編修官，兼司徒府掾→中書掾→禮部主事→監察御史，承務郎→御史臺都事→中書右司員外郎→兵部郎中→禮部郎中→翰林直學士、知制誥同修國史→太常少卿→刑部尚書→禮部尚書→太子詹事丞→太子副詹事→河南行省右丞→集賢大學士→樞密副使→（致仕）→集賢大學士，商議中書省事	翰林學士王磐の推薦
虞　汲	？～？	臨川崇仁［南宋］	？	…→黄岡尉（南宋）…（宋亡）…→潭州路學正→…→翰林院編修官	宋丞相允文の四世孫
趙孟頫	1254～1322	湖州人［宋宗室］	推薦	試中吏部銓法（宋）→眞州司戸参軍（宋）→兵部郎中→集賢直學士→知濟南府總管府事→還京（纂修世祖實録）→知汾州→集賢直學士、江浙等處儒学提擧→泰州尹→翰林侍讀學士→集賢侍講學士、中奉大夫→翰林侍講學士→集賢侍講學士、資徳大夫→翰林學士承旨、榮祿大夫＋魏國公	程鉅夫の推薦
李之紹	1254～1326	東平平陰人	推薦	將仕左郎、翰林國史院編修官→（祖母疾）→編修官→將仕郎→應奉翰林文字→太常博士→（母丁憂）→太常博士→承事郎→承直郎、翰林待制→國子司業→奉政大夫、國子祭酒→朝列大夫、同僉太常禮儀院事→翰林直學士→（疾辞官）→翰林直學士→翰林侍講學士、知制誥同修國史	馬紹、李謙の推薦
李　孟	1255～1321	潞州上黨人	推薦	（行四川省）掾史（不赴）→晉原縣主簿（辞）→東宮（裕宗）→太常少卿→禮部侍郎→参知政事→（下野）→榮祿大夫、中書平章政事、集賢大學士，同知徽政院事→中書平章政事，光祿大夫＋秦國公＋翰林學士承旨、知制誥兼修國史→（以葬父母還）→中書平章政事，翰林學士承旨→監試官＋金紫光祿大夫、上柱国→韓國公→（以病帰里）→翰林學士承旨→集賢大學士、嘉議大夫→翰林學士承旨、金紫光祿大夫（既死）＋舊學同徳戴輔治功臣、太保、儀同三司、上柱国、魏國公	
同　恕	1255～1332	奉元人	推薦	至元間，選名士爲吏属（辞）→至大間，拝國子司業、儒林郎（不起）→魯齊書院→奉議大夫、太子左贊善→（以疾辞）→集賢事讀學士（以老疾辞）＋翰林直學士，京兆郡公	陝西行臺侍御史趙世延の推薦
不忽木	1255～1300	康里部大人	世祖召入	給事（裕宗東宮）→國學生→利用少監→燕南河北道提刑按察副使→燕南河北道提刑按察使→提刑按察使→参議中書省事→吏部尚書→工部尚書→刑部尚書→翰林學士承旨、知制誥兼修國史→中書平章政事→陝西行省平章政事→平章政事→昭文舘大學士、平章軍國事→御史中丞，領侍儀司事＋純誠佐理功臣、太傅、開府儀同三司、上柱国、魯國公（武宗時）	燕真（忽必烈侍従）の仲子
迦魯納答思	？～1312	畏吾兒人	推薦	翰林學士→翰林學士承旨、中奉大夫→榮祿大夫、大司徒＋開府儀同三司	安藏扎牙答思、世祖に薦む。初め、西番國師に従い、仏法、言字を学び、畏吾文を用いて經論を訳す

鄧文原	1259～1328	杭州人[南宋]	?	浙西轉運司（宋）→杭州路儒学正→崇徳州教授→應奉翰林文字→（翰林）修撰→（下野）→（翰林）修撰→江浙儒学提擧→國子司業→翰林待制→僉江南浙西道肅政廉訪司事→江東道（肅政廉訪司事）→集賢直學士＋兼國子祭酒＋兼經筵官→翰林侍講學士（以疾辞）→嶺北湖南道肅政廉訪使（以疾不赴）＋江浙行省参知政事	
趙　晟	1259～1332	淶水人	?	秀容縣尹→新城縣尹→安喜縣尹→西臺御史→四川憲僉→監察御史→…→燕南廉訪使→翰林直學士	趙柔の孫
陳　孚	1259～1309	台州臨海人	推薦	上蔡書院山長→翰林國史院編修官→禮部郎中（辞）→翰林待制，兼翰林國史院編修官→建徳路總管府治中→衢州路總管府治中→奉直大夫、台州路總管府治中	
趙世延	1260～1336	雍古族	世祖召入	承侍郎、雲南諸路提刑按察司判官→監察御史→奉議大夫→僉江南湖北道肅政廉訪司事→江南御史臺都事（丁内艱，不赴）→江南御史臺都事→中臺都事→中書左司都事→都事中臺→山東肅政廉訪副使→江南行臺治書侍御史→安西路總管→紹興路總管→四川肅政廉訪使→中奉大夫、陝西行臺侍御史→江浙行省参知政事→侍御史→中書参知政事→御史中丞→翰林學士承旨→光祿大夫、昭文館大學士→四川行省平章政事→集賢大學士→江南行臺御史中丞→御史中丞→中書右丞＋翰林學士承旨、光祿大夫，兼知經筵事＋同知樞密院事→御史中丞兼翰林學士承旨→江南行臺御史中丞→集賢大學士＋奎章閣大學士→中書平章政事＋翰林學士承旨，魯國公→涼國公→奎章閣大學士、翰林學士承旨、中書平章政事、魯國公＋世忠執法佐運翊亮功臣、太保、金紫光祿大夫、上柱國，魯國公	
張　昇	1261～1341	平州人	推薦	將仕郎、翰林國史院編修官→應奉翰林文字→（翰林）修撰→興文署令→太常博士→（太常禮儀院）判官→知汝寧府→江西行省左右司郎中→紹興路總管→湖北道廉訪使→江南行臺治書侍御史→参議中書省事→樞密院判官→中書参議→河東道廉訪使（未行）→治書侍御史→淮西道廉訪使→陝西行省参知政事＋中奉大夫→遼東道廉訪使→侍御史→山東道廉訪使→太禧院副使，兼奉贊神御殿事→河南省左丞→淮西道廉訪使→（致仕）→集賢侍講學士＋兼經筵官→奎章閣大學士、資善大夫、知經筵事（以病辞）＋資徳大夫、河南等處行中書省左丞	
郭士文	1262～1335	眞定人	?	…→大都路學教授→遠安縣主簿→…→翰林應奉	
齊履謙	1263～1329	大名人	星暦生	星暦生→星暦教授→保章生→司天臺官→授時郎秋官正，兼領冬官正事→國子監丞→奉直大夫、國子司業→僉太史院事→國子司業→濱州知州（以丁母憂不行）→太史院使→（還京）→太史院使＋翰林學士，資善大夫、上護軍，汝南郡公	
張　珪	1264～1327	易州定興人	世祖召入	管軍萬戸→昭勇大将軍、管軍萬戸、樞密副使→鎭國大将軍、江淮樞密副使→江南行御史臺侍御史→中奉大夫→浙西肅政廉訪使→僉樞密院事→江南行臺御史中丞→陝西行臺中丞（不赴）→太子諭徳→（太子）賓客→（太子）詹事（不就）→（御史）中丞→榮祿大夫、樞密副使→中書平章政事→大司徒→（丁母憂）→集賢大學士→中書平章政事＋蔡國公，知經筵事→翰林學士承旨、知制誥兼修國史，蔡國公、知經筵事→（以病還家）→商議中書省事（以疾不赴）	張弘範の子
袁　桷	1266～1327	慶元鄞縣人	推薦	擧茂才→麗澤書院山長→翰林國史院検閲官→應奉翰林文字、同知制誥，兼國史院編修官→（翰林）待制→集賢直學士→（以疾去官）→集賢直學士→翰林直學士、知制誥同修國史→（翰林）侍講學士→（辞帰）＋中奉大夫、江浙等處行中書省参知政事、護軍，陳留郡公	閻復、程鉅夫、王構の推薦
王執謙	1266～1313	大名人	推薦	符寶典書→…→翰林應奉	

宋　翼	1267～1332	澤州高平人	？	…→懐慶路教授→永寧主簿→翰林國史院編修官→翰林應奉→翰林修撰→監察御史→僉淮西憲→国史司業→太常同僉→僉院	
元明善	1269～1322	大名清河人	推薦	安豊、建康兩學正→掾行樞密院→（江西行中書省）掾史→掾南行臺→樞密院照磨→中書左曹掾→太子文學→翰林待制→翰林直學士→翰林侍講學士→禮部尚書→参議中書省事→翰林侍讀學士→湖廣行省参知政事→集賢侍讀學士→翰林學士＋資善大夫、河南行省左丞，清河郡公	拓跋魏の後裔
貢　奎	1269～1329	宣城人	？	池州齊山書院山長→太常奉禮郎→翰林應奉→江西儒學提擧→翰林待制→（辞帰養母）→集賢直學士	貢師泰の父
張養浩	1270～1329	濟南人	推薦	東平學正→禮部令史→御史臺掾史→丞相掾史→堂邑縣尹→司經（仁宗東宮）→監察御史→翰林待制→（罷官）→右司都事→翰林直學士→秘書少監→陝西行臺治書侍御史→右司郎中→禮部尚書→参議中書省事→（以父老棄官）→吏部尚書（不拝）→（丁父憂）→吏部尚書（不赴）→太子詹事丞兼經筵説書（辞）→淮東廉訪使（辞）→翰林學士承旨（辞）→陝西行臺中丞＋攄誠宣恵功臣、榮祿大夫、陝西等處行中書省平章政事，柱国，濱國公	
柳　貫	1270～1342	浦陽人	？	江山縣儒學教諭→昌國州學正→國子助教→國子博士→太常博士→江西儒學提擧→翰林待制	黄溍、虞集、掲傒斯と共に、儒林四傑と称される
楊　載	1271～1323	杭州人	推薦	翰林國史院編修官→管領係官海船萬戸府照磨，兼提控案牘→延祐初登進士第→承務郎、饒州路同知浮梁州事→儒林郎、寧國路總管府推官	戸部賈國英の推薦
周　貞	1271～1341	清苑人	？	翰林院譯掾→監廣盈倉→慶元海運副千戸→知東勝州→和寧兵馬使→中興路總管→僉宣徽院事	
迭里威失	？～？	伊吾廬人	怯薛	宿衛（成宗）→河西廉訪司僉事→監察御史→淮西廉訪副使→中書左司員外郎→枢密院参議判官→翰林侍講學士→河間路總管→遼陽行省参知政事	
范　梈	1272～1330	清江人	推薦	翰林院編修官→海南海北道廉訪使照磨→江西湖東（道廉訪使照磨）→翰林應奉→福建閩海道知事→湖南嶺北道廉訪司經歴	董士選の家塾出身
薩都剌	1272～1340	回回人	泰定科挙	泰定四年進士第→翰林應奉→鎭江路録事司達魯花赤→南臺掾→燕南憲司照磨→福建憲司知事→燕南憲司經歴→淮西憲司經歴→（棄官）	
虞　集	1272～1348	臨川崇仁	推薦	大都路儒学教授→國子助教→（丁内艱）→（國子）助教→（國子）博士→太常博士→集賢修撰→翰林待制，兼國史院編修官→國子司業→秘書少監→翰林直學士＋國子祭酒＋經筵→奎章閣侍書學士→免國子祭酒＋通奉大夫，江西行中書省参知政事、護軍，仁壽郡公	董士選の家塾出身
掲傒斯	1274～1344	龍興富州人	推薦	翰林國史院編修官＋應奉翰林文字→國子助教→翰林應奉文字→奎章閣授經郎→藝文監丞→翰林待制→集賢學士，中順大夫→奎章閣供奉學士→翰林直學士→（翰林）侍講學士、同知經筵事→中奉大夫→總裁官＋護軍，豫章郡公	程鉅夫、盧摯の推薦
歐陽玄	1274～1358	瀏陽人	延祐科挙	延祐元年進士出身→岳州路平江州同知→太平路蕪湖縣尹→武岡縣尹→國子博士→國子監丞→翰林待制，兼國史院編修官→藝文少監→藝文太監、檢校書籍事→太常禮儀院事→翰林直學士＋國子祭酒→翰林學士→辞官→翰林學士（以疾未行）→翰林學士承旨→福建廉訪使→浙西廉訪使→翰林學士承旨→湖廣行中書省右丞→翰林學士承旨，光祿大夫＋崇仁昭徳推忠守正功臣、大司徒、柱国，楚國公	
劉　光	1275～1326	上饒人	？	…→翰林國史院編修官	

王　結	1275～1336	易州定興人	怯薛	宿衞（仁宗）→典牧太監→太中大夫→集賢直學士→順徳路總管→揚州路總管→寧國路總管→僉江東廉訪司事（不赴）→東昌路總管→参議中書省事→吏部尚書→集賢侍讀學士、中奉大夫→浙西廉訪使→（以疾還）→遼陽行省参知政事→刑部尚書→陝西行省参知政事→同知儲慶司事→中書参知政事→集賢時讀學士→浙西廉訪使（未行）→翰林學士、資善大夫、知制誥同修國史→中書左丞→翰林（疾不赴）＋資政大夫、河南江北等處行中書省右丞、護軍、太原郡公	
杜　本	1276～1350	清江人	推薦	御史大夫→（帰隠武夷山中）→翰林待制、奉議大夫，兼國史院編修官（固辞）	忽剌朮、脱脱の推薦。いずれも、就かず
諳都剌	1277～1346	凱烈氏	？	翰林院札爾里赤→應奉翰林文字→翰林待制→遼州達魯花赤→集賢直學士→襄陽路達魯花赤→益都路總管	
楊景行	1277～1347	太和人	延祐科挙	延祐二年進士第→會昌州判官→永新州判官→贛省照磨→宜黄縣尹→撫州路推官→歸安縣尹→翰林待制	
黄　溍	1277～1357	婺州義烏人	延祐科挙	延祐二年進士第→台州寧海丞→諸曁州判官→應奉翰林文字、同知制誥，兼翰林國史院編修官→國子博士→江浙等處儒學提擧→秘書少監→致仕→翰林直學士、知制誥同修國史＋經筵官→（翰林）侍講學士、知制誥同修國史、同知經筵事＋中奉大夫、江西等處行中書省参知政事、護軍，江夏郡公	
程端學	1278～1334	鄞縣人	泰定科挙	泰定元年進士第→國子助教→翰林國史院編修官→瑞州路經歴	
贍　思	1278～1351	大食人	文宗召入	應奉翰林文字→（以母老辞）→國子博士（丁内艱，不赴）→陝西行臺監察御史→僉浙西肅政廉訪司事→僉浙東肅政廉訪司事（以病辞）→江東肅政廉訪副使→秘書少監（辞）＋嘉議大夫、禮部尚書、上輕車都尉，恒山郡侯	
答里麻	1279～　？	高昌人	怯薛	宿衞→御藥院達魯花赤→回回藥物院→僉湖北、山南兩道廉訪司事→監察御史→河東道廉訪副使→燕南道廉訪副使→濟寧路總管→福建廉訪使→浙西廉訪使→上都同知留守→淮東廉訪使→刑部尚書→遼陽行省参知政事→山東廉訪使→大都路留守→河南行省右丞→翰林學士承旨→陝西行臺中丞→商議中書平章政事(不拝)	
馬祖常	1279～1338	雍古部	延祐科挙	郷貢、會試中第一，廷試第二→應奉翰林文字→監察御史→宣政院經歴→社稷署令→開平縣尹→翰林待制→典寶少監、太子左贊善→翰林直學士→禮部尚書→（丁祖母憂）→右贊善→禮部尚書（辞）→内尉（燕王）→禮部兩知貢→参議中書省事→治書侍御史→徽政副使→江南行臺中丞→同知徽政院事→御史中丞→樞密副使→（辞）→江南行臺中丞→陝西行臺中丞＋攄忠宣憲協正功臣、河南行省右丞、上護軍、魏郡公	
孛朮魯翀	1279～1338	鄧州順陽人	推薦	襄陽縣儒學教諭→汴梁路儒學正→翰林國史院編修官→河東道廉訪司經歴→陝西行臺監察御史→監察御史→右司都事→翰林修撰→左司都事→右司員外郎→國子司業→河南行省左右司郎中→燕南河北道廉訪使→僉太常禮儀院事＋兼經筵官→禮儀使→陝西漢中道廉訪使→僉太禧宗禋院，兼祗承神御殿事→集賢直學士，兼國子祭酒→禮部尚書，中憲大夫→江浙行省参知政事→帰郷里→翰林侍講學士（疾辞）＋通奉大夫、陝西行省参知政事、護軍，南陽郡公	
謝　端	1279～1340	遂寧人	延祐科挙	延祐五年擢進士乙科→承事郎、潭州路同知湘陰州事→國子博士→太常博士→翰林修撰→翰林待制→國子司業→翰林直學士，太中大夫	

宋　本	1281～1334	大都人	至治科挙	至治元年進士第一→翰林修撰→監察御史→國子監丞→兵部員外郎→中書左司都事→禮部郎中→吏部侍郎→禮部侍郎→藝文太監→奎章閣學士院供奉學士→河東廉訪副使→禮部尚書＋兼經筵官→陜西行臺治書侍御史（不拝）→奎章閣學士院承制學士，兼經筵官→集賢直學士，兼國子祭酒，兼經筵官→太中大夫	
伯帖木兒	1282～1326	西土人	仁宗潛邸	正議大夫、懷孟路總管府達魯花赤，兼管諸路軍奥魯管内勸農事→太子府正→中奉大夫、陜西等處行尚書省参知政事→太子家令，正奉大夫→資徳大夫、大都留守，兼少府監→侍御史→翰林學士承旨、知制誥兼修國史→大都留守，兼少府監→武衛親軍都指揮使＋中書平章政事＋翰林學士承旨→榮祿大夫	曲樞の次子
別兒怯不花	？～1350	燕只吉解	明宗藩邸	侍明宗藩邸→國子學諸生→宿衛（仁宗）→八番宣撫司懷遠大将軍→八番宣撫司達魯花赤→同知太常禮儀院事→監察御史→中書右司郎中→参議中書省事→吏部尚書→廣西両江道宣慰使司都元帥→江浙行省参知政事→禮部尚書→徽政院副使→侍御史→（領宿衛）→榮祿大夫、宣徽使→開府儀同三司→御史大夫、知經筵事→中書平章→江浙行省左丞相→翰林學士承旨→（掌宿衛）→中書左丞相→右丞相→太保	興聖太后及び武宗の命により、明宗藩邸に侍す
阿魯圖	？～1351	阿兒刺氏	怯薛（恩蔭）	經正監→怯薛→環衛→翰林學士承旨→知樞密院事→廣平王→中書右丞相、監修國史→太傅	博爾朮（太祖に従い右手萬戸、廣平王となる）の四世孫
張起巖	1285～1353	章丘人	延祐科挙	福山縣學教諭→延祐乙卯進士（首選）→同知登州事→集賢修撰→國子博士→國子監丞→翰林待制，兼國史院編修官→（丁内艱）→監察御史→中書右司員外郎→左司郎中，兼經筵官→太子右賛善→（丁外艱）→燕王府司馬→禮部尚書→大禮使→参議中書省事→翰林侍講學士、知制誥同修國史，同知經筵事→陜西行臺侍御史→翰林侍講學士→江南行臺侍御史→侍御史→燕南廉訪使→江南行臺御史中丞→翰林學士承旨、知制誥兼修國史、知經筵事→御史中丞→翰林學士承旨，總裁官→榮祿大夫	
小雲石海涯	1286～1324	畏兀兒人	怯薛（恩蔭）	兩淮萬戸達魯花赤→宿衛（英宗）→翰林侍讀學士、中奉大夫、知制誥同修國史＋集賢學士、中奉大夫、護軍京兆郡公	阿里海涯の孫
許有壬	1287～1364	湯陰人	推薦	開寧路學正→開寧路教授→山北廉訪使書吏→延祐二年進士第→同知遼州事→山北廉訪司經歴→吏部主事→江南行臺監察御史→監察御史→詹事院中議→中書左司員外郎→右司郎中→左司郎中→（丁父憂）→兩淮都轉運鹽司使→参議中書省事→（丁母憂）→参議→治書侍御史→奎章閣學士院侍書學士→中書参知政事、知經筵事→侍御史→中書参知政事→中書左丞→（病帰）→江浙行省左丞（辞）→翰林學士（辞）→浙西廉訪使（未上）→翰林學士承旨，知經筵事→御史中丞→（病帰）→河南行省左丞→集賢大學士→樞密副使→中書左丞→集賢大學士，兼太子左諭徳，光祿大夫	暢師文の推薦
張　翥	1287～1368	晉寧人	推薦	國子助教→（退居）→翰林國史院編修官→翰林應奉→翰林修撰→太常博士→禮儀院判官→翰林直學士→翰林侍講學士→翰林侍讀學士，兼國子祭酒→集賢學士→翰林學士承旨→致仕→榮祿大夫→河南行省平章政事	傅巖起の推薦
陳　旅	1288～1342	興化莆田人	推薦	閩海儒學官→國子助教→江浙儒學副提擧→應奉翰林文字→國子監丞→文林郎	御史中丞馬祖常、中書平章政事趙世延の推薦

陳思謙	1289～？	洛陽人	高昌王推薦	典寳監經歴→禮部主事→西行臺監察御史→太禧宗禧院都事→監察御史→右司都事→兵部郎中→御史臺都事→淮西道廉訪副使→（疾帰）→中書省員外郎→兵部侍郎→（丁内艱）→右司郎中→参議中書省事→刑部尚書→湖南廉訪使→淮東宣慰使都元帥→浙西廉訪使、湖廣行中書省参知政事（辞）→淮西廉訪使→集賢侍講學士→治書侍御史→御史中丞→榮祿大夫，御史中丞＋宣猷秉憲佐治功臣、翰林學士承旨、榮祿大夫、柱国，魯國公	文宗天暦年間、諸賢収攬の際、推挙される
黄清老	1290～1348	邵武人	泰定科挙	泰定四年進士→翰林典籍→翰林檢閲→翰林應奉→湖廣儒學提舉	
回　回	1291～1341	康里氏	成宗宿衛	宿衛（成宗）→太常寺少卿→太常院使→大司農卿→山南廉訪使→江南行臺治書侍御史→淮西廉訪使→河南廉訪使→戸部尚書→南臺侍御史→参議中書→太子詹事丞→山東廉訪使→翰林侍講學士→江浙行省右丞→宣政院使→中書右丞（辞）	不忽木の子
買　訥	？～？	唐兀烏密氏	？	…→翰林學士承旨	立智理威(秦國公)の長子
埜先帖木兒	？～？	蒙古忙兀氏	？	…→知樞密院事→河南江北等處行中書省左丞相→開府儀同三司、翰林學士承旨	博羅歡(泰安王)の三子
阿鄰帖木兒	？～？	畏兀人	？	…→翰林待制→榮祿大夫、翰林學士承旨→光祿大夫、知經筵事	月兒思蠻(秘書太監)の子
王思誠	1291～1357	兗州嵫陽人	至治科挙	至治元年進士第→管州判官→國子助教→翰林國史院編修官→應奉翰林文字→翰林待制→奉議大夫、國子司業→監察御史→僉河南山西道肅政廉訪司事→秘書監丞→國子司業→兵部侍郎→丁内憂→太中大夫、河間路總管→禮部尚書→國子祭酒→禮部尚書，知貢擧→集賢侍講學士，兼國子祭酒→陝西行臺治書侍御史→通議大夫、國子祭酒	
張　樞	1292～1348	婺州金華人	？	本府長史（辞）→翰林修撰、儒林郎、同知制誥兼國史院編修官（辞）	至正三年、三史纂修のために、張樞を召すも就かず
宇文公諒	1292～？	呉興人	元統科挙	元統元年進士第→徽州路同知婺源州事→（丁内艱）→同知餘姚州事→同知會稽縣事→高郵府推官→國子助教→應奉翰林文字、同知制誥，兼國史院編修官→國子監丞→江浙儒學提擧→僉嶺南廉訪司事	
呂思誠	1293～1357	平定州人	泰定科挙	國子學陪堂生→泰定元年進士第→同知遼州事（未赴）→（丁内艱）→景州蓚縣尹→翰林國史院検閲官→翰林國史院編修官→國子監丞→國子司業→監察御史→僉廣西廉訪司事→僉浙西廉訪司事→國子司業→中書左司員外郎→左司郎中→（罷）→右司郎中→刑部尚書→治書侍御史→侍御史→河東廉訪使→集賢侍讀學士，兼國子祭酒→湖廣行省参知政事→湖北廉訪使→中書参知政事→中書左丞→御史中丞→中書左丞、知經筵事→兼翰林學士承旨、知制誥兼修國史，榮祿大夫→樞密副使，知經筵事→中書左丞→集賢學士，兼國子祭酒→中書左丞→光祿大夫，大司農	
陳　植	1293～？	永豊人	元統科挙	元統元年進士第→南康路録事→…→翰林待制→博羅縣尹	
宋　褧	1294～1346	大都人	泰定科挙	泰定元年進士第→秘書監校書郎→翰林修撰→監察御史→僉山南憲→西臺都事→翰林待制→国史司業→翰林直學士	宋本の弟
雷　機	1294～1351	建安人	延祐科挙	延祐五年進士第→古田縣丞→延平路知事→邵武路經歴→興化縣尹→湖廣儒學副提擧→延平路推官→惠安縣尹→汀州路推官→翰林待制	

蘇天爵	1294～1352	眞定人	國子學生	國子學生→從仕郎、大都路薊州判官→（丁内外艱）→功德使司照磨→翰林國史院典籍官→應奉翰林文字→翰林修撰→江南行臺監察御史→監察御史→奎章閣授經郎→監察御史→翰林待制→中書右司都事，兼經筵參贊官→刑部郎中→御史臺都事→禮部侍郎→淮東道肅政廉訪使→樞密院判官→吏部尚書→陜西行臺治書侍御史→吏部尚書→參議中書省事→湖廣行省参知政事→陜西行臺侍御史→集賢侍講學士，兼國子祭酒→山東道肅政廉訪使→集賢侍講學士→京畿奉使宣撫→（罷帰）→湖北道宣慰使、浙東道廉訪使（未行）→江浙行省参知政事→大都路都總管→（以疾帰）→兩浙都轉運使→江浙行省参知政事	
李好文	？～？	大名東明人	至治科挙	至治元年進士第→大名路濬州判官→翰林國史院編修官、國子助教→太常博士→國子博士→（丁内憂）→國子監丞→監察御史→僉河南、浙東兩道廉訪司事→僉太常禮儀院事→國子祭酒→陜西行臺治書侍御史→河東道廉訪使→同知太常禮儀院事→江南行臺治書侍御史（未行）→禮部尚書→治書侍御史→參議中書省事→治書侍御史→陜西行臺治書侍御史→翰林侍講學士，兼國子祭酒→集賢侍講學士，兼國子祭酒→湖廣行省参知政事→湖北道廉訪使→太常禮儀院使→翰林學士兼諭德→翰林學士承旨，榮祿大夫→光祿大夫、河南行省平章政事，翰林學士承旨	
李　泂	？～？	滕州人	推薦	翰林國史院編修官→帰郷里→中書掾→集賢院都事→太常博士→監修國史長史→秘書監著作郎、太常禮儀院經歴→翰林待制（以親喪辞）→（帰郷里）→翰林待制→翰林直學士→奎章閣承制學士→翰林直學士	姚燧の推薦
王　時	？～？	大寧人	？	…→中書参知政事→中書左丞→…→翰林學士承旨	王克敬の子
韓　鏞	？～？	濟南人	延祐科挙	延祐五年進士第→將仕郎、翰林國史院編修官→集賢都事→國子博士→監察御史→僉浙西廉訪司事→江浙財賦副總管→國子司業→南行臺治書侍御史→僉宣徽（院事）→僉樞密院事→翰林侍講學士→侍御史→（罷去）→參議中書省事→饒州路總管→中書参知政事→甘肅行省参知政事→西行臺中丞	
伯　顏	1295～1345	康里氏	怯薛	宿衛→承直郎、集賢待制→兵部郎中→秘書監丞→同僉太常禮儀院事→監察御史→河東廉訪副使→秘書太監→侍儀使→中書右司郎中→集賢直學士→江南行臺治書侍御史→禮部尚書→會同舘事尚書→兼經筵官→江南臺治書侍御史→奎章閣學士院承制學士，兼經筵官→侍書學士、同知經筵事→奎章閣學士院大學士、知經筵事→浙西廉訪使→大學士、知經筵事→翰林學士承旨、知制誥兼修國史、知經筵事→江浙行省平章政事→翰林學士承旨	回回の弟
巙　巙	1295～1358	哈剌魯氏	？	翰林待制→（辞帰）→江西廉訪僉事→（以病免）＋奉議大夫、僉太常禮儀院事	金史編纂に参加する
王　相	1296～1361	吉水人	至治科挙	至治元年進士→桂陽平陽丞→上猶尹→溼縣尹→國子助教→翰林修撰、國子博士	
呉　當	1297～1361	撫州崇仁人	推薦	以父蔭授萬億四庫照磨（未上）→國子助教→翰林修撰→國子博士→國子監丞→國子司業→禮部郎中→翰林直學士→江西肅政廉訪使→撫州路總管→（罷官）→中奉大夫、江西行省参知政事	呉澄の孫
樊執敬	？～1352	濟寧鄆城人	國子生	國子生→授經郎→…→侍御史→山南道廉訪使→湖北道廉訪使→江浙行省参知政事＋翰林學士承旨、榮祿大夫、柱国，魯國公	
李　穀	1298～？	高麗人	元統科挙	元統元年進士→翰林檢閲→（東還）	
李　黼	1298～1352	穎州人	泰定科挙	國學生→泰定四年左榜進士第一→翰林修撰→河南行省検校官→禮部主事→監察御史→江西行省郎中→國子監丞→宣文閣監書學士，兼經筵官→秘書太監→禮部侍郎→江州路總管→江西行省参政、行江州、南康等路軍民都總管＋攄忠秉義効節功臣、資徳大夫、淮南江北等處行中書省左丞、上護軍，隴西郡公	

鄭　玉	1298～1358	徽州歙縣人	？	師山書院→翰林待制、奉議大夫（辞）	
貢師泰	1298～1362	寧國宣城人	泰定科挙	國子學諸生→泰定四年進士第→從仕郎、太和州判官→（丁外艱）→徽州路歙縣丞→江浙行省掾→應奉翰林文字→（丁内艱）→紹興路總管府推官→翰林應奉→宣文閣授經郎→翰林待制→國子司業→禮部郎中→吏部郎中→監察御史→吏部侍郎→兵部侍郎→都水庸田使→江西廉訪副使（未行）→福建廉訪使→禮部尚書→平江路總管→兩浙都轉運鹽使→江浙行省参知政事→戸部尚書→秘書卿	
周伯琦	1298～1369	饒州鄱陽人	（恩蔭）	以蔭授將仕郎、南海縣主簿→…→翰林修撰→宣文閣授經郎→僉廣東廉訪司事→翰林待制→翰林直學士→兵部侍郎→監察御史→崇文太監，兼經筵官→（丁内艱）→江東肅政廉訪使→兵部尚書（未行）→浙西肅政廉訪使→江浙行省参知政事→同知太常禮儀院事→資政大夫、江浙行省左丞	周應極の子
賀據徳	1299～1331	太原清源人	泰定科挙	泰定四年進士第→翰林國史院編修官→…	
李　祁	1299～？	茶陵人	元統科挙	元統元年左榜進士第二→翰林應奉→（以母老養江南）→婺源州同知→江浙儒學副提擧→（丁憂）	
太　平	1301～1363	鄂縣人	（恩蔭）	虎賁親軍都指揮使→陝西漢中道廉訪副使→工部尚書→上都留守同知→樞密副使→同知樞密院事→御史中丞→中書参知政事（辞）→右丞（辞）→總裁官→中書平章政事→宣徽院使→御史大夫→中書平章政事→左丞相→同監修國史→翰林學士承旨→江浙行省左丞相→淮南行省左丞相，兼知行樞密院事→遼陽行省左丞相→中書左丞相→太保→太傅	初め、姓は賀氏。後に蒙古氏を賜わる
張以寧	1301～1370	福州古田人	泰定科挙	泰定四年進士第→黄巖州判官→六合縣尹→國子助教→翰林侍講學士→翰林侍讀學士	
楊惟肖	1302～1341	灃陽人	至順科挙	至順三年中郷試→翰林書寫→…	
程　益	1303～？	濟南章丘人	元統科挙	元統元年進士→翰林檢閲→翰林國史院編修官→秘書郎→國子博士→監察御史→河西廉訪司僉事	
余　闕	1303～1358	唐兀氏	元統科挙	元統元年進士第二→同知泗州事→應奉翰林文字→中書刑部主事→（下野）→翰林待制→監察御史→中書禮部員外郎→湖廣行省左右司郎中→集賢經歴→翰林待制→浙東道廉訪司事→（丁母憂）→副使、僉都元帥事→同知、副元帥→都元帥→江淮行省参知政事→江南行省左丞＋攄誠守正清忠諒節功臣、榮祿大夫、淮南江北等處行中書省平章政事、柱国、豳國公	
危　素	1303～1372	撫州金溪人	推薦	經筵檢討→國子助教→翰林國史院編修官→太常博士→監察御史→大司農丞→禮部尚書→参議中書省事，兼經筵官→参知政事→翰林學士承旨→嶺北行省左丞→（棄官）→翰林學士承旨→（明兵入大都）→翰林侍講學士（明）＋兼弘文舘學士（明）→免官	
王明嗣	1304～？	舞陽人	元統科挙	元統元年進士→翰林修撰→國子司業→…	
泰不華	1304～1352	伯牙吾台氏	至治科挙	江浙郷試第一，至治元年進士及第→集賢修撰→秘書監著作郎→江南行臺監察御史→典籤→中臺監察御史→河南廉訪司事→江西（廉訪司事）江南行御史臺經歴（辞）→江浙行省左右司郎中→秘書監→禮部侍郎→紹興路總管→秘書卿→禮部尚書，兼會同舘事→江東廉訪使→翰林侍讀學士、知制誥同修國史→都水庸田使→浙東道宣慰使都元帥台州路達魯花赤→江浙行省参知政事，行台州路達魯花赤（既死）＋榮祿大夫、江浙行省平章政事、柱国、魏國公	

李 稷	1304～1364	滕州人	泰定科挙	泰定四年進士第→淇州判官→海陵縣丞→翰林國史院編修官→御史臺照磨→江南行臺監察御史→都事→監察御史→中書左司都事→……→戸部尚書→参議中書省事→治書侍御史→詹事丞→侍御史→中書省参知政事→大禮使→樞密副使→太常少卿→侍御史→中書参知政事→資善大夫、御史中丞→榮祿大夫→（丁母憂）→陝西行臺左丞。樞密副使→大都路總管，兼大興府尹→副詹事→陝西行臺中丞（未行）→山東廉訪使＋推忠贊理正憲功臣、集権大學士、榮祿大夫、柱国，齊國公	
成 遵	1304～1359	南陽穰縣人	元統科挙	國子生→元統元年進士第→將仕郎、翰林國史院編修官→應奉翰林文字→御史臺掾→太常博士→中書檢校→監察御史→刑部員外郎→陝西行省員外郎→以母病辞官→（丁母憂）→僉淮東肅政廉訪司事→禮部郎中→刑部郎中→御史臺都事→戸部侍郎→中書右司郎中→工部尚書→大都河間等處都轉運鹽使→武昌路總管→江南行臺治書侍御史→参議中書省事→治書侍御史→中書参知政事→中書左丞→資善大夫	
褐 傒	1304～1373	豊城人	（恩蔭）	秘書郎→翰林國史院編修官→太常博士→翰林修撰→禮部員外郎→江西憲僉→秘書少監	褐傒斯の子
歸 暘	1305～1367	汴梁人	至順科挙	至順元年進士第→同知穎州事→大都路儒學提擧（未上）→國子博士→監察御史→（辞官）→僉河南廉訪司事→僉淮東廉訪司事→宣文閣監書博士，兼經筵譯文官→右司都事→左司員外郎→参議樞密院事→御史臺都事→参議樞密院事→樞密院判官→河西廉訪使（未上）→禮部尚書→贊善＋翰林直學士、同修國史→四川行省参知政事（辞）→刑部尚書（辞）→刑部尚書（辞）→集賢學士，兼國子祭酒→資徳大夫	
張 楨	1305～1368	汴人	元統科挙	元統元年進士第→彰徳路録事→河南行省掾→高郵縣尹→中政院判官→監察御史→僉山南道肅政廉訪司事→（去官）→贊善（辞）→翰林學士（辞）	
亦憐真班	？～1354	唐兀氏	怯薛	宿衛→翰林侍講學士、中奉大夫→同知通政院事，虎符唐兀親軍都指揮使→資善大夫典瑞院使→太子家令→資正大夫、同知樞密院事→侍御史，兼指揮使→翰林學士承旨、榮祿大夫→巧徳使，指揮使→陝西行省平章政事（未行）→翰林學士承旨→江南行臺御史大夫→光祿大夫、御史大夫→宣政院使→甘肅行省平章政事→銀詹榮祿大夫、知樞密院事，太醫院→金紫光祿大夫→御史大夫、知經筵事，兼宣忠斡羅思扈衛親軍指揮使→江浙行省平章政事→湖廣行省左丞相→知樞密院事→江浙行省左丞相→江西行省左丞相＋推忠佐運正憲秉義同徳功臣，齊王	
達識帖睦邇	？～1364	康里人	國子學生	國學生→世冑補官→太府監提點→治書侍御史→樞密院同知→中書右丞、翰林承旨→大司農→江浙行省平章政事→大司農→湖廣行省平章政事→大司農→河南行省平章政事→淮南行省平章政事→中書平章政事→江浙行省左丞相→兼知行樞密院事→太尉	
搠思監	？～1364	怯烈氏	怯薛（恩蔭）	宿衛→必闍赤怯薛官→内八府宰相→福建宣慰使都元帥→江浙行省参知政事→湖北道肅政廉訪使（未行）→江浙行省右丞→山東肅政廉訪使→中政使→陝西行臺御史中丞→中政使→太府卿→中書参知政事→中書右丞→御史中丞→翰林學士承旨→御史中丞→資政使→宣徽使→大宗正府也可扎魯火赤→中書右丞→中書平章政事，光祿大夫→御史大夫→銀詹榮祿大夫→中書平章政事→御史大夫→中書平章政事→陝西行省平章→知樞密院事→中書平章，兼大司農分司→首平章→御史大夫→中書左丞相→中書右丞相＋太保→解機務→遼陽行省左丞相（未行）→中書右丞相	亦憐眞の子
慶 童	？～1368	康里氏	怯薛（恩蔭）	知仁廟，給事内廷→宿衛→大宗正府掌判→上都留守→江西、河南二行省平章政事→太府卿→上都留守→遼陽行省平章政事→平章→行省江浙→翰林學士承旨→淮南行省平章政事→江浙行省平章政事→福建行省平章政事→江南行臺御史大夫→中書平章政事→陝西行省左丞相→中書左丞相	斡羅思（益國公）の子

劉斗鳳	1307～1338	鄱陽人	推薦	句容縣學教諭→…→翰林應奉（未上卒）	
月魯不花	1308～1366	蒙古遜都思氏	元統科挙	元統元年進士第→將仕郎、台州路録事司達魯花赤→都水監經歴→廣東廉訪使經歴→集賢待制→吏部員外郎→（丁母憂）→吏部郎中→監察御史→吏部侍郎→工部侍郎→保定路達魯花赤→吏部尚書→中奉大夫→詳定使→大都路達魯花赤→吏部尚書→翰林侍講學士→大都路達魯花赤→資善大夫→江南行御史臺中丞→榮祿大夫→浙西肅政廉訪使→山南道廉訪使＋忠宣武正憲徇義功臣、銀詹榮祿大夫、遼陽等處行中書省平章政事、上柱國	
黄溍	1308～1368	撫州金谿人	推薦	…→淮南行省照磨（未行）→國子助教→太常博士→國子博士→國子監丞→翰林待制，兼國史院編修官	左丞相太平の推薦
宋　濂	1310～1381	金華人	推薦	→翰林國史院編修官（辞）→（隠龍門山）→江南儒學提擧（明）→起居注（明）→翰林學士（明）→翰林學士承旨（明）	
李士瞻	1313～1367	漢上人	推薦	中書右司掾→刑部主事→樞密院經歴→戸部尚書→福建海漕→中書参議→参政→翰林學士承旨	
陳祖仁	1314～1368	汴人	至正科挙	至正二年進士及第→翰林修撰、同知制誥，兼國史院編修官→太廟署令→太常博士→翰林待制→僉山東肅政廉訪司事→監察御史→山北肅政廉訪司副使→翰林直學士→翰林侍講學士→参議中書省事→治書侍御史→（辞職）→甘肅行省参知政事→山北道肅政廉訪使→國子祭酒→樞密副使→（辞職）→翰林學士→中書参知政事→榮祿大夫→翰林學士→太常禮儀院使	
朶爾直班	1315～1354	蒙古札剌兒氏	文宗召入	尚衣奉御→工部郎中→監察御史→太府監→奎章閣學士院供奉學士→承制學士，皆兼經筵官→侍書學士、同知經筵事→翰林學士→資善大夫→知經筵事→大宗正府也可扎魯火赤→淮東肅政廉訪使→江南行臺治書侍御史→江西行省左丞→資正院使→中書参知政、道知經筵事→右丞→御史中丞→遼陽行省平章政事→榮祿大夫→太常禮儀院使→中政使→資正院→中書平章政事→光祿大夫→陝西行臺御史大夫→湖廣行省	木華黎の七世子孫
楊　恕	？～？	平定樂平人[金朝]	？	登進士第（金）→…→燕京行省左司都事→翰林待制→…→知易州	
夾谷之奇	？～？	女眞加古部	東平幕府	濟寧教授→中書省掾→行省左右司都事→僉江南浙西道提刑按察司事→僉江北淮東（提刑按察司事）→吏部郎中→左贊善大夫→翰林直學士→吏部侍郎→侍御史→（丁母憂）→吏部尚書	
鄭陶孫	？～？	處州人［南宋］	世祖召入	進士第（南宋）→監西嶽祠（南宋）→翰林國史院編修官→應奉翰林文字→…→江西儒學提擧	
許國禎	？～？	絳州曲沃人	世祖潛邸	世祖潛邸→榮祿大夫、提點太醫院事→禮部尚書→集賢大學士→光祿大夫→翰林集賢大學士＋金紫光祿大夫＋推誠廣徳協恭翊亮功臣、翰林學士承旨、上柱国，薊國公	
王利用	？～？	通州潞縣人	世祖潛邸	世祖潛邸→中書掾（不就）→監鑄百司印章→太府内藏官→山東經略司詳議官→北京奥魯同知→安肅、汝、蠡、趙四州知州→監察御史→翰林待制，兼興文署→直學士→河東、陝西燕南三道提刑按察副使、四川提刑按察使→安西、興元兩路總管→太子賓客＋榮祿大夫、柱国、中書平章政事，潞國公（武宗）	
周　止	？～？	濱州人	世祖潛邸	世祖潛邸→…→中書都事→河南憲僉→遼東憲副→江東宣慰副使→湖南、湖北両道按察使→翰林侍讀學士	
伯　都	？～？	西土人	仁宗潛邸	仁宗潛邸→翰林學士、嘉議大夫→中奉大夫、典寶監卿→資徳大夫、治書侍御史→榮祿大夫→中書平章政事→侍御史→中書参知政事→右丞	曲樞(中書右丞)の長子
王　沂	？～？	眞定人	延祐科挙	延祐二年進士→翰林國史院編修官→國子博士→翰林待制→禮部尚書	

楊宗瑞	？～？	醴陵人	延祐科挙	延祐二年進士第→翰林修撰→…→禮部郎中→…→国史祭酒→翰林侍講學士→翰林侍讀學士	
楊景行	？～？	吉安太和州人	延祐科挙	延祐二年進士第→贛州路會昌州判官→永新州判官→江西行省照磨→撫州路宣黄縣尹→撫州路總管府推官→湖州路歸安縣尹…→翰林待制、朝列大夫	
廉惠山海牙	？～？	畏吾兒人	至治科挙	至治元年進士第→承事郎、同知順州事→監察御史→都水監→秘書丞、會福總管府治中→僉淮東廉訪司事→江浙行省左右司員外郎→僉河東、河南、江西廉訪司事→江南行御史臺經歴→都轉運使→侍儀使→崇文太監→河南行省右丞→湖廣行省右丞→江西行省右丞→本道廉訪使→江浙行樞密院事→福建行省右丞→行宣政院使→翰林學士承旨、知制誥兼修國史	廉希憲の従子
楊　舟	？～？	慈利人	至治科挙	至治元年進士第→茶陵州同知→…→翰林待制→…→保寧路總管	
楊　彝	？～？	錢塘人	至治科挙	至治元年進士第→翰林國史院編修官→…	
孛顔忽都	？～？	玉耳別里伯牙吾台氏	泰定科挙	泰定進士→知荊州→知鄭州→翰林國史院經歴→河南廉訪僉事→江浙宣政院判	
郭　嘉	？～？	濮陽人	泰定科挙	國子生→泰定三年進士第→彰徳路林州判官→翰林國史院編修官→廣東道宣慰使司都元帥府經歴→京畿漕運使司副使→監察御史→禮部員外郎→廣寧路總管，兼諸奥魯勸農防禦＋崇化宣力効忠功臣、資善大夫、河南江北等處行省左丞、上護軍，太原郡公	
王　瓚	？～？	長安人	泰定科挙	泰定元年進士→翰林國史院編修官→河東僉憲…	
周　鏜	？～？	瀏陽人	泰定科挙	泰定四年進士第→衡陽縣丞→大冶縣尹→…→國子助教→翰林國史院編修官→四川行省儒學提擧	
劉尚質	？～？	曲沃人	泰定科挙	泰定四年進士第→稷山縣尹→翰林國史院編修官→國子助教→監察御史→潞州知州→（致仕）→冀寧路總管	
逯魯曾	？～？	修武人	天曆科挙	天曆二年進士第→翰林國史院編修官→御史臺掾→太常博士→監察御史→樞密院都事→刑部員外郎→宗正府郎中→遼陽行省左右司郎中→僉山北道肅政廉訪司事→禮部郎中→資善大夫、淮南宣慰使	
趙承禧	？～？	晉寧人	至順科挙	至順元年進士第→翰林國史院編修官→…→南臺御史→…→河間路總管	
王文燁	？～？	鄒平人	至順科挙	至順元年左榜進士第一→翰林修撰→樞密院判	
劉　性	？～？	安福人	至順科挙	至順元年進士第→旌徳縣尹→翰林應奉→…	
楊俊民	？～？	眞定人	至順科挙	至順元年進士第→翰林應奉→山西憲僉→禮部郎中→国史司業→集賢直學士→国史祭酒	
魏元禮	？～？	肅寧人	至正科挙	至正二十年左榜進士第一→翰林修撰→…→禮部侍郎	
王宗哲	？～？	中山無極人	至正科挙	至正八年三元進士→翰林修撰→湖廣憲僉→…	
王遵道	？～？	絳州垣曲人	至正科挙	至正十六年貢士→高平教諭→翰林國史院編修官	
李　濟	？～？	安肅人	至正科挙	至正八年進士→…→翰林修撰→…	
李克允	？～？	南皮人	至正科挙	至正五年進士→翰林應奉→…	
李延興	？～？	大都人	至正科挙	至正十七年進士→太常奉禮，兼翰林檢討→（辞）	後、河朔諸郡で教官となる（明）
宋紹昌	？～？	澤州高平人	至正科挙	至正二年進士→崇福司照磨→（以病家居）→翰林國史院編修官	宋翼の次子
石　普	？～？	徐州人	至正科挙	至正五年進士→國史院編修官→經正監經歴→兵部主事→樞密院都事	
兪　拱	？～？	永康人	至正科挙	至正八年進士第→…→翰林國史修撰	
普顔不花	？～1367	蒙古氏	至正科挙	國子生→至正五年右牓進士第一人→翰林修撰→河南行省員外郎→江西行省左右司郎中→江西廉訪副使→益都路達魯花赤→山東廉訪使→中書参知政事→山東宣慰使→知樞密院事、平章山東行省	

銭用壬	？～？	桐川人	至正科挙	至正十四年進士第→翰林國史院編修官→南臺→浙省都事→員外郎→郎中→太尉府参軍（張士誠）→江浙参政→（降明）→禮部尚書	
胡行簡	？～？	新喩人	至正科挙	至正二年進士第→國子助教→翰林修撰→江南道御史→江西廉訪司經歴→（帰郷里）	
陳顯曾	？～？	無錫人	至正科挙	至正元年郷試乙科→…→儒學提擧→…→翰林修撰	
周　暾	？～？	鄱陽人	至正科挙	國子學生→至正五年進士第→翰林應奉	
昔　班	？～？	畏吾人	怯薛	長必闍赤→眞定路達魯花赤→戸部尚書、宗正府札魯花赤→中書右丞→翰林學士承旨	闕里別斡赤（太祖北征に従う）の子
博羅普化	？～？	康里氏	怯薛	宿衛→速古兒赤→翰林侍講學士→（以父疾帰）→速古兒赤扎撒→速古兒赤五十人之長，兼皇后宮寶兒赤→河南府同知	
海　壽	？～？	畏吾氏	怯薛	宿衛→…→太中大夫、杭州路達魯花赤＋翰林直學士	
忽林失	？～？	八魯剌觧氏	怯薛	宿衛→太府監→翰林學士承旨→萬戸→榮祿大夫、司徒	
不　花	？～？	兀速兒吉氏	怯薛	宿衛→中順大夫、中書直省舎人→客省副使→太中大夫、典瑞太監→左司員外郎、参議中書省事→中奉大夫、中書参知政事→資徳大夫、宣徽副使、同知宣徽事→典瑞院使→翰林學士→監軍，東蕃諸部奏事	
阿禮海牙	？～？	畏吾氏	怯薛	宿衛→参議中書省事→中書参知政事→中書左丞→中書右丞→中書平章政事→江浙行省平章政事→湖廣行省平章政事→河南行省平章政事→陜西行省平章政事→翰林學士承旨→（丁父憂）→河南行省平章政事→陜西行御史大夫→中書平章政事、太禧宗禋院使，兼侍正府侍正→河南、江浙行省左丞相	
朴賽因不花	？～？	肅良合台人	怯薛	速古兒赤→利器庫提點→資正院判官→…→同知樞密院事→翰林學士→翰林學士承旨，兼巡軍合浦全羅等處軍民萬戸都元帥→大司農→嶺北行省右丞→平章政事→翰林學士承旨→集賢大學士→宣政院使→中書平章政事	
周仁榮	？～？	台州臨海人	推薦	美化書院山長→江浙行省掾史→國子博士→翰林修撰→集賢待制	
申屠致遠	？～？	壽張人	推薦	經略使知事→學官（東平）→御史臺掾（不就）→太常太祝，兼奉禮郎→臨安府安撫司經歴→總管府官員（不明）→壽昌府判官→江南行臺監察御史→（丁父憂）→江南行臺都事→僉江東建康道肅政廉訪司事（疾還）→翰林待制（不赴）→僉江西江北道肅政廉訪司事	荊湖經略使乞寔力台の推薦
徐　琰	？～？	東平人	推薦	陜西行省郎中→中書左司郎中→湖南按察使→南臺中丞→江浙行省参知政事→浙西廉訪使→翰林學士承旨	
呉　善	？～？	安仁人	推薦	…→翰林國史院編修官→太常博士→集賢待制→江浙儒學提擧	
袁士元	？～？	鄞縣人	推薦	鄞學諭→西湖書院山長→鄮山書院山長→平江路學教授→翰林檢閲官（不赴）	
歐陽應丙	？～？	新喩人	推薦	…→翰林檢閲→…→天臨路經歴	
敬　儼	？～？	易州人	推薦	殿中知班→太傅府掾史→太師府掾史→高郵縣尹（未赴）→中書省掾史→吏部主事→集賢司直→禮部員外郎→監察御史→吏部郎中（以父病辞）→（丁父憂）→御史臺都事→山北廉訪副使→右司郎中→轉運使→左司郎中→江南諸道行御史臺治書侍御史→戸部尚書（以病辞）→浙東道廉訪使→江西等處行中書省参知政事→（以疾退居）→江南諸道行御史臺侍御史（不赴）→侍御史→太子副詹事→中書参知政事→（下野）→陜西諸道行御史臺中丞（不赴）→江南諸道行御史臺中丞（不赴）→集賢大學士、榮祿大夫，商議中書省事→中政院使→中書平章政事＋翰林學士承旨、光祿大夫，柱国，魯國公	御士中丞郭良弼の推薦
董　立	？～？	咸寧人	推薦	翰林修撰→監察御史→國子司業→淮西憲僉→漢中憲副→…→西臺御史	
王　理	？～？	興元南鄭人	科挙	進士第→翰林國史院編修官→南臺御史→…→廣東僉憲→江東道僉憲	

李炳奎	？～？	堂邑人	科挙	擧進士→翰林國史院編修官→…	
杜　翶	？～？	上都人	科挙	登進士第→長山縣尹→翰林應奉→…	
劉　謙	？～？	棣州人	科挙	擧進士→翰林國史院編修官→監察御史→禮部侍郎→集賢學士→刑部尚書	
徐　昺	？～？	安陽人	科挙	擧進士→…→監察御史→禮部尚書→國子祭酒→翰林學士承旨	
趙居仁	？～？	清苑人	科挙	進士第→翰林應奉→…	
楊　觀	？～？	饒州人	科挙	登進士第→饒州路録事→翰林檢閲→清遠縣尹	
齊子昌	？～？	任丘人	科挙	登進士第→…→翰林國史院編修官	
周尚文	？～？	潁州人	科挙	翰林國史院編修官，兼國子助教→…→元間尹梁縣	
胡　助	？～？	東陽人	茂才	擧茂才→教官→建康路學録→美化書院山長→翰林國史院編修官→右都威衛儒學教授→翰林國史院編修官→太常博士	
陳　肅	？～？	無錫人	擧博學宏才	蘭溪州判→…→翰林學士→兵部尚書→河南行省参知政事	
達禮麻識理	？～？	怯烈台氏	？	經筵譯史→御史臺譯史→御史臺照磨→監察御史→僉山北道肅政廉訪司事（未行）→詹事院長史→工部員外郎→（詹事院）長史→中議→参議詹事院事→太子家令→秘書太監、吏部侍郎、御史臺經歴、中書右司郎中→刑部尚書，（提調）南北兵馬司巡綽事→中書参議→中書参知政事、同知經筵事→上都留守，兼開平府尹→榮祿大夫→上都行省右丞→中書右丞、兼上都留守，（提調）虎賁司→光祿大夫，（提調）東西手八剌哈赤→中書平章政事、上都留守→大宗正府也可扎魯忽赤→太子詹事→翰林學士承旨→知樞密院事、大撫軍院事	
奕赫抵雅爾丁	？～？	回回氏	？	中書掾→江西行省員外郎→吏部主事→刑部員外郎→（固辞）→陝西漢中道肅政廉訪司僉事（不赴）→中書右司員外郎→郎中→左司郎中→翰林侍講學士、知制誥兼修國史→中奉大夫、集賢大學士→江東建康道肅政廉訪司→参議尚書省事（辞）→参議中書省事（辞）	
明禮帖木兒	？～？	察哈札剌兒氏	？	…→翰林學士承旨	忙哥撒兒(兗國公)の孫
臘　眞	？～？	畏吾人	？	…→會同舘使同知通政院→…→榮祿大夫、中書省平章政事，兼翰林學士承旨、通政院使	小雲石脱忽憐（太祖より仕える）の孫
朶蠻帖木兒	？～？	蒙古札剌兒氏	？	…→翰林學士→…	木華黎の子孫
拜　住	？～？	康里人	？	…→翰林國史院都事→太子司經	巎巎の從子
普達失理	？～？	唐兀氏	？	…→翰林學士承旨、知制誥兼修國史→…	亦憐真班の次子
腆　合	？～？	西域弗林人	？	…→秘書少監→…→翰林學士承旨	愛薛の子
伯嘉訥	？～？	康里人	？	…→京尹→…→翰林侍讀學士	阿沙不花（康里王族、順寧王）の子
李元禮	？～？	眞定人	？	易州儒學教授→大都路儒學教授→太常太祝→（太常）博士→監察御史→國子司業→亞中大夫、翰林直學士、輕車都尉	
楊剛中	？～？	上元人	？	江寧縣學校教諭→建康路學録→學正→徽州路學教授→福建廉訪司照磨→江東連訪司照磨→江浙儒學提擧→…→翰林待制→（以病帰）	
王之綱	？～？	曹州東明人	？	…→翰林侍講學士	王鶚の婿周鐸の子
兪述祖	？～？	慶元象山人	？	翰林書寫→廣東元帥府都事→國史院編修官→沔陽府推官＋奉訓大夫、禮部侍郎、象山縣男	
王　武	？～？	豫州人	？	…→翰林國史院編修官→…	
貢師道	？～？	宣城人	？	…→翰林待制→嘉興路治中	

周應極	？～？	饒州兖陽人	？	…→翰林待制→皇太子説書→集賢待制→池州路同知總管府事	
趙弘毅	？～？	眞定晉州人	？	翰林書寫→…→國史院編修官→大藥署令	呉澄に学ぶ
詹　玉	？～？	江西人	？	…→翰林應奉→…	
田天澤	？～？	平陽趙城人	？	…→翰林侍講學士、嘉議大夫、知制誥兼修國史→…	田忠良の子
王　構	？～？	平定人	？	擧考廉→…→寧夏路教授→翰林國史院編修官→吏部主事→監察御史→國子監丞→国史司業→衢州路同知	
李希顔	？～？	？	？	…→翰林國史院編修官→戸部主事→…	
李士晦	？～？	？	？	…→供奉翰林→宰原武→…→西臺御史	
李杞	？～？	淄川人	？	…→翰林直學士→…→兵部侍郎	李世安の長子
李　銓	？～？	朔州人	？	國子學→翰林待制→廣平鐵冶提擧→工部員外郎→…→治書侍御史→翰林侍講學士→翰林侍讀學士→秘書卿	
趙孟傳	？～？	？	？	…→翰林學士→…	
鎖　南	？～？	？	？	…→翰林侍講學士→…	鐵木迭兒の子
呉　炳	？～？	？	？	…→翰林待制→…	
沙剌班	？～？	？	？	…→翰林學士承旨→…	
李直卿	？～？	廬陵人	？	…→翰林應奉→監察御史→…	
李肯構	？～？	？	？	…→翰林院經歴→秘書少監→…	
杜　禧	？～？	？	？	…→翰林國史院編修官→…	
劉　致	？～？	石州寧卿人	？	…→太常博士→江浙行省都事→…→翰林待制	
劉朝瑞	？～？	茶陵人	？	…→翰林學士→…	
孟　昉	？～？	唐兀人	？	國子生→（會試下第）→掾憲司→…→南臺御史→翰林待制	
趙　儼	？～？	安喜人	？	…→南臺照磨→御史→湖北憲僉→泰州尹→翰林待制→監察御史→翰林學士	
趙友蘭	？～？	黄巖人	？	…→翰林國史院編修官→…→江浙儒學提擧	
趙如愚	？～？	銅鞮人	？	…→翰林應奉→秘書監著作佐郎→…	
趙居信	？～？	許州人	？	…→集賢待制（辞）→翰林學士承旨	
胡　純	？～？	平陽人	？	…→翰林應奉→…	
楊　昇	？～？	幸縣人	？	…→翰林檢閲→監察御史→禮部郎中→左司都事→江西行省郎中	
楊　遇	？～？	玉田人	？	…→翰林國史院編修官→濟南路判官→集賢待制→知孟州（未至）	
楊敬悳	？～？	台州臨海人	？	…→翰林應奉→…→江浙儒學提擧	
許師敬	？～？	懷州河内人	？	…→監察御史→治書侍御史→吏部尚書→中書省参知政事→國子祭酒→太子詹事→中書左右丞→翰林學士承旨→西臺中丞→御史中丞	許衡の第四子
許從宜	？～？	懷州河内人	？	…→翰林院經歴→太常院判→…	許師敬の長子
楊元正	？～？	吉水人	？	…→翰林檢閲→…	
楊文郁	？～？	濟陽人	？	…→翰林修撰→翰林學士→翰林學士承旨	
掇立察	？～？	？	？	…→翰林學士承旨→…	
王士熙	？～？	東平人	？	翰林待制→…→中書参政→（流遠州）→（放還郷里）→江東廉訪使→南臺侍御史→南臺中丞	王構の長子
呉　京	？～？	撫州崇仁人	？	…→撫州路教授→…→翰林國史院典籍官	呉澄の次子
唐　恕	？～？	畏兀人	？	壽武庫提點、奉訓大夫→翰林待制→…→亞中大夫、侍儀使	唐仁祖の子

久　著	？～？	畏兀人	？	…→翰林學士承旨	阿魯渾薩理（中書平章政事）の次子
程世京	？～？	南城人	？	…→翰林應奉→…→福建儒學提擧→…→集賢修撰	
郭公葵	？～？	黄巖人	？	…→翰林國史院編修官→…	
張　埜	？～？	邯鄲	？	…→翰林修撰→…	
張士觀	？～？	？	？	…→翰林應奉→冠州同知→…→翰林學士承旨	
蘇　照	？～？	建安人	？	…→翰林國史院編修官→…	
蘇大年	？～？	眞定人	？	…→翰林國史院編修官→（辞）	
陳　儼	？～？	魯人	？	…→曲阜教授→…→翰林學士	
陳公擧	？～？	浦江人	？	浦江縣教諭→…→江浙儒學副提擧→翰林應奉	
陳世昌	？～？	銭塘人	？	翰林國史院編修官→…→太常博士（明）	
韓從益	？～？	安陽人	？	…→江浙行省参知政事→翰林侍講學士→昭文舘大學士，商議中書省事	
周　馳	？～？	聊城人	？	秘書監校書郎→翰林應奉→…→南臺御史→燕南憲僉	
鄭　濤	？～？	浦江人	？	經筵檢討→翰林國史院編修官→翰林應奉→太常博士（明）	黄溍に学ぶ
董士廉	？～？	稾城人	？	…→國子助教→翰林國史院編修官	董文用の第七子
樊　萬	？～？	縉雲人	？	…→滁州教授→翰林應奉→…→江浙儒學提擧	
李起岩	？～？	河陰人	？	西華主簿→…→工部尚書→翰林學士→…→靖江府推官（明）	
李源道	？～？	關中人	？	…→眉州同知→蜀省員外郎→監察御史→翰林直學士→雲南憲使→翰林侍讀學士→雲南行省参政	
杜　質	？～？	楡次人	？	…→翰林國史院編修官→淮東憲司經歴→燕南憲司經歴→南臺御史→…	
褚不華	？～？	隰州石樓人	？	中瑞司譯司→海道副千戸→嘉興路治中→南臺、西臺監察御史→河西道廉訪僉事→淮東道廉訪僉事→淮東道廉訪副使→淮東道廉訪使，中奉大夫＋翰林學士承旨、榮祿大夫、柱国，衛國公	
兪元膺	？～？	婺源人	？	…→翰林學士→…	
答祿與權	？～？	答祿乃蠻氏	至正科挙	至正二年右榜進士第→秘書郎→秘書監管勾→翰林院經歴→河南江北道廉訪僉事→（入明）→秦王府紀善→監察御史→江西廉訪僉事→翰林修撰→翰林典籍→翰林應奉→（致仕）	
馬彦翬	？～？	西域世冑	至正科挙	國子學→大都路郷試→至正二年右榜進士第→江西行省管勾→参議→翰林學士承旨→（入明）	
馬世德	？～？	雍古氏	至正科挙	國子生→至正二年右榜進士第→翰林應奉→樞密院都事→中書檢校→庸田司僉事→淮西廉訪僉事→晉寧路達魯花赤，兼刑部尚書	
傅　亨	？～？	大都人	至正科挙	國子生→元統三年初中郷貢進士→（適罷科挙）→山北廉訪司書吏→至正二年左榜進士第→翰林應奉→太常博士兼會試考試官→監察御史	王沂の弟子
陸以道	1317～？	無錫人	至正科挙	江浙郷試第七名→至正二年左榜進士第→…→翰林待制	
毛元慶	？～？	廬陵人	至正科挙	至正元年中江西郷試→南安縣丞→至正二年左榜進士第→…→翰林典籍→國子助教→國子監丞→…→翰林學士	
偰伯遼孫	1319～1360	畏兀人	怯薛	速古兒赤→至正五年右榜進士第→…→翰林應奉→宣政院断事官經歴→端本堂正字→皇太子經→…→高昌伯→富原侯	

＊『元人傳記資料索引』（新文豊出版公司）をもとに、『元史』、各文集によって作成

明大誥のストイシズム

奥崎裕司

まえがき

ストイシズム（禁欲主義）とは、感性的欲望をコントロールすることで、心の平静を守り、理性や信仰によって生活しようとする態度、と規定しておく。近世中国の善書思想の中核に、このストイシズムがあると私は思う。善書は現世的欲望達成を目的とするものであるが、そのための禁欲である。中国的な形でのストイシズムである。

その中国的ストイシズムを研究する手がかりの一つとして、本稿では明太祖による『御製大誥』を検討する。『大誥』三編に『大誥武臣』を合わせ、四編を検討対象とする。テキストは、王一凡『明大誥研究』（江蘇人民出版社）を基本とする。

では、なぜ『大誥』なのか。明代の勅選書を研究した酒井忠夫氏は「以上の勅撰書の中で最も教化に関して問題となったものは、大体のところ、『大誥』三編・『教民榜文』・『勧善書』・『為善陰隲』・『孝順事実』・『五倫書』及び『女訓』類である」（『増補中国善書の研究上』国書刊行会、五一頁、以下、酒井氏の引用は本書による）と述べている。ここで酒井氏は勅撰書のどの点に注目したのであろうか。

酒井氏は次のように言う。「明朝は、教化政策においても、歴代王朝に比して徹底した方策をとった。教化方針は、いうまでもなく儒教の説くところによっていたが、更に古くから儒教をはじめ中国の民間信仰及び規範意識を貫いて行われていた善悪報応思想によって勧善懲悪を説き、それを民衆に実践させる方策がとられた」（一二三頁）。問題の核心は、この善悪報応思想である。酒井氏はさらに次のように言う。「明代の教化のための勅撰書には、この民間の因果応報思想による民間信仰の中に示された規範意識の方式が、そのまま採用されたものさえもあるのである。そしてこれらの勅撰書が実際に民間に行われる場合には、更にこの内容が民間の方式の中に融合して行われることが多かった」（四六～四七頁）。酒井氏が注目しているのは思想内容よりもその方式であるらしい。では、方式とは何か。

「体裁の上から民間的であるという点では広義に考えれば、勅撰書の中ではいろいろの方式が問題になる。例えば善・悪に形式的に類別する叙述の方法はそれであり、更にまたそれぞれの規範徳目によって具体的な史実や物語を類別編纂する方法もそれである。これは民間で行われた教訓書においては共通に認められることがらであり、規範教訓が常に具体的な事実や物語を伴って綴られていた。殊に『勧善書』などに示される「嘉言」とそれに応ずる「感応」事例を類編する方法は、民間の勧戒書の方法そのままであるといわねばならぬ」（四九頁）。方式とは、善悪に類別する方法であり、具体例を類別編纂する方法であり、規範と事例とを併せて類別する方法であった。このような形式的な問題は確かに重要である。しかし、善悪の内容にも立ち入る必要がある。因果応報の質をも検討しなければならない。その歴史的な質を問題にする必要がある。本稿の目指すものはそこにある。

酒井氏は、さらに『大誥』と『教民榜文』との関係について次のように述べる。「これらの洪武二十年代の『大誥』講読の努力が、三十一年に発布された『教民榜文』にとり入れられ、『教民榜文』の規定の中に『大誥』の規定に従って遵守するものがあり、又『教民榜文』第二十六条の規定に『大誥』の講読を次の如く規定している。

民間子弟七八歳者或十二三歳者、此時欲心未動、良心未喪、早令講読三編大誥、誠以先入之言為主、使知避凶趨吉。日後皆成賢人君子、為良善之民、免貽父母憂慮、亦且不犯刑憲、永保身家。」（五五頁）。

ここにある『大誥』の「避凶趨吉」の道について、王一凡氏は前掲書で次のように述べる。「見るべし。朱元璋の〝趨吉避凶之道〟は、その実質は臣民に無条件に彼の旨意に従って事を行わせ、服服貼貼として（ひたすら柔順に）忠を朝廷に効さしめんとするものであった」（王氏前掲書、一一〇頁、以下頁数のみは本書）。明王朝の皇帝としての教化策であるから、たしかに王一凡氏の言うとおりであろう。

しかし、太祖自身は次のように述べている。「是に於いて復た誥し、再び吾が民と約す。吾が命に従う者は五福身家に備わり、吾が命に従わざる者は五刑家身に備坐せん。約する所以の者は里甲明らかにすべく、戸丁尽くすべし。戸丁既に尽くさば、井田の拘無しと雖も約束鄰里に在り。（中略）嗚呼、誥に是由り遵わざれば未だ刑せられざる者有らざるなり」（『大誥続編』以下続編と略記、第二、二六四頁）。約というからには、背後には天への誓いがある。しかも、これは天命を奉ずる天子としての約である。王一凡氏の指摘する側面はあるとしても、その背後にある思想の歴史性にも注目しなければならない。天道、報恩の道、その具体的な例としての孝と忠、さらには因果の法則に相当する陰隲の思想、これらを以下三章に分けて検討していきたい。

一　天道と報恩の道

まずは天から始めなければならない。明大誥における天観である。「此れ自り、秦、漢より隋、唐、宋、元に至るまで、天其の運祚を更えたるは一帝のみには非ざるなり。一家の祚、千年なること能わざる所以は何ぞや。蓋し、なんすれぞ子孫皆能く天を奉じ民に勤しみ、上帝、民の患いを憂え、以て運を更えることを致さざることあらんや。運を更える所以は、其の人君、天心に称わずして然るを致すが為なり」（『大誥三編』以下三編と略称、第一〇、三八六頁）。

奉天は天命に従う、天の意志に従うこと。勤民は君主が民のためにつとめいそしむこと。したがって、この場合の天心は、奉天勤民によって民の患いをなからしむることを意味する。これは王朝支配者としての天子の責任であり、義務でもある。この義務を果たせなければ容赦なく王朝交替となる。

勅撰勧戒書に天子の義務を記しているのは興味深い。中国近世の善書には一方的な義務はなく、例えば親の義務と子の義務を併記する。同様に、勅撰勧戒書にも天子の義務と臣民の義務とが記される。これは酒井氏のいうような方式や方法、形式というよりも思想の質を意味しているであろう。もちろん、ここでは明王朝を創建した太祖が「朕こそは天心に称なった天子である」と宣言しているのであろう。にもかかわらず、天子の義務を明記すれば「はたしてこの義務は果たされているのか」という疑問を人が天子に突き付ける余地を残す。

王朝交替の原因に関係して、とくに元末の反乱諸勢力の中でなぜ明太祖が天子となり得たかについて、次のように述べる。「何ゆえか。蓋し天の道は還るを好む。凡そ首となりて乱を倡えし者は干戈横作を致し、物命損傷する者既に多し。其の事成るころおい、天、乱を首めし者に与えず、殃は首乱に帰し、福は殿興に在り」（三編、第一二、三九〇頁）。天道好還について、『漢語大詞典』には、本来の意味につづいて、「後、天道循環し報応爽わざるを以て〝天道好還〟と為す」とある。この意味である。ただし、問題がひとつある。この解釈の中にある「報応」の意味である。これは『漢語大詞典』によれば、第一が、古来の天人感応の説であり、第二が仏教語である。仏教語としては、善因善果、悪因悪果を意味する。この場合の「報応爽わず」は古来の天人感応としても、仏教語としてもよかろう。実は、大誥における「報」はさまざまな意味に使われ、本稿でも問題にする。

さて、以上は大きな意味での天道であり、しばしば出てくるわけではない。しばしば出てくるのは「天災人禍」という形である。この天災は、たんなる自然災害ではなく天の降した災いの意味である。その用例を調べていくと、天よりも身近な存在が見えてくる。

「天災人禍、若し此の官此の吏に災いせざれば、祀典に載在せるの神、憑りて敬すべき無からん。此くの似く善道為し難し、惟だ天のみ監るべし。智人之を詳らかにせよ。（中略）嗚呼、惟だ天のみ監るべし。兇頑の徒、いかなる父母の生む所にして、悪を造して以て人を陥れ、終に化して醒めず、神明焉を監よ、禍、日有らん、遅疾あらん」（『大誥』以下初編と略記、第四四、二三〇頁）。

ここでは、天災とはいっても祀典に載っている神々が問題になる。「天、監るべし」と「神明、焉を監よ」とは同じように使われる。では神明とは何か。天地の間に存在する一切の神霊のことである。天災はここでは神明が降していることになる。天と神明とはレベルの違うものではありながら、実際には混同して使われている。あるいは、こまごましたことはすべて神明が受け持つのか。

基本的な原理は右のようなものであるとして、現実の民はいかなる状態であったか。「奈何ぞ、今の人心然らず、善を見れば則ち遠ざかりて従わず、悪を見れば則ち趨りて党比す」（続編、第八〇、三三〇頁）。古来の価値の逆転現象が起こっていた。少なくとも太祖にはそう思えた。これを「人心不古」という。

「聡明にして非を決する者は以て非と為し、淵泉たる其の徳、海容たる其の物（度量の大きい人物）ならば以て愚と為す。人心の不古なること此れ有るか」（初編、第二六、二一九頁）。先の例は善悪の逆転であったが、これは賢者と愚者との逆転現象である。大人物と小人物との逆転である。社会的評価の逆転である。また、太祖は、当時の社会状況の惨憺たるありさまを次のように嘆く。「嗚呼、果たして朕、不才にして是れを致せしか、抑も前代より汚染して此れ有るか、然るを況んや人心不古なるに由りて然らしむるを致せしか」（初編序、一九七頁）。

太祖は「前代より汚染して此れ有るか」も「人心不古なるに由りて然らしむるを致せしか」も認める。太祖の教化政策の対象はここにしぼられる。しかし、これは難事である。歴史を逆転するとは言わぬまでも、少なくとも大修正である。どこにその可能性があったのか。いや、太祖はどこにその可能性を見ていたか。これは、太祖の思想の核心をとらえるか否かの問題であり、本稿に意義があるか否かの問題でもある。

『大誥』四編全体の中から太祖の思想の核心を示す箇所をひとつ選ぶとするならば、私は初編「民不知報」第三一を選ぶ。本章の核心もここにある。まず、その文章を挙げておこう。「民其の報を知らざるもの有り、恬然として福を享け、絶えて感激の心無し。其の報を知らず、其の感激を知らざるに因りて、一日天災人禍並び至らば茫然として其の由を知る無し。憂愁室に満ち、怨を抱きて磋を横にし、孰ぞ知らざるや、其の報を知らずして是くの若きなるを。且く社稷を以て之を言わん。古先哲王は壇を立て以て之を祀り、厳恭祇奉し、未だ敢て怠ること有らざるは何ぞや。蓋し、社は五土の神なり、稷は五穀の神なり。五土、五穀を発生し、民の為に命を立つ。天子遍く天下に祭ること能わず、則ち諸有司、壇を所在に立てて之を祭る。又大社大稷を雉闕の右に立て、廟と相対せしめ、之を親らするなり。所以に春祭は社に於いてし、嘉穀の生成を祈り、秋の祀りは成を報ずるなり。凡そ良民、理を造す者は、一方一隅に居り、土の利を食まば、多少に拘わらず、其の心日に之に報いんと欲す。その誠何にか施さんとす。其の社稷立命の恩大なるを以て、比ぶるに猶お父母のごとし。報ゆと雖も極まり無し。良民此の念有らば家道興らざるは鮮なし。方今九州の民、田数万畝を連ねる者有り、千畝の下、百十畝に至る者有り。其の利を利とするに甘んじて其の報を知らざる者多し。然り而うして未だ嘗て富と為りて其の家資を破らず以て其の富を保つものあらず。嗚呼、此の際に至り、怒り神人を貫き、天災人禍是に由る。家資を破る所以は、有司に賄賂し君差当たらず小民をば靠損するに過ぎず。其の報を知らざる所以は此に在り。若し誠を展べて以て社稷に報ぜんと欲すれば、君の民と為り、君一たび令有らば其れ事に趨り功に赴き、あらゆる差税も応当せざる無かれ。此の若きの誠あらば、地に食むの利、立命の恩、斯れ報ずるなり」（初編、第三一、二二一～二頁）。

読みに誤りもあろうが、今はまずこのように読んでおく。キーワードは「報」である。報には、いろいろな使い方がある。報告の意味はここにはないが、祭祀の名称はある。春祈、秋報がそれである。春には豊作を祈念する「祈」の祭祀があり、秋には収穫を感謝する「報」の祭祀がある。その報は、いわば感謝祭であるが、原義は「むくいる」であろう。報恩である。報恩の祭祀である。

問題はそれ以外の報である。明代史研究会では「感謝」の意味で一貫してよい、という意見もあった。しかし、一貫するなら私は「むくい」あるいは「むくいる」とする。だが、それでもやや納得できない箇所があり、今日にいたった。やや納得できない箇所とは右の文の冒頭である。少し直して次のようにする。

「其の報を知らずして恬然として福を享け、絶えて感激の心無し。其の報を知らず、其の感激を知らざるに因りて、一日天災人禍並び至れば、茫然として其の由を知る無く、憂愁室に満ち、怨を抱き礎を横にす。孰ぞ知らざらん、其の報を知らずして是の若くなるを。」

報を「むくいる」と解釈するのは報恩、報讎の意味である。しかし、ここではたんなる「むくいる」ではなく報恩にしぼられよう。「恩返し」あるいは「恩返しの思い」である。大誥では多くは「恩返し」の意味にとって良い。

恩を受けたならば恩返しをしなければならない。しかし、実際は恩を受けたという意識がない。恩を受けているという意識がなければ感謝の心はなく、感激もない。当然ながら恩返しをしようとは思わない。そこで「怒り神人を貫く」ことになり、天災人禍がふりかかる。しかし、人々はなぜ天災人禍がふりかかるかを知らない。「怒り神人を貫く」ということを知らないからである。すべての出発点は、恩を受けていることに気がつかないからであり、その感謝の気持ちがないからである、というのである。

恩を受けたら感謝して恩返しをする、これが天上界・地上界を貫く原理であるならば、それを知らぬ人に災禍がふりかかるのは当然である。逆に、その原理を知って行動したならば人生が開けていくことになろう。自分次第である。自分次第ということは、自分に主体性があるということである。ここに「報」がキーワードである理由がある。

どんな良いことがあっても、感激しないというのは、偶然だと思うからであろう。偶然のことには喜ぶことはあっても感激はあるまい。逆に災難に遭った場合は嘆き悲しむが、いかに嘆いても偶然ならばどうしようもない。ただただ嘆くのみである。いわば動物的な喜怒あるのみである。

では「人間万事塞翁が馬」の考え方はどうであろうか。人生はすべて吉凶交替するものである、という考え方である。逆転また逆転が人生であるという。そこには静かな達観はあるが、強い喜びはなく強い悲しみもない。ある種のストイックな喜びであり、ストイックな悲しみとも言えよう。これまた主体的な人生観ではなく、いわば運命論である。吉凶交替の運命論である。そして運命論は必然論でもある。本稿で検討したいストイシズムはこれではない。明大誥を貫く思想は、そのような偶然論や必然論ではない。偶然論や必然論では教化活動はできない。

運命論や必然論で流されている民衆を教化するのはきわめて難事である。せめて因果応報思想の基礎原理さえ民衆にあれば、何とかなるであろう。しかし、それすら無いように思われる、これこそが明太祖の暗澹たる気持ちの原因ではなかったか。それゆえ太祖は恩と報恩を徹底的に説いた。実例を挙げて説きつづけた。史上まれなほど厳しい残酷な刑罰の事例を挙げて説きつづけた。結局、太祖は刀折れ、矢尽きた状態で嘆息するわけではあるが、明末の郷紳・

士人たちがそれを引き継ぐことになる。

太祖の教化政策が善書に及ばなかった理由は、善書との比較研究によって明らかになろう。一般的に言って、運命論や必然論で流されている人々を教育することは、そのままでは不可能である。運命論を否定し、必然論を否定し、人々の人生の責任は本人にあるという主体性に目覚めさせないかぎり教育は困難である。善因善果、悪因悪果の因果思想に目覚めさせることがすべての出発点であった。そこで太祖は、もっとも具体的な孝の事例で民に語りかけた。章を改めて、それを見てみたい。

二　孝と忠

大誥には犯罪とそれに対する刑罰の例が多い。しかし、一般の民にとっては、ただの恐ろしい事例に過ぎなかったのではないか。民がしみじみと思いをめぐらす事例は親が子供を育てる具体例であった。それが孝の源泉であり、太祖にとってはそれがすべてであった。

「且如（たとえば）父母、児女を養うや、初め児女無く、纔に孕む有るを覚り、夫妻之が喜びに勝えず。月分既に足りて、男子を生むを得ば、以て大喜と為し、女生まるるも亦之を喜と為す。既に生まれて百日の間、酣睡中、時に或いは之が笑いを為し、父母之を視て亦之を喜びと為す。将に週らんとして、或いは肚踢（腹ばいで足をバタバタさせ）、或いは擦行（這って進み）、或いは馬跁（四つ這いになり）、時には物に依って立ち、父母尤も歓情を甚だしくす。然り而して鞠育の労、正に此の際に在り。父母の労して水火に近づくを憂うるは其の無知なるを以てなり。もし水火の近くならば焚に非ずんば則ち溺せん。冬は寒の逼るを恐れ、夏は虫の傷つくるを恐れ、四時衣服を増減し、調理憂勤す。

父母を労すること豈に一言にして尽くす可けんや」（三編、第二、三五四頁）。

親の子育ての苦労を人々に知らせ、感謝の気持ちを起こさせる点で、この文章は大誥でもっともすぐれていると言えよう。しかし、これがもっともすぐれているという点に問題があった。このように庶民の心に響き、庶民の心を動かす具体例がこれ以外にないからである。儒教の規範の核心は孝にある。太祖の場合も同様である。一切の規範はここに始まる。その孝を喚起する点で不十分であるならば、他は推して知るべきであろう。

この点で、明末の善書は配慮が行きとどいていた。規範が乱れ、人間関係が混乱している状況を鎮めるのは容易なことではない。さらに、規範を整え、人間関係を良くしていくには非常手段も必要になろう。人々の心の奥底に訴えかける、より抜きの事例、より抜きの話が必要になる。明末の善書作成者たちが知恵を絞った事の一つはその点であった。したがって、明大誥は明末の善書盛行にいたる重要な通過点、あるいは不可避の通過点とでも言えようか。

さて、大誥三編第二その他に述べられた孝からは、いろいろなことを知ることができる。まず、父のみへの孝ではなく、ほとんどすべては父母への孝であった。孝の対象としては父母は対等と言える。子供の出産の時の親の喜びは男子と女子とで違いはあるが、子供からの孝の対象は父母同格である。

つぎに、子の親への孝が一生涯であるのに対応して、親の子への「慈之道」、慈愛もまた一生涯と言える。なぜなら、親の「慈之道」は子供を「勧戒」し、教え導くことが含まれるからである。親の田畑を維持し発展させる能力をつけることもまた慈愛なのである（続編、第八六、三三七頁）。では、子は親の命令に従いさえすれば孝であるかというと、そうはならない。

「父母の命、その理に合う者は則ち速やかに奉行を為し、若し理に合わざる者あらば、則ち哀告すること再三せよ。若し一概に奉行せば、則ち父母殃有るを致す。安んぞ孝為るを得ん。命に違うと雖も告すること再三に至らば、実に至孝なり」（続編、第七、二六八頁）。これは古来の「孝」のありかたであり、注目に値する。なぜならば、一方的なものではなく、双方向と言えるからである。歴史的な微妙な変化はあるとしても、このあらゆる面での双方向性は中国では一貫している。

さて、ここで「忠」の問題を考えておきたい。酒井忠夫氏は「また六諭に忠の項目のないことも六諭の道徳意識の源流が朱子学の伝統をうけて四書によっているということによって理解されるであろう」（前掲書五九頁）という。この問題を大誥によって考えてみたい。

「且つ、人の生は、父母但だ其の身体を生むのみにして、其の命を保つは君に在り。父母の命と雖も、君非ずんば亦自ら生きる能わず。況んや常に云う、人に再生の父母有りと。何をか再生父母と謂うか。人、本より罪に非ず、偶たま大殃に遇いて幾んど死せんとし、或いは人に遇いて免る。遇う所の人、老壮および出幼（一六歳になれば出幼という）を分かたず、但だ能く将に死せんとするの期より回生せしむれば、是れ再生父母と謂う。偶たま大殃に遇いて幾んど死せんとする所以は何ぞや。或いは路にて強賊に逢い、或いは家に坐して劫せられ、或いは讎暴相い侵し、路に虎狼に逢い、水火に堕ちんとす。此こに於いて済いを得たれば、是れ回生の期と謂う。年、蒼顔皓首なりと雖も、此の禍殃に中りて、出幼自り壮に至る者之れを生かさば、是れ再生父母と謂う。何を以て見るか。命、此の際に於いて本より絶え、此れ自りして復た生まる。命、初生の若し。所以に常に再生父母と云う。宜しく其れ然らん。（中略）嗚呼、豪傑乱起するに当たり、暴兵横作し、挈家奔走し、顧命の暇あらず、官軍近くんば則ち官軍に依り、乱雄近くんば則ち乱雄に依る。此の時に当たり、偶たま大難に遇い、或いは仗義の士に逢い、能く難を釋き生を一時に全うし、或いは命を数月、亦或いは幾歳か保たば、本人の事成らずと雖も、勢、他人に属す［と雖も］、其れ全生保命の恩、再生の徳にして、其れ夢寐にも終身忘れざる所有らん」（三編、第一〇、三八六〜七頁）。

当時一般に云われていた再生父母という言葉で忠を説明している。元末の反乱で人々を塗炭の苦しみから救ったのは我ではないか。これこそ再生父母と言うべきではないか、という。再生父母とは、命の恩人ということである。君主への忠を、親への孝の類推で説明しているともいえる。再生父母とは良い言葉であるが、しかし、太祖の場合はともかくとして、その子孫の天子は再生父母とは言い難い。

そこで、右の文の冒頭の部分、「父母は但だ能く其の身体を生むのみにして、其の命を保つは君に在り」が重要になる。つまり君主の日常的な役割である。国家の役割と言ってもよい。それは次に示される。

「咸な云う、君は民を養うと。果たして将に何を以て之を育てんとするか。君の服食は皆民の供する所なり。衣食既に民の供に係らば、果たして何もて民を養わん。然して君の民を養うは、五教五刑なり。五教五刑を去りて民の生くる者、未だ之れ有らざるなり。五教、民の安を育てる所以は、曰く、父子親有り、君臣義有り、夫婦別有り、長幼序有り、朋友信有り。五教既に興らば安ならざる者有る無し。民斯の教えに循わざる者有らば、父子親あらず、君臣義あらず、夫婦別無く、長幼序あらず、朋友信あらず。強必ず弱を淩ぎ、衆必ず寡を暴げ、鰥寡孤独、篤廃残疾、何の之れ有ること有らんや。既に有ること能わずんば其れ命有ること何ぞ存せんや。凡そ此れ有る者は、五刑以て焉に加うればなり。五刑既に示さば、姦頑跡を斂め、鰥寡孤独、篤廃残疾、力弱の富豪、其の安に安んじ、其の有するを有ち、敢えて犯す者有る無し。養民の道斯れなり。今の頑民、立命の由を知る罔く、妄りに家資を破り、官吏に買嘱し、故さらに憲章を犯し、身亡び家破るるは、人神の監見に由るなり。百祥百殃は信なるかな」（初編、第三一、三二頁）。

ここには、まともに国家の役割が記されている。それは五教五刑であるという。大誥はまさにその五教五刑を記した書なのである。五教よりも五刑の方にはるかに比重がかかっているが、それでも大誥は五教五刑を記した書なのである。つまり国家の役割をまともに示した書が大誥なのである。右は五教五刑のみであるが、次は、さらに軍事による防衛も挙げている。

「嗚呼、人は皆、人君民を養うと説く。朕之を観るに、人君の宮室・服食・器用皆民の供する所なり。人君果たして将に何を以て民を養うか。民を養う所以は古先哲王の旧章を申べるに在り。五刑を明らかにし以て五教を弼け、民をして五常の義を知ら使め、強は弱を凌ぐを得ざらしめ、衆は敢えて寡を暴げざらしむ。兵を聚め粮を積み、守りは四夷に在り。民能く化に従わば、天下大安ならん。此れ人君の養民の道なり」（続編、第七九、三三〇頁）。

ここでは軍事も人君養民の道となるが、右の文の後には「朕、法を制して民を養う」ともある。一言でいえば法律制定が養民の道となろう。この考え方が誤りであるとは言い難いが、何か足りないのではないか。中国古来の天子のあり方としては何か不足しているのではないか。そこで、臣下の道について見ておきたい。臣下の道から天子の道が見えてくるのではないか。

「祖宗を地下に顕し、父母を生前に歓ばし、妻子を当時に栄えさせ、身名流芳して、千万載磨せざるは、専ら忠を竭し分を守るに在り」（初編、第一、二〇四頁）。

ここに「孝」の一語はないが、孝と忠との関係を示す。臣下としては、忠こそ孝であるという。これが大誥の最初の項目にあることの意義は大きい。次は、孝を詳しく列挙した中にある忠である。

「孝子、君に事うれば、知りて言わざる無く心に姦邪無し。上は君を補い、下は民に益有り。禄もて已亡・見存の祖父母・父母に奉ずるは是れ大孝と謂う」（続編、第七、二六八頁）。

これは孝の一部に忠が入っていることを示す。いや、臣下としては忠こそが孝であることを示す。このような立場から言えば、太祖の六諭に孝があり忠がないことは、別に不思議なことではない。分ければ二つになるが、一語で言えば孝となるからである。以上は一般的なものである。さらに一歩深めたものが次の文である。

「嗚呼、古え自り人臣は国の為にし、民の為にする者にして、其の忠は君の為にし、其の仁は民の為にす。其れ仁忠の道は、若し終始天地鬼神を動かし、良民君子をして之に懐か使むるに非ずして、其の始め勤めて終わりに怠るならば、奚ぞ道うに足らんや。所以に天地鬼神を動かし、良民君子、之れに懐く者にして方めて可なり。何を云うか。姦邪無藉なる者多く、兼ねて時君、雑聴して断ずる無くんば、忠臣、效忠に艱しみ、君の徳を布くに難み、若し忠以て天に格るに非ずんば鬼神も良臣を呵護して社稷を固むること甚だ艱く、人臣名を立つるに難しと為すを謂う」（三編、第四〇、四一五頁）。

これは注目に値する文である。臣下のなすべきことが君に対する忠と民に対する仁ならば、天子はどうか。一方では真心をもって天地神明を祭祀し、他方では民に対して臣下以上の仁が求められよう。これは措くとしても、臣下に対して「天地鬼神を動かし、良民君子をして之れに懐かしむ」ということを求めている。では、天子は臣下以上に天地鬼神を動かすことが求められよう。臣下以上に良民君子をして懐かしむることが求められよう。もちろん天子と臣下ではレベルが違う。しかし、臣下に天地鬼神を動かすほどの忠を求めるならば、当然、天子にはそれ以上に天地鬼神を動かすほどの真心が求められよう。それもここでは論じないとしても、臣下に良民君子を懐かしむるように求めるならば、天子は少なくとも臣下をして懐かしむることが求められなければならない。臣下を震え上がらせた苛酷な刑罰主義は、この建前に真っ向から反しているのではないか。

しかし、本稿は太祖批判が目的ではない。明末の善書の原則は相互的であり、双方向的であるから、その点で、太祖の臣下への要求はあまりに一方的ではないかと言うだけである。元末の社会状況を前にして太祖が悪戦苦闘したことは認めるにやぶさかではない。本稿が目指しているのは、天地鬼神を動かすことの意味であり、その「理」であり、法則性である。それはまた善書の思想の核心でもある。そこで、次章は、「陰隲思想」あるいは「陰隲」の法則性について大誥をもとにして考えておきたい。

三　陰隲思想

まず恩義を知って恩返しをする、という「報」の原理にもどって、この考えを深めていきたい。はじめに「報を知ることによって知足安分が得られる」という段階を見ておきたい。太祖は次のように述べる。

「方今、〔古においては〕富豪の家、中等の家、下等の家あり、富者は富に安んじ、中なる者は中に安んじ、下なる者は下に安んじたるも、古を去ること既に遠く、教法明らかならず、人其の報を知らず、反って罪を造して以て身を陥る。富者、田を詭寄すること多く、粮税は他人に洒派す。中者は姦頑にやや同じく、下者は恃む可き無きに因り、歳ごとに靠損せらるる者之れ有り。上・中しばしば罪責を犯す者之れ有り。傾家覆産する者之れ有り。蓋し、其の報を知らざるに由りて然るを致すなり。若し、報の道を知ら使め、感激の理を知ら使めば則ち閑中の起居飲食に於いて、不時に手を挙げ額に加えて乃ち曰わん、税粮供せり、夫差役せり、今、安閑を得たりと。（中略）蓋し、君は礼法の治むる所なり。礼は人倫の正にして、民間分に安んじて礼を守る者多し。法は姦を治し頑を縄するものなり。二者並び挙げて、遍く天下に行われなば、人民大安ならん。所以に孝子順孫、祖宗父母を奉ずるを得、父母已に逝く者は歳時の祭祀を除くの外、余はその有を有ち、家庭に優游し、遂に妻を歓ばし子を撫し、一生に於いて絶えて禍殃無からん」（初編、第四七、二三一～二頁）。

これは先に挙げた初編第三一に対応している。ここで「知報之道、知感激之理」と並列になっている。これによって第三一の読みを考えた。ここには、国の恩を知って感激し、国に恩返しをすることによって安楽な人生を送れることが示される。典型的な知足安分思想である。太祖にとって民が知足安分の生き方をすることが理想であったかもしれない。しかし、そのような時代ではなかった。

確かに、いつの時代も知足安分思想は基本的に必要であろう。自分の能力を冷静に認識すれば、足るを知ることができる。自分の実績を客観的に眺めることができれば、余計な不平不満を持たなくなる。人の能力の多様性、人の実績のレベルの差を知れば、何が公平かを納得できる。自分のことを棚に上げた不平不満がなくなれば、それは幸福の第一歩とも言えよう。

しかし、多くの人は分に安んじていられる時代ではなかった。人を押しのけ、人を蹴落としてでも自分が成り上がろうとする時代であった。そのような人々を納得させ、しかも社会秩序を整えていくための苦心が明末の善書にはあった。そのような思想が大誥にはあるのか。そこで大誥の陰隲思想を検討したい。

「嗚呼、既に富豪(粮長)をして、朕命じて銭粮を弁集せしむ。朕の為に細民を撫恤し、刁詐を生ずる無くんば、広く陰隲を立て以て子孫綿遠たるを待たん。豈に善ならずや」(続編、第二二、二七九頁)。

ここで「広」とは、多くの細民を撫恤する場合であるから、「他方面にわたって」の意となる。「立陰隲」とは、〝陰隲〟がここでは「陰徳」の意に転じており、〝立〟はそれを主体的に「施す」「おこなう」の意となっている。その陰徳のおかげで子孫が長くつづくであろう、というのである。

「軍官に做るものは、かならず那の小軍を撫恤し得ば好からん。撫恤し得て好からば衆軍ら感戴し、神天も歓喜せん。這等の陰隲有らば明日必ずや長遠ならん。子孫出来するやかならず長進せん」(『大誥武臣』以下武臣と略称、第一四、四四一頁)。

「感戴」は恩に感謝すること。「明日」は未来、将来のこと。「長遠」は長生きのことか。「長進」は、学問などで進歩すること。したがって、ここでも本人の長生きと子孫の繁栄が約束されるだけである。「子孫綿遠」は古来の中国人の願いではあったが、この時代にはそれよりも自分が何としても富貴を得たいという願いをもつ人が増えていた。太祖の願いと民衆の願いとは、少なくとも一段階ずれていた。明末の善書が社会的に求められた理由はここにあろう。しかし、民衆の願いからずれてはいたとしても、明末の善書につながる要素はすでに芽生えていた。

「朕の道を行い其の陰隲の理、惻隠の心以て常道と為し、之を歳月日時に行わば、将に後に陰隲博く獄因を被わん。釋・道身を物外に處し、儔燈倡影もて終身に苦行すと雖も、何ぞ此の修の速疾なるに若かんや」（続編、第四一、二九五頁）。

「陰隲之理」とは中国的な因果の理法といえよう。その理法と並んで「惻隠の心」とある。これまた古来の儒教が人の心の奥底に発見したものであった。これが併記されていることは、たんなる行為としての善因善果、悪因悪果ではないことを示す。つまり、善心なくして善行なし、ということになろう。逆に悪心なくして悪行なし、でもある。行為の背後に「心」を求めている点が明末の善書につながるのである。

また、ここでは、仏教の僧侶や道教の道士たちの苦行よりも即効性があると述べている。大誥は、言葉も俗語が多く、考え方も通俗性が強いが、その思想はあくまでも儒教の立場に立っていた。この点も明末の善書が儒仏道三教の混淆であったのとは違いがある。しかし、明末への方向性の途上にあると言っても大過はあるまい。心にかかわる文がもうひとつある。

「嗚呼、昔は古人、薬を制するに惟だ陰隲を積み以て人を生かさんとす。今の薬を貨る者は惟だ生理に務め、善く能く其の薬を羣隊もてし、陰隲を施さず。すこしく其の意に逆らう有らば、即ち羣隊もて蠱する者之れ有り、即時に毒する者之れ有り、利を図りて人に売与し、生を傷つける者之れ有り」(三編、第二二、三九九頁)。「生理」は商売。「羣隊」は集団での意か。古人は、一人で思いを込めて薬をつくったが、今や集団の分業で何の心も込められていない、との意か。今は、心を込めるどころか逆に悪事にはしり、人を傷つけ毒殺にいたるほどである、という。

さて、この陰隲は、これまで見てきた天・神明とどのような関係にあるのか。まず、次の文を見たい。

「嗚呼、天尊地卑は理勢の必然なり。富貴貧賤は神明焉を鑒る。有徳有行なる者は貴に至り、陰隲疵無き者は富に至る。徳行倶に無く、陰隲杳然なるは刁頑姦詐にして賤に至る。此の数説なるや、宰は天地鬼神に在り、馭は馭世の君に在り。所以に官に等差有り、民に富貧有り。賤に至る者また豈に為し易くして之を用いるを得んや」(続編、第七〇、三二一~三頁)。

ここに有徳有行者と陰隲無疵者とが列記され、前者は貴に至り、後者は富に至る、とある。陰隲は庶民の為すことで徳行は読書人の為すことなのか。有徳有行は明々白々、だれにも分かることであるのに対して、陰隲は文字通り人の目には触れない善行として区別しているらしい。どうやら前者は大きな行為、後者は小さな行為という区別もあるらしい。

とくに問題なのは、此の数説なるや宰は天地鬼神に在り、馭は馭世の君に在り、として主体を天地鬼神とし、制御する存在を君主としていることである。さらに、官や民が容易に用いることのできない数説であるという。これは明末の善書との決定的な違いを含んでいて、注目に値する。最後にもう一つの文を見ておきたい。

「もし朕の命を奉ぜず、仍お復た在官応当の耆宿、不良の謀を運らし、有徳の官を陥れ、天民の善をば害する者は、天災有るに非ずんば又必ず手を法司に仮りて、身は亡び家は敗るること日有らん。詰至りて、所在の高年有徳者ひとたび有司の礼請を聞かば、速やかに賛襄を出だし、吾が求治の道を広め以て生民を安んぜよ。天、之を佑くと言わざるも、陰隲既に行われん。豈に昌んならざること有らんや」（続編、第八、二七〇頁）。

先にしばしば天災人禍という言葉がでてきた。天災は天の降す災いとして、人禍を私は広く考えていた。それがここでは法による処罰に限定されている。あるいは法による処罰を人禍の主なものとしているのかもしれない。いずれにせよ、注目すべきは、その人禍も「手を法司に仮りて」としている点である。主語は「天」である。法的処罰以外の人禍があるとしても、それもまた「天」が人の手を仮りたものとなるであろう。つまり天災人禍の主体はあくまでも天なのである。

もうひとつ重要なことは、「天、之を佑くと言わざるも、陰隲既に行われん」という文である。レベルの違いというか、役割の違いというかがあるかに思われる。大きな場合は天佑があり、小さな場合でも陰隲があるという両者共存である。天佑と陰隲との共存は明末の善書にもある。その場合、日々の人知れぬ善心・悪心、善行・悪行は陰隲の法則が働く分野であり、常識を超えたすばらしい思いや行為は天を感動させ、天を動かす。このような役割の違いというか、レベルの違いというようなものが、この大誥にもあることは興味深い。

ただし、陰隲も天と無関係ではありえない。本来、陰隲とは、『書経』の洪範にある言葉であって、天の働きであった。その点は後世になっても残るであろうが、後世になるほど陰隲は規則化、法則化していくように思われる。つまり善因善果、悪因悪果のような法則性が強まり、天が感動したり激怒したりした結果としての吉凶という側面は薄まっていくように見える。にもかかわらず、すでに武臣第一四には「撫恤し得て好からば衆軍ら感戴し、神天も歓喜せん。這等の陰隲有らば」とあった。ここでは陰隲に「神天」がかかわっている。「神天」とは、元来は神と天である。「神天はまた如何にして肯んぜんや」（武臣、第九、四三七頁）とか「神天、如何にして容し得んや」（武臣、第一三、四四〇頁）などとある。しかし、厳密に神と天という意識で用いているか、たんなる神明の意味になっているか、検討の必要はある。いずれにせよ、この神天が陰隲にかかわっていることは確かである。神天が歓喜するか肯んじないか、あるいは容認するかしないかが陰隲を左右するのである。まだ規則性、法則性が進んではいないかに思われる。ここでは、天を感動させ、あるいは激怒させるレベルと、神明が歓喜し、あるいは許さないというレベルとの相違があるかに思われる点を指摘するにとどめたい。

結局、『大誥』四編は近世君主の立場からの教化策であり、明末の善書は地方読書人たちの社会秩序維持策であった点に違いの原因があるとも言えよう。しかし、にもかかわらず、両者を貫く共通の思想とその変化は重要であると、私は思う。本稿はその共通性と相違性を明らかにするための一歩にすぎないが、あるていどは目的を果たしたと思う。

あとがき

明代史研究会で数年間かけて『大誥』を読む機会を得た。私にはきわめて興味深いものであった。久しく放置していた善書の研究への思いをかき立ててくれるものがあった。本稿が私の善書研究再開の出発点になることを願っている。私の東洋史研究の出発点は善書であった。人は一生涯かけてその原点に戻るという。私も一生涯かけてその原点に戻るのではあるまいか。まだまだ私には他の仕事がある。それが横道とか回り道であるとは思えない。しかし、その今かかえている仕事を終えたとき、私はやはり善書の研究に戻るような気がする。そのとき、その契機は明代史研究会の『大誥』講読であったことになろう。

研究会の諸兄諸姉に心から感謝します。一人ではとても読み終えることはできなかったし、解釈を深めることもできなかった。何よりも皆さんのご意見に私は触発された。本稿に採るべき点があるならば、それは研究会の皆さんのお陰である。本稿に間違いがあるならば、私が勝手に読みを変え、解釈を変えたためである。今ここに明代史研究会の記念論文集に本稿を載せることは、私の今後の研究の方向性にもかかわることであり、まことに感慨にたえない。

明代の保明寺と西大乗教

浅井　紀

はじめに

明代、北京西郊の香山に近い黄村に保明寺という尼寺があった。この尼寺は天順年間（一四五七－一四六四）に、皇帝英宗が呂妞という尼姑のために勅命で創建したと伝えられている。保明寺は創建された後、主として明朝の後宮の皇太后・皇后や外戚・宦官・貴族などを主たる保護者として存続した。保明寺は外見は正統仏教の寺院のようであるが、西大乗教と呼ばれる民間宗教の教派を生み出したことでも知られている。明代末期、西大乗教は東大乗教すなわち聞香教と並び称される存在であり、しかも両者はかなり密接な関係があったと言われている。この保明寺と西大乗教については、中国の李世瑜氏[1]と馬西沙氏・韓秉方氏の研究[2]がある。この二つの研究によれば、西大乗教では順天保明寺を創始した呂妞を教祖として仰いでいるが、実際には同教は保明寺の尼僧帰円により、嘉靖年間から万暦年間にかけて創始されたと見なしている。しかし、私はこの結論には議論の余地があると考える。後述するように、呂妞の創建した保明寺は当初から民間宗教的性格を持っており、帰円が一人で西大乗教を創始したとは考えられないからである。また、保明寺には帰円の流れとは別の流れが存在しており、帰円のみを西大乗教の教祖と見なすことには問題があると考えられるからである。保明寺と西大乗教の歴史にはいまだ明らかでない部分が多く、それを解明することは、華北における民間宗教諸教派の形成過程を明らかにすることになろう。本論は保明寺及び関連する民間宗教教派を考察し、宝巻流民間宗教諸教派の展開の一端を明らかにしたい。

一　保明寺の諸教派

保明寺とそこから生み出された民間宗教である西大乗教に関してまとまった記述のある、主要な宝巻と史料を挙げるならば、次のようになる。

一、『普度新声救苦宝巻』（以後、『普度宝巻』と簡称する）
二、『銷釈顕性宝巻』（以後、『顕性宝巻』と簡称する）
三、『銷釈大乗宝巻』（以後、『大乗宝巻』と簡称する）
四、『銷釈円通宝巻』（以後、『円通宝巻』と簡称する）
五、『泰山東嶽十王宝巻』（以後、『東嶽宝巻』と簡称する）
六、『清源妙道顕化真君二郎宝巻』（以後、『二郎宝巻』と簡称する）
七、『古仏天真考証龍華宝経』（以後、『龍華経』と簡称する）
八、『銷釈木人開山顕教明宗宝巻』（以後、『木人宝巻』と簡称する）
九、『銷釈接続蓮宗宝巻』（以後、『接続蓮宗宝巻』と簡称する）
一〇、『皇姑寺修帰円大師碑記』（以後、『帰円大師碑記』と簡称する）(3)

一一、『宗派接続碑』（正式名称は『勅賜順天保明皇姑寺永順房碑記』）(4)

一、『普度宝巻』一五品、は保明寺の創建者呂妞の生涯を述べた宝巻であり、西大乗教の歴史と教義を知る上で最も重要な宝巻である。作者は劉香山・劉斗旋父子とする説や帰円であるとする説があるが(5)、いまだ確定できない。明末に出版されたと考えられるが、詳細な時期は不明である。

二、『顕性宝巻』二四品、は後掲の『大乗宝巻』『円通宝巻』と同様に、いわゆる西大乗教五部六冊の一つであり、保明寺の尼僧帰円によって作成された宝巻である。その第二〇品によれば、帰円は隆慶五年（一五七一）に『銷釈円覚宝巻』を刊行し、万暦元年（一五七三）に五部六冊の残りの四部全部を完成させたと述べている。また、冒頭の前軍都督府事、蔣建元の序文(6)には帰円の略伝があり、その日付より見て、万暦二〇年（一五九二）孟冬（一〇月）に重刊されたものである。

三、『大乗宝巻』二四品、も『顕性宝巻』と同様に、帰円により著されたとされる、いわゆる西大乗教五部六冊の一つである。巻首に定西侯蔣建元の序文があり、その内容は『顕性宝巻』の序文と同一であるが、日付は万暦一二年（一五八四）孟冬（一〇月）の重刊本であることが分かる。

四、『円通宝巻』二四品、も同様に帰円の筆になる西大乗教五部六冊の一つである。その序文は、万暦一二年孟夏（四月）の前軍都督府前掌府事、安郷伯張鉉の筆になるものであり、前述の蔣建言の序文と同内容の帰円の事績を述べている。また、末尾に、西大乗教五部六冊は、隆慶五年二月に『銷釈円覚宝巻』を刊行し、万暦元年三月一五日に残りの四部の宝巻を刊行したことを記しており、前述の『顕性宝巻』の記事と照応する。

五、『東嶽宝巻』二四品、は悟空という僧侶により作成された宝巻である。この宝巻は保明寺の呂妞について述べながらも、『大乗宝巻』や『顕性宝巻』『円通宝巻』と異なり、帰円についての記述はなく、四暗祖についての記述が

あり、注目に値する。なお、悟空は『東嶽宝巻』のほかに、『護国佑民伏魔宝巻』『霊応泰山娘娘宝巻』も著している。(7)

六、『三郎宝巻』(8)二四品、は西大乗教の起源に関し、呂妞・楊祖・帰円に関する注目すべき説を載せており、帰円は呂妞の転生であると説いている。この説については後段で述べたい。

七、『龍華経』二四品、は東大乗教（聞香教）の開祖王森の弟子弓長が明末天啓四年（一六二四）に創始した大乗円頓教の宝巻であり、創始者弓長の事績と教えを弟子の木人（李某）が中心になって編纂したものである。その中に保明寺の呂妞と三明祖・四暗祖に関する記述がある。特に四暗祖に関する記述は諸宝巻の中で最も詳しく、四暗祖が弓長と接触した事実が述べられている。

八、『木人宝巻』二四品、(9)は『龍華経』の刊行に中心的役割を果たした木人が弓長の死後、大乗円頓教の再興を意図して、『龍華経』とほぼ同時期に作成した宝巻である。その中にやはり保明寺の呂妞と三明祖・四暗祖に関する記事があり、木人は自らを呂妞の後継者であると説いている。

九、『接続蓮宗宝巻』三六品、(10)は木人が自らの教派の経典として編纂したものであり、西大乗教・東大乗教・大乗円頓教の三教派を蓮宗という名称でひとまとめにしており、呂妞と四暗祖に関する体系立った記述が見られる。ここに掲げた七・八・九の三宝巻は木人が中心になって刊行したものであり、全体として一つの史料として扱うことができる。

一〇、『帰円大師碑記』は清代の康熙九年（一六七〇）孟夏（四月）に保明寺の境内に立てられた石碑であり、帰円が保明寺の住持であったことをのべている。

一一、『宗派接続碑』は『帰円大師碑記』と同時の康熙九年四月に保明寺の境内に立てられた石碑であり、保明寺の第三代から第九代までの住持と配下の教徒を載せている。この碑文は保明寺の歴史を知る上で重要な史料となる。

これまで挙げてきた諸宝巻は全て保明寺の呂妞を教祖として説いているが、その後継者については、『普度宝巻』を除き、その内容により二系統に大別できる。一つの系統は保明寺の尼僧である帰円を教主とする諸宝巻であり、『大乗宝巻』『顕性宝巻』『円通宝巻』『二郎宝巻』がこれに属する。もう一つの系統は、呂祖を教祖とするが、帰円について何も説かず、三明祖・四暗祖と呼ばれる指導者について説く宝巻であり、『東嶽宝巻』と大乗円頓教の前述の三宝巻がこれに属する。この二系統の宝巻の存在は保明寺と西大乗教の歴史を考える上で看過することのできない事実である。以下、本論では保明寺の創建と西大乗教の形成について考察していく。

二　呂妞と保明寺

保明寺の開山とされる呂妞については、前述の李世瑜氏や馬西沙・韓秉方両氏が『普度宝巻』を始めとする諸史料により、明らかにしている。これらの研究を参考にし、主として『普度宝巻』により、あらためて呂妞の事績と保明寺の創建の経過を述べるならば、大略次のような話しが伝えられている。(11)

呂妞は洪武二九年（一三九六）一一月一一日、陝西省西安府邠州道安里王寿村に生まれた。一五歳の時に悟りを開き、仏法に通じた。四十余歳の時、河南の汴梁（開封）に行き、布教活動をした。さらに、汴梁を離れ、北京に赴いた。正統一四年（一四四九）、皇帝英宗がオイラート部のエセン＝ハーンを討つために自ら大軍を率いて出陣した。英宗の軍が土木堡に向かっている途中、突然一人の老婆すなわち呂妞が現れて、この出征は不利であり、中止すべきことを訴えた。しかし効果なく、怒った英宗により牢に繋がれた。果たして英宗は土木堡においてモンゴル軍に敗れ、捕虜となった。呂妞は神通力を発揮して、捕虜となった英宗に食事を送るなどして助けた。翌年英宗は帰国したが、すでに弟が即位して景泰帝となっており、不遇の時期を過ごした。しかし、のち帝位に復帰した英宗は呂妞の助力に恩義を感じ、天順年間、呂妞を皇姑（皇妹）に封じ、呂妞のために寺を建て、これに順天保明寺という名称と額、そして田土七頃二〇畝を与えた。そのため保明寺は俗に皇姑寺と呼ばれるようになった。

以上のような、『普度宝巻』の説く呂妞の事績、保明寺の創建に関する伝承の要点は、呂妞が土木の変の際に英宗に出征をやめるように諫めたということ、その後も霊力をもって捕虜となった英宗を助けたこと、そして英宗により皇姑に封じられ、保明寺を建てたということである。このような内容には、呂妞を神秘化して、その権威を高めようとする傾向があり、その全てを事実とすることはできない。したがって、他の宝巻や諸史料により、呂妞及び保明寺についての伝承を検証する必要があろう。

まず、諸宝巻の述べるところを見てみよう。『東嶽宝巻』(12)と『二郎宝巻』(13)は、呂祖が観音菩薩の化身であり、その神通力で皇帝を救け、皇姑に封じられて保明寺を建てたことを記している。一方、『龍華経』は単に呂菩薩（呂妞）が西大乗（教）の教主であることを述べている。(14)『木人宝巻』は観音老母の化身である呂皇聖祖（呂妞）が円頓大乗法門・西大乗教を立て、『普度新生救苦宝巻』（『普度新声救苦宝巻』）を残したと述べる。(15)さらに、この問題を考察する際に重要な宝巻が、同じ木人が作成した『接続蓮宗宝巻』である。この宝巻は西大乗教・東大乗教・大乗円頓教を「蓮宗」という名でひとまとめにしており、その第一二品は、「大乗円通派」という題目を立て、呂妞の教派について説いている。(16)それによれば、円通母すなわち観音老母が、陝西省西安府王寿村に呂皇聖祖として下生し、先ず河南の南陽で男女を救済し、次いで燕京で保明寺を立てたとする。さらに呂皇聖祖は四八房を設立し、八大総引を置いた。各総引の下にはそれぞれ六つの枝杆が置かれ、合計四八人の頭行が置かれたという。教徒には、男に福の用いた法号を、女には妙を用いた法号を付けたという。そして四八の法船を動かして人々を救済し、ともに龍華会に赴き、無生老母に見えんとしたと述べている。

以上のような諸宝巻の記事をさらに他の史料によって検証してみよう。『宛署雑記』や『帝京景物略』『長安客話』『棗林雑俎』といった明代の著述にも、前述の呂妞の諫止と霊験、そして保明寺の創建についての記事とほぼ同内容の記事が見出される。(17)清代に作られた『欽定日下旧聞考』によれば、保明寺の近くに呂妞の墓があり、墓前に嘉靖四年（一五二五）の勅賜碑がある。その碑文は呂妞が陝西西安府邠州道安里王寿村人であることを述べていたという。(18)また、嘉靖六年（一五二七）一二月、礼部尚書方献夫が保明寺の廃止を乞う上奏をおこない、その中で、「皇姑寺は勅建の所である」と述べている。(19)これらの記述は『普度宝巻』の、保明寺が勅命をもって建てられたとする記述を裏付けている。

以上の諸宝巻を始めとする諸史料の記述から、呂妞は明代の洪武年間末に陝西省西安府邠州で生まれ、一時汴梁（開封）で布教した後、北京に来たことがわかる。その後の土木の変に際して、前述の呂妞の英宗に対する諫止や神通力に関する伝承の信憑性には依然として問題があるが、呂妞が何らかの理由で英宗により皇姑すなわち皇帝の妹に封じられ、勅賜を得て保明寺を建てたことは確かであろう。

保明寺の創建の時期については、既に李世瑜氏が指摘しているように、(20)嘉靖一二年（一五三三）に弘治帝の皇后昭聖康恵慈寿皇太后や嘉靖帝の生母章聖慈仁皇太后らが、保明寺に与えた梵鐘の銘文に、天順六年（一四六二）に保明寺に梵鐘が入れられたことが述べられているから、天順元年から天順六年の間だと考えられる。

その後呂妞の活動で注目されるのは、布教のため中国各地に赴いたことである。すなわち、『普度宝巻』によれば、(21)成化二年（一四六六）五月二四日に南京に赴き大斎を九昼夜した。次いで、成化二〇年（一四八四）一二月一一日に湖広の武当山太和宮に赴き、道士を招き、清醮を行った。翌成化二一年（一四八五）四月一五日に四川省成都府大峨山の普賢禅寺で僧を招き、九昼夜の大斎を行った。さらに、六月一三日、成都府の大慈寺で道士を招いて九昼夜の清醮を行った。また、七月一三日には太峨山の玄天観で道士を招き、九昼夜の清醮を行った。その後、弘治二年（一四八九）三月には、北直隷（河南省）の通州・天津・興済・滄州に赴き、山東省長城鋪で没したという。

『欽定日下旧聞考』は、清代の学者朱彝尊の筆になる、山東省済南府長清県の長城堡に皇姑庵があり、その遺碑に呂姑が英宗の北征を諫めたことが載せられているが、呂姑を山東人としており、諸書の記するところと違う、という記事を載せている[22]。この記事から、長城鋪（堡）は済南府長清県にあることが判り、碑文の記載内容の一部に問題はあるも、呂妞が長城鋪で没したとする『普度宝巻』の記述は信憑性があると言える。なお、後述するように、明末崇禎二年（一六二九）、大乗円頓教の開祖弓長も南京・湖広武当山・四川省太峨山といったほぼ同じ場所を訪ね、布教活動をしているのである。このことについては後で検討する。

前述のように、『普度宝巻』は保明寺が田七頃二〇畝を与えられたと説いているが、『宛署雑記』巻一八にこれを裏付ける記事がある。この記事は、順天府宛平県において税糧の免除を受けた寺院を列挙し、その中で、弘治帝が保明寺の免糧を確認した、弘治一二年（一四九九）六月一五日の日付の詔を刻した碑文「免糧碑[23]」を載せている。それによれば、宛平県香山黄村の女僧呂氏が田地六頃七六畝を買い、寺院を建て、寺額と税糧の免除を乞うた。その結果、順天保明寺の勅額が与えられ、税糧・草糧が免除された。現在は弟子である女僧楊氏が寺院に居住して管理しているという。この「免糧碑」にある免糧の田土数は『普度宝巻』の述べる七頃二〇畝という数字と異なり、その内容の信憑性に問題が無いわけではない。しかし、光緒『順天府志』に呂妞の墓とともに、明代弘治一二年六月に立てられた「免糧碑」の存在が記されているから[24]、少なくとも呂妞とこの免糧碑は実在しており、保明寺に対して一定の税糧免除の措置がとられたことは事実であろう。

呂妞の歿後、その後を継いで住持となったのは妙金である。『普度宝巻』によれば、呂妞は保明寺を立てた後、黄村の教徒楊信の七才の娘を引き取り、住持とすべく、妙金という法名を与えたとある。[25] さらに、嘉靖一一年（一五三二）に保明寺の境内に立てられた『明故順天保明尼姑院尼師金西白表碑』[26]によれば、金西白は十歳の時に呂妞の弟子となり、嘉靖帝の生母章聖慈仁皇太后の庇護を被ったとある。また、前述の「免糧碑」にも、弘治一二年当時、呂妞の弟子である女僧の楊氏が保明寺に居住して田土を管理していることが述べられている。以上の史料から、楊氏出身の妙金がすなわち金西白であり、呂妞の弟子となった時が七歳か十歳かはっきりしないが、保明寺の二代目の住持となったことは事実であろう。もっとも、後述するように、『二郎宝巻』は楊天佑なる人物が呂妞と協力して保明寺を建て、呂妞の没後は教派をつかさどったと述べている。[27]『二郎宝巻』で楊天佑は男性とされており、その記述は歴史的事実とは相違した部分が多い。

妙金の後の保明寺の住持については、康熙九年（一六七〇）孟夏（四月）に保明寺の境内に立てられた『宗派接続碑』によれば、第三代住持善聡、第四代住持法琳、第五代住持帰永・帰春・帰続、第六代住持円忠・円慧等、第七代住持大吉・大存等、第八代住持道如等、第九代住持平聚等とあり、そして克維・克仙等、成祥・成亮等、諸明・諸鳳等といった教徒名が続く。

このうち、第三代住持とされる善聡について、『普度宝巻』にもその名が見出され、[28] しかも、嘉靖一一年（一五三二）に、弘治帝の皇后と嘉靖帝の実母の二人の皇太后によって保明寺に与えられた梵鐘の銘文にも、当時の住持が善聡であると記されているから、[29]『宗派接続碑』の記述が裏付けられる。ちなみに、嘉靖一一年当時の住持が善聡であるならば、妙金はそれ以前に歿していたと言える。また、隆慶六年（一五七二）に万暦帝の母李太后により保明寺に与えられた梵鐘の銘文には、保明寺の住持を法林（法琳）とし、帰永・円忠等の名が記されている。[30] このことからも、『宗派接続碑』の信憑性は確認できる。また、『普度宝巻』は、呂妞が男の教徒には福や甫、女の教徒には妙の法号を与えたことを述べている。[31] このことは『宗派接続碑』に載せられている多数の教徒の名前によって確認される。以上のことはまた、『普度宝巻』と『宗派接続碑』、そして前述の二つの梵鐘の銘文の信憑性を一定程度高めるものである。

保明寺は明朝の後宮の皇后や皇太后、貴族などの保護を受けた。このことも保明寺に遺された石碑や、前述の嘉靖一二年の二人の皇太后が保明寺に与えた梵鐘の銘文により証明される。この梵鐘が保明寺に与えられたのは、嘉靖帝の時代に、前述の方献夫を始めとする一部の官僚から保明寺を廃止する意見が出されたためであると考えられる。嘉靖帝がこの意見に同意して、一時は保明寺の廃止が決定されたが、弘治帝の皇后と嘉靖帝の生母の二人の皇太后が特に嘉靖帝に反対を申し入れたことから、保明寺は結局存続することになった。[32]

保明寺の存在はさらに万暦年間にも重要になった。前述の隆慶六年の梵鐘に示されているように、保明寺は万暦帝の生母李太后と密接な関係を持っていた。この李太后は九蓮菩薩を信仰し、やがて李太后自身が九蓮菩薩の化身とされるようになり、『九蓮経』という宝巻も編纂されている。[33] 九蓮とは弥勒の世に咲くとされる九葉の蓮のことである。

以上のことは、保明寺が一貫して明朝の後宮や外戚・宦官をその教徒あるいは庇護者としてきたこと、このことが時として明朝の官僚の反対を受けたことを示している。また、保明寺は仏教の尼寺とされてはいたが、呂妞が数々の奇跡を現し、観音菩薩の化身であると見られていたことから、すでに韓秉方氏が述べたように[34]、呂妞は正統仏教の尼であるというよりも、当初から民間宗教の教祖としての性格を持っていた可能性が高い。

ここで問題となるのは、保明寺を建てたのは確かに呂妞であるが、西大乗教を創始したのは誰かということである。すでに述べたように、李世瑜氏や馬西沙・韓秉方氏は西大乗教の真の創始者は保明寺の第五代住持の帰円であり、西大乗教は呂妍に仮託して初祖としたと見なしている。これは果たして妥当であろうか。以下、このことを検証するため、諸宝巻の記す呂妍とその後継者に関する記述を見ていこう。

三　帰　円

李世瑜氏や馬西沙・韓秉方氏が、西大乗教の実際の創設者は帰円であり、呂祖は保明寺の創始者ではあっても、西大乗教との直接的関係はなく、むしろ帰円が呂祖に仮託して西大乗教の歴史を権威づけたと見なしている根拠は、（1）西大乗教のいわゆる五部六冊の宝巻は呂妍ではなく帰円の筆になるものであること、（2）西大乗教の教義は明代成化年間（一四六五―一四八七）に成立した羅教の影響を受けており、西大乗教の成立は羅教よりも後になること、（3）『帰円大師碑記』と『二郎宝巻』によれば、帰円が真の教祖であることがわかる、ということであった[35]。

帰円が著した西大乗教の宝巻、いわゆる五部六冊の中の『円通宝巻』の張鉉の筆になる序文、及び『大乗宝巻』と『顕性宝巻』の蔣建元の筆になる序文[36]によれば、帰円は北直隷（河北省）開平中屯衛の人で、北京に住んでいた張氏の女子であるという。九歳の時に出家し、順天保明寺に入り修行をした。その後、一二歳になって仏教の教えを悟ったので、迷える者たちを救うため、（西大乗教）五部六冊を作ったという。確かに西大乗教で、帰円の著したとされる五部六冊以前に、体系だった教理を説いている宝巻は、管見の限りではない。その内容より見て、これら五部六冊が羅教の影響を受けていることは明らかである。したがって帰円が西大乗教を創始したと見なすことには一定の根拠がある。さらに、帰円の事績を述べる宝巻と史料を見てみよう。『二郎宝巻』は呂妍と帰円に関し次のような話を説いている[37]。

天の左金童が下生して確州の楊天佑となっていた。この左金童を助けるため、仙女の雲花女が下生して確州城に来た。やがて二人は会い見え、結婚する。一方、観音菩薩が下生して呂妞となり、正統帝を助け、後に皇姑に封じられた。楊天佑は呂妞と協力して寺院（保明寺）を建て、身を安んじ老を養った。やがて呂妞が亡くなり、南海観音の本位に帰ったあと、楊祖は教派をつかさどり、男女を救済したが、これで終わりはしなかった。その後、教祖はさらに開平衛の帰円に転生して、六部の宝巻を遺した。

この話によれば、帰円は呂妞の転生であり、六部の宝巻を残したと説いている。また、呂祖と一緒に保明寺を建てた楊祖すなわち楊天佑なる人物がいたことになる。しかし、楊祖が来たという確州なる地名は現実には存在しないし、楊天佑なる人物の実在も確定できない。ただし、保明寺の第二代の住持妙金すなわち金西白は俗姓が楊であるから、一定の歴史的事実を述べたものであるとの推定ができる。

さらに、帰円の事績を述べるものとして、清代康熙九年（一六七〇）孟夏（四月）に保明寺の境内に立てられた『帰円大師碑記』[38]がある。『帰円大師碑記』は帰円を「五代帰円大師」と呼び、「法席を主持すること三十余載」と述べて、住持として扱っている。ただし、前述のように、この碑と同時に立てられたと見なされる『宗派接続碑』[39]によれば、第五代住持を帰春・帰永・帰続の三名と記し、帰円の名は見られない。これは特に『帰円大師碑記』を立てて帰円を顕彰しているので、『宗派接続碑』には帰円の名を載せる必要がなかったためであるとも考えられる。同様に、呂妞と妙金（金西白）にも石碑が立てられているためか、『宗派接続碑』にその名は見られない。

ただし、前述の隆慶六年に李太后が保明寺に与えた梵鐘の銘文も、当時の住持を法林（法琳）とし、その後に帰永・円忠を載せており、帰円を載せていない。隆慶六年と言えば、前述のように、前年の隆慶五年に帰円はその五部六冊の最初の宝巻『銷釈円覚宝巻』を刊行しており、翌年の万暦元年（一五七三）には『大乗宝巻』等の残りの四部の宝巻を刊行している。したがって、隆慶六年に帰円は保明寺においてすでに非常に大きな存在となっていたはずである。にもかかわらず、その年に納められた梵鐘にその名が載せられていないのは、帰円が当時は住持として認められていなかった可能性が高い。帰円は少なくとも隆慶年間末期には住持でなく、後代に住持になったと一応考えられる。

また、帰円が住職であったとしても、一応正統的仏教の尼寺であった保明寺の中に、帰円が新たに民間宗教である西大乗教を創始したと見なすことには議論の余地がある。その理由は、第一に西大乗教の組織と役職が呂妞の保明寺創建当時から存在しており、保明寺は創建時から民間宗教的性格を持っていたと考えられるからである。『普度宝巻』によれば、呂妞は保明寺に来た多くの信徒を道人と呼び、男は福か甫の字のついた法名を、女には妙のついた法名を与え、伝頭・領衆といった教徒の役職が有ったという(40)。また、『接続蓮宗宝巻』によれば、呂妞は四八房を作り、その中を枝杆に分け、総引・頭行・頭領といった役職を置いたという(41)。これに対し『宗派接続碑』は京師（北京）の永順房の教徒を載せており、その中には「永順房二支杆頭領」や「領衆」といった役職が見出され、教徒には多数の福か甫のついた男性教徒名と妙のついた女性教徒名が見出される。要するに、保明寺の教徒の組織や役職は呂妞の定めたものが基本的に明末清初まで存続したと言えよう。このような組織は明らかに正統仏教のものではなく、白蓮宗・白蓮教などの民間宗教に共通して見られるものである。第二に、西大乗教の宝巻でも、『東嶽宝巻』は呂妞を教祖として仰ぎながら、帰円にまったく言及せず、四暗祖なる四人の宗教的指導者について述べていることである。帰円の教主としての地位を疑わせるこのような記述は大乗円頓教の諸宝巻についても見出される。以下、これらの諸宝巻の四暗祖に関する記事を見てみよう。

四　四暗祖

四暗祖について説く宝巻の中でまず挙げられるのが『東嶽宝巻』である。『東嶽宝巻』は悟空なる僧侶によって明末に作成されたが、その第五分では、[42]南海観音の化身たる呂祖が皇帝を救い、皇帝が帰国した後、その功績で皇姑に封じられ、護国保明寺を建てたと述べている。さらに呂妞の死後、衆頭を立てたと述べる。ここまでは先述の『二郎宝巻』と同じである。しかし、『東嶽宝巻』の第九分と一〇部では、雲霞祖・煙霞祖なる人物について説く。[43]それによれば、雲霞老祖が大道を伝え、煙霞（祖）は慈悲もて接続して伝えたと説く。そして、雲霞祖は道号を天嬋と言い、双鳳山に居し、天盤と後会を掌り、弥勒仏の化身であり、末劫を待ち大賢を収めたと説く。ここで言う後会は弥勒仏が掌る世とされている。この雲霞祖は『東嶽宝巻』の中で呂祖よりも後に出てくることから、呂祖に続く教主であると考えられる。また雲霞祖は末劫に出るとされているから、明末清初に登場した人物である可能性が高い。この推定は大乗円頓教の宝巻『龍華経』によって裏付けられる。

『龍華経』は、明代の民間宗教の諸教派とその教祖を列挙し、西大乗教の教祖を呂菩薩（呂妞）であるとしているが、[44]帰円については全篇を通じて一切触れていない。しかも、『龍華経』は、雲霞祖と煙霞祖に南霞祖と丹霞祖を加えて四暗祖とし、この四暗祖について最も詳しく述べている。ことに注目されるのは、『龍華経』南北展道品第一一に見られる、弓長の「南北伝道」について述べた記事であり、[45]その中に弓長の協力者として四暗祖が登場する。「南北伝道」とは、明末の崇禎二年（一六二九）正月、無生老母から「南北展道」の命令を受けた弓長が、北直隷（河北省）から南下して黄河を渡り、開封、南京、湖北省承天府・武当山、四川省大峨山、江蘇省揚州等の各地を巡り、布教をしたり、各地の宗教的指導者と会い、来るべき弥勒の世での龍華会の救済を誓ったとされていることである。

『龍華経』第一一品によれば、この「南北展道」の中で、弓長が崇禎二年正月に北直隷を発ち、同月一五日に開封に着き、さらに三月初めに南京に赴くと、南霞祖が九人の弟子を連れて迎えたという。弓長は彼等と三月三日に無生老母の蟠桃会を祝った。その後弓長は湖北の承天府に到り、七月一五日に武当山太和宮に行き、九月九日には四川の大峨山の玄天洞を訪れた。そこには、南霞祖・雲霞祖・丹霞祖・烟霞祖の四祖が揃って来ていた。大峨山で弓長と四暗祖は、「朝源聖会」を開き、「蓮宗査号合同」を定め、ともに弥勒仏に協力し、後に龍華会で逢うことを誓ったという。弓長はその後、湖広承天府に行き、「人縁会」を開き、さらに揚州へ行き、「収源大会」を開いた。

この「南北展道」で注目されるのは、南京で南霞祖が連れて来た九人の人物が、弓長の弟子となり、紅梅九杆の頭行となったことである。また、雲霞祖も弓長に会いに来たこと、丹霞祖が久しく弓長を待っていたこと、烟霞祖が四川大峨山の朝源洞で仲立ちをし、弓長が四暗祖らと「蓮宗査号合同」（合意書）を作ったことがある。「蓮宗査号合同」とは、蓮宗を接続して、弥勒の世の龍華会でともにめぐり会うことの合意書とも言うべきものであろう。そして、末劫の龍華会において、三明四暗（祖）が人々を救済すると説いている。三明とは後述する乾明仏・真明仏・玄明仏のことである。これら三明祖がどのような人物であるのかについてはいまだ明らかでない。『龍華経』第一一品は以上のことを要約し、「南至湖広北至燕、東至海東西至川、末後一着龍華会、三明四暗総収源。」と述べて、末劫の龍華会に、三明四暗祖が全国津々浦々の人々を全て救済すると説いている。

弓長の「南北展道」を見ると、まず、開封・南京・湖広武当山・四川というその足取りが、前述した呂妞の足取りとほぼ同じであることが注目される。後述する『接続蓮宗宝巻』も、呂妞が先ず南陽で布教し、それから北京で布教して保明寺を立てた、と述べる。一方、『龍華経』第一一品には、弓長の「南北展道」について、「南北展道転法輪、南陽叫惺有縁人、収補残霊皈根命、久後龍華祖教興。」とあり、弓長が「有縁人」を南陽で目覚めさせたと述べている。また、前述のように、弓長は四川省大峨山で四暗祖らと「蓮宗査号合同」を定めて、ともに弥勒仏を助け、龍華会で逢うことを誓ったが、『接続蓮宗宝巻』第一二品も、円通教主すなわち呂妞が家郷の無生老母の面前で、弥勒菩薩と「蓮宗査号合同」を定めて、ともに弥勒仏を助け、龍華会に赴くことを誓ったと述べている。このことから、弓長の「南北展道」が呂妞の事績を意図的に再演していることが考えられる。

しかも、「南北展道」によって作られた、大乗円頓教の九杆一八枝の組織とその頭行・総引・頭続・領衆といった役職は、西大乗教の四八房と六枝杆の組織、頭行・総引・頭続・領衆といった役職に酷似している。前述のように、南京で弓長は、南霞祖が連れてきた九人の人物を九杆の頭行にしている。このことは九杆一八枝の大乗円頓教の教徒は四暗祖の協力のもとで組織された者たちで、もとは西大乗教の流れを汲む者たちであった可能性を示す。

『龍華経』の第一七品にも四暗祖が揃って登場する。[46] この第一七品の中では、諸祖とその持っている宝を列挙し、どの祖師が真の宝を持っているか検証するという筋書きが展開される。その中で、雲霞祖については、「雲霞祖、蓮宗宝、献与天真」と述べられている。つまり、雲霞祖が天真に「蓮宗宝」なる宝を献じたとしている。ここで言う天真は天真仏の化身たる弓長を指していると思われる。また、「蓮宗」とは『龍華経』祖続蓮宗品第一六において強調されている、一つの教えの流れである。「蓮宗」と言ってすぐに思い浮かぶのは阿弥陀念仏を説く、南宋の茅子元の白蓮宗のことである。この「蓮宗」が白蓮宗を意味するものであるか明確でないが、宝巻流民間宗教の根底には念仏結社の伝統が継承されていたことは確かである。『龍華経』においても、教祖弓長が阿弥陀仏の転生と見なされており、各所に念仏を唱える場面が設定されている

さらに、『龍華経』と密接な関係にある宝巻『木人宝巻』を見てみよう。『木人宝巻』は『龍華経』の刊行に関わっ

た、弓長の弟子である木人（李某）が自らを大乗円頓教の再興者と自認して、自らの教派とそれに関係する諸教派について述べた宝巻である。『木人宝巻』の巻首では、呂妞を東大乗教（聞香教）の教祖王森の次に置き、円通教主である観音菩薩が陝西省西安府王寿村に呂皇聖祖（呂妞）として化現し、『普度新生宝巻』（『普度新声宝巻』）を留め、円頓大乗法門を創始し、郷児（衆生）を救済し、ともに龍華三会に赴かしめる、と説いている。(47) また、『木人宝巻』第六品では、木人が石仏王祖すなわち王森と弓長より布教活動をするようにとの命令を受けたことを述べ、その際に弓長が、

当初吾奉古仏無生、設立下大乗円頓宗門。老法王立下東大乗。円通母立下西大乗。宣法王石仏在無影山、能使木人開山立教。宣呂皇聖母、在鳳凰破〔坡〕前、能使木人開山顕教。後来宣三代張祖、能使木人開山顕教。

と述べたとある。ここでは、円通母・呂皇聖母すなわち呂妞が西大乗教を立て、鳳凰坡で木人に教派を立てさせたこと、木人が呂妞の後継者であると述べていることが注目される。『木人宝巻』は帰円には一切言及せず、しかも、第一〇品は三明祖・四暗祖について論じている。(48) 三明祖とは玄明祖・円明祖・真明祖であり、四暗祖とともにその宗教的役割をやや抽象的に論じている。この『木人宝巻』第一〇品の記事が説く三明祖・四暗祖には実際的活動が見られないが、『龍華経』『木人宝巻』の編纂に木人が大きな役割を果たしているから、両宝巻の説く三明祖・四暗祖は総合的に見て、歴史上実在した人物と見なすことができる。

さらに、木人が作成した大乗円頓教の宝巻『接続蓮宗宝巻』第一二品にも、三明四暗祖に関する注目すべき記述がある。(49) それによれば、呂妞がまず（河南省）南陽で布教活動をし、後に北京で布教し保明寺を建てたことを述べる。そして、人々を救済し久しく末劫の龍華会を待っていると、三明四暗（祖）に出会い、四八房で頭行と領衆を安んじ、八卦宮で久しく待つ。龍華会では登録してその名を掲げ、四八枝は新しく整えられたとしている。つまり、三明四暗

は保明寺との関係で、末劫の龍華会において登場する人物として説かれているのである。『龍華経』では明末天啓四年（一六二四）が末劫到来の年とされており、ここで言う末劫も天啓四年以後のことと見なされる。『接続蓮宗宝巻』第三五品では、末劫における三明祖・四暗祖の働きがより明確に説かれている。(50)それによれば、「末後一着」、すなわち末劫の到来の時、諸仏万祖の万法が皈一され、諸家宗門、各家の祖師は法船を動かし、ともに彼岸に登り、龍華大会に赴いた。のちに三明の仏と四暗の祖が世に出て、衆生を救済した。三明とは乾明仏・真明仏・玄明仏であり、四暗祖とは雲霞暗老祖・南霞暗老祖・丹霞暗老祖・烟霞暗老祖であり、三明四暗祖は天真古仏すなわち弓長と協力し、未来にともに助けあったとする。要するに『接続蓮宗宝巻』は、明末清初の末劫とされている時期に円頓教が出て、三明仏と四暗祖が人々をあまねく救済すると説いているのである。この『接続蓮宗宝巻』にも帰円はまったく登場しない。

以上述べてきた記事により、『接続蓮宗宝巻』の説くところは前述の『東嶽宝巻』の記事と照応していることが分かる。すなわち保明寺の創始者呂聖祖のあと、明末の末劫と見なされた時期にその流れを汲む後継者として三明祖・四暗祖が登場した。三明祖がいかなる人物であるか不明であるが、四暗祖は弓長と同時代の人物であり、大乗円頓教の弓長と接触を持ち、龍華会へ赴く盟約をすることなど、末劫の衆生を救う教義を説いていたことが分かる。保明寺の呂皇聖祖の流れを汲んでいるにもかかわらず、前述の『東嶽宝巻』にも、『龍華経』や『接続蓮宗宝巻』にも、西大乗教の帰円には一切言及するところがないのである。

反対に、帰円により作成されたとされる『大乗宝巻』『顕性宝巻』『円通宝巻』には、三明祖・四暗祖は全然登場しない。このことから現在考えられることは、呂祖によって創建された保明寺の中にはいくつかの流れがあり、帰円の教派はその一つであり、四暗祖の系統も別の教派として存在していたことである。大乗円頓教の主要経典である『龍華経』『木人宝巻』『接続蓮宗宝巻』に帰円がまったく登場しないことは、帰円は大乗円頓教にとって直接的関係がなく、まったく無視する存在であったことを示しているのではないか。

結論

保明寺における呂妞の教派は当初より、正統仏教の尼寺と言うよりも、民間宗教としての性格を濃厚に持っていた。その教徒には男女が混在し、道人と呼ばれ、男性には福と甫の法名、女性には妙の法名がつけられ、領衆・伝頭といった役職を設けて統率していた。また、その教義も、当初は呂妞が観音菩薩の化身であるという観音信仰が中心的教義であったと考えられるが、それに止まらず、呂妞が地方で伝道した際に行った仏教の大斎や道教の清醮に見られるように、仏教と道教の混合したものであった。このことは後世、保明寺の尼姑が剃髪せず、道姑のような様子をしていたことを述べる記録によって裏付けられる。(51)

ただし、呂妞が創建した時の保明寺の信仰は、時代とともにその内容に変化があったようであり、隆慶六年に李太后が保明寺に入れた梵鐘の銘文には、無生老母の別称である「天地三界十方万霊真宰」という語が見られる。これはこの頃の保明寺には無生老母に対する信仰が有ったことを示している。このことは帰円の刊行したいわゆる西大乗教五部六冊の教義と関係しているかもしれない。隆慶六年の前年、帰円は『銷釈円覚宝巻』を刊行し、さらに二年後の万暦元年には残りの四部の宝巻を刊行した。これにより西大乗教が成立し、保明寺に無生老母に対する信仰がもたらされた、と考えられるかもしれない。しかし、帰円は当時わずか一二歳であり、少なくとも保明寺の住持ではなかった。だから、この時に西大乗教が創始され、それによって無生老母信仰が保明寺にもたらされたと断定することはできない。ただし、後に帰円が保明寺の住持になったことは確かなようである。

しかも、ここで問題となるのは、西大乗教の流れを汲む『東嶽宝巻』や大乗円頓教の諸宝巻がなぜ帰円に言及しないかということである。これらの宝巻はいずれも明末か清初に作成されたものであり、当時帰円はすでに保明寺の中で大きな存在であったはずである。これらの宝巻が西大乗教について呂妞と四暗祖に言及するのみで、帰円を無視していることは、保明寺の西大乗教の流れが一つにまとまっていなかったこと、西大乗教の創始者が必ずしも帰円一人でなかったことを示しているのではないか。保明寺の教派がいつから西大乗教と呼ばれるようになったのか、呂妞の時か、帰円の時か、それとも別の人物の時かはっきりしない。しかし少なくとも大乗円頓教の宝巻は呂妞の時からそう呼んでいる。

大乗円頓教の教祖弓長は四暗祖との緊密な結びつきのもとで、呂妞の地方での布教活動を再演する形で「南北伝道」を行っており、大乗円頓教の形成過程で、呂妞の流れとの強い結びつきが見られる。大乗円頓教の教徒の組織も西大乗教の組織形態を継承したものであると言える。しかも、大乗円頓教は帰円を完全に無視している。しかし、ここで無視し得ないことは、大乗円頓教の諸宝巻は帰円の『大乗宝巻』や『顕性宝巻』『円通宝巻』などの五部六冊と共通した教義内容を持っていることである。大乗円頓教の宝巻は帰円の作成した諸宝巻から教義上の影響を受けた可能性がある。明末の諸教派の形成過程を考える際、この保明寺の系統は後継の東大乗教や大乗円頓教に教義を含めて、どのような影響を与えたのか、このことについては稿をあらためてさらに論じたい。

註

（1） 李世瑜（一九八五年）「順天保明寺考」『北京史苑』第三輯、三三二頁～六三三頁。

（2）馬西沙・韓秉方（一九九二年）『中国民間宗教史』上海人民出版社、第一一章、西大乗教、六五三頁～六八八頁。
（3）註（2）『中国民間宗教史』第一一章、六六六頁～六六七頁所載。
（4）北京図書館善本部所蔵拓本。
（5）車錫倫氏は『普度宝巻』の作者を劉香山・劉斗旋父子であるとするが（『中国宝巻研究論集』学海出版社、一九九七年、一二三頁参照）、濮文起氏は『普度宝巻』の作者は帰円である可能性があるとしている（濮文起主編『中国民間秘密宗教辞典』四川辞書出版社、一九九六年、二一六頁）。このことについての結論はまだ出ない。
（6）『顕性宝巻』序
余公暇坐閲史精舎時、蒼頭以仏書進、且曰、浮屠氏執此、願乞一言以為序。余睇厥目、称為銷釈宝巻焉。迺所著者。法名帰円。原直隷開平中屯衛人。在城居住。張門子女。幼多慧悟。甫九齢。志脱塵寰。逮年十二。頗悟心性。既而投礼勅賜順天保明皇姑寺。而嗣焚脩焉。於是三乗四諦。竟亦了然。遂願広度群迷超出三界。廼着為巻。凡五部六冊。
（7）前掲註（5）車錫倫論考一一七頁、一二一頁参照。
（8）高希舜等編『宝巻』初集、第一三冊・第一四冊所載。
（9）王見川・林万伝『明清民間宗教経巻文献』（新文豊出版公司、一九九九年）第五冊所載。
（10）同前、第五冊所載。
（11）『普度宝巻』第一品～第八品参照。
（12）『東嶽宝巻』第五分
開山呂祖根基深。原是南海観世音。想当初、観世音托化呂祖、顕神通在口外先救当今。主回朝封呂祖皇姑御妹、住護国保明寺直到如今。呂祖師成正覚還了本位、後立下衆頭領普化善人。
（13）『二郎宝巻』第一八品
老祖離了古汴梁……望北看見虎頭山。過渾河。到黄村。老祖埋頭不出門。単等着万歳爺。……観音母、来落凡、脱化呂祖。在口北、送聖飯、救主廻京。景太崩、天順爺、又登宝位。封呂祖、御皇姑、送上黄村。与老祖、蓋寺院、安身養老。普天下、男共女、来見無生。祖還源、廻南海、帰了本位。二輩爺、楊祖師、執掌法門。頭一廻、度男女、未得完畢。二転来、又化現、直隷開平。悟心空、留宝巻、合同六部。

(14)『龍華経』第二三品
西大乗、立法門、度下児女。呂菩薩、領郷児、龍華相逢。

(15)『木人宝巻』巻首
有円通教主、観音老母、下生臨東、落在陜西西安府王寿村、化現呂皇聖祖。能使木人開山顕教、留下普度新生宝巻。設下円頓大乗法門。普度郷児、同赴龍華三会、不違善願也。

(16)『接続蓮宗宝巻』第一二品
〔観音老〕母曰円通教主、観音老母。……母曰、我不免的下生人間、落在陜西西安府王寿村呂宅投胎。後借凡身、……又発四十八願、立四十八房、渡四十八祖、立四十八箇頭行。選八大総引、一総引分六枝杆頭続。共続六八四十八箇頭行。駕四十八号法船。渡四十八会人縁。……同赴龍華人会、同見無生老母……円通老母来下生……設立大乗円頓法、勅賜保明立法門、四十八願渡男女、四十八房安頭行、四十八祖駕法船、四十八家続伝燈、一総六杆安排定。……九蓮天裡円通母、五晶宮中見天真。男為福字法中号、女為妙字続蓮宮。先渡南陽皈善教、後化燕京立保明。母在世間常救苦、法船普度有縁人。久等末後龍華会、三明四暗又相逢。四十八房安頭領、続在八卦宮久等。龍華会掛号要標名。四十八枝重新整。

(17)『宛署雑記』巻一八、『帝京景物略』巻五「皇姑寺」、『長安客話』、『棗林雑祖』「智集」参照。

(18)『欽定日下旧聞考』巻九七、郊坰、光緒『順天府志』京師志一七、寺観二参照。

(19)『明世宗実録』嘉靖六年一一月壬子の条。

(20)前掲註(1)李世瑜論考四六頁参照。

(21)『普度宝巻』衆道人廻家品第一四参照。

(22)『欽定日下旧聞考』巻九七、郊坰
朱彝尊謹按、山東済南長清県之長城堡亦有皇姑庵、覧其遺碑、具載呂姑諫阻裕陵北征本末。碑称姑山東人、与諸書所紀不同、未詳孰是。

(23)『宛署雑記』巻一八
皇帝勅諭官員軍民諸色人等。朕惟仏氏之教、自西土流伝中国已久、上以陰祐皇度、下以化導群迷。功徳所久、幽顕無間、是以崇奉之者、遐邇一焉。順天府宛平県香山黄村女僧呂氏、先年置買田地六頃七十六畝、起蓋寺宇一所。奏乞寺額、並蠲免糧税。特賜額曰順天保明寺、倶蠲免地畝・草糧。今仍与徒弟女僧楊氏居住管業。須勅護持之。凡官員軍民諸色人等。自今以往、毋得侵占田土、毀壊垣宇、以沮壊其教。敢有不遵朕命者、論之以法。故諭。弘治十二年六月十五日立。

(24)光緒『順天府志』京師志一七、寺観二参照。

(25)『普度宝巻』呂祖収童子品第一〇参照。

(26)前掲註(1)李世瑜論文四三頁参照。

(27)前掲註(13)『二郎宝巻』の記事参照。

(28)『普度宝巻』衆道人廻家品第一四、老祖赴位品第一五参照。

(29)前掲註(1)李世瑜論文四一頁参照。

(30)同右。なお、嘉靖一二年と隆慶六年の二つの梵鐘はともに北京の大鍾寺博物館に保管し陳列されている。

(31)『普度宝巻』聖恩送呂祖上黄村品第八参照。

(32)『万暦野獲編』巻二七、「毀皇姑寺」参照。

(33)この時作られた宝巻に、『仏説大慈至聖九蓮菩薩化身度世尊経』『太上老君説自在天仙九蓮至聖応化度世真経』がある。

(34)前掲註(2)『中国民間宗教史』六六九頁参照。

(35)前掲註(1)李世瑜論考五〇頁~五一頁、前掲註(2)馬西沙・韓秉方論考六六五頁~六六八頁参照。

(36)前掲註(6)『顕性宝巻』序・『大乗宝巻』序、『円通宝巻』序参照。

(37)前掲註(13)『二郎宝巻』参照。

(38)前掲註(2)『中国民間宗教史』六六六~六六七頁、『帰円大師碑記』。

皇姑寺呂大師者、秦人也。明正統中、数著霊異。天順初、崇其称以報之、曰皇姑。……五代帰円大師実□□盛。師姓張氏、開平中屯衛人。年十二即悟大乗法、戒行氷潔、機辯泉流。……主持法席、三十余載。

(39)『宗派接続碑』
三代住持善聡、第四代住持法琳、第五代住持帰春・帰永・帰続、第六代住持円忠・円住・円慧・円省・円広、第七代住持大穏・大存・大吉・大広・大住・大果、第八代住持道済・道登・道香・道如・道意・道仰、第九代住持平寛・平□・平羽・平壮・平聚・平徳・平雲・平意・平乾・平智・平亮・平全。

(40)『普度宝巻』聖恩送呂祖上黄村品第八、第一〇品、第一四品、第一五品参照。

(41)前掲註(16)『接続蓮宗宝巻』参照。

(42)前掲註(12)『東嶽宝巻』参照。

(43)『東嶽宝巻』第九分
雲霞老祖伝大道。煙霞慈悲接続伝。若問老祖家住処、元根祖居双鳳山。執掌天盤掌後会。単等末劫収大賢。上乗羅漢菩薩転。中乗朝内做高官。下乗人間栄華富。都是雲霞祖根元。大衆聴罷蓮花偈。裡説聖来外説凡。
同宝巻、第十分
大衆聴雲霞祖道号天蟬。掌後会坐天闕守定天盤。原祖是弥勒仏改頭換面。伝火道按陰陽入聖超凡。……九蓮裏插一扛龍華赴会、後会裏証仏果永不臨凡。

(44)前掲註(14)『龍華経』参照。

(45)『龍華経』第一一品
祖在経堂中入定、夜至三更、警中無生吩咐叫弓長。今年是己巳年、該你南北展道。……不一日、来到黄河。……一日祖到南京、金陵郡、三山府。内有南霞祖、引領九人、迎接老祖。……九月初九日、在四川大峩山玄天洞……不一時、南霞・雲霞同丹霞・烟霞四祖同来相会。……祖説這一回去到揚州天心府、做箇収源大会。……南至湖広北至燕。東至海東西至川。末後一着龍華会。三明四暗総収源。……老雲霞、領衆真、都来会我。金沙屏、丹霞祖、久等弓長。烟霞祖、朝源洞、搭橋対竅。南霞祖、他合我、対上合同。有三明、合四暗、収源結果。……在湖川、都承天、立下四生、做一箇、人縁会、祖教興隆。廻揚州、天心府、留下訣点。

(46)『龍華経』第一七品
天下諸仏赴雲城、諸祖闘宝顕神通。金鶏三唱天皆暁、各憑真宝見天真。……烟霞祖、有一件、真経聖宝。雲霞祖、蓮宗宝、献与天真。南霞祖、有一件、査号真宝。丹霞祖、合同宝、立命安身。

(47)前掲註(15)『木人宝巻』参照。

(48)『木人宝巻』第一〇品
祖曰三明者有玄明発現真如性、円明発現妙覚性、真明発現円覚性。透這是三性円明也。四暗者雲霞暗開放光明、南霞暗開放三昧現、開放金光現、烟霞暗開放仏光現、乃為四暗也。……七孔山、開蓮花、体透玲瓏。参道人、只修的、訴説分明。有円明、発現出、真如性。有玄明、若発現、妙覚世尊。有真明、発現出、円覚性海。分三明、講四暗、包裹当人。雲霞暗、開放了、光明出現。南霞暗、開放了、三昧発生。丹霞暗、開放了、金光繚繞。烟霞暗、開放了、仏放光明。大毛展、透真法、心開悟解。二毛展、通明法、万法皆通。三毛展、明心法、通開凡聖。有三毛、斉開放、取巻発経。

(49)前掲註(16)『接続蓮宗宝巻』参照。

(50)『接続蓮宗宝巻』第三五品
仏曰、末後一着、諸仏万祖万法皈一。諸家宗門、各家祖師、各会人天、駕定法船、同登彼岸、来赴龍華大会。後有三明四暗仏祖出世、収園結果、来度衆生。……雲霞暗老祖、駕定法船、度化人天、同登彼岸。南霞暗老祖、駕定法船、渡化人天、同登彼岸。丹霞暗老祖、駕定法船、渡化人天、同登彼岸。烟霞暗老祖、駕定法船、度化人天、同登彼岸。乃是三明四暗仏祖、同与天真古仏、搭手助道、同助当来。……円頓仏門興隆派。諸仏万祖駕法船、善渡天下衆賢良。三五九蓮十七会、三明四暗総収園。

(51)『帝京景物略』巻五、「皇姑寺」
皇姑寺、英宗睿皇帝復辟建也。……今寺尼皆髪、褁巾、緇方袍。男子揖。

『馬森年譜』稿

小俣光子

解題

一九九七年七月に沖縄で開かれた第十七回国際服飾学術会議に参加した後、琉球大学や地元の研究者と共に、沖縄とは深い関わりのある福建省福州市や北京、山東省曲阜、上海、その他の各地を見学した。

その折、福州市の于山、戚公祠において、嘉靖期の戸部尚書、馬森（福建懐安の人）の側室陳氏の遺体及び身につけていた袍、裙、衫、などの服飾品を見学した。その遺体、服飾品は、福州市の西南に位置する怡山の西禅寺に祀られていた馬森とその正室任氏、側室の黄氏、陳氏四人の合葬墓から出土したものであった。

合葬墓は、一九八〇年西禅寺に隣接する福州大学(1)の拡張工事中に発見され、福州市文物管理委員会、福州大学及び工事関係者によって発掘調査された。馬森とその正室任氏、側室黄氏の墓はすでに盗掘されており、残されていたのは馬森と任氏の合葬誌銘のみであった。しかし、側室陳妙禎の墓は完全な状態で保存されていた。

福建医科大学、福建師範大学、省立医院等の担当者により解剖された後、フォルマリン入りのガラスの槽に納められた生身に近い陳氏の遺体は、身長一・五六米、纏足された小さな足であった。解説を担当された福州文物博物館の鄭国珍氏は、側室陳氏は男児をもうけたが幼くして亡くし、後、黄氏に疎まれて出家した。尼僧で菜食であった為、遺体が非常によい状態で保存されていたのだと説明された。女性史の視点から私は纏足にも、出家にも、おおいに触発された。また、かねてより、中国の服制に関心を持ち、殊に補子[2]についての資料収集に意を注いできたので、服飾品で注目したのは袍に付された補子であった。題箋の説明によると、補子の文様は双鶴となっていた。しかし、ケース越しに見る文様が鶴か否かは確認できなかった。

周知のように、中国の服制は歴代の政権交代、多民族の複雑な絡みあいの中で興味深い変遷をたどっている。明代の服制は建国当初、「詔して、衣冠は唐制の如くす[3]」、とあり、それまでの胡服の習俗を一掃した。そうして、『大明会典』、『明史』輿服志などに記されているように、着用する服飾品のすべてが身分、地位、性別、儀式の種類、季節、晴雨などによって区別され、さらに形式、色彩、文様、材質に至るまで、国家秩序として厳格に規定された。殊に官吏が着用する官服の胸と背に付される補子は文武官の品級を表すために服制に位置づけられた標識であった。

補子の文様図案は、公侯駙馬伯は麒麟と白澤。文官は鳥類で一品と二品は仙鶴と錦鶏、三品と四品は孔雀と雲雁、五品は白鷳、六品と七品は鷺鷥と鸂鶒、八品と九品は黄鸝と鵪鶉と練鵲であった。風紀を取り締まる風憲官は獬豸。一方、武官は獣類で一品と二品は獅子、三品と四品は虎豹、五品は熊羆、六品と七品は彪、八品と九品は犀牛と海馬であった（『正徳大明会典』巻五八）。

陳氏の補子が、あきらかに双鶴であるならば、それは文官の一品に相当する。馬森の最高位は戸部尚書であり、各尚書は正二品であった[4]。したがって、双鶴とするのには疑問が残る。馬森はいかなる政治家であったのか。馬森については『明史』（巻二一四の伝）をはじめ、『明実録』（巻四三六）、「馬公行状」（『海嶽山房存稿』・文巻七）など多くの資料がみられた。しかし、管見によれば馬森についての専論は無く、僅かに『明史食貨志訳注』「塩法」の条に馬森の上言を引用しているのがみられるのみであった。そこで、馬森について、また陳氏の出家の経緯など、より深く知りたいと思い馬森の墓の発掘に直接携わり、見学当日解説を担当された福州文物博物館の鄭国珍氏に、発掘調査報告の提供、一次資料の所在の教示などをお願いし、幾度か依頼状を送った。しかし、返事は届かなかった。やむなく、馬森のことはしばらく措くことにして、他のテーマに取り組んでいた。この度、山根幸夫先生より本『記念論文集』への寄稿のお励ましを頂き、馬森のことを本格的に調べる決意を固め、十月に再び福州を訪れた。

鄭国珍氏とも再会でき、あらためて詳細に陳氏の遺物を見せて頂いた。しかし、予算がつかないこともあり、未だに調査報告が公にされていない為、服飾品を手にとって見ることも、実測することも、かなわなかった。また当時の詳細な調査報告の資料は、一部の関係者の独占するところとなり、現時点での閲覧は不可能であった。僅かに『福州歴史與文物』一（福州市文物管理委員会編、一九八一）に掲載された一ページの簡単な報告を見るのみであった。しかし、鄭氏の期するところでは、近いうちに発表が解禁になるであろうから、その時は必ず資料提供をすると約された。

また鄭氏は今も陳氏を黄氏より先に納れられた側室であると確信し（『福州歴史與文物』にも第二夫人と記されている）、墓の位置が変則的であることの意味を力説された。つまり、馬森を中心として右側に任氏、左側に黄氏、右側の任氏の隣に陳氏が祀られたのは、陳氏が出家した為、この位置になったのだと説かれた。いかなる資料からそれが検証できるのか尋ねたが、調査報告が未発表の為であろうか、明確な回答は得られなかった。勿論、一次資料の有無も言及されなかった。

紆余曲折の後、林則徐記念館の副館長、官桂銓氏より情報を得て、馬姓について調査している馬元流氏に出会った。馬元流氏の紹介で福州市の西北、閩侯県の山奥で、道も通じていない馬厝村にある馬坑を訪ね、宗族の代表者八名に大歓迎された。その中の一人の証言によって、遂に馬森の直系の子孫、馬永湘氏に辿りつき、馬永湘氏から『馬恭敏公年譜』のコピーを頂いた。馬永湘氏は現在八十八歳、視力は少し衰えているものの、すこぶる壮健で記憶も確かであった。文化大革命の時沢山の資料が焼却されたが、この『年譜』だけは懐中に入れて守ったと語られた。この『年譜』は馬森の第四子欻の編輯になる四十六葉の抄本で、刊本はなく、私の三週間余の馬森を訪ねての旅の中で得た貴重な資料である。この『年譜』に基づいて要点を紹介し、私なりの「馬森年譜稿」を作成してみた（全文については、訳註をつけて順次紹介したいと思っている）。

今ようやく福建の諸機関や厦門大学で得た馬森の資料の整理がつき、馬森の全体像が僅かばかりつかめたというところである。種々の資料を詳細に追ってゆくことにより、これまでの明代史研究であまり知られていなかった馬森の治績にいささかでも光を投じることができれば幸いと考えている。

終りに、友人の福建省社会科学院研究員林紅氏の助力がなければ『年譜』には辿りつけなかったことを思い、林氏に深甚な謝意を表したい。

（二〇〇二・一二）

馬森年譜稿

年号	干支	歳	事項
正徳1	丙寅	1	11月27日　森生まる。父は驄[5]（字は良夫、号は石岩、生員）、母は側室何氏。
6	辛未	6	学校に入り、馬馭を師とす[6]。
12	丁丑	12	『易』に通ず。

年号	干支	歳	事項
13	戊寅	13	挙子の業を始む。
嘉靖	壬午	17	初めて加冠す。師馬馭に孔養の字を与えらる。
4	乙酉	20	正月　任氏[7]来嫁す。 3月　県学生員に補せらる。師は莆陽の林学道、号は立斎、王守仁の高弟、尚書を治む。
5	丙戌	21	『書伝敷言』を著す。
6	丁亥	22	有司、祖母蔡氏の節を上す。
7	戊子	23	挙人に合格、『書経』を以って第十五名で合格（監臨官は聶豹、提調官は査約）。
8	己丑	24	廷試に不合格。3月上疏して、「裴」姓（軍籍）から「馬」姓に復す[8]。 7月　父驄死去す。長女芝生まる。後、参政陳元珂の子夢梧（訓導）に適く。 8月　嫡母李氏死去す。 11月　父驄と嫡母李氏を群鹿山に合葬す。
10	辛卯	26	病気の為春官に上らんとして果たせず。
11	壬辰	27	崇安で経を教う。
12	癸巳	28	崇安で『大学中庸口義』を著す。 9月　第二女[9]生まる。後、侍郎鄭漳の子文樞（主簿）に適く。
14	乙未	30	進士に合格（知貢挙官は禮部尚書夏言）。賜進士第三甲[10]。

年号	干支	歳	事項
			5月　第三女荘生まる。後、副使陳子文の子椿（生員）に適く。
16	丁酉	32	順天同考試官を命ぜらる。 10月　暇を請うて郷里に帰る。
17	戊戌	33	戸部主事を授けらる。 10月　長子棨生まる。後、知州王時中の女を娶る。
18	己亥	34	母何氏を京に迎えて就養す。 父驄、森の官（戸部主事）を追贈さる。
19	庚子	35	舟を九江に権す。
20	辛丑	36	九江より京師に帰る。 8月　第四女生[11]まる。後、南京大理寺卿周亮の子書（訓導）に適く。
22	癸卯	38	戸部員外郎に陞り、郎中の事を署す。 平素より銭穀の事に心を用い、機宜に中る奏議を提出す。
23	甲辰	39	直隷太平知府に陞る。太平は地瘠せ民貧しく　而も水陸の衝に当たる。森、赴任するや額外の供を減らし、工作淫巧を禁じ、民に孝弟力田を教う。
24	乙巳	40	飢餓甚し、当道に穀を乞い賑恤につとむ。
25	丙午	41	11月　大計（成績考査）の為京師に赴く。

年号	干支	歳	事項
			12月　第二子燮生まる。後、尚書林廷機の女を娶る。
26	丁未	42	4月　太平府に戻る。 9月　江西按察司副使（兵備九江）に転ず。
29	庚戌	45	江西布政司右参政に陞り湖西を分守す。
31	壬子	47	江西郷試を提調す。
32	癸丑	48	江西按察使に陞る。
33	甲寅	49	山東右布政使に陞る。 3月　側室黄氏を納む。 8月　孔林に謁し泰山に登る。
34	乙卯	50	江西左布政使に陞る。郷試を提調す。 10月　大計の為京師に赴く。
35	丙辰	51	3月　京師より郷里に帰る。 5月　側室陳氏を納む。 6月　都察院右副都御史に陞り、江西を巡撫す。
37	戊午	53	刑部右侍郎に陞り、次いで戸部右侍郎に改む。 7月　第三子焱（母陳氏）生まれる。後、都御史陳仕賢の女を娶る。(12)

年号	干支	歳	事項
38	己未	54	大理寺卿に調せらる。 5月　五女蕚（母黄氏）生まる。後、参政應鍾の子徳渼に適く。 10月　長子熒の妻王氏来嫁す。
39	庚申	55	戸部右侍郎に陞る。倉場を総督し西苑農事を督理す。 6月　三品考満し、誥命を賜い通議大夫に進む。 祖父俊（貞宣公）、父驄（石岩公）に森と同官を追贈さる。 7月　妻任氏死去す。 10月　長孫陛生まる。後、布政使鄭雲鎣の女を娶る。
40	辛酉	56	3月　引退を乞う。 4月　京師を出ず。 5月　第四子欵（母黄氏）生まる。後、副使洪世文の女を娶る。 6月　郷里に帰る。 門を閉じて諸有司と往来せず、日々読書につとむ。
41	壬戌	57	3月　馬坑に光禄大夫（南唐末に入閩した始遷祖馬浙）の墓を修め祭田を置き、祠堂を作る。 6月　蔵書楼を作る。 8月　藩司（布政使衙門）で軍変を平ぐ。

年号	干支	歳	事項
			10月 妻任氏を西郊の怡山に葬る。
42	癸亥	58	南京工部右侍郎を命ぜらる。辞退するも許されず。 3月 戸部右侍郎に起用さる。 5月 京師に赴く。 11月 第六女英（母黄氏）生まる。後、和州鄭維邦の子僕（中書）に適く。
43	甲子	59	子燮の妻林氏来嫁す。
44	乙丑	60	都察院右都御史に陞り、漕運を総督し兼ねて軍務を提督し、盧鳳淮揚等処の地方を巡撫す。
45	丙寅	61	南京戸部尚書に陞る。 9月 南京に赴く。
隆慶1	丁卯	62	10月 誥命を賜い資政大夫に進む。 11月 戸部尚書に任ぜられ、辞退するも許されず。 12月 京師に赴く。
2	戊辰	63	3月 廷試読巻官を命ぜらる。 4月 誥命を賜い資政大夫に進む。
3	己巳	64	三度終養を乞うて漸く許され、馳驛して郷里に帰る。
4	庚午	65	3月 諸墓を修め、祭田を置く。

年号	干支	歳	事　項
5	辛未	66	族譜を修む。『論語孟子口義』を著す。 10月　巡撫都御史劉堯誨、夫甲、庫役の法を提案するも、これを阻止す。
万暦1	癸酉	68	正月　母何氏死去す[12]。 12月　父聰と母何氏を群鹿山に合葬す。
2	甲戌	69	『春秋辯疑』、『志悟餘書』を著す。
3	乙亥	70	子焱の妻陳氏、来嫁す。
4	丙子	71	『春秋仲義』を著す。 3月　巡撫都御史龐尚鵬に條編法の施行を請う。
5	丁丑	72	2月　太平府の耆民程文魁来候す。 『易経説義』を著す。
6	戊寅	73	『正宗集要』を著す。
7	己卯	74	『九邉考議』、『七閩税斂考』を著す。 10月　子歘の妻洪氏来嫁す。 11月　子熒、左軍都督府都事を授けらる。
8	庚辰	75	9月19日　死去す。享年七五歳。
9	辛巳		子熒、奔帰す。巡撫都御史労堪、巡按監察御史安九域、邮典を奏請、葬金四百両を賜う。

年号	干支	歳	事　項
			10月　棺を怡山に奉じ妻任氏と合葬す。 12月　墓成る。刑部侍郎鄭世威が墓志、都御史王世貞が神道碑、太学生王穉登が墓表を撰す。
10	壬午	77	郷の父老報功祠を平遠台に立つ。
12	甲申	78	11月　太子少保を賜い、恭敏と諡さる。

註

（1）一九五八年、西禅寺の元領域内に創建された、理工系の省立大学（現在は総合大学）。

（2）明、清代に官吏の品級をあらわす為に、官服の胸と背につけられた一種の標識。大きさは三十㎝くらいの正方形（やや、横長のものもみられる）。夫人は夫の品級に準じる。

（3）『明史』巻二一。

（4）戸部尚書をはじめ、各尚書は正二品であった。しかし、建文中に一品に升したが、永楽帝が即位するや旧に復した（『明史』巻七二）。

（5）『明史』巻二一四に父は俊とあるが、本『年譜』によると、俊は、森の祖父となっている。

（6）嘉靖元年壬午（十七歳）まで師事した記述がある。

（7）『福建通志』（巻四五、列女伝二）に伝がある。名は探、賢母の誉高いことが記されている。『年譜』によると、正徳丁卯年十一月二十四日生まれ。

（8）『年譜』と『馬公復姓奏章』（閩侯県廷坪郷馬坑蔵　族人馬遵珏氏保管）によると、明初、馬森の五代前の馬珽保が六歳の時、福州右衛左所總旗裴友誠の子とされ、名を子通と更め裴姓を名のった。後、森の祖父裴俊が郷試に合格（成化六年乙酉）

し、復姓を上疏したが許されなかったとある。この年（嘉靖八年）生員裴驄が奏し、供状人として挙人裴森の名が記されている。

（9）『年譜』に名の記述なし。

（10）『明清進士題名碑録索引』下（上海古籍出版社一九八〇年）によると、嘉靖十四年乙未科（一五三五年）、合格者三二五名、その内第一甲三名、第二甲九五名、第三甲二二七名。馬森は第三甲二一七番とある。

（11）『年譜』に名の記述なし。

（12）前述の鄭氏の情報（五〇六頁参照）と異なる。

（13）『年譜』によると、弘治己酉二月十一日生まれ。享年八十五歳。

呂坤の人とその著作
――『実政録』の異本『居官必要』を中心に――

山根幸夫

一

呂坤（一五三六―一六一八）は、河南寧陵県の匠籍に生れた(1)。字は叔簡、号は新吾、又は心吾、晩年には抱独居士と号した。処が、呂坤は進士に合格した当時、呂姓でなく、李姓を名乗っていた(2)。それには、次のようなエピソードがあったのである。

呂坤の家は、宋代以前は洛陽に住んでいた。金の侵入を受けて、宋朝が南遷した際、呂氏は洛陽に残留した。元末の戦乱が起るや、その先祖で農民だった黒厮は、義勇軍を組織して朱元璋に味方した功によって、その家の復興を認められたが、その際太祖は呂姓を誤って、「李」と書いてしまった。以後二〇〇年間、呂氏は李姓を名乗ることを余儀なくされた。なお、呂氏は洪武元年、洛陽より河南寧陵県へ移住した。呂坤の時になって、漸く旧姓の呂に復することを認められた。呂坤も最初は李坤と称していたが、呂姓に復したわけである。

彼の父は、得勝、母は李氏であった。彼は六歳の時、里塾に入って、初めて書を学んだ。一二歳の時、県試を受けたが合格できなかった。一六歳になって、県城南の于氏を娶った。彼女は名は柏、号は秀貞と云った。嘉靖三二年

（一五五三）柘城の師尚詔に就いて学び始めた。その二年後、生員となって、寧陵県学に入った。二〇歳の時であった。この年、彼は永城の李儒野の家に住みこんで、その次子李哲の家庭教師となった。嘉靖四〇年（一五六一）二六歳の時、詩経を以て、河南郷試第三名に挙げられ、挙人の学位を獲得した。翌年、上京して会試に応じたが失敗に終った。嘉靖四二年（一五六三）、彼はその著『呻吟語』[3]を撰述した。彼の代表的な著作の一つである。

嘉靖四五年（一五六六）、郷里の寧陵県では「県志」の纂修が行われたが[4]、彼もその編集事業に参加した。地方志の編修に当っては、在地の下級紳士たちが、その事業に参加して、協力するのは当然のことになっていた。隆慶二年（一五六八）、父得勝が病歿した。丁度、会試の年であったが、そのため受験することができなかった。三年後、漸く会試に合格したが、母が病歿した為、殿試に応ずることができなかった。呂坤が進士になるのが遅れたのには、このような事情があったのである。

万暦二年（一五七四）、三九歳の時に、三甲五〇名を以て、同進士出身となった。進士題名録では、勿論李坤となっていた。同年八月、山西襄城知県に任命された。襄城県は「劇県」といわれ、比較的問題の多い、危介な県であったが、彼の厳しい公正な政治によって、非常によく治まったと云われる。彼は県内に学校を興し[5]、その経費を支出するために田地を購入した上、彼自ら学生に対する講義をも行ったと云う。呂坤の治政はよく人民の事に配慮し、而も頗る公正なものであったので、人民たちは相互に相和して、治績は大いにあがった。万暦四年（一五七六）、同じ山西の大同知県に転任した。大同は貧しい県であったが、呂坤は人民を憐み、横暴な豪民を抑圧したので、大同も前任地の襄城と同じようによく治まり、知県としての呂坤の名声は高まった。なお、万暦六年、皇帝に願い出て、原姓の呂に復することができた。二百年以上にわたる李姓を、漸く解消することができた。

この年、彼は北京へ戻って、吏部主事に任命された。呂坤の地方官としての治績が認められて、京官に任ぜられたものであろう。彼は吏部においても、常に自己の信ずる所を貫き、上司を恐れはばかることがなかった。万暦九年（一五八一）には、吏部考功司郎中に転じ、翌一〇年には、更に文選司郎中に移った。

処が、万暦一一年（一五八三）夏、呂坤は休暇を請うて郷里の寧陵へ帰り、これより寧陵に滞在すること三年に及んだ。『呂坤年譜』の編者鄭涵も、何故彼が三年の休暇をとったのか、その理由については説明していない。万暦一四年に至り、呂坤は寧陵より北京へ戻り、吏部の原職に復帰した。鄭涵はここで呂坤と鄒元標が相知るに至ったこと[6]を指摘している。即ち、

是歳、鄒元標と吏部に相知る。相与に往来して学を論ず。鄒元標……万暦五年進士。張居正の奪情を論ぜるに因って、廷杖八十、都匀衛に謫戍さるること六年。張居正歿するや、召されて吏科給事中となる。万暦十二年、又言事を以て南京刑部照磨に降さる。十三年七月、吏部封駁司主事に遷り、後又員外郎に進む。十四年三月、病を以て免ぜらる。故に坤と郎同舎たり。坤と元標、論学の書、凡て五道。[7]

。与鄒尓瞻論学
。再答尓瞻
。三答尓瞻
。四答尓瞻
。別尓瞻書

このように、呂坤と鄒元標とは、同じ吏部に在って知り合うことになったのである。後に鄒元標が呂坤の『居官必要』の序文を執筆することになった端も、此処に発する。

万暦一五年（一五八七）、呂坤は吏部稽勲司郎中の任に在ったが、四月に、山東済南道参政に転出した。これは彼に

とって決して望ましいポストではなかった。「学ぶ者、通籍して以来、往くとして義を行うの日に非ざるなし。何ぞ必ずしも京堂のみならんや」と言い、地方官に移されたことを意に介さなかった。当時、山東は旱魃に見舞われ、荒廃していた。そこで呂坤は米価を減額して売り出し、徴税を延期して困窮している人民を救済した。また「冬生院」を設立して、老人や不具者を収容し、生活を安定させた。済南に在ること二年、万暦一七年（一五八九）山東布政司右参政に移り、次いで山西按察使に転じた。翌年も太原に在って、山西按察使に任じたが、この年、山西按察御史喬璧星、蔣元軒と共に『台憲約』を編訂したと云う。先後して『風憲約』、『刑獄』をも撰述したとのことである。万暦一九年（一五九一）当初は山西按察使の任にあったが、次いで陝西右布政使に陞任し、半年後の一二月丙申、再び太原に戻って右僉都御史山西巡撫に任命された。翌万暦二〇年八月、嘗て撰述した『明職』の「引」を作り、刊刻して所属の各地方の官吏に配布した。『四庫全書総目』巻八〇、「史部職官類存目」に著録されており、「呂坤は万暦壬辰……此の篇を作り、以て属吏を申飭す」と述べられている。このように、後に『実政録』として一本にまとめられたものが、当初は各巻が単刊本として別々に通行したのである。(8) 翌二一年、初めは山西巡撫の任に在ったが、四月、都察院右僉都御史の任命をうけ、八月に太原を去って、京師へ戻った。万暦一五年以来の長い地方官としての職務が漸く終った。彼は既に五八歳になっていた。

京師では、翌年都察院左僉都御史に移り、次いで刑部右侍郎に陞進、一〇月には左侍郎に昇った。以後、万暦二五年（一五九七）まで、刑部左侍郎の職に在ったが、四月に疾と称して辞表を提出、(9) 万暦帝も之を許可した。呂坤の六二歳のことであった。

但し、呂坤の辞職については、次のような経緯があった。『明史』巻二二六、呂坤伝には、

〔万暦〕二十五年五月、天下の安危を疏陳す。其の略に曰く。……

として、数千字にのぼる呂坤の上疏が引用されている。これは彼の伝の半分以上を占める量である。然し、呂坤の上疏は、皇帝によって取り上げられなかった。そこで彼は疾と称して郷里へ帰ることを願い出たところ、万暦帝はこれを許した。

この上奏文は、彼の文集『去偽斎集』巻一に「憂危疏」と題して収められており、『明史』呂坤伝に引用するものよりも、遙かに詳細なものである。その要点を述べると次の如くになる。

元旦以来、天気は悪く太陽は明るくないことが多い。占者これを乱の起る前兆だと云う。天下の形勢をみると、乱のきざしは既に現われているが、未だ乱の勢は動いていない。天下の人心の乱れは萌しはじめているが、乱人はまだ提唱していない。今や政治上、乱の機が広がろうとしており、乱人はこれを助長して、乱を起そうとしている。臣〔呂坤〕は、この時を救うことが要務と考え、陛下に次の事を申し上げたい。昔から乱に乗ずる民は、㈠無聊の民、㈡無行の民、㈢邪説の民、㈣不軌の民の四者である。皇帝は自ら節約して人民を愛し、上を損《そこ》なっても、下に益あらしめば、これら四者の民も皇帝の赤子となる。然らざれば、彼らは寇讐となるであろう。現在天下にとって重要な問題は、次の三点であり、皇帝もよく知ってもらわねばならぬ。

(1)　現在の人民の貧困状態を知らねばならぬ。

(2)　現在、国家財源はとどこおり、各々尽き果てようとしていることを知らねばならぬ。

(3)　現在、国家の防禦体制が疎略であることを知らねばならぬ。

天下の人心は国家の命脈である。処が今や人心はすっかり国家から離れている。何故そうなったか。それは陛下の政治に対する怠慢が、最大の原因である。陛下が上書に批答されていないものには、必ず答えて頂きたい、との苦言を呈した。これに対し、呂坤を憎悪する者は、皇帝に彼を中傷して、彼を引退に追いこんだ。『明史』呂坤伝には「疏入るも報ぜず、坤遂に病と称して休を乞う。中旨もて之を許す」と簡単に述べている。常に正邪を直言してはばからぬ呂坤に対して、中傷する者は多かった。給事中戴士衡が呂坤を弾劾したが、同じ給事中の劉道亨の弁護によって、呂坤は救われた。万暦帝も呂坤が既に官職を退いていたので、一切を不問に付した。

二

呂坤は退休した後、郷里寧陵にあってひたすら研究、講学[10]につとめた。弟子の中には、千里を遠しとせず、彼の処へ遊学して来る者もあった。呂坤は郷里が疾苦にあえば、自ら起ち上って救済につとめ、城堡を修築する際にも自ら参加した。土木工事の場合にも、積極的に協力したと云う。いわば模範的な郷紳と云うべきであった。

政界を引退してからの呂坤で、最も注目すべきことは、講学よりも、著作活動であったと云うべきであろう。然し、学者として専ら研究に努めるだけでなく、講学の結果をまとめて、著書としたものが多かったらしい。彼は官僚としても頗る有能であったが、思想家、学者としても卓越したものをもっていた。彼の著作を集めたものには、『呂新吾全集』があり、彼の文集としては『去偽斎集』がある。その著作として最もよく知られているのは、『呻吟語』と『実政録』であろう。『呻吟語』は、いわば彼の哲学的思索を結集したものであり、『実政録』は、彼が地方官として、華北各地[11]を統治した体験を集約したものである。先ず、『呻吟語』から考察してみたい[12]。

『呻吟語』の書名については、呂坤自身その序文の中で「呻吟とは病声なり、呻吟語とは病む時の疾痛の語なり。病中の疾痛は、ただ病者のみ知る。他人とともに道《い》い難し。またただ病む時のみ覚ゆ。既に愈ゆれば忽ちまた忘るるものである。つまり呻吟とは病気の時のうめき声であるが、この苦しみは病気になった者のみが、病気の時にのみ味わうもので、治癒すれば直ぐに忘れてしまうものである。処で、呂坤は生来身体が弱かったせいか、よく病気になった。そして病気の苦痛をよく味わったが、治ればすぐに忘れて同じ過ちを繰り返すので、病気中の苦しみを記録することにした。斯様な肉体的病気だけでなく、精神的な疾痛、人生上、または社会、政治上などについての苦痛を記録し、三十年間記録しつづけたのが、この『呻吟語』であり、私は自分で携えて薬としている」と述べている。

この自序は万暦二一年（一五九三）に書かれたものであるが、郭子章の序文は、その自序の前年に書かれている処を見ると、呂坤自身、万暦二〇年に『呻吟語』の刊行を決意して、郭子章[13]に序文を依頼し、その次の年、即ち万暦二一年に本書を刊刻したのではないかと考えられる。彼が本書をまとめたのは、万暦二一年、五八歳の時であったが、それから死ぬまでの二五年間に、増補・削除・修改などを度々繰り返したので、テキストも色々あり、本来は四巻本であったらしいが、其の後、二巻本、六巻本など色々の版が生れたようである。各版本ごとに、その本文の箇条数も様々なものがある。疋田啓佑氏は、次の如く説明する。

〔呻吟語の〕本来の形は四巻本であったと思われるが、その箇条数はどれほどであったかは不明である。これが削除されて、『呻吟語摘』二巻本となり、後の「補に係る」部分に当る六十九条を含む五百十八条本、それと増補を含む六巻本の一千七百九十六条本に分れ、この六巻本の「補に係る」六十九条を加えた一千八百六十五条、それに新たに『呂語集粋』から百十一条の補遺を加えた一千九百七十六条の今日の本である。これは別に箇条の切り方によって、一千九百七十四条のものもあるが、内容上からは同じものである。

と述べている。今日の六巻本は、次のような構成になっている。これも又、疋田氏の所説を紹介することにする。

内　篇

巻之一　礼集

篇名	原条数	補	補遺	内容概略
性命	23	4	0	性、命とは何か、人間における性、命をどう考えるか
存心	121	4	15	心の在り方・持ち方、静や慎独を重視
倫理	45	0	2	人として生きる道、君臣、父子、夫婦、兄弟の人倫の道
談道	179	5	1	哲学的意味における道について

巻之二　楽集

修身	285	9	11	いかに身を修め、いかに処するかその際の心の持ち方
問学	99	5	7	いかなるものを、いかに学ぶか、学ぶ真の意味

巻之三　射集

応務	253	3	25	今やらねばならぬことは何か、いかにするかを宋儒や当時の士大夫の批判を通じて述べる
養生	12	0	0	生を養うことについて

外篇

巻之四　御集

天地	64	4	2	天地万物の生成論から陰陽形気が如何に係わっているか
也運	15	1	0	世の中の流れ、世人の考え
聖賢	66	10	2	聖人、賢人とその行き方、身の処し方
品操	152	4	10	人品について、その分類の仕方

巻之五　書集

治道	278	8	32	政治の方法、政治の道

巻之六　数集

人情	53	1	3	人情とは何か、当時の時世批判
物理	16	1	0	物事の理
応喩	25	0	1	聖人、君子や政治・法を喩えて述べる
詞章	25	0	1	六経の文、聖人の文について
合計	1711	59	112	総計 1882

疋田氏は、更に『呻吟語』の諸本について紹介し、各本についても簡単に解説すると共に、その所在についても述べている。疋田氏の紹介したテキストは一九種にのぼり、如何にその種類が多かったかをよく説明している。疋田氏の調査は大変よく行き届いているようである。

三

『呻吟語』と並んで、呂坤の著書として有名なのは『実政録』である。『実政録』を中心として、政治家としての呂坤を論じたものには、日高一宇「明末の一官僚呂坤の体制批判と『実政録』(1)——明末郷村統治政策の一前提」（北九州高専研究報告八、一九七五）、「同上(2)——明末郷村統治政策の諸相」（同上九、一九七五）に始まり、谷口規矩雄「明末華北農村の危機と一郷紳——呂坤の場合を中心として」（『地域社会の視点』一九八二）、同上「呂坤の土地丈量と郷村改革について」（『明清時代の政治と社会』一九八三）、同上「呂坤の総甲法について」（『佐久間重男教授退休記念中国史・陶磁史論集』一九八三）の諸篇がある。又、郭成偉主編『官箴書点評与官箴文化研究』（中国法制出版社、二〇〇〇）には、劉双寿「明代地方監察制度与官箴文化——兼評『実政録』中的監察思想」、郭婕「呂坤民本思想的法律分析」の両篇が収められている。筆者には、『実政録』の異本『居官必要』の存在を紹介した「『居官必要』と『実政録』」（汲古三三、一九九八）、同「呂坤与『居官必要』」（『第七届明史国際学術討論会論文集』(14)東北師範大学出版社、一九九九）の両篇もある。本節では『実政録』成立の経緯、及び『実政録』と『居官必要』との関連について考察する。

　さて『実政録』は、『明職』一巻、『民務』三巻、『郷甲約』一巻、『風憲約』一巻、『獄政』一巻の七巻より成る。但し、呂坤はこれを第一巻から順序に執筆したわけではなかった。(15)各巻ごとに執筆して、最後にまとめられて、現在のような形をとったのである。第一節で述べたように、彼は万暦一八年、先後して『風憲約』および『刑獄』を撰述している。万暦二〇年には、『明職』に「引」を付して、(16)刊刻したと述べられている。『明職』を選述したのは、もっと早い時期であったかも知れない。或いは、『明職』が一番先に書かれたのかとも思われる。何故なら、『明職』は、官箴書としては最も基本的な内容だからである。

　『実政録』が時期をずらして執筆されたことを裏付けるものとして、各巻ごとのスタイルが若干異なることが挙げられる。但し、『民務』二・三・四巻は、まとめて書かれたものと考えて好かろう。先ず『明職』には、冒頭に万暦二〇年に書かれたと云う、次のような「引」が掲げられている。

　朝廷、官を設け職を分つ。衙門各々命ずるに名を以てす。百司庶府各々名を顧りみて職を思い、職に縁って分を尽す。人人皆な其の分量を満たして、天下事無し。今天下一事無ければ衙門を設けず、一衙門無ければ官を設けず。而も政事日々隳し、民生日々困しむ。則ち吾輩其の職に溺れるが故なり。嗚呼何ぞ道うべけんや。乃ち職掌を発明し、大小職官を申飭し、終日其の行う所を思い、経歳其の成效を験し、職に称《かな》うか、職に称わざるか、子夜点検し、自ら慊《うたが》い自ら愧ず。必ず独り得る者あり。奚ぞ余の言を喋喋するを俟たんや。

万暦壬辰秋都察院右僉都御史寧陵呂坤書

巻二『民務』の冒頭にも、呂坤による「序」が掲げられており、「欽差提督鴈門等の関、兼巡撫山西地方、都察院右僉都御史呂、民生の要務を款摘し、有司を責成して、以て実効を求むる事の為に」とあって、巻一、明職のほぼ三倍に当る序文が叙述されている。但し、ここでは繁瑣を避けるため、これ以上の引用を避けることにする。尚、巻二の序文は、巻一『明職』の序文と、かなり様式も異なることがおわかり頂けたであろう。巻三、巻四は『民務』に含まれるわけであるから、当然別に序文は記載されていない。

巻五『郷甲約』には、冒頭に「欽差提督鴈門等の関、兼巡撫山西地方、都察院右僉都御史呂、郷約保甲を申明し、以て風俗を善くし、以て奸盗を防ぐ事の為に」とあって、巻二の序文の三倍近い文章が述べられている。而して、柱の部分には序の部分のみに「郷甲約巻之一」と記し、本文の方には「郷甲約巻之二」と記されている。

巻六『重刊風憲約』の冒頭の序文は、呂坤の書いたものではなく、陳登雲(17)の手になるものである。即ち「風憲約は執法に中る。寧城の呂公、三晋を観察せし時、郡国大夫と約する所なり。編中、提刑之條五十二、按察之條二十、之を総ぶれば、吏治を飭し、以て民生を奠むる要旨、斯の如し」とあり、最後に「万暦癸巳夏栢の人陳登雲、澄清署舎に書す」と結んでいる。以上の如く、各巻の序文は不統一で、筆者も呂坤でない場合も存在する。筆者が指摘したように、呂坤が自らまとめたものではなく、編者によって纂輯されたものである。

『実政録』の編者は、呂坤の門人趙文炳(18)であり、彼が序文を執筆したのは、万暦二六年（一五九八）のことで、当時趙文炳は巡按湖広監察御史であった。右の如く、趙文炳が『実政録』を編纂したのは、万暦二六年（一五九八）のことであった。

その序文には、

惟うに我が呂先生は、天中の大宝、伊洛の直伝を得、著すところに『呻吟語』あり。六経、孔孟の学を発明し、天徳王道、中に渕源し、恒に居る。……著して明職、民務、郷甲約、風憲約、獄政の諸書を作り、諸司に頒布し、共に黎元を恵養し、以て上理を臻さんことを期す。蓋し民を愛すること、真に保赤の如く、一たび一政の事を猷念すれば、投設して之を力行す。故に臚分、畛列、憂々乎として、其れ之を言うなり。不佞〔文〕炳東魯・晋中に令（知県）となり、先生を受知すること、最も深く且つ久し。……是の書〔実政録〕烏んぞ以て伝えざる可けんや。奚に核して之を刻し、之に名づけて『実政録』と曰う。

と述べている。因みに、趙文炳は『蘭台法鑒録』によれば、直隷任県の人、隆慶四年の挙人、万暦二一年、垣曲知県より陝西道御史に転じ、翌年巡倉御史に移った。万暦二四年には湖広巡按に転じ、万暦二七年には山西巡按に任じられた。兎に角、趙文炳によって、『実政録』は一本にまとめられ、現場の地方官たちから執務の参考書として、広く利用されるようになったのである。

然し、『実政録』が刊行されてからも、やはり分冊本（明職、民務など）の方も、広く通行した。呂坤としては、最初自分の著書がそのように利用されることを望んでいたのであろう。

分冊本として、最も広く通用したのは『明職』であったかも知れぬ。清朝になってからも、分冊本の『明職』は流布していた。東洋文庫には尹会一の輯録した、『明職』が収蔵されている。尹会一[19]の序文には、次のように述べている。

明職とは何ぞ。呂新吾先生、山右を撫せし時、大小職官を飭して作るなり。夫れ官には各々職あり。職尽して民安く、太平坐して致す。余、中州を撫するや、自助して以て同官を助くる者、要は存心、虚心して以て理を認むるに在り。心を実して以て事を立つるなり。心、職に存せざれば、何に於てか尽さん。然りと雖も、常に此の心を存して、以て其職を尽すを求むると、先ず其の職を明かにして、以て此の心を尽すを求むるとは、其の義一也。……今、先生の明職諸条を観るに、督撫より以て佐雑に至り、並びに弟子員に及ぶまで、羅列せざるなし。……蓋し其の之を望むや切、故に其れ之を言うや詳なり。……先生の言に曰く、大小職官、終日その行う所を思い、経歳その成効を験し、自慊自愧、必ず独得する者あり。於戯《ああ》すべて我が同官及び尓多の士、其れ各々職有るか、其れ孰か心無きか。願わくば之を勉めよ。

乾隆四年夏四月巡撫河南使者博陵尹会一書

このように呂坤の分冊本は、決して書斎に飾っておくものでなく、実用書として利用されたのである。その他『民務』、『獄政』、『風憲約』等も分冊本として刊行されたものと思われる。このような利用の仕方こそ、まさに官箴書の官箴書たる所以であった。

尚、『実政録』は通常七巻本とされているが、趙文炳刻本の九巻本が、北京図書館に所蔵されている。又、傅淑訓刻本の十巻本（万暦四六年刊）も存在する。[20]

四

『尊経閣文庫漢籍分類目録』を見ていたら、史部職官政書の条に、『新刻呂叔簡先生居官必要』八巻、明万暦版のあることに気付いた。尊経閣に赴いて調査してみた処、この『居官必要』は、『実政録』と全く同一の内容をもっていることがわかった。その事実を簡単に報告したものが、前述の『汲古』三三号の拙文である。どうして同じ内容の書が、書名を異にして刊刻されたのであろうか。又、『実政録』と『居官必要』と、いずれが先に刊刻されたのであろうか。尚、筆者の知るところでは『居官必要』はわが国では尊経閣文庫にしか収蔵されておらず、中国の各図書館にも見当らないようである。但し、中国各地の図書館については、更に精査する必要がある。

さて、趙文炳の『実政録』原序によれば、その刊刻は万暦二六年季春のことであった。他方、『居官必要』八巻が出版されたのは、いつのことであったか。

『居官必要』の序文は、鄒元標によって執筆されている。鄒元標と呂坤との関係は、第一節に述べた通り両人が吏部に奉職して以来のことである。郎同舎の関係であった。両人が共に吏部に在ったのは、一年にも満たない短期間であったが、これを契機に学問上で親交を結ぶようになった。そのような縁で、『居官必要』の序文を、鄒元標に依頼したものと思われる。

但し、序文にはそのような経緯を示す記述はない。次に、序文の後半を紹介することにしたい。

（前略）今日、古を去ること漸く遠く、世風漸く薄し。法令漸く弛み、堂上の威福愈々尊《たか》し。百姓の駆命益々賤しく、夫《か》の羨余大耗のごときは、此れ輸納の難なり。逃亡賠代、此れ徴収の難なり。繕修造作、此れ繇役の難なり。履程差馬、此れ供応の難なり。当月鋪戸、支餉給せず、此れ商賈の難なり。弱肉強食、此れ細戸の難なり。買羅徴儲、此れ大戸の難なり。原告一両三、被告三両五、此れ寛抑の難なり。其の源を究むるに、自主なる者と雖も、委轡実に衙役・私人に半坯す。語に曰く「官清きは水の如く、吏滑なるは油の如し」と。夫れ官清なるは、尚お吏の滑なるに勝らず。況や実は未だ必ずしも清ならずして、其の弊又た将に何れに底止せんや。善夫叔簡先生の『居官必要』、凡そ倉厫・囚獄・銭穀之類、それ孰れか利、孰れか病、孰れか善、孰れか不善、一々詳ならざるは莫し。而して之を議して尽く善、尽く美、真に律令を表章すべき者なり。凡そ牧民の責を有する者、其れ之を勗めよや。

諫章南皐鄒元標題于〔以下欠〕

序文の前半は省略したが、後半は右のように明代の政治の現実に言及し、これに配慮して、呂坤が如何に解決すべきかを論じていることを紹介し、地方官たる者は、よく本書を読むように勧めている。勿論、彼がこの序文を執筆したのは、呂坤に依頼されたからであろう。因みに、呂坤は万暦四六年（一六一八）に死亡しているから、鄒元標に序文を依頼したのは、それ以前のことであり、『居官必要』が刊行されたのも、呂坤が死亡する以前のことであった、と考えるのが自然であろう。

何故、このような詮索をするかというと、『居官必要』の刊行年が判明しないからである。右に引用した序文の最後は「諫章南皐鄒元標題于」で切れている。実はこれが六丁目の裏面の最後の行である。次の七丁目には、少なくとも刊年、或いは序文執筆の年月が記載されていた筈である。処が、残念なことには、第七丁が欠丁となっている。それ故、『居官必要』の刊年、或いは序文執筆の年月を示す資料がないのである。その上、『居官必要』は、筆者の知る限り、尊経閣の一本しかなく、他のテキストによって、第七丁の欠落部分を確認することができない。

上述したように、趙文炳によって『実政録』が編纂されたのは、万暦二六年のことであった。呂坤が鄒元標と知りあったのは、万暦一四年のことであった。それ故、呂坤が鄒元標に序文を依頼したのは、この年以降、万暦四六年に至る約三〇年間のことになる。その間に『実政録』も刊行されている。以上の条件だけでは、『実政録』が先か、『居官必要』が先かさえ判断することは全くできない。いずれにしても、『実政録』と『居官必要』のいずれが先かは、疑問のまま残る。

而も両者の内容は殆ど同一なのである。両者を対比すれば次表の如くなる。

巻	実政録	居官必要
一	明職	明職
二	民務（養民之道）	養民之道
三	〃（教民之道）	教民之道
四	〃（治民之道）	治民之道
五	郷甲約	郷甲約
六	風憲約	風憲約（1）
七	獄政	風憲約（2）
八		獄政

右表のように、『実政録』が七巻であるのに対して、『居官必要』は八巻になっているが、それは「風憲約」を二巻に分けた結果で、内容が異なるわけではない。但し、若干の差異は見られる。『明職』では、『実政録』には「駅逓之職」があるが、『居官必要』では欠落している。『民務・養民之道』では、『居官必要』には「放賑十禁」があるのに対して、『実政録』には見当らない。『郷甲約』では、『居官必要』には「旌善申明二亭」があるのに対して、『実政録』には見当らない。『風憲約』においても、「状式」は『実政録』に比して、『居官必要』の方が若干少ないようである。

然し、これらの差異は大きな問題ではなく、大勢に影響を及ぼすような違いではない。基本的には『実政録』と『居官必要』は、根本的な差異は存在しない。それでは、同じ内容のものが、一方では『実政録』、他方では『居官必要』と題して、併行して刊刻されたのであろうか。両書のうち、どちらが先に出版されたのであろうか。これを決定づける資料は全く見当らない。唯一つ注目すべきことは、『居官必要』は一度出版されただけで、その版本は現在尊経閣文庫に収蔵されている一本しか見当たらないことである。これに対して、『実政録』は一旦出版されると、次々に版を重ね、清朝になっても広く行われたことである。どうして同じ内容であり乍ら、『実政録』のみがもてはやされ、『居官必要』は姿を消すことになったのであろうか。然し、現在筆者にこれを判断する資料がないことは本当に残念である。

明代の研究者も殆ど問題にしない『居官必要』という書のあることを知って頂きたい。このような『実政録』の異本のあることを、明史の研究者も認識しておいて、もし尊経閣以外でこの異本を発見されたら、是非筆者に御教示いただきたい。

註

（1）呂坤の伝記は、鄭涵『呂坤年譜』（中州古籍出版社、一九八五）、及び疋田啓佑『呻吟語』（明徳出版社、一九七七）に依拠した。

（2）『明清進士題名碑録索引』中（上海古籍出版社、一九八〇）には「李坤　河南寧陵　明万暦2／3／50」とある。

（3）『呻吟語』については、註（1）疋田啓佑、編訳書、参照。疋田「呂坤の伝記と『呻吟語』」上中下（都城高専研究報告10、11、12、一九七六～八〇）があるが未見。

（4）県志の纂修に当っては、在地の紳士たちがこれに協力し、参加するのは通例であったらしい。拙稿「中国の地方志について――県志を中心に」（歴史学研究六四一、一九九三）、同「河南省商城県の紳士層の存在形態」（東洋史研究四〇－二、一九八一）参照。

（5）呂坤が「学校を興し」たと云うのは、恐らく県学が衰退していたのを復興し、その経営の為に学田を設置したことを指すものと思われる。彼自らも学校に赴いて講義したのも、県学だったからであろう。

（6）鄒元標（一五五一－一六二四）は、鄭涵の『呂坤年譜』にも述べるように、張居正の奪情を弾劾して、都匀衛に流謫された硬骨の士であった。呂坤とは性格的にもよく似ており、親交を結んだ。

（7）呂坤と鄒元標とが論学した五篇の文章は、呂坤の文集『去偽斎集』に収められている。

（8）『呂坤年譜』万暦四五年の条に、「『安民実務』、按ずるに先生『明職』、『民務』等五種を著わし、次を以て頒布す。万暦戊戌（二六年）門人趙巡按、之を匯刻す。始めて『実政録』と名付く。『安民実務』は即ちその稿本なり」とある。初め『安民実務』とよばれた五篇は、各篇ごとに刊刻、頒布されていたようである。

（9）呂坤はこの様に「疾と称し」て辞表を提出したが、決して病気であったわけではなく、万暦帝に奉った上書が余りにも過激に帝の政治に対する怠慢を非難していたので、平素から呂坤を憎む官僚たちが、彼を陥れようと画策していた。その侭放置すれば、呂坤自身、弾劾されて死に追いやられる危険もあったので、周囲の助言を聞いて、辞表を提出した次第である。

（10）呂坤が研究のみでなく、講学に大いに力を注いだことに注目すべきであろう。彼は郷里に引退しても、政治を忘れたわけでなく、講学を通じて厳しい政治批判を展開した。

（11）呂坤の地方官としての任地は、山西に始まって、陝西、山東の各地に及んだが、すべて華北に限られていた。故に、華北の事情には精通し、『実政録』に述べる処も、彼の華北に於ける地方官としての経験を基盤として展開したものである。

（12）本稿において、『呻吟録』に就いて述べる処は、すべて疋田啓佑、前掲書（上掲）の巻頭の解説部分を参照させていただいた。疋田氏に衷心より謝意を表する次第である。尚、公田連太郎『呻吟語』（明徳出版社、一九五五）のあることを付記しておきたい。

（13）郭子章については、拙稿「郭子章とその著作」（明代史研究二七、一九九九）がある。彼は明代後期の著述家、そして編纂者として、極めて重要な存在であった。

（14）第七期明史国際学術討論会は、一九九七年八月、吉林省長春市において、東北師範大学の当番で開催された。その報告書がこの論文集である。

(15) 註(8)参照。

(16) この引は、現在『実政録』巻一、明職の冒頭に付されている「引」である。それ迄は刊刻して、下僚に配付することがなかった為、「引」が付されていなかったのかも知れない。

(17) 陳登雲は直隷唐山の人、万暦五年の進士。鄢陵知県を経て、御史を授けられ、遼東、山西の巡按となった。硬骨の士で、公正な地方官として知られた。呂坤との結びつきは明白でない。『明史』巻二三三に、伝がある。

(18) 『蘭台法鑒録』巻二〇によれば、趙文炳は字は為先、直隷任県の人。隆慶四年の挙人、万暦一一年、垣曲知県より、陝西道御史に遷った。二二年、巡倉御史となり、二四年には湖広巡按へ転じた。二七年、山西巡按に遷って、途中で死亡した。彼は呂坤を頗る尊敬し、師事していたようである。

(19) 尹会一(一六九一—一七四八)直隷保定府博野県の人、字は元孚、号は健余。雍正二年の進士。河南巡撫、江蘇提督学政などを歴任した。学者としても有名で、『四鑑録』四巻などの著述もある。すぐれた地方官であった。『国朝耆献類徴初編』巻七七に、その伝がある。

(20) 万暦二六年、趙文炳刻本の九巻本『実政録』が、北京大学図書館に収蔵されていると云う。同じ年に、七巻本が刊行されているから、些か奇妙である。万暦四六年、傅淑訓刻本の十巻本が、旅大図書館、及び中山大学図書館に収蔵されている由である。いずれも蔵書目録に拠ったものであるから、現物を確認する必要があろう。その他、嘉慶一七年建寧夏氏校刊本の『実政録節要』十巻が、東大東洋文化研究所に所蔵されている。

明清両代における鈔本

大木　康

はじめに

中国書籍史、出版史の上で、明清両代は木版印刷本の時代である。印刷技術が確立し、書物が本格的に印刷出版されるようになった宋代以来、書物の出版は発展の道をたどるが、とりわけ明代の末期、十六、七世紀の江南地方にあって、書物の点数、発行量の爆発的増加が見られた。この時代、この地域においては、印刷物がコミュニケーションのメディアとして安定した地位を得、印刷物を通して思想や文学の流行現象、世論の形成、ニュースの伝達などが行われるようになった。出版される書物の種類も豊富になり、従来必ずしも重んじられていたわけではない白話小説ジャンルの完成流行という現象も、当時の出版文化の隆盛と切っても切れない関係にある。また、陳継儒（一五五八～一六三九）や馮夢龍（一五七四～一六四六）をはじめとする「出版文化人」も登場し、活躍している(1)。

印刷術の発明以前、中国における書物はすべて手書きの鈔本であった。しかしながら中国にあっては、もともと鈔本の形で流伝してきたある書物がひとたび刊行されるや、それまで伝わってきた鈔本は姿を消してしまうのが普通である。そのため、宋刊本は珍重され現在にまで残ることはあっても、唐以前の鈔本が中国で保存されることはきわめてまれであった。清末の時代、日本にやって来た中国の学者たちは、日本に遣唐使のもたらした唐代の鈔本がかなり存在していることを知って驚き、さっそく書誌や複製によって本国に紹介したのであった[2]。

中国にあっては、鈔本と刊本と、どちらにより高い価値が置かれたのであろうか。印刷の初期には、印刷された書物の出現によって人々がきちんと読書をしなくなることを憂える発言がなかったわけではないが[3]、一般に中国では、鈔本が刊本ほど重視されない傾向があるようである。しかしそれにしても仔細に観察するならば、木版本の時代である明清両代にあっても、鈔本が刊本によって完全に駆逐されてしまったわけではなく、鈔本もまた書物文化の中でかなり重要な働きをしている状況を見ることができる。以下、いくつかの方向から明清時代における鈔本について概観することにしたい。

一　著者による草稿

いうまでもないことであるが、明清時代にあっても、誰かがある書物を著した場合、まずはじめは手書きで原稿を作成した。したがって、どのような書物であっても、まずは手書きの稿本（手稿本）として存在していたことになる。例えば明末清初の出版文化史上、顕著な活躍をした李漁（一六一一〜一六八〇）の場合。その『笠翁文集』巻一「詩韻序」に次のような記述がある。自分は独自の方法によって詩作のための韻書を編んだ。だがそれを出版するつもりはなかった。

書店が朝となく夕となくその出版を請うたが、自分はそれを許さなかった。それは古の人に対して罪を得ることを考えたからではなく、ひたすら今の人から奇異に思われることを恐れたからである。しかしながら、康熙十二年（一六七三）の夏、わたしが都に行っているうちに、不肖の息子たちは、書店につられて、わたしに可否をたずねることもせず、原稿をとって与えてしまった。わたしが疲れて帰って来た時には、もう版木は完成しようとしており、いまさら壊すこともできなくなってしまったのである。[4]

李漁一流の謙遜でもあり、また自慢ともとれないことはない一節だが、この『笠翁詩韻』なる書物が、もともと原稿の形で存在していたことがわかる。李漁のこの場合、『笠翁詩韻』は印刷以前には世に伝わっておらず、印刷されることによってはじめて世に伝わった、いわば「書下ろし」であった。明末時期には、こうした「書下ろし」の書物の比率も高くなる。なお、ここで李漁が、自分の留守の間に、不肖の息子たちがことわりもなく書店に原稿を渡してしまった、といって怒っているのは、おそらくもともと李漁が自分で刊行しようと考えていたからであろう。書店に原稿を渡してなにがしかの謝礼を受けるよりも、自分で刊行した方が大きな利益があがったであろうことは容易に想像がつく。李漁の場合、なんといっても書物の出版には生活がかかっていたのである。[5]

李漁の書物はだいたい皆刊行されたから、その手書きの原稿を今日見ることはできない。一般に手書きの原稿はなかなか残らないものであるが、東京大学文学部に兪正燮『癸巳存稿』の兪氏手稿と称するものが所蔵されている。これは大きさも不揃いなさまざまな紙に、いくぶんくずした書体で書き記されたものであって、推敲のあとも多く見られる。刊本と比べてみると確かにそれが『癸巳存稿』の内容と一致している。原稿とはおよそこのようなものなのだろう。ただ、こうした原稿にもとづいて版下が作られれば、その用は足りるわけだから、いま残っている原稿はきわめてまれなのである。

二　刊本を写した鈔本

鈔本の一つに、刊本を写した鈔本がある。宋代以後は刊本の時代であったが、刊本は価格が高く、誰でもがそれらを買って読むことができたわけではなかったようである。しかしそれでも見たい書物があった場合にどうすればよいか。結局その書物を持っている人のところから借りてきて、手で写すしかない。例えば、明初の宋濂（一三一〇～一三八一）の「東陽の馬生を送る序」（『宋学士文集』巻七十三）に次のような一節がある。

わたしは、幼少の頃から学問が好きだったが、家が貧しかったため、書物を取り寄せて読むことはできなかった。いつも書物を持っている人から借りて、みずから筆写し、日限をきって返していた。非常に寒く、硯の墨が凍り、指がかじかんでいるような時でも怠けず、写し終わると届けに行った。少しばかりも約束の日を超過したりしなかったので、人々はたいてい書物をわたしに貸してくれ、わたしはお陰で、多くの書物をくまなく読むことができたのである。(6)

宋濂が幼少の頃といえば、時代は元の末、場所は浙江の浦江である。そこにあっても、貧しい家の子弟には刊本は高くて手が届かなかった。しかし一方では書物をたくさん持っている家（蔵書之家）もあり、書物を写すにあたっての紙や文具は貧しい家のものにも買えたことがわかる。

宋濂の場合、書物を手で写したのは、主として家庭の経済状態がその原因であったが、書物自体が貴重で数少ない場合にも、その複製を手元に置いておくためには、手で写すしかなかった。明清時代の蔵書家たちが最も重視したのは宋版の書物であった。それらが直接手に入らなかった場合には、やはり手で写すしかなかった。汲古閣毛晋の場合、宋版の書物などを、汲古閣の名前入りの専用の用紙に丁寧に写しとっている。

清代の張金吾もまた、豊富な蔵書を持っていたが、その『愛日精廬蔵書志』をひもといてみると、ここにも「鈔本」「影宋鈔本」「影鈔本」などと注記された書物がかなりの数にのぼっている。明清にあっても蔵書家は、鈔写することによって不断に自分の蔵書を充実させようとしていたのである。『愛日精廬蔵書志』の中で鈔本と記された書物でも、実は張金吾の時代以前に刊行され流布している書物はあった。張金吾ほどの蔵書家であっても、すべての刊本を入手できたわけではなかったのである。鈔本は今日なら写真あるいはコピーなどのような複製手段であったといえよう。(7)これらの蔵書家の場合、自分で写すばかりではなく、鈔写する専門家（傭書）を抱えてもいた。魯迅の小説「孔已己」に登場する下層知識人孔已己も、「さいわいちょっとばかり字が上手だったので、人様のために書物を写すことで、飯にありついていた」とあって、傭書の仕事をしていたことになっている。

なお、刊本の鈔本は日本にもあった。例えば江戸時代には中国から唐本が輸入されていたが、それらはきわめて貴重なものであって、誰もが容易に所蔵できるわけではなかった。需要の大きなものになれば、日本で刊行された（いわゆる和刻本）が、刊行されるまでに至らないものは、みな刊本を手で写したのである。漢籍を蔵する日本の図書館に、刊本を写した鈔本がかなりあるのは、そういった事情によるものである。(8)

刊本の時代になっても、鈔本がとりわけ学者、蔵書家にとって果たした役割は大きかったのである。(9)

三　鈔本の流通

鈔本から刊本へ

先に見た二つのケース、著者の原稿は、そもそもそれ自体の流通を目的としないものであったし、刊本を写したものは、ある意味では流通の終点ともいえるものであった。引き続き、それらに対して、鈔本自体が流通し、読まれていたケースについて見てみることにしたい。

魯迅の小説「故郷」の末尾に、「地上にもと道はない。歩く人が多くなって道ができる」という一節があるが、明清時代の刊本はまさしくこれと同じ状況である。ある書物、それは昔から伝わったものであれ、新しく書かれた書物であれ、それはまず鈔本の形で次から次へと書き写されて流通した。そして、その需要が飽和点に達した時に刊行されたのであった。こうした例はあまりに多いかと思われるが、司空図の撰といわれる『二十四詩品』についての焦循「刻詩品序」（嘉慶四年　一七九九　『雕菰集』巻十五）に、次のような話がある。焦循は小さい頃から父に『詩品』を勧められ、一本を授けられていた。

かつて仁和の胡学院（高望）が揚州の督学として来られた時、「隔渓漁舟」（『詩品』にみえる句）という題を出された。去年の秋の郷試の詩題ではまた「暁策六鼇」（これも『詩品』に見える）という題が出された。そこで友人たちはわたしに『二十四詩品』が見たいといった。そして門人子弟たちはまた書き写すことを求め、これを学習したのである。（書き写したいという人があまりに多くて）面倒くさいので、むかし坊間に単行本があったと聞いて、

それをさがしてみたが手に入らなかった。そこでこれを刊行者に渡して学習者の便をはかったのである。(10)

たいがいの書物の序文には、刊行のいきさつが記されており、これと似たようなことが書かれているが、この場合など、科挙の詩の問題で『二十四詩品』の字句がよく出題されるぞ、ということになったとたんに、焦循のもとに本を借りて書き写したい人が殺到し、ついにこの書物を刊行した事情が記されている。

先に記したように、出版の盛んであった明清時代にあっては、原稿から直接印刷されて書物が出ることもあったが、このようにはじめに鈔本が流通し、その需要を見て刊行されるという場合もあった。印刷以前の鈔本もまた、書物の流通の点で重要な役割を果たしていたといえるであろう。

小説の流通

文学史における明末は、『三国志演義』『水滸伝』『西遊記』『金瓶梅』の「四大奇書」をはじめとする白話小説が隆盛を迎えたことが、その最も特徴的な点である。このうち前三者は、寄席で語り続けられてきた物語が、やがて文字に書き留められ、書物として形をなした作品である。これらの作品については、宋末あるいは元の頃の『大唐三蔵取経詩話』『全相平話三国志』などの簡略なテキストを除いて、明代の末期に長編の作品として完成する以前のテキストを見ることはできない。『三国志演義』は羅貫中の作とされ、『水滸伝』また施耐庵の作とされ、彼らはいずれも元末明初の人といわれる。もし彼らが著者であるとしたら、明末嘉靖・万暦ごろに刊行されるまで、刊本あるいは鈔本の形で伝わっていたのだと思われるが、残念ながら、書目その他の資料で明末以前に書物が流伝していた記録を確認することはできない。

これらに対して『金瓶梅』は明らかに『水滸伝』から派生し、新たに書下ろされた小説である。そしてこの『金瓶梅』の現在残る最も古い刊本は万暦四十五年（一六一六）の序のついたテキスト（『金瓶梅詞話』）であるが、そこに至るまでに鈔本によって流伝し、読書人たちの間でかなり読まれ、評判になっていた様子が、沈徳符の『万暦野獲編』巻四「金瓶梅」の一条によって具体的にわかる。

袁中郎（宏道）の『觴政』では、『金瓶梅』を『水滸伝』に配して外典としているが、わたしは残念ながら見る事ができなかった。丙午（万暦三十四年、一六〇六）北京の屋敷で袁中郎に会って、全帙を持っているかどうかたずねてみたが、「数巻を見ただけだがたいへんかわっていておもしろい。今は麻城の劉涎白承禧の家に全巻がある」とのことだった。思うに、その妻の徐文貞（階）のところから写して来たのであろう。その三年後、小修（袁中道。袁宏道の弟）が、科挙のために北京にやって来たが、その時この書物を携えて来た。そこで鈔写して持って帰った。蘇州の友人馮夢龍がこれを見て驚喜し、高い値段で買い取って出版するよう書坊に勧めてくれた。その時、馬仲良（之駿）が蘇州の関所の徴税官となっており、やはり書店の求めに応じて、世の人の渇をいやすようにと勧めてくれた。だがわたしは、「こうした書物は、きっと誰かが刊行する。そして一旦誰かが出版すれば、家々に伝わり、人の心を悪くすることになる。後日閻魔様が、その災いの始まりを追求するようなことがあったら、どう答えたらよいかわからない。わたしは、地獄におちてはたまらないからね」といったところ、仲良はなるほどその通りだ、といって、そのまま篋底に秘めてしまった。だか幾ばくもしないうちに、蘇州では国門に懸けてしまった（出版してしまった）のである。(11)

沈徳符は、袁宏道が『觴政』という書物の中で、『金瓶梅』に言及しているのを見ることによって、はじめてこの作品の存在を知った。それで、実際袁宏道に北京で会った時に、この作品を全部読んだのかどうか、たずねてみた。すると、袁宏道自身全部を読んだわけではないが、その全部を持っているのは、麻城の劉涎伯だという情報を袁宏道はつかんでいた。沈は別にそのためにわざわざ湖北の麻城まで出かけたということはなかったようだが、『金瓶梅』ははじめ鈔本の形で流通しており、それも必ずしも完全な形では伝わっていなかったことがわかる。そしてまた、当時の小説好きな人々は、口伝えでこれこれの本なら誰それが持っているといったことを連絡し合い、いざとなればそれをなんとか手に入れて見ていたことがわかる。出版される以前は、明代といっても本を見るのは簡単ではなかったのである。

三年後、袁宏道の弟の中道が北京にやって来た。その時『金瓶梅』の全体を持っており、沈はそれを写した。やはり印刷される前は手で写すしかなかったわけである。そして写したものを故郷の江南に持ち帰って来た。それを見た蘇州の友人馮夢龍は驚喜して、書坊に高額で買って出版してはということを勧めた。沈徳符は内容が内容だからとその出版を引きとどめたというが、やがてほどなく蘇州で『金瓶梅』は出版されてしまったという。北京にあった時にはそれを出版しようとの話は起こらなかったのが、江南の蘇州に来て出版されたことは、明末江南の出版状況に符合している。

『金瓶梅』という小説は、そもそものはじめ鈔本の形で世に伝わり、やがて次第に多くの人の目を引くようになり、最後に刊行されたことがわかる。技術的にはすぐに刊行されてもおかしくない時代にあって、これがすぐに刊行されなかったのは、一つには沈徳符もいっているように、内容にはばかられるところがあったからであろう。ただ、『金瓶梅』の場合、現在伝わっているのはすべて刊本であって、鈔本は残っていない。ここでも刊本の誕生によって、鈔本は駆逐されてしまったのである。

蒲松齢の『聊斎志異』もまた、最初鈔本で流伝し、やがて刊本になった小説作品である。『聊斎志異』は蒲松齢がその受験勉強の合間に書きつづり、四十歳の康熙十八年（一六七九）にはいちおう完成し「自誌（自序）」を書いているが、その後も亡くなるまで書き続けられたもののようである。蒲松齢は康熙五十四年（一七一五）に七十六歳で世を去る。『聊斎志異』はついに蒲松齢の生前には刊行されなかったのである。しかし、その生前にも少なくとも同郷の詩人である王士禎が『聊斎志異』を読んで詩を題していたり、限られた範囲で読まれていたことはたしかである。『聊斎志異』の現在残るテキスト、その鈔本について年代の知られるものには、

○手稿本
○『異史』本　雍正年間（一七二三～一七三五）の鈔本と見られる
○二十四巻鈔本　乾隆十五年から三十年（一七五〇～一七六五）に筆写したものを清末に再筆写したもの
○鋳雪斎鈔本　乾隆十六年（一七五一）

などがある。そして、蒲松齢の没後五十年を経た乾隆三十一年（一七六六）になってはじめて刊本である青柯亭刻本が刊行され、ようやく刊本による流伝の段階に入る。その青柯亭刻本に付された趙起杲の「弁言」には、『聊斎志異』の流伝の状況、刊本成立の事情がよく描かれている。

丙寅（乾隆十一年　一七四六）の冬、友人の周季和が済南から塾師の仕事を終えて戻って来た時、手ずから録し

た淄川の蒲留仙先生の『聊斎志異』二冊を贈ってくれた。巻帙が多い書物であったために、全部を鈔写することができなかったことをすまながっていた。わたしはそれを読んで気に入ってしまい、いつでも旅の荷物の中にしまっておいて、その全本を手に入れたいと思っていたが、数年たっても手に入らなかった。丁丑（乾隆二十二年一七五七）の春、それを持って北京に行ったところ、王閏軒（顕緒）に持って行かれてしまった。後にわたしは福建の任地に赴き、鄭荔薌先生の令息に会った。先生はその昔、わが郷里に官となり、書物を集めるのが好きだったことを思い出したので、ひょっとしてこの書物を持っていないかどうかたずねてみた。すると果たして、見ることができた。侍史に命じて正副二本を作らせ、ひもといてみると、季和の本とは少し違うようであった。……癸未（乾隆二十八年　一七六三）杭州の官になり、友人の鮑以文（廷博）がしばしばわたしに刊行するよう勧めたが、ぐずぐずしていてなかなかできなかった。やがて借りて写そうとするものが多くなり、自分の蔵本ではすべてに応じきれなくなった。そこでなんとか刊行して同好のものに公開しようとしたのであった。……(12)

ここでも、最初に趙起杲は、山東に行っていた友人から『聊斎志異』の一部分の鈔本を手に入れて読み、その全体を読みたいと思っていた。やがて福建に赴いた時、当地の蔵書家のもとで、完本を手に入れることができ、書記に命じて写しを作った。大切な書物になると、正副二部の鈔本を作ったことがわかる。さらに後になって杭州に赴いた際、多くの人々が『聊斎志異』を借りに来た。そして多くの人々の求めにとても応じきれないとわかったので、ついに刊行することになったのだとある。

『紅楼夢』の作者曹雪芹の場合もこの小説を生前刊行しようとはせず、作品（鈔本）をごく少数の身内の読書サークルの中で回覧していたようである。『紅楼夢』に付せられた脂硯斎の評はそうした段階でつけられたものと考えられ、なかには、次の第十三回の「回前総評」（靖蔵本）のようなものもある。

「秦可卿淫喪天香楼」では、作者は史筆を用いている。老朽の人の、（秦可卿の）魂が鳳姐に賈家の後事二件を託しているところは、どうして富貴に安んじた苦労知らずの人に思いいたるところであろうか。その言葉、その気持ちは人をして悲痛な思いにさせるので、（この一節については）しばらく許すが、芹渓に命じて遺簪、更衣などの諸文を削除させたのである。だから、この回がわずか十葉ばかりであるのは、天香楼の一段を削ったことによって、四、五葉少なくなったからなのである。(13)

秦可卿の一段については、この批評者（畸笏といわれる）が、この一段はさしさわりがあるから削除を命じた、とあり、現在残る実際の作品でも秦可卿が密通する一段は削られている。『紅楼夢』という作品は、ごく少数の読書グループの人々の批評を通して練り上げられていった作品といえるであろう。

『紅楼夢』の評には、例えば第四十一回、櫳翠庵で妙玉がお茶をいれてみなを歓待する場面の、

丁巳の春の日、謝園でお茶を飲んだことを覚えているか。あれからもう二十年も経ってしまった。丁丑仲春、畸笏。(14)

のようなものもある。これはつまり、作者曹雪芹とその身内の人にしかわからないうちわ話なのである。こうした点が、おそらくはじめから刊行されることを目指して書かれた金聖嘆の『水滸伝』批評などと異なったところである。

金聖嘆の方は、時に自分自身に言及することがあったとしても、あくまではじめから不特定多数の読者を考えて書いているのである。金聖嘆の批評と脂硯斎のそれとの間の質の違いの背景には、刊本と鈔本との違いがある。

曹雪芹が亡くなったのは、乾隆二十七年（一七六二）のこと。その死についての記載が評語の中にあるくらいであるから、評は雪芹の死後も書き継がれていた。そして、『紅楼夢』は鈔本の形で流布していったのである（その種類が相当たくさんあることは、それだけよく読まれたことを意味している）。かくして、雪芹の没後三十年を経た乾隆五十六年（一七九一）に『紅楼夢』がはじめて程偉元によって刊行される（活字本）。程偉元の「紅楼夢序」ではその刊行直前の流布の状況を語っている。

　事を好む者はみな一部ずつ書き写しており、それを廟の祭りの縁日に置いておけば、数十金の値段にまでなる。すねもたずに駆ける（すばやく流伝する）ものであるといえよう。[15]

刊行の機は熟した。かくして程偉元は、鈔本を媒体としてすでに人口に膾炙しているこの小説を刊行するのである。清代の小説では、呉敬梓の『儒林外史』の場合も、同治八年（一八六九）蘇州書局活字本に付された金和の跋には、

　この書（『儒林外史』）は全椒の金棕亭先生（兆燕）が揚州府の教授だった時に刊行したことによって世に行われ、それ以後揚州の書肆では少なからぬ刻本が出された。[16]

とある。金兆燕が揚州にあったのは、乾隆三十三年（一七六八）から四十四年（一七七九）の間のことであったとい

うから、『儒林外史』が刊行されたのは、呉敬梓の亡くなった乾隆十九年（一七五四）から数えれば、少なくとも十数年の後になる。また実際には、この揚州で刻されたと称する版本は発見されておらず、現在見られる最も古い刊本である臥閑草堂刊本は嘉慶八年（一八〇三）の刊行にかかるから、呉敬梓の没後およそ五十年経過していることになる。

明末清初期の小説の多くが、はじめから出版されることを前提にして書かれていた、いいかえれば、出版されることによって、その作品の流伝の歴史がはじまったのに対して、清代の小説作品『聊斎志異』『儒林外史』『紅楼夢』などは、刊行されるより以前にまず鈔本によって伝わった時期があり、やがて作者の没後数十年にして刊行されているのである。

清代の小説の中には鈔本のまま行われ続け、作者の没後数百年を経てはじめて刊行された作品もある。李緑園の小説『岐路灯』である。李緑園は河南の人であるが、『岐路灯』はある読書人の、科挙の勉強の過程を含む人生をたどった一種のビルドゥングスロマンであって、乾隆二十一年（一七五六）ごろには完成していたと考えられる。ところが、これがはじめて刊行されたのが、一九二四年の洛陽清義堂石印本であるから、実に二百年近くもの間鈔本の形で流伝していたことになる。一九二四年の石印本の張青蓮跋には、

わたしが小さい頃には、わが村の大家では、家塾で夜になると、書き手を集めて、この書物を借りてきて鈔写したものであった。[17]

と記されている。近年欒星氏が河南の農村を回って調査したところ、三十種近くの鈔本が発見されたという。[18]広く全国的に読まれたわけではなく、河南を中心とする一地域を出るものではなかったが、刊本がないことがすなわち読

まれなかったことを意味するわけではない。とりわけこの小説は科挙小説といってもよい内容であり、それが家塾で書き写されていたあたりは興味深い。

ついでながら、筆者は何年か前、北京の琉璃廠で、『時墨文鈔』と題する八股文の選本を入手したが、それも鈔本であった。科挙のための参考書も、よく売れるために印刷出版されたのだが、逆に勉強する側からいえば、そんなにたくさん持っていなくてもよいものであって、必要なものを鈔写すればよかったのかもしれない。あるいは、科挙の受験勉強の一環として、丁寧に写したものであったのかもしれない。

禁書の流通

鈔本の果たした無視できない働きの一つに「禁書」の流通がある。中国では古くから禁書が行われているが、出版の行われた宋代以後の禁書令は、だいたい禁書に指定された書物の版木を廃棄焼却せよ、というものであった。例えば明末の李卓吾（一五二七～一六〇二）の著作。李卓吾の思想などはまさしく当時の出版メディアを通じて流行したものであったが、それに対する批判あるいは政府の具体的な禁止措置をみると、

最近また、蔵書、焚書、卓吾大徳などの書物を出版し、世間に流行し、人心を惑乱させている。

として非難し、その上で、

贄（卓吾）がすでに刊行した諸書、及び家にあるまだ刊刻前のものを探し出して、ことごとく焼いてしまえ。(19)

との処決が出されている（顧炎武『日知録』巻十八「李贄」）。当局者はあくまで李卓吾の書物が出版され、影響が拡大することを恐れていたのである。

こうした状況は清に入っても基本的には変わらない。清代にはいうまでもなく、たびたび禁書令が発され、ある特定の人物の著作が禁書に指定されているが、それらの禁書も鈔本によって密かに流通していた。政府の禁止は版木の焼却までであって、民間で密かに流通する鈔本までを取り締まることはできなかったのである。

だからこそ清代に禁書の憂き目を見たはずの、銭謙益、金堡、呂留良、戴名世らの著作をも今日見ることができるのである。銭謙益の場合、その『牧斎初学集』『牧斎有学集』は禁書になる以前の刊本が現存するが、その『投筆集』は鈔本の存在によって今日まで残ったものである。[20]『投筆集』に収められる「金陵秋興」詩など、鄭成功が南京近くまで攻め上ったのを歓迎する内容であって、たしかにこうした内容の詩を刊本の形で流通させるわけにはゆかなかったであろう。このような反清の内容を含む書物は、鈔本の形で流通していたようであり、そこに刊本以上につかまえどころのない、鈔本の性格が如実にあらわれているということができよう。

金堡の文集『徧行堂集』には、刊本、鈔本の二系列があるが、康熙年間に刊行された刊本は、一篇全体あるいは一部の文字が削除された作品が多く、鈔本によってはじめてその全貌をうかがうことができる。[21]同じく清代の厳しい処罰にあった呂留良、戴名世の著作も、鈔本によって現存しているのである。[22]清朝時代に禁書になった著作を今日でも見られるのは、それらが鈔本によって密かに伝播しており、禁書によっても姿を消してしまわなかったからにほかならない。

四　商品としての鈔本

鈔本が社会において果たしていた役割の最後として、鈔本がもっとも安価な書物として売られていたことについて触れたい。中国にあっては、刊本よりもさらに安価な書物が鈔本であったというケースもある。東京大学東洋文化研究所双紅堂文庫（長澤規矩也氏旧蔵）に、数十種に及ぶ「百本張鈔本」が蔵されている。これは芝居を見るために歌詞を書き記したパンフレットであって、だいたいが三四丁ほどの簡単なものである。芝居が終われば捨てられてしまうようなものなのだが、ある程度の部数が作成されたと思われるこうしたパンフレットが、刊本ではなく手書きの鈔本なのである（表紙には「百本張」の印が捺されている）。鈔本にもきわめて豪華なものもある一方で、工賃の安さを反映して、版木を彫って印刷するよりも、手で書いた鈔本の方がより安上がりだったという場合もあった。

結　び

明清時代の鈔本を問題にしようとする場合、『永楽大典』と『四庫全書』について触れないわけにはゆくまい。いずれも国家事業として作られた大叢書であるこの両者が刊本ではなく、鈔本であった理由は、『永楽大典』が二二八七七巻、『四庫全書』が一七二六二六巻というあまりの膨大さのゆえであろう。現在では、文淵閣本の『四庫全書』がすべて影印され、またCD-ROMになっていたりもするが、当時にあってはさすがにこれだけのものを刊行することはできなかったわけである。ただ、『四庫全書』は北京の文淵閣をはじめ北四閣、そして学者への閲覧を考えて南の揚州、鎮江、杭州に置かれたが、『四庫全書総目提要』は別として、そこに収められたテキストそのものが、学術上顕著な影響を与えたかどうかはよくわからない。当時の学者は、別に『四庫全書』を見にゆかなくても、見たい書物はだいたい通行の刊本を通して見ることができたのではなかろうか。(23)

以上、明清時代における鈔本の状況とその果たした役割について、いくつかの場合に分けて検討した。一般に中国における書物の研究は、敦煌文書などは別にして、鈔本にはあまり重きが置かれなかった。明清時代は刊本の時代であるが、ここに見てきたように、鈔本も並行して存在し、少なからぬ役割を果たしていたことが知られるのである。

なお、日本にあっては、刊本があったとしても、昔からの鈔本はそのまま残るし、また一般に鈔本の価値はむしろ刊本よりも高く評価される。鈔本と刊本とに対する価値観は、日本と中国とでかなり異なっているのである。

註

（1）大木康「山人陳継儒とその出版活動」（『山根幸夫教授退休記念明代史論叢』汲古書院　一九九〇年）、また「明末江南における出版文化の研究」（『広島大学文学部紀要』第五十巻特輯号一　一九九一年）。

（2）楊守敬『日本訪書志』、董康『書舶庸談』などには日本に残されていた旧鈔本に関する記録が少なくない。黎昌庶『古逸叢書』には、日本にあった旧鈔本に拠った書物も収められ、羅振玉は旧鈔本のいくつかを複製刊行している。

（3）北宋の蘇軾は「李君山房記」（『経進東坡文集事略』巻五十三）において、老儒先生（東坡自身の経験と重なっている可能性が高い）が若かった時代には、『史記』『漢書』のような基本的な書物ですら、容易に見ることができなかった。それだけに、書物が手に入った時には、みずから真剣に書き写し、読んだものであった。近頃は印刷された書物が出回り、書物が容易に手に入るようになった。その点で、昔の人々よりもずっと条件がよくなっているはずなのに、かえって今の科挙の士たちは、まじめに読書をしなくなった、と慨嘆している。そうしたなかで、友人の李君（公択）は、廬山の山房に九千余巻の書物を蔵し、それを日々味読しているといって賞賛している。

（4）李漁『笠翁文集』巻一「詩韻序」「坊人固請行世者匪朝伊夕、予莫之許。非慮獲罪于古、惟恐見誚于今耳。詎意癸丑夏、予入都門、児輩不肖、為坊人所餌、可否勿詢、取而畀之。及予倦遊而返、版已垂成、莫能追毀。」

（5）李漁がみずから出版を行っていたことは、さまざまな資料によって知られるが、『笠翁文集』巻三「粤遊家報之一」では、家の東側の塀が薄くてたよりないので、「生平著す所の書の印板」を書架もろともに塀のところに置いて補強するよう命じている。それだけの版木が家にあったことがわかる。また同じく『笠翁文集』巻三「与魏貞庵相国」には「剞劂氏劉某は江南の名手なり。敝斎に従事すること年有り、拙刻の林の如きは、多く其の手に出づ」とある。この手紙は、北京に出向いていったこの刻工の紹介状である。李漁の出版活動については、伊藤漱平「李漁の小説の版本とその流伝――『無声戯』を中心として」（『日本中国学会報』第三十六集　一九八四年）ほかがある。

（6）宋濂『宋学士文集』巻七十三「送東陽馬生序」「余幼時即嗜学、家貧、無従致書以観。毎仮借于蔵書之家、手自筆録、計日以還。天大寒、硯氷堅、手指不可屈伸、弗之怠、録畢走送之。不敢稍逾約、以是人多以書仮余、余因得遍観群書。」

（7）明清時代の蔵書家が自分の蔵書を充実させるために、鈔本を作る準備をしていたことについては、彼らの多くが自分専用の用紙を作っていたことによって知られる。ことは葉徳輝『書林清話』巻十「明以来之鈔本」に見える。また、『汲古閣鈔本目録』『嘉業堂鈔本目録』などもあって、鈔本は当時の蔵書家にあっても、かなり重要なものであったことがわかる。

（8）内閣文庫に蔵される『四書笑』は鈔本であるが、その巻首には「新刊四書笑」と題されており、この底本が刊本であったことがわかる。

（9）宋元明代における鈔本の位置づけについては、井上進「蔵書と読書」（『東方学報』第六十二冊　一九九〇年）、また同氏『中国出版文化史』（名古屋大学出版会　二〇〇二年）の主として第十二章にも考察がある。

（10）焦循『雕菰集』巻十五「刻詩品序」「往歳仁和胡学院督学揚州、以隔渓漁舟命題。去秋郷試詩題又命以暁策六鼇。於是友朋就余索観、而門人子弟輩復請写録而習誦之。甚苦其煩、聞旧時坊間有専刻本、問之不可得。爰授之梓人、以供習誦者取之便耳。」

（11）『万暦野獲編』巻四「金瓶梅」「袁中郎『觴政』以『金瓶梅』配『水滸伝』為外典、予恨未得見。丙午、遇中郎京邸、問曽有全帙否。曰、『第睹数巻、甚奇快。今惟麻城劉涎白承禧家有全本、蓋従其妻家徐文貞録得者。』又三年、小修上公車、已携有其書、因与借抄挈帰。呉友馮猶龍見之驚喜、慫慂書坊以重価購刻。馬仲良時榷呉関、亦勧予応梓人之求、可以療飢。予曰、『此等書必遂有人板行、但一刻則家伝戸到、壊人心術。他日閻羅究詰始禍、何辞置対、吾豈以刀錐博泥犂哉。』仲良大以為然、遂固篋之。未幾時、而呉中懸之国門矣。」

（12）趙起杲「弁言」（『聊斎志異』）「丙寅冬、吾友周子季和自済南解館帰、以手録淄川蒲留仙先生『聊斎志異』二冊相貽。深以巻帙繁多、不能全鈔為憾。予読而喜之。毎蔵之行笥中、欲訪其全、数年不可得。丁丑春、携至都門、為王子閏軒攫去。後予宦閩中、晤鄭荔薌先生令嗣。因憶先生昔年曾宦吾郷、性喜儲書、或有蔵本。果丐得之。命侍史録正副二本、披閲之下、似与季和本稍異。……癸未官武林、友人鮑以文屢慫恿予付梓、因循未果。後借鈔者衆、蔵本不能遍応、遂勉成以公同好。……」

（13）第十三回「回前総評」「秦可卿淫喪天香楼、作者用史筆也。老朽因有魂托鳳姐賈家後事二件、豈是安富尊栄坐享人能想得到者。其言其意、令人悲切感服、姑赦之、因命芹渓刪去遺簪、更衣諸文。是以此回只十頁、刪去天香楼一節、少去四、五頁也。」
この評語については、伊藤漱平「『紅楼夢』成立史臆説——七十回稿本存在の可能性をめぐって——」（『東方学』第八十三輯　一九九二年）、船越達志「『紅楼夢』形成に関する試論——「風月宝鑑」を中心にして——」（『中国　社会と文化』第十号　一九九五年）を参考にした。

（14）第四十一回「評」「尚記丁巳春日、謝園送茶乎。展眼二十年矣。丁丑仲春、畸笏。」

（15）程偉元「紅楼夢序」「好事者毎伝鈔一部、置廟市中、昂其値、得数十金、可謂不脛而走者矣。」

（16）金和「跋」（『儒林外史』）「是書為全椒金棕亭先生官揚州府教授時梓以行世、自後揚州書肆刻本非一。」

（17）張青蓮「跋」「蓮自幼時、見夫吾郷巨族、毎於家塾良宵、招集書手、展転借抄。」

（18）欒星『岐路灯研究資料』（中州書画社　一九八二年）「李緑園伝」三「著述」。また、張弦生「『岐路灯』——従手抄到出版」（『蔵書家』第四輯　二〇〇一年　斉魯書社）もある。

（19）顧炎武『日知録』巻十八「李贄」「近又刻蔵書焚書卓吾大徳等書、流行海内、惑乱人心。……将贄刊行諸書、並捜簡其家未刻者、尽行焼燬。」

（20）『北京図書館古籍善本書目』には「有学集五十巻　清初抄本」「牧斎初学集詩注二十巻有学集詩注十四巻投筆集注一巻　清抄本」「牧斎外集二十五巻　清抄本」がある。『復旦大学図書館善本書目』には、銭謙益について、崇禎写刻本『初学集』二種のほかに「投筆集二巻　清乾隆甲戌（一七五四）伝是后人校抄本」「有学外集補遺二十巻　旧鈔本」「銭牧斎先生集外詩一巻集外文十四巻　旧抄校本」「銭牧斎先生書啓不分巻　汪森集録　清初裘杼楼鈔本」などが収められている。同書目には、やはり銭謙益の書物とともに禁書とされた龔鼎孳の詩集、『龔芝麓詩抄』不分巻が「旧抄本」として、また陳恭尹の『独漉堂楽府』二巻がやはり「旧抄本」として収められている。清代の禁書については、岡本さえ『清代禁書の研究』（東京大学東洋文化研究所　一九九六年）がある。

（21）金堡の『徧行堂集』については、康熙刻本の他に、鈔本（『禅門逸書』に影印する光緒釈惟心鈔本）があるが、両者の間には相当な文字の異同がある。『徧行堂集』については、廖肇亨「金堡『徧行堂集』による明末清初江南文人の精神様式の再検討」（『日本中国学会報』第五十一集　一九九九年）がある。

（22）『北京図書館善本書目』には呂留良の「何求老人残稿七巻　清尋楽軒抄本」「何求老人残稿八巻　釈略一巻　清抄本」「何求老人詩稿七巻集外詩一巻　清抄本」が収められる。『杭州大学図書館善本書目』には戴名世の「潜虚先生文集十四巻　附年譜　清抛尤雲鶚刻本及呉許両家蔵本伝鈔」「潜虚先生文集十四巻　附年譜　清伝抄本」が収められる。また最近戴名世の手稿『憂庵集』が影印刊行された（『戴名世遺文集』中華書局　二〇〇二年）。

（23）郭伯恭『永楽大典考』（商務印書館　一九三八年）第三章「纂修諸人攷略」では、清の孫承沢『春明夢餘録』巻十二を引いて、その「謄写」に一三八一名が従事していたという。同じ郭伯恭『四庫全書纂修考』（商務印書館　一九三六年）第三章「四庫全書館之組織」によれば、『四庫全書』の鈔写には、都合三八二六名が従事したという。それだけの数の知識人に仕事を与えたという意義も無視できない。

あとがき

明代史研究会三十五周年を記念して、論文集を刊行しようという話がまとまり、関係者に執筆の依頼状を送ったのは、昨年の四月のことであった。

それから、わずか一年余の間に、執筆・編集・印刷が順調に推移し、いよいよ刊行の運びとなった。関係者一同、ひとしく喜びとするところである。

隔週土曜日の午後、東洋文庫において開かれていた研究会に、私が参加させていただいたのが、いったい、いつのことであったか、ほとんど記憶にない。ただ、私にとっての最初のテキストが、『綏寇紀略』であったことだけは、鮮明に覚えている。本論文集の冒頭にかかげられた、山根幸夫先生の「明代史研究会小史―序文に代えて―」を拝見すると、『綏寇紀略』は、『皇明制書』の次のテキストであったということである。今年で三十一号を数える『明代史研究』の創刊号が発刊されたのは、一九七四年三月であった。それに、当時、大学院生であった私の拙い論文も載せていただいているから、創立当初からのメンバーではないけれども、私も、かなり古くから明代史研究会に参加していたのだと、感慨ひとしおである。

爾来、明代史研究会は、もう一つの「私の大学」であった。

私の在籍していた中央大学の学部・大学院には、明代史の先生はおられなかったが、錚々たる教授たちを揃えていた。自分の専門の時代以外の勉学が集中してできるのは、学生・院生の時代をおいて、ほかにはないと思い定めて、青山定雄・鈴木俊・嶋崎昌・嶋田襄平の諸先生の授業には全部出席した。しかし、研究者を目指し始めたものにとって、同じ時代の専任教員がいない大学というのは、いろいろと不便な点もあった。関係史料・文献の集め具合も、専任教員の専門分野とくらべると、かなりの遜色があった。いろいろな人間関係を構築する上でも不便であった。

明代史研究会に行けば、まず午前中は東洋文庫で史料を閲覧し、午後になって研究会に参加するとことができ、すこぶる能率的であった。明代史研究会で得たものは大きかった。とりわけ、大学を越えての付き合いを通して、先輩の研究者と顔見知りになり、同じ年頃の院生と親しくなったことは、終生の財産ともなった。

私は、大学院を出た後、数年間出版社に勤めたので、その間は研究会には参加できなかったが、大学に就職してから、再び研究会に参加した。いまでは大学院でのゼミの学生も、常時数人が参加するようになった。わたし自身とゼミの院生と二世代にわたって、山根先生から種々さまざまなご指導をいただいているのである。

三十五周年記念は、一つの節目にすぎない。「私の大学」が、これからも長く長く存続することを強く望んでいる。そして、四十周年、四十五周年を寿ぐことができるように、着実に歩を進めていきたいものである。

最後に、現今の学術書の出版に対する厳しい状況の中で、本論文集の出版を快諾していただいた石坂叡志社長、坂本健彦相談役をはじめ汲古書院の皆様には、執筆者一同ならびに事務局を代表して、厚く御礼を申し上げる次第である。

二〇〇三年五月一日

川越泰博

執　筆　者　紹　介

五十音順・敬称略

浅井　　紀	（あさい　もとい）	1945年生	東海大学文学部教授
甘利　弘樹	（あまり　ひろき）	1970年生	日本学術振興会特別研究員（筑波大学）
新宮　　学	（あらみや　まなぶ）	1955年生	山形大学人文学部教授
飯田　敦子	（いいだ　あつこ）	1957年生	慶應義塾大学・東京工科大学非常勤講師
岩渕　　慎	（いわぶち　まこと）	1973年生	中央大学大学院文学研究科東洋史学専攻博士後期課程
大木　　康	（おおき　やすし）	1959年生	東京大学東洋文化研究所助教授
小川　　尚	（おがわ　たかし）	1941年生	
奥崎　裕司	（おくざき　ひろし）	1935年生	青山学院大学文学部教授
小俣　光子	（おまた　みつこ）	1934年生	
川越　泰博	（かわごえ　やすひろ）	1946年生	中央大学文学部教授
齋藤　史範	（さいとう　ふみのり）	1958年生	日本大学法学部専任講師
佐藤　文俊	（さとう　ふみとし）	1938年生	前筑波大学歴史・人類学系教授
高遠　拓児	（たかとう　たくじ）	1973年生	日本学術振興会特別研究員
谷口規矩雄	（たにぐち　きくお）	1935年生	愛知大学文学部教授
中島　楽章	（なかじま　がくしょう）	1964年生	九州大学人文科学研究院助教授
中谷　　剛	（なかや　つよし）	1961年生	盛岡市立高等学校教諭
橋本　英一	（はしもと　えいいち）	1968年生	東北学院大学非常勤講師
荷見　守義	（はすみ　もりよし）	1966年生	弘前大学人文学部助教授
益井　岳樹	（ますい　たかき）	1971年生	青山学院大学大学院博士後期課程
松本　隆晴	（まつもと　たかはる）	1946年生	国学院大学栃木短期大学日本史学科教授
道上　峰史	（みちうえ　たかふみ）	1976年生	中央大学大学院文学研究科東洋史学専攻博士後期課程
山根　幸夫	（やまね　ゆきお）	1921年生	東京女子大学名誉教授・南開大学客員教授
渡　　昌弘	（わたり　まさひろ）	1956年生	人間環境大学人間環境学部助教授
熊　　遠報	（Xiong Yuan Bao）	1963年生	日本学術振興会外国人特別研究員（東京大学）・学習院大学非常勤講師・華中師範大学中国農村研究センター兼職教授

明代史研究会
創立三十五年 記念論集

二〇〇三年七月　発行

編　者　明代史研究会

発行者　石坂叡志

整版印刷　富士リプロ

発行所　汲古書院

〒102-0072 東京都千代田区飯田橋二-五-四
電　話　〇三（三二六五）九七六四
ＦＡＸ　〇三（三二二二）一八四五

ISBN4-7629-2686-8 C3022